Univ.-Prof. Dr. Christian Scholz

Strategische Organisation

Univ.-Prof. Dr. Christian Scholz

Strategische Organisation

Prinzipien zur Vitalisierung und Virtualisierung

verlag moderne industrie

Die Deutsche Bibliothek-CIP-Einheitsaufnahme

Scholz, Christian:
Strategische Organisation: Prinzipien zur Vitalisierung und Virtualisierung / Christian Scholz. – Landsberg/Lech : mi, Verl. Moderne Industrie, 1997
ISBN 3-478-39790-1

Umschlaggestaltung: Gruber & König, Augsburg
Satz: Fotosatz H. Buck, Kumhausen
Druck- und Bindearbeiten: J. P. Himmer, Augsburg
Printed in Germany: 390 790
ISBN 3-478-39790-1

Thanks to The Smashing Pumpkins
for ,,Mellon Collie and the Infinite Sadness‘‘
and to Andrew’s next to Macy’s

Inhaltsübersicht

1. 100% auswendig können
Fixpunkte,
Verweise
2. Prinzipien
3. Rest ~

Inhaltsverzeichnis

Vorwort

Strategische Organisation: Diese Wortkombination drückt aus, daß es sich um eine explizit mit der Strategie gekoppelte Gestaltungsabsicht handelt, die sich auf Unternehmen ebenso bezieht wie auf öffentliche Verwaltungen und Sportvereine.

Sicherlich: Man sollte Lehrbücher erst dann schreiben, wenn man – wie vor kurzem ein renommierter Kollege ausführte – mindestens 25 Berufsjahre als Hochschullehrer hinter sich hat. Und wenn gleichzeitig ein breit anerkanntes Defizit an adäquaten Texten in dem betreffenden Bereich vorliegt. Beides ist nicht gegeben: Zum einen hat der Verfasser mit Erscheinen des Buches erst zehn Berufsjahre als Hochschullehrer hinter sich. Zum anderen gibt es in dem Bereich Organisation mittlerweile eine ganze Reihe von äußerst geglückten Texten: Abgesehen von vielen hochlesenswerten Aufsätzen sind dies unter anderem die etablierten Lehrbücher von *Frese*, *Kieser*, *Macharzina* und *Staehle* – um nur einige der wichtigsten zu nennen. Ihnen allen ist gemeinsam, daß sie auf der einen Seite eine beachtliche Breite von Themen abdecken, auf der anderen Seite aber auch jeweils die autorenspezifische Sichtweise transportieren.

Die *Strategische Organisation* will an diese Tradition anknüpfen, also auch eine spezifische Vorgehensweise zur Erfassung des mittlerweile imposanten Spektrums des Faches präsentieren. Dazu dient ein besonderer Denkansatz, mit dessen Hilfe die unterschiedlichen Ansätze leichter zu verstehen und in ihren Kontext zu bringen sind. So gesehen kann der vorliegende Text zwar als Lehrbuch gelten, weniger aber als Handbuch zum Nachschlagen: Angestrebt ist vielmehr ein Denkraster, mit dessen Hilfe man Zugang zu organisatorischen Problemen gewinnt.

In vielen Lehrbüchern, die sich im weitesten Sinne mit dem Thema Organisation befassen, wird auch das individuelle Führungsverhalten als Objekt definiert. Zumindest dieser Bereich wird im Rahmen des vorliegenden Textes explizit ausgeklammert: Zum einen, um die Überschneidung mit meinem Buch *Personalmanagement* zu verhindern, zum anderen, um die darzustellenden Objektbereiche klarer zu strukturieren. Ebenfalls ausgeklammert werden die vielfältigen Aspekte der Internationalisierung und Globalisierung, da die Fülle der hier zu behandelnden Gesichtspunkte den vorgegebenen Rahmen gesprengt hätte.

Die *Strategische Organisation* will dazu beitragen, den Gedanken einer zeitgemäßen Organisation, vom organisatorischen Wandel bis hin zur organisatorischen Stabilisierung und Virtualisierung, einem breiteren Interessentenkreis zu erschließen: Organisation (als Funktion) bedeutet wesentlich mehr als das Konzipieren von Organigrammen und das Einhalten von Projektablaufplänen. Der Umgang mit Organisationen (als Institution) ermöglicht vielmehr einen faszinierenden Einblick in lebende Systeme und lebende Organismen.

Damit ein solcher Text wie der vorliegende überhaupt entstehen kann, ist eine eigene *Strategische Organisation* im kleinen erforderlich, gekennzeichnet durch abgestimmte Arbeitsteilung, gegenseitige Unterstützung und Fokussierung auf das angestrebte Ziel. Von der Detektivarbeit bei der Literaturrecherche bis hin zur Erstellung des Stichwortverzeichnisses ist ein Team nötig, das es letztlich dem Autor ermöglicht, seine eigentliche Aufgabe zu erfüllen: das Schreiben! Vor diesem Hintergrund möchte ich mich bedanken bei: Wolfgang Allisat, Adina Düsedau, Tanja Fischer, Tanja Garbers, Stefan Glatzmaier, Andreas Hörmann, Matthias Kiefer, Andreas Kislinger, Julia Kroeber-Riel, Alexandra Lindecke, Daniela Prinz, Astrid Stelletta und (besonders bei) Volker Stein.

Mein Dank gilt zudem meinen Studenten, die über exakt zehn Jahre den Reifeprozeß dieser Gedanken begleiteten, ebenso den Praktikern, die mir Gelegenheit zur Diskussion und manchmal sogar zur Anwendung meiner Ideen gaben.

Noch ein Letztes: Sicherlich gibt es Bücher, die „fertig“ sind. Kann aber ein Buch, das sich mit organisch-offenen und sogar virtuellen Organisationen beschäftigt, überhaupt vollständig oder jemals „fertig“ sein?

Saarbrücken, Oktober 1996 *Christian Scholz*

1 Einführung

Es reicht nicht, mit linearem Denken Wettbewerbsfähigkeit nach alten Mustern und Wirtschaftswachstum zu forcieren (. . .).
Wir brauchen daher eine neue Definition der Wettbewerbsfähigkeit, in die Daten und Informationen einfließen, die bislang ausgeklammert waren. Um das zu leisten, brauchen wir ein ganz neues Denken für die Manager der Unternehmen: das kreative, vernetzte Chancendenken, das Evolutionen zuläßt und initiiert. (Goeudevert 1992, 10)

1.1 Die Herausforderung

Betrachtet man das organisatorische Umfeld, so steht eine interessante Zukunft bevor: Die dynamische Entwicklung der Informations- und Kommunikationstechnologie führt zu vollkommen neuen Interaktionsformen. Organisationen – zu verstehen als dauerhafte, zielgerichtete, strukturierte Zusammenschlüsse einzelner Individuen – müssen sich aktiv mit den daraus resultierenden Umweltbedingungen auseinandersetzen.

Gerade Unternehmen sind hier gefordert: Das Wegfallen von permanenten Marktnischen, die aufgrund unvollständiger Information beim Kunden oder aufgrund begrenzter regionaler Vorteile heute noch bestehen, bedeutet Zunahme an nationalem sowie internationalem Wettbewerb. Gleichzeitig steigen die Anspruchsniveaus. Die Kunden werden sich nicht länger mit simplen Standardantworten zufriedengeben; sie werden auf ihre Wünsche exakt passende Lösungen mit maximaler Qualität erwarten. Die logische Antwort der Anbieter: extreme Spezialisierung und zunehmende Kooperation.

Aus diesem Grund gilt die Optimierung der eigenen Wertschöpfungskette als zentrales Ziel jedes strategisch ausgerichteten Unternehmens. Aber auch andere Organisationen sind gefordert. Ob nun Krankenhäuser als Non-Profit-Organisationen unter einem zunehmenden Kostendruck stehen oder aber Sportvereine unter Mitgliederschwund leiden: In allen Fällen ist ein strategisches Ausrichten auf originäre Ziele in Verbindung mit einer entsprechenden Kundenorientierung ebenso unausweichlich wie eine entsprechend veränderte Organisationsform.

Veränderte Organisationsform bedeutet in diesem Kontext wesentlich mehr als die Einführung einer neuen Organisationsstruktur, denn es werden nicht nur die grundsätzlichen Geschäftsprozesse der Organisation betrachtet. Vielmehr rücken die *Denkmuster der Organisationsmitglieder* in den Mittelpunkt: Verhaltens- und erfolgsprägend ist nicht nur, was die Organisation tatsächlich *ist*, sondern vor allem, als was die Organisation den Betroffenen *erscheint*.

Der Gestaltungsprozeß von Organisationen wird täglich komplexer, gilt es nämlich, die implizite Strategie der Organisation in Einklang mit einer konkreten und konsequenten

Marktstrategie zu bringen. Dies setzt Verstehen des (Eigen-)Lebens der Organisation voraus. Organisationen haben ihren unverwechselbaren *genetischen Code.* Es spielt dabei keine Rolle, inwieweit der Organisationslenker seine Organisation tatsächlich als lebendes System ansieht. Selbst wenn er sie ausschließlich als Maschine behandelt: Seine Organisation ist (!) ein lebendiges System, das entsprechend agiert und reagiert. Für den langfristigen Erfolg aber gibt gerade sein Verständnis für dieses (Eigen-)Leben den entscheidenden Ausschlag.

Vor fünf bis zehn Jahren war Organisation als Funktion noch relativ harmlos: Das Ergebnis war – um es etwas überspitzt auszudrücken – eine Menge von kleinen Kästchen mit Namen und Erläuterungen. Diese Stellenbeschreibungen mit Angaben über Aufgaben, Kompetenzen oder Stellvertreterregelungen führten dazu, daß einzelne Stellen, aber genauso Abteilungen und Unternehmen, primär durch ihre Grenzen definiert wurden.

Heute sind Organisationen als Institutionen wesentlich abhängiger voneinander und überschneiden sich auch in vielerlei Hinsicht. Aus diesem Grund muß es zwangsläufig zu flexiblen Strukturen und zu fließenden Übergängen kommen. In der Vergangenheit wurden Organisationen primär definiert durch ihre Grenzen: Die heutige Realität ist primär durch das Auflösen von Grenzen zwischen Organisationen gekennzeichnet. Gab es demnach in der Vergangenheit eher ein Management innerhalb von Grenzen („Constraints Management"), so sind heute Konzepte für grenzenlose Organisationen gefragt, verbunden mit der Suche nach den sich daraus ergebenden Chancen („Chance Management").

1.2 Grundlagen

Jeder Autor wird geprägt vom Denken seiner Kollegen. Diese liefern – und nur so entsteht wissenschaftlicher Erkenntnisfortschritt – eine Plattform, auf der er dann sein eigenes Gedankengebäude entwickeln kann. Kennt der Leser diese Grundideen, die das gesamte Buch beeinflußt haben, fällt ihm das Verstehen des präsentierten Konzeptes leichter. Vor diesem Hintergrund werden nachfolgend sechs Denkströmungen präsentiert, die das Buch *Strategische Organisation* geprägt haben.

1.2.1 Die Systemhierarchie: Boulding

> *Science, that is to say, is what can be talked about by scientists in their role as scientists. The crisis of science today rises because of the increasing difficulty of such profitable talk among scientists as a whole. Specialization has outrun Trade, communication between the disciples becomes increasingly difficult, and the Republic of Learning is breaking up into isolated subcultures with only tenuous lines of communication between them – a situation which threatens intellectual civil war. (Boulding 1956, 198)*

Vor mehr als 30 Jahren postulierte *Boulding* (1956) in seinem Aufsatz „General Systems Theory – The Skeleton of Science" eine hochinteressante Differenzierung organisationstheoretischer Perspektiven. Er stellte ein aus systemtheoretischer Sicht formuliertes „System der Systeme" vor, das als Rahmen für organisationstheoretische Ansätze einsetzbar ist.

Kenneth E. Boulding	*1910 – 1993* *Legte 1931 seinen Bachelor of Arts in Philosophie, Politik und Ökonomie in Oxford ab. Danach zwei Jahre Stipendiat an der University of Chicago, dann Assistent an der University of Edinburgh und 1939 M.A. in Oxford.* *Nachdem er 1942 Professor der Wirtschaftswissenschaften wurde, lehrte er u.a. in Montreal, Michigan, Jamaika, Tokyo und Südafrika. 1967 Ernennung zum Direktor des Programms für „Research on General Social and Economic Dynamics" am Institut für Verhaltensforschung in Colorado.* *Hauptwerk: Reconstruction of Economies (1950).*

Für *Boulding* sind Organisationen soziotechnische Systeme mit einem hohen Maß an Komplexität. Die Aufgabe der Organisationstheorie besteht deshalb darin, Modelle bereitzustellen, die dieser Komplexität gerecht werden. Diese Modelle unterscheiden sich wiederum in ihrem Ausmaß, in dem sie die Komplexität der realen Welt erfassen.

Um derartige Modelle einzustufen, definiert *Boulding* (1956, 202-205) neun aufeinander aufbauende Ebenen; sie charakterisieren zunehmende Komplexität und liefern gleichzeitig den historischen Denkfortschritt im Rahmen der Organisationstheorie. Zum besseren Verständnis faßt *Boulding* jeweils drei Ebenen zu einem Bereich zusammen. Diese drei Bereiche werden nachfolgend kurz präsentiert und ebenenspezifisch exemplarisch mit organisationstheoretischen Denkansätzen verknüpft.

Organisationsbetrachtungen des **physikalisch-materiellen Bereichs** dienen primär der Abwicklung von rationalen und planbaren Transformationsprozessen. Produktionsfaktoren (wie Material, Kapital, Information) als Input werden durch innerorganisatorische Prozesse in Output (Produkte und Dienstleistungen) umgewandelt. Die Organisationsmitglieder müssen demnach genau wie die übrigen Produktionsfaktoren rein mechanistisch und streng rational „funktionieren":

- Ebene 1 enthält die statische Struktur als einfachen *Bezugsrahmen.* Diese einfachen Klassifikationsschemata sollen durch Systematisierung die Komplexität reduzieren, also „Struktur geben" und Unsicherheit abbauen. Beispiele für solche Bezugsrahmen sind Organigramme als formale Darstellung der konkreten Abteilungs- und Stellengliederung. Sie drücken mit Hilfe von Symbolen den Ist- oder Soll-Zustand des Aufbaus einer Organisation aus.
- Ebene 2 sind die *Uhrwerke* als dynamische Systeme mit vorbestimmtem Bewegungsablauf. Unabhängig von ihrer Komplexität bleiben sie trotzdem immer mechanistisch

an einen vorgegebenen Ablauf gebunden. Uhrwerke finden Niederschlag in der Ablauforganisation (vgl. z.B. *Kosiol* 1968) als räumliche und zeitliche Strukturierung der zur Aufgabenerfüllung erforderlichen Arbeitsprozesse. Hier beschreiben beispielsweise Flußdiagramme den Weg von Dokumenten, Rohstoffen oder Waren und legen die jeweils erforderlichen Operationen (wie Lagerung oder Bearbeitung) fest.

- Ebene 3 sind die *Regelkreise.* Hier sollen Ziele erreicht werden, indem Soll- und Ist-Größen in einem geschlossenen Wirkungskreislauf abgeglichen werden. Regelungssysteme dienen zur Kontrolle von Lagerbeständen, Finanzaktiva und Qualitätsstandards. Das Kölner Integrationsmodell von *Grochla* (1978) und neuere CIM-Ansätze als implizite Kontrollmodelle mit Betonung des Datenaspektes sind ebenfalls Beispiele für Organisationsmodelle der dritten Ebene von *Boulding.*

Die ersten drei Ebenen machen somit Aussagen darüber, woraus das betrachtete System besteht.

Anders dagegen der **biologisch-funktionelle Bereich**, der sich mit der Frage nach dem Grund für das Überleben von Systemen befaßt:

- Ebene 4 sind *offene Systeme* als sich selbst erhaltende Strukturen, die analog zur biologischen Zelle in ihrer Umwelt überleben, indem sie mit ihr in Interaktion treten. Ein typischer Organisationsansatz im Rahmen dieser Kontingenztheorie ist die Aston-Studie (vgl. z.B. *Pugh/Hickson* 1976): Dort steht die Frage im Mittelpunkt, inwieweit der Kontext die organisatorische Gestaltung beeinflußt.
- Ebene 5 als *vorstrukturiertes Wachstumsmuster* folgt dem Beispiel der Pflanze, deren Wachstum sich nach einem fest vorgegebenen Ablauf ergibt. Die Organisation hat dementsprechend ein spezifisches Wachstumsmuster in sich und folgt diesem (unbewußt). Organisatorische Wachstumstheorien beschreiben daher einen vorausbestimmten organisatorischen Lebenszyklus. Typisch für ein solches Stadienmodell ist das Entwicklungsmodell von *Greiner* (1972), der evolutionäre Wachstumsperioden und revolutionäre Krisenperioden abwechseln läßt.
- Auf der Ebene 6, der *internen Bildverarbeitung*, erhält jedes Lebewesen über Sinnesorgane eine Vielzahl von Informationen, die es dann in Gehirn und Nervensystem weiterverarbeitet. Organisationen, die sich entsprechend der Ebene 6 verhalten, schaffen sich folglich „Bilder" von ihrer Umwelt sowie von sich selbst und reagieren entsprechend. Ein solches *biokybernetisches Institutionsmodell* postuliert beispielsweise *Beer* (1972) mit seinen fünf Regelkreisebenen, die über eine Kombination aus sensorischen und motorischen Bausteinen soziale Systeme zu lebensfähigen Systemen machen.

Auch diese drei Ebenen liefern wichtige Beiträge zur Erklärung organisatorischen Verhaltens.

Offen bleibt aber noch die Frage nach dem Selbstverständnis der Organisationsmitglieder. Sie wird im dritten Segment, dem **sozialen Bereich**, beantwortet:

- Ebene 7 befaßt sich mit der *Symbolverarbeitung.* Diverse sprachliche und physikalische Symbole dienen dabei der Vereinfachung (Komplexitätsreduktion) und der Sinngebung. Beides ist erst beim Menschen gegeben: Er kann Dingen Bedeutungen zuordnen, zielgerichtet handeln und abstrakt lernen. Genau wie Individuen sammeln auch Organisationen sukzessiv Wissen an. Besonders interessant bei organisatorischen Lernmodellen ist die Schwierigkeit, individuelles Lernen über Analogie auf kollektives Lernen zu übertragen. Speziell die Überlegungen von *Argyris* und *Schön* (1974) machen die Komplexität der Mechanismen deutlich, die für ein erfolgreiches Lernen von und in Organisationen nötig sind.

- Die Ebene 8 geht noch weiter und versteht die Organisation als vernetzte Gruppe von Menschen mit eigener Kultur. Diese *Vielköpfigkeit* schafft eine vollkommen eigene Sichtweise. *Boulding* geht also bereits implizit von der Existenz einer Organisationskultur aus, einem der aktuellen Leitgedanken der modernen Organisationstheorie, wie sie beispielsweise von *Schein* (1985) vertreten wird. Unter Organisationskultur ist das implizite Bewußtsein einer Organisation zu verstehen, das sich zum einen aus dem Verhalten der Organisationsmitglieder ergibt und das zum anderen als kollektive Programmierung dieses Verhalten beeinflußt (*Scholz* 1987a, 88). Nur diese gemeinsame Sinnschaffung für die ganze Organisation erlaubt dann die zum Erfolg nötige Identifikation mit der Organisation.
- Schließlich, und hier wurde geschickterweise eine Hintertür für potentielle Ergänzungen offengelassen, postuliert *Boulding* als Ebene 9 die *transzendenten Systeme.* Ohne über deren Inhalt konkrete Aussagen zu machen, sieht er als ihren Inhalt das Abstrakte und Übernatürliche an. Für diese Ebene scheint es gegenwärtig keine klare organisatorische Entsprechung zu geben. Allenfalls einige Teilaspekte der virtuellen Organisation (vgl. z.B. *Scholz* 1994b) könnten hier ansatzweise adaptiert werden.

Insgesamt ist es gerade das dritte Segment der in Übersicht 1.1 dargestellten Systemhierarchie, das den Reiz einer Auseinandersetzung mit der *Strategischen Organisation* ausmacht.

	Komplexitätsstufe	**Metapher**	**Organisatorische Entsprechung**
9	Unspezifiziert (Systems of Unspecified Complexity)	Weltall	evtl. virtuelle Organisation
8	Vielköpfigkeit (Multi Cephalous Systems)	Gruppe	Organisationskultur
7	Symbolverarbeitung (Symbol Processing Systems)	Mensch	Kognitive Lerntheorien, Strategisches Management
6	Bildverarbeitung (Internal Image Systems)	Nervensystem	Biokybernetische Institutsmodelle, Strategische Planung
5	Vorstrukturiertes Wachstum (Blueprinted Growth Systems)	Pflanze	Langfristplanung, Corporate Life-Cycle
4	Offenes System (Open Systems)	Zelle	Input/Output-Modelle, Situative Ansätze
3	Regelungssysteme (Control Systems)	Thermostat	Operations Research, Rechnungswesen
2	Uhrwerk (Clockwork)	Physikalische Reaktion	Flow Chart
1	Bezugsrahmen (Framework)	Atom, Molekül	Organigramm

Übersicht 1.1: Die Systemhierarchie von Boulding (1956) und ihre aktuelle organisatorische Entsprechung

Wichtig für die Umsetzung in die *Strategische Organisation* ist, daß sich die einzelnen Ebenen nicht ausschließen, organisatorische Modelle also mehrere Ebenen gleichzeitig abdecken können. So bestehen überlebensfähige Unternehmen mit ihrem impliziten Bewußtsein (Ebene 8) immer auch aus Mechanismen der Ebenen 1 bis 7.

Die entscheidende Aufgabe der Organisationstheorie und der organisatorischen Praxis besteht nun darin, Ansätze bereitzustellen, die möglichst viele Ebenen abdecken. Systeme sind nach *Boulding* nur lebensfähig, wenn sie die Inhalte aller Ebenen berücksichtigen. Solche Konzepte fehlen aber offenbar. Nötig sind daher zumindest ebenenspezifische Modelle, die, exakt fokussiert, die Grundidee jeweils einer einzelnen Ebene umsetzen: Durch die Verbindung dieser Modelle kann dann die Gesamtkomplexität der Realität (zumindest bis auf Ebene 8) abgedeckt werden.

Allerdings haben sich die Modelle der Organisationstheorie substantiell nur bis Ebene 4 emporgearbeitet. Nach *Pondy* und *Mitroff* (1979) hat die in diesem Rahmen arbeitende empirische Forschung im Aufbau ihrer Forschungsdesigns sogar lediglich das Niveau der Ebene 1 erreicht!

Welche **Anwendungen** lassen sich nun aus dem „System der Systeme" von *Boulding* ableiten?

Die Boulding-Hierarchie ist ein nützliches *(Denk-)Instrument* zur Positionierung organisationstheoretischer Ansätze. Dies beginnt bei einfachen Hilfsmitteln zur Organisation (Beispiel: Organigramm) und geht über die klassischen sowie situativen Ansätze bis hin zum Konzept der Organisationskultur. Diese klassifikatorische Leistungsfähigkeit kommt besonders der Organisationslehre zugute, die aufgrund ihrer vielen Facetten oft ein eher heterogenes und unübersichtliches Bild liefert.

Die Boulding-Hierarchie macht eindrucksvoll auf generelle Forschungsdefizite sowie *Lücken* bestehender Ansätze aufmerksam und hilft so bei der Erklärung der damit verbundenen Probleme: Gerade weil die Boulding-Hierarchie mit ihrem Vollständigkeitspostulat eine klare Richtlinie für diverse Managementkonzepte liefert, lassen sich durch Abgleich bestehender Ansätze mit dieser Vorgabe Defizite lokalisieren. Diese Defizite erlauben es dann, die bei der Umsetzung der Konzepte entstehenden Probleme zu erklären und Wege zur Problembeseitigung aufzuzeigen. Beispielsweise operieren zumindest einige deutschsprachige Ansätze zur strategischen Kontrolle weitgehend auf der Ebene 3, ohne sich bewußt in eine ganzheitliche Systemperspektive zu integrieren. Die Gründe für ein Scheitern sind damit offenkundig: Es fehlt eine Ausdehnung auf die darüberliegenden Ebenen 4 bis 8 genauso wie eine instrumentelle Anbindung an die Ebenen 1 und 2.

Die Boulding-Hierarchie liefert einen *Mindest-Standard* zur angemessenen Lösung organisatorischer Fragestellungen. Danach ist es erforderlich, zur effizienten und effektiven

Bewältigung organisatorischer Fragestellungen solche Lösungen anzubieten, die letztlich die zentralen Aspekte der Ebenen 1 bis 8 dieser Hierarchie berücksichtigen: Da sich reale Systeme nur bei einer solchen Vollständigkeit als überlebensfähig erweisen, müssen nach *Boulding* auch organisatorische Lösungen diese zwingend aufweisen.

Die Boulding-Hierarchie wirft eine Reihe von spannenden *Forschungsfragen* auf. Dies gilt zum einen für die noch immer vollkommen unbeantwortete Frage nach der Umsetzung von Ebene 9 in organisatorische Konzepte. Zum anderen gilt dies aber auch für den Zusammenhang zwischen den einzelnen Ebenen, speziell für die Frage nach einer „automatischen" Erfüllung der jeweils darunterliegenden Ebenen.

Die Boulding-Hierarchie belegt die *Notwendigkeit einer klaren Unterscheidung* zwischen realem System und organisatorischem Modell: Eine bestehende („überlebensfähige") Organisation erfüllt als reales Phänomen zwangsläufig das Postulat von *Boulding*, reicht also von Struktur bis Kultur. Organisationskultur als theoretisches Organisationsmodell bezieht sich aber lediglich auf Ebene 8 und vernachlässigt die anderen Ebenen. Würde daher in der organisatorischen Praxis ausschließlich Ebene 8 forciert, hätte dies genauso negative Folgen wie eine Beschränkung auf Ebene 1.

Die Boulding-Hierarchie eignet sich – wie alle systemtheoretischen Ansätze – als Plattform für die *Kommunikation* zwischen den Vertretern der verschiedenen Boulding-Ebenen: Wird klar, daß eindeutig auf unterschiedlichen Ebenen argumentiert wird, erscheinen auch die Mißverständnisse und Fehlbeurteilungen in einem anderen Licht. So ist einem „Klassifikator" der Ebene 1 und 2 ein „Empiriker" der Ebene 4 suspekt, diesem wiederum erscheint ein „Kulturist" der Ebene 8 als unwissenschaftlich. Dieser seinerseits sieht auf den unteren Ebenen allenfalls einen blinden Determinismus („alles ist meßbar"). Aus diesem Grund unterstützt gerade die Boulding-Hierarchie die zunehmend wichtiger werdende integrative Sichtweise (auch) in der Organisationstheorie.

Die Hierachie von *Boulding* bietet wie jeder Klassifikationsvorschlag Angriffspunkte zur Diskussion: So vor allem fällt die Zuordnung von organisatorischen Phänomenen (wie z.B. „Lernen") teilweise schwer. Aus diesem Grund wird in der *Strategischen Organisation* auch nicht die Boulding-Hierachie als durchgängiges Gliederungskriterium verwendet und statt dessen ein anderes Denkschema entwickelt, das aber ebenfalls unterschiedliche Organisationsperspektiven repräsentiert. Anders als bei *Boulding* wird zudem in der *Strategischen Organisation* keine hierarchische Wertung von Ebenen unterstellt, nach der beispielsweise die Ebene der Uhrwerke „hochwertiger" ist als die Ebene der Bewegungsrahmen. Vielmehr werden hiermit unterschiedliche, aber gleichrangige Sichtweisen präsentiert.

1.2.2 Der Konstruktivismus

Wir müssen uns immer wieder vor Augen führen, daß die Gegenständlichkeit der institutionalen Welt, so dicht sie sich auch dem Einzelnen darstellen mag, von Menschen gemachte, konstruierte Objektivität ist. (Berger/Luckmann 1980, 64)

Boulding macht mit seiner Systemtheorie darauf aufmerksam, daß es im Umgang mit Organisationen nicht nur um objektive und reale Phänomene geht, sondern daß vieles auch im Kopf passiert, dennoch (und gerade deshalb) aber extrem verhaltensprägend ist. Diese „Vorgänge im Kopf" werden unter dem Begriff *Konstruktivismus* zusammengefaßt.

1.2.2.1 Sozialkonstruktivismus: Berger und Luckmann

Einer der herausragenden Ansätze in diesem Bereich ist der auf *Berger* und *Luckmann* (1980) zurückzuführende Sozialkonstruktivismus. Der Anspruch der Autoren an die Wissenssoziologie ist die Erforschung der gesellschaftlichen Konstruktion von Wirklichkeit, um diese dann verstehen zu lernen. Anders ausgedrückt: Warum wird subjektiver Sinn zu objektiver Faktizität?

Berger und *Luckmann* gehen dabei von folgender These aus: Die soziale Wirklichkeit der Gesellschaft ist objektiv gegeben, weil sie von Menschen objektiviert wurde. Dies führt zu folgendem Paradoxon: Der Mensch ist fähig, eine Welt zu produzieren, und erlebt sie dennoch gleichzeitig als menschliches Produkt. Um diesen wechselseitigen Prozeß zu erklären, werden die Vorgänge untersucht, die zur Konstruktion von Gesellschaft einerseits als objektive und andererseits als subjektive Wirklichkeit führen.

Peter L. Berger	*Geb. 1929* *Professor an der University of Boston, Mass.* *Berger lebt seit 1946 in den Vereinigten Staaten, wo er sein Studium der Philosophie und der Soziologie absolvierte. 1966 Professor an der City University of New York, 1967 an der New School for Social Research, New York, dann an der Boston University.*
Thomas Luckmann	*Geb. 1927* *Seit 1971 Professor an der Universität in Konstanz.* *Studium der Sprachwissenschaften, Philosophie, Soziologie und Psychologie in Wien, Innsbruck und New York. 1965 Ordinarius für Soziologie an der Universität Frankfurt/Main.* *Hauptwerk beider Autoren: Die gesellschaftliche Konstruktion der Wirklichkeit. Eine Theorie der Wissenssoziologie (1980, 1. Aufl. 1969).*

Im Mittelpunkt der sozialkonstruktivistischen Denkschemata steht die Beziehung zwischen Externalisierung, Objektivation und Internalisierung. Dieser Prozeß von Entäußerung, Vergegenständlichung und „Einverleibung" findet beim Menschen ständig statt und ist notwendig, um eine stabile Umwelt zu schaffen. Gesellschaft ist daher zwar nicht biologisch abzuleiten, liegt aber in der biologischen Verfassung des Menschen begründet. Mensch wird man erst durch Interaktion mit anderen! Gesellschaftsordnung ist demnach immer ein Produkt des Menschen.

In diesem Zusammenhang entsteht nach *Berger* und *Luckmann* (1980, 56-72) eine objektive Wirklichkeit durch **drei Mechanismen**:

1. *Habitualisierung* ist ein Gewöhnungsprozeß, bei dem – zunächst nur von einem Menschen – Handlungen wiederholt werden. Dies ist für den Menschen zwingend notwendig, um ihn in einer komplexen Umwelt nicht zu überfordern. Habitualisierung reduziert demnach Spannungen durch Routine, eröffnet aber auch Möglichkeiten für Innovation, da Energien gespart beziehungsweise anderweitig eingesetzt werden können.
2. Der Habitualisierung folgt die *Institutionalisierung*, indem habitualisierte Handlungen mit anderen Menschen zusammen wiederholt wechselseitig reproduziert werden. Diese Typisierung – bezogen sowohl darauf, welche Typen von Handelnden routinemäßig etwas tun, als auch darauf, was sie dann routinemäßig tun – wird damit zu einer Institution, zu einem Allgemeingut. Wichtig ist dabei die Relevanz einer typisierten Tätigkeit: Um zu einer gesellschaftlichen Situation – oder Ordnung – zu werden, muß sie ihren Ursprung überdauern, sozusagen als gesellschaftliches Wissen weitergegeben werden. Eine institutionalisierte Welt wird dann als objektivierte Welt erlebt. Diese Objektivierung kann in der Gesellschaft nur mit Hilfe eines Zeichensystems vollzogen werden, das es ermöglicht, gemeinsame Erfahrungen zu wiederholen und zugänglich zu machen. Wichtigstes Zeichensystem ist die Sprache als Grundlage eines kollektiven Wissensbestandes.
3. *Legitimierung* schließlich ermöglicht einen subjektiven Zugang zu den Institutionen, indem diese erklärt, gerechtfertigt und damit sinnvoller werden. Der Legitimierungsprozeß kann pragmatisch erlebbar gestaltet oder durch symbolische Sinnwelten vermittelt werden. Allerdings sind auch diese Sinnwelten gesellschaftliche Produkte. Sie erleichtern durch ihren Abstraktionsgrad die Integration von Widersprüchlichkeiten und damit aller institutionellen Prozesse. Die Gesellschaft als Ganzes erhält Sinn.

Je abstrakter die Legitimierungsprozesse werden, desto unwahrscheinlicher werden allerdings auch Wandel und Anpassung; das Beharren auf legitimierten Institutionen steigt.

Für den Prozeß der Objektivierung existieren zum einen die innere (Körper-)Welt, die nur uns zugänglich ist, und zum anderen die äußere Welt, wie sie uns durch **Sozialisationsprozesse** (vgl. *Berger/Luckmann* 1980, 139-157) vermittelt wird:

- Die *primäre Sozialisation* geschieht während der Kindheit. Vor allem ist das Erlernen von Sprache hier wichtig. Mit der primären Sozialisation wird eine unausweichliche Wirklichkeit internalisiert, es findet eine Quasi-Identifikation mit den Eltern statt.

- Die *sekundäre Sozialisation* beginnt, wenn neben den Eltern andere Personen anfangen, Einfluß auf die Entwicklung im Leben zu nehmen. In der Regel beginnt dieser Abschnitt mit der Einschulung. Die Welt tritt langsam in ihren institutionalen Zusammenhang. Internalisierung wird schwieriger, sie ist nicht mehr ursprünglich. Die subjektive Welt wird zerbrechlicher, weil sie nicht mehr so vertraut ist wie die in der primären Sozialisation vermittelte Wirklichkeit. Dies bedeutet, daß den Legitimierungsprozessen größere Bedeutung zukommt. Daneben kann die subjektive Wirklichkeit auch durch Routinen gesichert werden. Sie ist damit an die Selbstidentifizierung innerhalb der Gesellschaft gebunden.

Die sekundäre Sozialisation ist niemals abgeschlossen und erlaubt uns, zwischen verschiedenen Wirklichkeiten zu wählen beziehungsweise uns zu verändern. Gleichzeitig ist die subjektive Wirklichkeit der Schlüssel zu unserer Identität. Hier wird allerdings auch die Wechselwirkung zwischen subjektiver und objektiver Wirklichkeit deutlich: Unsere Identität wird geformt, aber auch bewahrt durch die objektive Wirklichkeit. Das heißt, daß subjektive und objektive Wirklichkeit einander zwar entsprechen, aber niemals symmetrisch sind. Erfolgreiche Sozialisation bedeutet demnach hohe Übereinstimmung beider Wirklichkeiten.

1.2.2.2 Kommunikationstheoretischer Konstruktivismus: Watzlawick

Während *Berger* und *Luckmann* sich mit der gesellschaftlichen Objektivierung befassen, untersucht *Watzlawick* (1992; 1996) die kommunikationstheoretische Komponente der Konstruktion von Wirklichkeiten. Anders als der Sozialkonstruktivismus beginnt er nicht mit der Formulierung einer Theorie, um anschließend ihre Gültigkeit nachzuweisen, sondern zeigt anhand zahlreicher heterogener Beispiele deren gemeinsame Struktur auf und konzentriert diese in eine zentrale **Grundthese**: Sie besteht darin, daß keine absolute Wirklichkeit existiert. Vielmehr wird von subjektiven, teilweise widersprüchlichen *Wirklichkeitsauffassungen* naiv angenommen, daß diese einer wirklichen Wirklichkeit entsprechen.

Paul Watzlawick	*Geb. 1921* *Seit 1960 Forschungsbeauftragter am Mental Research Institute in Palo Alto, Kalifornien. Bis 1954 Ausbildung in Psychotherapie am C. G. Jung-Institut in Zürich. 1957-1960 Professor für Psychotherapie in El Salvador. Daneben Lehrtätigkeit an der Stanford University an der Abteilung für Psychiatrie.* *Hauptwerke: Wie wirklich ist die Wirklichkeit? (1996; 1. Aufl. 1976); Die erfundene Wirklichkeit (Hrsg.; 1981).*

Zu differenzieren ist hierbei zwischen **zwei Wirklichkeitsbegriffen**: Die Wirklichkeit *erster Ordnung* bezieht sich auf physische und weitgehend objektive Objekteigenschaften. Wirklichkeit *zweiter Ordnung* hingegen betrifft die Zuschreibung von Sinn und Wert dieser Objekte. An dieser Stelle drängt sich zwangsläufig die Frage nach dem Entstehungsprozeß dieser Wirklichkeiten auf: Gerade die Wirklichkeit zweiter Ordnung basiert primär auf Kommunikation. Schon allein deshalb wäre eine Wirklichkeitsdefinition im Sinne eines absoluten Wahrheitsanspruches absurd. Vielmehr sollte aus Sicht *Watzlawicks* versucht werden, Kommunikationsstörungen weitgehend zu reduzieren.

Kommunikationsstörungen rufen einen Zustand der *Konfusion* hervor und erzeugen Verzerrungen der Wirklichkeitserlebnisse. Dies führt zu unmittelbaren Lösungsversuchen, bei denen über das Auffinden von Ordnungsmustern eine stabile Wirklichkeit geschaffen werden soll. Häufige Ursache für Konfusionen sind Übersetzungsfehler, die nicht nur verbaler Natur sein können, sondern sich auch aufgrund kultureller Unterschiede nonverbal, also durch spezifische Verhaltensweisen, ergeben können.

Ein weiterer Konfusionsgrund liegt in der Struktur der Mitteilung selbst: Derartige *Paradoxien* sind universal und können unsere Wirklichkeitsauffassung nachhaltig beeinflussen.

1.2.2.3 Radikaler Konstruktivismus: v. Glasersfeld

Ein dritter Ansatz zur Erklärung dessen, was Menschen als Definition von Realität begreifen, ist der Radikale Konstruktivismus. Die Radikalität des Radikalen Konstruktivismus besteht in der völligen Loslösung vom Begriff der Objektivität. Dieses Paradigma fußt auf drei Bausteinen (vgl. *Schmidt* 1994b, 7): der Systemtheorie (vgl. z.B. *v. Foerster* 1994), der Biologie (vgl. z.B. *Maturana* 1985) und vor allem der Erkenntnistheorie (vgl. z.B. *v. Glasersfeld* 1992). Die zentrale **Hypothese** besteht darin, daß aufgrund der *operationalen Geschlossenheit* des menschlichen Gehirns kein direkter Zugang zur Außenwelt möglich ist. Vielmehr bewegen wir uns in einer subjektiv konstruierten Welt, deren reale Existenz objektiv nicht zu überprüfen ist (vgl. *Schmidt* 1994a, 16). Diese Konstruktion erfolgt über Selbstreferentialität, indem sich das Gehirn als nicht-triviale Maschine in seinen Zuständen stets nur auf die vorherigen bezieht. Wirklichkeit existiert somit nur in und über die jeweiligen Beobachter, die außerstande sind, ihre Konstruktionserfahrungen anderen ikonisch zu transferieren. Letztlich ist es nur möglich, erfahrungsgestützt *Intersubjektivität* zwischen Individuen zu konstruieren. Diese Wirklichkeit muß demnach übereinstimmend erfunden – und nicht entdeckt – werden.

So ist auch *Wissen* immer beobachterabhängig und kann nur dann mit anderen geteilt werden, wenn es sich über Interaktionen als viabel – passend, funktionierend – erwiesen hat. Wissen ist dementsprechend die Konstruktion und Erhaltung von Invarianzen, während *Lernen* die gesteigerte Fähigkeit zur Kontrolle und Regulierung von Sinneseindrücken und Referenzsignalen darstellt (*Richards/v. Glasersfeld* 1994).

Abbildung 1.1 verdeutlicht die dargestellten **Zusammenhänge**: Objekte der objektiven Realität – beispielsweise ein Apfel – werden von Individuen durch einen subjektivistischen Prozeß wahrgenommen. Dieser Apfel wird aber nicht ins menschliche Gehirn transportiert, sondern „als wirklich" konstruiert. Für Vertreter des Radikalen Konstruktivismus ist die Objektivierung hier abgeschlossen. Kommunikative Interaktionen erlauben nun sowohl die Feststellung der Wirklichkeit erster Ordnung wie Gewicht oder Größe als auch der Wirklichkeit zweiter Ordnung wie Geschmack. Besteht schließlich in der Gesellschaft hierüber weitgehend Einigkeit gemäß der von *Berger* und *Luckmann* dargestellten Prozesse, wurde die soziale Konstruktion eines „wirklichen" Apfels ermöglicht.

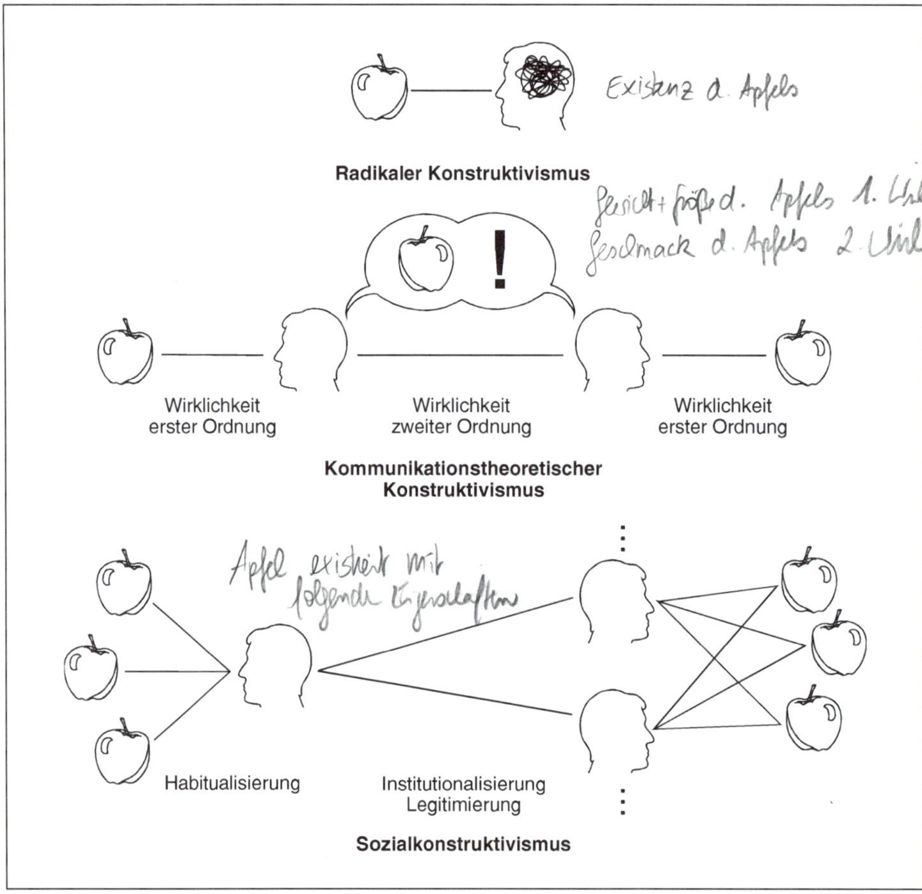

Abbildung 1.1: Die konstruktivistischen Zusammenhänge

Im Rahmen der *Strategischen Organisation* wird der Konstruktivismus mit seinem Gedankengut an mehreren Stellen explizit aufgegriffen, beispielsweise im Zusammenhang mit der virtuellen Organisation. Gleichzeitig prägt er aber auch den Umgang mit vielen anderen organisatorischen Konzepten und Instrumenten: So ist eben ein Organigramm nicht nur eine funktionale Aufgabenverteilung, es schafft vielmehr eine spezifische Wirklichkeit in den Köpfen der Betroffenen, die es ebenfalls zu berücksichtigen gilt. Hier erfahren vor allem Objekte aus den mechanischen Organisationsperspektiven wichtige Erweiterungen.

1.2.3 Der evolutorische Gigatrend: Laszlo

Die evolutionäre Vision ist praktisch, und sie kann angewendet werden. Wir können von einer Ebene zu einer anderen wechseln – entsprechend der Verlagerung des Interesses. Wir können ein Atom oder eine Zelle als ein sich entwickelndes System auffassen. Das gleiche gilt für ein Organ, einen Organismus, eine Familie, eine Gemeinschaft oder ein ökologisches System. Wir können das Unternehmen als ein evolutionäres System auffassen und seinen Platz sowie seine Rolle in der riesigen Kathedrale begreifen, welche aus den zahlreichen Systemen besteht, die die Umwelt darstellen, in der es tätig ist. (Laszlo/Laszlo/v. Liechtenstein 1992, 215)

In seiner wirtschaftlichen, politischen und gesellschaftlichen Analyse unserer Gesellschaft postuliert *Naisbitt* (1982) seine inzwischen allseits bekannten **Megatrends**, zu verstehen als Bewegungen
- von der Industrie- zur Informationsgesellschaft,
- von niedriger zu höherer Technologie,
- von der Nationalökonomie zur Weltwirtschaft,
- von kurzfristig zu langfristig,
- von Zentralisation zu Dezentralisation,
- von der institutionalisierten Amtshilfe zur Selbsthilfe,
- von der repräsentativen zur partizipatorischen Demokratie,
- von Hierarchien zu Verbundenheit, Verflechtung und gegenseitiger Abhängigkeit,
- von Norden nach Süden,
- vom Entweder/Oder zur multiplen Option.

Der jetzige Zustand der Gesellschaft und der Umwelt wird dabei als ein Zwischenzeitalter gesehen, eine Übergangsspanne vom Alten ins Neue, in der aus beiden Zeitaltern bereits Elemente bestehen oder noch vorhanden sind.

Diese Megatrends sind zweifelsohne wichtig, werden aber nach Ansicht von *Laszlo/Laszlo/v. Liechtenstein* (1992) im Rahmen der evolutionstheoretischen Managementlehre durch den evolutorischen **Gigatrend** überboten. „Megas“ aus dem Griechischen bedeutet dabei groß, „gigas“ dagegen bedeutet gigantisch. Gigatrends sind somit tiefer und länger als Megatrends.

Solche evolutionären Gigatrends ziehen sich nach *Laszlo* von der Steinzeit bis zum Informationszeitalter durch alle Formen menschlicher Gesellschaften. Danach werden Organisationen nicht etwa geschaffen, sie werden quasi von selbst zu etwas. Das Ergebnis ist ein Prozeß, der gerade wegen der Lernprozesse nichtdeterministisch und nicht umkehrbar ist. Gerade auch Organisationen im Sinne von sozialen Systemen durchlaufen

Wachstumsmuster, die einem langfristigen Trend folgen. Solche evolutionären Trends sind nach *Laszlo* weit dauerhafter und entscheidender als die Megatrends.

Ervin Laszlo	*Geb. 1933* *In seiner Jugend war Laszlo äußerst erfolgreicher Konzertpianist. Dann entdeckte er sein Interesse an Philosophie und Sozialwissenschaften und wandte sich der Wissenschaft zu. Er hatte mehrere Lehrstühle in Europa, Asien und USA inne.* *Laszlo war Mitbegründer des Club of Rome und wissenschaftlicher Berater des Generalsekretärs der UNESCO.* *Hauptwerk – neben 50 anderen Büchern: Evolutionäres Management (1992 gemeinsam mit Laszlo und v. Lichtenstein).*

Dies bedeutet nach *Laszlo* Umdenken in Richtung auf selbstorganisierende und evolutionäre Systeme. Der Mensch ist dabei weniger der bewußte und mechanische Gestalter, er ist vielmehr der unbewußt und auch durch symbolische Sinnsysteme Handelnde, der gleichzeitig in einem evolutorischen Sog mitgezogen wird. *Laszlo* sieht die heutigen Organisationen also mit kleinen Schritten einem langfristigen Entwicklungstrend folgen und damit auch selbst als Objekt einer solchen Entwicklung. Um diese Entwicklung zu verstehen und um gestalterisch einzugreifen, bietet *Laszlo* mehrere Schlüsselprinzipien an (vgl. Übersicht 1.2), die er als „Prinzipien des Managements" bezeichnet.

Grundprinzip	Ökonomisch offen und ökologisch geschlossen arbeiten
Einstiegsprinzip	Information in Know-how umwandeln
Entscheidungsprinzipien	Wahrscheinlichkeiten gewichten Evolutionär planen Horizonte erweitern
Organisationsprinzipien	Gedächtnis löschen Parallelverarbeitung anwenden Hierarchien in Heterarchien transformieren
Schnittstellenprinzipien	Beidseitig beobachten Koevolution praktizieren Schmetterlingseffekte nutzen
Operative Prinzipien	Ökologische Buchhaltung einführen „Open-system"-Marketing betreiben Langfristig Qualität sichern Weitsichtige F&E verwirklichen Dynamische Durchbrüche einleiten Kreatives Chaos schaffen Informationskopplungen herstellen Synergetische Konvergenzen fördern Evolutionäre strategische Partnerschaften bilden

Übersicht 1.2: Die Prinzipien des Managements nach Laszlo/Laszlo/v. Liechtenstein (1992, 100)

Sicherlich mag man einwenden, derartige Schlüsselprinzipien weisen nur begrenzten **Nutzen** im Managementalltag auf. Visualisiert man allerdings diese Prinzipien vor dem Hintergrund der Realität, so wird unmittelbar die praktische Übertragbarkeit klar: Bereits das Grundprinzip dient unmittelbar der Erhaltung der Lebensfähigkeit des Unternehmens. Ähnliches gilt bis zum operativen Prinzip der Suche nach evolutionär-strategischen Partnerschaften.

Im Ergebnis führt die konsequente Anwendung der Schlüsselprinzipien zu einem vollkommen neuen Denken, bei dem sowohl die Beziehungen innerhalb von Organisationen (und speziell von Unternehmen) anders gesehen werden als auch die Interdependenzen zwischen Organisationen enger und vielschichtiger werden (Übersicht 1.3).

Herkömmliche Sichtweise	Evolutionäre Sichtweise
Das Unternehmen ist die Summe seiner Aktivitäten und strategischen Geschäftsbereiche.	Das Unternehmen ist ein ganzheitliches System mit all seinen Abläufen und Strukturen.
Das Unternehmen entwickelt sich in einer linearen, stabilen und voraussagbaren sowie kontrollier- und steuerbaren Art und Weise.	Das Unternehmen entwickelt sich nicht linear, sondern mit nach Wahrscheinlichkeitsgesetzen entstehenden Entwicklungssprüngen und Umwandlungen, die gesteuert, aber nicht vorausbestimmt werden können.
Die angezeigte Organisationsform ist die Matrix-Hierarchie.	Die angezeigte Organisationsform ist eine übergeordnete, katalytische und vernetzte Heterarchie.
Geschäftsbeziehungen mit Lieferanten, Vertriebs-Organisationen und Konkurrenten sind von der Art eines Null-Summen-Spiels des Typs „Ich-gewinne-du-verlierst“.	Alle Geschäftsverbindungen sind tatsächlich oder potentiell von der Art, gemeinsam zu gewinnen: „Win-Win/Gewinnen-Gewinnen“.
Es gibt klar definierte Grenzen sowohl innerhalb der Firmenbereiche als auch zwischen der Firma und ihrer weiteren Umwelt.	Die Grenzen sind unscharf (fuzzy), und sie sind durchlässig für Information sowie durch funktionale Verbindungen gekennzeichnet.

Übersicht 1.3: Paradigmenwechsel zur evolutionären Perspektive nach Laszlo/Laszlo/v. Liechtenstein (1992, 84)

Dieser **Paradigmenwechsel** hat weitreichende Konsequenzen und führt zu konkreten Gestaltungshinweisen. So schlägt *Laszlo* unter anderem vor (vgl. *Laszlo/Laszlo/v. Liechtenstein* 1992, 144),
– aus einem wettbewerbsfähigen Unternehmen heraus ein Team zu bilden, das sich ökologisch im Einklang mit der physischen und biologischen Umwelt selbst erhält,
– Visionen und Unterstützung von Führungsverhalten herzustellen, die dann die Mitarbeiterbeteiligung in den Mittelpunkt stellen,
– den Schwerpunkt weniger auf Strukturen setzen, sondern mehr auf Abläufe und Prozesse als Quelle von Wettbewerbsvorteilen,
– Investitionen in Informationsgewinnung und -verbreitung als notwendige und nicht als verlorene Mittel zu betrachten und

– Strategien als kleine, gutgezielte Aktionen zu entwickeln und auf eine zentrale Gesamtoptimierung zu verzichten.

Organisationen müssen stets vor Augen haben, daß sie einem Evolutionsprozeß beziehungsweise einem Gigatrend folgen, der nicht umkehrbar ist. Sie entwickeln sich dabei nach einem vorgegebenen Wachstumsmuster aus sich selbst heraus.

Für die *Strategische Organisation* steuert *Laszlo* vor allem diesen Paradigmenwechsel zu einer evolutionären Sichtweise bei: Organisationen sind deshalb als organische Systeme zu interpretieren, die sich evolutorisch verändern und in diesem Prozeß zu unterstützen sind.

1.2.4 Die Metapher der Grenzenlosigkeit: Ohmae, Kanter und Ashkenas et al.

> *For much of the twentieth century, business managers around the world confronted a series of walls. Walls between nations that establish the boundaries of national markets, national practices, or national social, economic, and political systems. Walls between the company and the society in which it exists, drawing sharp distinctions between corporate interests and social interests. Walls between work and home, separating those activities that involve earning a living from those that constitute just plain living. Walls within the workplace itself, dividing managers from workers, function from function, line from staff. And walls between the company and its stakeholders, including suppliers, customers, and venture partners.*
> *Now, we are told, the walls are crumbling. (Kanter 1991, 151)*

In den Arbeiten von *Laszlo* ebenso wie in diversen anderen Publikationen, die Anfang der neunziger Jahre entstanden, wurde über die Grenzen von Organisationen und ihre Überwindbarkeit diskutiert. Dahinter steht das zentrale Bild von Managern, die ihre organisatorische Einheit defininiert sehen durch die sie umgebenden Mauern. Doch Ende der achtziger Jahre fielen nicht nur politische Mauern, auch Organisationen begannen darüber nachzudenken, wie gerade durch Nicht-Existenz von Abgrenzungen strategische Vorteile entstehen könnten.

Für den internationalen Bereich propagiert *Ohmae* (1990) mit seinem Buch „The Borderless World" die Grundidee einer neuen Logik der Zusammenarbeit, die über Landesgrenzen hinweg operiert. Er zeigt dabei deutlich auf, daß Abbauen von Grenzen nicht nur ein materielles Phänomen ist. Es hat auch viel mit psychischen Aspekten zu tun, wobei speziell die Rolle der „Zentrale" zunehmend zu hinterfragen ist. Auch wenn die Aussagen im Buch insgesamt eher programmatisch ausfallen, deuten sie doch auf die Andersartigkeit eines Denkens in einer „grenzenlosen Welt" hin.

Einen weiteren Impuls zur Erkenntnis der Möglichkeiten von strategischen Vorteilen zeigt *Kanter* (1991) in ihrer **Studie** zum Thema „Transcending Business Boundaries" auf.

In ihrer Befragung von circa 12.000 Managern weltweit wurde durch 91 Fragen versucht, die Antwort darauf zu finden, ob Wandel nicht nur eine strategische Notwendigkeit, sondern auch eine strategische Chance für die Organisation bedeuten kann. Diese strategische Chance wurde speziell darin gesehen, daß es durch den Wandel der Umwelt zur Auflösung der bisher vorhandenen Grenzen der Organisationen kommt, und zwar von

- Grenzen zwischen Ländern,
- Grenzen zwischen Organisation und Umwelt,
- Grenzen zwischen privaten und beruflichen Gegebenheiten,
- Grenzen zwischen den Managementebenen,
- Grenzen zwischen Organisationen einerseits und Kunden beziehungsweise Lieferanten andererseits.

Als Ergebnis der Studie wurde festgestellt, daß Wandel tatsächlich überall stattfindet, die Idee einer globalen Organisation ohne jegliche Grenzen jedoch mehr Traum als Wirklichkeit ist.

Dabei gibt es speziell vier **Grenzarten**, die Organisationen kennzeichnen und die gegebenenfalls verringert werden können (vgl. *Ashkenas* et al. 1995, 11-13):

- *Horizontale* Grenzen bestehen zwischen Funktionen oder Produktlinien und lassen sich als Mauern zwischen Zimmern charakterisieren. So denkt beispielsweise der Forschungsbereich über technologische Höhenflüge nach, die Marketingleute wollen Kundenbedürfnisse durch Vielfalt befriedigen, und für den Kostenrechner ist die klare Abbildbarkeit im System des Rechnungswesens die oberste Priorität.
- *Vertikale* Grenzen sind die Schichten in den Organisationen, charakterisierbar durch Decken beziehungsweise Fußböden in einem Haus. Diese Grenzen drücken sich aus in unterschiedlichen Rangbezeichnungen, Statussymbolen und Befugnissen. Und nicht nur in militärischen Organisationen läßt sich der Rang einer Person an ihrer Kleidung ablesen. Gefährlich wird es besonders dann, wenn jede Ebene ihr eigenes Gruppendenken entwickelt, sich so von anderen Ebenen abgrenzt und damit die Durchlässigkeit von Ideen und Informationen verhindert.
- *Externe* Grenzen schotten die Organisation von ihrer Umwelt ab. Die Mittel zum Errichten und Stabilisieren dieser Grenzen sind vielfältig: Dies beginnt mit einer Trennung in „Wir“ und „die Anderen“ und geht über materielle Barrieren (Werkstore mit Ausweiskontrolle) bis hin zu rechtlichen Abgrenzungen.
- *Geographische* Grenzen existieren immer dann, wenn Organisationen in unterschiedlichen Regionen tätig sind, dort spezifische Eigenheiten entstehen und auf diese Weise neben der Distanzbarriere auch unterschiedliche Entwicklungspfade eingeschlagen werden.

Auch wenn die Vorschläge von *Ashkenas* (et al. 1995) überwiegend eher in den Bereich der pragmatischen Beraterheuristik einzustufen sind (beispielsweise „Kundenorientierung als Mittel zur Reduktion horizontaler Grenzen“), bleibt seine Kernaussage bestehen: Organisationen müssen (und können) sich ihrer organisatorischen Strukturgrenzen entledigen und werden auf diese Weise erfolgreicher.

Für die *Strategische Organisation* bedeutet das Schwinden der Grenzen im intraorganisatorischen Bereich die Schaffung flexibler Teamstrukturen, die über alle Grenzen hinweg tätig sind, letztlich vom supra- in den intraorganisatorischen Bereich mit „fliegenden" Allianzen übergehen. Eine besondere Berücksichtigung findet die Metapher der Grenzenlosigkeit in der virtuellen Organisation, die sich gerade die Überbrückung von Grenzen zum Ziel gesetzt hat.

1.2.5 Der „Crazy-Times-Kreislauf": Peters

> *What if we factored into our design the concept of curiosity itself? What if we did no less than create a curious corporation, an enterprise that really is as crazy, zany, sparkling, and innovative as the times demand? So we hired curious people, including a few, disruptive 1,000Xers; and we gave them spunky settings where they could readily bring their dog to work and break into a chorus of Oklahoma at 4 p.m., where their valuable imaginations would be nourished rather than suppressed.*
> *And what did we expect this organization to produce? Quality? Of course. But not just the quality you can capture on charts, expressed as an absence of TGW. This curious, flattened, atomized, networked, Pollocking organization that employs zany, 90 percent entrepreneurs would measure its quality in terms of TGR, expressed in units of Wow!*
> *It would seek customers' effection, not just satisfaction. It would surprise, not just please. And it would intertwine, not just listen to. (Peters 1994, 290)*

Eine ganze Reihe von Autoren hat die gegenwärtigen und oben bereits skizzierten Veränderungen in und von Organisationen zu griffigen Bildern komprimiert. Eine besonders illustrative Form ist die von *Peters* (1994) gewählte Kreislaufdarstellung (Abbildung 1.2), mit der er die heutige Zeit charakterisiert. Seine Grundaussage „Crazy Times Call for Crazy Organizations" führt zu einer kreisförmigen **Verkettung** „verrückter" Umstände.

- Den Ausgangspunkt bildet die Charakterisierung der gegenwärtigen Situation als eine *verrückte Phase* („crazy times"). Gerade die Arbeitsplätze in der Computerindustrie und dort speziell in der Softwareentwicklung zeigen, wie weit man schon von den geregelten Strukturen der Vergangenheit entfernt ist. Heute herrscht in vielen Fällen nicht nur Improvisation, sondern vor allen Dingen auch eine strikte Individualisierung der Arbeitsgestaltung und des Arbeitsablaufes.
- Eine Konsequenz aus dieser Situation ist die schwere Beherrschbarkeit der Systeme, was letztlich den Ruf nach dem *Zerschlagen* der einzelnen Systeme laut werden läßt („deconstruction"). Sobald Organisationen zu groß, zu unpersönlich und zu wenig steuerbar werden, bietet es sich an, sie in kleine und gegebenenfalls auch aggressiv auf dem Markt auftretende Einheiten zu zerlegen.
- Diese kleinen überschaubaren Einheiten setzen – um überhaupt sinnvoll operieren zu können – ein *unternehmerisches Denken* bei jedem einzelnen Mitarbeiter voraus. Es

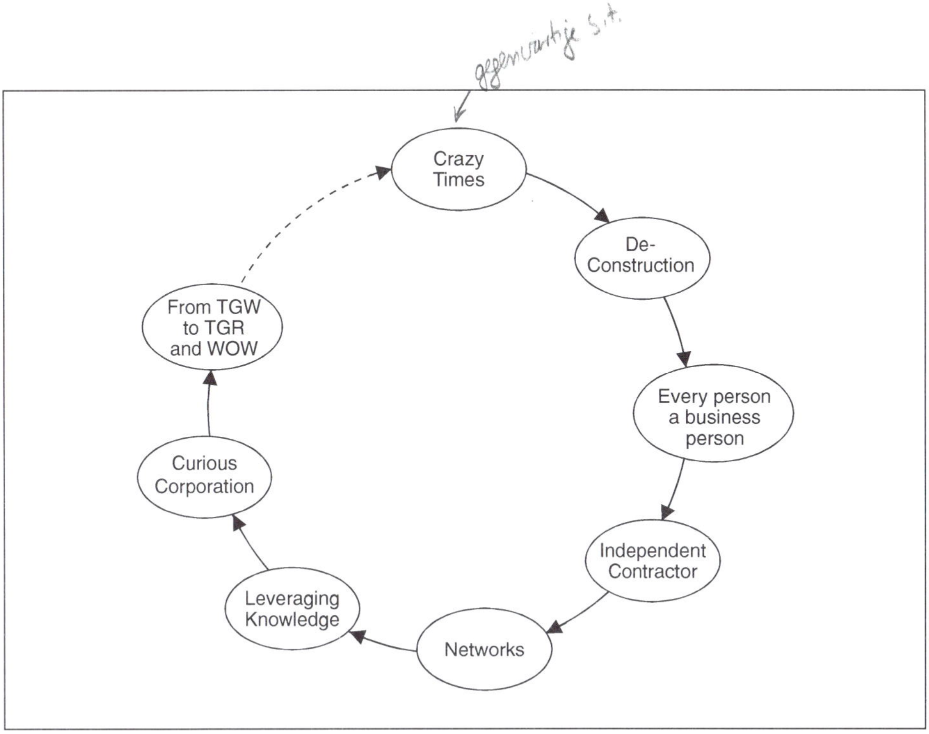

Abbildung 1.2: „Crazy-Times" nach Peters (1994, 2)

kann und wird nicht länger eine Hierarchie geben, in der einige wenige an der Spitze unternehmerisch denken und die Mehrzahl diese Ideen ausführt. Gerade wenn Organisationen zukünftig aus vielen kleineren Einheiten bestehen, muß und wird das unternehmerische Denken sich auch auf eine Vielzahl von Mitarbeitern verlagern („every person a business person").

- Die Frage bleibt allerdings, wie dieses unternehmerische Denken in die Hierarchie einer vertraglichen Form verankert wird. Hier scheint sich eine *einzelvertragliche Lösung* anzubieten, nach der jeder Vorgesetzte für sich selbst verantwortlich ist und damit jeder laufend Verträge über sich selbst abschließt. Im Extremfall handelt ein Mitarbeiter für sich selbst aus, wann und wo und wie er für wieviel Geld arbeitet („independent contractor").
- Eine Folge dieser zerschlagenen Unternehmen ist auch die Tatsache, daß die kleineren Einheiten sich zwangsläufig in eine Entwicklungsphase begeben, die zu einer Bildung von *Netzwerken* führt. Hinzu kommt, daß auch zwischen den unabhängigen Vertragsnehmern weitere Netzwerke entstehen, die ein sinnvolles Überleben erst ermöglichen („networks").
- Angesichts der sich radikal verkürzenden Halbwertzeit des Wissens, also der erheblich rascheren Rate des Veraltens von Wissen, stellt sich zwangsläufig auch die Frage danach, wie dieses Wisssen aktualisiert und vermehrt werden kann. Hierzu müssen Organisationen ebenfalls Mechanismen bereitstellen, die eine laufende *Verbesserung des Wissensstandes* durch eigene Instrumentarien hervorrufen („leveraging knowledge").

- Eine spezielle Form dieses Wissenserwerbs ist die permanente und aktive Suche nach neuem Wissen. Dies erfordert eine erheblich ausgeprägte *Neugier*. Die Organisation wird also nicht nur zu einer lernenden Organisation, sondern vor allen Dingen zu einer neugierigen Organisation („curious corporation“).
- Haben sich früher organisatorische Maßnahmen und inner- und zwischenbetriebliche Diskussionen primär auf die Frage nach den Dingen, die falsch gelaufen sind, konzentriert („things gone wrong“ = „tgw“), so rücken jetzt die Aspekte in den Vordergrund, die richtig gelaufen sind („things gone right“ = „tgr“). Auch hierin sieht *Peters* nur einen Übergang, der letztlich zu einem Stadium führt, das er schlicht „wow“ als Ausdruck des grenzenlosen Erstaunens charakterisiert. Offen bleibt, wie dieser Zustand tatsächlich aussieht und vor allem, wie sich dieses Organisationsprinzip in der Praxis umsetzen läßt.

Betrachtet man dieses Ablaufschema von *Peters*, so liegen die Stärken eindeutig in der Betonung der sich verändernden Betrachtungsweise von Organisationen. Gerade die Aspekte Übergänge, Zerschlagung, individuelle Vertragsnehmer, Netzwerke und Neugier belegen eindrucksvoll eine veränderte Perspektive. Auf der anderen Seite muß die Frage gestellt werden, ob dieses Schema für alle Organisationen gilt, in allen Branchen auftaucht und sich vor allen Dingen in seiner letzten Konsequenz „wow“ überhaupt realisieren läßt. Hier bleibt sicherlich noch einiges im dunkeln, was allerdings nicht zwingend nur als Nachteil zu bewerten ist: Vielmehr ist es in vielen Fällen durchaus sinnvoll, tatsächlich auch die Bereiche anzusprechen, die gegenwärtig noch nicht näher konkretisiert sind.

Thomas J. Peters	*Geb. 1943* *1965 und 1966 erwarb er den Bachelor of Civil Engineering sowie den Master of Engineering in Cornell. Dort erwarb er 1972 ebenfalls seinen MBA sowie nachfolgend seinen Doktortitel.* *Zunächst bei der Unternehmensberatung McKinsey sowie als Gastdozent an der Stanford University tätig, absolvierte Tom Peters nach dem Erfolg von „In Search of Excellence“ zahlreiche öffentliche Auftritte.* *Hauptwerk: „In Search of Excellence“ (1982) (mit Robert H. Waterman als Co-Autor, das meistverkaufte Managementbuch aller Zeiten); weitere Publikation: „Liberation Management“ (1992).*

Der eigentliche Reiz der *Crazy Times* von *Peters* liegt auch für die *Strategische Organisation* vor allem in der Zusammenführung aktueller Tendenzen wie die der Fragmentierung und der anschließenden Vernetzung, alles vor dem Hintergrund einer hochgradigen Dynamik. Deshalb wird in der *Strategischen Organisation* dieses Schema auch nicht explizit in den Vordergrund gerückt, sondern vielmehr originär auf das Gedankengut zurückgegriffen, das unter anderem auch zu der *Crazy Times* von *Peters* geführt hat.

1.2.6 Die Denkhüte: de Bono

> *Each of the six thinkings hats has a color: white, red, black, yellow, green, blue. The color provides the name for the hat. I want thinkers to visualize and to imagine the hats as actual hat. For this to happen color is important. How else could you distinguish between the hats? Different shapes would again be difficult to learn and would be confusing. Color makes the imaging easier. (de Bono 1985, 31)*

Bereits das konstruktivistische Paradigma aus Abschnitt 1.2.2 weist darauf hin, daß es durchaus unterschiedliche Möglichkeiten gibt, sich seine eigene „Weltsicht" zu konstruieren. Es läßt sich nun zeigen, daß es einige typisch andersartige Perspektiven gibt, die – auf ein einziges Objekt angewendet – auch zu vollkommen unterschiedlichen Ergebnissen führen.

Einer der zentralen Vordenker dieser kognitiven Konzeptionalisierung ist *de Bono* (1985), der **sechs Denkhüte** unterscheidet, die man sich je nach Präferenz und Fragestellung „aufsetzen" kann:

- Der *weiße Hut* beschäftigt sich neutral und objektiv mit konkreten Fakten.
- Der *rote Hut* befaßt sich mit Emotionen und drückt Gefühle aus.
- Der *schwarze Hut* ist negativ. Hat man ihn auf, sieht man nur die Schattenseiten jeder Idee.
- Der *gelbe Hut* gilt als sonnig und positiv; hier stehen Optimismus, Hoffnung und freudige Erwartung im Mittelpunkt.
- Der *grüne Hut* drückt Natur und Fruchtbarkeit aus, letztlich also auch Kreativität und Innovation.
- Der *blaue Hut* repräsentiert den blauen Himmel, der über allem steht und die Gesamtkontrolle realisiert.

Diese unterschiedlichen Hüte werden im Verhaltenstraining eingesetzt, um Managern die eigenen Denkweisen aufzuzeigen und eine sukzessive Erweiterung des Horizonts zu erreichen.

Für die *Strategische Organisation* läßt sich daraus eine analoge Lehre ziehen: Je nachdem, mit welchem „Hut" man eine Organisation sieht, kommt man zu völlig anderen Ergebnissen. Wichtig ist, daß alle Hüte ihre gleiche Legitimation haben, also genauso gut und wichtig sind. Falsch ist lediglich die situationsinvariante Fokussierung auf nur genau einen einzigen Hut.

Auch wenn es wenig Sinn macht, *de Bonos* Hüte und ihre Farben in die hier zu entwickelnde Konzeption einer *Strategischen Organisation* zu transformieren, so bleibt doch die Faszination der Verwendung solcher hochgradig unterschiedlichen Sichtweisen, die nur in ihrer Gesamtheit zielführend wirken. Genau damit ist aber bereits ein wichtiges Ziel der *Strategischen Organisation* beschrieben, nämlich die unterschiedlichen Sichtweisen auf die Organisation aufzuzeigen und die daraus resultierenden Konzepte in diesem Kontext zu präsentieren.

1.3 Methodik und Vorgehensweise

Der zentrale Begriff der *Strategischen Organisation* ist die **Vitalisierung**. Sie wird in zweierlei Hinsicht eine wichtige Funktion im vorliegenden Buch übernehmen:

- Einerseits konkretisiert sie implizit das *Untersuchungsobjekt*. Organisationen werden nicht nur ziellos auf zu beobachtende Merkmale hin beschrieben, sondern als vitale Organisationen.
- Andererseits ist sie das implizite *Erfolgskriterium* der *Strategischen Organisation*. In präskriptiver Hinsicht werden im Laufe eines jeden Kapitels Prinzipien entworfen, die den Charakter einer Hypothese aufweisen. Sie beginnen jeweils mit dem Verweis auf die vitale Organisation, die es letztlich durch die organisationalen Anstrengungen zu erreichen gilt.

Eine vitale Organisation beschäftigt sich simultan mit mehreren Perspektiven gleichzeitig, die vordergründig nicht automatisch zusammenpassen müssen. Dennoch findet eine Berücksichtigung von strategischen, strukturellen, organischen, kulturellen, intelligenten sowie virtuellen Perspektiven statt (Abbildung 1.3). Dadurch werden die gesamten in der Organisationslehre behandelten Bereiche abgedeckt und soziale Systeme durch unterschiedliche Sichtweisen erschlossen.

Abbildung 1.3: Die Strategische Organisation im visuellen Überblick

Dabei werden zwar keine unterschiedlichen Denkhüte aufgesetzt, wohl aber verschiedene Perspektiven der Organisation beleuchtet. Jedes der nachfolgenden Kapitel drückt in diesem Gesamtzusammenhang eine konkrete Perspektive aus:

- *Strategische Organisation* beinhaltet ein Ausrichten auf Ziele.
- *Mechanische* Organisation liefert das Grundgerüst aus Struktur und kybernetischem Ablauf.
- *Organische* Organisation führt zur Systemtheorie und zur internen Wachstumsdynamik.
- *Kulturelle* Organisation beinhaltet das Sinn- und Wertesystem.
- *Intelligente* Organisation bedeutet Lernen durch Schaffung und Anwendung einer sinnvollen Wissensbasis.
- *Virtuelle* Organisation löst herkömmliche Organisationsgrenzen auf und schafft neuartige Gestaltungsformen.

Die Ergebnisse der Abschnitte werden jeweils zu Prinzipien zusammengefaßt, die für sich alleine genommen notwendige, nicht aber hinreichende Bedingung für organisatorischen Erfolg und organisatorische Vitalität sind.

1.4 Vertiefungsfragen

1. Diskutieren Sie die Stellung der Verantwortung für organisatorisches Handeln im Radikalen Konstruktivismus.
2. Beziehen Sie die Megatrends und Gigatrends auf die aktuelle Diskussion zum „Standort Deutschland". Welche Rolle spielen organisationale Maßnahmen bei der Lösung der Standort-Herausforderungen?
3. Diskutieren Sie folgendes Zitat: „How times have changed. Today the strategic challenge of doing more with less leads corporations to look outward as well as inward for solutions to the competitiveness dilemma, improving their ability to compete without adding internal capacity. Lean, agile, post-entrepreneurial companies can stretch in three ways: They can *pool* resources with others, *ally* to exploit an opportunity, or *link* systems in a partnership" (*Kanter* 1989, 118). Welche Grenzarten sind jeweils betroffen? Gibt es Ihrer Meinung nach in der geschilderten Herausforderungssituation weitere Optionen als die angesprochenen?
4. Inwieweit beeinflußt die Anwendung des „Crazy-Times-Kreislaufs" von *Peters* in einer Organisation die Wirklichkeitskonstruktion der Organisationsmitglieder?

2 Die strategische Organisation

Thus we arrive at the planning school's grand fallacy: Because analysis is not synthesis, strategic planning is not strategy formation. Analysis may precede and support synthesis, by defining the parts that can be combined into wholes. Analysis may follow and elaborate synthesis, by decomposing and formalizing its consequences. But analysis cannot substitute for synthesis. No amount of elaboration will ever enable formal procedures to forecast discontinuities, to inform managers who are detached from their operations, to create novel strategies. Ultimately, the term „strategic planning" has proved to be an oxymoron. (Mintzberg 1994, 321)

Erfolgreiches Organisieren setzt konsequentes Ausrichten an den Zielen der Organisation voraus. Die Sinnhaftigkeit von Strukturen und Prozessen läßt sich daher ausschließlich vor dem Hintergrund der Strategie beurteilen. Die dazu erforderlichen Überlegungen und Handlungen gruppieren sich um vier Themenbereiche: Verhalten, Effektivität, Kraftentwicklung und Stimmigkeit. Diese nachfolgend betrachteten Bereiche sind für Wissenschaftler zu verstehen als Kristallisationspunkte für strategieorientierte Theorien, für Praktiker als zentrale Aktionsfelder auf dem Weg zur *Strategischen Organisation.*

2.1 Verhalten: Von unbewußt zu bewußt

Was ist eigentlich eine „richtige" Organisationsstrategie? Verhalten wir uns wirklich strategisch? Der Umgang mit solchen Fragen gehört zum Grundwissen einer (angehenden) Führungskraft ebenso wie zum Alltag eines Top-Managers. Im Regelfall ist weder der Hochschulabsolvent noch der ergraute Konzernlenker um eine eloquente Antwort verlegen.

Eine beträchtliche Anzahl von Organisationen, vom kleinen Familienbetrieb bis hin zum globalen Großkonzern, vom lokalen Krankenhaus bis hin zur Bundesbehörde, sind wegen verfehlter Strategien bereits in beachtliche Schwierigkeiten geraten. Dies belegt eindrucksvoll, daß bereits im Grundverständnis von „strategischem Verhalten" ein Problem vorliegt, das oftmals selbst von berühmten Vorständen und Aufsichtsräten nicht durchschaut wird. Daran ändern auch vollmundige Sprüche und Beraterweisheiten wenig, die „Strategie" oft salopp auf einige nichtssagende Worte reduzieren.

Nötig ist vielmehr ein bewußtes Eindringen in die Tiefen des Strategiebegriffes, wozu die Unterscheidung nach pragmatischen und empirischen sowie deskriptiven und präskriptiven Ansätzen sinnvoll erscheint. Die kombinative Systematisierung führt zu den pragmatisch-präskriptiven, den empirisch-deskriptiven sowie den empirisch-präskriptiven Ansätzen. Vor diesem Hintergrund gibt Abbildung 2.1 einen Überblick über die in diesem Abschnitt anzusprechenden Themen.

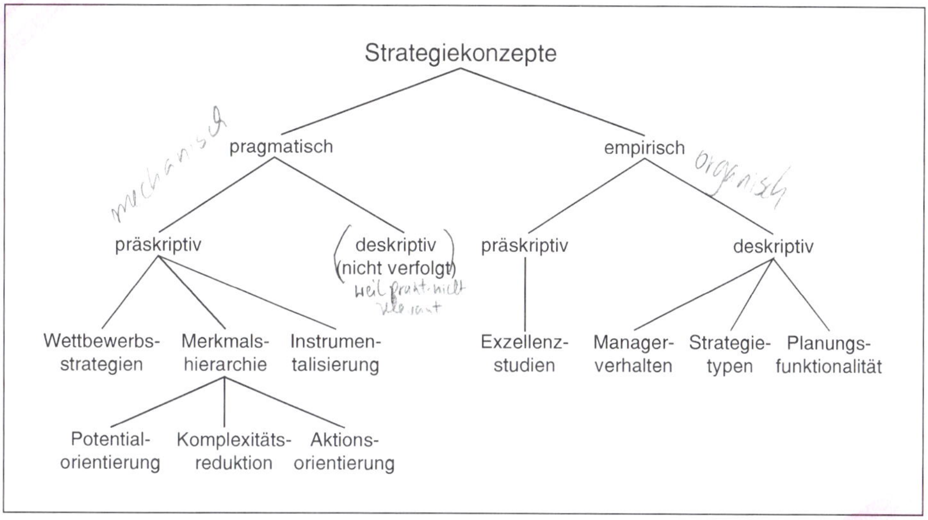

Abbildung 2.1: Systematisierung der Strategiekonzepte

Auf die Betrachtung pragmatisch-deskriptiver Ansätze soll wegen ihrer geringen theoretischen und praktischen Relevanz verzichtet werden. Auch der Strategiebegriff aus mikroökonomischer und spieltheoretischer Sicht (vgl. z.B. *Neus/Nippel* 1996) wird hier nicht betrachtet, da er einen anderen Zugang zu der anzusprechenden Thematik impliziert.

2.1.1 Pragmatisch-präskriptive Strategiekonzepte

> *Firms have discovered many different approaches to this end, and the best strategy for a given firm is ultimately a unique construction reflecting its particular circumstances. However, at the broadest level we can identify three internally consistent generic strategies (which can be used singly or in combination) for creating such a defendable position in the long run and outperforming competitors in an industry. (Porter 1980, 34)*

Die pragmatisch-präskriptiven Strategiekonzepte treffen Aussagen über sinnvolles Vorgehen am Markt. Sie verfügen immer über eine handlungsorientierte Komponente und machen konkrete methodische und inhaltliche Vorschläge dazu, wie Organisationen ihre Strategien formulieren und implementieren sollen. Die klassische Strategieliteratur (z.B. *Porter* 1980; 1985; *Kreikebaum* 1981; *Ansoff* 1984; *Hinterhuber* 1992a; 1992b) folgt nahezu ausschließlich dem pragmatisch-präskriptiven Ansatz, indem sie Anforderungen an „richtige" strategische Pläne beziehungsweise strategische Verhaltensweisen postuliert. Ein wichtiges Beispiel für pragmatisch-präskriptive Strategiekonzepte sind Wettbewerbsstrategien.

2.1.1.1 Wettbewerbsstrategien als Positionierung

Wettbewerbsstrategien schreiben vor, wie Organisationen ihre Ziele angesichts vorhandener Konkurrenz realisieren sollen, wo sie also ihren Wettbewerbsvorteil erwarten. Wettbewerbsstrategien machen damit Aussagen über die Vorteile der Organisation gegenüber der Konkurrenz und positionieren Organisationen daher in Relation zu den Mitbewerbern.

Michael E. Porter	*Geb. 1947* *Professor an der Harvard Business School mit mikroökonomischem Hintergrund. Strategieberater für diverse amerikanische und internationale Unternehmen. Exponierter Vertreter der Schule der formalen Strategieformulierung.* *Hauptwerke: Competitive Strategy (1980); Competitive Advantage (1985) ; Competitive Advantage of Nations (1990).*

Als historischer Vorläufer und noch immer zentrale Arbeit zu Wettbewerbsstrategien postuliert *Porter* (1980, 34-46) **drei generische Strategien**:

- Nach der Strategie der *Kostenführerschaft* erlangt ein Wettbewerber seinen Wettbewerbsvorteil dadurch, daß er im Vergleich zur Konkurrenz Produkte billiger herstellen kann und diese geringeren Kosten letztlich zu einem größeren Gewinn führen. Kostenführerschaft findet nach der Grundkonzeption von *Porter* immer auf einem Gesamtmarkt statt.
- Bei der *Differenzierungsstrategie* soll für den Kunden ein spezieller Leistungsvorteil entstehen, der im Idealfall die Einzigartigkeit des Produktes in der Perzeption des Kunden impliziert. Auch für diese Strategie bietet sich nach *Porter* der Gesamtmarkt als Erstreckungsbereich an.
- Die *Konzentrationsstrategie* will bestimmte Schwerpunkte in den Mittelpunkt rücken und auf einem Teilmarkt realisieren. Sie ist daher immer eine Nischenstrategie.

Da letztlich auch die Konzentrationsstrategie im wesentlichen über Kosten und über Produktmerkmale realisiert werden kann, ergibt sich die zusammenfassende Darstellung in Abbildung 2.2.

Die jeweils verfolgte Wettbewerbsstrategie zeigt, wie die Organisation Wettbewerbsvorteile gegenüber ihren Mitbewerbern erringen will. An diesem Ansatz wird die **Kritik** geäußert (vgl. *Meffert* 1994, 115-116), daß einerseits der an Wettbewerbsvorteilen orientierte, abnehmergerichtete Strategiebegriff der Differenzierung hinsichtlich der Vielzahl anstrebbarer Wettbewerbsvorteile nicht breit genug ist, andererseits Kombinationen von Kosten- und Differenzierungsorientierung („stuck in the middle“) nicht tendenziell zu hohen Verlusten führen müssen, sondern sowohl statisch als auch dynamisch in eine Gesamtstrategie integriert werden können.

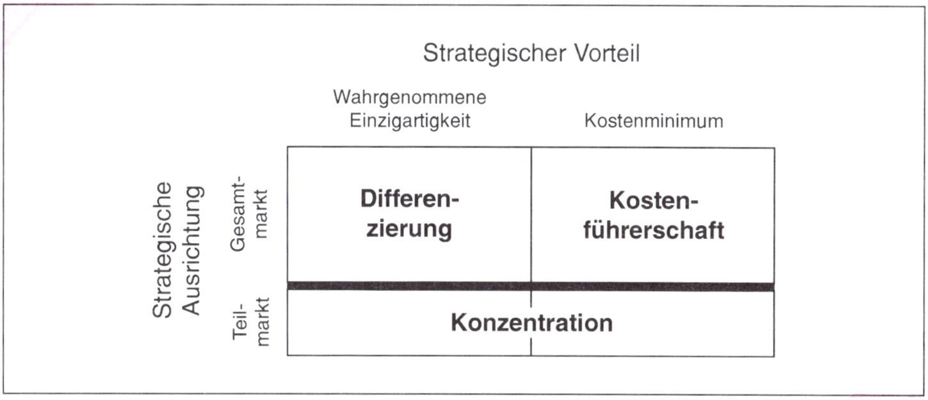

Abbildung 2.2: Die Wettbewerbsstrategien nach Porter (1980, 39)

2.1.1.2 Merkmalshierarchie als Konzeptionalisierung

Bei der Durchsicht von Publikationen der Vertreter der pragmatisch-präskriptiven Strategiekonzepte (z.B. *Ansoff/McDonnell* 1990; *Bea/Haas* 1995) lassen sich schnell Gemeinsamkeiten in der Strategieauffassung lokalisieren: Strategisches Management bestimmt sich danach über

- Ziele („Zielräume") und
- Aktionen („Aktionsräume")

im Hinblick auf Erschließung, Sicherung und Nutzung der zentralen Erfolgspotentiale.

Diese Grundüberlegung wurde an anderer Stelle (*Scholz* 1987a, 32-61) in eine dreistufige Merkmalshierarchie integriert, in der Literatur rezipiert und auch in Teilen kritisiert (vgl. z.B. *Riedl* 1995, 6-9). Auch aufgrund neuerer Erkenntnisse aus der Strategieforschung (z.B. *Hitt/Ireland/Hoskisson* 1995) bietet es sich an, strategisches Verhalten über drei Merkmale zu definieren, und zwar über Potentialorientierung, Komplexitätsreduktion und Aktionsorientierung.

2.1.1.2.1 Potentialorientierung

Das Merkmal Potentialorientierung stellt auf die inhaltliche Betonung des Wichtigen ab. Dazu gehört die Berücksichtigung der zentralen Erfolgspotentiale, die beispielsweise in einem ausgereiften Produkt, einer herausragenden Personalausstattung oder einer überdurchschnittlichen Kapitalreserve liegen.

Potentialorientierung verlangt nach Bestimmung der Potentiale, auf die sich die Organisation „konzentrieren" soll. Dazu ist zunächst eine Potentialanalyse durchzuführen, die in eine Bestimmung der strategischen Faktoren mündet. Dabei gibt es meist mehrere Ansatzpunkte für eine Potentialkonzentration. Es ist daher ein bestimmtes Potential immer unter *verschiedenen* Gesichtspunkten zu betrachten. Gleichzeitig sind auch vor- und nachgelagerte Wertschöpfungsketten zu einem gesamten Wertschöpfungssystem zu integrieren.

Potentialorientierung bedeutet eine Abkehr von der unmittelbaren Orientierung an aktuellen Leistungen und ein Hinwenden zur intensiven Beachtung strategischer Erfolgspotentiale im Sinne von *in Zukunft* verwertbaren Potentialen. Potentialorientierung strebt also nicht nur nach Auswertung bereits bestehender Erfolgspotentiale, sondern auch nach deren Aufbau und Erhaltung. Beispiele für Potentialorientierung sind Intensivierung der Forschung und Entwicklung sowie der längerfristige Aufbau eines Firmenimages.

Bei der **synergetischen Potentialorientierung** steht die gesamte Organisation mit ihren betrieblichen Funktionen und Bereichen als einheitliches Ganzes im Vordergrund: Dieses ganzheitliche Verhalten trägt der Tatsache Rechnung, daß die betrieblichen Teilfunktionen und -bereiche in vielfältiger Weise nicht nur untereinander verbunden sind, sondern auch mit den verschiedenen Segmenten der relevanten Umwelt. Synergetische Potentialorientierung ist demnach gekennzeichnet durch eine ganzheitliche Betrachtung der Organisation und ihrer Umwelt. Sie ist allerdings nicht identisch mit einer Berücksichtigung *aller* (Teil-)Aspekte dieses Ganzen. Der Schwerpunkt liegt vielmehr im holistischen Ausnutzen von Synergiepotentialen, wenn die Gesamtwirkung eines strategischen Verhaltens die Summe der einzelnen Effekte übersteigt. Im Hinblick auf Anreizsysteme und Erfolgszurechnung ist dabei aber auch die Frage zu beantworten, wer im Einzelfall von der Synergie begünstigt wird.

Potentialorientierung läßt sich zweitens durch eine explizite Beschränkung auf äußerst wenige und wichtige, weil bedrohliche oder erfolgversprechende, Tatbestände realisieren: Diese **singuläre Potentialorientierung** besteht darin, wenige wichtige Teilbereiche oder Teilfunktionen in den Vordergrund zu rücken. Für die Planungsebene äußert sich die singuläre Potentialorientierung in detaillierter (tiefer) Planung einzelner elementarer Teilprobleme; auf der Aktionsebene impliziert sie strategische Aktionen, die sich überwiegend auf eine einzige strategische Geschäftseinheit oder strategische Funktion konzentrieren. Verhalten gemäß der singulären Potentialorientierung spiegelt sich wider in
– der gezielten Zuteilung knapper Ressourcen nur auf bestimmte Bereiche,
– der vorrangigen Berücksichtigung einzelner Marktsegmente oder
– der Konzentration auf den „Kampf" gegen den Konkurrenten, der die größte Gefahr darstellt.

Sowohl synergetische als auch singuläre Potentialorientierung sind damit notwendige (aber nicht hinreichende) Verhaltensmerkmale von strategischen Planungen und strategischen Aktionen.

2.1.1.2.2 Komplexitätsreduktion

Komplexitätsreduktion betont die gezielte methodische Beschränkung auf das als relevant Erachtete. Diese Vereinfachung besteht in der Verwendung von Mechanismen, die es der Organisation erlauben, Informations- und Handlungsvielfalt zu bewältigen, letztlich also Komplexität zu reduzieren. Komplexität und Komplexitätsreduktion lassen sich dabei in vielfacher Weise abgrenzen und operationalisieren (vgl. z.B. *Bronner* 1992; *zu Knyphausen-Aufseß* 1995, 327-333). Im Hinblick auf eine übergreifende Konzeption erscheint es zweckmäßig, Komplexitätsreduktion als die *Transformation* einer quantitativ nicht mehr effizient und effektiv verarbeitbaren Menge von Einheiten in effizient und effektiv verarbeitbare Einheiten zu definieren. „Einheiten" in dieser Definition sind sowohl Informationseinheiten als auch physikalische Objekte.

Wie die anderen strategischen Verhaltensmerkmale bezieht sich Komplexitätsreduktion nicht nur auf rein informatorische Vorgänge, sondern ebenfalls auf Planungsvorgänge und Aktionen. Beispiele für Komplexitätsreduktion bei der Planung sind vereinfachende Instrumente zur Strategieformulierung wie die Portfoliomatrix. Ein Beispiel für Komplexitätsreduktion bei der Aktion sind (modulare) Produktionskonzepte, die die Anzahl der unterschiedlichen Einzelteile und Bearbeitungsvorgänge drastisch reduzieren.

Will man sich mit der Reduktion von Komplexität befassen, muß man sich zunächst mit deren Entstehung auseinandersetzen. Hier sind **vier Ursachen** für Komplexität bedeutsam, nämlich (vgl. *Scholz* 1987a, 36-37)

- *Variablenvielfalt* als Anzahl unterscheidbarer Zustandsvariablen,
- *Ausprägungsvielfalt* als Anzahl möglicher Ausprägungen dieser Zustandsvariablen,
- *Interdependenzvielfalt* als Anzahl, Intensität und Veränderungsrate der Beziehungen zwischen diesen Zustandsvariablen, sowie
- *Langfristigkeit* als mit sich ausdehnendem Planungshorizont abnehmende Konstanz in Organisation und Umwelt.

Die ersten beiden Formen entsprechen dem systemtheoretischen Terminus „Varietät" (vgl. Abschnitt 4.1).

Um Komplexität zu reduzieren, gibt es unterschiedliche **Ansatzpunkte**:

- Die Reduktion der *Systemkomplexität* bezieht sich auf Verringerung der Zahl von Komponenten, Ausprägungen und Beziehungen in Organisation und Umwelt. Bei diesem Vorgehen wird tatsächlich in reale Prozesse eingegriffen.
- Die Reduktion der *Modellkomplexität* strebt nach möglichst einfachen Entscheidungsmodellen. Sie bezieht sich also auf die der Entscheidung zugrundeliegenden Informationen.
- Die Reduktion der *Aktionskomplexität* bezieht sich auf die der Organisationsleitung zur Verfügung stehenden Aktionsmöglichkeiten.

Ein strategischer Gesamtansatz zur Komplexitätsreduktion muß versuchen, die vier Ursachen der Komplexität und die drei Ansatzpunkte der Komplexitätsreduktion zu berücksichtigen. Dies verlangt nach Reduktion der System-, Aktions- und Modellkomplexität.

2.1.1.2.3 Aktionsorientierung

First to Market, First to Fail? (Tellis/Golder 1996, 65)

Das Merkmal Aktionsorientierung beschreibt ein Verhalten, das sich durch eine frühzeitige Vorbereitung auf die Zukunft auszeichnet. Die Alternativenmenge reicht von rein planerischen Aktivitäten bis hin zur tatsächlichen Gestaltung der Zukunft. Dies leitet unmittelbar über zu zwei Grundformen, nämlich dem geplant reaktiven sowie dem proaktiven Verhalten.

Geplant reaktives Verhalten bedeutet bewußte Entscheidung und entsprechende Vorbereitung für „den zweiten Zug". Bei dieser Grundhaltung überläßt die Organisation der Umwelt, also dem Markt, dem Kunden oder dem Wettbewerber, den ersten Zug, vermeidet so die ersten Fehler und startet erst dann. Eine feinere Einteilung kann nach der Schnelligkeit der Reaktion in *second movers*, die sofort und häufig durch Imitation auf Aktionen eines Konkurrenten reagieren, und in *late movers*, die mit ihrer Reaktion warten, bis sie die Aktionen des *first movers* und des *second movers* beurteilen können, vorgenommen werden (vgl. *Hitt/Ireland/Hoskisson* 1995, 137-139). Auch wenn diese Verhaltensform nicht von allen Autoren als „strategisch" eingestuft wird, läßt sich doch ihre einzelfallspezifische Überlegenheit nachweisen. Speziell das Benchmarking geht dann diesen Weg, wenn der zweite Zug bewußt am stärksten Wettbewerber ausgerichtet wird.

> *Bill Gates* liefert ein Beispiel für den Vorteil eines reaktiven Verhaltens. Er berichtet über ein Zusammentreffen mit seinem Freund *Warren Buffett*, bei dem dieser ungewöhnliche Würfel mitbrachte, die jeweils eine bestimmte Kombination von Zahlen zwischen 0 und 12 aufwiesen. Jeder sollte einen Würfel auswählen und schätzen, welcher am häufigsten die höchste Zahl würfelte. *Buffett* ließ *Gates* zuerst wählen. Dieser sah sich die Würfel genauer an und bemerkte, daß wegen der verwendeten Zahlenkombinationen immer derjenige gewinnen würde, der als zweiter einen Würfel aussuche (vgl. *Gates* 1996, 152).

Ähnlich argumentieren *Tellis* und *Golder* (1996): Sie stellten fest, daß die meisten zur Zeit führenden Organisationen keine Pioniere, sondern Nachzügler sind. Der Erste zu sein, ist für sich genommen weder notwendig noch hinreichend für eine langfristige Marktführerschaft. Vielmehr sind als Resultat ihrer Untersuchung fünf Faktoren für den langfristigen Erfolg bei Markteintritten zentral (vgl. *Tellis/Golder* 1996, 68-72):

1. Wichtig ist die Entwicklung einer *Vision von einem Massenmarkt*, den man als Organisation für neue Produkte entwickeln kann.

2. Zentral ist ebenfalls eine *unternehmerische Hartnäckigkeit,* zur Erlangung neuer Produkte über viele Jahre hinweg kleine, inkrementale Innovationen auf den Gebieten Produktdesign, Produktionsprozeß und Marketing zu verfolgen, anstatt auf plötzliche Durchbrüche von Forschern und Entwicklern zu setzen.
3. *Finanzielles Engagement* – besonders wichtig in der Startphase – besteht einerseits aus dem Zugang zu finanziellen Ressourcen, andererseits aus der Bereitschaft, diese Ressourcen einzusetzen. Bereits ein Versagen in einem der beiden Bereiche kann zum Verlust eines erfolgversprechenden Marktes führen.
4. Langfristiger Erfolg wird ebenfalls durch *permanente Verbesserung und Anpassung* der in den Markt eingeführten neuen Produkte gefördert.
5. Ein nicht zu unterschätzender Vorteil ist eine *dominante Wettbewerbsposition* in einem verbundenen Bereich, beispielsweise Markenbekanntheit oder Vorhandensein von Distributionskanälen.

Das Gegenstück zur geplant-reaktiven ist die **proaktive** Handlungsorientierung. Sie ist nur dann sinnvoll, wenn vor der Aktivität bereits ein dauerhafter Wettbewerbsvorteil aufgebaut wurde oder dieser während der Aktivität aufgebaut werden kann. Ist dies nicht gegeben, dann wird ein Pionier, der nicht über einen klaren Wettbewerbsvorteil in Form eines Kosten- oder Nachfragevorteils verfügt, zwar in der anfänglichen Monopolphase hohe Gewinne erzielen, in der Wettbewerbsphase aber keinen Gewinnvorteil gegenüber dem Nachzügler aufweisen (vgl. *Vidal* 1996, 147).

Eine proaktive Aktionsorientierung impliziert unmittelbare und frühzeitige Handlung, wobei es hier mit der Kontingenzaktivität und der Initiativaktivität zwei Unterformen gibt.

Kontingenzaktivität bedeutet frühzeitiges und differenziertes Vorbereiten auf mindestens zwei unterschiedliche Umweltkonstellationen, wofür es zwei Varianten gibt (Übersicht 2.1):

- In einem Fall wird *eine* Antwort gesucht, die im Sinne einer robusten Lösung gleichzeitig mehreren Umweltzuständen gerecht wird. Da bei dieser Variante situativ undifferenziert vorgegangen und nicht für unterschiedliche Umweltzustände nach unterschiedlichen Lösungen gesucht wird, ist von *unechter* Kontingenzaktivität zu sprechen.
- Bei *echter* Kontingenzaktivität dagegen stellt sich die Organisation gleichzeitig in unterschiedlicher Form auf mindestens zwei alternative Umweltzustände ein.

Im Zusammenhang mit (echter) Kontingenzaktivität ergibt sich zwangsläufig ein Problem: Je mehr und je unterschiedlichere Umweltzustände über alternative Aktionspotentiale zu berücksichtigen sind, umso kostspieliger wird dieses strategische Management. Zumindest mit Hilfe von Expertenurteilen läßt sich allerdings durchaus der sinnvolle Umfang der Kontingenzaktivität unter Abwägen von Kosten und Nutzen bestimmen. In *Schritt 1* erfolgt die *Informationssammlung.* Es werden alternative Szenarien für die zukünftige Entwicklung des Status quo entwickelt. In *Schritt 2* erfolgt die *Vorbereitung* auf diese alternativ möglichen Ausprägungen.

	Unechte Kontingenzaktivität	Echte Kontingenzaktivität
Planungsebene	robuste Planung oder Planung mit Freiheitsraum	Kontingenzplanung (Erstellen mehrerer Pläne)
Aktionsebene	Schaffung von Flexibilitätspotential	Einleitung alternativer Maßnahmen auf Basis alternativer Aktionspotentiale

Übersicht 2.1: Varianten der Kontingenzaktivität (nach Scholz 1987a, 39)

Eine zweite Variante der Proaktivität ist die **Initiativaktivität**: Initiativaktives Verhalten ist die bewußte Gestaltung strategisch relevanter Tatbestände, um die Zukunft in eine für die Organisation günstige Richtung zu lenken.

Im Gegensatz zur Kontingenzaktivität steht bei der Initiativaktivität die autonome Gestaltung der Zukunft durch Vergrößerung der Eintrittswahrscheinlichkeit der höchst präferierten Zukunftsentwicklung im Vordergrund. In *Schritt 1* werden die angestrebten strategischen Ziele festgelegt. Hilfsmittel sind Techniken wie das Brainstorming. Anschließend werden in *Schritt 2* diejenigen Aktionen bestimmt, die die Organisation beziehungsweise die Umwelt in diesen gewünschten Zukunftszustand transformieren. Diese Strategien werden dann mit allen verfügbaren Mitteln sofort eingeleitet. Weil die Initiativaktivität bewußt das Risiko sucht, bietet sich für die Formulierung einer initiativaktiven Strategie neben Kreativitätstechniken die Risikoanalyse an.

Initiativaktives Verhalten hat den Vorteil, bei Zieldefinition und Umweltanalyse auf Vollständigkeit verzichten zu dürfen. Für die Initiativaktivität genügt bereits *ein* interessantes Ziel, unabhängig von der Existenz weiterer möglicher Ziele. Dies reduziert den Zeitbedarf, erhöht aber nicht unbedingt die Irrtumswahrscheinlichkeit: Nur wenn die Kontingenzaktivität *alle* denkbaren Umweltzustände einbezieht, hat die Initiativaktivität eine höhere Irrtumswahrscheinlichkeit als die Kontingenzaktivität. Ansonsten ist zumindest die Möglichkeit nicht auszuschließen, daß gerade die frühzeitige Gestaltung der Zukunft die unberücksichtigte Varianz (und damit die Irrtumswahrscheinlichkeit) reduziert.

Die Initiativaktivität hat zudem im Gegensatz zur Kontingenzaktivität *keine eingebaute Ineffizienz*. Bei der Kontingenzaktivität finden immer Maßnahmen statt, die sich ex post als überflüssig herausstellen. Bei der Initiativaktivität dagegen sind alle Maßnahmen auf einen Umweltzustand ausgerichtet.

Initiativaktivität und Kontingenzaktivität in reiner Form schließen sich beim *gleichen* Planungsobjekt zur gleichen Zeit ex definitione aus. Wohl aber ist es zulässig, bei drohendem Scheitern eine Initiativaktivität zugunsten einer Kontingenzaktivität aufzugeben – und umgekehrt. Ebenfalls können zwei *unterschiedliche* Problemstellungen gleichzeitig mit einer Kontingenzaktivität und einer Initiativaktivität behandelt werden.

Übersicht 2.2 stellt zusammenfassend geplante Reaktivität, Initiativaktivität und Kontingenzaktivität im Vergleich dar. Die Wahl zwischen den drei Formen hängt von der gegebenen Situation, aber auch von der Risikoneigung des Entscheidungsträgers ab.

		Geplante Reaktivität	**Kontingenzaktivität**	**Initiativaktivität**
Ziel		bei erwiesener Überlegenheit des zweiten Zuges bewußter Verzicht auf „Eröffnung“	Berücksichtigung alternativer Zukunftsvarianten	frühzeitige Gestaltung der Zukunft
Vorgehen	Schritt 1	Abwarten auf den ersten Zug des Gegenspielers	Prognose alternativer Zukunftsvarianten	Ermittlung *einer* gewünschten Zukunft
	Schritt 2	Aufbau des Aktionspotentials	Aufbau alternativer Aktionspotentiale	Bestimmung und Durchführung einer geeigneten Strategie
Methodische Unterstützung	Schritt 1	Monitoring	auf Divergenz zielende Techniken wie Multiple Szenario-Analyse	Kreativitätstechniken wie Brainstorming
	Schritt 2	Prozeßkontrolle	evtl. Nutzenerwartungswert	evtl. Risikoanalyse
Grundhaltung		passiv-vorbereitend risikominimierend	passiv-vorbereitend risikominimierend	aktiv-gestaltend risikosuchend
Effizienz		falls Bedingungen gegeben, hohe Effizienz und Effektivität	aufwendig, da zwangsläufig nicht alle Aktivitätspotentiale genutzt werden	ökonomisch, da im Idealfall jede Aktion ein positives Ergebnis bringt

Übersicht 2.2: Vergleich von geplanter Reaktivität, Kontingenzaktivität und Initiativaktivität

Als ein interessantes **Beispiel** für die Zusammenführung der Aktionsorientierung mit den Wettbewerbsstrategien kann die Situation sich neu öffnender Märkte betrachtet werden, die sich beispielsweise im Rahmen von Deregulationen auf dem amerikanischen Markt oder im Zuge der europäischen Einigung ergeben. Die Auswirkungen der Deregulation auf die Unternehmensstrategien zeigt *Bleeke* (1990) in einer Zusammenstellung amerikanischer Erfahrungen von 1975 bis 1980 in verschiedenen Branchen auf (Übersicht 2.3). Vier Typen von Unternehmen haben die *Umstrukturierungsphasen* ihrer Branchen überlebt und sich gleichzeitig eine profitable Wettbewerbsposition aufgebaut:
- Distributionsunternehmen mit breiter Ressourcenbasis, die eine breite Leistungspalette mit großer regionaler Verbreitung anboten,
- Neueinsteiger mit Niedrigpreisstrategie, die mit der Zeit spezielle Nischen oder Kundensegmente besetzten,
- Nischenanbieter mit hohem Servicestandard, aber auch hohen Preisen, sowie
- nutzenteilende Unternehmen, die Economies of Scale einer großen Anzahl kleiner Konkurrenzunternehmen zugänglich machten.

In den ersten Jahren nach der Deregulation war die Preisflexibilität überlebenskritisch, wogegen nach etwa fünf Jahren nach der Beruhigung der Märkte insbesondere durch große Unternehmen Anstrengungen in Richtung Aufbau neuer Oligopole unternommen wurden.

	Distributionsunternehmen mit breiter Ressourcenbasis	Neueinsteiger mit Niedrigpreisstrategie	Nischenanbieter	Nutzenteilende Unternehmen
Anfängliche Schlüssel-aktionen	Kostenreduktion Differenzierung des Service Verbesserung der Preisgestaltungsfähigkeiten Ausweitung des Marketing und der Produktentwicklung Kein frühes Eingehen übergroßer Verpflichtungen	Anpeilen der profitabelsten Segmente Elimination struktureller Kosten Fokussierung auf preissensible Kunden und preisorientierte Werbung Intensives Outsourcing Kein zu schnelles Wachstum	Anpeilen nicht preissensitiver Segmente Bündelung von Produkten Entwicklung von Kundeninformationssystemen Aufbau persönlicher Beziehungen	Identifikation von skalenintensiven Funktionen Anwerbung von Entwicklungspartnern zur Kostensenkung Aufbau einer Kern-Kundschaft
Fünf Jahre später . . .	Entwicklung neuer Oligopole Gebrauch einer detaillierten Preispolitik als strategische Waffe Erwerb von Vorkaufsrechten an Wettbewerbern durch strategische Allianzen	Aufstieg auf der Service-Preis-Leiter Identifikation neuer Nischen Bewahrung von Kostenvorteilen Vermeidung des Wettbewerbs auf Kernmärkten der Unternehmen mit breiter Ressourcenbasis	Fortsetzung von frühen Aktivitäten Selektive Expansion in verwandte Segmente Verbesserung des Kundenservice Ausweitung der Produktspezifika zur Unterstützung des Preises	Setzen des Branchenstandards durch Aufbau von Beteiligungen Sicherung der Kooperation von Branchenunternehmen; häufig durch Verkauf von Minderheitsbeteiligungen Bewegung zu einer Position mit hohem Service und hohem Preis während der Steigerung der Kundenabhängigkeit durch geteilten Nutzen
Beispiele	American Airlines Merrill Lynch	Midway Airlines Charles Schwab	Hambrecht & Quist Northern Trust Goldman Sachs	SABRE SWIFT Telerate Reuters

Übersicht 2.3: Strategieänderungen nach Deregulierung (nach Bleeke 1990, 161)

Man erkennt, daß es nicht den „one best way" der Strategieanpassung bei ähnlicher Ausgangslage gibt. Es werden sowohl geplant reaktive (Vermeidung des Wettbewerbs) als auch kontingenzaktive (Identifikation potentieller Zukunftssegmente) und initiativaktive (Setzen des Branchenstandards) Strategien verfolgt, die jeweils situationsbezogen effektiv sein können.

2.1.1.3 Portfoliomatrix als Instrumentalisierung

Ein auf die Unternehmensberatungspraxis zurückgehendes Instrument der Strategieformulierung ist die Portfoliomatrix (vgl. *Dunst* 1983; *Bühner* 1993a, 167-186; *Meffert* 1994, 49-50). Die Portfoliomatrix wird als Hilfsinstrument zur Strategieformulierung herangezogen, indem strategische Geschäftseinheiten als Entscheidungsobjekte anhand zweier Dimensionen positioniert werden. Strategische Geschäftseinheiten können dabei einzelne Produkte, Produktgruppen, Geschäftsbereiche oder auch Tochtergesellschaften sein. Die Portfoliomatrix ist damit ein Instrument zur extremen Komplexitätsreduktion.

Der Einsatz von Portfoliomatrizen ist jeweils gekennzeichnet durch die Abfolge von **vier Schritten** (vgl. *Scholz* 1987a, 187-189):

1. Zunächst sind die *Dimensionen* der Matrix entsprechend dem spezifischen Analyseziel festzulegen.

2. Die resultierenden Zellen der Portfoliomatrix werden inhaltlich beschrieben und durch Bezeichnungen *kategorisiert.*
3. Die *Konfigurationsbedingung* gibt an, welche Relation zwischen den Belegungszahlen der einzelnen Zellen vorliegen sollte, gibt also an, wie das Portfolio in einem stabilen (Ziel-)Zustand aussehen sollte.
4. *Normstrategien* geben an, welche Bewegung Geschäftseinheiten in Abhängigkeit von der realisierten Matrixzelle vornehmen sollen.

Vor allem die Normstrategien sind typisch für die Vorgehensweise des pragmatisch-präskriptiven Strategieverständnisses.

Als wohl bekannteste Portfoliomatrix gilt die **BCG-Matrix**, die von der amerikanischen Unternehmensberatung Boston Consulting Group entwickelt wurde (vgl. *Hedley* 1977; *v. Oetinger* 1994). Hier werden die beiden Dimensionen Marktwachstum und relativer Marktanteil zur Einordnung strategischer Geschäftseinheiten herangezogen. Dabei werden das Produktlebenszykluskonzept, das sich im Marktwachstum widerspiegelt, und das Erfahrungskurvenkonzept – durch die Variable relativer Marktanteil integriert – miteinander verbunden. In die resultierenden vier Kategorien Star, Fragezeichen, Cash Cow und Dog lassen sich die strategischen Geschäftseinheiten einordnen (vgl. Abbildung 2.3).

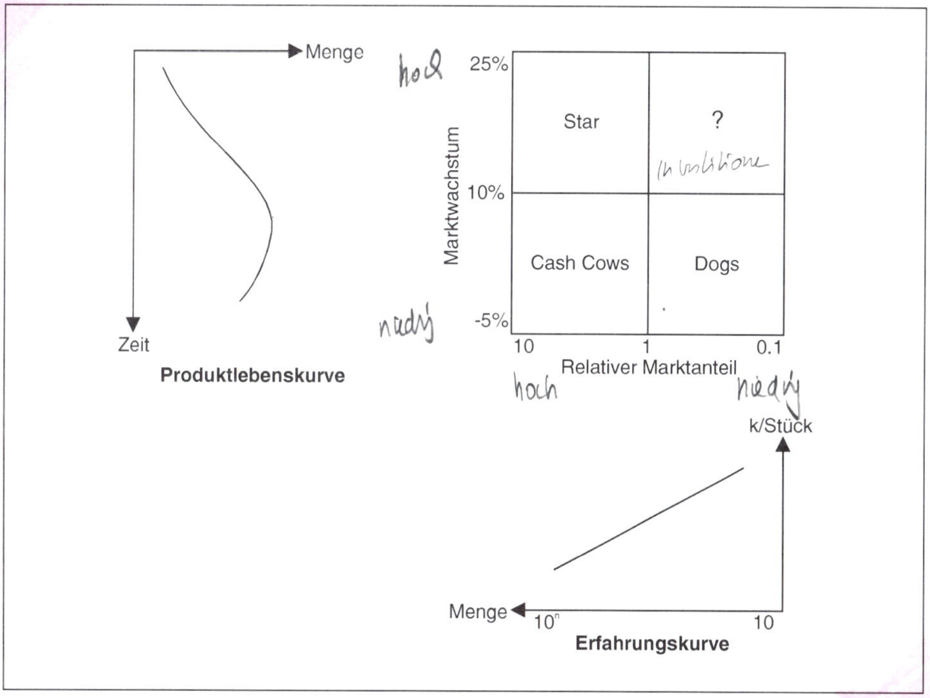

Abbildung 2.3: BCG-Matrix und ihre impliziten Determinanten (nach Scholz 1987a, 190)

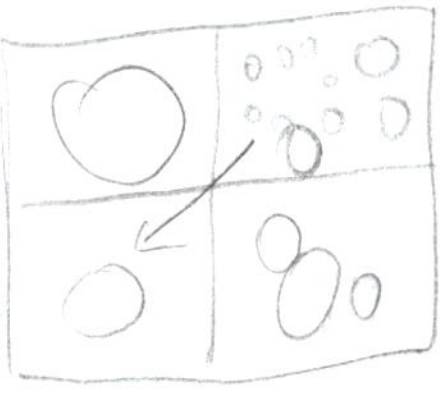

Quer über alle strategischen Geschäftseinheiten existiert eine eindeutige *Konfigurationsbedingung*: Der positive Cash Flow der Cash Cows und der Liquidationserlös von abzustoßenden Fragezeichen und Dogs müssen den negativen Cash Flow der Fragezeichen, in die weiter investiert wird, und der Stars ausgleichen. Die *Normstrategien* (Übersicht 2.4) geben dann an, auf welchem Wege diese stabile Konfiguration erreicht werden kann.

Kategorie	**Normstrategie**
„Question Mark“	in Abhängigkeit von der Zukunftsperspektive: – verstärkte Wachstumsstrategie zur Verbesserung der relativen Kostenposition oder – klare Desinvestitionsentscheidung
„Star“	weitere Investitionen zur Verbesserung des relativen Marktanteils und Verteidigung der Marktführerschaft
„Cash Cow“	in Abhängigkeit von der Zukunftsperspektive: – für starke Cash Cows Abschöpfungsstrategie und Positionsstabilisierung („Milking“) – für schwache Cash Cows Ausschlachten („Harvesting“)
„Dog“	mittelfristig Desinvestitionen über „Ausschlachten“ oder Verkauf

Übersicht 2.4: Normstrategien für das Marktwachstum-Relativer Marktanteil-Portfolio (nach Scholz 1987a, 191)

Als weitere Modelle lassen sich Portfolios mit den Dimensionen Umsatzanteil/Deckungsbeitragsanteil, Marktattraktivität/Relative Geschäftsfeldstärke sowie Produktlebenskurve/Wettbewerbsstellung entwickeln (vgl. *Scholz* 1987a, 187-197). Zudem sind Portfolios auch an die Situation schrumpfender Märkte anpaßbar (vgl. *Meffert* 1994, 49-50).

Der Portfolio-Ansatz wird in der Theorie **kritisiert**, und zwar (vgl. z.B. *Bea/Haas* 1995, 148-151)

– in der *Detailkritik* wegen seiner Willkür bei der Bildung der Produktsegmente und Abgrenzung der strategischen Geschäftseinheiten, der schwierigen Auswahl der Dimensionen und Erfolgsfaktoren, der problematischen Gewichtung der Erfolgsfaktoren sowie der Datenbeschaffungs-, Messungs- und Bewertungsprobleme sowie
– in der *Fundamentalkritik* aufgrund der für sich kritisierbaren Theoriebestandteile in Form von Gesetzeshypothesen, der Unspezifizität der dynamischen Entwicklung, der Reduktion der Strategiewahl zu einem Methodenproblem und des Mangels an Aussagen zur Strategie-Implementation.

Trotz dieser Kritik ist der Ansatz in der Praxis aufgrund seiner **Vorteile** weit verbreitet (vgl. z.B. *Hamermesh* 1986, 102-104):

- Portfolios ermöglichen es auf eine recht *einfache* Art, die Erwartungen des Top-Managements für ihre Geschäftseinheiten zu klären.
- Die strategische Diskussion wird auf einige *wenige Schlüsseldimensionen* fokussiert.

- Strategische Planungsvorgaben werden auf die einzelnen Geschäftseinheiten *spezifisch* ausgerichtet.
- *Deinvestierung* wird *als gültige Strategie legitimiert*, anstatt als Eingeständnis eines Versagens zu gelten.

Insgesamt kann festgehalten werden, daß die Nutzung von Portfolios zwar nicht als Lösung aller strategischen Probleme oder gar als Substitut für Kreativität und Führungskompetenz gesehen werden darf (vgl. *Hamermesh* 1986, 151-152). Dennoch ist die Portfoliomatrix ein Werkzeug zur Strategieformulierung, das hinsichtlich vielfältiger organisationsstrategischer Fragestellungen eingesetzt werden kann und zu der Bewältigung von Umweltkomplexität einen wichtigen Beitrag leistet.

2.1.2 Empirisch-deskriptive Strategiekonzepte

Strategien sind Pläne für die Zukunft und Muster aus der Vergangenheit. (Mintzberg 1991, 41)

Bei den pragmatisch-präskripitiven Ansätzen steht die ideale Strategie im Vordergrund, an der sich die Realität auszurichten hat. Empirisch-deskriptive Ansätze gehen in umgekehrter Richtung vor, beginnen also mit der *Managementrealität*: Sie stellen die praktizierten Verhaltensformen in den Mittelpunkt der Analyse. Es geht also weniger um die Frage, warum sich Manager nicht an die vorgegebenen Planungsmuster von „Managementgurus" halten, als vielmehr, wie erfolgreiche Manager vorgehen und warum sie manchmal trotz nicht-theoriekonformen Verhaltens erfolgreich sind.

Für Forscher wie *Mintzberg* ist es schlichtweg purer Mythos zu glauben, erfolgreiche Manager würden an ihren Schreibtischen sitzen und systematisch-analytisch ihre strategischen Pläne formulieren – wie es beispielsweise *Porter* unterstellt. Sie argumentieren, daß es gerade ein Charakteristikum erfolgreicher Unternehmensführung ist, unstrukturiert und intuitiv mit schlecht strukturierter Information umzugehen, um so im Chaos des Alltags zu bestehen.

Henry Mintzberg	*Geb. 1939* *Professor der Faculty of Management an der McGill University in Montreal, Kanada.* *Mintzberg erwarb seinen Ph.D. an der Sloan School am MIT. Sein Forschungsinteresse gilt vor allem dem strategischen Entscheidungsverhalten von Managern.* *Hauptwerke: The Nature of Managerial Work (1973); The Structuring of Organizations (1979); The Rise and Fall of Strategic Planning (1994).*

Nimmt man *Mintzberg* als typischen Stellvertreter für diese Denkschule und seine Arbeiten als Beispiele für die entsprechenden Entwicklungsstufen, so führt dies zu drei Überlegungen, nämlich zum Managerverhalten, zu Strategietypen sowie zur Sinnfrage strategischer Planung.

2.1.2.1 Wie verhalten sich Manager?

Im Rahmen der *Work-Activity*-Forschung, die sich mit der Beschreibung der Managementprozesse in und von Organisationen beschäftigt, stehen im wesentlichen zwei Erkenntnisinteressen im Vordergrund (vgl. *Schirmer* 1991, 213): Der erste Bereich untersucht, wie und mit wem Manager arbeiten, indem formale Merkmale von Aktivitäten wie Art und Anzahl von Arbeitskontakten oder präferierte Kommunikationsmedien erfaßt werden. Der zweite Bereich beschäftigt sich dagegen mit der Frage, zu welchem Zweck Manager arbeiten.

Laut *Mintzberg* (1990) sind Manager zu beschäftigt, um rational und systematisch zu planen. Vielmehr agieren sie intuitiv, sind handlungsorientiert und vermeiden so weit es geht reflektierende Tätigkeiten. Pläne existieren nur in ihren Köpfen. Dabei koordinieren sie ihre Tätigkeiten durch informelle Kommunikation. Manager bevorzugen den mündlichen Informationsaustausch und achten auf Gerüchte und Klatschgeschichten, da diese häufig kommende Ereignisse signalisieren.

Mintzberg klassifiziert das Verhalten von Managern anhand von **zehn Verhaltensmustern**, die er zu drei Hauptgruppen zusammenfaßt (vgl. *Mintzberg* 1990, 168-172):

- Im Rahmen der interpersonellen Rollen muß der Manager als *Gallionsfigur* die Organisation repräsentieren, als *Vorgesetzter* Mitarbeiter motivieren und als *Vernetzer* interne und externe Kontakte knüpfen.
- In seiner informationsbezogenen Rolle sammelt und verwertet der Manager als *Monitor* Informationen, gibt diese als *Informationsvermittler* intern weiter und informiert als *Sprecher* Außenstehende über die Situation der Organisation.
- Schließlich hat er auch noch entscheidungsorientierte Rollen: Als *Beweger* muß er seine Organisationseinheit voranbringen, indem er Chancen zu innovativem Wandel nutzt, als *Problemlöser* muß er auf Veränderungen reagieren, als *Zuteiler von Ressourcen* verteilt er Mittel an die einzelnen Einheiten, und als *Verhandlungsführer* tritt er gegenüber den einzelnen Interessengruppen in Aktion.

Diese Rollen charakterisieren im Verbund das strategische Verhalten eines Managers und zeigen, daß vor allem *geplante* Strategien eine eher untergeordnete Rolle spielen.

Die **Kritik** an diesem Ansatz (vgl. *Schirmer* 1991, 225-226+235-236) hebt hervor, daß solche Managerrollen weit über Beobachtbares hinausgehen und eine Interpretation der Manageraktivitäten darstellen. Die methodischen Schwächen der mangelnden Operationalisierung, der geringen Trennschärfe der Rollen eines sehr kleinen Samples sind nicht ausgeräumt. Der weitestgehende Vorwurf ordnet *Mintzberg* bezüglich seiner Managerstudien den Neo-Tayloristen zu, da er die präzise Erfassung von Manageraktivitäten bis hin zu ihrer Automatisierung als wissenschaftliche Aufgabe ansieht. Trotzdem setzen die Studien von *Mintzberg* ein klares Signal, indem sie den Mythos des planerisch-rationalen und deshalb erfolgreichen Managers relativieren.

2.1.2.2 Welche Strategien gibt es?

Nach *Mintzberg* (1994, 23-29) gibt es natürlich auch die geplanten Strategien. Sie decken aber nicht die gesamte Bandbreite strategischer Manifestationen ab, eine Erkenntnis, die sich unmittelbar aus einem breiten Strategiebegriff ergibt. Dieser umfaßt letztlich alle konsistenten Verhaltensmuster, unabhängig von ihrem Charakter als bewußt geplante Vorgehensweise.

Nimmt man diesen Strategiebegriff, so erhält man nach *Mintzberg* (1994, 23-25) fünf verschiedene **Strategiemanifestationen** (Abbildung 2.4):

- Den Ausgangspunkt bildet die *geplante Strategie* („intended strategy"). Sie entspricht dem pragmatisch-deskriptiven Strategieverständnis und befaßt sich damit, welche Strategiemuster die Manager tatsächlich in den Vordergrund ihrer Überlegungen rücken möchten.

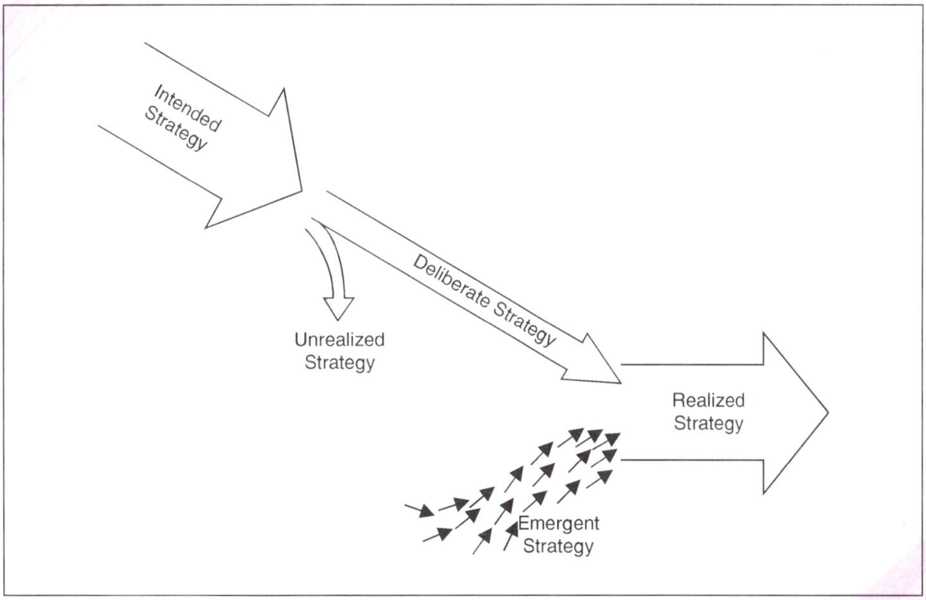

Abbildung 2.4: Die fünf Strategietypen (nach Mintzberg 1994, 24)

- Letztlich wird aber nicht alles, was ursprünglich geplant ist, auch umgesetzt. Es gibt also auch den breiten Bereich der *unrealisierten Strategie* („unrealized strategy").
- Der Teil der intendierten Strategie, der tatsächlich später umgesetzt wird, ist dann der *planmäßige* Strategieanteil („deliberate strategy").
- Er wird angereichert durch die *zufällig* entstandene Strategie („emergent strategy").
- Das Ergebnis ist die *realisierte* Strategie („realized strategy").

Ausschließlich geplante Strategien sind genauso selten wie ausschließlich emergente Strategien: Ersteres würde kein Lernen, letzteres keine Kontrolle bedeuten. Daher ist eine Mischung erforderlich, um eine Kontrolle ohne Unterbrechung des Lernprozesses anzustreben; vor allem sind geplante Strategien nicht von vornherein gut und emergente schlecht (vgl. *Mintzberg* 1994, 25).

Mit der beabsichtigten Strategie und der realisierten Strategie gibt es auch für die **empirische Organisationsforschung** zwei vollkommen unterschiedliche Erhebungstatbestände: Die beabsichtigte Strategie ist das, was in Plänen und in Aktenordnern niedergelegt wird. Ein Unternehmen beschließt also beispielsweise, einen bestimmten Markt zu erschließen, eine bestimmte Personalkonfiguration anzustreben oder Kostenführerschaft auf einem Teilmarkt zu erreichen. Im Gegensatz zu diesem ursprünglichen „Soll"-Wert steht die „Ist"-Strategie, also das, was tatsächlich gemacht wird. Eine Wettbewerbsstrategie wird daher – bezogen auf die realisierte Strategie – nicht dadurch gemessen, daß ein Unternehmen in seinen Plänen erklärt, es würde eine Kostenführerschaft umsetzen, sondern sie wird dadurch gemessen, daß das Unternehmen tatsächlich Kosten- und damit möglicherweise Preisvorteile gegenüber der Konkurrenz hat.

> Den Unterschied zwischen beabsichtigter Strategie (die in vielen Fällen auch nur die „erklärte Strategie" ist) und der realisierten Strategie sieht man deutlich bei den Ökologiestrategien: Hier läuft die beabsichtigte Strategie häufig auf ein umweltverträgliches Handeln hinaus, die realisierte Strategie führt jedoch oft zum Gegenteil.

Die beabsichtigte Strategie hat vor allem Einfluß auf die formale Organisationsstruktur, die realisierte Strategie eher auf den informalen Aspekt.

2.1.2.3 Funktionieren strategische Planungen?

Führt man die Aussagen zum Planungsverhalten von Managern und zu den Strategiemanifestationen zusammen, so gerät zwangsläufig auch das strategische Planungssystem als ganzes in das Schußfeld der empirisch-deskriptiven Forscher, bei *Mintzberg* (1994) ausgedrückt als „The rise and fall of strategic planning": Hier geht er heftig mit den aktuellen Planungsgurus ins Gericht. Sie planen, um Aktivitäten zu koordinieren, Entscheidungen zu treffen, die Zukunft einzubeziehen, zu kontrollieren, rational zu sein – kurz: Planen ist ein stark formalisiertes Vorgehen.

Dabei werden jedoch laut *Mintzberg* (1994) einige gefährliche **Fallen** übersehen, denn

- Planen wird häufig als „the one-best way" zur Formulierung und Implementierung von Strategien angesehen und führt so zu eingeschränktem Denken,
- inflexible Pläne verhindern die Reaktion auf Änderungen,
- Planung erfolgt oft in Abhängigkeit von politischen Aktivitäten und ist somit nicht objektiv und
- Planung wird oft durch Kontrollzwang eingeschränkt.

Auf Planung kann und soll nicht verzichtet werden, jedoch ist auch ein gewisser Freiraum für Intuition zuzulassen. Daß ein solches Vorgehen sinnvoll ist, belegen auch die empirisch-präskriptiven Strategiekonzepte, die als exzellente Organisationen eben nicht die starr verplanten Organisationen als die erfolgreichen identifizieren.

2.1.3 Empirisch-präskriptive Strategiekonzepte

Welche Organisationen überleben langfristig? Mit welchen Strategien? Mit welchen Strukturen? Welche Verhaltensformen haben sich bewährt? Diese Grundfragen der *Strategischen Organisation* zielen darauf, festzustellen, welche Organisationen sich mit welchen Handlungsmustern im Wettbewerb durchgesetzt haben, um aus diesen (deskriptiven) Erkenntnissen präskriptiv konkrete Vorschläge für das zukünftige Verhalten von Organisationen abzuleiten. Implizites (und durchaus diskutierbares) Ziel ist es dabei, möglichst diejenigen Organisationen nachzuahmen, die hinsichtlich ihres Erfolges über dem Durchschnitt vergleichbarer Konkurrenten liegen.

Exzellenzstudien machen kaum Aussagen über formale Aspekte der Strategie: Sie sagen universalistisch, wie sich Organisationen verhalten müssen, um erfolgreich zu sein. Für diese Exzellenzstudien gelten zwei **Annahmen**:

- Im Markt herrscht Wettbewerb, wodurch sich langfristig nur besonders überlebensfähige Organisationen durchsetzen.
- Es gibt natürliche Charakteristika, die erfolgreich-überlebensfähige Organisationen auszeichnen.

Ob man dies nun als Wirtschaftsdarwinismus oder freie Marktwirtschaft bezeichnet: Eine Auseinandersetzung mit dieser Thematik bleibt unausweichlich.

Für diese Auseinandersetzung gibt es **zwei Denkpositionen**: Die *fatalistische* Perspektive geht davon aus, daß das Vorhandensein eines solchen überlebensfähigen Erfolgsmusters in den Genen der Organisation wie ein Lottogewinn zufällig (und erfreulich) ist; bleibt er allerdings aus, ist man machtlos. Die Perspektive des *strategic choice* – die auch bei der *Strategischen Organisation* im Mittelpunkt steht – sieht die Welt aber als beeinflußbar und zumindest in Grenzen als bewußt gestaltbar an.

2.1.3.1 In Search of Excellence: Peters und Waterman

> *Some of the managers who have reviewed our eight attributes of management excellence comment that the attributes are interesting, but not necessarily basic – not crucial in explaining why the excellent companies perform so well. We think these managers are mistaken. Many otherwise smart and business-savvy people are operating from a theoretical base that is simply out of date. That is certainly understandable, for none of the new theory, whether right or wrong, is easily accessible. (Peters/Waterman 1982, 89)*

Die Pioniere der Exzellenzstudien sind *Peters* und *Waterman* (1982). Die beiden Unternehmensberater suchten in von ihnen als „führend" eingestuften 62 US-amerikanischen Unternehmen nach Gemeinsamkeiten, um diese dann als Erfolgsdeterminanten zu interpretieren.

Peters und *Waterman* (1982, 13-16) fanden **acht Erfolgsmerkmale**:
- Primat des Handelns, zu verstehen als eine bewußte Ausrichtung auf Aktion statt auf Planung („*A Bias for Action*"),
- Kundennähe im Sinne eines obsessiven Servicegedankens im ganzen Unternehmen („*Close to the Customer*"),
- Gewährung von Freiräumen zur Entwicklung unternehmerischen Denkens bei allen Mitarbeitern („*Autonomy and Entrepreneurship*"),
- Erkenntnis, daß beim gegenwärtigen Reifegrad der Fertigungsverfahren kaum mehr durch Technologie große Produktivitätsverbesserungen induzierbar sind, wohl aber durch die Mitarbeiter („*Productivity Through People*"),
- Einsatz eines Führungsstils, der sich durch eine Unmittelbarkeit im Kontakt mit dem Mitarbeiter und dabei durch eine deutliche Vermittlung der eigenen, besonders aber der Werte des Unternehmens auszeichnet („*Hands-On, Value-Driven*"),
- Konzentration auf das ursprüngliche Kerngeschäft und Verzicht auf eine breite Diversifikationsstrategie („*Stick to the Knitting*"),
- einfache, überschaubare Aufbauorganisation mit schlanken Strukturen und daraus resultierenden Effizienz- und Flexibilitätspotentialen („*Simple Form, Lean Staff*") und
- Führungsverhalten, bei dem in klar spezifizierten Grundsätzen eine straffe Lenkung praktiziert, ansonsten aber maximaler Freiraum gewährt wird („*Simultaneous Loose-Tight Properties*").

Alle diese Merkmale stehen unter der zentralen Maxime, wonach Manager zunehmend in der Lage sein müssen, mehrdeutige und widersprüchliche Situationen zu meistern („*Managing Ambiguity and Paradox*").

> Ein neueres Beispiel für ein Unternehmen, bei dem diese Erfolgsmerkmale identifiziert werden können, ist der amerikanische Sportausrüster Nike. Bereits am Firmenmotto „Just do it" zeigt sich das Primat des Handelns. Nikes Mission (improve the performance of serious athletes) soll dadurch erreicht werden, daß den Mitar-

beitern genügend Freiraum gelassen wird, ihre kreativen Ideen zu entwickeln und umzusetzen. Die wichtige Stellung der Mitarbeiter ist stark in der Unternehmenskultur verankert, bei der der Gründer und CEO *Phil Knight* von der „Nike family" und von seinem Unternehmen als „about much more than business – a company with a soul" (vgl. *Katz* 1994, XII) spricht.

Bereits kurz nach Erscheinen des Buches von *Peters* und *Waterman* setzte eine weite Verbreitung der hypothetischen Erfolgsdeterminanten, aber auch eine extreme **Polarisation** der Meinungen ein:

Auf der einen Seite stürzten sich **Praktiker** auf diese Thesen. Ob sie sich dadurch in ihrem gegenwärtigen Verhalten bestätigt fühlten oder Impulse für neues Handeln ableiteten: Dieses Buch wurde zur „Bibel". Gerade weil vage und unspezifiziert geschrieben, bietet es eine Fülle von heuristischen Denkanstößen. So gesehen, beeinflussen die Thesen von *Peters* und *Waterman* auch heute noch das Managementverhalten.

Auf der anderen Seite entwickelten sich die **Kritiker**. So wiesen bereits *Aupperle*, *Acar* und *Booth* (1986) nach, daß auch die exzellenten Firmen später in Schwierigkeiten gerieten. Sich von wissenschaftlichen Arbeiten von *Peters* und *Waterman* zu distanzieren, gehörte ebenso zum Standardrepertoire von Hochschullehrern wie die Berücksichtigung dieses Ansatzes in Praktikerseminaren.

Sicherlich unbestritten ist die inzwischen nahezu standardisierte Kritik an *Peters* und *Waterman,* die in vielen Punkten gerechtfertigt ist (vgl. z.B. *Frese* 1985; *Hitt/Ireland* 1987): Hat die Auswahl der Unternehmensmenge das Ergebnis gesteuert? Kann die Kausalität nicht umgekehrt verlaufen, also beispielsweise die lockere Führung Ergebnis von Erfolg sein anstatt Ursache? Welche Begründung gibt es für die Vermutung, daß die getroffenen Aussagen für alle Unternehmen in allen Bereichen gelten? Ist das Aufdecken von Gemeinsamkeiten insofern eine Trivialität, als sicherlich alle untersuchten Firmen auch als Gemeinsamkeit die Existenz von Visitenkarten (100 % Trefferquote!) haben? Wie sollen diese Charakteristika geschaffen werden, falls sie nicht vorhanden sind?

Diese Liste der Kritik läßt sich nahezu beliebig verlängern. Vor allem falsifizieren sich *Peters* und *Waterman* selbst, indem sie mit ihrer Publikation auf das Kopieren von Erfolgsrezepten verzichten und dennoch überaus erfolgreich sind: Sie reihen sich mit ihrem Buch eben nicht in die Anfang der achtziger Jahre dominierende Linie der Erfolgsautoren wie *Porter* (1980) ein, sondern beschreiten einen völlig anderen Weg.

Damit zeigt sich auch das **Grundproblem** aller Exzellenzstudien: Sind Unternehmen vielleicht gerade deshalb besonders erfolgreich, weil sie nicht „im Strom mitschwimmen" und sich also ganz anders verhalten als die Marktführer?

Diese Frage läßt sich ohne breite empirische Forschung nicht beantworten, hat aber dennoch für die Praxis zwei unmittelbare **Implikationen**:

- Erstens müssen Organisationen, die sich nicht an die erprobten Erfolgsmuster halten, die Gefahr vor Augen haben, strategische Unstimmigkeiten und damit Schwierigkeiten zu erfahren; allerdings kann auf der anderen Seite gerade eine solche evolutorische Variation Erfolg und damit neue Erfolgsmuster schaffen.
- Zweitens kann zumindest begrenzt die strategische Branchenanalyse (vgl. Abschnitt 2.4.3.3.3) Auskunft darüber geben, ob bestimmte Branchen überwiegend durch bestimmte Trends geprägt sind, ob sich trendkonformes Verhalten auszahlt – oder ob bewußtes Andersverhalten die Maxime sein muß.

Trotzdem ist unbestritten, daß ein Verletzen der Postulate von *Peters* und *Waterman* für jede Organisation gefährlich sein dürfte. Im Ergebnis sind die Aussagen von *Peters* und *Waterman* heuristisch wichtige Impulse, zu verstehen als notwendige, nicht aber als hinreichende Bedingungen für Erfolg.

2.1.3.2 Built to Last: Collins und Porras

> *We discovered that those who built visionary companies are not necessarily more brilliant, more charismatic, more creative, more complex thinkers, more adept at coming up with great ideas – in short, more wizardlike – than the rest of us. What they've done is within the conceptual grasp of every manager, CEO, and entrepreneur in the world. The builders of visionary companies tend to be simple – some might even say simplistic – in their approaches to business. Yet simple does not mean easy. (Collins/Porras 1994, 217)*

In der Nachfolge von *Peters* und *Waterman*, meist allerdings in expliziter Abgrenzung zu deren Vorgehen, kamen diverse Studien auf den Markt, die alle im wesentlichen die gleiche Methodik auf die gleichen Untersuchungsobjekte mit den gleichen Ergebnissen anwendeten. Auf sie hier einzugehen ist daher müßig.

Eine der wenigen methodisch innovativen und deshalb hier zu vertiefenden Ansätze ist der von *Collins* und *Porras* (1994). Die Autoren beginnen zunächst auf die gleiche Weise, indem sie Spitzenunternehmen auswählen. In diesem Fall bestand die Basis aus einer Befragung von Unternehmensleitern, danach wurde die Gruppe der meistgenannten Firmen um diejenigen reduziert, die weniger als 50 Jahre alt waren. Der Objektbereich der Untersuchung waren damit **visionäre** Unternehmen mit **langfristigem** Bestand. Im Unterschied zu *Peters* und *Waterman* stellten *Collins* und *Porras* diesen Unternehmen jetzt aber Vergleichsunternehmen gegenüber mit ähnlichem Alter, ähnlicher Gründungsidee, aber etwas geringerem Erfolg: Die Autoren sprechen zwar nicht von Gewinnern und Verlierern, sondern von „Goldmedaillen- und Silbermedaillengewinnern“ (Übersicht 2.5), belegen aber, daß letztere im Laufe der letzten 50 Jahre deutlich schlechter abgeschnitten haben.

Visionäre Unternehmen („Goldmedaillengewinner“)	Vergleichsunternehmen („Silbermedaillengewinner“)
3M	Norton
American Express	Wells Fargo
Boeing	McDonnell Douglas
Citicorp	Chase Manhattan
Ford	GM
General Electric	Westinghouse
Hewlett-Packard	Texas Instruments
IBM	Burroughs
Johnson & Johnson	Bristol-Myers Squibb
Marriott	Howard Johnson
Merck	Pfizer
Motorola	Zenith
Nordstrom	Melville
Philip Morris	RJR Nabisco
Procter & Gamble	Colgate
Sony	Kenwood
Wal-Mart	Ames
Walt Disney	Columbia

Übersicht 2.5: Die von Collins und Porras (1994, 3) untersuchten Firmen

Die Analyse dieser Unternehmenspaare führte zu drei strategischen **Gestaltungsprinzipien**:

1. Nicht das Erbringen einer Leistung hat im Vordergrund zu stehen, sondern das Schaffen eines dauerhaften und stabilen Systems zur Leistungserstellung („*Clock building, not time telling*“). Es zählt nicht die Produktidee, sondern die Unternehmensidee.
2. Ähnlich wie in der chinesischen Philosophie steht im Mittelpunkt des Handelns die Dualität vom „und“. Sie ersetzt das fatale „oder“. Zu viele Managemententscheidungen basieren fälschlicherweise auf Entweder-oder-Annahmen, zum Beispiel niedrige Kosten oder hohe Qualität („*No tyranny of the or*“).
3. Das permanente Abstellen auf den Gewinn führt in letzter Konsequenz ebenso zum Scheitern wie das krampfhafte Festhalten an überkommenen Ideologien. Organisationen brauchen einen Kernbestand an Werten und Ideen, darüber hinaus aber die Fähigkeit zur Weiterentwicklung: wie ein Mensch sich trotz Beibehaltung seiner Grundideologie weiterentwickelt. Auch Organisationen müssen sich permanent anpassen, ohne aber ihre eigene Linie aufzugeben („*More than profits: Preserve the core, stimulate progress*“).

Um diese Gestaltungsprinzipien umzusetzen, bieten die Autoren fünf spezifische **Methoden** an:

- Organisationen sollen sich laufend anspruchsvollen und riskanten Zielen verpflichten, also trotz bestehenden Erfolgs das Abenteuer suchen („*Big hairy audacious goals*").
- Organisationen sollen durchaus eine kollektive Denkstruktur mit Kultcharakter entwickeln und diejenigen Ressourcen, die sich von der damit verbundenen Ideologie nicht angezogen fühlten, abstoßen („*Cult-like cultures*").
- Organisationen sollen evolutorische Prozesse der Variation und Selektion von Ideen einleiten, um neue Erfolgsmuster zu finden („*Try a lot of stuff and keep what works*").
- Organisationen sollen ihre Führungsmannschaft ausschließlich von innen heraus entwickeln und selbst in Extremfällen auf langjährige Betriebszugehörigkeit sowie Ideologieakzeptanz achten („*Home-grown management*").
- Organisationen sollen einen permanenten Verbesserungsprozeß initiieren, der laufend nach Schwachstellen sucht und Zielerreichung mit Zielverbesserung beantwortet („*Good enough never is*").

Diese Vorschläge widersprechen teilweise etablierten Managementgrundsätzen (zum Beispiel „Verzicht auf Inzucht"), decken sich aber empirisch mit der gängigen Managementpraxis vieler Organisationen. Gleichzeitig versuchen sich die Autoren, gegen bestehende Management-Mythen zu stellen, lehnen also beispielsweise den Mythos der „einen genialen Idee" als Ausgangspunkt für erfolgreiche, visionäre Organisationen ab.

Insgesamt ist der Ansatz von *Collins* und *Porras* eine interessante und wichtige Weiterentwicklung der Arbeit von *Peters* und *Waterman*, vor allem, weil sie deren Begrenzung auf ausschließlich exzellente Untersuchungsobjekte zugunsten einer vergleichenden Untersuchung aufgeben. Interessant auch, daß *Collins* und *Porras* unter strategischer Perspektive das Schaffen der mechanischen Organisation fordern und dann trotzdem ausgehend von einem evolutorischen Organisationsverständnis zum organisatorischen Lernen und zur Organisationskultur überleiten.

Wie bereits in Kapitel 1 erwähnt, entspricht gerade dies dem Grundsatz der *Strategischen Organisation.*

2.1.4 Konsequenz: Das Prinzip des strategischen Verhaltens

> *If you don't know where you are going, any strategy will take you there. (McGinnis 1984, 45)*

Die pragmatisch-präskriptiven Strategiekonzepte führen zu einer *mechanischen* Organisationsperspektive, bei der das Unternehmen planvoll auf einen Idealzustand hin steuerbar ist. Die empirisch-deskriptiven Strategiekonzepte leiten über zur *organischen* Organisation, die im wahrsten Sinne des Wortes ein Eigenleben mit intuitiv definierten Strategien führt. Empirisch-deskriptive Strategiekonzepte haben aber auch eine Querbeziehung zur kulturellen Organisation, die Strategien als sozial konstruierte Realität auffaßt.

Beide Perspektiven haben ihre zwingende Berechtigung: So ist es gerade die zentrale Herausforderung für ein strategisches Management, gleichzeitig sowohl eine chaotische Umwelt systematisch zu analysieren als auch die Intuition zu nutzen, um Strategien zu kreieren. Pragmatisch-präskriptive Perspektive und empirisch-deskriptive Perspektive sind damit *gleichzeitig* zu verfolgen. Oder wie es *Collins* und *Porras* (1994) in anderem Zusammenhang ausgedrückt haben: Die „Tyrannei des Oders" ist durch das nutzenstiftende „Und" zu ersetzen. Dies ist allerdings nicht gerade trivial, weshalb sich viele Strategie-Autoren auch ganz bewußt von der Vorgehensweise *Mintzbergs* abgrenzen.

Zur Konkretisierung eines solchen strategischen Verhaltens kann auf die Schlüsselqualifikationen von *McGinnis* (1984, 45) zurückgegriffen werden: *Intelligenz* als Fähigkeit, gleichzeitig die Umwelt zu beobachten und zu interpretieren, die eigenen Möglichkeiten zu kennen und effektiv in der Organisation zu kommunizieren; *organisationale Balance* als Fähigkeit, Zentralisation mit Dezentralisation zu verbinden; *Analyse* als systematische Problemdurchleuchtung; *Innovation* als Weiterentwicklung von Bestehendem; *Proaktivität* und *Risikofreude*. Die ersten drei Faktoren sind Schwerpunkte der Analysetätigkeit, die anderen drei Faktoren Kernelemente der Intuition. Für eine erfolgreiche Strategiekonzeption sind Analyse und Intuition zu integrieren.

Trotzdem müssen Organisationen die emergente Strategie mit ihrer Entstehungsgeschichte in ihre Überlegungen einbeziehen, da durchaus unbewußt verfolgte Strategien erfolgreich sein und deshalb in die formale Strategie integriert werden können. Aus diesem Grund verlangt die Denkhaltung der *Strategischen Organisation*, sich keiner der beiden Grundhaltungen exklusiv zu verschreiben. Nötig ist vielmehr eine bewußte Zusammenführung der verschiedenen strategischen Sichtweisen und Verhaltensmerkmale (Abbildung 2.5).

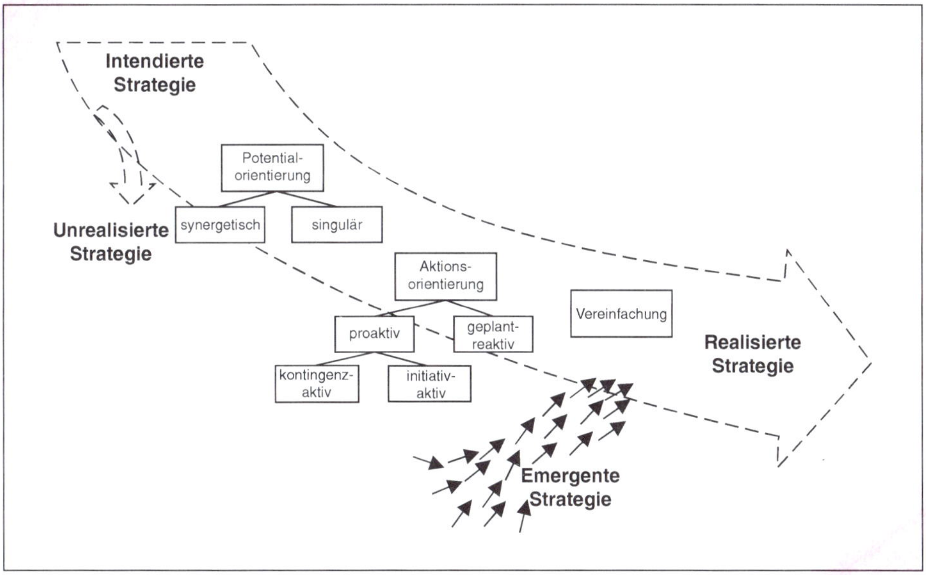

Abbildung 2.5: Grundidee des Prinzips des strategischen Verhaltens

Damit ergibt sich das Prinzip des strategischen Verhaltens, das im Sinne einer präskriptiven Aussage eine notwendige, aber nicht hinreichende Bedingung für die Lebensfähigkeit einer Organisation darstellt.

Prinzip des strategischen Verhaltens
Eine vitale Organisation verlangt strategisches Verhalten. „Strategisches Verhalten“ bedeutet, die Verhaltensmerkmale (1) synergetische und/oder singuläre Potentialkonzentration, (2) Komplexitätsreduktion sowie (3) geplante Reaktivität, Kontingenzaktivität oder Initiativaktivität aufzuweisen und eine Integration von intendierter mit emergenter Strategie in der realisierten Strategie zu erreichen.

Das Prinzip des strategischen Verhaltens stellt damit sicher, daß die jeweils behandelten Probleme eine Mindestrelevanz für die Organisation aufweisen, der strategischen Problematik entsprechende Vereinfachungsmechanismen eingesetzt werden und eine bewußte Auseinandersetzung mit der zeitlichen Dimension von Strategie stattfindet.

2.2 Effektivität: Das explizite Ziel im Vordergrund

> *A large amount of organizational research employs no measurement of effectiveness. In much of the research, the relationship to effectiveness is only assumed, not measured. (Hitt 1988, 29)*

Gerade in der praxisorientierten Managementlehre haben sich „Effektivität“ und „Effizienz“ (trotz der Einwände *Mintzbergs* 1982) als positiv konnotierte Schlagworte durchgesetzt; inhaltliche Überschneidungen bestehen auch mit dem Attribut „exzellent“ für Unternehmen oder mit „Best Practice Companies“. Um hier ein differenziertes Bild zu zeichnen, sind Konkretisierungen der *Effektivitätsinhalte* ebenso nötig wie Aussagen zur *Effektivitätsmessung.* Dies ist allerdings insofern schwierig, als viele Organisationsansätze die Frage der Strategie, der Ziele und damit der Effektivität vollkommen ignorieren.

2.2.1 Effektivitätsinhalte

> *Was immer die spezifischen Effizienz- oder Effektivitätskriterien der Prozesse sein mögen, die in einem System ablaufen (. . .) – die strukturelle oder systemische Effektivität kann nur anhand des Kriteriums der Lebensfähigkeit beurteilt werden. (Malik 1992, 113)*

Als erstes soll der Frage nachgegangen werden, welche Ziele es überhaupt für Organisationen gibt und wer diese Ziele artikuliert beziehungsweise artikulieren sollte.

2.2.1.1 Vier grundlegende Ansätze zur Zielartikulation

Unter Effektivität (*effectiveness*) versteht man das Ausmaß der Zielerreichung, unter Effizienz (*efficiency*) ihre Wirtschaftlichkeit (vgl. z.B. *Scholz* 1992a, 533): Dementsprechend gehört zur Diskussion der Effektivität einer Organisation immer auch ein Hinterfragen der Ziele („tun wir die richtigen Dinge“). Eine Beschäftigung mit der Effizienz klammert diese Frage dagegen aus und konzentriert sich auf den Prozeßaspekt („die Dinge richtig tun“).

Diese im angloamerikanischen Bereich seit *Barnard* (1938) und *Drucker* (1974, 45-46) durchgängig und im deutschsprachigen Bereich (vgl. z.B. *Gomez/Zimmermann* 1993, 58-60) weitgehend übliche Definition impliziert Aussagen über die Ziele, die es zu verfolgen gilt. Damit verknüpft sich die Frage, woher diese Ziele kommen und wer zur Festlegung der Ziele legitimiert ist. Aus der Beantwortung dieser Frage leiten sich mit dem System-, Sozial-, Strategie- und Stakeholder-Ansatz vier grundlegende Positionen zum Umgang mit der Effektivität ab (vgl. *Cameron/Whetten* 1983, 266; *Welge* 1987, 602-617; *Scholz* 1992a; *Staehle* 1994, 418-426).

Der **Systemansatz** (vgl. z.B. *Gross* 1965; *Yuchtman/Seashore* 1967) folgt der kybernetischen Systemtheorie und postuliert als zentrales Ziel das Überleben der Organisation. Aus dieser Sicht ergibt sich das absolute Primat der Selbsterhaltung, dem sich alle anderen Ziele der Organisation unterordnen. Organisationen müssen demnach gegen Konkurrenten um knappe Ressourcen kämpfen, sich Wachstumspotentiale erhalten und erwerben und vorrangig ihre spezifischen Systembedürfnisse erfüllen.

Vollkommen anders geht der **Sozialansatz** (z.B. *Staehle/Grabatin* 1979; *Grabatin* 1981; *Staehle* 1987) vor. Bei ihm sind Organisationen nie Selbstzweck, sondern vielmehr ausschließlich Mittel zum Zweck der Befriedigung von Bedürfnissen diverser Anspruchsgruppen. Organisationen sollen sich gemäß der Sichtweise des Sozialansatzes streng nach der Maxime „Besitz verpflichtet“ an den Wünschen von Betroffenen und den Notwendigkeiten der sie umgebenden Umwelt ausrichten.

> Bei einer Expertenbefragung zum Thema Vorstands- und Aufsichtsratsbewertung machte der Autor des Buches den Vorschlag, Personalfreisetzungen jeglicher Art mit einer Kürzung der Bezüge von Vorstand und Aufsichtsrat zu beantworten: Denn entweder waren in der Vergangenheit Personalplanungen oder die Marktprognosen unzureichend. Im Ergebnis würde nicht länger der Manager belohnt, der möglichst viele Köpfe zum Rollen bringt, sondern der, der sein Unternehmen durch sinnvolles Management weiterentwickelt.

Das **Dilemma** zwischen System- und Sozialansatz erfahren Unternehmen in wirtschaftlich schlechten Phasen, wenn sie vor der Wahl stehen, zur Sicherung der Wettbewerbsfähigkeit Arbeitsplätze abzubauen oder sich den Mitarbeitern (oder der Region) verpflichtet fühlen und deshalb versuchen, Arbeitsplätze zu erhalten. Dieses Dilemma ist nur dann auflösbar, wenn es gelingt, jenseits der Formel „Arbeitsplatzerhalt durch Arbeitsplatzabbau“ den Zielkonflikt in eine Zielkomplementarität zu überführen.

Die Schwierigkeiten bei der Realisation eines solchen Kompromisses zeigten sich bei der 1996 aktuellen Diskussion um das „Bündnis für Arbeit“ bereits daran, daß sich die Fronten so verhärtet haben, daß es bereits nach kurzer Zeit wieder „totgeredet“ und als „Bündnis gegen Arbeit“ etikettiert wird.

Jedoch gilt sowohl für den System- als auch den Sozialansatz: Eine Organisation, ob Unternehmen, Behörde oder Non-Profit-Organisation, ist nur dann als effektiv einzustufen, wenn sie ihre Ziele tatsächlich erfüllt (vgl. *Cunningham* 1977, 465; *Staehle* 1994, 411-414). Wendet man sich konkreten Zielen zu, so wird bereits bei einer unsystematischen Suche die Menge möglicher Ziele offenkundig (Übersicht 2.6). Zusätzlich erschweren die Zweck-Mittel-Relationen zwischen diesen Zielen die Erreichung von Zielkomplementarität: So kann Mitarbeiterzufriedenheit als Ziel (im Sozialansatz), ebenso aber auch als Mittel (im Systemansatz) angesehen werden.

Mögliche Ziele im Systemansatz	**Mögliche Ziele im Sozialansatz**
Systemerhaltung (Überleben) Systemzuverlässigkeit, Systemeffizienz Stabilität, Flexibilität Produktivität Wachstum ROI, Gewinn, Umsatz, Kostenminimierung Liquidität Minimierung Absentismus und Fluktuation Prozeßqualität	Motivation, Zufriedenheit, Selbstverwirklichung Arbeitsplatzsicherheit, Einkommensmaximierung Umweltschutz Produktqualität, Produktvielfalt, Service Minimierung individueller Arbeitsbelastung Rückzahlung/Verzinsung von Fremdkapital Gewinnausschüttung Steuereinnahmen

Übersicht 2.6: Mögliche Ziele im System- und Sozialansatz

Die Bewältigung des Konfliktes zwischen den eigenen Zielen und denen der Umwelt ist die Basisherausforderung einer jeden Organisation. Dabei nützt die Verfolgung der Extremposition des Systemansatzes ebensowenig wie die des Sozialansatzes. Aus diesem Grund wurden beide Ansätze entsprechend weiterentwickelt:

Im **Strategieansatz** als Weiterführung des „klassischen“ Systemansatzes gilt das primäre Streben jeglicher Organisation der Suche nach Überlegenheit. Dieser Wettbewerbsvorteil als „competitive advantage“ (*Porter* 1985) soll der Organisation die langfristige Überlebensfähigkeit sichern. Eine entsprechende Formulierung des strategischen Wettbewerbsvorteils verlangt in der Praxis eine umfassende Analyse der Wettbewerbssituation und eine systematische Formulierung der Strategie (vgl. dazu auch die Abschnitte 2.2 bis 2.4 dieses Buches).

In ähnlicher Form erfuhr auch der Sozialansatz eine entsprechende Veränderung. Ging es am Anfang seiner Entwicklung normativ und noch ideologisch beeinflußt um die soziale Verpflichtung der Organisation gegenüber ihrem Umfeld, so entwickelte sich daraus der eher pragmatische **Stakeholder-Ansatz** (vgl. z.B. *Mitroff* 1983; *Freeman* 1984). Bei ihm steht nicht länger das ethisch fundierbare Postulat im Vordergrund, eine Organisation müsse dem Menschen dienen oder ein Unternehmen bei geringer Umweltbelastung möglichst viele Mitarbeiter bei hohen Löhnen beschäftigen. Statt dessen muß sich die Organisation ausschließlich an den Gruppen orientieren, die ihre Ziele zur Not mit Gewalt durchsetzen wollen und können. Man konzentriert sich also ausschließlich auf die Stakeholder.

Stakeholder sind für die Strategie relevante Interessengruppen, die Zielansprüche äußern, ein Einsatzrisiko tragen und über eine entsprechende Macht zur Durchsetzung ihrer Interessen verfügen (vgl. *Scholz* 1987a, 29). Dabei finden sich Stakeholder nicht nur in der externen Umwelt der Organisation (vgl. z.B. *Pfeffer/Salancik* 1978), sondern auch als politisch handelnde Gruppen in der internen Organisationsumwelt (vgl. *Pfeffer* 1981). Die Stakeholder-Interessen muß die Organisation bei der Formulierung ihrer eigenen Ziele nach dem Stakeholder-Ansatz berücksichtigen und weitgehend integrieren.

> Würden beispielsweise der Personalamtsleiter einer Verbandsgemeinde und ein befreundeter Bauunternehmer eine gemeinsame Bauträgergesellschaft gründen, so könnten diese sich durch frühzeitiges Wissen um Expansionsabsichten ländlicher Gemeinden einen Wettbewerbsvorteil sichern. Ein Anwohner, der sich gerade wegen des dörflichen Charakters in einer betroffenen Gemeinde wohlfühlt, hat zwar einen Einsatz getätigt (Kauf eines Hauses im Dorf) und verfolgt ein eigenständiges Ziel (Dorf-Charakter versus Wohnsiedlung), ist aber wegen fehlender Eingriffsmacht dann *nicht* als Stakeholder der Bauträgergesellschaft einzustufen, wenn der Personalamtsleiter die zentralen Figuren der örtlichen Verwaltung sowie der Parteien „im Griff hat" und zudem die lokale Presse steuert.

In einer formalisierten *Stakeholder-Analyse* werden zunächst die potentiellen Stakeholder anhand ihrer Ziel- und Machtstruktur sowie des eingegangenen Risikos charakterisiert. Entsprechend der sich daraus ergebenden Relevanz werden ihre Ziele dann von der Organisation berücksichtigt (Übersicht 2.7).

Stakeholder	Stakeholder zu Organisation			Organisation zu Stakeholder			**Relevanz**
	Ziele	Macht	Risiko	Ziele	Macht	Risiko	
Mitarbeiter Gewerkschaften Anteilseigner Kunden Lieferanten Öffentlichkeit Sonstige							

Übersicht 2.7: Relevanzmatrix zur Identifizierung von Stakeholdern (nach Scholz 1987a, 29)

Unabhängig davon, ob sich Organisationen bewußt für einen der Effektivitätsansätze entscheiden: Sie verlagern zumindest unbewußt den Schwerpunkt ihres Handelns in eine der beiden Hauptrichtungen (Abbildung 2.6), die sich bezüglich des Systemansatzes unter das Schlagwort des „Überlebens“, bezüglich des Sozialansatzes unter das Schlagwort des „Dienens“ stellen lassen.

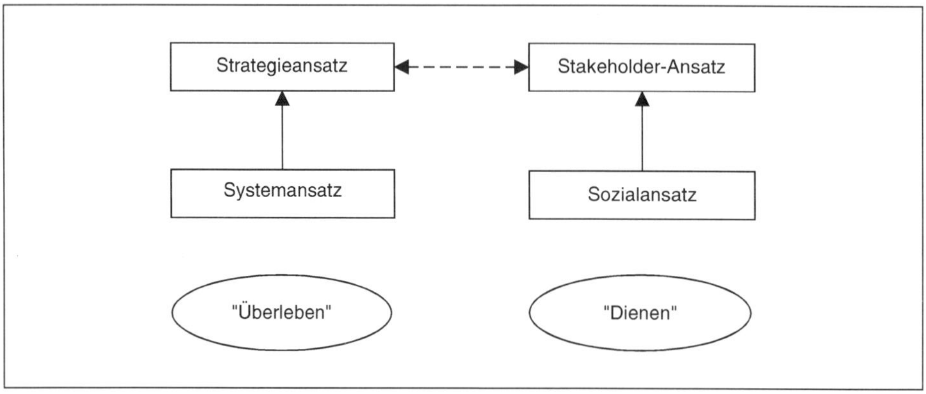

Abbildung 2.6: Organisatorische Zielansätze

2.2.1.2 Weiterführende Überlegungen zur Zielvorgabe

Corporate America's inability — or unwillingness — to soften the blow for that 55-year-old out-of-work middle manager is its biggest failure. Nor has it done a good job of making the case that we'll all be better off once we've adjusted to this new era of change. (Nocera 1996, 27)

Während Organisationen sich in der Vergangenheit eher unbewußt an einzelnen Effektivitätsansätzen orientierten, sind in jüngerer Zeit drei Denkansätze in der Diskussion von Theorie und Praxis explizit artikuliert worden: die Orientierung am Shareholder Value, die Ausweitung der Effektivitätsdiskussion auf Non-Profit-Organisationen sowie die Macht- und Legitimitätsdiskussion.

2.2.1.2.1 Shareholder Value

Geschäftsstrategien sollten nach Maßgabe der ökonomischen Renditen beurteilt werden, die sie für die Anteilseigner schaffen und die im Falle einer börsengehandelten Kapitalgesellschaft mittels Dividendenzahlungen und Kurswertsteigerungen der Aktien gemessen werden. Wenn das Management Strategiealternativen beurteilt, dann sind jene Strategien, die dem Unternehmen den größten nachhaltigen Wettbewerbsvorteil verschaffen, auch diejenigen, die den höchsten Shareholder Value schaffen. (Rappaport 1994, 12)

Eine extreme Form des Stakeholder-Ansatzes ist bei **Unternehmen** das Ausrichten am Shareholder Value (vgl. *Bühner* 1993b; *Siegert* 1995): Bei diesem aus der USA stammenden Vorschlag (vgl. *Rappaport* 1981; 1994) geht es für Unternehmen ausschließlich darum, den auf den einzelnen Anteilseigner entfallenden Marktwert des Unternehmens zu maximieren. Das Unternehmen wird aus Sicht der Eigenkapitalgeber auf Basis abgezinster zukünftiger Zahlungsströme im Vergleich zu anderen Unternehmen bewertet. Eine standardisierende Maßzahl für den bisher durch unterschiedliche Rentabilitätskennziffern erschwerten Vergleich ist beispielsweise der *künftige betriebliche Cash Flow* (vgl. *Rappaport* 1994, 26). Die Aktionäre investieren letztlich nur dann in ein Unternehmen, wenn ihre Anlage eine Rendite – zusammengesetzt aus einer generellen Risikoprämie für Eigenkapital, einer zusätzlichen geschäftsspezifischen Risikoprämie sowie dem Zeitwert des eingesetzten Geldes (vgl. *Siegert* 1995, 581) – verspricht, die über der Rendite vergleichbarer Investitionsobjekte liegt.

Hintergrund des primären Ziels der Maximierung des Cash Flow insbesondere für große Unternehmen ist die beabsichtigte Erschließung von internationalen und institutionellen Investorenkreisen. Dazu dienen auch die mit Shareholder Value-Konzepten verbundenen Bestrebungen, den Aktionären **transparenzerhöhende Informationen** zu kommunizieren und auf das Unternehmensimage zu achten. Damit wird der Shareholder Value zum zentralen Effektivitätskriterium auch für strategische Entscheidungen im Unternehmen: Alle anderen Ziele spielen nur noch eine untergeordnete Rolle.

So bleibt es letztlich gleichgültig, ob sich die Belegschaftszahlen drastisch reduzieren oder ob das Unternehmen sogar ausgeschlachtet und aufgelöst wird: Solange der Shareholder Value dadurch steigt, ist jede Maßnahme akzeptabel. Gerade in den USA setzt sich diese extreme Form des Shareholder Value durch, wohingegen in Deutschland wegen dem eher traditionellen Wertesystem und einer anderen Finanzierungsstruktur (vgl. *Hochstetter/Wolbert* 1996) dieses System erst langsam Fuß faßt.

> Als VW in der Wirtschaftskrise 1994 – anders als Daimler Benz – nicht mit massivem Beschäftigungsabbau operierte, wurde dies gerade aus der deutschen Bankenlandschaft heraus als nicht ausgerichtet auf den Shareholder Value kritisiert und der harte Daimler-Kurs als wegweisend akzeptiert.

Ohne Rückgriff auf normativ-ethische Basisüberlegungen läßt sich die **Zulässigkeit** des Shareholder Value-Konzeptes nur schwer beurteilen. Auch die Frage danach, ob eine Unternehmensleitung überhaupt für Belange des Mitarbeiters zuständig ist oder der Mitarbeiter nur als Mittel zum Zweck dient, läßt sich (leider) isoliert kaum beantworten.

Insgesamt scheinen aber extreme Effektivitätsmaßstäbe wie der Shareholder Value dennoch **problematisch**, da sie immer auch darauf beruhen, individuelle Optimierungen ohne Berücksichtigung von Lasten für die Allgemeinheit durchzuführen. Ziel kann es daher nur sein, eine Integration der Ziele der Shareholder mit denen der übrigen Stakeholder herbeizuführen. Die Orientierung an einem *Stakeholder Value*, der die Ziele aller Anspruchsgruppen als gleichbedeutend (wenn auch aufgrund unterschiedlicher Relevanz nicht gleichwertig) akzeptiert, dürfte in diesem Zusammenhang ein zukunftsweisenderes Konzept darstellen.

2.2.1.2.2 Effektivität von Non-Profit-Organisationen

Auch Non-Profit-Organisationen als Organisationen, die in der Regel gesellschaftlich erwünschte Bedarfsdeckungs-, Unterstützungs- und Hilfszwecke ohne Gewinnabsicht verfolgen, geraten zunehmend in den Blickpunkt des öffentlichen Interesses und damit unter Druck, Rechenschaft abzulegen. Nicht nur gemeinnützige Organisationen, sondern auch Betriebe des öffentlichen Sektors wie Krankenhäuser rücken in die Nähe von privaten Organisationen, da die Grenzen zwischen Non-Profit- und Profit-Organisationen verschwimmen. Daher wird der Ruf nach Erfolgsmaßstäben laut (vgl. *Schwarz* 1996, 46-47). Die Frage von Macht und Legitimität, die bisher kaum von Relevanz war, tritt zunehmend in den Vordergrund.

Insgesamt stellt bereits die Festlegung der zu **verfolgenden Ziele** für die Non-Profit-Organisation ein ernstes Problem dar, wobei speziell der *Strategieansatz* mit dem Ziel maximaler Überlegenheit nur schwer übertragbar erscheint. Unlogisch erscheint auch die vollständige Anwendung des *Systemansatzes*: Hier ist lediglich die Verfolgung der Systemerhaltung sinnvoll, dem Ziel des maximalen Systemwachstums ist dagegen nicht zu folgen. Dies würde beispielsweise für eine Umweltschutzorganisation die Generierung eines weiteren Bedarfes an Umweltschutz implizieren. Gleiches gilt auch für den *Sozialansatz*, da eine unkritische Befriedigung der Ansprüche aller externen und internen Interessengruppen ebenfalls zu einem gefährlichen (und vielleicht plötzlich nicht mehr finanzierbaren) Wachstum der Organisation führen könnte. Dagegen kann der *Stakeholder-Ansatz* durchaus entsprechend der in Abschnitt 2.2.1.1 propagierten Vorgehensweise Anwendung finden.

Diese Problematik der Zieldefinition von Non-Profit-Organisationen zeigt sich auch in den Publikationen der vergangenen Jahre zu diesem Thema, die sich verstärkt mit Zielen solcher Organisationen sowie deren Messung auseinandersetzen und bereits zu unterschiedlichsten Operationalisierungsvorschlägen geführt haben (Übersicht 2.8).

Ebenfalls existieren inzwischen diverse checklistenartige Vorschläge zur Effektivitätsbestimmung (vgl. z.B. *Schwarz* 1996, 521-606). Ein Beispiel dafür ist der Vorschlag, über **vier Schlüsselfragen** das Problem der Effektivität von Non-Profit-Organisationen zu lösen (vgl. *Herzlinger* 1994, 53-58):

- Entsprechen die Ziele der Organisation ihren finanziellen Ressourcen? Indikatoren hierfür sind Umsatz, Liquidität, soziodemographische Mitgliederstruktur und Ausgabenverteilung.

Ausrichtung des Managements	Ausmaß, in dem die Ziele der Organisation, die Programmkomponenten, Geschäftssparten oder Mitarbeiter klar, gut integriert und verständlich und angemessen in organisationalen Plänen, Strukturen, Entscheidungsdelegation und Entscheidungsprozeß reflektiert werden.
Relevanz	Ausmaß, in dem die Geschäftssparten bezüglich der Wünsche der Öffentlichkeit sinnvoll sind.
Angemessenheit	Ausmaß, in dem die Anstrengungen der Organisation mit den spezifischen Zielen der Organisation übereinstimmen.
Erreichen beabsichtigter Ergebnisse	Ausmaß, in dem Ziele realisiert wurden.
Akzeptanz	Ausmaß, in dem die Kunden mit den für sie erstellten Geschäftssparten zufrieden sind.
Sekundäreffekte	Ausmaß, in dem andere signifikante Konsequenzen, beabsichtigte oder unbeabsichtigte, positive oder negative, eintreten.
Produktivität	Beziehung zwischen Kosten, Input und Output.
Reaktionsfähigkeit	Fähigkeit einer Organisation, sich an Wandel wie Neuerungen des Marktes, des Wettbewerbes, der Finanzierungsmöglichkeiten und der verfügbaren Technologie anzupassen.
Arbeitsumgebung	Ausmaß, in dem die Organisation eine angemessene Arbeitsatmosphäre für die Mitarbeiter bereitstellt, Aufstiegschancen und Entwicklungsmöglichkeiten bietet, sowie Bindung, Initiative und Sicherheit fördert.
Schutz von Aktivposten	Ausmaß, in dem wichtige Aktivposten wie Bezugsquellen, Vermögenswerte, Schlüsselpersonal, Vereinbarungen und bedeutsame Schriften oder Informationen gesichert werden.
Überwachung und Berichtswesen	Ausmaß, in dem Schlüsselfaktoren, die Erfolg und Stärken betreffen, identifiziert, berichtet und sorgfältig überwacht werden.

Übersicht 2.8: Operationalisierungsvorschläge zur Effektivität im öffentlichen Sektor (nach Blenkhorn/Gaber 1995, 43)

- Praktiziert die Organisation eine über die Generationen hinweg ausgeglichene Ressourcenpolitik, das heißt, haben heutige und zukünftige Generationen einen ähnlichen Nutzen aus den zur Verfügung stehenden Ressourcen? Ein entsprechender Indikator dafür ist eine inflationsbereinigte Bilanz.
- Sind Mittelherkunft und Mittelverwendung entsprechend abgestimmt? Es sollten fixe Ausgaben mit fixen Einnahmen und variable Ausgaben mit variablen Einnahmen verglichen werden. Im Idealfall sollten die fixen Einnahmen alle langfristigen fixen Ausgaben decken, variable Kapitalquellen jedoch nicht zu deren Finanzierung eingeplant werden.
- Ist die Organisation dauerhaft lebensfähig? Die Organisation sollte einen strategischen Plan mit finanziellen Daten aufstellen, der zeigt, daß die Fortführung der momentanen Strategie die Überlebensfähigkeit der Organisation sichert.

Zur Beantwortung dieser Fragen schlägt *Herzlinger* (1994) Ausschüsse für Fragen der finanziellen Kontrolle, Planung oder Entlohnung der Führungskräfte vor. Ihre Leistungsfähigkeit dürfte aber stark von der **Professionalität** ihrer Mitglieder abhängen.

2.2.1.3 Macht und Legitimität als Basis

> *Keine Herrschaft begnügt sich, nach aller Erfahrung, freiwillig mit den nur materiellen oder nur affektuellen oder nur wertrationalen Motiven als Chancen ihres Fortbestandes. Jede sucht vielmehr den Glauben an ihre „Legitimität" zu erwecken und zu pflegen. Je nach der Art der beanspruchten Legitimität aber ist auch der Typus des Gehorchens, des zu dessen Garantie bestimmten Verwaltungsstabes und der Charakter der Ausübung der Herrrschaft grundverschieden. Damit aber auch ihre Wirkung. (Weber 1972, 122)*

Letztlich setzt derjenige seine Ziele durch, der über die entsprechende **Macht** verfügt. In der Literatur gibt es eine Fülle von Theorien der Macht (vgl. *Sandner* 1992), die sich zu einem großen Teil auf die Bürokratietheorie *Webers* (1972) berufen. Dabei gilt Macht als die gewollte Durchsetzung von Zielvorstellungen, die auf das Handeln und die Unterordnung anderer angewiesen ist (*Sandner* 1992, 94). Macht muß somit akzeptiert werden; potentielle Macht wird in tatsächliche Macht umgewandelt, wenn sich einer jemand anderem unterordnet. Diese Unterordnung kann auf den unterschiedlichsten Grundlagen beruhen, beispielsweise auf Ressourcenkontrolle, positiven und negativen Sanktionen, Identifikation, Sachkenntnis oder Information (vgl. *Sandner* 1992, 27-28); sie wird zudem umso wahrscheinlicher, je höher die **Legitimität** desjenigen ist, der Macht ausübt. Legitimität ist hier zu verstehen als der Zustand der Überzeugung, daß Macht besteht, Legitimation dagegen der Prozeß des Erwerbes von Legitimität.

Der Legitimität liegt die Annahme zugrunde, daß Handlungen bezüglich eines sozial konstruierten Normen- und Wertesystems wünschenswert oder angemessen sind (vgl. *Suchmann* 1995, 574). Legitimität ermöglicht die Akzeptanz fremder Handlungen und erhöht somit die Stabilität und Glaubwürdigkeit der Organisation. Hierfür gibt es zwei **Dimensionen** der Legitimität (vgl. *Aldrich/Fiol* 1994, 647-649):

- Die *kognitive Dimension* beinhaltet die Verankerung einer Aktivität in der Wissensbasis von Personen. Sie wird erreicht durch symbolische Sprache und Handlungen, durch Dritte, die als Fürsprecher auftreten, oder durch den Aufbau von Beziehungen zu etablierten Ausbildungssystemen.
- Die *soziopolitische Dimension* fokussiert auf die werteorientierte Akzeptanz bei wichtigen Stakeholdern, der breiten Öffentlichkeit, Meinungsführern und Personen des öffentlichen Lebens. Diese läßt sich erreichen durch Entwicklung von Vertrauen in die neue Aktivität, Verläßlichkeit und Reputation und durch Marketingaktivitäten.

Organisationen versuchen, einmal erreichte Legitimität aufrechtzuerhalten, was als einfacher gilt, als verlorene Legitimität zurückzugewinnen (vgl. *Suchmann* 1995, 593). Dies ist eine Herausforderung, da Organisationen durch unvorhergesehene Änderungen in der internen oder externen Umwelt schnell ihre Legitimität bedroht sehen können.

Strategien zur langfristigen Legitimitätssicherung sind einerseits eine ständige Umweltbeobachtung zur Antizipation vorhersehbarer Änderungen, andererseits das konsequente Verfolgen und Weiterentwickeln einer werteorientierten Politik samt der eingesetzten Techniken zur Legitimitätsbewahrung. Um verlorene Legitimität zurückzugewinnen, kann unter Vermeidung von panikartigen Gegensteuerungen eine klare Abgrenzung von der Vergangenheit und eine Normalisierung etwa über Restrukturierungen verfolgt werden (vgl. *Suchmann* 1995, 593-599).

2.2.2 Effektivitätsbestimmung

Die Idee einer strategischen Effektivität verlangt nicht nur die Festlegung klarer Ziele für die Organisation, sie verlangt auch entsprechende Meßkonzepte. Diese sind sowohl in der Theorie als auch in der Praxis dringend nötig (*Hitt* 1988, 29): Für die Theorie besteht bei Verwendung unangemessener Effektivitätsmaße die Gefahr verkehrter normativer Schlußfolgerungen, für die Praxis besteht die Gefahr dysfunktionaler Entscheidungen.

2.2.2.1 Operationalisierung

Die Effektivitätsmessung wird in der einschlägigen Literatur häufig vernachlässigt, da es noch keinen allgemein anerkannten Ansatz dazu gibt: So gibt es Potentialziele, Wirtschaftlichkeitsziele, Ergebnisziele und verhaltensbezogene Ziele. Meist werden finanzielle Größen zur Messung herangezogen, aber auch die Anzahl der gewonnenen Spiele eines Football-Teams oder die Anzahl der gewonnenen Arbeitsgerichtsprozesse.

Operationalisierungskonzepte unterscheiden sich vor allem im Umfang der berücksichtigten Kriterien. Eine nicht systematisierte, jedoch dafür ausführliche Auflistung möglicher Effektivitätskriterien stellen *Blenkhorn* und *Gaber* (1995) vor (Übersicht 2.9).

Blenkhorn/Gaber (1995, 44-45) zeigen weiterhin auf, wie Führungskräfte die Effektivität ihrer Organisation messen können, und zwar wenn sie feststellen,
- die Organisation ist *profitabel*,
- die Organisation *wächst*,
- die *Kunden* sagen es,
- die *Konkurrenten* sagen es,
- die *Mitarbeiter* sagen es,
- die *Managementinformationssysteme* sagen es,
- die *Wirtschaftsprüfer* sagen es, und
- *verschiedenartige Signale* zeigen es an.

Bereits durch die Wahl des Titels „Warm Fuzzies“ für ihren Aufsatz zeigen sie aber deutlich an, daß auch sie eine erhebliche Unschärfe in ihrem Vorschlag zur Effektivitätsmessung sehen, ein Eindruck, den obige Prüfaussagen ebenfalls nahelegen.

Effektivitätskriterium	Operationalisierung
Produktivität	Output bei gegebenem Input
Qualität	für Produkte Messung der technischen Exzellenz, Langlebigkeit etc; für Dienstleistungen generell mit der Kundenzufriedenheit verbunden
Unfallrate	Häufigkeit von Betriebsunfällen, gemessen in Ausfallzeiten
Absentismus	Rate unentschuldigter Abwesenheit
Fluktuation	Häufigkeit, mit der Mitarbeiter die Organisation verlassen
Arbeitszufriedenheit	Arbeitnehmereinstellungen gegenüber ihrer Arbeit
Motivation	Stärke des individuellen Willens, zielorientiert im Beruf zu arbeiten
Arbeitsmoral	das der individuellen Motivation entsprechende Gruppenphänomen
Kontrolle	Grad des aktiven Management-Einflusses auf die formalen Organisationsregelungen, die das Verhalten der Organisationsmitglieder beschränken
Flexibilität und Anpassung	Fähigkeit einer Organisation, schnell auf Umweltänderungen zu reagieren
Planung und Zielsetzung	Ausmaß, in dem Planung und Zielsetzung formal wahrgenommen werden
Zielkonformität	Grad, in dem die Organisationsmitglieder dieselben Ziele verfolgen
Internalisierung der Organisationsziele	Akzeptanz der Organisationsziele als angemessene Individualziele
Rollen- und Normenkongruenz	Einverständnis über Überwachungsnormen, Erfolgserwartungen, Rollenerwartungen etc.
Zwischenmenschliche Kompetenz	Ausmaß, in dem Manager Mitarbeiter und Vorgesetzte zur Zielerreichung unterstützen
Fachliche Managerkompetenz	Ausmaß, in dem Manager ihre Aufgaben ohne Involvierung weiterer Mitarbeiter bewältigen
Informationsmanagement und Kommunikation	Vollständigkeit, Effizienz und Richtigkeit im Umgang mit erfolgskritischer Information
Pünktlichkeit	Wahrscheinlichkeit, daß die Organisation ihr gestellte Aufgaben im Zeitrahmen erledigt
Umweltbeziehungen	Ausmaß, in dem die Organisation erfolgreich mit der Umwelt interagiert
Stabilität	Bewahrung von Struktur, Funktion und Ressourcen über die Zeit und über anstrengende Perioden hinweg
Partizipation und geteilter Einfluß	Partizipation der Organisationsmitglieder an Entscheidungen, die sie direkt betreffen
Zielerreichungsanstrengung	Wert, den die Organisation dem Erreichen neuer Ziele zumißt

Übersicht 2.9: Auflistung möglicher Effektivitätskriterien (nach Blenkhorn/Gaber 1995, 42)

Festzuhalten bleibt, daß wesentliche Subziele des Effektivitätskonzeptes häufig lediglich qualitativ formuliert sind, so daß eine Messung in Form eines Zielerreichungsgrades allenfalls mittelbar möglich ist. Aber auch qualitative Ziele wie zum Beispiel Kundennähe oder Innovationsfähigkeit können mit Hilfe von Indikatoren operationalisiert werden.

2.2.2.2 Kulturelle Relativierung

Insbesondere in einem zunehmend globalisierten Wirtschaftsumfeld werden Organisationen damit konfrontiert, einerseits ihren eigenen Effektivitätsstatus auch in andere landeskulturelle Kontexte hineinzuvermitteln, andererseits die Effektivität von Organisationen anderer Länder zu interpretieren.

In diesem Zusammenhang stellt *Gray* (1995) auf Basis von empirischen Untersuchungen fest, daß die Messung von Gewinn und die Kommunikation dieser Informationen signifikanten **landeskulturellen Einflüssen** unterliegen: Zum Beispiel sind Gewinnausweise im anglo-amerikanischen Raum auf einer optimistischeren Basis erstellt und kurzfristiger orientiert als Gewinnausweise in Deutschland oder Japan. Die landeskulturelle Beeinflussung betrifft sowohl die Organisationsziele als auch die verwendeten Effektivitätskriterien.

Die Schlußfolgerung von *Gray* (1995) besteht darin, in internationalen Wettbewerbsvergleichen anhand von Erfolgszahlen das veröffentlichte Datenmaterial zu Erfolg und Effektivität äußerst vorsichtig zu interpretieren und den landeskulturellen Bias zu berücksichtigen.

2.2.2.3 Methodische Relativierung

Ist die Operationalisierung von Effektivität erfolgt, kann in empirischen Studien die tatsächliche Messung vorgenommen werden. Diese ist jedoch nicht frei von nachfolgend zusammengefaßten **Meßproblemen** (vgl. *Scholz* 1992a, 546-547):

1. *Validitätsproblem:* Die Konstruktvalidität beruht meist auf den Präferenzstrukturen der Messenden und vernachlässigt die Abbildungsvalidität der Kriterien.
2. *Stochastikproblem:* Aufgrund der Nichtbestimmbarkeit aller organisatorischen und umweltbezogenen Variablen bleibt das Ergebnis letztlich immer stochastisch.
3. *Kausalitätsproblem:* Eine Korrelation zwischen Effektivität und einer unabhängigen Variablen läßt noch keine Kausalitätsaussage zu.
4. *Linearitätsproblem:* Die linearen Korrelationswerte werden bei in Organisationen gegebenen nichtlinearen Effektivitätsverläufen problematisch.
5. *Unabhängigkeitsproblem:* Indikatoren und Prädiktoren können interkorreliert sein.
6. *Identitätsproblem:* Effektivitätsvergleiche wären strenggenommen zwischen Organisationen mit identischen Zielsystemen zulässig.
7. *Dimensionalitätsproblem:* Bei Aggregation von (möglicherweise unterschiedlich hoch ausfallenden) Einzeleffektivitäten zu einer Gesamteffektivität ist die Gewichtung unklar.
8. *Konfliktproblem:* Ein Zielsystem kann aufgrund seiner Entstehung in einem politischen Prozeß mehrdeutige, inkonsistente und gegenläufige Ziele beinhalten.

9. *Bewertungsproblem:* Die Bewertung der Effektivität und die Auswahl des Bewertungskriteriums sind abhängig vom Referenzsystem des Bewertenden.
10. *Zeitproblem:* Organisatorische Ziele ändern sich im Zeitablauf; dies hat genauso Auswirkungen auf die Operationalisierung wie die Differenzierung in kurz- und langfristige Effektivität.

Es wird sicher nicht möglich sein, all diese Meßprobleme zu lösen; allerdings ist es häufig bereits ausreichend, die Existenz der Problematiken zur Relativierung empirischer Forschungsergebnisse transparent zu machen.

2.2.2.4 Synthese: Das Vier-Ebenen-Modell

Ein Gesamtkonzept zur Operationalisierung und Messung organisatorischer Effektivität ist das **Vier-Ebenen-Modell** (Abbildung 2.7). Es stellt eine Meßmethodik dar, die sowohl eine strategische Analyse des zu messenden Systems als auch die Schritte bis zur Erhebung des Realsystems umfaßt:

- Auf der *Meta-Ebene* werden als Ausgangspunkt die unscharfen und noch zu konkretisierenden Begriffe „Effektivität" und „Verursachung" abgebildet, wobei die Verursachungsfaktoren für die organisatorische Effektivität sowohl aus der Organisation selbst als auch aus der Umwelt stammen.

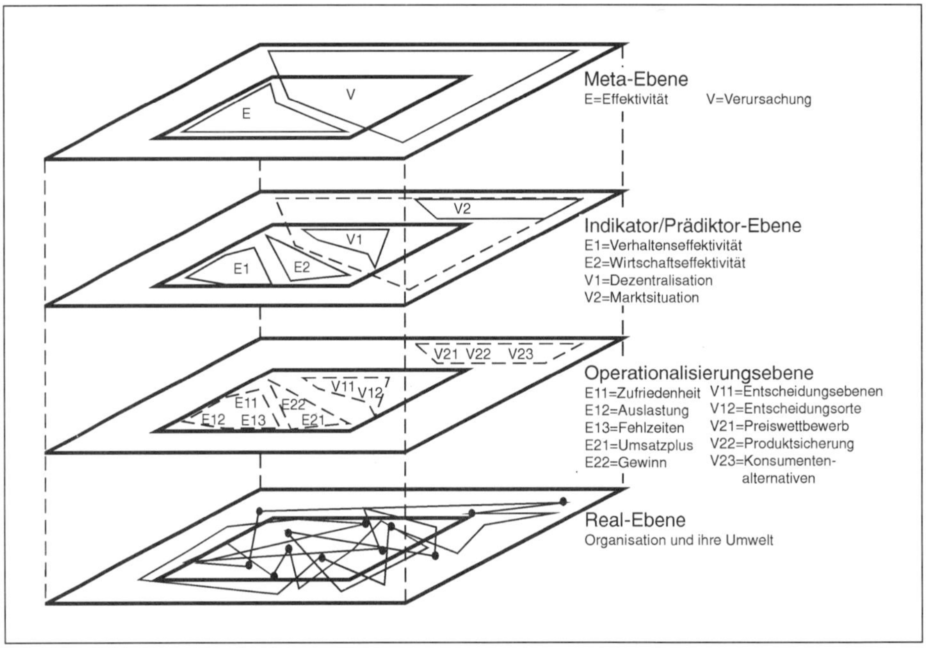

Abbildung 2.7: Das Vier-Ebenen-Modell der Effektivität (nach Scholz 1992a, 545-546)

- Auf der *Indikator-/Prädiktor-Ebene* wird mindestens je ein Indikator für die organisatorische Effektivität und ein entsprechender Prädiktor festgelegt. Beispiele für Indikatoren, die das Vorhandensein der Effektivität beziehungsweise der Verursachungsfaktoren anzeigen, sind „Mitarbeiterzufriedenheit" und „Gewinn", Beispiele für Prädiktoren, die Wahrscheinlichkeitsaussagen über die Entstehung von Effektivität zulassen, sind „Zentralisationsgrad" und „Umweltdynamik".
- Auf der *Operationalisierungsebene* erfolgt eine Zerlegung der Indikatoren und Prädiktoren in Meßgrößen. Beispiele für solche meßbaren Größen sind „Kompetenzverteilung" und „Zahl der Hierarchieebenen".
- Die *Real-Ebene* schließlich ist das eigentliche Untersuchungsobjekt, aus dem jedoch nur jeweils eine kleine Menge der Realvariablen über die Operationalisierungsebene und die Indikator-/Prädiktor-Ebene abgebildet und erfaßt wird.

Läuft dieser Ableitungsprozeß top-down, wird mit globalen Konstrukten begonnen, die sukzessiv operationalisiert werden; bei diesem deduktiven Vorgehen liegen im Regelfall Hypothesen auf der Indikator-/Prädiktor-Ebene zugrunde. Beim Bottom-up-Vorgehen wird mit einzelnen Meßgrößen begonnen, die dann induktiv statistisch ausgewertet werden.

Wichtig erscheint, daß ein solcher Operationalisierungs- und Messungsprozeß zur Effektivität nicht mechanisch abgearbeitet werden sollte, sondern durch die Berücksichtigung organischer und kultureller Aspekte Flexibilitätspotentiale bereitstellt, die bei einer Revision der Operationalisierung eine Änderung des Meßsystems zulassen.

2.2.3 Konsequenz: Das Prinzip der strategischen Effektivität

Auch wenn sich *Sozialromantiker* damit schwertun: Organisationen müssen effektiv sein, um zu überleben. Sie müssen den Balanceakt zwischen Erfüllung von System- und Stakeholder-Zielen bestehen. Das heißt: Organisationen stehen und fallen mit ihrer Ausrichtung an ihren Zielen, die zudem eine Wettbewerbsüberlegenheit mit sich bringen müssen.

Auch wenn sich *Prozeßoptimierer* damit schwertun: Effizienz ist eine notwendige, auf keinen Fall aber eine hinreichende Bedingung für Erfolg. Das vielzitierte Beispiel einer höchst effizienten Radioröhrenproduktion in den USA belegte die fatale Effizienzfalle spätestens dann, als der Markt die Radioröhren durch Transistoren ersetzte.

Damit bleibt als **Konsequenz** die bewußte Auseinandersetzung mit organisatorischen Zielen als zentrale Basis der strategischen Organisation. Diese sowieso alles andere als einfache Aufgabe wird dabei noch zusätzlich erschwert, wenn man die Annahme der eindeutigen und festen *Organisationsgrenzen* aufgibt: Denn gerade die traditionellen Effektivitätsansätze sind auch Produkt eines Denkens, bei dem klare Organisationsgrenzen den Objektbereich der individuellen Optimierung festlegen. Die Trennung zwischen System-

und Strategieansatz sowie Sozial- und Stakeholder-Ansatz bleibt konzeptionell nur dann bestehen, wenn man von einer Organisation mit festen Grenzen ausgeht. Aber: Wie bereits in Kapitel 1 beschrieben, lösen sich derart eindeutige Abgrenzungen auf, erst recht wenn man von der organischen (Kapitel 4), der kulturellen (Kapitel 5) und vor allem der virtuellen Organisation (Kapitel 7) ausgeht. Würde man beispielsweise den Organisationsbegriff so weit fassen, daß er Organisationen einschließlich ihrer Stakeholder umfaßt, so fallen Systemansatz und Sozialansatz sogar völlig zusammen.

Damit die Lebensfähigkeit einer Organisation sichergestellt ist, muß also das Prinzip der strategischen Effektivität erfüllt sein: Es ist die Conditio sine qua non für das langfristige Bestehen einer Organisation.

Prinzip der strategischen Effektivität
Eine vitale Organisation verlangt eine strategische Effektivität. „Strategische Effektivität" bedeutet, klare Ziele im Hinblick auf das Erreichen und Verteidigen strategischer Wettbewerbsvorteile zu formulieren und diese unter Berücksichtigung der Stakeholder-Interessen in entsprechende Maßnahmen umzusetzen.

Eine Organisation muß also die eigenen strategischen Potentiale zumindest konstant halten, gleichzeitig aber die Ansprüche der relevanten Interessengruppen zu erfüllen versuchen. Dies setzt eine klare Zieldefinition als Teil der Strategieformulierung ebenso voraus wie eine systematische Analyse der Stakeholder und eine Festlegung der Objektbereiche.

2.3 Kraftentwicklung: Absolut und relativ

Tacit cooperation and power over buyers, suppliers, and entrants allow firms to earn profits that would not be available if the market were more competitive. They allow firms to raise price above competitive levels, control quality below competitive levels, and remove the incentive to escalate costs by innovating and imitating each other. (D'Aveni 1994, 115)

Die Umsetzung formulierter Ziele bedarf der Berücksichtigung dessen, was dazu nötig und der Organisation überhaupt möglich ist. Dazu bezieht sich das Prinzip strategischer Kräfte auf das Zusammenwirken strategischer Potentiale, strategischer Bewegungen und strategischer Barrieren. Die Betrachtung der Kraftentwicklung liefert damit *Erklärungen* für die Umstände, unter denen auch Organisationen mit kleinen strategischen Potentialen erfolgreich sein beziehungsweise umgekehrt Organisationen mit großen strategischen Potentialen versagen können. Zudem zeigt sie *Ansatzpunkte* für die Ausgestaltung von strategischen Kräften. Es geht dabei um Aufbau und Erhaltung von den Wettbewerbern überlegenen strategischen Potentialen, um das Optimieren strategischer Barrieren sowie um das Durchführen eigener und die Analyse fremder strategischer Bewegungen.

2.3.1 Strategische Potentiale

> *Think of the firm as an onion made up of layers of functions, services, and production operations. Then ask which activities determine the firm's essence or core and which are at the periphery. (Schoemaker 1992, 75)*

Strategische Potentiale sind alle diejenigen Ressourcen der Organisation, die in einem unmittelbaren und überlebenskritischen Zusammenhang mit der Strategie stehen: Sie stellen damit die statische Komponente einer strategischen Kraft dar. Potentiale entstehen durch eine zeitliche Verzögerung des Abflusses an Energie gegenüber dem Zufluß von Energie: So baut sich ein Finanzpotential dann auf, wenn der Zustrom an Finanzmitteln den Mittelabfluß übertrifft.

Grundsätzlich kann in unterschiedlichsten Faktoren strategisches Potential stecken: Standortvorteile oder herausragende Technologien können demnach ebenso zum strategischen Potential werden wie effiziente Kommunikationssysteme, solide Eigenkapitalausstattung oder extrem motivierte Mitarbeiter.

Problematisch ist allerdings eine undifferenzierte Sichtweise von strategischen Potentialen als allgemeine Fähigkeiten und Kompetenzen, da strategische Kräfte auf unterschiedliche Qualitäten von Potentialen Bezug nehmen. Daher erscheint eine Aufspaltung von Potentialen einerseits in absolute Fähigkeiten und Möglichkeiten der Organisation, andererseits in Kernkompetenzen, die relativ zu Konkurrenten am Markt bestehen, sinnvoll. Deskriptiv trägt die Analyse absoluter und relativer Potentiale dazu bei, Verursachungsfaktoren für den Erfolg von Organisationen zu lokalisieren; präskriptiv bietet sie Ansatzpunkte für die Strategieformulierung.

2.3.1.1 Absolute Potentiale: Organizational Capabilities

Die Frage nach den in einer Organisation vorhandenen Fähigkeiten führt zum Konzept der „Organizational Capabilities" (*Lenz* 1980; *Chandler* 1992). Zur Beschreibung solcher Potentiale unter dem Begriff der Organizational Capabilities stellt *zu Knyphausen-Aufseß* (1995, 94-99) **fünf Aspekte** zusammen:

- Diese Fähigkeiten dienen der Herstellung *organisationaler Koordination.*
- Organizational Capabilities bestehen nicht aus greifbaren Bestandteilen der Oberflächenstruktur einer Organisation, sondern bilden die *Tiefenstruktur* des Systems.
- Der *Potentialcharakter* zeigt sich daran, daß Investitionen in Organizational Capabilities nicht direkt den Erfolg verbessern, sondern lediglich die Möglichkeiten der Organisation zum (nicht-linear verbundenen) erfolgreichen Handeln ausweiten.
- Diese Fähigkeiten beinhalten einen *dynamischen* Aspekt, der der Organisation Wandel und Entwicklung ermöglicht.

- Organizational Capabilities dienen der Erlangung eines *Wettbewerbsvorteils* und eines spezifischen Profils bei Kunden.

Damit bilden Organizational Capabilities den Möglichkeitsraum ab, innerhalb dessen die Organisation effektiv handeln kann. Sie stellen jedoch noch keinen Wettbewerbsvorteil per se dar, sondern können lediglich in ihren absoluten Ausprägungen bestimmt werden. Die Wettbewerbsorientierung wird erst mit der Ausrichtung auf Kernkompetenzen konkretisiert.

2.3.1.2 Relative Potentiale: Kernkompetenzen

Letztlich ausschlaggebend für den Erfolg von Organisationen sind die relativen strategischen Potentiale, die sich aus dem Vergleich eigener absoluter Potentiale mit denen von Konkurrenten ergeben. Die Idee, bezüglich eines bestimmten Potentials den Konkurrenten überlegen zu sein, manifestiert sich im Begriff der Kernkompetenzen (vgl. *Prahalad/Hamel* 1990). Dabei werden Kernkompetenzen einer Organisation als Wurzeln der Wettbewerbsfähigkeit wahrgenommen und insbesondere dem Konzept der Strategischen Geschäftseinheit gegenübergestellt, das die Unternehmensrealität der achtziger Jahre geprägt hat.

Der zentrale Fortschritt im Denken ist, daß sich Organisationen nicht länger nur als Portfolio einzelner Produktgruppen oder Geschäftssparten sehen sollten, sondern auch als Portfolio von Kompetenzen (Übersicht 2.10). Eine globale Führungsposition läßt sich für eine Organisation nur dann erreichen, wenn sowohl in den Bereichen der Kernkompetenz als auch in den Bereichen Kernprodukt und Endprodukt Spitzenpositionen erobert werden (vgl. *Prahalad/Hamel* 1990, 86-87).

	Strategische Geschäftseinheit	**Kernkompetenz**
Wettbewerbsbasis	Wettbewerbsfähigkeit auf Basis heutiger Produkte	Wettbewerb zwischen Organisationen zum Aufbau von Kernkompetenzen
Organisationsstruktur	Portfolio von Geschäftseinheiten, verbunden durch Produkt-Markt-Beziehungen	Portfolio von Kompetenzen, Kern-Produkten und Geschäftseinheiten
Status der Geschäftseinheit	Autonomie ist unverletzlich; die Geschäftseinheit besitzt alle anderen Ressourcen als Geld	Geschäftseinheit ist ein Potentialreservoir an Kernkompetenzen
Ressourcenallokation	Einzelne Geschäfte sind die Analyse- und Recheneinheit; Kapital wird von Geschäftsabschluß zu Geschäftsabschluß verteilt	Geschäfte und Kompetenzen sind die Analyseeinheit: Das Top-Management weist sowohl Kapital als auch Talent zu
Wertschöpfung des Top-Managements	Optimierung des finanziellen Geschäftsergebnisses	Schaffung einer strategischen Architektur und Aufbau von Kernkompetenzen zur Sicherung der Zukunft

Übersicht 2.10: Alternative Konzepte für die Organisation: Strategische Geschäftseinheit versus Kernkompetenz (nach Prahalad/Hamel 1990, 86)

Entstehung von KK!

Ausgangspunkt für Aufbau und Erhaltung von Kernkompetenzen ist das Erkennen der – teilweise verborgenen – Schlüsselfähigkeiten. Hierzu ist es notwendig, diese Wissenspotentiale über den Transfer von implizitem in explizites Systemwissen zu erschließen; hierfür gibt es **fünf Suchrichtungen**, die sich durchaus ergänzen können (vgl. *Boos/Jarmai* 1994, 20-23):

- *Expertenfähigkeiten* von Schlüsselpersonen und -bereichen als Quellen strategisch relevanten Wissens,
- *erfolgreiche Produkte*, durch deren Beobachtung und Analyse Erkenntnisse gewonnen werden, die auch für weniger erfolgreiche Produkte nützlich sind,
- *Kunden- und Lieferantenwahrnehmung* als Fremdbild von Organisationen, die im Vergleich zum Selbstbild der Organisation andere Kompetenzquellen aufdeckt,
- *Benchmarking mit Spitzenunternehmen* aus ganz anderen Branchen, das auf Entwicklungsmöglichkeiten aufmerksam macht und den Blick für neue Kompetenzbereiche öffnet,
- *Zukunftstrends*, die mit Hilfe des Trend-Assoziations-Verfahrens Anregungen für eine vielfältige Analyse der Gegenwart und kreative Betrachtung der Zukunft ermöglichen.

Strasmann und *Schüller* (1996, 19) kristallisieren aus der Literatur die Kundenorientierung, Qualitätsorientierung, Innovationsorientierung sowie Mitarbeiterorientierung als stets genannte Kernkompetenzen heraus. Die sich anschließende Aufgabe besteht in der Verankerung der Kernkompetenzen, also in der Bündelung von Wissen aus vielen Quellen ohne organisatorische Begrenzung der Zugangs- und Nutzungsmöglichkeiten, wozu es drei Wege gibt (vgl. *Boos/Jarmai* 1994, 24-26): Projekte als zeitliche Bündelung von Kernfähigkeiten, Kompetenzzentren, in denen die Kernkompetenzen kontinuierlich weiterentwickelt werden, und Netzwerk-Strukturen zur offenen, interaktiven Entwicklung von Potentialen (vgl. auch Abschnitt 3.1).

Ein Beispiel für eine Anwendung der Kernkompetenz-Orientierung im Rahmen der **Strategieformulierung** ist der Ansatz von *Schoemaker* (1992), der auf die Verbindung zwischen der strategischen Vision einer Organisation, also dem, was eine Organisation will, und den Kernfähigkeiten, also dem, was eine Organisation kann, fokussiert. Zur potentialorientierten Strategieformulierung geht *Schoemaker* (1992, 67) in **vier Schritten** vor:

1. Entwicklung eines *Szenarios* möglicher zukünftiger Zustände für die Organisation,
2. *Wettbewerbsanalyse* der für die Organisation strategisch relevanten Branche sowie strategischer Segmente darin,
3. *Analyse der Kernkompetenzen* der Organisation und der Wettbewerber sowie
4. Entwicklung einer *strategischen Vision* und Identifikation der *strategischen Optionen.*

Insbesondere der dritte Schritt ist bezüglich der strategischen Potentiale interessant. Statt eine Scoring-Bewertung aller möglichen internen Faktoren durchzuführen, die Unterschiede in der strategischen Relevanz der einzelnen Faktoren nicht immer angemessen berücksichtigt, werden die organisationalen Variablen entsprechend **zweier Metaphern** der Organisation angeordnet (vgl. *Schoemaker* 1992, 75):

- Die Organisation erscheint einerseits als „*Zwiebel*“, auf deren Schalen je nach Relevanz Funktionen, Dienste und Produktionsvorgänge positioniert werden und woraus dann die Kernbereiche erkennbar werden.
- Andererseits kann die Organisation als „*Baum*“ gesehen werden, mit Endprodukten und Dienstleistungen als Früchte oder Blätter, mit strategischen Geschäftseinheiten, verwandten Produkten und Dienstleistungen als Zweige, mit dem Kernprodukt als Stamm und mit Kernkompetenzen wie etwa Innovationskraft, gute Lieferantenbeziehungen oder motivierte Mitarbeiter als Wurzeln, wobei der Blick nicht nur auf die sichtbaren Endprodukte, sondern auch auf die unsichtbaren Kompetenzen gelenkt wird.

Um die Kernkompetenzen zu identifizieren, wird auf Merkmale wie langfristiges Entstehen der Kernkompetenzen durch kollektive Lern- und Informationsverbreitungsprozesse, geringe Beeinflußbarkeit ihrer Entwicklungsgeschwindigkeit trotz signifikanter Investitionen, schwierige Imitation oder Übertragbarkeit zu anderen Organisationen, Wettbewerbsvorteil aus Kundensicht, Synergie mit anderen Fähigkeiten der Organisation und annähernde Irreversibilität der mit ihnen zusammenhängenden Investitionen verwiesen.

Ein vorgeschlagenes Hilfsmittel ist die **Kernkompetenz-Matrix** (vgl. *Schoemaker* 1992, 76-78): Die strategischen Segmente der Organisation werden vertikal, mögliche Zukunftsszenarien horizontal abgetragen. In den Matrixzellen werden diejenigen Kernkompetenzen eingetragen, die jeweils situativ hilfreich wären (Übersicht 2.11). Ziel ist es, die Kernkompetenzen herauszufinden, die in mehreren Segmenten und Zukunftsszenarien effektiv zu sein versprechen, und diese dann langfristig zu entwickeln.

	Szenarien		
Strategische Segmente	Stagnation und Sättigung	Computer-Konfusion	Computer-Füllhorn
Heim	h, c, b, d	c, b, h, d	b, c, a, d
Ausbildung	c, h, d, e	c, d, h, a	d, e, c, b
Unternehmensbereich	a, f, e, c	e, f, a, d	f, a, e, d
Workstations	g, d, e, a	d, g, h, e	d, f, g, b

(Anordnung der vier Kernkompetenzen in jeder Zelle nach relativer Wichtigkeit)

Legende für Kernkompetenzen:	**Häufigkeit des Auftretens**
a. Hochqualifiziertes Verkaufspersonal	6
b. Zugang zu Distributionskanälen	5
c. Benutzerfreundlichkeit in der Produktentwicklung	7
d. Verfügbarkeit von Software und Peripheriegeräten	11
e. Kompatibilität/integrative Produktlinien	7
f. Professionelles Image – Qualität und Zuverlässigkeit	4
g. Neue und innovative Technologie	3
h. Niedrigpreis-Position in der Herstellung	5

Übersicht 2.11: Kernkompetenz-Matrix für Apple (Schoemaker 1992, 77)

Zur Strategieformulierung kann eine Ausrichtung auf ein ausgewähltes Marktsegment, auf ein Szenario, auf eine spezifische Marktsegment-Szenario-Kombination oder auf den gesamten Alternativenraum gewählt werden. Diese Wahl ist abhängig von der strategischen Vision der Organisation sowie dem gegenwärtigen und abgeschätzten Ausbaustand der Kernkompetenzen.

2.3.2 Strategische Bewegungen

Die Veränderung eigener und fremder strategischer Potentiale erfolgt durch strategische Bewegungen: Die Erschließung eines neuen Absatzmarktes stellt dabei ebenso eine strategische Bewegung dar wie eine substantielle Senkung des Verkaufspreises oder eine deutliche Erhöhung des Qualifikationsniveaus der Mitarbeiter.

Strategische Bewegungen sind im Zusammenhang mit strategischen Schlüsselgrößen aus der Strategie resultierende *Aktivitäten* einer Organisation, unabhängig von der Strategie entstehende *Eigenbewegungen* sowie außerhalb der Organisation stattfindende *Veränderungen*, von denen ein Einfluß auf den Erfolg der Strategie ausgeht.

Für eine Organisation können eine Vielzahl strategischer Bewegungen interessant sein:

- So gibt es beispielsweise strategische Bewegungen auf dem *Kapitalmarkt*, wo individuelle Anleger, institutionelle Anleger (zum Beispiel Banken oder Versicherungen), Firmen und staatliche oder staatsnahe Stellen durch ihre Transaktionen Bewegungen verursachen, die Einfluß auf die wählbaren Alternativen sowie auf ihren Erfolg haben.
- Darüber hinaus beeinflussen zum Beispiel Enwicklungen in der *sozialpolitischen Umwelt* die Organisationen. Bewegungen im Bereich der allgemeinen Öffentlichkeit zeigen sich vor allem im Wertesystem sowie der strategisch bedeutsamen „öffentlichen Meinung". Bewegungen des Staates reichen von der Gesetzgebung in Wirtschafts-, Finanz- und Sozialpolitik bis zur direkten unternehmerischen Tätigkeit. Allgemeine Öffentlichkeit und Staat wirken direkt, indem sie Restriktionen setzen und damit Bewegungen induzieren und initiieren; sie wirken aber auch indirekt, indem sie bereits existente Bewegungen verstärken oder abschwächen.

Angesichts dieser Vielfalt potentiell interessierender Bewegungen bedarf es daher entsprechender Systematiken zur Vereinfachung und Standardisierung.

2.3.2.1 Branchenbewegungen

Einen Vorschlag zur Systematisierung von strategischen Bewegungen innerhalb einer Branche unterbreitet *Porter* (1980). Er konzentriert sich auf **fünf Bewegungen** (vgl. *Porter* 1980, 3-5):

1. Strategische Bewegungen *gegenwärtig im Markt existierender Anbieter* (einschließlich der analysierenden Organisationseinheit) sind Verschiebungen der Produkt/Markt-Kombinationen sowie der dafür eingesetzten Ressourcen.
2. Analog dazu erfolgen strategische Bewegungen *neuer (potentieller) Konkurrenten*; diese drücken sich nicht nur in Versuchen aus, in den betreffenden Markt einzudringen, sondern bereits auch im Aufbau von Potentialen für eine derartige Strategie.
3. Strategische Bewegungen *der Lieferanten* schlagen sich auf dem Beschaffungsmarkt in Änderungen von Preis, Menge, Qualität oder Lieferbedingungen nieder. Diese Bewe-

gungen resultieren aus den strategischen Potentialen der Lieferanten sowie aus der Abhängigkeitsstruktur zwischen Lieferant und Abnehmer.

4. Strategische Bewegungen *der Kunden* bestehen analog dazu in der Abnehmerstrategie. Auch diese Bewegungen sind eine Konsequenz der jeweiligen Abhängigkeits- sowie Präferenzstrukturen.
5. Strategische Bewegungen erfolgen ferner bei *Anbietern möglicher Substitutionsprodukte*, also zur Zeit noch nicht in der betreffenden Branche tätigen Unternehmen.

Abbildung 2.8 bringt eine Zusammenfassung dieser fünf direkten strategischen Bewegungen in einer Branche, erweitert um zusätzlich mögliche Rück- und Wechselwirkungen. Die im Markt bereits etablierten Einheiten befinden sich in der Abbildungsmitte. Sie führen die autonomen Bewegungen durch und agieren aufgrund der Bewegungen in ihrem Umfeld.

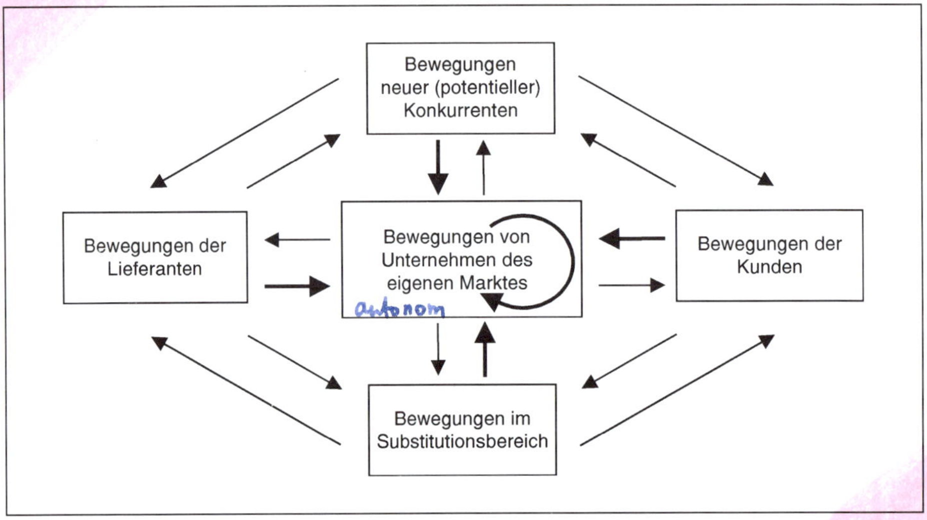

Abbildung 2.8: Bewegungen innerhalb einer Branche (erweitert nach Porter 1980, 4)

Für die Analysephase läßt sich das Schema von *Porter* zur Ermittlung der Marktattraktivität (vgl. *Bea/Haas* 1995, 83) und als Suchraster für Frühwarnindikatoren (vgl. *Staehle* 1994, 607) verwenden. Vor allem eignet es sich aber zur Analyse und zum Verstehen aktueller Entwicklungen in Branchen.

> Eine bemerkenswerte strategische Bewegung innerhalb der Pharmaindustrie haben die Unternehmen Ciba-Geigy und Sandoz mit ihrer Fusion zu dem Gemeinschaftsunternehmen Novartis vollzogen. Damit überraschten sie ihre Konkurrenten BASF, Bayer und Hoechst, von denen offenbar niemand etwas ahnte.

Das Analyseschema von *Porter* gilt als ein zentraler und einflußreicher Ausgangspunkt zur Theoriediskussion des strategischen Managements; es basiert auf dem industrieökonomischen Paradigma und unterstellt, daß eine fundamentale Struktur (hier: die Branche) das Verhalten der Organisation und das Marktergebnis zentral bestimmt.

2.3.2.2 Personelle Bewegungen

In analoger Form kann man auch die personellen Ressourcen, also den Bezug zu den **Organisationsmitgliedern**, analysieren. Hier bietet sich eine Differenzierung nach folgenden fünf Gruppen an:

- Organisationsmitglieder der *analysierenden Einheit*, einschließlich ihrer organisationalen Interessenvertretung, ändern ihre Arbeitsleistung und ihre Einstellung zur Organisation oder zum hergestellten Produkt.
- Im *Ausbildungsbereich* finden zum Beispiel Verlagerungen von Ausbildungsschwerpunkten oder Tendenzen zu bestimmten Ausbildungsgängen statt.
- *Potentielle Organisationsmitglieder*, also bei anderen Organisationen Beschäftigte oder Arbeitslose, verursachen speziell bei schlechter Konjunkturlage Konkurrenzangst und entwickeln strategisch wichtige Bewegungen im Sozialbereich (Sozialgesetzgebung).
- *Überbetriebliche Interessenvertretungen* wie die Gewerkschaften fixieren zum Beispiel Entgelt- und Arbeitszeitstrukturen.
- Der *Substitutionsbereich* (Angebot an neuen und vor allem an personaleinsparenden Techniken) beeinflußt die Wettbewerbsfähigkeit der Organsiation.

Anders als beim Schema von *Porter* sind in dieser Systematik die Gruppen hinsichtlich der betroffenen Personen nicht überschneidungsfrei: Beispielsweise sind einige Arbeitssuchende als potentielle Organisationsmitglieder gleichzeitig auch im Ausbildungsbereich positioniert. Überschneidungsfrei sind jedoch auch hier die handelnden Akteure als treibende Kräfte strategischer Bewegungen.

2.3.3 Strategische Barrieren

> *Competitors assume that a barrier stands because it is unassailable when, in fact, it may be standing because it has gone unassailed. When a competitor attacks an entry barrier, it often falls away more easily than expected. Firms that thought it impossible to fight a well-established incumbent have often learned otherwise. (D'Aveni 1994, 143-144)*

Werden intendierte Strategien nicht umgesetzt, so liegt eine mögliche Ursache dafür in der Existenz strategischer Barrieren, die strategische Bewegungen verhindern. Hinsichtlich der strategischen Barrieren lassen sich zwei **Dimensionen** identifizieren:

- Der *sachliche Objektbereich* gibt an, worauf die strategischen Barrieren sich auswirken, nämlich auf die Bereiche Markt und Organisationsmitglieder.
- Die *Art der Manifestation* gibt an, in welcher Art die strategischen Barrieren vorzufinden sind, als physikalisch-manifeste oder als psychologisch-mentale Barrieren.

Insbesondere letztere stützen sich auf das sozialkonstruktivistische Paradigma (vgl. *Berger/Luckmann* 1980): Der Mensch entwickelt sich durch Interaktion mit anderen. Durch Habitualisierung werden Handlungen zur Routine und entlasten den Menschen in seiner komplexen Umwelt. Dadurch, daß andere ähnlich handeln, bilden sich institutionelle Gegebenheiten wie Gesellschaftsordnungen oder Wertesysteme heraus. Sie erhalten durch Erklärung und Legitimation einen Sinn und werden zu einem gegebenen Tatbestand, auf dem Menschen beharren.

Strategische Barrieren (Übersicht 2.12) werden oft erst ex post erkannt, also bei der Strategieformulierung nicht antizipiert.

	Markt		**Organisationsmitglieder**	
	Markteintritts-barrieren	Marktaustritts-barrieren	organisations-induziert	mitglieder-induziert
Physikalisch-manifeste Barrieren	Economies of Scale Erfahrungsvorteile Kapitalerfordernisse Umstellungskosten Produktdifferen-zierung Zugang zu Vertriebs-kanälen Staat größenunabhängige Vorteile	Verbundeffekte Spezialanlagen Auswirkungen auf die Kreditwürdigkeit Konventionalstrafen	explizite oder implizite Regelungen, bestimmte Stellen ausschließlich Personen bestimmter Fachrichtung oder Nationalität vorzubehalten Regelungen zur betrieblichen Mitbestimmung Kündigungsschutz-gesetze finanzielle Regelungen	Mobilitätsgrad der betroffenen Mitarbeiter Kündigungsschutz-gesetze
Psychologisch-mentale Barrieren	Angst vor unternehmerischer Verantwortung ethische Barrieren	Angst vor persönlicher Stigmatisierung Angst vor sozialpolitischer Stigmatisierung	Verantwortung Loyalität Imagewirkungen	persönliche Beziehungen zu Kollegen Loyalität

Übersicht 2.12: Systematisierung strategischer Barrieren

2.3.3.1 Marktbarrieren

Eine besonders wichtige Gruppe von Barrieren sind Marktbarrieren. Sie hindern eine Organisation daran, sich auf einen bestimmten Markt auszudehnen (Markteintrittsbarrieren) oder sich aus einem bestimmten Markt zurückzuziehen (Marktaustrittsbarrieren).

Zu Markteintrittsbarrieren liegen umfangreiche empirische und theoretische Arbeiten vor (vgl. *Bain* 1956, 53-181; *Porter* 1980, 7-17; *Yip* 1982, 1-65), die folgende **physikalisch-manifeste Markteintrittsbarrieren** nennen:

- *Betriebsgrößenvorteile* (economies of scale), beispielsweise durch besseres Ausnutzen von Kapazitäten oder Spezialkonditionen, stellen insofern eine Eintrittsbarriere dar, als neue Organisationen von vornherein mit einem entsprechenden Volumen beginnen müssen, um hinsichtlich der Kosten konkurrenzfähig zu sein.

- *Erfahrungsvorteile* stellen als Verbesserungen im Zeitablauf eine Barriere für neue Konkurrenten dar, wenn diese keinen Zugang zu diesen Erfahrungen erhalten.
- *Kapitalerfordernisse* können eine Eintrittsbarriere sein, wenn für den Markteintritt umfangreiche Investitionen notwendig werden und die betreffende Organisation über diese Mittel (auch in Form von Krediten) nicht verfügt.
- *Umstellungskosten* („switching costs") entstehen, wenn ein Engagement im neuen Markt wesentliche verfahrensmäßige, qualifikationsbezogene oder organisatorische Umstellungen verlangt.
- *Produktdifferenzierung* stellt ebenfalls eine Eintrittsbarriere dar, wenn ein stark differenziertes Angebot von Produkten und Dienstleistungen eine Bedingung für Akzeptanz beim Kunden ist.
- Der *Zugang zu Vertriebskanälen* ist für neu am Markt auftretende Organisationen ebenfalls ein Problem, wenn die etablierten Organisationen über ein effizientes Absatzsystem verfügen und diesen Vorteil vertraglich oder faktisch abgesichert haben.
- Der *Staat* verursacht eine Reihe von Eintrittsbarrieren, beispielsweise durch Lizenzvergabe, Kontingentierung, administrative Vorschriften sowie durch Vergabe öffentlicher Mittel.
- *Größenunabhängige Vorteile*, beispielsweise patentrechtlich geschützte Technologien, Zugang zu Rohstoffvorkommen oder Standortvorteile, wirken ebenfalls als Eintrittsbarrieren.

Psychologisch-mentale Markteintrittsbarrieren liegen vor als *Angst vor unternehmerischer Verantwortung*, da ein Markteintritt mit Risikoübernahme verbunden ist, sowie als *ethische Barrieren* bei Unstimmigkeit des Marktzwecks mit der organisationalen Zielrichtung oder Organisationsphilosophie.

Voraussetzung für die sinnvolle Wahl einer Strategie *gegen* eine Markteintrittsbarriere ist die genaue Kenntnis von Art und Höhe der Barriere. Gleiches gilt in umgekehrter Form für eine im Markt befindliche Organisation, die ihren Markt mit Hilfe schützender Eintrittsbarrieren *verteidigen* möchte.

In analoger Form wirken die **physikalisch-manifesten Marktaustrittsbarrieren** (vgl. *Porter* 1976; 1980, 259-266; *Harrigan* 1983), die sich unter anderem in *Verbundeffekten, Spezialanlagen, Auswirkungen auf die Kreditwürdigkeit* und *Konventionalstrafen* manifestieren.

Psychologisch-mentale Marktaustrittsbarrieren finden sich in zweifacher Hinsicht:

- *Angst vor persönlicher Stigmatisierung* tritt ein, wenn der Marktaustritt als Zeichen des Versagens gilt und damit die persönliche Karriere der beteiligten Personen bedroht.
- *Angst vor sozialpolitischer Stigmatisierung* entsteht vor allem dann, wenn Marktaustritte mit Arbeitskräfteabbau verbunden sind und durch die Tragweite solcher Entscheidungen politischer Goodwill verspielt wird, auf den die Organisation in anderem Zusammenhang angewiesen ist.

Für Organisationen lassen sich zwei **Konsequenzen** der Marktbarrieren feststellen: *Hohe* Eintrittsbarrieren schützen die in einem Markt etablierten Organisationen und erlauben daher tendenziell hohe Zielerreichungsgrade wie etwa Gewinne; im Gegensatz dazu führen *niedrige* Eintrittsbarrieren dazu, daß so lange neue Organisationen auf den Markt dringen, bis sich das Gewinnpotential erschöpft. Austrittsbarrieren vergrößern das Rückzugsrisiko. Vor dem Hintergrund dieser Einschränkung ergeben sich folgende **vier Konstellationen** (Übersicht 2.13):

- Konstellation I („*Flohmarkt*") mit niedrigen Eintritts- und Austrittsbarrieren bietet bei relativ geringem Risiko auch ein relativ niedriges Gewinnpotential. Wegen der niedrigen Eintrittsbarrieren können Organisationen leicht in diesen Markt eindringen. Die niedrigen Austrittsbarrieren stellen einen zusätzlichen Anreiz für Organisationen dar, sich diesem Markt zu widmen.
- Bei Konstellation II („*Mausefalle*") ist es ebenfalls leicht, in den Markt hineinzukommen, weshalb sich nur geringe Gewinne realisieren lassen; hinzu kommt aber, daß aufgrund der hohen Austrittsbarrieren der Rückzug aus diesem Markt schwerfällt, so daß (zu) viele Organisationen in dem wenig lukrativen Markt „gefangen" sind.
- Konstellation III („*Goldgrube*") bietet demjenigen, der sich in dieser Situation befindet – also die Eintrittsbarrieren überschritten hat – ein hohes Gewinnpotential ohne Rückzugsrisiko.
- Konstellation IV („*Goldener Käfig*") bietet zwar ebenfalls Gewinnpotentiale, hat jedoch den Nachteil hoher Austrittsbarrieren.

		Austrittsbarrieren	
		niedrig	hoch
Eintrittsbarrieren	niedrig	I „Flohmarkt"	II „Mausefalle"
	hoch	III „Goldgrube"	IV „Goldener Käfig"

Übersicht 2.13: Konstellationen von Marktbarrieren (nach Scholz 1987a, 130)

2.3.3.2 Fluktuationsbarrieren

Während derartige Marktbarrieren vor allem gewinnorientierte Unternehmen interessieren (sollten), sind **Fluktuationsbarrieren** als Teil eines strategischen Personalmanagements (vgl. *Scholz* 1994a, 283-285) für alle Organisationen von Bedeutung, bestimmen doch sie letztlich das Verbleiben von Organisationsmitgliedern in der Organisation. Dabei gibt es sowohl durch Arbeitgeber (*organisationsinduziert*) als auch durch Organisationsmitglieder (*mitgliederinduziert*) verursachte Barrieren, die

– als *Einstellungsbarrieren* die Aufnahme in die Organisation verhindern,
– als *Umsetzungsbarrieren* die Umschichtungen verhindern sowie

– als *Austrittsbarrieren* erschweren, daß Organisationsmitglieder die Organisation verlassen.

Auch hier bestehen wieder **physikalisch-manifeste** Fluktuationsbarrieren

– hinsichtlich der Einstellungsbarrieren in expliziten oder impliziten Regelungen, daß *bestimmte Stellen* ausschließlich Personen bestimmter Fachrichtungen oder Nationalität *vorbehalten* sind,
– hinsichtlich der Umsetzungsbarrieren in Regelungen zur *betrieblichen Mitbestimmung* und *Mobilitätsgrad* der betroffenen Mitarbeiter, und
– hinsichtlich der Entlassungsbarrieren in gesetzlichen Regelungen wie *Kündigungsschutzgesetzen*, die für die Organisation und ihre Mitglieder gleichermaßen gelten, sowie in *finanziellen Regelungen.*

Sicherlich mag es auf den ersten Blick aus Sicht der Organisation wünschenswert sein, die Barrieren für mitarbeiterinduzierte Fluktuation hoch zu setzen, die Barrieren für organisationsinduzierte Fluktuation dagegen möglichst niedrig zu halten. Dem entgegen steht aber zumindest die gesetzliche Realität (Kündigungsregelungen gehen eher in die andere Richtung). Zudem kann es auch nicht im Interesse der Organisation sein, wenn Organisationsmitglieder sich nur mehr aus Mangel an wählbaren Alternativen für ein Verbleiben in der Organisation entscheiden.

Psychologisch-mentale Fluktuationsbarrieren spielen vor allem bei den Organisationsmitgliedern aufgrund des sozialen Kontakts in Form *persönlicher Beziehungen zu Kollegen* eine wichtige Rolle: In gemeinsame Verhaltensweisen, Werte, Normen und Rituale integriert, verlassen die Personen nur ungern die Organisation. Ferner bauen Organisationsmitglieder eine *Loyalität* gegenüber ihrem Arbeitgeber auf. Von Seiten des Arbeitgebers ist die *Verantwortung* und *Loyalität* für „altgediente" Mitarbeiter sowie die *Imagewirksamkeit* ebenfalls eine wichtige Fluktuationsbarriere, insbesondere bei Entlassungen.

Die physikalisch-manifesten Barrieren werden im Rahmen der Diskussion von Organisationsstrukturen angegangen (Kapitel 3), wohingegen die psychologisch-mentalen Barrieren die kulturelle Organisation (Kapitel 5) betreffen, um letztlich in der virtuellen Organisation (Kapitel 7) teilweise aufgelöst zu werden.

2.3.4 Konsequenz: Das Prinzip der strategischen Kräfte

Das Zusammenspiel aus strategischen Potentialen, Bewegungen und Barrieren wird als strategische Kraft bezeichnet. Zwischen den drei Komponenten einer strategischen Kraft bestehen sechs **Beziehungen**, da jede Komponente von jeder abhängt (Abbildung 2.9):

1. Die Wirkung von strategischen *Potentialen* auf strategische *Barrieren* ergibt sich dadurch, daß die Höhe der strategischen Barriere von dem zugrundeliegenden strategischen Potential (mit-)bestimmt wird. So basiert etwa die strategische Barriere „Economies of Scale" auf dem strategischen Potential „Betriebsgröße".

2. Der Einfluß strategischer *Bewegungen* auf strategische *Barrieren* besteht in der Selektivität und Geschwindigkeit des Aufbaus der Barriere. So hängt die schützende Wirkung der strategischen Barriere „Standortvorteil" davon ab, wie schnell sich die Organisation im Vergleich zur Konkurrenz auf diesen Standort hinbewegt und ihn absichert.
3. Strategische *Barrieren* beeinflussen die Input- und Outputraten, die letztlich strategische *Potentiale* aufbauen, erhalten, umschichten und abbauen. So haben Fluktuationsbarrieren einen Einfluß auf den quantitativen und qualitativen Personalbestand, beeinflussen also das strategische Potential „Personal".
4. Hohe strategische *Barrieren* verhindern strategische *Bewegungen*, da die Existenz der Barriere die Transformation einer strategischen Bewegung in eine strategische Kraft erschwert. Niedrige Barrieren und damit ein strategisch ungeschützter Bereich fordern dagegen strategische Bewegungen heraus.
5. Strategische *Bewegungen* bewirken den Auf- und Abbau strategischer *Potentiale*. So reduzieren Bewegungen im Substitutionsbereich das strategische Potential etablierter Organisationen, sofern diese nicht ebenfalls innovativ sind.
6. Das strategische *Potential* hat ebenfalls einen Einfluß auf die strategischen *Bewegungen*. Gerade ausgeprägte strategische Potentiale regen zum Initiieren einer strategischen Bewegung an, die von diesem Potential Gebrauch macht.

Ob eine strategische Bewegung im Ansatz stecken bleibt oder sich zu einer strategischen Kraft entwickelt, hängt damit von strategischen Potentialen und Barrieren ab.

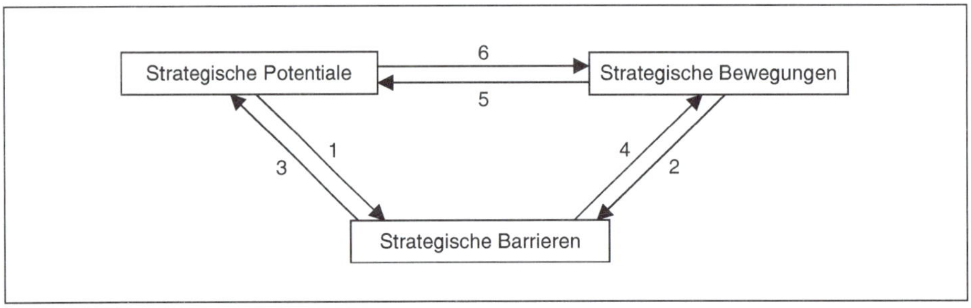

Abbildung 2.9: Interdependenzstruktur strategischer Kräfte

Wichtig für die Operationalisierung dieses Konzeptes ist die klare **Unterscheidung** zwischen absoluter und relativer strategischer Kraft:

- Die *absolute strategische Kraft* hängt erstens vom strategischen Potential und von der strategischen Bewegung der eigenen Organisation ab sowie von den gegen die eigene Organisation gerichteten strategischen Barrieren (*„eingesetzte Kraft"*). Zweitens hängt die absolute strategische Kraft vom *Wirkungsfaktor* ab, in dem sich die strategischen Kräfte der Umwelt niederschlagen: Die absolute strategische Kraft ist größer als die eingesetzte, wenn eine Organisation im Sog anderer Organisationen mitgezogen wird, also beispielsweise von einer Gesetzesnovellierung oder einer Präferenzverschiebung profitiert; sie ist geringer, wenn gegengerichtete strategische Kräfte auftreten.

- Von der absoluten strategischen Kraft strikt zu trennen ist die *relative strategische Kraft*. Sie ergibt sich aus der absoluten Kraft der betreffenden Organisation und der absoluten Kräfte ihrer Konkurrenten. Nur dieser Vergleich mit den strategischen Kräften der übrigen Organisationen entscheidet letztlich über den Erfolg: So ergeben sich beispielsweise auch strategische Größenvorteile immer nur als Relation zu anderen Organisationen.

Die BMW AG (vgl. *Schlote/Linden* 1995), seit über 30 Jahren verlustfrei, hat ihre Wettbewerbsposition mit der Übernahme von Rover verbessert. Anfangs galt BMW als zu klein für den aggressiven Automarkt und damit als idealer Übernahmekandidat: Die absolute strategische Kraft war eher gering. Die relative Kraft im Vergleich zur Konkurrenz war jedoch ausschlaggebend: BMW lernte schneller aus eigenen Fehlern und setzte Verbesserungen schneller um. Die Potentialorientierung erfolgte durch den Aufbau strategischer Potentiale konzentriert auf das Stammgeschäft. BMW hat nach Porsche die geringste Fertigungstiefe in der gesamten Autoindustrie. Entwicklung und Einkauf sind organisatorisch eng verknüpft, und Zulieferer werden in die Entwicklung einbezogen: Die Potentiale vervielfachen sich. Durch ständige Entwicklung neuer Motor- und Karosserievarianten schafft BMW Varietät, das heißt durch vom Kunden gewünschte Produktvielfalt eine strategische Bewegung. BMW hat zudem frühzeitig eine Matrixstruktur mit unternehmerisch selbständigen Spartenchefs, Baureihenverantwortlichen und Werksleitern sowie flexible Arbeitszeitmodelle eingeführt, wodurch bedarfsgerechte Bewegungen am Markt ermöglicht werden: Erklärtes Ziel ist das Erreichen der Marktführer-Position.

Abbildung 2.10 faßt die Grundbestandteile des Konzeptes strategischer Kräfte zusammen. Dabei repräsentiert der große Pfeil links die absolute strategische Kraft als Zusammenspiel strategischer Potentiale, Bewegungen und Barrieren. Die relative strategische Kraft würde sich aus dem Verhältnis dieser absoluten Kraft zu der absoluten Kraft der Konkurrenz ergeben.

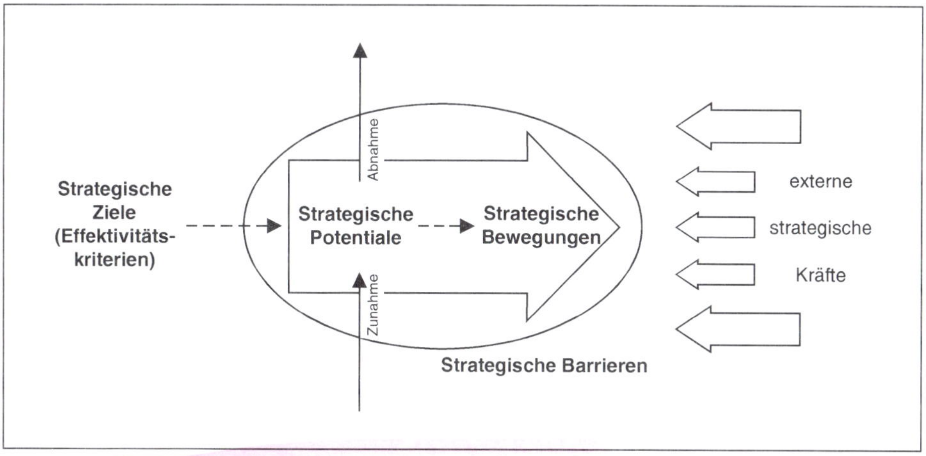

Abbildung 2.10: Strategische Kraft und ihre Einflußgrößen

Das Prinzip der strategischen Kräfte fokussiert auf diese dargestellten Zusammenhänge. Es verdeutlicht die Notwendigkeit, für die Lebensfähigkeit der Organisation eigene Kräfte und Kraftreserven aufzubauen.

Prinzip der strategischen Kräfte
Eine vitale Organisation verlangt die Entwicklung strategischer Kräfte. „Strategische Kräfte" berücksichtigen strategische Potentiale, Bewegungen und Barrieren, um die Gesamtwirkung der organisationalen Aktivitäten zu antizipieren und diese als (bezogen auf die Konkurrenz) relative strategische Kraft zur Effektivitätssteigerung zu nutzen.

Die zentrale Implikation des Prinzips strategischer Kräfte liegt in einer *dynamischen Betrachtungsweise*, die sich durch allseitige Interdependenz und Relativität auszeichnet: Strategische Kräfte hängen in vielfacher Weise von den strategischen Kräften der Umwelt ab. Das Management muß daher diese Gegebenheiten erkennen und bei Strategieformulierung beziehungsweise -implementation langfristig die eigenen strategischen Kräfte im Hinblick auf diejenigen der Konkurrenz ausbauen.

2.4 Stimmigkeit: Zentrale Handlungsmaxime

The real question to ask is not „Is this practice good?" but „Is this practice appropriate *for us – does it fit with our ideology and ambitions?" (Collins/Porras 1994, 215)*

Ältere Publikationen zur strategischen Planung beziehungsweise zur organisatorischen Gestaltung gingen im Regelfall von einem verblüffend einfachen Weltbild aus, in dem es einige wenige Verhaltensformen gibt, die den Erfolg einer Organisation hochwahrscheinlich machen. Inzwischen hat sich aber die Erkenntnis durchgesetzt, daß jede Organisation mit eigenen Besonderheiten in einer spezifischen Umwelt lebt und somit nur bestimmte Handlungsmuster zur Organisation passen. Ein solches Stimmigkeitspostulat wird damit zwangsläufig zur zentralen Grundlage auch der *Strategischen Organisation.*

2.4.1 Stimmigkeitsinhalte: Der Gestaltungsbereich

One of the most enduring ideas of organization theory is that an organization's structure and management process must ‚fit' its environment, in the same way that a particular horse might be more suited to one course than another. (Ghoshal/Nohria 1993, 23)

Strategische Stimmigkeit (vgl. *Scholz* 1987a, 61-103; 1987b) ist *nicht* identisch mit Harmonie, Konsistenz oder Konfliktfreiheit; sie drückt vielmehr ausschließlich die Kompatibilität von (mindestens) zwei Komponenten vor dem Hintergrund einer konkreten Strategie aus. Diese Auffassung strategischer Stimmigkeit zeigt sich auch in der Abgrenzung von „stimmig“ zu „koordiniert“: So können sich zwei Geschäftsbereiche trotz fehlender Koordination durchaus stimmig verhalten, wenn sie aufgrund ihrer Unabhängigkeit nicht koordiniert werden müssen oder aber aufgrund einer Konkurrenzstrategie nicht koordiniert werden sollen.

2.4.1.1 Grundthese

Strategische Stimmigkeit zwischen zwei (strategischen) Komponenten ist dann gegeben, wenn sich beide Komponenten der intendierten Strategie entsprechend zueinander verhalten. Ob zwei Komponenten strategisch stimmig sind, hängt also nicht nur von den Eigenschaften dieser beiden Komponenten ab, sondern auch von der gewählten Strategie und dem situativen Hintergrund.

So ist extremer Wettbewerb zwischen zwei strategischen Geschäftseinheiten mit der Gesamtstrategie „stimmig“, wenn diese wegen fehlender Synergiepotentiale und knapper Ressourcen miteinander konkurrieren sollen; liegen aber Synergiepotentiale oder funktionale Interdependenzen vor, so ist ein stark ausgeprägter Wettbewerb zwischen diesen beiden strategischen Geschäftseinheiten ein Indiz für fehlende strategische Stimmigkeit.

Basierend auf einer empirischen Analyse von 41 multinationalen Unternehmen bezüglich ihres Umfeldes und ihrer Struktur zeigen *Ghoshal* und *Nohria* (1993, 33) auf, daß von ihnen als stimmig hergeleitete Umwelt-Struktur-Kombinationen signifikant effektiver sind als die unstimmigen Kombinationen, daß also der Fit-Gedanke auch heute noch Gültigkeit hat.

Um deskriptiv die Vielfalt der abzustimmenden Komponenten zu berücksichtigen und um präskriptiv auf die Einbeziehung dieser Abstimmungszwänge hinzuwirken, sollen nachfolgend drei **Stimmigkeitsbereiche** unterschieden werden:

- *Umwelt* betrifft alle nicht unmittelbar zur Organisation gehörenden Akteure und Restriktionen, wie sie auch im Zusammenhang mit den Stakeholdern erläutert wurden.
- *Strategie* impliziert in diesem Fall ausschließlich die intendierte Strategie im Sinne der eigentlichen Absicht der Organisation. Dieser isolierte Analysebereich ist insofern von äußerster Wichtigkeit, als gerade die Stimmigkeit innerhalb der intendierten Strategie den Ausschlag dazu gibt, ob die intendierte Strategie nützlich umgesetzt und zur realisierten Strategie wird.
- *System* schließlich drückt die Struktur- und Verhaltensform der Organisation aus. Hierzu gehören Organisationsstruktur und Kommunikationsstruktur ebenso wie Organisationskultur und Betriebsklima. Da „System“ auch das tatsächliche Verhalten beinhaltet, ist in diesem Bereich auch die „emergente“ Strategie zu positionieren.

Übersicht 2.14 beinhaltet einige Beispiele für Komponenten, die in eine derartige Stimmigkeitsbetrachtung einzubeziehen sind.

Umwelt	System	Strategie
Hohe Marktdynamik	Produkte mit hoher Qualität	Senken der Produktionskosten
Verstärkter Fusionsdruck	Funktionale Struktur	Einführen und Stabilisieren der divisionalen Struktur
Veränderungen im externen Arbeitsmarkt	Ausgeglichene Altersstruktur	Beibehalten des Fließgleichgewichts
Ankündigung neuer Ausschreibungsverfahren	Zunahme der Investitionen in einer bestimmten Periode	Realisieren einer gleichmäßigen zeitlichen Verteilung von Investitionen
Öffentlicher Druck	Image als Umweltverschmutzer	Restriktivere Informationspolitik

Übersicht 2.14: Beispiele für Komponenten von Umwelt, System und Strategie

Nimmt man diese drei generellen Bereiche, so resultieren daraus folgende strategischen **Stimmigkeiten** (vgl. Abbildung 2.11):

- Als *Intra-Strategie-Fit* ist die strategische Stimmigkeit zwischen den Komponenten der Strategie zu prüfen. Macht die Strategie also beispielsweise Aussagen zu „Marketing“ und „Personalbeschaffung“, so gilt es, die strategische Stimmigkeit zwischen diesen beiden Komponenten zu prüfen.
- Als *Intra-System-Fit* ist zu evaluieren, inwieweit die relevanten Komponenten im System untereinander stimmig sind.
- Als *Strategie-System-Fit* ist die Stimmigkeit zwischen den Komponenten der Strategie und allen verbundenen Komponenten im System zu analysieren.
- Als *Strategie-Umwelt-Fit* ist die Stimmigkeit zwischen den Umweltvariablen und der intendierten Strategie zu bestimmen.

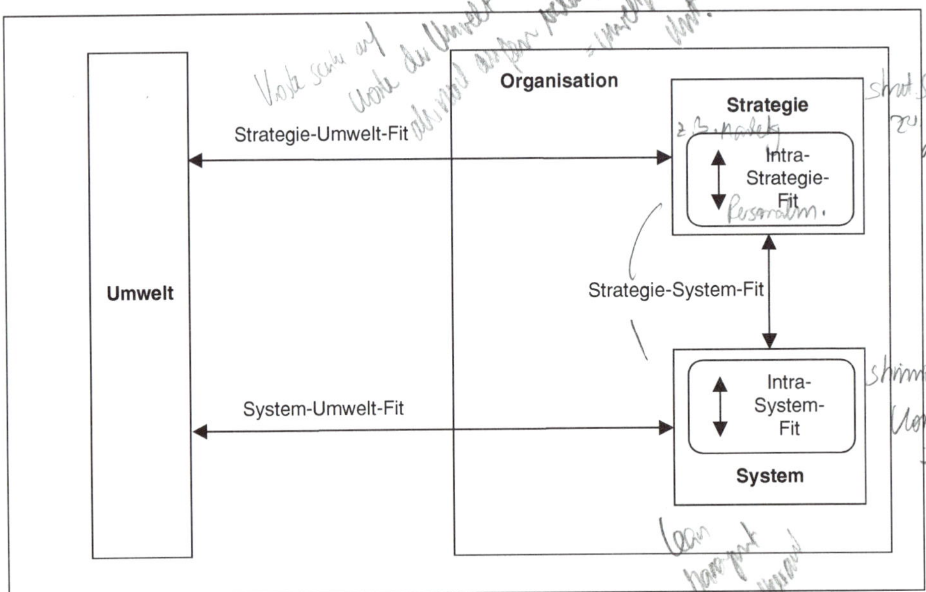

Abbildung 2.11: Systematik strategischer Stimmigkeit (nach Scholz 1992a, 543-544)

- Als *System-Umwelt-Fit* ist die Abstimmung zwischen Systemvariablen und der Organisationsumwelt herzustellen.

Am Anfang der Umsetzung der Stimmigkeitsidee steht also immer die Lokalisierung der Komponenten, die es abzustimmen gilt.

Bereits an dieser Stelle ist ein generelles, jedoch überwiegend implizites Plädoyer für eine allseitige Abstimmung festzuhalten.

2.4.1.2 Theoretische Fundierung

> *(. . .) the statistical methods are not freely interchangeable without confounding the underlying theoretical meaning of fit. (Venkatraman 1989, 442)*

Auch wenn die Grundidee der (strategischen) Stimmigkeit zunächst unmittelbar plausibel wirkt, soll sie doch nicht den Blick auf die Frage verstellen, welche theoretische Basis eigentlich hinter dem Konzept der Stimmigkeit steckt. Hierzu hat *Venkatraman* (1989, 424-439) eine umfassende Antwort vorgelegt, indem er sechs alternative **Sichtweisen** der Stimmigkeit darstellt (Übersicht 2.15):

1. Der Einfluß, den eine unabhängige Variable (z.B. Strategie) auf eine abhängige Variable (z.B. Erfolg) hat, hängt von einer dritten Moderatorvariablen (z.B. Umweltvariablen) ab. Dieser Fit ist gekennzeichnet durch die Interaktion zwischen unabhängiger und Moderatorvariablen (*„Fit as Moderation“*).
2. Es existiert ein wirksamer Interventionsmechanismus zwischen der unabhängigen Variablen (z.B. Strategie) und der daraus folgenden abhängigen Variablen (z.B. Erfolg). Unabhängige und abhängige Variable sind also nur mittelbar über andere intervenierende Variablen miteinander verbunden (*„Fit as Mediation“*).
3. Die Stimmigkeit ergibt sich aus dem Grad der Übereinstimmung eines tatsächlichen Profils mit einem extern vorgegebenen Soll-Profil (*„Fit as Profile Deviation“*).
4. Die Stimmigkeit kann als eine aus der Theorie heraus definierte Entsprechung zwischen zwei Variablen (z.B. Strategie und Struktur) gesehen werden, ohne daß eine explizite Beziehung zu einer abhängigen Variablen hergestellt wird (*„Fit as Matching“*).

		kriterienspezifisch — Wahl der Abhängigkeit des Stimmigkeitskonzeptes von einem spezifischen Kriterium	kriterienfrei
niedrig	groß	Fit as Profile Deviation	Fit as Gestalts
Spezifizität des Stimmigkeits-Konzeptes	Variablenanzahl in der Stimmigkeits-Gleichung	Fit as Mediation	Fit as Covariation
hoch	klein	Fit as Moderation	Fit as Matching

Übersicht 2.15: Klassifikatorischer Rahmen der sechs Perspektiven strategischer Stimmigkeit (nach Venkatraman 1989, 425)

5. Die Stimmigkeit wird gesehen als ein Muster von Kovarianzen innerhalb einer Menge in der Theorie verknüpfter Variablen. Hier ist die interne Konsistenz der Ressourcenallokation gefragt („*Fit as Covariation*").
6. Stimmigkeit ist das Ausmaß interner Kongruenz in einer Menge theorieabgeleiteter Variablen („*Fit as Gestalts*").

Alle diese Stimmigkeitskonzepte können in der *Strategischen Organisation* verwendet werden.

Die Schlußfolgerung: Die theoretische Betrachtung des strategischen Managements sollte davon Abstand nehmen, Stimmigkeit als eine Metapher zu verwenden, die undifferenziert einsetzbar ist; stattdessen sollte jeweils die verwendete spezifische Bedeutung von Stimmigkeit geklärt werden (*Venkatraman* 1989, 438; 442).

Letztlich gilt es, Stimmigkeit immer vor dem Hintergrund der Situation und Strategie herzustellen; es gibt **keine generelle** Stimmigkeit (vgl. *Scholz* 1987a, 102). Stimmigkeit ist insbesondere für eine effektive und effiziente Entwicklung strategischer Kräfte eine zwingende Voraussetzung. Zudem sind trotz einer teilweisen Fokussierung in der Diskussion auf mögliche positive Sekundäreffekte von beabsichtigter Unstimmigkeit und organisationaler Ambiguität die funktionalen Primäreffekte der Stimmigkeit weder zu vernachlässigen noch zu unterschätzen, nur weil sie allzuoft als selbstverständlich gegeben vorausgesetzt werden (vgl. *Ghoshal/Nohria* 1993, 34).

2.4.1.3 Gegenthese

> *It is increasingly becoming evident, however, that the quest for strategic fit often leads to a self-inflicted organizational paralysis, constraining organizational capabilities to an unnecessary straitjacket in the name of strategic fit with environmental conditions. (Das/Elango 1995, 60)*

Vor der Umsetzung des Stimmigkeitspostulates ist darauf hinzuweisen, daß diese Idee in der Literatur nicht unumstritten ist. Die erste Kritiklinie legt *Schreyögg* (1984, 233) dar, indem er von einem *präfixierten Entsprechungsverhältnis* bei der Fit-Idee spricht, für die **keine Begründung** vorliegt. Eine mögliche Erklärung läge zwar in einem kybernetisch inspirierten Determinismus von Entsprechungsstrukturen, was jedoch bereits wegen der Strukturvarianz sozialer Systeme unhaltbar wäre. Eine weitere mögliche Erklärung läge darin, auf den *Mißerfolg* eines Mis-Fits zu verweisen. Dies ginge jedoch lediglich unter Inkaufnahme eines logischen **Zirkelschlusses**: Die Begründung für die Stimmigkeit einer spezifischen Konstellation ist der Erfolg, gleichzeitig ist aber die Begründung des Erfolges in dem Vorhandensein von Stimmigkeit zu sehen. Beide Begründungen sind also nicht ausreichend für die Prä-Fixierung oder Entsprechungsnotwendigkeit des Fit-Konzeptes.

Eine andere Kritiklinie propagiert **Flexibilität** als *Gegenkonzept*. So vertreten *Das* und *Elango* (1995) die Auffassung, daß Organisationen von dem herkömmlichen Denken abkommen sollten, überhaupt einen ‚strategic fit' erlangen zu müssen. Vor dem Hintergrund einer sich ständig ändernden Umwelt sollten Organisationen vielmehr strategische Flexibilität aufbauen. Da die Geschwindigkeit, mit der sich das Organisationsumfeld wandelt, immer mehr zunimmt und unvorhersehbarer wird, sieht sich die Organisation mit ihrer Unfähigkeit konfrontiert, effektiv und in vorhergesehener Weise zu antworten. Wichtig ist daher, Flexibilität zu einem durchgängigen Gestaltungsprinzip auf allen hierarchischen Ebenen der Organisation zu machen, um einerseits sich bietende Chancen wahrnehmen zu können, andererseits das Überlebensrisiko durch Risikostreuung zu erhöhen. Strategische Flexibilität wird dabei definiert als die Fähigkeit einer Organisation, auf Umweltänderungen in einer raschen und angemessenen Weise unter Berücksichtigung der Wettbewerbskräfte im Markt zu reagieren (vgl. *Das/Elango* 1995, 61-62). Strategische Flexibilität kann auf mehreren **Wegen** erreicht werden. *Externe* Möglichkeiten sind beispielsweise

– Aufbau eines Netzwerks von Lieferanten mit Lieferung auf Abruf,
– Bilden von Allianzen, um bei Bedarf auf zusätzliche Ressourcen in bestimmten Bereichen zugreifen zu können, oder
– Aktivitäten in vielen unterschiedlichen Ländern, die in Abhängigkeit von länderspezifischen Standortvorteilen konfiguriert werden.

Als *interne* Varianten sind zu berücksichtigen

– Flexibilität der Fertigungssysteme, so daß bei Umweltänderungen nur minimale Anpassungen erfolgen müssen,
– Herstellung von Produktkomponenten, die sich nach dem Baukastenprinzip zum Endprodukt zusammensetzen lassen,
– flexible Beschäftigungssysteme, bei denen ein bestimmter Grundbestand an Personal bei Bedarf durch temporär Beschäftigte aufgestockt wird, sowie
– Aufbau weitgehend unabhängiger Organisationseinheiten.

Als Nachteile der strategischen Flexibilität führen *Das* und *Elango* (1995) deren vergleichsweise hohe Kosten, die starke Beanspruchung der Organisationsmitglieder durch Streß sowie die Gefahr, die jeweiligen Kernkompetenzen aus den Augen zu verlieren („lack of focus"), auf.

Zu diesem Vorschlag ist allerdings kritisch anzumerken, daß Forderungen erhoben werden, die in keinem Fall dem von *Das* und *Elango* kritisierten strategischen Fit entgegenstehen. Alle aufgeführten Wege zur strategischen Flexibilität lassen sich als Fit zur Umwelt charakterisieren. Auch bei strategischer Flexibilität finden ständig Anpassungen an veränderte Umweltsituationen statt, eben auf der Basis eines bestehenden Flexibilitätspotentials, das eine schnelle Anpassung ermöglicht.

2.4.2 Stimmigkeitsprüfung: Die Techniken

Words are cheap. Points are not. Points allocated are the equivalent of the stockholders' money. (Reed 1978, 21)

Um zu prüfen, ob die relevanten Komponenten der Organisation tatsächlich stimmig zueinander stehen, gibt es eine ganze Reihe von Verfahren, aus denen nachfolgend die Stimmigkeitsmatrizen (pragmatisch-heuristisch) und die Mustererkennung (empirisch-großzahlig) als Repräsentanten der beiden Extremrichtungen präsentiert werden.

2.4.2.1 Pragmatisch-heuristisch: Stimmigkeitsmatrizen

Bei den pragmatisch-heuristischen Ansätzen werden jeweils Expertenurteile herangezogen, die Aussagen über potentielle Stimmigkeit machen. Über entsprechend strukturierte Matrizen wird dann versucht, sich möglichst nahe an das Optimum einer stimmigen Konfiguration heranzutasten. Eine einleitende Übersicht über die Stimmigkeitsmatrizen vermittelt Abbildung 2.12.

Scoring-Ansatz

Beurteilungs-variablen	Bewertung (1-10) A1	A2 ...	An	Gewichtungsfaktor	Gewichtete Pkt. A1	A2 ...	An
Größen-Fit	2	3	8	2	4	6	16
				Gewichtete Punktsumme	.	.	.
				Rangplatz	6.	7.	2.

Kompatibilitätsmatrix

Strategie-komponenten	Alternativen	Marketingkonzept 1: Push	Marketingkonzept 2: Pull	Finanzierungsform 1: k. Kr.	Finanzierungsform 2: kfr. Kr.
Marketingkonzept	1: Push-Strategie			--	++
	2: Pull-Strategie			o	+
Finanzierungs-form	1: keine Kreditaufn.				
	2: kurzfr. Kredit				

Strategic-Fit-Matrix

Strategie / System	Marketing-	Finanz-	Personal-	Planungs-	EDV-	Controlling-
Marketing-				-	+	+
Finanz-	+			?	+	+
Personal-	+	+		-	+	+
Planungs-					+	?
EDV-						+

Abbildung 2.12: Stimmigkeitsmatrizen im Überblick (nach Scholz 1987a, 69-75)

Nachfolgend werden diese pragmatisch-heuristischen Techniken zur Stimmigkeitsprüfung erläutert.

2.4.2.1.1 Der Scoring-Ansatz

In Scoring-Ansätzen werden Alternativen mit Hilfe von Rangziffern hinsichtlich bestimmter gewichteter Kriterien bewertet. Die resultierenden Gesamtrangziffern pro Alternative lassen deren Anordnung nach Günstigkeit hinsichtlich der gewählten Beurteilungskriterien zu. Bei der **Fit-Chart-Methode** als ein solcher Scoring-Ansatz wird eine gegebene Anzahl von Strategiealternativen auf Stimmigkeit zum bestehenden System geprüft. Dies erfolgt unter zwei Annahmen:

- die *Additivitätshypothese* besagt, daß sich die Gesamtstimmigkeit als Summe der einzelnen Stimmigkeitswerte ergibt,
- die *Unabhängigkeitsprämisse* fordert, daß die einzelnen Bewertungen unabhängig von anderen Entscheidungen erfolgen.

Um zu einer Bewertungsrangfolge der Strategiealternativen zu kommen, werden Bewertungskriterien benötigt. Diese spalten sich in „Complements“ (als die Gesamteffektivität der Organisation erhöhende Beiträge) und „Supplements“ (als Verträglichkeitsmaß zu den bisher vorhandenen Stärken der Organisation) auf (vgl. *Reed* 1972, 23-29). Durch Expertenurteile wird jetzt jede Alternative auf einer Skala zwischen 0 und 10 bezüglich der Complements und Supplements eingestuft.

Eine hohe Einstufung bei den Complements bedeutet, daß diese Alternative die Gesamteffektivität der Organisation erhöht, eine niedrige Einstufung bei den Supplements besagt, daß die betreffende Alternative mit den bisherigen Stärken nicht verträglich ist. Durch die für jede Alternative ermittelte Punktsumme ergibt sich eine Rangfolge der Alternativen.

Dieser Ansatz zerlegt das Stimmigkeitsproblem analytisch in Einzelfragen und erlaubt trotz subjektiver Schätzungen der Verträglichkeitswerte zumindest tendenzielle Urteile über die Existenz eines Strategie-System-Fits.

2.4.2.1.2 Der Matrix-Ansatz

In Matrix-Ansätzen werden Alternativen auf beiden Dimensionen der Matrix abgetragen und nachfolgend in den Matrixzellen im Paarvergleich hinsichtlich eines bestimmten Kriteriums beurteilt. Bei der **Kompatibilitätsmatrix** (vgl. *Scholz* 1987a, 70-72) wird die „optimale“ Strategie mit möglichst stimmiger Zusammensetzung der einzelnen Strategiekomponenten gesucht. Dazu wird dic zu analysierende Strategie zunächst in mehrere Komponenten (z.B. Marketingkonzept) zerlegt, wobei jede Komponente wiederum mindestens zwei alternative Ausprägungen (z.B. Push-Strategie vs. Pull-Strategie) hat. Notwendigerweise kann sich die Organisation im Endeffekt für nur eine der aufgestellten Alternative entscheiden.

Die Stimmigkeit zwischen den Alternativen der jeweiligen Komponenten (z.B. die Alternative Push-Strategie der Komponente Marketingkonzept ist stimmig mit der Alternative kurzfristiger Überbrückungskredit der Komponente Finanzierungsform, nicht stimmig mit der Alternative keine Kreditaufnahme der Komponente Finanzierungsform) muß abschätzbar sein und wird als Kompatibilitätsindex angegeben. Dabei hängt dieser Index nur von den zwei jeweils geprüften Alternativen ab (Unabhängigkeitsprämisse). In der Kompatibilitätsmatrix werden die paarweisen Beurteilungen der Kompatibilität (Kompatibilitätsindices) dargestellt. Die bestmögliche Zusammensetzung der Strategiekomponenten und damit die „optimale" Strategie ergibt sich bei maximaler Summe der Einzelkompatibilitätswerte.

Bei der **Strategic-Fit-Matrix** (vgl. *Scholz* 1987a, 72-77) wird im Trial-and-Error-Verfahren eine Strategie im Hinblick auf alle strategischen Stimmigkeiten innerhalb der Gesamtorganisation überprüft und gegebenenfalls modifiziert. Dieser Ansatz ist heuristisch und weist keine Optimierungsvorschrift auf. Abbildung 2.13 zeigt den iterativen Ablauf zur Erstellung der Matrix, die durch die Abgabe von Einzelurteilen zur Stimmigkeit aller Komponenten untereinander einerseits einen Überblick über Stimmigkeitsbereiche, andererseits dadurch Hinweise zur Systemänderung liefert.

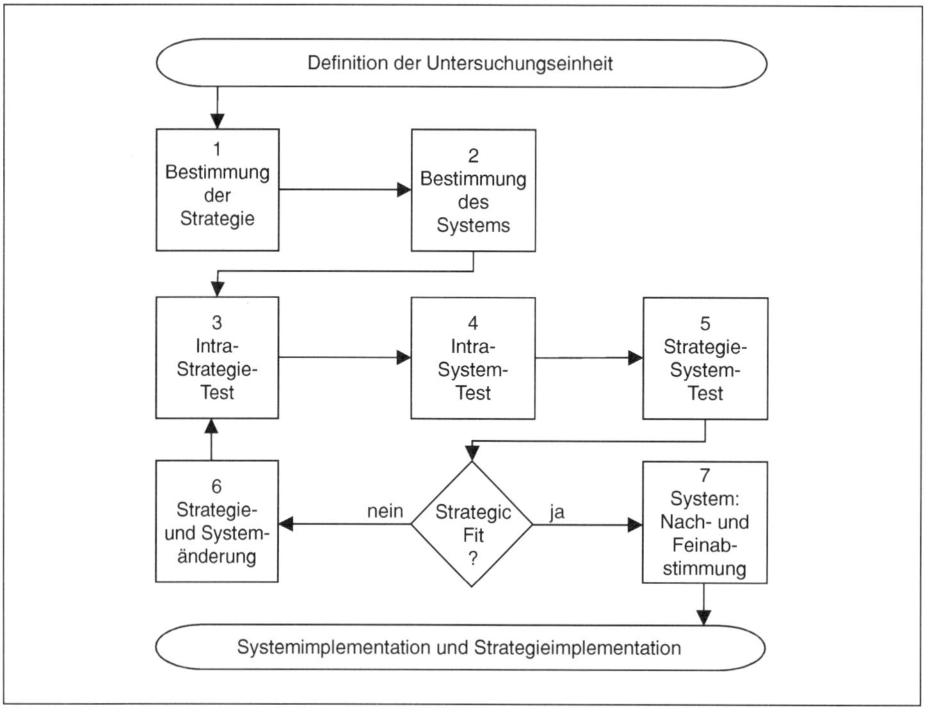

Abbildung 2.13: Erstellung einer Strategic-Fit-Matrix (nach Scholz 1987a, 76)

Im Gegensatz zur Fit-Chart-Methode und zur Kompatibilitätsmatrix deckt die Strategic-Fit-Matrix einen wesentlich größeren Objektbereich ab und kommt mit unstrukturierteren Informationen aus, garantiert jedoch keine optimale Lösung.

2.4.2.2 Empirisch-großzahlig: Mustererkennung

Der Objektbereich der *Strategischen Organisation* zeichnet sich durch eine Vielzahl zu verarbeitender Informationen aus. Daß diese Informationsverarbeitung überhaupt möglich ist, kann zum Teil auf die (unbewußte) Fähigkeit des Menschen zur Mustererkennung und damit zur Komplexitätsreduktion zurückgeführt werden. Die algorithmengestützte Mustererkennung versucht diese Fähigkeit abzubilden und damit letztlich auch zur Lösung betriebswirtschaftlicher Probleme nutzbar zu machen. Vorschläge zu einer Grundmethodik der Mustererkennung wurden an anderer Stelle unterbreitet (vgl. z.B. *Niemann* 1980; *Scholz* 1984; 1987a). Obwohl das Verfahren in der Betriebswirtschaftslehre bisher nur sehr begrenzte Verbreitung gefunden hat, existieren auch jüngere Anwendungsbeispiele (vgl. *Heno* 1983; *Scholz* 1993a; *Anderer* 1996).

Zur **Klassifikation** der Mustererkennung (Abbildung 2.14) läßt sich die Einteilung in statistische, regelbasierte sowie assoziative Methoden vornehmen (vgl. *Klauer* 1995, 6-8):

- Die *statistische* Klassifikation beinhaltet zunächst die Abstandsmaße, die auf geometrischen Ansätzen basieren und sich mathematisch quantifizieren lassen (vgl. z.B. *Scholz* 1994a, 376-377; 383-384), sie reichen bis hin zu Meta-Mustern, die auf Clustern im mehrdimensionalen Raum basieren (vgl. z.B. *Scholz* 1993a, 239-241).
- Die *regelbasierte* Klassifikation rekurriert im wesentlichen auf die Forschung im Bereich der Künstlichen Intelligenz. Hierbei werden als scharfe Regelwerke beispielsweise Inferenzmechanismen aus der Künstlichen Intelligenz angewandt, als unscharfe Regelwerke Methoden der Fuzzy Set Theory, um zu entscheiden, welche Semantik einem unbekannten Muster zuzuordnen ist.

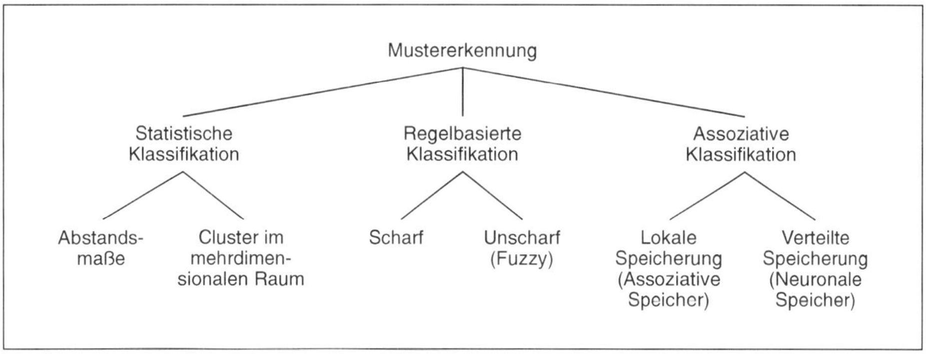

Abbildung 2.14: Mustererkennungsmethoden (nach Klauer 1995, 6)

- Innerhalb der Klasse der *assoziativen* Methoden der Mustererkennung wird zwischen der lokalen und verteilten Speicherung von Informationen unterschieden, obwohl es für die assoziative Arbeitsweise der Mustererkennung unerheblich ist, wo eine Information lokalisiert ist: Entscheidend ist die Orientierung am Inhalt der verbundenen Strukturen und den der Mustererkennung zugrundeliegenden Schemata.

Die Komplexität der Methoden nimmt dabei von statistischer über regelbasierte bis zur assoziativen Mustererkennung tendenziell zu.

Die Mustererkennung basiert auf der Annahme, daß *eine größere Menge von Profilen (Input) jeweils auf eine begrenzte Anzahl von markanten Mustern (Output) zurückgeführt werden kann.* Ein **Profil** ist dabei ein Satz von Daten eines Untersuchungsobjektes; die gemeinsame Untersuchung von mehreren Profilen führt zur Feststellung von (gemeinsamen) **Mustern**.

Bei der Mustererkennung werden demnach Datensätze (Profile) mehrerer Untersuchungsobjekte miteinander verglichen (Abbildung 2.15). Dabei ergeben sich mehr oder weniger große Abweichungen hinsichtlich bestimmter Untersuchungsmerkmale, die als Ähnlichkeitsmaße in eine Ähnlichkeitsmatrix eingetragen werden. Anhand eines bestimmten Algorithmus werden nun Cluster gebildet, das heißt, ähnliche Profile werden zusammen gruppiert. Innerhalb eines jeden Clusters lassen sich jetzt eine Musterhüllkurve sowie ein Durchschnittsprofil erstellen, das den Clusterschwerpunkt darstellt. Dieser Clusterschwerpunkt definiert das extrahierte Muster.

Je nachdem, welche Ziele die Mustererkennung verfolgt und welche Datenbasis zur Verfügung steht, können der *Grundansatz*, der aus Profilen Muster extrahiert, der *hierarchische Ansatz*, der bereits definierte Muster in „Eingabeprofile" transformiert und daraus Muster höherer Ordnung definiert, oder der *segregierende Ansatz*, der Muster über Teilprofile bildet, gewählt werden (vgl. *Scholz* 1987a, 77-82).

Wegen seiner praktischen Bedeutung soll letzterer nachfolgend vertieft werden:

Bei der **segregierenden Musterextraktion** (vgl. *Scholz* 1993a, 16-19) wird die ursprüngliche Profilstruktur in einzelne Segmente unterteilt, denen jeweils eigenständige Bedeutung zukommt. Beispiele für solche Segmente sind Umwelt, Strategie und Erfolg. Die beiden Varianten des Verfahrens sind die segregierende Musterextraktion *mit* (Abbildung 2.16) und *ohne* (Abbildung 2.17) sukzessiv gesplitteter Datenbasis.

Abbildung 2.16 zeigt beispielhaft den (fiktiven) Verlauf einer solchen segregierenden Musterextraktion **mit sukzessiver Splittung** der Datenbasis für 20 Unternehmen: Im ersten Schritt wird über dem Umweltsegment geclustert, im zweiten über dem Strategiesegment und im dritten über dem Erfolgssegment. Bei entsprechend großer Datenbasis (Zahl der Unternehmen in Relation zur Zahl der Segmente) erfolgt also eine entsprechend weitge-

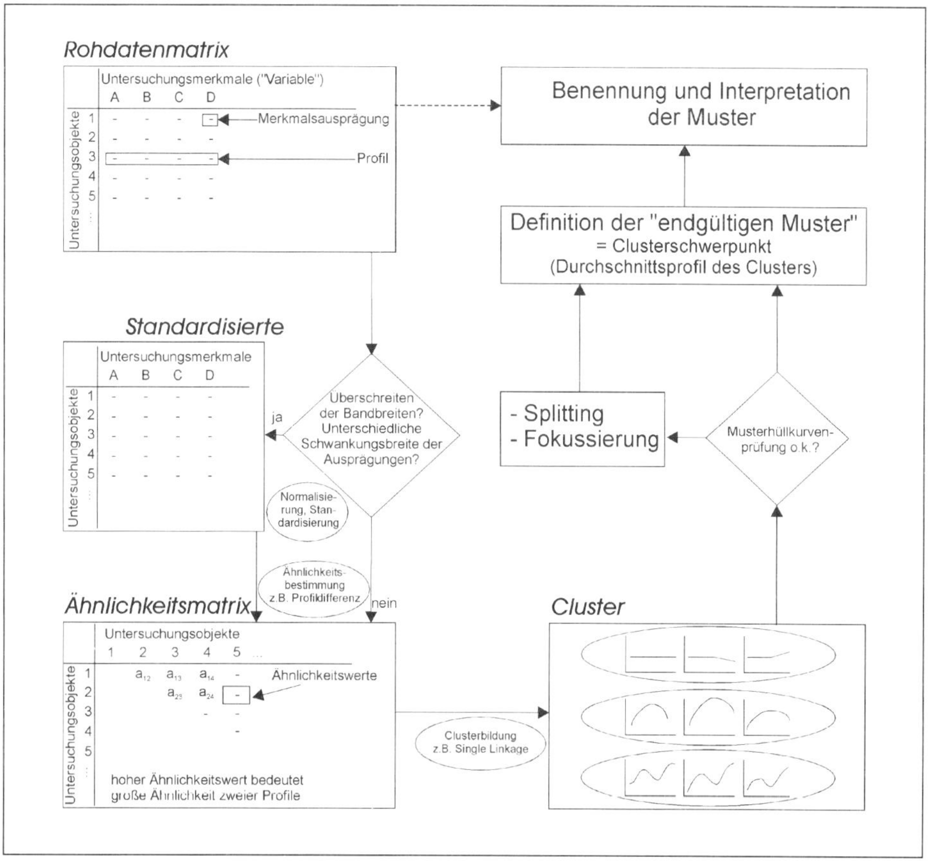

Abbildung 2.15: Ablauf der Mustererkennung

hende Zerlegung auf der Achse der Unternehmen. Dies führt dazu, daß die (zweite) Clusterung auf dem Strategiesegment entsprechend den Ergebnissen der (ersten) Clusterung über dem Umweltsegment getrennt für die Unternehmen 1-10 sowie 11-20 vorgenommen wird.

Das Verfahren der segregierenden Musterextraktion führt bei der hier exemplarisch unterstellten Einteilung in Umwelt-, Strategie- und Erfolgssegment zu klaren Aussagen darüber, welche Strategien sich in speziellen Situationen in der Vergangenheit als erfolgreich erwiesen haben, vorausgesetzt, derartige Zusammenhänge existieren tatsächlich im realen Untersuchungsobjekt, und vorausgesetzt, entsprechend sinnvolle Verfahren zur Messung und Skalierung kamen zum Einsatz.

Dieser Weg läßt sich allerdings nur dann beschreiten, wenn eine ausreichend große Zahl von Datensätzen zur Verfügung steht: Die absolute Höhe von „ausreichend“ ergibt sich

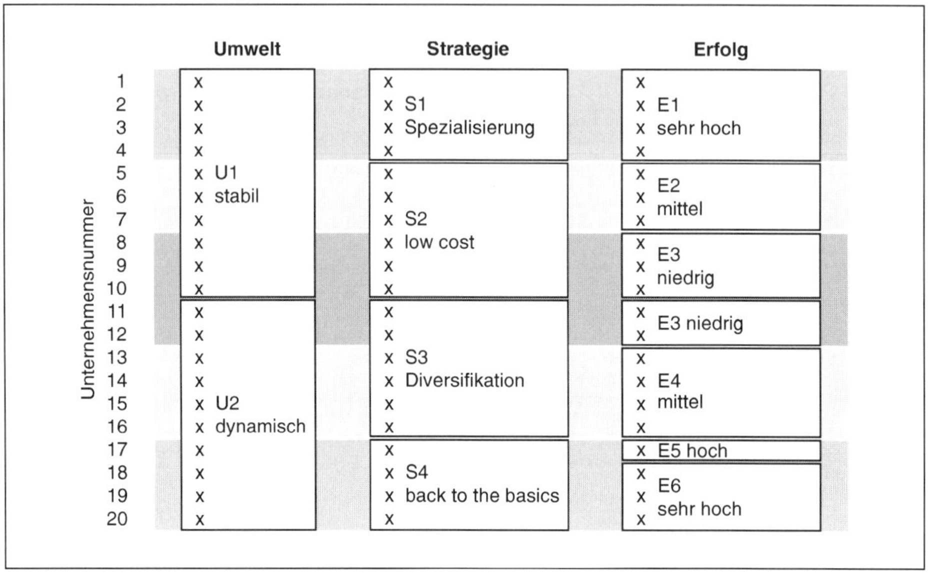

Abbildung 2.16: Beispiel für eine segregierende Musterextraktion mit sukzessiv gesplitteter Datenbasis (nach Scholz 1993a, 18)

dabei aus der Zahl der angestrebten Segmente und der angestrebten Mindestzahl von Objekten, über die eine Clusterung überhaupt noch als sinnvoll anzusehen ist. Unterstellt man drei angestrebte Segmente und eine Mindestausgangszahl 10 für die Clusterung, so würde eine segregierende Mustererkennung in diesem Fall mindestens 40 Datensätze voraussetzen.

Liegt eine derartige Menge an Datensätzen nicht vor, muß **ohne Splittung** der Datenbasis gearbeitet werden, sind also immer alle Datensätze bei der Clusterung zu berücksichtigen. Dies hat zwar den Nachteil, daß situative Bezüge zwischen den einzelnen Clustern weniger deutlich zum Vorschein kommen, erlaubt aber auch bei relativ kleiner Datenbasis die Berücksichtigung von mehreren (segmentspezifischen) Clustern. So wurde exemplarisch in Abbildung 2.17 wiederum bei 20 Unternehmen nacheinander über die Segmente Umwelt, Strategie und Erfolg geclustert, allerdings ohne jeweils auf die Ergebnisse einer vorhergehenden Clusterung zurückzugreifen.

Konnten aus den Profilen charakteristische Muster extrahiert werden, so ermöglicht dies verschiedene Formen von **Aussagen** über Stimmigkeiten:

- *Statische* Stimmigkeiten beschreiben die zeitgleiche Existenz zweier Muster. Zeitraumbezogene Analysen *dynamischer* Stimmigkeiten dagegen machen Aussagen darüber, ob zwei Muster hintereinander auf der Zeitachse auftreten.
- Beim *deskriptiven* Vorgehen wird lediglich festgestellt, *daß* offenbar zwei Muster gemeinsam beziehungsweise hintereinander vorkommen. Daraus wird dann auf Stim-

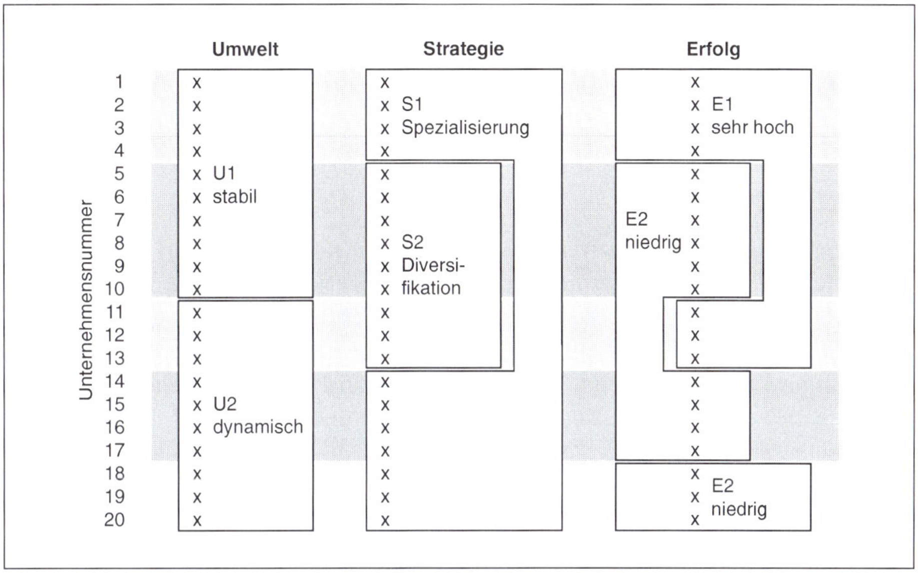

Abbildung 2.17: Beispiel für eine segregierende Musterextraktion ohne sukzessiv gesplittete Datenbasis (nach Scholz 1993a, 19)

migkeit geschlossen; fehlen kausale Erklärungen, muß evolutionstheoretisch (vgl. Abschnitt 4.6) damit argumentiert werden, daß sich offenbar nur bestimmte Zusammenstellungen als (über-)lebensfähig erwiesen haben. Der *präskriptive* Ansatz verwendet zusätzlich Informationen darüber, wie gut zwei Muster harmonieren. Daraus werden Vorschläge zur Herstellung von Stimmigkeiten abgeleitet.

Zusammenfassend kann festgehalten werden, daß die Mustererkennung mehrere Möglichkeiten zur Bestimmung strategischer Stimmigkeiten zur Verfügung stellt. Gerade diese Vielfalt der Ansätze erlaubt damit ein Eingehen auf die einzelfallspezifischen Probleme.

2.4.3 Stimmigkeitserkenntnisse: Der situative Ansatz

The attempt to elucidate variables assumes a particular view to begin with. It assumes that organizational life can be seen as grey, not black and white; as shifting and problematic, not fixed. That is, the perspective is dominated by variation. Organizations and organized people differ from time to time and place to place. A scheme of variables and their interrelationships allows these differences to be perceived across a wide spectrum which might not otherwise come into view. Its risk is that the spectrum of variables may then be taken to be fixed, so restricting vision afterwards: its hope ist that the spectrum will continue to be shaped to show things in different lights, or even to give more light. (Pugh/Hickson 1976, 1)

Während der vorangehende Abschnitt 2.4.2 sich mit den Techniken und Instrumenten zur Herstellung von Stimmigkeit befaßt, liegt der Schwerpunkt dieses Abschnittes auf den empirischen Erkenntnissen, die sich aus der Erforschung von Organisationen hinsichtlich der Stimmigkeit ergeben haben. In diesem Zusammenhang ist der situative Ansatz Oberbegriff für eine Reihe von Richtungen empirischer Stimmigkeitsforschung.

Ausgangspunkt für den situativen Ansatz (synonym: *Kontingenzansatz*) ist die Grundannahme, daß es keine generell optimale Handlungsweise gibt, sondern eine effektive und effiziente Organisationsgestaltung immer von spezifischen und situativen Gegebenheiten abhängt. Die Organisation muß also ihre zentralen Gestaltungsvariablen in eine stimmige Relation zu den wichtigsten Kontextvariablen bringen. Situative Ansätze beginnen mit einer Analyse konkreter Situationen und beschreiben diese mit Hilfe meist mehrerer Variablen. Die Aufgabenstellung situativer Ansätze besteht im Entwurf alternativer Handlungen und Strukturen sowie der Auswahl derjenigen Alternativen, die unter exakt definierten Bedingungen eine höhere Zielerreichung realisieren als andere.

Übersicht 2.16 systematisiert eine Auswahl situativer Forschungsansätze nach der Anzahl der gleichzeitig betrachteten situativen Variablen in monovariable und multivariable Ansätze. Sieben besonders wichtige Ansätze werden nachfolgend vertiefend dargestellt.

2.4.3.1 Monovariable Ansätze

Die einfachsten situativen Ansätze sind die monovariablen Ansätze: Sie beschränken sich bei ihrer Erklärung auf ein spezifisches Segment, zu dem sich die Organisation stimmig verhalten soll, beispielsweise Umwelt, Organisationsgröße und Technologie. Zu diesen Themenbereichen gibt es inzwischen eine ganze Reihe von Arbeiten, die teilweise weniger wegen ihrer konkreten Aussage als vielmehr wegen ihres Beitrages als Meilenstein in Richtung auf eine empirische Organisationsforschung noch immer Bedeutung haben.

2.4.3.1.1 Umweltdynamik: Burns und Stalker

Eine imposante Gruppe von Arbeiten beschäftigte sich mit der Anpassung von Organisationen an ihre spezifische Umwelt. Die älteren Arbeiten befaßten sich dabei – eher systemtheoretisch – mit konkreten Verhaltensmerkmalen. So stellen *Burns* und *Stalker* (1961) die These auf, daß bei veränderlichen Marktsituationen und häufigen Neuerungen im Rahmen der technologischen Entwicklung eine andere Organisationsform zu wählen ist als bei einer relativ stabilen ökonomischen und technologischen Umwelt. Sie führten

Forscher	verwendete Variablen	Hauptaussage	Abschnitt
Burns/Stalker (1961)	Umwelt	**Mechanistischer** Organisationstyp in stabiler Umwelt, **organischer** Organisationstyp in dynamischer Umwelt.	2.4.3.1.1
Lawrence/Lorsch (1967)	Umwelt	Mit zunehmender Umweltunsicherheit und -unterschiedlichkeit steigt der Grad der **Differenzierung** zwischen den Subsystemen einer Organisation. Mit steigendem Differenziertheitsgrad nimmt die Notwendigkeit zur **Integration** zu.	2.4.3.1.2
Duncan (1975)	Umwelt	Zusammenhang zwischen perzeptierter Umweltunsicherheit in Unternehmen in Abhängigkeit von der **Dynamik** und **Komplexität** der Umwelt.	
Blau/Schoenherr (1971)	Größe	Mit zunehmender Größe wächst die **Differenzierung** in Organisationen; dabei steigt zwar das absolute Ausmaß der Differenzierung, der relative Einfluß nimmt jedoch ab.	2.4.3.1.3
Perrow (1967)	Technologie	Technologieklassifizierung nach **Variabilität** der Aufgaben und **Programmierbarkeit** der Aufgabenerledigung und Schlußfolgerungen für die Gestaltung der Organisationsstruktur.	
Woodward (1965)	Fertigungstechnologie	Klassifikation der Produktionstechnologie in **Einzel- und Kleinserienfertigung, Großserien- und Massenfertigung** sowie **Prozeßfertigung**; Einflüsse auf strukturelle Maßnahmen.	2.4.3.1.4
Hage/Aiken (1969)	Programmtechnologie	Mit abnehmender **Programmtechnologie** eine zunehmende Entscheidungszentralisation und ausgeprägtere Rollenformalisierung.	
Kubicek (1975)	Informationstechnologie	Relevanz organisatorischer Dimensionen (wie Tendenz zur Dezentralisierung der Datenverarbeitung) zur Charakterisierung der **Informationstechnologie**; Unterschiede zwischen verschiedenen Benutzergruppen.	2.4.3.1.5
Child (1972)	Strategie	Konzept der **„strategic choice"** zur Erklärung von Organisationsstrukturen: Organisationsgestalter haben Spielräume bei der strukturellen Gestaltung, da die Ursachen organisatorischer Effektivität und Effizienz nicht eindeutig bestimmbar sind.	
Poensgen (1979)	Kapitalbesitzverhältnisse	Im wesentlichen kein Unterschied zwischen **eigentümer-** und **managerkontrollierten** Unternehmen in der Organisationsstruktur.	
Hickson et al. (1974)	Landeskultur	**Culture-free-These**: Streben nach Effizienz läßt keinen Spielraum für unterschiedliche kulturelle Lösungen der Organisationsstruktur zu (empirisch weniger gestützt).	
v. Keller (1982)	Landeskultur	**Culture-bound-These**: Organisationsstrukturen langfristig an kulturelle Bedingungen angepaßt (empirisch eher gestützt).	
Stopford/Wells (1972)	Internationalisierung	Typische Abfolge der Entwicklung der Organisationsstruktur in Abhängigkeit von der **Internationalisierung**: umfassende Autonomie – internationale Division – globale Strukturen.	
Pugh/Hickson (Aston 1976)	Kontext, Verhalten, Struktur, Erfolg	Identifikation der wichtigsten Kontextfaktoren und ihres Einflusses auf vier Dimensionen der Organisationsstruktur.	2.4.3.2.1
Schoeffler (1983) (Profit Impact of Market Strategies PIMS)	u.a. Geschäftsumfeld, Wettbewerbsposition, F&E, Marketing-Aufwendungen, Erfolg	37 Faktoren, die mit ROI oder Cash Flow relativ hoch korrelieren; davon sieben Faktoren besonders erfolgsrelevant: Investmentintensität, Marktanteil, Produktqualität etc.	2.4.3.2.2
Poensgen (1978)	Kontext, strategische Entscheidungsvariablen, organisatorische Variablen, Erfolg	Ausmaß der Kontextabhängigkeit bei Entscheidungen über Ziele, Prozeß der Zielverfolgung und Festlegung der Entscheidungsinhalte; Einfluß Umwelt/Technologie/Schlüsselvariable der jeweiligen Branche auf organisatorische Variablen.	

Übersicht 2.16: Systematisierende Auswahl situativer Forschungsansätze

dazu die beiden Organisationstypen **„mechanistisches"** und **„organisches"** System ein. Beide Organisationsformen sind anhand von elf charakterisierenden Eigenschaften beschreibbar (Übersicht 2.17).

Im Rahmen einer **Untersuchung** in 20 britischen Unternehmen der Elektroindustrie konnten *Burns* und *Stalker* ihre These empirisch stützen (vgl. *Burns/Stalker* 1961, 37-51): Die organische Form ist danach immer dann die geeignete, wenn sich ein Unternehmen in einer dynamischen Umwelt befindet, da die organische Organisation schnelle Reaktionen

Strukturelle Eigenschaften	**Organisationstypen** organisch	mechanistisch
Leitungsspannen	groß	klein
Zahl der Hierarchieebenen	wenige	viele
Relation von Verwaltungspersonal zu produktiv Tätigen	hoch	niedrig
Zentralisation	gering	hoch
Anteil an Personen, die Kommunikationen zu anderen Abteilungen unterhalten	hoch	niedrig
Ausmaß an formalen Regelungen	niedrig	hoch
Ausführlichkeit der Stellenbeschreibungen	gering	groß
Inhalt der Kommunikation	Rat und Information	Anleitung und Entscheidung
Qualifikationsunterschiede	gering	groß
fachliche Autorität	stark vertreten	schwach vertreten
personale und bürokratische Autorität	schwach vertreten	stark vertreten

Übersicht 2.17: Eigenschaften organischer und mechanistischer Strukturen (nach Kieser 1974, 304)

auf neue Probleme und unvorhergesehene Anpassungen ermöglicht. In einer stabilen Umwelt scheint dagegen die mechanistische Organisation die geeignetere zu sein.

Sicherlich kann man bei dieser Studie Stichprobengröße und Untersuchungsmethodik **kritisieren**. Auch scheint die ausschließliche Berücksichtigung von nur zwei Situationssystemen zu pauschal für eine unmittelbare Anwendung. Die Autoren gehörten jedoch zu den ersten, die überhaupt die Notwendigkeit der situationsabhängigen Gestaltung von Organisationen berücksichtigten: Sie leisteten somit wichtige Vorüberlegungen für die nachfolgenden Untersuchungen.

2.4.3.1.2 Umweltdifferenzierung: Lawrence und Lorsch

Das Modell von *Lawrence* und *Lorsch* (1967) basiert auf der Annahme, daß verschiedene strukturelle Subsysteme einer Organisation verschiedenen Umweltbedingungen gegenüberstehen. Die Umwelt wird demgemäß in Sektoren für jedes der Subsysteme zerlegt, wobei sich die Subsysteme an ihren spezifischen Gegebenheiten und Zielen orientieren. Diese *Differenzierung* wird als Funktion der Unsicherheit der Umwelt gesehen: Mit zunehmender Unsicherheit und Unterschiedlichkeit der Umwelt steigt der Grad der Differenzierung zwischen den Subsystemen einer Organisation.

Um die Zusammenarbeit der Subsysteme auch bei hoher Unsicherheit der Umwelt zu gewährleisten, bedarf es der *Integration*. Mit steigendem Differenziertheitsgrad nimmt auch die Notwendigkeit zur Integration zu. Im Falle eines hohen Differenziertheitsgrades reicht also die Leitungshierarchie als Abstimmungselement der Subsysteme allein nicht mehr aus, daher werden entsprechende Integrationsmaßnahmen nötig, um die Effizienz der Organisation zu sichern.

Auch der Ansatz von *Lawrence* und *Lorsch* zieht **Kritik** auf sich. So bringt *Frese* (1992, 164-168) fünf Einwände vor:
1. Die empirische Basis ist schmal und die Studie nur unvollkommen dokumentiert.
2. Die Autoren haben nicht den Einfluß der Umwelt auf die Organisationsstruktur untersucht, sondern (unzulässigerweise) als Ersatz den Einfluß der Aufgabenstruktur.
3. In Differenzierung und Integration sind willkürlich verschiedene Merkmale der Organisationsstruktur zusammengefaßt.
4. Definition und Messung der „erforderlichen Integration" bleiben offen.
5. Es fehlen wissenschaftlich fundierte, objektive Kriterien, die eine anwendungsorientierte Beurteilung konkreter Organisationsstrukturen erlauben.

Trotz dieser Kritik hat der Ansatz von *Lawrence* und *Lorsch* nicht nur viele Organisationsstudien der Harvard Business School, sondern auch die allgemeine Organisationstheorie erheblich beeinflußt. Seine Bedeutung für die Weiterentwicklung der empirischen Organisationsforschung bleibt daher unbestritten.

2.4.3.1.3 Organisationsgröße als Determinante: Blau und Schoenherr

Dem Einfluß der Größe auf organisatorische Sachverhalte wird allgemein erhebliche Bedeutung beigemessen: Untersuchungen der Größe von Organisationen erfolgten beispielsweise unter dem Aspekt ihres Einflusses auf die Produktionskosten, auf die Planungssysteme, auf das Verhalten der Organisationsmitglieder oder auch auf die Organisationsstruktur.

Bei **Meßvariablen** der Größe handelt es sich vor allem um quantitative Variablen wie Anzahl der Mitarbeiter oder Umfang der Sachanlagen. Hierbei handelt es sich um *Inputwerte*, die in Bewegungsgrößen wie Arbeitsstunden, Abschreibungen oder eingesetztes Material transformierbar sind. Alternativ dazu besteht die Möglichkeit der Größenerfassung anhand von *Outputwerten* wie Umsatz und Brutto- oder Nettoproduktion (Wertschöpfung), aber auch qualitativer Variablen wie Macht der Organisation. Aufgrund der hohen Korrelationen der Größenmaße (vgl. *Poensgen/Hort* 1981, 10) reicht jedoch im Regelfall eine Beschränkung auf eine Variable zur Größenerfassung aus.

Die noch immer wichtigste Arbeit zu diesem Themenbereich stammt von *Blau* und *Schoenherr* (1971). Sie entwickelten aus einer Untersuchung von 53 nordamerikanischen Niederlassungen des U.S. Bureau of Employment Security ein **Modell** der Beziehungen zwischen der Größe einer sozialen Einheit und ihrer Organisationsform. Sie stellten dabei zwei gegenläufige Tendenzen heraus:

- Zum einen führt eine zunehmende Größe zu wachsender *Differenzierung*. Daraus resultiert eine erhöhte Komplexität mit abnehmender Homogenität zwischen den Einheiten. Um die Koordination weiterhin zu gewährleisten, steigen die Anzahl der Leitungsstellen und damit Leitungsaufwand und administrativer Overhead.
- Zum anderen steigt die Anzahl gleichartiger Stellen mit dem Wachstum der Organisation. Die Notwendigkeit der systeminternen Differenzierung nimmt ab und erlaubt eine größere Leitungsspanne. Die steigende *Homogenität* innerhalb der Einheiten hat danach einen sinkenden Leitungsaufwand und damit eine ökonomisch effektive Leitung zur Folge.

Laut *Blau* und *Schoenherr* ist dabei der Einfluß der zunehmenden Homogenität innerhalb der Einheiten bei jeder Größe stärker als der Einfluß der steigenden Heterogenität zwischen den Einheiten, weshalb insgesamt der durchschnittliche Leitungsaufwand sinken sollte. Zudem bestehen negative Feedback-Beziehungen des administrativen Overheads, die den Einfluß der Größe reduzieren.

Zumindest für die letztgenannten Aussagen bleiben die Autoren aber den zwingenden Beweis schuldig, wodurch sich zusammenfassend ihre Bedeutung im Aufzeigen der gegenläufigen Konsequenzen zunehmender Größe ergibt (Abbildung 2.18).

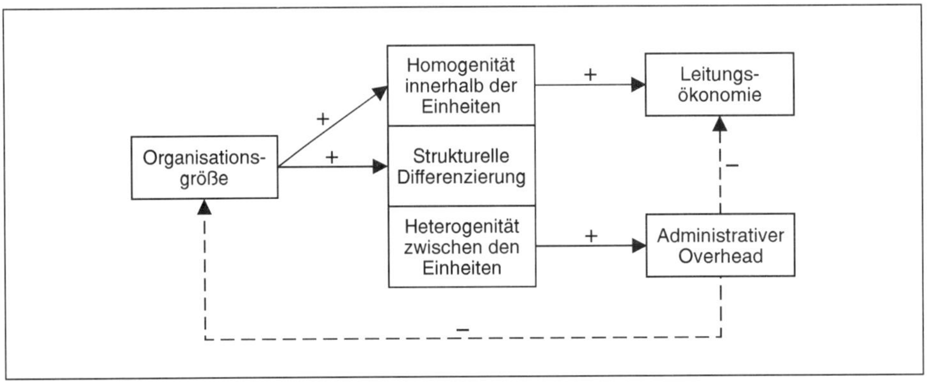

Abbildung 2.18: Wirkungen der Größe auf die Organisationsstruktur (nach Blau 1970, 218)

2.4.3.1.4 Produktionstechnologie: Woodward

Obwohl der Einfluß der Technologie auf die Ausprägung struktureller Merkmale einer Organisation äußerst widersprüchlich diskutiert wird, haben vor allem die Produktions- und Informationstechnologie einen wichtigen Einfluß auf die Organisation.

Der Begriff „Produktionstechnologie“ umfaßt neben dem Fertigungsapparat und den Produktionsprozessen auch die Output-Verteilung. Untersuchungsobjekte solcher produktionstechnologischer Ansätze sind überwiegend Fertigungsbetriebe, vereinzelt auch

Dienstleistungs- und Handelsunternehmen. Die Annahme eines dominierenden Einflusses der Produktionstechnologie beruht vornehmlich auf Überlegungen aus der klassischen betriebswirtschaftlichen Organisationslehre. Danach erhält die Aufbauorganisation letztlich durch die Aufgabenverteilung im Transformationsprozeß der Fertigung besonderes Gewicht.

Exemplarisch für produktionstechnologische Analysen steht der Ansatz von *Woodward* (1965): Die Klassikerin der britischen Industriesoziologie untersuchte den Einfluß von Produktionsprozessen auf die Organisation und legte ihrem Ansatz eine **neunstufige Skala** der technologischen Komplexität zugrunde, die aus drei Teilklassen besteht, nämlich Einzel- und Kleinserienfertigung, Großserien- und Massenfertigung sowie Prozeßfertigung, sowie durch zwei Kombinationsformen ergänzt werden kann (Übersicht 2.18).

Produktionstyp	**Beschreibung des Produktionssystems**	**Verarbeitungsart**
Einzel- und Kleinserienfertigung	1 Einzelfertigung einfacher Produkte nach Kundenaufträgen	Einzelverarbeitung
	2 Fertigung von Prototypen	Einzelverarbeitung
	3 stufenweise Herstellung von größeren Gütern	Einzelverarbeitung
	4 Kleinserienproduktion nach Kundenauftrag	Stapelverarbeitung
Großserien- und Massenfertigung	5 Großserienproduktion	Stapelverarbeitung
	6 Großserienproduktion nach dem Fließprinzip	Stapelverarbeitung
	7 Massenproduktion	Massenverarbeitung
Prozeßfertigung	8 Prozeßfertigung von Chemikalien in Serien auf Mehrzweckanlagen	Stapelverarbeitung
	9 Kontinuierliche Fließfertigung von flüssigen, gasförmigen und festen Stoffen	Massenverarbeitung
Kombinationen	10 Großserienproduktion standardisierter Komponenten mit nachfolgend unterschiedlicher Zusammenführung	
	11 Prozeßfertigung kristalliner Substanzen mit nachfolgender Vorbereitung für den Verkauf mit standardisierten Produktionsverfahren	

Übersicht 2.18: Klassifikation der Produktionstechnologie (nach Woodward 1965, 39)

Die *Woodward*-Skala will die Kontrollierbarkeit der Fertigungsabläufe sowie die Prognostizierbarkeit der Produktionsergebnisse erfassen, wobei sich die Autorin auf eine **Untersuchung** in 92 Industrieunternehmen in South Essex stützt: Ein geringer Komplexitätsgrad impliziert danach ein geringes Maß an Vorhersagbarkeit der Fertigungsprozesse. Mit zunehmender Komplexität der Fertigungstechnologie steigt die Zahl der Hierarchieebenen, steigt die Leitungsbreite an der obersten Hierarchiespitze (gemessen an der Zahl der einer Person unmittelbar unterstellten Mitarbeiter) und nimmt die Leitungsbreite auf den mittleren Ebenen ab.

Problematisch ist in dieser Skala neben der Abgrenzung zwischen den einzelnen Skalenabschnitten auch die Nichtabbildbarkeit von Unternehmen mit mehreren Fertigungsverfahren. Trotzdem gilt die *Woodward*-Skala mit zwischenzeitlichen Ergänzungen und Modifikationen noch immer als zentraler Bestandteil der empirischen Organisationsforschung.

2.4.3.1.5 Informationstechnologie: Kubicek

Auch die auf den EDV-Bereich bezogene Technologie („Informationstechnologie") erlaubt mehrere Sichtweisen: Sowohl die Betrachtung neuer Hardware- oder Softwareentwicklungen als auch die Beschreibung unterschiedlicher Informationstechnologien im Rahmen von Überlegungen zur organisatorischen Gestaltung des Benutzerbereichs sind dabei mögliche Perspektiven (vgl. *Kubicek* 1975, 116-117).

Informationstechnologie-Ansätze verwenden meist Maße wie Kernspeicherkapazität oder Computerkosten. *Kubicek* bezieht sich in seinem Modell auf die differenzierte Erfassung der anwendungsbezogenen, organisatorischen Dimensionen. Als Maße berücksichtigt er beispielsweise
– den technologischen Entwicklungsstand der Hardware und
– die auf den Computer übertragenen Aufgaben.
Die Erklärung struktureller Dimensionen anhand informationstechnologischer Gegebenheiten hat sich – soweit erkennbar – bisher nicht umfassend durchgesetzt. Durch die rasante Entwicklung der Computertechnologie in jüngster Vergangenheit und die damit verbundene Durchdringung von Organisationen unabhängig von deren Größe und Branchenzugehörigkeit läßt sich jedoch ein steigender Einfluß auf die organisatorischen Regelungen erwarten.

2.4.3.2 Multivariable Ansätze

Die monovariablen Ansätze stellten eine Beziehung zwischen einer Situationsvariable (Kontext) und mehreren organisatorischen Variablen her. Multivariable Ansätze suchen dagegen nach Zusammenhängen zwischen mehreren Situationsvariablen und Organisationsvariablen. Die Stimmigkeit wird also quasi simultan zwischen den Situationsvariablen und der Organisationsvariable hergestellt.

2.4.3.2.1 Organisationsbezug: Die Aston-Studie

Anfang der sechziger Jahre wurde an der späteren University of Aston in Birmingham eine Forschergruppe gegründet, um aussagefähige und stabile Beziehungen zwischen vorher definierten Variablen zu ermitteln (vgl. *Pugh/Hickson* 1976; *Pugh/Hinings* 1976; *Pugh/Payne* 1977).

Derek S. Pugh	*Geb. 1930* *Professor an der School of Management, The Open University, Milton Keynes, Großbritannien.* *Nach Forschungstätigkeit in Edinburgh Wechsel zur Aston University, wo Pugh das erste größere Forschungsprojekt zur Organisationsstruktur britischer Unternehmen leitete (Aston-Studie). Später Dozent und Director of Research an der London Business School. Seit 1983 an der Open University.* *Hauptwerk: Organizational Structure in its Context (1976, zusammen mit D. J. Hickson).*

Ziel der Aston-Studie war es, den Zusammenhang zwischen Organisationskontext, Organisationsstruktur sowie Organisationsverhalten festzustellen, um darauf aufbauend eine Beziehung zum Erfolg des Unternehmens zu bestimmen. Unabhängig von diesem sehr anspruchsvollen Programm befaßte sich die Aston-Studie aber primär mit dem Zusammenhang zwischen Kontext und Struktur, wofür ein statistisch umfangreiches Analysesystem (vgl. *Pugh/Hickson* 1976 , 30-35; *Pugh* 1981; 1984) entwickelt wurde.

Die ursprüngliche Operationalisierung der **Organisationsstruktur** bestand aus sechs Variablen:
- *Spezialisierung* als Maß für die Aufteilung der Arbeit innerhalb der Organisation auf verschiedene Stellen,
- *Standardisierung* als Ausmaß standardisierter Verfahrensregeln,
- *Formalisierung* als Ausmaß schriftlich verfaßter Regeln, Vorgehensweisen und Instruktionen,
- *Zentralisation* als Maß der Entscheidungsautorität der Organisationsspitze,
- *Konfiguration* als Maß für die Länge der Weisungsketten und den prozentualen Anteil an unterstützendem Personal,
- *Flexibilität* als Maß für die Änderungen der Organisationsstruktur nach ihrer Anzahl, Geschwindigkeit und Akzeleration.

Zur Beschreibung des **Kontextes**, in dem sich Organisationen entwickeln, wurden zunächst acht Variablen verwendet, darunter *Größe*, *Unternehmenspolitik*, *Standort* oder *Technologie.* In einem fortgeschrittenen Stadium des Projektes wurden dann noch einige Variablen des **Organisationsverhaltens** berücksichtigt, die unter anderem Rollenformalisierung und Rollendefinition beschreiben. Der **Erfolg** von Organisationen wurde in einigen der Arbeiten anhand von Größen wie *Profitabilität*, *Produktivität*, *Marktposition* und *Anpassungsfähigkeit* gemessen.

Im **Ergebnis** kamen die Forscher unter anderem zu folgenden Aussagen (vgl. *Pugh/Hickson* 1976, 86-88): Größere Unternehmen tendieren zu mehr Spezialisierung, Standardisierung und Formalisierung als kleine Unternehmen. Zentralisierung nimmt mit zunehmendem Ausmaß von Spezialisierung, Standardisierung und Formalisierung ab. Daraus folgt, daß mit zunehmender Größe der Grad der Entscheidungszentralisierung sinkt. Die wichtigsten Beziehungen zwischen Variablen der Aston-Studie faßt Abbildung 2.19 zusammen.

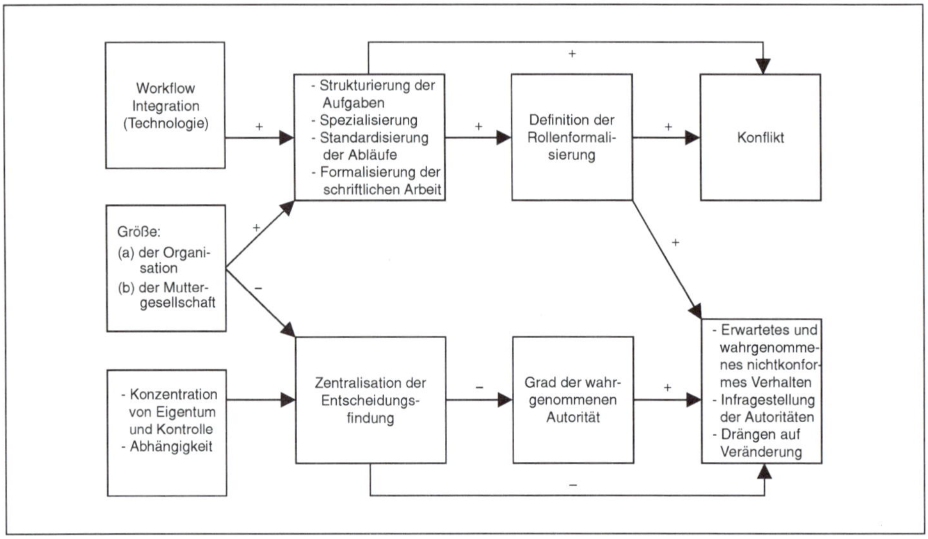

Abbildung 2.19: Die wichtigsten Befunde in der Aston-Studie (nach Pugh 1981, 154)

Es liegt auf der Hand, daß empirische Untersuchungen wie die *Aston*-Studien methodisch und inhaltlich nicht ohne **Kritik** realisierbar sind (vgl. *Starbuck* 1981 ; *Frese* 1992, 190-197; *Staehle* 1994, 52-53):

- Breite Perspektiven führen zu unklaren Zielen.
- Trotz der Berücksichtigung vieler Variablen wurden häufig nur sehr allgemeine Charakteristika erhoben.
- Die gewählte Methodik führte zu einigen unbegründeten Kausalannahmen.
- Aus der Befragung vieler Organisationen resultierte eine branchenübergreifende und wenig aussagefähige Analyse heterogener Organisationen.
- Die Studien sind zu global, um den notwendigen differenzierten Einblick in die Gestaltungsentscheidungen zu vermitteln.
- Die Effektivitätsaussagen sind unzureichend.

Obwohl inzwischen die gefundenen Aston-Skalen kaum noch Bedeutung und die empirischen Ergebnisse keinen substantiellen Bestand mehr haben, so läßt sich doch der wissenschaftsmethodisch-historische Stellenwert dieser Studie bezüglich der formalen Methodologie nicht wegdiskutieren. Die Aston-Studie gehört somit zweifelsohne zu den Begründern der empirischen Organisationsforschung.

2.4.3.2.2 Marktbezug: Die PIMS-Studie

Mehr auf den Erfolg und auf strategische Aktionsparameter fokussiert das PIMS-Programm (Profit Impact of Market Strategies), das ebenfalls Anfang der sechziger Jahre initiiert wurde. Ursprünglich für General Electrics geplant, wurde das Projekt 1972 ausgedehnt und dann an der Harvard Business School weitergeführt. 1975 folgte die Auslagerung als Strategic Planning Institut (SPI), dem 1988 rund 450 Mitgliedsunternehmen mit insgesamt über 3000 strategischen Geschäftseinheiten angehörten.

Anhand der vorhandenen Daten wird vornehmlich über multiple Regressionen nach Faktoren gesucht, die den Return on Investment und den Cash Flow besonders stark beeinflussen. Das Ziel der Untersuchung (Abbildung 2.20) lag und liegt in dem Aufspüren von allgemeingültigen Marktgesetzen („laws of the market place"), die empirische Zusammenhänge im Bereich der Strategien beschreiben. Die Kenntnis der Marktgesetze soll der Unternehmensleitung als Hilfsmittel zur Steigerung der Effektivität in der Organisation dienen.

Anwendungsmöglichkeiten der PIMS-Datenbank betehen für die Mitgliedsfirma in dreifacher Hinsicht (vgl. *Buzzell/Gale* 1987): Erstens stehen den Unternehmen die allgemeinen Erfahrungen und Ergebnisse in Form diverser Publikationen zur Verfügung. Weitere Möglichkeiten zum gegenseitigen Erfahrungsaustausch bieten PIMS-Konferenzen sowie Seminarveranstaltungen. Zweitens werden diverse Spezialberichte veröffentlicht, die sich auf spezifische Branchen oder Betriebstypen beziehen. Drittens werden auf Wunsch individuelle Stärken-/Schwächenanalysen (PAR-Report) und Strategieempfehlungen für

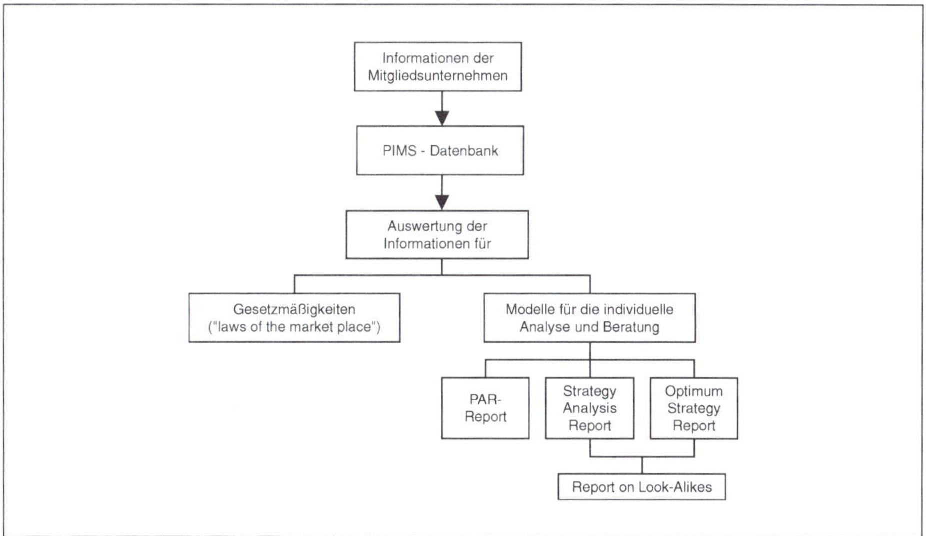

Abbildung 2.20: Das PIMS-Programm (nach Bea/Haas 1995, 106)

einzelne strategische Geschäftseinheiten (Strategy-Analysis-Report zur Prognose der Effekte geplanter Strategieänderungen auf den Erfolg, Optimum-Strategy-Report zur Konfigurierung einer Strategie mit maximalem ROI, Report on Look-Alikes zur Identifizierung ähnlich konfigurierter, erfolgreicherer Geschäftseinheiten in der Datenbank) erarbeitet.

Die Analyse führte zu **37 Faktoren**, die mit ROI und dem Cash Flow korrelieren (*Buzzell/ Gale* 1987). Besonders bedeutsam sind dabei:
- Marktanteile,
- das zur Wertschöpfung eingesetzte Vermögen,
- Produktivität per Beschäftigten und
- Qualität von Produkten und Dienstleistungen.

Vor allem ein hoher Marktanteil hat nach Ansicht der Autoren einen stark positiven Einfluß auf ROI und Cash Flow. Dies gilt sowohl für den absoluten als auch für den relativen Marktanteil, hier definiert als die Relation des eigenen Marktanteils zur Summe der drei größten Mitbewerber. Die Gründe für die positiven Einflüsse des relativen Marktanteils auf den Gewinn liegen vor allem in den Kostensenkungsmöglichkeiten bei steigenden Stückzahlen sowie der starken Position gegenüber Lieferanten.

Zusammengefaßt können als zentrale PIMS-Aussagen aufgeführt werden (vgl. *Buzzell/ Gale* 1987, 6-15):
- Langfristig ist der wichtigste Einflußfaktor auf den Erfolg einer Geschäftseinheit die relativ zu den Konkurrenten vorhandene Produkt- und Servicequalität.
- Marktanteil und Profitabilität sind stark voneinander abhängig.
- Eine hohe Investitionsintensität bewirkt einen Schub für die Profitabilität.
- Viele sogenannte Dog- und Question Mark-Geschäftsbereiche generieren Mittelzuflüsse, wohingegen viele Cash Cows als Geldquelle „vertrocknet“ sind.
- Vertikale Integration ist eine profitable Strategie für einige Geschäftsarten, für andere jedoch nicht.
- Die meisten der strategischen Faktoren, die den ROI erhöhen, tragen auch zur langfristigen Wertschöpfung bei.

Obwohl leicht übersehen, besteht die implizite **Kernaussage** von PIMS darin, daß nie einzelne Variablen, sondern nur die richtige Kombination einer ganzen Anzahl von Variablen den Erfolg ausmacht. Sicherlich trägt zu dieser Verwirrung auch die Analysetechnik (multiple Regression) bei, die additive Einzelwirkungen unterstellt. Die weitergehenden Aussagen, bis hin zum Report on Look-Alikes als Bericht über strategische Geschäftseinheiten mit ähnlicher Struktur, belegen aber, daß PIMS durchaus multiple Zusammenhänge unterstellt.

Unabhängig von der Popularität des PIMS-Ansatzes ergeben sich acht zentrale **Kritikpunkte** (vgl. *Scholz* 1987a, 184-185; *Meffert* 1994, 66-67):
- problemhafte Datenbasis wegen *mangelnder Repräsentativität* und der nicht immer gewährleisteten *Vergleichbarkeit* der erhobenen Rohdaten,

– die implizite Hypothese der *Betriebsgrößeninvarianz*, die sich beispielsweise durch lineare Transformation fast aller betrachteten Daten zeigt, jedoch bereits durch die PIMS-Daten selbst falsifiziert wird,
– Basierung auf einer *Linearitätsprämisse*, nach der jede Veränderung einer unabhängigen Variablen ceteris paribus einen proportionalen Einfluß auf die abhängige Variable wie den ROI hat,
– Problematik der Hypothese der *Brancheninvarianz*,
– mangelnde Aussagekraft der *Querschnittsanalyse*,
– Verstoß gegen die zumindest im deutschen Sprachraum übliche Wissenschaftsauffassung durch rein *induktives Vorgehen*,
– Bedingungen für aussagefähige Cross-Tabulationen wie die *Stichprobengröße* sind zumeist nicht erfüllt,
– diskutierbare *Planungsphilosophie* als Resultat, bei der aufgrund der Vergangenheitsorientierung eine gefährliche Pseudosicherheit entstehen kann.

Trotz der aufgeführten Kritikpunkte haben die PIMS-Studien jedoch in der Praxis eine außerordentliche Bedeutung zur Strukturierung strategischer Probleme und Falsifizierung intuitiv getroffener Entscheidungen erlangt (vgl. *Bea/Haas* 1995, 110) und werden in jüngster Vergangenheit gerade von europäischen Unternehmen zunehmend genutzt.

2.4.3.3 Konfigurationsansätze

Während die Aston-Studie die Konfiguration einer Organisation als deren Leistungsstruktur ansieht, betrachten die Konfigurationstheoretiker (z.B. *Miller* 1981; *Miller/Friesen* 1984; *Scholz* 1985; 1993a) Konfiguration als ein spezifisches **Muster** in organisatorischen Variablen. Damit ist „Konfiguration" eine Anzahl charakterisierender Eigenschaften einer ganzen Organisation, die voneinander abhängig sind und sich gegenseitig beeinflussen. Diese Eigenschaften beziehen sich sowohl auf die Organisationsstruktur als auch auf die Strategie und die Umwelt, in der sich eine Organisation befindet.

Konfigurationen sind multidimensional. Sie können sowohl empirisch – beispielsweise über Mustererkennung (vgl. z.B. *Scholz* 1987a, 77-82) – als auch konzeptionell entwickelt werden. Die Definition von Konfigurationen ist demnach zum einen auf der Basis theoretischer Überlegungen denkbar; empirische Konfigurationen dagegen sind das Ergebnis statistischer Analysen einer großen Grundgesamteinheit von Organisationen.

Konfigurationsansätze haben zwei **Zielobjekte**:

- Zum einen werden Untersuchungsobjekte mit dem Ziel zusammengefaßt, Konfigurationen als natürliche Merkmalszusammenstellungen zu lokalisieren. Derartige Zustandsmuster werden auch als *Archetypen* bezeichnet.
- Zum anderen interessiert gerade Forscher, die Organisationen als lebende Organismen betrachten, auch der dynamische Aspekt. Sie wollen also auch die Entwicklung von Or-

ganisationen im Zeitablauf erklären. Das Ergebnis sind dann Entwicklungsmuster, auch *Entwicklungspfade* genannt.

Sowohl Zustandsmuster als auch Entwicklungsmuster begründen ihre Existenz in der für lebende Organisationen typischen Tatsache, daß jeweils nur spezifische Kombinationen überlebensfähig sind.

2.4.3.3.1 Struktur und Umfeld: Mintzberg

Mintzberg (1979) entwickelt fünf Zustandsmuster, die von der einfachen Struktur bis zur Adhocratie reichen. *Mintzberg* charakterisiert jede der Konfigurationen unter den Aspekten der Struktur wie Aufgabenspezialisierung oder Formalisierung und des situativen Umfeldes wie Alter und Größe oder Machtstruktur (Übersicht 2.19).

Mintzberg geht bei seiner Arbeit nicht streng empirisch vor. Bei ihm stehen theoretische Überlegungen – angereichert durch praktische Erfahrungen – im Mittelpunkt. Trotzdem haben seine Konfigurationen die Organisationslehre geprägt, da sich einerseits das Stimmigkeitspostulat auf alle wesentlichen internen und externen Aspekte gleichzeitig bezieht, andererseits durch die Berücksichtigung von sowohl eher bürokratischen bis hin zu äußerst flexiblen Strukturen selbst die neueren Strukturen der Organisationslehre den Konfigurationen zumindest grob zuordnen lassen.

2.4.3.3.2 Erfolg und Mißerfolg: Miller und Friesen

Miller und *Friesen* (1984) verstehen unter **Konfiguration** die Zusammenfassung einer Anzahl charakterisierender Eigenschaften einer Organisation aus den Bereichen Strategie, Struktur und Umwelt, die voneinander abhängig sind und sich gegenseitig beeinflussen. Sie definieren Konfiguration inhaltlich über acht Merkmale (vgl. *Miller/Friesen* 1984, 4-8):

- Konfigurationen sind komplexe Muster in Form von Elementen- oder Variablen-Clustern.
- Konfigurationen können sowohl empirisch als auch konzeptionell entwickelt werden.
- Es gibt zwei Haupttypen von Konfigurationen: Die elementaren Konfigurationen umfassen miteinander in Beziehung stehende Elemente in ihren Konstellationen, die relationalen Konfigurationen werden durch die Art der Interaktion zwischen den Elementen charakterisiert.
- Jede Konfiguration sollte eine Vielzahl von Aspekten vieler Organisationen charakterisieren.
- Die Klassifikation von Organisationen anhand einiger Elemente muß deutliche Unterschiede zwischen den Elementen hervorbringen, die nicht zur Charakterisierung herangezogen werden.

	Einfache Struktur	Industrielle Bürokratie	Expertokratie	Divisionalisierung	Adhocratie
wichtigstes Koordinationsinstrument	direkte Überwachung	Arbeitsstandardisierung	Standardisierung von Fertigkeiten	Standardisierung des Outputs	gegenseitige Abstimmung
wichtigster Organisationsteil	strategische Führungsspitze	Technostruktur	operative Ebene	mittlere Ebene	Hilfsstab (plus operative Ebene in der „produktiven" Adhocratie)
Aufgabenspezialisierung	wenig Spezialisierung	starke horizontale und vertikale Spezialisierung	starke horizontale Spezialisierung	schwache horizontale und vertikale Spezialisierung (zwischen Division und Zentrale)	starke horizontale Spezialisierung
Formalisierung der Verhaltensweisen	wenig ausgeprägt	wenig ausgeprägt	wenig ausgeprägt	stark ausgeprägt	wenig ausgeprägt
bürokratisch/ organisch	organisch	bürokratisch	bürokratisch	(in den Divisionsbereichen) bürokratisch	organisch
Größe von Abteilungen	groß	groß in der unteren Ebene, sonst klein	groß in der unteren Ebene, sonst klein	groß auf oberster Ebene	insgesamt klein
Planungs- und Kontrollsysteme	wenig ausgeprägt	wenig ausgeprägt	ausgeprägt in der Verwaltung	wenig ausgeprägt	stark ausgeprägt
Dezentralisierung	Zentralisierung	begrenzte horizontale Dezentralisierung	horizontale und vertikale Dezentralisierung	begrenzte vertikale Dezentralisierung	selektive Dezentralisierung
Alter und Größe	normalerweise jung und klein	normalerweise alt und groß	unterschiedlich	normalerweise alt und sehr groß	normalerweise jung („produktive Adhocratie")
Umwelt	einfach und dynamisch, gelegentlich feindlich	einfach und stabil	komplex und stabil	relativ einfach und stabil; diversifizierte Märkte (vor allem Produkte und Dienstleistungen)	komplex und dynamisch; gelegentlich unvereinbar
Machtstruktur	Kontrolle durch oberste Ebene, oft durch den Eigentümer	technokratische und externe Kontrolle	Kontrolle durch Professionals	Kontrolle durch mittlere Ebene	Kontrolle durch Experten

Übersicht 2.19: Charakteristika der fünf Konfigurationen (nach Mintzberg 1981, 17)

- Die Festlegung der Grenzen ist bei konzeptionell entwickelten Konfigurationen wegen der klaren Definitionen weniger problematisch als bei empirisch ermittelten Konfigurationen mit sich möglicherweise überschneidenden Clustern.
- Es gibt keine beste Kombination von Variablen oder Elementen, die zur Beschreibung aller Konfigurationen verwendet werden kann.
- Konfigurationen können Abteilungen, Divisionen, Unternehmen oder gar Netzwerke von Organisationen beschreiben.

Insgesamt wurden in der empirischen Studie 52 amerikanische Unternehmen untersucht. Hier erfolgte zunächst eine Trennung in erfolgreiche und nicht erfolgreiche Unternehmen.

Danach wurden in den beiden Untersuchungsgruppen fünf beziehungsweise vier **Archetypen** (Kerneigenschaften) herauskristallisiert (Übersicht 2.20). Die nicht erfolgreichen Archetypen sind das impulsive Unternehmen, die stagnierende Bürokratie, der kopflose Riese und der Neubeginner. Erfolgreiche Archetypen sind das dominante Unternehmen, der Riese unter Druck, das unternehmerische Konglomerat und der Nischen-Innovator. Beim adaptiven Unternehmen (Anpasser) werden durch Clusteraufspaltung zwei Unterformen gefunden: Die eine operiert in einem eher moderaten Umfeld, die andere unter extremer Umfeldherausforderung.

Archetyp	**Beziehung zur Umwelt**	**Strategie**	**Struktur**
impulsives Unternehmen	Selektion einer Umwelt durch Akquisitionen	Übertreibung, rasche Expansion	zentriert auf die Spitze, differenziert
stagnierende Bürokratie	Ignorieren der Umwelt	Ultra-Konservatismus	rigide, bürokratisch
kopfloser Riese	verschiedene Divisionen haben unterschiedliche Umweltbeziehungen	Durchwurstelei, Fokussierung auf das Tagesgeschäft	führungslos, diversifziert
Neubeginner	teilweise Anpassung	unsichere Veredelungsstrategie, Schwankung zwischen Bewahrung und Innovation	behelfsmäßig, im Wandel, funktional, zentralisiert
dominantes Unternehmen	Umwelt manipulieren, Wettbewerb dominieren	Extrapolation von Trends, Produkte aktuell, Serviceorientierung	hierarchisch, funktional
Riese unter Druck	anpassen, Wettbewerbern folgen	inkrementell, imitierend	dezentralisiert, divisionalisiert
unternehmerisches Konglomerat	Selektion einer Umwelt durch Diversifikation und Akquisitionen	Expansion	charismatisch, zentral, divisionalisiert
Nischen-Innovator	neue Umweltsegmente schaffen	Nischen schaffend, innovativ	gehirngesteuert, zentralisiert
Anpasser 1	anpassen, eigene Macht den Wettbewerbern ebenbürtig	anpassend	umsichtig, funktional
Anpasser 2	anpassen und herausfordernden Wettbewerb teilweise anführen	anspruchsvoll, analytisch, innovativ	organisch-kopfgesteuert, funktional

Übersicht 2.20: Ausgewählte Zusammenfassung der Archetypen von Miller und Friesen (1984, 102; 122)

Miller und *Friesen* (1984) haben sich aber nicht nur mit Zustandsmustern befaßt. Sie haben auch Entwicklungsmuster (Übersicht 2.21) lokalisiert. In ihrer Terminologie wurden diese definiert als „Taxonomie" organisatorischer Entwicklung, zu verstehen als Anzahl von Konfigurationen, die sich aus einer formalen Datenbasis ableiten und auf wiederholbaren, quantitativen Techniken beruhen.

	Beziehung zur Umwelt	Strategie	Struktur
unternehmerische Revitalisierung	schneller anpassen	Wiederbelebung	aufbauen
Konsolidierung	Breite reduzieren	Kürzungen, Abbau	Kommitees
zur Stagnation	beginnen zu ignorieren	abwarten und Tee trinken	aufbrechen
zur Zentralisation, Kühnheit und Selbstüberlassung	manipulieren	Expansion	überladen
Reife	langsamer anpassen	inkrementelle Anpassung	Professionalisierung
Störungssuche	Umwelt studieren	Problemanalyse	

Übersicht 2.21: Die Archetypen organisatorischer Entwicklung (nach Miller/Friesen 1984, 147-148)

Um Verallgemeinerungen zu ermöglichen, mußte eine große Anzahl von Organisationen untersucht werden. Hierzu wurden als Veröffentlichungen vorliegende Unternehmenshistorien analysiert, die einen Rückblick über mindestens 20 Jahre zuließen. Als Ergebnis klassifizierten *Miller* und *Friesen* die sechs Archetypen Entrepreneurial Revitalization (unternehmerische Revitalisierung), Consolidation (Konsolidierung), Toward Stagnation (zur Stagnation), Toward Centralization, Boldness and Abandon (zur Zentralisation, Kühnheit und Selbstüberlassung), Maturation (Reife) und Troubleshooting (Störungssuche).

Insgesamt wiesen *Miller* und *Friesen* nach, daß Konfigurationen im Hinblick auf verschiedene Unternehmenseigenschaften – nicht nur auf die hier dargestellten Segmente, sondern auch bezüglich Macht, Entscheidungsfindung oder Informationsprozessen – bestehen. In einer Reihe von Replikationsstudien (vgl. z.B. *Niemeier* 1986; *Bierfelder* 1986, 262) wurden ihre Hypothesen nicht falsifiziert.

2.4.3.3.3 Branchenentwicklung: Scholz

Die exakten Werte zur Beschreibung von Organisation, Strategie und Umwelt lassen sich meist nur schwer und vor allem selten in einer eindeutig vergleichbaren Form erheben. Aus diesem Grund wird auch versucht, das Verhalten von Organisationen im langfristigen Verlauf an finanziellen Kenngrößen abzulesen. Eine entsprechende Studie (vgl. *Scholz/Josephy* 1984; *Scholz* 1985) versucht, auf diesem Wege eine Hilfestellung für die strategische Branchenanalyse zu leisten, indem Muster sowohl in Querschnitts- als auch in Längsschnittanalysen gesucht werden.

Mittels Daten der COMPUSTAT-Datenbank von insgesamt 89 Unternehmen aus je zehn Jahren wurden drei US-amerikanische Branchen, nämlich Fluglinien, Computer und Bekleidung, untersucht. Bei den **Querschnittsmustern** sind wegen ihres interessanten Verlaufes besonders die Konfigurationen der Fluglinien interessant. Hier wurden vier Muster identifiziert (vgl. *Scholz* 1987a, 122):

- *Muster A* repräsentiert Unternehmen mit einem relativ niedrigen Aktivitätsniveau, das sich in geringem Umsatz, geringen Ausgaben und geringen Investitionen zeigt.

- *Muster B* signalisiert höhere Investitionen und damit verbunden eine Zunahme der langfristigen Verschuldung.
- *Muster C* hebt sich deutlich von den beiden vorhergehenden Mustern ab: Trotz höheren Aktivitätsniveaus werden niedrigere Neuinvestitionen getätigt, dafür aber in relativ hohem Umfang Dividenden gezahlt.
- Bei *Muster D* erreicht das Aktivitätsniveau hinsichtlich Umsatz und Ausgaben einen Höchststand. Ferner zeichnet sich Muster D durch ein hohes Investitionsniveau aus.

Weiterhin konnte für die Fluglinienbranche ein eindeutig linearer Entwicklungspfad A-B-C-D als überlebensfördernd ausgemacht werden (Übersicht 2.22).

Nr.	COMPUSTAT Nummer und Name	1	2	3	4	5	6	7	8	9	10
1	011 662 Alaska Airlines Inc.	A	A	A	B	B	A	A	D	D	D
2	023 771 American Airlines Inc.	A	A	A	A	A	A	A	D	D	D
3	105 425 Braniff International Corp.	A	B	B	C	C	C	C	D	D	D
4	210 795 Continental Airlines Inc.	A	B	B	B	B	A	C	C	D	D
5	247 361 Delta Airlines Inc.	C	C	C	C	C	C	D	D	D	D
6	276 191 Eastern Airlines	A	B	B	A	A	A	A	D	D	D
7	419 848 Hawaiian Airlines Inc.	A	A	A	A	C	B	C	D	D	D
8	667 281 Northwest Airlines Inc.	C	C	C	C	C	C	C	C	C	D
9	692 515 Ozark Airlines inc.	A	A	A	C	A	C	D	D	D	D
10	693 602 PSA Inc.	A	A	A	B	A	A	A	B	D	D
11	698 057 Pan American World Airways	A	A	A	A	A	A	A	A	A	D
12	720 101 Piedmont Aviation Inc.	A	A	A	A	A	A	A	D	D	D
13	760 274 Republic Airlines	A	A	B	C	C	C	C	C	D	D
14	886 735 Tiger International	B	B	B	B	B	B	B	D	D	D
15	902 550 UAL Inc.	A	B	A	C	C	C	C	D	C	D
16	911 546 USAIR Inc.	A	A	A	A	A	A	A	D	D	D
17	957 586 Western Airlines Inc.	A	B	C	C	D	D	D	D	D	D
18	981 423 World Airways Inc.	B	A	A	B	A	A	A	B	B	B

Übersicht 2.22: Stadiendiagramm für Branche „Luftverkehr" (nach Scholz 1987a, 123)

Unterstellt man eine Gültigkeit dieser Befunde über den Beobachtungszeitraum hinaus, so ergeben sich zwei **Implikationen** für die Strategieformulierung:

- die frühzeitige Vorbereitung auf das letzte Stadium des Entwicklungspfades und
- die kontinuierliche Verlagerung der Akzente mit möglichst geringer Zahl von Musterwechseln aufgrund der Branchendynamik.

Wie noch zu zeigen sein wird, steht dies im Widerspruch zu dem Quantum-Modell (Abschnitt 2.4.3.3.4; z.B. *Miller/Friesen* 1984) und ist mehr mit evolutionären Modellen verträglich.

Allerdings spielte hier auch die **Branche** eine wichtige Rolle für die Wahrscheinlichkeiten, daß mit der Belegung eines Musters ein Musterwechsel erfolgt (Abbildung 2.21): So gab es in der Luftverkehrsbranche eine klare Konvergenz. In der Bekleidungsbranche konnten dagegen keine konvergierenden Entwicklungen oder dominanten Übergänge lokalisiert werden. Vielmehr traten hier in einer Branche zwei zyklische Modelle ohne jegliche Konvergenz auf. Die Computerbranche wiederum hatte im Gegensatz dazu für den Untersuchungszeitraum zwei linerare Modelle mit geringerem Konvergenzverhalten.

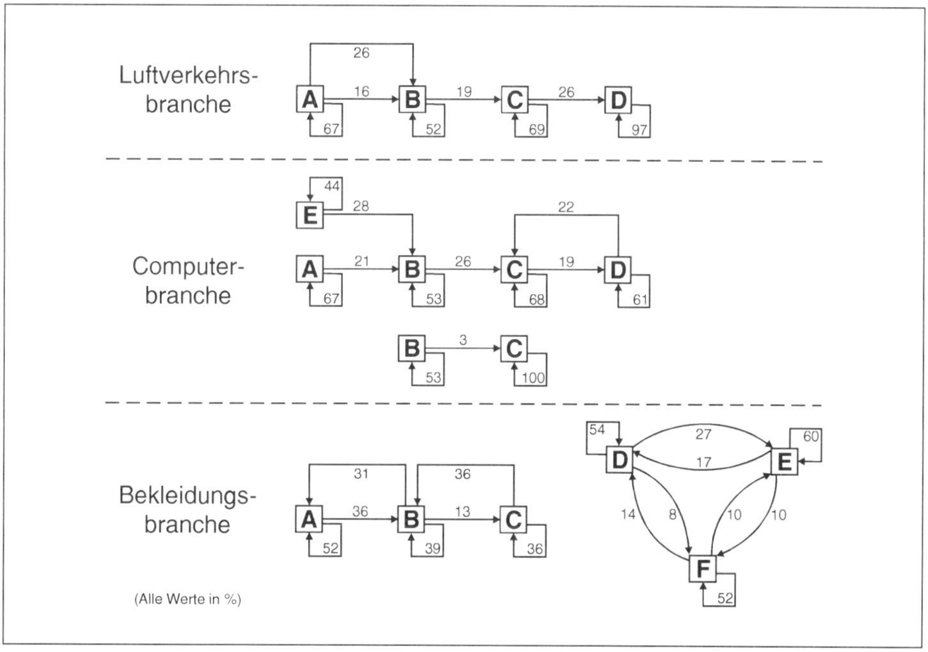

Abbildung 2.21: Branchenspezifische Querschnitts- und Längsschnittmuster (nach Scholz 1985, 128+130+134)

2.4.3.3.4 Das Quantum-Modell: Miller und Friesen

> *It may be useful for many structural variables to increase or decrease together. Concerted quantum-change, at least across categories of variables, seems to be more highly associated with success than its piecemeal change, (. . .) it may be useful for structural variables to increase or decrease dramatically and quickly. Incremental structural change was less likely to be undertaken by high-performing firms. (Miller/Friesen 1984, 245)*

Das Denken in Konfigurationen als Querschnittsmuster bedeutet Existenz von spezifischen, langfristig überlebensfähigen Merkmalskombinationen. Entwicklungspfade dagegen besagen, daß es klar definierte Wege zwischen diesen Konfigurationen gibt. Impliziert der Weg zwischen den Konfigurationen sprunghafte Veränderungen, so ist die Grundidee des Quantum-Modells erreicht.

Gibt es beispielsweise die Querschnittsmuster A,B,C,D, so könnte ein lokalisierter Entwicklungspfad „A-C-D-B" lauten. Wie aber verläuft der Übergang von A zu C? Hierzu gibt es zwei Möglichkeiten: Entweder entwickeln sich die Variablen stetig, ändert sich also beispielsweise der Zentralisationsgrad graduell von 2 in Muster A (über 2,01 ... 3,99) auf 4 in Muster B. Oder aber es erfolgt ein Quantensprung direkt von 2 auf 4.

Miller und *Friesen* (1984) unterstellen ihrem Quantum-Modell die schlagartige Änderung. Der Begriff „Quantum" spiegelt dabei die Vorstellung wider, daß sich die Entwicklung von Organisationen im Zeitablauf nicht in Form eines evolutionären Prozesses durch stetige und kontinuierliche Anpassungen der Struktur an geänderte Umweltbedingungen vollzieht. Vielmehr drückt das Quantum-Modell die Vorstellung aus, daß Adaptionen in Schüben (Quantensprüngen) ablaufen.

Quantum-Wechsel bezeichnet zum einen das Gegenteil von stückweiser Änderung, also eine Anzahl von *gleichzeitig* vollzogenen Wechseln struktureller Elemente unabhängig davon, ob die Änderungen groß oder klein sind. Zum anderen ist mit Quantum-Wechsel die *abgestimmte* Adaption gemeint, das heißt, die vollzogenen Anpassungen sind voneinander abhängig und werden in Relation zueinander vollzogen. Der Begriff Quantum-Wechsel deckt also die Dimension der Abhängigkeit der strukturellen Elemente untereinander während des Wechsels ab; die Größe der Schritte während des Wechsels wird durch den Begriff des dramatischen Wechsels beschrieben. Der Oberbegriff für beides ist revolutionärer Wechsel.

Organisationen müssen gemäß dem Quantum-Modell zwischen den Elementen ihrer Struktur eine (nach der in der *Strategischen Organisation* gewählten Terminologie) „Stimmigkeit" erreichen. Das bedeutet, daß sich die Technologie, die Verteilung von Autorität, Differenzierung und Integration sowie die Kontrollspannen komplementär verhalten müssen. Die Strukturelemente werden als voneinander abhängig angesehen und müssen folglich zu funktionierenden Konfigurationen kombiniert werden, um den organisatorischen Erfolg zu maximieren. Daraus folgt, daß die Elemente nicht unabhängig voneinander geändert werden dürfen, will man nicht kostspielige Unausgewogenheiten verursachen.

Damit stehen Organisationen vor einem **Zielkonflikt**:

- Auf der einen Seite müssen Organisationen die *Stimmigkeit zwischen ihren internen Komponenten* sicherstellen und aus diesem Grund durchaus versuchen, eine einmal gefundene Stimmigkeit möglichst lange beizubehalten.
- Auf der anderen Seite ist eine *Stimmigkeit zur Umwelt* erforderlich. Fehlt diese, hat dies ebenfalls negative Konsequenzen. Danach müßten sich Organisationen laufend anpassen.

Das Ergebnis zur Lösung dieses Problems sind die Anpassungssprünge. Sobald die Synchronisierung mit der Umwelt nicht mehr gegeben ist, sei es durch graduelle oder plötzliche Umweltänderungen, erscheint eine kurze Periode mit grundlegendem Wandel angebracht, so daß die Stabilität in der Organisation wiederhergestellt wird. Sind die langfristig prognostizierten Kosten einer falschen Passung zur Umwelt (C_1) dagegen geringer als die Kosten, die entstehen, wenn komplementäre Beziehungen zwischen den Strukturelementen zerstört werden beziehungsweise nicht erhalten bleiben (C_2), so wird die vorhandene Struktur nicht geändert und lediglich innerhalb ihrer Grundorientierung perfektioniert. Den Zusammenhang dieser Anpassungsverzögerung (Adaptive Lag) als Folge der Kostenverläufe veranschaulicht Abbildung 2.22.

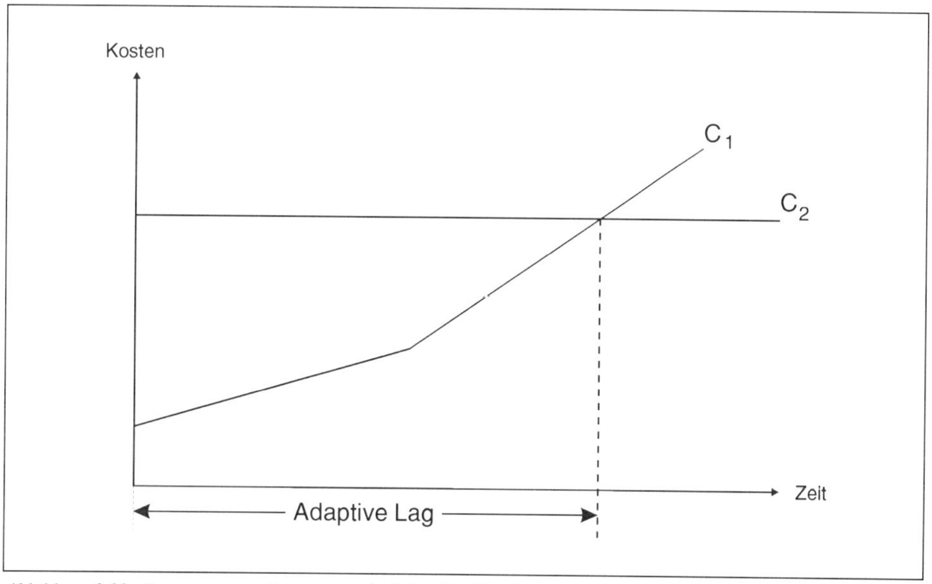

Abbildung 2.22: Anpassungsverzögerungen als Folge der Kostenverläufe (nach Miller/Friesen 1984, 215)

Das Ergebnis der **empirischen Untersuchungen** von *Miller* und *Friesen* stützt tendenziell diese Aussagen. Die Forscher definierten vier Klassen von strukturellen Variablen, nämlich Unsicherheitsreduktion, Differenzierung, Integration sowie Variablen der Schnittmenge der drei erstgenannten Bereiche, etwa Kapitalbudgetierung oder langfristige Planungssysteme. Sie fanden heraus, daß für viele strukturelle Variablen eine gemeinsame Änderung sinnvoll sein kann; aufeinander abgestimmte Quantum-Wechsel zwischen Kategorien von Variablen scheinen mit mehr Erfolg verbunden zu sein als ein stückweiser Wechsel. Zudem scheint eine dramatische und schnelle Adaption sinnvoll, da inkrementaler struktureller Wechsel einen vergleichsweise geringeren Bezug zum Erfolg hat.

In der **Kritik** wird angeführt, daß die Fokussierung auf den Quantum-Wechsel dazu führt, daß die Vorteile des evolutionären Wechsels nicht mehr zum Tragen kommen: die Vermeidung der schwierigen Wahl adäquater Methoden zur sprungartigen Implementierung neuer Strukturen, die Zerlegung von Problemen in überschaubare Fragmente, die ihrerseits weniger Planungsaufwand erfordern, sowie die Vermeidung der einen einzigen (Veränderungs-)Entscheidung sind von existenzieller Bedeutung für die Organisation. Inkrementale Schritte erlauben der Organisation, von früheren Handlungsweisen zu lernen und das in der Vergangenheit erfolgreiche Handeln als Leitfaden für die Zukunft zu nutzen. Aktuelle Probleme und Zwänge haben die Betroffenen direkt vor Augen. Demgemäß verursachen daraus resultierende kleine strukturelle Änderungen voraussichtlich weniger Dissonanzen und Konflikte. Zudem sind Einzelmaßnahmen einfacher zu revidieren, billiger und bei weitem nicht so eine große Störung im täglichen Leben der Organisation.

Für den Fall, daß sich organisatorischer Wechsel tatsächlich stückweise vollzieht, variieren die Elemente der Struktur voneinander losgelöst und unabhängig. Ihre Ausprägungen ändern sich, indem sie von einem Zustand zufällig zu irgendeinem anderen gelangen. Die Anzahl der möglichen Zustände würde somit ein Ausmaß erreichen, welches die Bildung vorhersagbarer, empirisch getesteter Konfigurationen nach Ansicht von *Miller* und *Friesen* (1984, 202) unmöglich machte. Andererseits, wenn Organisationen innerhalb ihrer Konfiguration über einen längeren Zeitraum verharren und dann in einem Quantensprung zu einer anderen Konfiguration wechseln, bleibt die begrenzte Anzahl gemeinsamer Konfigurationen bestehen.

2.4.4 Stimmigkeitsautomatik: Die Vision als Leitsystem

> *In den meisten Unternehmen besitzen die Mitarbeiter keine über die unmittelbare Leistung ihrer Einheit hinausreichende gemeinsame Zielvorstellung. Da man ihren Bemühungen keine Richtung gegeben hat, empfinden sie keine Verantwortung für die Wettbewerbsfähigkeit des Unternehmens. Kaum einer von ihnen wird dieses zusätzliche Stück Weges auf sich nehmen, solange sie nicht wissen, in welche Richtung es geht. (Hamel/Prahalad 1995, 205)*

Allen oben skizzierten Ansätzen ist gemeinsam, daß sie explizit die Stimmigkeit zwischen mehreren Variablen analysieren, um dann durch eine entsprechende Ausgestaltung der Variablen die Stimmigkeit sicherzustellen. Eine Gruppe anderer Autoren verzichtet auf einen expliziten Abgleich der einzelnen Komponenten und versucht stattdessen, die strategische **Stimmigkeit als Ganzes** über eine prägende Zielvariable zu beeinflussen. Oder wie es bereits *Hofer* (1978, 13) formulierte, der gleichgerichtete Strategiekomponenten verlangt, wobei dieser Zustand in seinem „functional policy vector diagram" an den Richtungen der als Vektoren symbolisierten Strategiekomponenten erkennbar ist.

Ähnliches gilt für den bekannten **7-S-Ansatz** von *McKinsey*, in dem
- *strategy* als angestrebtes Aktionsbündel,
- *structure* als Aufbauorganisation,
- *systems* als Ablauforganisation,
- *style* als Führungsverhalten,

– *staff* als Mitarbeiterstamm,
– *shared values* als gemeinsames Zielverständnis, sowie
– *skills* als Fähigkeitspotential der Organisation

abgestimmt werden (vgl. *Waterman/Peters/Phillips* 1980). Eine zufriedenstellende Abstimmung soll dann erreicht sein, wenn diese sieben S-Elemente „wie sieben Kompaßnadeln in die gleiche Richtung zeigen" (*Waterman* 1982, 72). Gesucht ist also jetzt der Magnet, der in die gewünschte Zukunft zielt.

Als ein möglicher „Magnet" gilt die Organisationskultur (vgl. Kapitel 5): Sie vermittelt ein gemeinsam geteiltes Verständnis von Normen und Werten, ist damit durchaus handlungsleitend. Das erfolgreiche Funktionieren der Organisationskultur setzt hierbei allerdings eine Stimmigkeit zwischen Kultur und Strategie voraus; das Problem ist in Teilen lediglich verlagert.

Eine weitere Variante ist der Rückgriff auf die **Vision** der Organisation, wie sie manchmal bei Neugründungen vorliegt oder in Form eines anspornenden Traumes als „strategische Intention" (*Hamel/Prahalad* 1995, 204) bezeichnet wird und sowohl richtungsgebend als auch integrierend in die Entdeckung neuer Aktivitätsfelder und identitätsbestimmend wirkt. Allerdings dürften diese Steuerungswirkungen der Vision in der Praxis angesichts des allseits konstatierten Visionsdefizits eher die Ausnahme als die Regel darstellen; daraus ergibt sich unmittelbar die Forderung nach konsequenterem Einsatz solcher Soft Facts zur Erlangung und Unterstützung strategischer Stimmigkeit.

2.4.5 Konsequenz: Das Prinzip der strategischen Stimmigkeit

In den vorangegangenen Abschnitten wurde eine Systematik entwickelt, die konkretisierende Aussagen zu den Inhalten strategischer Stimmigkeit macht. Offen bleibt die Frage, ob immer *alle* Komponenten aufeinander abgestimmt werden müssen. Diese Frage ist in zwei Fällen zu verneinen:

- Eine *ökonomisch vertretbare Unstimmigkeit* bleibt unkorrigiert, wenn der Aufwand der Korrekturmaßnahme größer ist als der realisierbare Nutzen oder vermeidbare Schaden.
- Eine *intendierte Unstimmigkeit* ist beizubehalten, solange sie der System- oder Strategieimplementation dient. So erleichtert ein als krasse Unstimmigkeit empfundener Zustand den organisatorischen Wandel, wenn er zum „Auftauen" nach *Lewin* (1947, 34-35) der bisherigen Organisation führt und dadurch deren Veränderbarkeit fördert.

Das Prinzip der strategischen Stimmigkeit ist somit bis auf Ausnahmesituationen sowohl bei der Systemgestaltung und Strategieformulierung eine wichtige Orientierungshilfe als auch bei der System- und Strategieimplementation eine Hilfe zur Lokalisierung dysfunktionaler Verbindungen.

Prinzip der strategischen Stimmigkeit
Eine vitale Organisation verlangt die Herstellung einer strategischen Stimmigkeit. „Strategische Stimmigkeit“ bedeutet die inhaltlich konsistente Ausrichtung der strategischen Komponenten untereinander sowie zu System und Umwelt. Zulässig sind lediglich ökonomisch vertretbare oder intendierte Unstimmigkeiten.

Die strategische Stimmigkeit darf für unabhängige strategische Organisationseinheiten jeweils isoliert aufgebaut werden; für abhängige Organisationseinheiten hängt die Verbundenheit beim Aufbau der strategischen Stimmigkeit von dem Grad der Verflechtung der strategischen Geschäftseinheiten ab.

2.5 Zusammenfassung

In diesem Kapitel wurden als Basis für die *Strategische Organisation* die Grundlagen einer strategischen Grundausrichtung präsentiert, um die Zielorientierung und Zielerreichung der Organisation sicherzustellen. Die vier abgeleiteten Prinzipien zum strategischen Verhalten, zur strategischen Effektivität, zu den strategischen Kräften sowie zur strategischen Stimmigkeit tragen zunächst dazu bei, deskriptiv-erklärend die Gründe für erfolgreiches oder erfolgloses Organisationsverhalten aufzudecken. Darüber hinaus dienen sie als präskriptive Handlungsmaximen zur Erreichung langfristigen Erfolges der Organisation.

Dies spiegelt die zugrundeliegende These der *Strategischen Organisation* wider: In den Prinzipien werden notwendige Bedingungen herauskristallisiert, deren Erfüllung die langfristige Überlebenswahrscheinlichkeit und damit die Vitalität der Organisation erhöht. Sie stellen ihrerseits den Ausgangspunkt für die Gestaltung der weiteren Perspektiven der Organisation dar, beispielsweise der strukturellen Perspektive.

2.6 Vertiefungsfragen

1. Suchen Sie in aktuellen Managementzeitschriften (z.B. *Business Week, Fortune, manager magazin*) nach pragmatisch-deskriptiven Aussagen zum strategischen Verhalten.
2. Mit „Whistle-Blowing“ wird in der Literatur die Enthüllung illegaler, unmoralischer oder illegitimer Praktiken im Verantwortungsbereich einer Organisation durch frühere oder gegenwärtige Organisationsmitglieder gegenüber Personen oder anderen Organisationen, die Handlungen bewirken können, bezeichnet (vgl. *Near/Miceli* 1995). Diskutieren Sie die Effektivität eines Whistle-Blowing.
3. Charakterisieren Sie die Stakeholder einer Universität nach Zielen, Macht, Risiko und Relevanz.

4. Wann und warum scheitern Organisationen darin, die Relevanz der externen Umwelt zu erkennen? Suchen Sie ein Beispiel für eine Organisation, die vor diesem Problem steht, und diskutieren Sie die Folgen.
5. Welche Gründe gibt es für eine Organisation, eine *late mover*-Strategie zu verfolgen?
6. Diskutieren Sie, ob es ethisch oder unethisch ist, als *second mover* die Aktionen der *first mover* zu imitieren.
7. Sie möchten für Ihre Organisation den Lernerfolg eines vor zwei Jahren initiierten „Aktionsprogramms Organisatorisches Lernen" evaluieren und die Lernstrategien für die kommenden zwei Jahre festlegen. Das zentrale Controlling versorgt Sie mit allen benötigten Unternehmensdaten. Erläutern Sie Ihre Vorgehensweise unter Verwendung der Portfolio-Methode.
8. Waren die Aston-Studien ursprünglich deskriptiv, präskriptiv oder normativ ausgerichtet?
9. Diskutieren Sie die jeweiligen Vor- und Nachteile der deduktiven und der induktiven Vorgehensweise bei der empirischen Organisationsforschung. Welche Vorgehensweise würden Sie bevorzugen?
10. Stellen Sie eine Verbindung der Idee des Quantum-Modells mit emergenten Strategien her.
11. Welche strategischen Barrieren werden durch das legendäre „HP-Frühstück" errichtet?

3 Die mechanische Organisation

Wir arbeiten in Strukturen von gestern mit Methoden von heute an Problemen von morgen vorwiegend mit Menschen, die Strukturen von gestern gebaut haben und das Morgen innerhalb der Organisation nicht mehr erleben werden. (Bleicher 1993, 23)

Jeder Organismus hat eine physikalische Basis, deren Mechanik sein Funktionieren sicherstellt. Die „mechanische Organisation“ in Kapitel 3 befaßt sich in Analogie zur menschlichen Natur mit „Skelett und Muskeln der Organisation“. Diese Analogie hat in der Organisationslehre eine lange Tradition: Bereits *Burns* und *Stalker* (1961) verwenden für Organisationen den Begriff der mechanischen Managementsysteme, um sie von organischen Systemen abzugrenzen. Für die mechanische Organisation existieren drei aufeinander aufbauende Perspektiven, die den in Kapitel 1 präsentierten Ebenen 1 bis 3 der Hierarchie von *Boulding* (1956) entsprechen: Bezugsrahmen, Uhrwerke und Regelkreise.

3.1 Bezugsrahmen: Das Ordnungsraster

Das Industriemodell beruht auf einem mechanistischen Wirklichkeitsmodell. Es kombiniert die newtonsche Physik, welche die Welt als Mechanismus versteht, mit dem Bild von einem descartes'schen Menschen, der durch seinen rationalen Verstand außerhalb der physischen Welt steht und sie daher kontrolliert und beherrscht. Das ist die Grundlage unserer traditionellen Betriebswirtschaftslehre. (Lutz 1993, 36)

Denken und Handeln in Bezugsrahmen impliziert Klassifizieren und Gestalten von Strukturen. Ein beachtlicher Teil der Organisationslehre befaßt sich mit dieser Fragestellung, die sich sowohl auf die Grobstruktur als auch auf die Feinstruktur bezieht. Darin zeigt sich das permanente Bestreben, Systeme zu ordnen und in definierte Strukturen zu bringen.

3.1.1 Die theoretische Perspektive: Strukturelle Grundformen

Die Notwendigkeit der Koordination in arbeitsteiligen Entscheidungssystemen begründet eine entscheidungslogisch geprägte Grundstruktur, die unabhängig von ihrer materiellen Erscheinungsform im konkreten Einzelfall generell gültig ist. (Frese 1995, 170)

In der Organisationsliteratur (vgl. z.B. *Kieser/Kubicek* 1992; *Schulte-Zurhausen* 1995) findet man häufig eine differenzierte Analyse struktureller Grundformen nach Kriterien wie Spezialisierung, Koordination, Konfiguration oder Formalisierung. Die Vorgehensweise der *Strategischen Organisation* konzentriert sich dagegen auf **zwei Ansatzpunkte** (Übersicht 3.1):

- Die Strukturierung des *Realsystems* resultiert in einer nach Funktionen beziehungsweise Objekten eingeteilten Organisation, die eine Arbeitsteilung widerspiegelt. Hilfsmittel dazu sind hier insbesondere die Aktivitäten, die als Hauptaufgabe der traditionellen Organisation in der Praxis gelten, das „Kästchenmalen" oder Erstellen von Organigrammen.
- Die Strukturierung des *Weisungssystems* resultiert in der Organisation der entsprechenden Befugnisse. Die Kästchen der Organigramme werden hierbei durch Informationsbeziehungen ergänzt.

Generell lassen sich alle Ausprägungen der Strukturierung des Realsystems mit denen der Strukturierung des Weisungssystems kombinieren, allerdings existieren auch Kombinationen wie etwa eine Matrix-Struktur mit Einlinien-Weisungsbeziehungen, die je nach betrachteter Hierarchieebene wenig stimmig sind und in der Praxis nicht angetroffen werden.

Strukturierung des Realsystems	**Strukturierung des Weisungssystems**
Eindimensional: funktionale und divisionale Struktur Mehrdimensional: Matrix-Struktur Übergeordnet: Holding-Struktur	Einlinien-Struktur Stab-Linien-Struktur Mehrlinien-Struktur Netzwerk-Struktur

Übersicht 3.1: Strukturelle Grundformen

Einige Ausprägungen wie die Matrix-Struktur innerhalb der Realsystem-Strukturierung oder die Netzwerke innerhalb der Weisungssystem-Strukturierung weisen Charakteristika beider Ansatzpunkte auf. Eine eindeutige Abgrenzung und Zuordnung erscheint hier nicht möglich, aber auch nicht sinnvoll, wenn man die generell zunehmende Verwischung organisationaler Grenzen und Auflösung idealtypischer Formen in Betracht zieht.

3.1.1.1 Strukturierung des Realsystems

Innerhalb der Strukturierung des Realsystems der Organisation stehen gemäß dem Kriterium der **Spezialisierung** Strukturen mit einer oder mehreren Gliederungsdimensionen zur Auswahl:

– eindimensionale Strukturen beziehen sich auf Funktionen (Beschaffung, Produktion, Vertrieb) oder auf Objekte (Regionen, Kundensegmente, Produkte),
– mehrdimensionale Strukturen auf entsprechende Kombinationen aus Funktionen und Objekten.

Beide sind in der Praxis anzutreffen und werden nachfolgend betrachtet.

3.1.1.1.1 Eindimensional: funktionale und divisionale Struktur

Die Charakterisierung eindimensionaler Strukturen (vgl. Abbildung 3.1) richtet sich nach den Gliederungsdimensionen auf den Leitungsebenen der Organisation. Gerade dieser Grundsatzentscheidung wird in der Praxis ein erhebliches Gewicht beigemessen. So gerät die Frage „divisional oder funktional?“ häufig zu einer kontrovers diskutierten Streitfrage, da Vertreter der mechanischen Organisationsperspektive diesem Bezugsrahmen extreme Steuerungs- und Motivationseffekte zusprechen. Das Organigramm als graphische Visualisierung der Organisationsstruktur signalisiert durch seine primäre Gliederungsdimension, für wie bedeutsam die Rollen der unterschiedlichsten Aktivitäten angesehen werden. Zudem leiten sich aus dieser Aufbauorganisation eine Vielzahl von Nachfolgeentscheidungen von Kompetenzregelungen bis hin zur Planungssystematik ab.

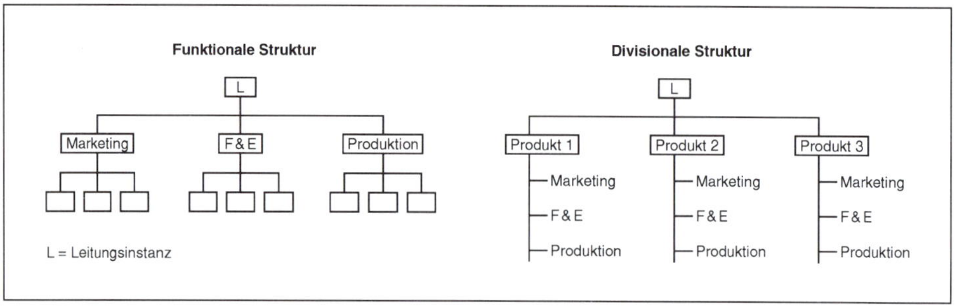

Abbildung 3.1: Eindimensionale Strukturen

Bei der **funktionalen** Organisationsstruktur ist die direkt der obersten Leitungsinstanz nachgeordnete Hierarchieebene verrichtungsorientiert nach Aktivitäten wie Beschaffung, Produktion und Absatz gegliedert. Die funktionale Struktur weist spezifische Stärken und Schwächen auf (vgl. z.B. *Bühner* 1991, 110-112; *Frese* 1995, 337-354): Funktionale Strukturen haben den *Vorteil*, durch die Arbeitsteilung Spezialisierungs- und Größenvorteile ausnutzen zu können. So können für ein homogenes Leistungsprogramm durch eine organisationsweite Beschaffung günstigere Konditionen ausgehandelt werden als bei separaten Beschaffungsaktivitäten dezentraler Einheiten; ein betrieblicher Funktionsbereich „Absatz“ kann Vertriebswege rationalisieren. Diesem entscheidenden Vorteil der Ressourceneffizienz stehen potentielle *Nachteile* in der Prozeßeffizienz entgegen, beispielsweise wenn wegen der langen Kommunikationslinien „quer“ durch die gesamte Organisation die Distanz zwischen Absatz und Produktion zu groß wird. Dies ist einer Serviceorientierung der Organisation abträglich. Außerdem können die funktionalen Einheiten nur sehr schwer isoliert in unabhängige Profit Center überführt werden, da Effizienzmaximierungen einzelner Bereiche häufig zu Lasten des Gesamtsystems erfolgen. Dies stabilisiert tendenziell eine zentrale Gesamtsteuerung, was kein Nachteil sein muß, wenn wegen der Homogenität des Leistungsprogramms und der geringen Dynamik des Marktes insgesamt von der Funktionalität einer stabilen und konstanten

Struktur ausgangen werden kann. Bei zunehmender Betriebsgröße, bei starker Dynamik des Marktes und bei einem sehr heterogenen Leistungsprogramm stößt die Funktionalorganisation allerdings an ihre Grenzen.

Alternativ bieten sich **divisionale** Organisationsstrukturen als objektorientierte Formen an (vgl. z.B. *Bühner* 1991, 124-145; *Frese* 1995, 354-390):

- Bei der *Produktspartenorganisation* bestehen als Gliederungsdimension auf der obersten Hierarchieebene unabhängige Dimensionen für die einzelnen Produkte oder Produktgruppen.
- Die *Regionalorganisation* differenziert die Substrukturen nach geographischen Bereichen und bietet sich vor allem für solche internationalen Konzerne an, die sich nach dem Prinzip „think global, act local" an die lokalen Herausforderungen ihrer ausländischen Standorte anpassen wollen.
- Eine Strukturierung der Geschäftsbereiche nach *Kundengruppe*n soll eine ganzheitliche Ausrichtung der Aktivitäten auf die jeweiligen Kunden sicherstellen, damit im Hinblick auf eine maximale Kundenorientierung und ein minimales „time-to-market" die Organisation eine entsprechende Bündelung der Kräfte realisiert. In diesem Zusammenhang ist der Key-Account-Manager der ständige Betreuer eines Kunden beziehungsweise einer Kundengruppe.

Die *Vor- und Nachteile* der divisionalen Organisationsstruktur ergeben sich spiegelbildlich zu denen der funktionalen Organisationsstruktur, wobei speziell die Gefahren des Synergieverlustes und der Mehrfacharbeit ins Gewicht fallen.

3.1.1.1.2 Mehrdimensional: Matrix-Struktur

> *For those business organizations who need a matrix and use it fully, it represents a sharp break with earlier business organization forms. To borrow a biological analogy, matrix represents a new species of business organization, not merely a variant of an existing type. (Davis/ Lawrence 1977, 203)*

Wenn aufgrund der realen Gegebenheiten eine Entscheidung für nur eine Gliederungsdimension nicht gelingt, liegt das Kombinieren von Dimensionen zu einer mehrdimensionalen Organisationsstruktur nahe. Die Matrix-Struktur (vgl. *Davis/Lawrence* 1977; *Reber/Strehl* 1988; *Scholz* 1992b; *Frese* 1995, 201-210) nimmt diese Kombination vor. Geht man von einer funktionalen Vertikalgliederung aus, so gibt es je nach zu integrierenden **Objekten**

– die Matrix-*Projekt*-Struktur und
– die Matrix-*Produkt*-Struktur.

Grundsätzlich ist auch die horizontale Gliederung nach Regionen möglich; eine weitere Möglichkeit ist die Kombination aus Produkt und Region. Bei Kombination von drei Objekten wird von einer Tensor-Struktur gesprochen, die noch komplexere Probleme als die Matrix-Struktur aufwirft.

Matrix-Struktur bedeutet nicht zwingend Gleichberechtigung zwischen beiden Dimensionen. Vielmehr existieren unterschiedliche Möglichkeiten der **Machtverteilung** innerhalb der Matrix (Abbildung 3.2):

- Beim *Influence-Management* verfügt die Matrixinstanz, das heißt die horizontal abgetragene Gliederungsdimension, nur über geringe Weisungsbefugnisse und Ressourcen.
- Bei der *Task Force* erhält dagegen die Matrixinstanz durch mehr Befugnisse und höhere Verantwortung eindeutig Vorrang vor der (vertikal abgetragenen) Linieninstanz.
- Nur bei gleichrangiger Berücksichtigung beider Dimensionen liegt eine *echte Matrixorganisation* vor.

Die Matrix-Struktur kann auf Dauer oder zeitlich befristet eingeführt werden. Zudem läßt sie sich auf der *Grob-* und/oder *Feinstrukturebene* (Abteilungsniveau) sowohl als institutionalisierte als auch als informelle Matrix realisieren.

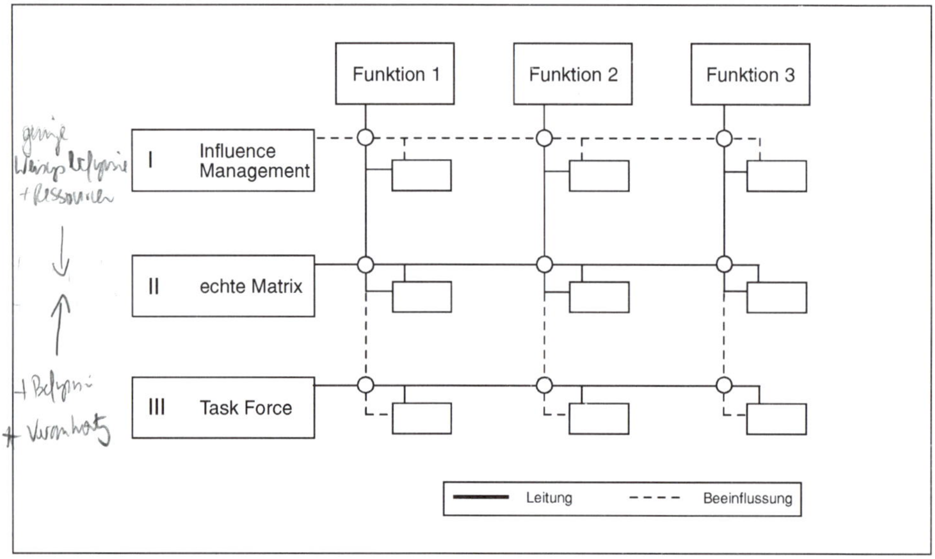

Abbildung 3.2: Weisungsbefugnisse in Matrix-Strukturen

Bereits Ende der siebziger Jahre befaßten sich eine Vielzahl von Autoren mit den **Einsatzbedingungen** für Matrix-Strukturen. So verlangen *Davis* und *Lawrence* (1977, 18-21) als zentrale Voraussetzungen für eine Matrixorganisation das Vorhandensein

– zweier essentieller Gliederungsdimensionen,
– einer komplexen Aufgabe und
– des Zwanges zur gemeinsamen Nutzung von Ressourcen.

Hinzu kommen als prozedurale Bedingungen (vgl. *Knight* 1976)

– eine exakte Definition der organisatorischen Rollen,
– eine konsequente Modifikation der Organisationskultur durch Maßnahmen der Organisationsentwicklung,

– stringente Richtlinien zum Verhalten in der Matrix sowie
– Unterstützung durch entsprechende Kontroll-, Beurteilungs- und Belohnungssysteme.

Generell wird die Matrix-Struktur somit bei einer hohen Bedeutung von Leistungsprogramm, Märkten oder Umwelt empfohlen, wenn diese Einflußfaktoren zusätzlich hohe Komplexität, hohe Umweltdynamik sowie hohe Indeterminiertheit und hohe Interdependenzen aufweisen (vgl. *Leumann* 1980, 125).

Eine Schlüsselrolle in der Matrixorganisation kommt der Organisationskultur als implizites Bewußtsein einer Organisation zu. Dieses Bewußtsein ergibt sich aus dem praktizierten Verhalten der Organisationsmitglieder und steuert umgekehrt als kollektive Programmierung deren Verhalten (vgl. Kapitel 5). Das „Funktionieren der Matrix" setzt eine spezielle Denkhaltung der Mitarbeiter voraus, da unklare Ausgestaltungen von Matrixsystemen durch organisationskulturell determinierte Verhaltensregeln kompensiert werden können.

Bereits in älteren Arbeiten zur Matrix-Struktur finden sich erste Hinweise darauf, daß diese Organisationsform zu gravierenden Problemen führen kann. So beschreiben *Davis* und *Lawrence* (1977) neun spezifische **Matrixpathologien**:

– Streben nach einer Verschiebung des Kraftgleichgewichts bei beiden Dimensionen (*Machtkampf*),
– undurchschaubare Führungsbeziehungen, wodurch Matrixzellen außer Kontrolle geraten können (*Anarchie*),
– Verwechslung der Matrixidee mit Zwang zur permanenten Gruppenentscheidung (*Gruppenfetischismus*),
– Abbau von Matrixbeziehungen bei wirtschaftlichen Krisen, wenn man hofft, die Schlagkraft durch Einlinienstrukturen zu verbessern (*Druckirresistenz*),
– explosionsartige Vergrößerung der Managementebene (*Verwaltungswasserkopf*)
– bei großem Abstimmungsbedarf und geringer Kompromißbereitschaft ineffizientes Entscheidungsverhalten (*Beschlußunfähigkeit*),
– bei Fehlen einer klaren Grundkonzeption Verschwinden der ursprünglichen Matrixidee zugunsten eines Einliniensystems (*Versickerung*),
– undurchschaubare Strukturen durch Matrixnachahmung auf tieferen Ebenen (*Verschachtelung*),
– Überbetonung interner Kommunikation und Vernachlässigung des externen Marktbezugs (*Nabelschau*).

Matrixpathologien sind nicht alleine durch mechanische Organisationskonzepte bewältigbar: Erst eine Ergänzung zum Beispiel durch kulturelle Organisationskonzepte (Kapitel 5) kann hier Abhilfe schaffen. Insgesamt überrascht es daher nicht, wenn der Vergleich zwischen Vor- und Nachteilen der Matrix-Struktur (*Scholz* 1992b, 1308) zu einem äußerst uneinheitlichen Bild führt und damit auch eine Einführung der Matrix-Struktur zu einem komplexen Problem wird (Abbildung 3.3).

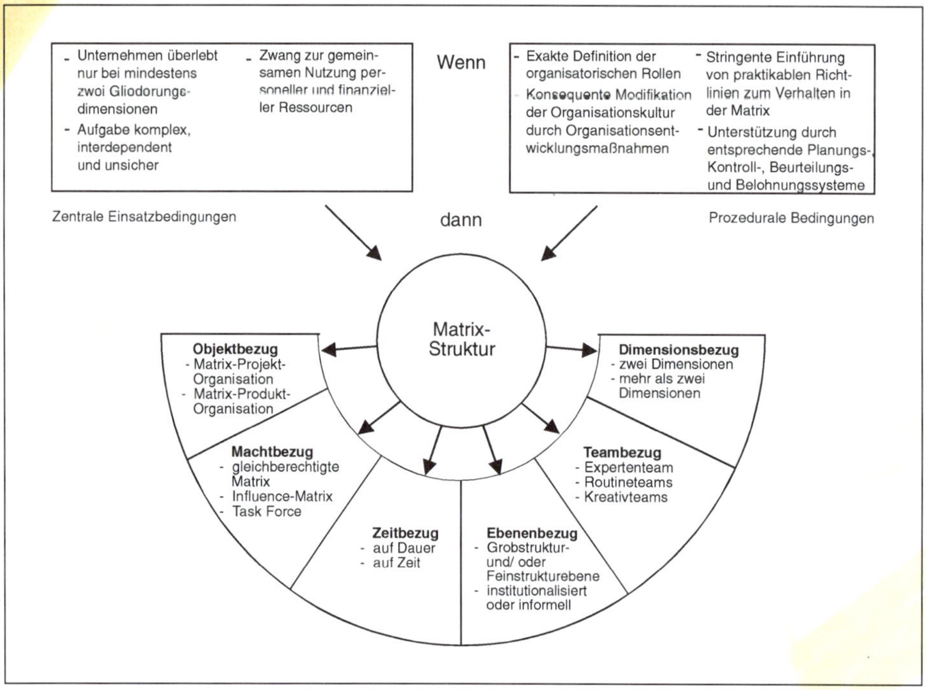

Abbildung 3.3: Das Matrix-Struktur-Konzept (nach Scholz 1993b, 684)

Anfang der siebziger Jahre als fortschrittliches Konzept euphorisch propagiert und danach wegen systemimmanenter Probleme heftig kritisiert, könnte der Matrix-Struktur im Hinblick auf Flexibilität und Marktnähe erneut eine verstärkte Bedeutung zukommen. Dies setzt allerdings die Modifikation der ursprünglich verwaltungsmäßigen Realisation von Spezialisierung und Koordination hin zu dezentraler Autonomie und flexiblem „Matrix-Denken" voraus.

3.1.1.1.3 Übergeordnet: Holding-Struktur

Eine aggregierte Form einer mehrdimensionalen Struktur wird durch die Holding-Struktur abgebildet. Die Holding als Dachgesellschaft eines Konzerns (vgl. *Schulte-Zurhausen* 1995, 238) wird durch
- mehrere selbständige Unternehmen,
- eine einheitliche Leitung,
- ihre ökonomisch-organisatorische Einheit sowie
- eine einheitliche Konzernstrategie

charaktierisiert. Einer Holding beziehungsweise Gruppen- oder Konzernführung unterstehen Sparten, Gesellschaften, Diversifikationsbereiche oder Beteiligungen. Ist ein Geschäftsbereich einer Unternehmensleitung direkt unterstellt, spricht man von einem

Stammhauskonzern, im Fall einer ausschließlichen Zuordnung von Geschäftsfeldern zu den Subunternehmen von einem Holding-Konzern (vgl. *Frese* 1995, 524-526).

Im Gegensatz zu einer **Finanzholding** mit dem Ziel der effizienten Finanzanlage, die ihren Gesellschaften eine vollständige Entscheidungsautonomie einräumt, ist die **Management-Holding** (vgl. *Bühner* 1987) bestrebt, Synergien, Flexibilitäts- und Innovationspotentiale innerhalb des Beteiligungskonglomerates zu realisieren. Nach Ausmaß der konkreten Beeinflussung der Geschäfte der Tochtergesellschaften kann eine strategische und eine operative Holding unterschieden werden.

Während *Vorteile* der Holding-Struktur in der Förderung des „Unternehmergeistes" (Intrapreneurship) sowie in der klaren Regelung von Verantwortung und Kompetenz liegen, bestehen *Nachteile* neben den generellen Problemen einer divisionalen Organisationsstruktur in dem Aufwand für die rechtliche Selbständigkeit der Beteiligungen (vgl. *Schulte-Zurhausen* 1995, 245).

Problematisch sind vor allem die Koordinationsprobleme in Holding-Strukturen: Die Beteiligungen sind aufgrund ihrer rechtlichen Selbständigkeit bestrebt und bei den gegebenen dezentralen Entscheidungsstrukturen in der Lage, sich gegen Einflüsse aus der Zentrale zu wehren (vgl. *Kieser/Kubicek* 1992, 246). Die Zentrale, die sich häufig auf die Einflußnahme bei der Besetzung wichtiger Managementpositionen in der Beteiligung beschränkt und ansonsten die Konkurrenz unter den Tochtergesellschaften als ausreichende Koordination ansieht, strebt im Laufe der Zeit jedoch meistens die Nutzung von Rationalisierungspotentialen und Synergieeffekten im Konzern an. Das Resultat ist bei anhaltenden Problemen die Umwandlung der Holding-Struktur in eine divisionale Struktur. Mit einer großzahligen Studie für den deutschsprachigen Bereich haben dies beispielsweise *Dyas* und *Thanheiser* (1976, 67-75) gezeigt.

3.1.1.2 Strukturierung des Weisungssystems

Das Weisungssystem in Organisationen kann unterschiedlich gestaltet werden, was sowohl die Verantwortlichkeiten für Entscheidungen als auch die Zentralisierung der Entscheidungen widerspiegelt. Einlinien-Strukturen sind zentral ausgerichtet, Mehrlinien-Strukturen dezentral, Netzwerk-Strukturen föderalistisch.

3.1.1.2.1 Einlinien-Struktur: Reinform und Stab-Linien-Struktur

> *Pour une action quelconque, un agent ne doit recevoir des ordres que d'un seul chef. (Fayol 1956, 25)*

Einlinien-Stukturen (Abbildung 3.4) gehen von der „Einheitlichkeit der Auftragserteilung" aus, einem Prinzip, das *Fayol* 1916 als „unité de commandement" neben 13 ver-

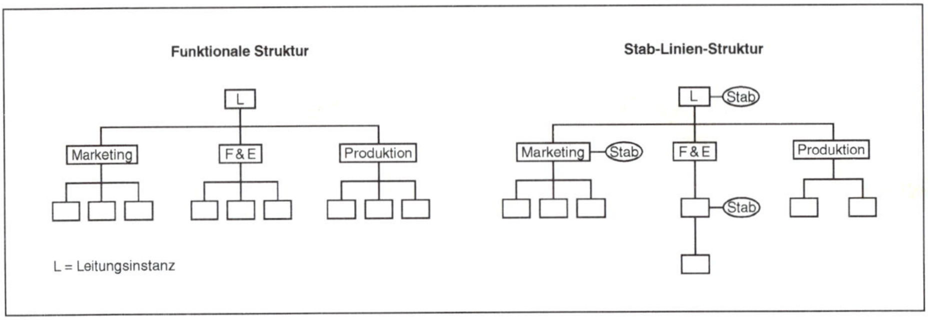

Abbildung 3.4: Einlinien- und Stab-Linien-Struktur

schiedenen anderen Verwaltungsprinzipien formulierte (vgl. *Fayol* 1956, 25-27). Mitarbeiter sind in der Reinform der Einlinien-Struktur jeweils nur einem einzigen Vorgesetzten zugeordnet, der ihnen Weisungen erteilen darf.

Als modifizierte Einlinienstruktur kann die **Stab-Linien-Struktur** angesehen werden. Hier sind Stäbe als Expertenteams (mit der Aufgabe der Entscheidungsvorbereitung ohne Weisungsbefugnis) in funktionalen oder divisionalen Strukturen eingebunden. Sie dienen dazu, die Entscheidungsprozesse zu unterstützen. Obwohl sie weder direkte Weisungsbefugnisse noch Entscheidungsbefugnisse über eine andere als ihre eigene Ressourcenverwendung erhalten, können Stäbe durch ihre Möglichkeiten der Informationsselektion wesentlich Entscheidungen in Organisationen beeinflussen.

3.1.1.2.2 Mehrlinien-Struktur

> *Diese Leute, die als Agenten oder Vertreter des Arbeitsbureaus handeln, sind alle erfahrene Lehrer, die ihre ganze Zeit in der Werkstätte zubringen und den Arbeitern jederzeit helfen und sie in jeder Weise anleiten. Da jeder von ihnen auf Grund seines Wissens und seiner persönlichen Geschicklichkeit in seinem Fach auserwählt wurde, kann er nicht nur dem Arbeiter sagen, was er zu tun hat, sondern im Notfall ihnen die Arbeit auch selbst zeigen. (Taylor 1913, 132)*

Mehrlinien-Strukturen (Abbildung 3.5) lassen sich auf das **Funktionsmeisterprinzip** von *Taylor* (1913, 132-137) zurückführen: Hierbei sind Mitarbeiter nicht genau einer Führungskraft unterstellt, sondern in Abhängigkeit von der jeweils auszuführenden Aufgabe unterschiedlichen Personen.

Vorteile sind darin zu sehen, daß sich die Führungskräfte aufgrund ihrer Funktionsteilung spezialisieren und dadurch eine hohe Problemlösekapazität erreichen können; darüber hinaus können sich die Mitarbeiter auf dem kürzesten Weg Informationen beschaffen und Weisungen entgegennehmen. *Nachteile* liegen in der Gefahr von Konflikten, die aus

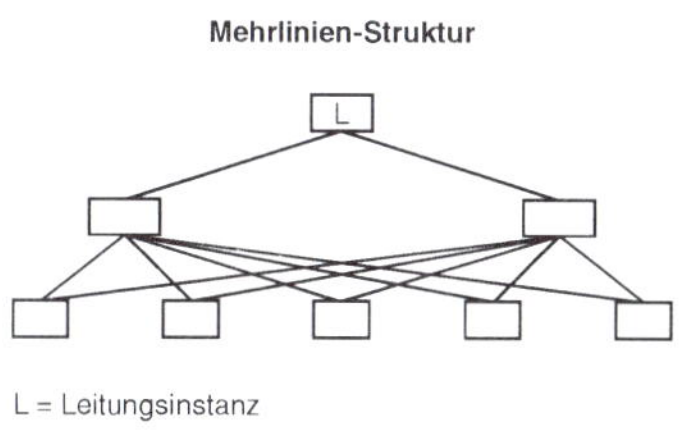

Abbildung 3.5: Mehrlinien-Struktur

der Mehrfachunterstellung resultieren und als widersprüchliche Weisungen, sachliche und Kompetenzkonflikte der Führungskräfte und problematische Fehlerzurechenbarkeit zu konkretisieren sind (vgl. *Schulte-Zurhausen* 1995, 214). Darüber hinaus besteht ein tendenziell höherer Bedarf an Leitungskräften als bei Einlinien-Strukturen.

3.1.1.2.3 Netzwerk-Struktur

> *Die neue Struktur beruhte auf zunehmend spezialisierten, weltweiten Einheiten, die in ein Netz von Aktivitäten integriert waren. Auf diese Weise konnten sie (die Unternehmen) ihre multidimensionalen strategischen Ziele (Effizienz, Marktnähe und Innovation) gleichzeitig verfolgen. Die Besonderheiten dieser Struktur machen ihre Stärke aus: die Streuung der Anlagen, die Spezialisierung der Aktivitäten und die Interdependenz der Beziehungen. (Bartlett/Ghoshal 1990, 118)*

Beginnen sich zentral oder dezentral ausgerichtete Führungsbeziehungen aufzulösen, entsteht ein Übergang zur Netzwerkorganisation (vgl. *Sydow* 1992; *Nohria/Eccles* 1992a; *Birchall/Lyons* 1995, 66-99). Diese zeichnet sich durch ihren föderalistischen Grundcharakter aus.

Die **intraorganisatorische Netzwerk-Struktur** ist dadurch gekennzeichnet, daß die Netzwerkknoten relativ autonom operieren und die Kommunikation vorrangig auf der Ebene dieser Netzwerkknoten abläuft (vgl. *Sydow* 1992, 2). Netzwerk-Strukturen verzichten weitgehend auf Hierarchisierung, um auf diese Weise Flexibilität und Reaktionsgeschwindigkeit sicherzustellen.

Als strukturelles Grundmuster setzt die Netzwerk-Struktur eine erhebliche Unsicherheitstoleranz bei den Mitarbeitern voraus. Sie dürfte sich daher insbesondere für hochkomplexe Aufgaben und den Einsatz von Spezialisten in einem hochdynamischen Umfeld eignen.

Netzwerk-Strukturen werden zunehmend im internationalen Bereich propagiert, um auf diese Weise eine noch stärkere Marktorientierung im globalen Wettbewerb zu realisieren: Die Eingriffe der Zentrale werden dabei minimiert und die autonomen Entwicklungsmöglichkeiten der Netzwerkeinheiten maximiert. Eine gegenwärtig als zukunftsweisend angesehene Realisationsform für derartige Netzwerk-Strukturen beschreiben *Bartlett* und *Ghoshal* (1986; 1990): Dieses **integrierte Netzwerkmodell** besteht aus von der Zentrale weitgehend unabhängigen Auslandsniederlassungen, die fast als isolierte Einzelbeteiligungen angesehen werden. Sie sollen der Strategie der Qualitäts- oder Kostenführerschaft auf ihren jeweiligen Märkten folgen. Die Einheiten können und sollen zwar autonom operieren, ihre Aktivitäten müssen aber dennoch zu einem Gesamtoptimum im Netzwerk führen. Hierzu dienen vier Leitlinien:

- Die Zentrale setzt strategische *Impulse*, um zumindest die wichtigsten Richtungsentscheidungen bezüglich organisatorischer Strukturen und Prozesse vorzugeben.
- Zwischen den unabhängigen Einheiten findet ein extrem intensiver *Austausch* von Technologie, Kapital und vor allem von Mitarbeitern und Informationen statt.
- Die Einheiten verfügen über breit gestreute, spezialisierte Ressourcen. Sie stehen in einem regen *Wettbewerb* untereinander, da sie jeweils spezifische Kernkompetenzen entwickeln wollen, um dadurch eine entsprechende Führungsrolle im Netzwerk spielen zu dürfen (*Lead-country-Konzept*).
- In einem Umfeld gemeinschaftlicher Entscheidungsfindung finden komplexe Kooperations- und Koordinationsprozesse statt.

In dieser Struktur sind nationale Geschäftseinheiten mehr als nur das letzte Glied in der Wertschöpfungskette und reine Ausführungsorgane. Sie sind vielmehr mitspracheberechtigte Quellen von Kompetenz. Abbildung 3.6 zeigt die graphische Darstellung für das integrierte Netzwerkmodell, wobei sich darin allerdings die Lead-country-Idee nicht widerspiegelt.

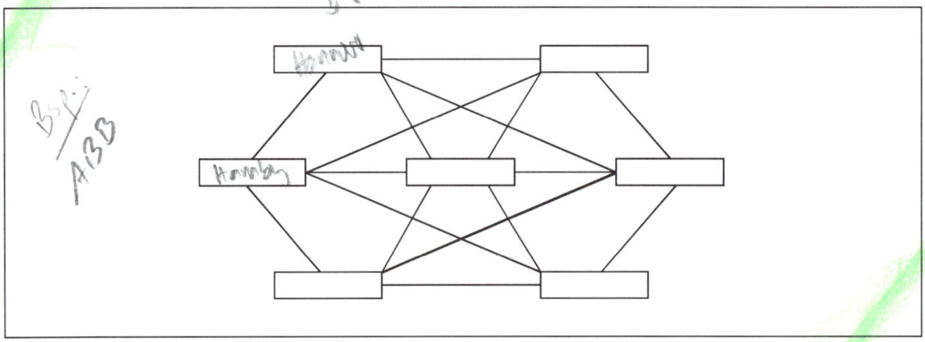

Abbildung 3.6: Integriertes Netzwerk (nach Bartlett/Ghoshal 1990, 119)

Auch wenn die integrierte Netzwerk-Struktur primär für internationale Organisationen vorgeschlagen wird, lassen sich ihre konzeptionellen Ideen auch für **nationale Organisationen** adaptieren. Der Unterschied zur Holding-Struktur liegt dann vor allem in der fehlenden rechtlichen Selbständigkeit der Netzwerkeinheiten.

Snow, Miles und *Coleman* (1992, 6) sehen die Netzwerk-Struktur als logische Folge der für den Wettbewerb des 21. Jahrhunderts notwendigen Anpassungen bezüglich

- der globalen Suche nach Chancen und Ressourcen,
- der Maximierung der Erträge aller mit einer Geschäftseinheit verbundenen Ressourcen, egal, ob diese der eigenen Organisation oder einer anderen gehören,
- der Konzentration auf die Funktionen, für die Expertenkenntnisse vorhanden sind oder erworben werden können, sowie
- einem Outsourcing von Aktivitäten, die durch andere Organisationen schneller, effektiver oder billiger durchgeführt werden können.

Sie unterscheiden mit dem *internen*, *stabilen* und *dynamischen* Netzwerk drei Typen von Netzwerk-Strukturen (vgl. *Snow/Miles/Coleman* 1992, 11-14), die in der deutschen Terminologie einem konsequent am Markt ausgerichteten Profit Center, einer Wertschöpfungs-Partnerschaft sowie einer strategischen Allianz entsprechen.

Die Erweiterung ihres Konzeptes der Netzwerk-Struktur besteht in der **sphärischen Struktur** (*Miles/Snow* 1995), bei der kompetente, sich selbst steuernde Teams und Ressourcen – zur Metapher der Kugel passend – um eine gemeinsame Wissensbasis als Kern rotieren (Abbildung 3.7), anstatt in einer traditionellen hierarchischen Struktur einen festgelegten Platz einzunehmen. Von welcher Seite auch immer Probleme oder Chancen auftauchen, dem Initiator der Lösung steht durch die Rotation schnell der Vektor aller organisationalen Ressourcen zur Verfügung, indem betroffene Organisationsmitglieder der intelligenten und mit Entscheidungsbefugnissen versehenen Organisation die Bedürfnisse des Ini-

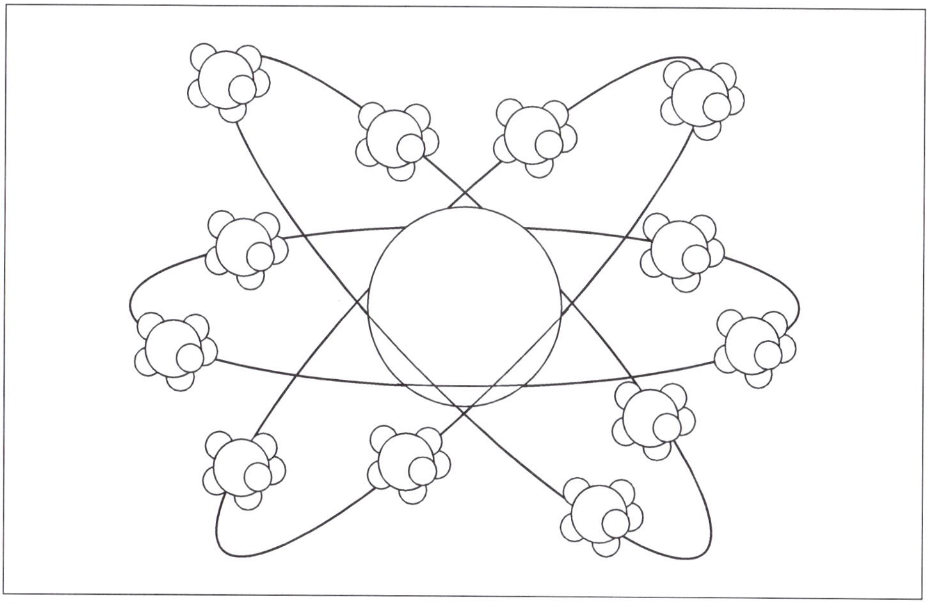

Abbildung 3.7: Sphärisches Netzwerk (nach Miles/Snow 1995, 6)

tiators in ihrem Bereich bedienen und jeweils verantwortlich für die Vollendung ihres Prozesses sind. Das *multifirm spherical network* aus mehreren solcher sphärisch strukturierten Netzwerken kommt von der Idee her dem virtuellen Verbundunternehmen (vgl. Kapitel 7.3.2) nahe.

Eine weitere Variante, um eine zunehmende Vernetzung zu realisieren, besteht in einer verstärkten Bildung von strategischen Allianzen als **interorganisatorische Netzwerk-Struktur**. *Sydow* (1992, 82) definiert strategische Netzwerke als einen Archetyp interorganisationaler Netzwerke über folgende Hauptmerkmale:

- komplex-reziproke, polyzentrische Struktur zwischen den Transaktionsformen Markt und Hierarchie,
- strategische Führung durch eine oder mehrere Organisationen,
- eher kooperative als kompetitive, relativ stabile Beziehung
- rechtlich selbständiger, aber wirtschaftlich zumeist abhängiger Organisationen
- mit dem Ziel der Erzielung von Wettbewerbsvorteilen
- und dem Fokus auf der Frage der strategischen Steuerbarkeit der Netzwerkorganisationen anstatt auf der Frage des Eigentums.

Interorganisationale Netzwerke in Form von strategischen Allianzen lassen sich beispielsweise über Kooperationen im Beschaffungs-, F&E- (Abbildung 3.8), Produktions- oder Distributionsbereich realisieren.

Die *Vorteile* einer strategischen Allianz sind die Möglichkeit eines selektiven, gezielten Einsatzes, Risikosenkung, Know-How-Transfer sowie Beeinflussung des Wettbewerbs

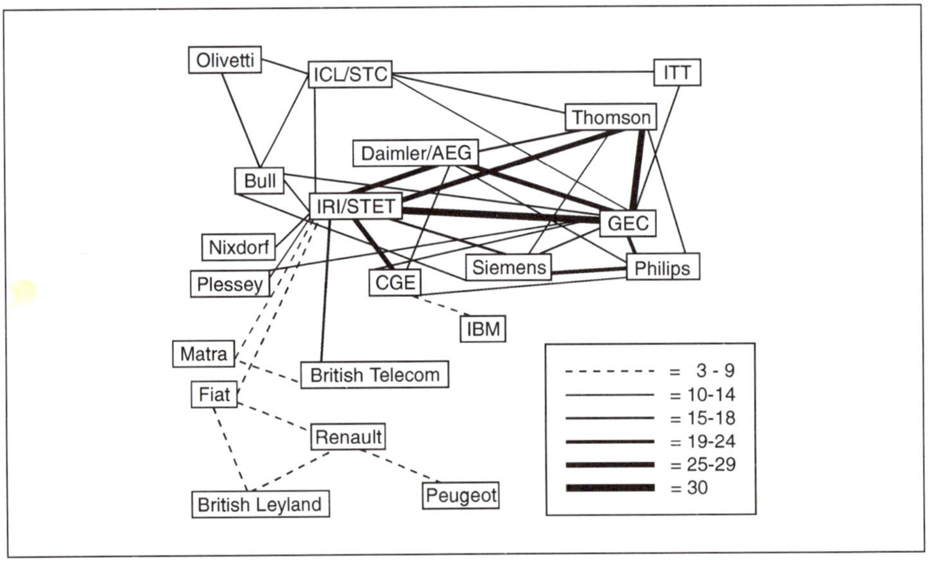

Abbildung 3.8: F&E-Kooperationen im Rahmen europäischer Forschungsprogramme als Beispiel interorganisationaler Netzwerke (nach Tulder/Junne 1988, 232)

(vgl. *Bühner* 1991, 159). *Problematisch* ist bei interorganisationalen Netzwerken die Notwendigkeit, unterschiedliche Kulturen und Strukturen der Partner zu vereinbaren. Der hohe organisatorische Aufwand, der bei der Entscheidung für ein interorganisationales Netzwerk, der Partnerauswahl und der Realisation entsteht, muß sich in Form entstehender Flexibilität auszahlen (vgl. *Gomez/Zimmermann* 1993, 188).

3.1.2 Die pragmatische Perspektive: Erweiterung formaler Organisationsstrukturen

> *Because of these frictions in the mutual adjustment of payments and demands, there is ordinarily a disparity between the resources available to the organization and the payments required to maintain the coalition. This difference between total resources and total necessary payments is what we have called* organizational slack. *Slack consists in payments to members of the coalition in excess of what is required to maintain the organization. Many interesting phenomena within the firm occur because slack is typically not zero. (Cyert/March 1963, 36)*

Die pragmatische (handlungsbezogene) Sicht einer Organisation führt dazu, sinnvoll erachtete Strukturformen zwar zu implementieren, jedoch nicht auf absoluter Einhaltung aller Regeln in der täglichen Handlungsumgebung zu bestehen, sondern von vornherein Flexibilitätsreserven einzubauen.

Das hierbei zugrundeliegende theoretische Konstrukt ist der „**organizational slack**" (*Cyert/March* 1963, 36-38): Aufgrund von Fehlallokationen von Ressourcen werden in Organisationen temporär oder langfristig Überschußreserven an Produktionsfaktoren aufgebaut. Diese im Grunde nicht tatsächlich benötigten Überschußreserven sind zunächst ein Indikator für Suboptimalität und stellen somit ein wichtiges Kostensenkungspotential dar. Der Nutzen organisationalen Slacks liegt jedoch in seiner stabilitätserhaltenden Funktion für die Organisation: Einerseits kann durch den Aufbau von Slack ein zu schnelles organisationales Wachstum abgepuffert werden, andererseits federt Slack die Folgen negativer Organisationsentwicklungen ab. Dadurch steigt die Flexibilität der Organisation insbesondere im Hinblick auf unsichere Umweltzustände.

3.1.2.1 Projektorganisation

Die Projektorganisation (vgl. *Krüger* 1987; *Grün* 1992) geht von einer bestehenden hierarchischen Struktur aus, die zur Bewältigung von innovativen oder komplexen Nicht-Routineaufgaben temporäre Arbeitsgruppen mit begrenzter Weisungsbefugnis einrichtet. Die Mitarbeiter in diesen Projektteams stammen aus allen für die Projektaufgabe relevanten Bereichen der Organisation und arbeiten hauptsächlich in dem Projektteam, um nach der Bewältigung der Aufgabe in ihre ursprüngliche oder eine neue Position der Hierarchie zurückzukehren (vgl. *Probst* 1992a, 243-258; *Staehle* 1994, 729-730).

Die Unterscheidung zu Ad-hoc-Gremien ergibt sich daraus, daß die Projektteam-Mitglieder einerseits während ihrer gesamten Arbeitszeit an der Projektaufgabe arbeiten, andererseits ein Projektteam über mehr Macht auf Basis von Information und Expertenwissen verfügt und in der Regel von der obersten Hierarchieebene eingesetzt wurde (vgl. *Staehle* 1994, 730).

3.1.2.2 Adhocratie

Die Adhocratie (vgl. *Mintzberg* 1979, 431-467) zeichnet sich dadurch aus, daß bei einer geringen Formalisation stark horizontal qualifizierte Mitarbeiter ihre Projekte relativ selbständig durchführen. Der operative Kern der Organisation ist isoliert vom Rest der Organisation, die ihrerseits keine Strategien vorgibt. Dadurch ist jeder Projektmanager gleichzeitig in den strategischen Gesamtprozeß eingebunden, dessen resultierende Strategie sich aus der Summe der Ad-hoc-Entscheidungen innerhalb der Projekte zusammensetzt.

Diese dezentralisierte Organisationsstruktur ist innovationsförderlich und wird daher beispielsweise in Werbeagenturen oder Raumfahrtunternehmen eingesetzt. Dem Vorteil der extremen Flexibilität steht die Gefahr der strategischen Uneinheitlichkeit und dadurch die Anfälligkeit für Einflüsse der externen Umwelt gegenüber. Daher findet man gerade junge Organisationen nach diesem Prinzip organisiert, wohingegen diese mit zunehmendem Alter dazu tendieren, Unsicherheiten mittels anderer Organisationsstrukturen abzupuffern (*Mintzberg* 1979, 455-458).

3.1.2.3 Parallelorganisation

Das dritte Konzept, das formale Organisationsstrukturen unter flexibilitätsorientierter Zielsetzung erweitert, ist die Parallelorganisation. Parallelorganisationen sind Organisationsstrukturen, die neben der hierarchisch-bürokratischen Grundstruktur für Routineaufgaben eine zweite Organisationsstruktur zur Lösung innovativer Nicht-Routineaufgaben vorsehen (vgl. *Staehle* 1991, 332). Das systemtheoretische Äquivalent ist die Heterarchie als bedarfsweise Umkehrung hierarchischer Strukturen (vgl. Abschnitt 4.4.2.2).

Werden für Parallelorganisationen auch synonyme Bezeichnungen wie beispielsweise collateral organization, parallel structures, dualistic structures, shadow structures oder parallel learning structures verwendet (vgl. *Bushe/Shani* 1991, 9), zeichnen sie sich durch übereinstimmende Merkmale aus (vgl. *Gaitanides/Wicher* 1986, 391-392; *Staehle* 1991, 332-334):

- *Ziel* ist es, die paradoxe Situation einer Organisation zu überwinden, die darin besteht, die Sicherstellung von Stabilität und Kontinuität gleichzeitig mit der Sicherstellung eines ständigen innovationsförderlichen Wandels der Organisation zu lösen. Dazu sollen durch die Parallelorganisation die innovativen Fähigkeiten der Organisationsmitglieder entwickelt werden und eine innovationsfördernde Revitalisierung der Stammorganisation erfolgen.

- *Aufgaben* sind die Bearbeitung schlecht strukturierter komplexer Probleme, Flexibilitätssteigerung der bestehenden Stammorganisation, Förderung innovativer Ideengenerierung sowie die Einleitung von Organisationsentwicklungs-Prozessen.
- *Methodische Konzepte* aus der Organisationsentwicklung sowie der Personalentwicklung kommen zum Einsatz.
- Die *strukturelle Verknüpfung* zwischen Stammorganisation und Parallelorganisation erfolgt nach dem Prinzip der losen Kopplung. Ein Steuerungskommitee koordiniert die hierarchiefreien Arbeitsgruppen der Parallelorganisation, die auf Dauer angelegt sind und sich während der Arbeitszeit treffen, aus Mitgliedern der Stammorganisation bestehen und jeweils von Organisationsentwicklungs-Beratern methodisch begleitet werden.

Das Konzept der Parallelorganisation unterscheidet sich von virtuellen Abteilungen (Kapitel 7) dadurch, daß die virtuellen Abteilungen die bestehende Stammorganisation schrittweise ersetzen, wohingegen die Parallelorganisation die Stammorganisation permanent ergänzt. Parallelorganisation kann somit jedoch auch als Zwischenstadium auf dem Weg zu virtuellen Abteilungen definiert werden.

3.1.3 Die empirische Perspektive: Strukturmuster in der Praxis

Organisationsstrukturen sind Mittel zum Zweck, entfalten also nur vor dem Hintergrund einer konkreten Strategie ihre eigentliche Wirkung. In diesem Rahmen muß daher über den empirisch beobachtbaren Zusammenhang zwischen Strategie und Struktur diskutiert werden.

3.1.3.1 Der Chandler-Ansatz

> *Strategic growth resulted from an awareness of the opportunities and needs – created by changing population, income, and technology – to employ existing or expanding resources more profitably. A new strategy required a new or at least refashioned structure if the enlarged enterprise was to be operated efficiently. The failure to respond to new external opportunities and needs, was a consequence of overconcentration on operational activities by the executives responsible for the destiny of their enterprises, or from their inability, because of past training and education and present position, to develop an entrepreneurial outlook. (Chandler 1962, 15-16)*

3.1.3.1.1 Structure follows strategy

Die historisch gesehen wichtigste Arbeit stammt von *Chandler* (1962), der basierend auf diversen Fallstudien aus den zwanziger Jahren den Übergang von der funktionalen zur divisionalen Organisation analysierte. *Chandler* stellte in seiner Dissertation zudem insofern einen Zusammenhang zwischen Organisationsstruktur und Strategie fest, als die Strukturänderung immer der Strategieänderung hinterherhinkt.

Alfred Dupont Chandler Jr.	*Geb. 1918* *Amerikanischer Wirtschaftshistoriker, 1971 bis 1989 Professor an der Harvard Business School.* *Hauptwerk: Strategy and Structure. Chapters in the History of the Industrial Enterprise (1962).*

Seine Arbeiten wurden dann sehr schnell auf die These „structure follows strategy" reduziert und in dieser Form zur zentralen Handlungsmaxime der pragmatisch-präskriptiven Strategien: Danach ergibt sich aus der Umwelt- und Wettbewerbsanalyse die optimale Strategie und daraus wiederum die optimale Organisationsstruktur.

> New York, 20. Februar (AP). Der Softwarehersteller Microsoft steht nach Informationen der „New York Times" vor einem grundlegenden Umbau der Unternehmensstruktur. Die Umstrukturierung soll dazu dienen, die Konzentration auf den interaktiven Computermarkt und das Geschäft mit Betriebssystemen und die weitere Entwicklung interaktiver Computertechnologie zu stärken. Dabei geht es vor allem um Computerprogramme für den Zugang zum Internet und Multimedia-Anwendungen im World Wide Web (WWW). In diesem Marktsegment ist der Softwarehersteller Netscape Communications derzeit Marktführer. Um den Aufholprozeß zu beschleunigen, soll Microsoft die Gründung einer eigenen Abteilung für interaktive Medien erwägen. (in: Frankfurter Allgemeine Zeitung, 21.02.1996, 23)

Auf der These „structure follows strategy" basieren insbesondere die Studien der empirischen Organisationsforschung, die unterstellen, daß die unternehmensexterne Umwelt als unabhängige Kontextvariable mehr die Strategie beeinflußt als umgekehrt und daß sich aus dieser direkten Beziehung die weiteren organisationalen Parameter bestimmen lassen. Dieses Vorgehen ermöglicht eine handhabbare Operationalisierung der überwiegend nicht in ihren multikausalen Zusammenhängen erforschten Beziehungsgeflechte organisatorischer Variablen. Letztlich müßten jedoch Kausalitätsuntersuchungen beispielsweise über LISREL-Verfahren angewendet werden, um diese Sachverhalte empirisch zu stützen.

3.1.3.1.2 Strategy follows structure

Dem „structure follows strategy"-Konzept widersprechen Forscher, die einem empirisch-deskriptiven Ansatz zur Strategieforschung folgen (vgl. *Hitt/Ireland/Hoskisson* 1995, 309-311): Nach ihrer Argumentation führt die bestehende Organisationsstruktur zu einer extremen Kanalisation der Informationsverarbeitung, wodurch im Kern nur relativ wenige strategische Optionen übrigbleiben. Es gilt also „strategy follows structure". Eine Reihe von Beispielen belegt diese These, etwa die Überzentralisation sowjetischer Unternehmen, die zum Zusammenbruch des gesamten Wirtschaftssystems beigetragen hat. Auch Dezentralisationen und Downsizing sind strukturelle Änderungen, die eher emergent und durch kurzfristigen Druck angeregt wurden und erst nachfolgend Implikationen für die Strategie zeigten.

Wie aber bereits in Kapitel 2 ausgeführt, muß sich eine erfolgreiche Organisation nicht zwingend für nur eine Vorgehensweise entscheiden: Statt des „entweder-oder" gilt das „sowohl-als auch" auch für das Erreichen von Stimmigkeit zwischen Strategie und Struktur.

3.1.3.2 Großzahlige Studien

In der Organisationsliteratur gibt es eine Vielzahl empirischer Studien, die sich insbesondere mit den situativen Einflußfaktoren auf Organisationsstrukturen befassen (vgl. *Kubicek/Welter* 1985). In Abschnitt 2.4.3 sind sie im wesentlichen referiert worden. Daher werden hier lediglich zwei empirische Studien dargestellt, die sich direkt auf das Vorhandensein von Organisationsstrukturen und Übergänge zwischen verschiedenen Strukturformen im Zeitablauf beziehen. Dies ist auch im internationalen Vergleich relevant, um gleichzeitig der Frage der Kulturabhängigkeit organisationsstruktureller Gegebenheiten nachzugehen.

3.1.3.2.1 Schritte zur divisionalen Struktur

Ein Beispiel, welches insbesondere die Situation von Organisationsstrukturen in Deutschland betrachtet, ist die Studie von *Dyas* und *Thanheiser* (1976): Sie untersuchten für den Zeitraum von 1950 bis 1970 anhand der 100 größten deutschen Unternehmen unter anderem, wie die Übergänge zu divisionalen Strukturen erfolgten. Interessanterweise fanden sie nicht den erwarteten direkten Übergang von der funktionalen zur divisionalen Struktur: Im Gegenteil wählten von 72 Unternehmen bis auf vier Unternehmen alle den Weg über eine Funktional-Holding-Struktur und/oder eine reine Holding-Struktur. Die Funktional-Holding-Struktur (vgl. *Dyas/Thanheiser* 1976, 119-123) zeichnet sich dadurch aus, daß neben der funktionalen Struktur in der Zentrale eine Reihe von Stäben und Komitees existiert, die Steuerungs-, Kontroll- und Koordinationsfunktionen bezüglich der Tochterunternehmen wahrnehmen.

Die geringe Quote an direkten Wechslern zur divisionalen Struktur läßt sich auf die Zusammensetzung des Samples zurückführen: Da die größten deutschen Unternehmen untersucht wurden, stand hier im Gegensatz zu kleinen und mittleren Unternehmen die Divisionalisierung mittels Übernahmen anderer Organisationen im Vordergrund, weniger jedoch die interne Divisionalisierung (vgl. *Kieser/Kubicek* 1992, 243-244).

3.1.3.2.2 International Organizational Observatory/European Business Analysis (IOO/EBA)-Studie

Das International Organizational Observatory (IOO) und die daran ansetzende European Business Analysis (EBA) bilden ein länderübergreifendes Forschungsprojekt, an dem von 1987 bis 1995 insgesamt sieben europäische Universitäten beteiligt waren: die ESSEC aus Paris, die Open University aus Milton Keynes, die Universita Bocconi aus Mailand, die Rijksuniversiteit Limburg aus Maastricht, die Universität Uppsala, die ESADE aus Barcelona sowie die Universität des Saarlandes in Saarbrücken. Die IOO-/EBA-Studie befaßt sich mit dem Managementumfeld europäischer Unternehmen und vermittelt so Einblicke in die Hintergründe strategischer Managemententscheidungen. Ziel ist es, mit aufeinander abgestimmten Erhebungsinstrumenten Organisationsstruktur, Strategie und Personalmanagement europäischer Industrieunternehmen zu analysieren (vgl. *Scholz* 1994a, 784-792).

1991 wurden europaweit Daten bei den größten ansässigen Industrieunternehmen erhoben. Mit Hilfe von Fragebogen und Interviews wurde umfassendes Datenmaterial zu den oben genannten Bereichen zusammengetragen und in eine internationale Unternehmensdatenbank eingestellt. In die nachfolgende Auswertung zur Organisationsstruktur gehen die Daten von in den Niederlanden 13, Großbritannien 24, Frankreich 7, Italien 107 und Deutschland 46 Unternehmen ein.

Die Häufigkeitsverteilung der Unternehmensstrukturen per Land zeigt, daß die eindimensionalen Strukturen in Europa dominieren, wogegen die Verbreitung von Matrix- und Holding-Struktur dahinter zurückbleibt (Übersicht 3.2). Deutschland und Großbritannien zeichnen sich dabei durch einen Vorsprung bei der divisionalen Organisationsstruktur vor der funktionalen aus.

	funktional	**divisional**	**Matrix**	**Holding**	**n**
Deutschland	14 (30,4 %)	24 (52,2 %)	6 (13,0 %)	2 (4,3 %)	46
Niederlande	10 (76,9 %)	–	3 (23,1 %)	–	13
Großbritannien	10 (41,7 %)	11 (45,8 %)	3 (12,5 %)	–	24
Frankreich	3 (42,9 %)	1 (14,3 %)	3 (42,9 %)	–	7
Italien	77 (72,0 %)	11 (10,3 %)	19 (17,8 %)	–	107
Summe	114	47	34	2	197

Übersicht 3.2: Verteilung von Unternehmensstrukturen in europäischen Ländern 1991 in der IOO-/EBA-Studie

In der Auswertung der Organisationsstrukturen in Abhängigkeit von der Anzahl der Beschäftigten zeigt sich der Zusammenhang (Übersicht 3.3), daß bei Unternehmen bis 5000 Mitarbeiter die funktionale Organisationsstruktur überwiegt, bei größeren Unternehmen die divisionale Organisationsstruktur an Relevanz gewinnt.

	funktional	divisional	Matrix	Holding	n
bis 500	48 (80,0 %)	3 (5,0 %)	9 (15,0 %)	–	60
501 – 1.000	20 (80,0 %)	3 (12,0 %)	2 (8,0 %)	–	25
1.001 – 5.000	24 (53,3 %)	12 (26,7 %)	9 (20,0 %)	–	45
über 5.000	11 (27,5 %)	18 (45,0 %)	10 (25,0 %)	1 (2,5 %)	40
Summe	103	36	30	1	170

Übersicht 3.3: Unternehmensstruktur in Abhängigkeit von der Beschäftigtenklasse in europäischen Ländern 1991 in der IOO-/EBA-Studie

Insgesamt bestätigt sich hier der Trend, daß mit zunehmender Größe die funktionale Struktur eher abgelehnt wird.

3.1.4 Konsequenz: Das Prinzip der effizienten Bezugsrahmen

Die mechanische Organisation auf der Basis der Bezugsrahmen liefert einen wichtigen Beitrag zum Funktionieren von Organisation, da gerade diese Bezugsrahmen Halt und Sicherheit für die Handelnden in Organisationen bereitstellen. In sinnvoller Weise eingesetzt, erlauben solche Bezugsrahmen die für eine strategisch ausgerichtete Organisation notwendige Komplexitätsreduktion durch die Einengung des Alternativenraumes an Handlungsstrukturen. Gleichzeitig geben sie dadurch explizite und implizite Regeln für organisatorisches Handeln vor. Aus diesem Grund kann und will die *Strategische Organisation* nicht auf die Reflexion über Bezugsrahmen verzichten, sondern sie bewußt als Basis strategischer Handlung operationalisieren.

Gefährlich wird es jedoch, wenn das Denken in Bezugsrahmen zum **Selbstzweck** degeneriert. Plötzlich stehen dann nicht mehr die Organisationsziele im Mittelpunkt, sondern es gilt, ein Organigramm einzuhalten. In beinahe schon kafkaesker Form werden dann Weisungslinien befolgt, spezialisierte Vorgänge als Schubladen den Bearbeitern zugeordnet und Ordnungsfunktionen des Systems durchgesetzt, deren Sinn niemand (mehr) versteht.

Aus diesem Grund verlangt auch das auf die Bezugsrahmen abgestellte Prinzip keine völlige Abschaffung der formalen Bezugsrahmen, wohl aber eine auf die Strategie abgestimmte Vermeidung ihrer Dominanz im Denken und Handeln der Organisationsmitglieder.

Prinzip der effizienten Bezugsrahmen
Eine vitale Organisation verlangt effiziente Bezugsrahmen. „Effiziente Bezugsrahmen“ bedeutet ausgewogenes Verhältnis von Strukturierungsaufwand der Organisation zu deren Resultat als Kombination aus organisatorischer Stabilität und Flexibilität: Die formalen Bezugsrahmen dürfen daher nicht originär das organisationale Denken und Handeln determinieren.

Diese bisher vornehmlich statisch ausgerichtete Perspektive wird mit der Betrachtung der Uhrwerke in ihren dynamischen Zusammenhang gebracht.

3.2 Uhrwerke: Der Bewegungszusammenhang

> *Aufbegehren der Menschen gegen das „Rädchendasein": Ein (. . .) Mechanismus, der das industrielle Modell – auch wieder durch seinen eigenen Erfolg – ad absurdum zu führen droht, ist die Tendenz, daß dank der steigenden Kaufkraft, die das System ermöglicht, dank zunehmender Freizeit, steigendem Bildungsniveau und steigendem Informationsstand immer mehr Menschen nicht mehr bereit sind, als Rädchen im Getriebe zu funktionieren. Auch damit zerstört das industrielle Modell seine eigenen Grundlagen. (Lutz 1993, 37)*

Die Betrachtungsweise der Uhrwerke erweitert die statische Betrachtungsweise der aufbauorganisationalen Bezugsrahmen um den dynamischen Aspekt der Ablauforganisation. Wie bei einem mechanischen Uhrwerk geht es hierbei in der Organisation um sukzessive, sich laufend wiederholende Vorgänge in ihrem Bewegungszusammenhang. Ziel der mechanischen Uhrwerkorganisation ist der prozeßbezogen optimierte und damit reibungslose Ablauf organisationalen Handelns.

> „Sehr geehrte Aktionäre und Geschäftsfreunde,
> das Titelbild unseres Berichts über die Geschäftsentwicklung 1994/95 zeigt die Räder eines alten Uhrwerks. Jedes Rad dreht sich mit der ihm eigenen Geschwindigkeit. Aber das Ergebnis ist abgestimmte Zweckmäßigkeit. So ist es auch in einem großen Unternehmen wie dem unseren: Viele Räder und Rädchen greifen ineinander, und es gilt, ihre Laufgeschwindigkeit sorgfältig zu koordinieren. Das Räderwerk läßt sich auch als Abbild unserer Volkswirtschaft verstehen. Floriert die Wirtschaft „läuft es wie geölt"; gibt es Hemmnisse, ist ‚Sand im Getriebe'."
> (*Sarrazin* 1995, 2)

Die Bandbreite der theoretischen Ansätze, die sich mit der mechanischen Uhrwerkorganisation befassen, reicht vom klassischen Ansatz des Scientific Management von *Taylor* bis hin zu modernen Konzepten wie dem Business Reengineering von *Hammer* und *Champy*.

3.2.1 Klassische Ansätze: Scientific Management

> *Nicht die einzelnen Faktoren oder Elemente, sondern vielmehr diese ganze Kombination machen das neue System aus, das man also mit folgenden Schlagworten charakterisieren kann:*
> *Wissenschaft, keine Faustregeln!*
> *Harmonisches Zusammenarbeiten, nicht Uneinigkeit und Gegensätze!*
> *Maximale Produktion an Stelle von beschränkter Produktion!*
> *Weiterbildung jedes einzelnen zur größten Leistungsfähigkeit, vorteilhaftesten Kraftverwertung und höchsten Prosperität!*
> *Es naht die Zeit, in der alle großen Dinge durch jenes Zusammenarbeiten zustande kommen, bei dem jeder einzelne die Arbeit tut, die für ihn am besten paßt, jeder seine Individualität wahrt und sein spezielles Gebiet voll beherrscht, wo trotzdem niemand etwas von seiner Originalität und seinem persönlichen Arbeitsinteresse verliert und doch unter dem dauernden kontrollierten Einfluß vieler anderer steht, mit denen er harmonisch zusammenarbeitet. (Taylor 1913, 151-152)*

3.2.1.1 Grundidee: Ablaufoptimierung als Ziel

Taylor als der Begründer der wissenschaftlichen Betriebsführung (Scientific Management) versuchte, durch Experimente und logisches Denken industrielle Fertigungsabläufe zu optimieren, und zwar sowohl im Hinblick auf qualitative und quantitative Ausgestaltung der Einzelprozesse als auch hinsichtlich ihrer Anordnung.

Der Ansatz von *Taylor* (1913, 138-156) basiert auf mehreren grundlegenden **Prinzipien**:

- Es wird zwischen Hand- und Kopfarbeiten getrennt. Handarbeiter sind aus Sicht *Taylors* im wesentlichen konsumorientierte und faule Drückeberger, die nur durch finanzielle Anreize motivierbar und nur durch straffe Regelungen sinnvoll steuerbar sind. Deshalb ist es Aufgabe von Kopfarbeitern (*Ingenieuren*), durch Zeit- und Bewegungsstudien entsprechende Reorganisationen des Betriebsmechanismus einzuleiten.
- Arbeiter werden einem extremen System aus Belohnungen und Bestrafungen ausgesetzt. Bonus und Prämie spielen also eine wichtige Rolle, ebenso das „Instrument der Entlassung". Die potentielle Überforderung von Meistern erzwingt eine funktionale Spezialisierung, führt also zum Funktionsmeisterprinzip.
- Nicht alle Arbeiter sind geeignet, in diesem Betriebsablauf gleichermaßen gut mitzuwirken. *Taylor* propagiert daher neben entsprechenden Anpassungsmaßnahmen (*wissenschaftliche Erziehung und Weiterbildung*) für die Arbeiter vor allem Tests zur systematischen Arbeiterauslese.
- Das System von *Taylor* soll letztlich zu einem „innigen Zusammenarbeiten zwischen Leitung und Arbeitern" führen, in dem eine rationale Wissenschaft tyrannische Unternehmer ebenso überflüssig macht wie klassenkämpferische Arbeiter.

Das „Wissenschaftliche“ am Taylorismus besteht nicht in seiner Fundierung auf spezifischen Theorien. Vielmehr – und hier folgt *Taylor* ganz extrem dem pragmatischen Leitbild – geht es um ein systematisches Operieren am konkreten Objekt, das es zu optimieren gilt. *Taylor* ersetzt dabei die (ebenfalls pragmatische) Anwendung universeller Managementprinzipien durch die Methode des **Experimentes**. Seine durchgeführten Ablaufstudien zum Schaufeln, Mauern oder Aussortieren von Stahlkugeln führen somit zu einer rudimentären empirischen Basis seiner (unternehmens- und prozeßspezifischen) Gestaltungsvorschläge.

Frederick Winslow Taylor	*1856-1915* *Amerikanischer Ingenieur und Begründer des Scientific Management.* *Entwickelte eine Methode der Rationalisierung, die auf Untersuchung über Bewegungsabläufe bei einzelnen Arbeitern beruht. Auch sein Privatleben war durch Ablaufoptimierung bestimmt: vom berechneten Sport bis zur systematisierten Auswahl seiner Tanzpartnerinnen.* *Hauptwerk: The Principles of Scientific Management (1911).*

3.2.1.2 Bewertung: „Taylorismus“ als Vorwurf

Zweifelsohne hat *Taylor* die Organisationslehre massiv beeinflußt und ganze Generationen von Arbeitswissenschaftlern bis hin zu REFA-Ingenieuren (vgl. *REFA* 1987) inspiriert. *Taylors* Ansatz prägt noch heute das Denken und Handeln in vielen Organisationen. Auch die auf Massenproduktion ausgerichtete, überkonzentrierte und ineffiziente industrielle Infrastruktur der zusammengebrochenen Sowjetunion läßt sich auf seine Prinzipien zurückführen (*Fukuyama* 1995, 266).

Übertragen auf die in der *Strategischen Organisation* verwendete Analogie zum mechanischen Uhrwerk verlangt *Taylor* das Auseinandernehmen der Uhrwerke, das Studium der Teilabläufe ihrer Rädchen und letztlich eine ablaufoptimierte Rekombination. Vor allem geht es *Taylor* nicht um Strukturen, sondern fast ausschließlich um Prozesse. Diese Fokussierung auf permanente Ablaufoptimierung durch Arbeitsanalyse ist sicherlich ein wesentlicher Verdienst *Taylors*. Eine zweite Stärke des Ansatzes von *Taylor* liegt in seinen nachweisbaren Erfolgen hinsichtlich Arbeitseffizienz, wie *Nelson* (1980), einer seiner „Chronisten“, stolz ausführt.

Gerade *Taylor* als Managementlehrer, der einen so überaus starken Einfluß auf die Praxis ausübt, fordert Kritiker heraus, die sich noch 70 Jahre nach seinem Tode engagiert mit seinen Ideen auseinandersetzen. So faßt beispielsweise *Kieser* (1993b, 86-90) eine Vielzahl von Einwänden gegen die Überlegungen von *Taylor* in sieben zentralen **Kritik-Kategorien** zusammen:

- Theorielosigkeit,
- implizite, nicht systematisch empirisch überprüfte Hypothesen,
- Übertreibung der Rationalisierungserfolge durch Datenmanipulation,
- Experimente erfüllten nicht die Kriterien der Wissenschaftlichkeit,
- systematische, ideologiegesteuerte Disziplinierung der Arbeiter und Festigung der Herrschaft der Unternehmer,
- systematische Dequalifizierung der Arbeiter und
- gefährliche Ideologie der Ablaufoptimierung als oberstes Ziel organisatorischen Handelns.

Ein weiterer wichtiger Kritikbereich sind die negativen Folgen des Taylorismus für die Arbeitgeber-Arbeitnehmer-Beziehung (vgl. *Fukuyama* 1995, 267-273): Den Arbeitnehmern wird signalisiert, daß man ihnen keine wirklich wichtigen Aufgaben anvertraut und sie zudem zum Gehorsam verpflichten muß; deshalb fordern die Gewerkschaften im Gegenzug, daß die Arbeitgeber ihre Pflichten in der Fürsorge für die Arbeiter genauso exakt definieren und befolgen müssen. Diese Norm der Reziprozität (vgl. *Gouldner* 1960) kann in eine **Mißtrauensspirale** münden, wenn sich jede Seite als betrogen oder ausgebeutet empfindet. Dies ist in der amerikanischen verarbeitenden Industrie Mitte dieses Jahrhunderts tatsächlich eingetreten, wodurch die gesamten Arbeitsbeziehungen sich extrem formalisiert und unflexibel gestalteten.

Auch im deutschen Sprachraum ist der Begriff „Taylorismus" eher mit den negativen Seiten des Ansatzes von *Taylor* verknüpft und „Neo-Taylorismus" zu einem Totschlagsargument in der (wissenschaftlichen) Diskussion geworden. Die positiven Aspekte der Organisation als durchoptimiertes Uhrwerk werden dagegen kaum mehr mit dem Namen *Taylor* verknüpft.

3.2.2 Moderne Ansätze: Business Reengineering

Die Auseinandersetzung mit Uhrwerken muß sich aber nicht nur auf eine – mehr oder weniger – einfache Ablaufoptimierung beschränken. Vielmehr kann versucht werden, das Uhrwerk völlig auseinanderzunehmen, seine zentralen Funktionen zu lokalisieren, um – in Fortführung der Analogie zum Uhrwerk – eine Uhr mit wesentlich weniger Zahnrädern und besserer Leistung zu konstruieren: Genau dies ist das Anliegen des Business Reengineering.

3.2.2.1 Grundidee: Structure follows process

3.2.2.1.1 Wertschöpfungskette als Basis

Ein Hilfsmittel zur Lokalisation von Teilprozessen, in denen eine signifikante Wertschöpfung zu erwarten ist und auf die sich Prozeßansätze wie das Business Reengineering konzentrieren können, ist die Wertschöpfungskette (vgl. *Porter* 1985). Generell bezeichnet man als **Wertschöpfung** den um die Vorleistungen reduzierten Wert, den eine Organisation für ihre Kunden schafft. In ihrer ursprünglichen Form unterscheidet man zwischen

– den Primäraktivitäten (wie etwa Produktion) und
– den Unterstützungsaktivitäten (wie etwa Personalmanagement).

Die ursprüngliche Form der Wertschöpfungskette stammt aus dem Bereich der industriellen Fertigung. Daraus ergibt sich die Differenzierung zwischen Primäraktivität und Unterstützungsaktivität danach, ob die Aktivität eine physische Veränderung des Produktes hervorruft (Primäraktivität) oder lediglich peripher abläuft (Unterstützungsaktivität). Abbildung 3.9 ist in diesem Zusammenhang als Denkanstoß für die Formulierung einer organisationsspezifischen Wertschöpfungskette zu sehen.

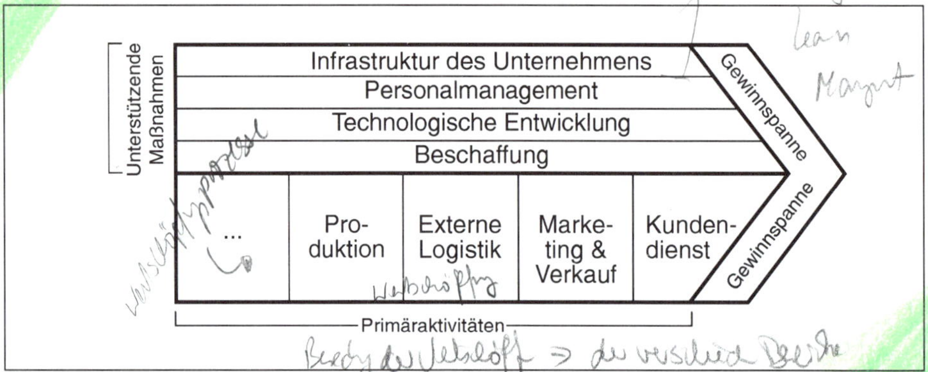

Abbildung 3.9: Die Wertschöpfungskette (nach Porter 1985, 37)

Die Anwendung des Konzeptes der Wertschöpfungskette verläuft in **drei Phasen**:

– Zerlegung des gesamten Leistungsprozesses in einzelne *Wertschöpfungssegmente*,
– Bestimmung des *Wertschöpfungsbeitrages* der Segmente und
– Bestimmung der *strategischen Perspektive* der Segmente.

Daraus ergibt sich die Konzentration auf die Segmente mit strategischer Perspektive und Wertschöpfung. Diese Segmente sind dann zu optimieren *(Mikro-Reengineering)*. Die anderen Segmente sind abzustoßen, um dann einen sinnvollen Gesamtprozeß aus den verbleibenden Segmenten zu strukturieren *(Makro-Reengineering)*.

Die Grundidee der Wertschöpfungskette, nämlich diejenigen (Teil-)Prozesse zu ermitteln, auf die sich Organisationen in der Zukunft stützen und mit der sie ihre Existenzberechtigung verteidigen wollen, ist nicht vereinbar mit Kontingenzaktivität, bei der sich die Organisation auf unterschiedliche Zukunftsentwicklungen vorbereitet: Es geht ausschließlich darum, die Wertschöpfung zu maximieren. Diese extreme Konzentration auf die Segmente mit maximalem Wertschöpfungspotential ist allerdings **nicht ungefährlich**:

- Erstens ist sie eine konsequente Initiativaktivität, bei der quasi alles auf eine Karte gesetzt wird.

- Zweitens erfolgt eine Trennung von wichtigen Informationsquellen, wenn man sich beispielsweise soweit spezialisiert, daß man keine unmittelbare Beziehung mehr zum Endkunden hat.
- Drittens bedeutet diese Konzentration auf kleinste Einzelprozesse, daß zwar der Prozeß leichter optimierbar, gleichzeitig aber viel anfälliger für Umweltänderungen wird.

Zur Weiterführung der Initiativaktivität sind daher flankierende Maßnahmen erforderlich, die bis zum Schaffen einer virtuellen Organisation (vgl. Kapitel 7) reichen können.

3.2.2.1.2 Prozeß als Gestaltungsobjekt

> *Business Reengineering ist fundamentales Überdenken und radikales Redesign von Unternehmen oder wesentlichen Unternehmensprozessen. Das Resultat sind Verbesserungen um Größenordnungen in entscheidenden, heute wichtigen und meßbaren Leistungsgrößen in den Bereichen Kosten, Qualität, Service und Zeit. (Hammer/Champy 1994, 48)*

Stellvertretend für verschiedene zeitgenössische Autoren, die Reengineering-Konzepte entwickeln (vgl. z.B. *Gouillart/Kelly* 1995), sollen an dieser Stelle *Hammer* und *Champy* (1994) zu Wort kommen, da gerade ihre Arbeit einen großen Einfluß auf die Managementpraxis hatte und noch immer hat: „Business Reengineering – Die Radikalkur für das Unternehmen – So erneuern Sie Ihre Firma“ lautet der imposante Titel dieses Bestsellers.

Michael Hammer	*Vormals Professor am M.I.T., jetzt Managementberater, Begründer und Vertreter des Business Reengineering.*
James Champy	*Unternehmensberater und Fachmann auf dem Gebiet der Implementierung von Reengineering-Projekten.*
	Gemeinsames Hauptwerk: Business Reengineering, Frankfurt-New York (Campus) 1994 (1. Aufl. engl. 1993).

Business Reengineering ist nicht als inkrementales Vorgehen gedacht: Es handelt sich vielmehr nach Aussage der Autoren um ein radikales Verändern des gesamten Unternehmens, um gleichzeitig die erfolgskritischen Kerndeterminanten bezüglich Kosten, Qualität, Service und Zeit zu verbessern.

> Zu Beginn der achtziger Jahre stand Ford vor der Aufgabe, seine Gemein- und Verwaltungskosten zu reduzieren. Im Bereich der Buchhaltung, Kreditoren und Zulieferrechnungen wurde mit 500 Mitarbeitern ein im Vergleich zur japanischen Konkurrenz 100fach größerer Personalbestand festgestellt. Die Idee war, statt Abteilungen nun Unternehmensprozesse (hier: die gesamte Beschaffung) zu reengineeren und – den neu entstehenden Tätigkeiten folgend – erst anschließend die Abteilungen umzustrukturieren. Dazu wurde als neuer Prozeß „Beschaffung von der Bestellung zur Anlieferung der Teile und Bezahlung“ definiert. Es wurde aber

nicht nur die manuelle Bestellung durch eine Online-Bestellung ersetzt, sondern auch der langwierige Abgleich zwischen Bestellung, Wareneingangsschein und Rechnung durch die Vorschrift, im Fall der ordnungsgemäßen Lieferung automatisiert zu zahlen, ansonsten aber die Annahme der Lieferung zu verweigern. Letztlich wurde damit vom Prinzip „Zahlung bei Rechnungseingang" zu „Zahlung bei Lieferungseingang" oder sogar „Zahlung bei Verwendung" gewechselt. Das Resultat: Es konnte eine Abteilungsgröße von 125 Mitarbeitern statt 500 realisiert werden. (nach *Hammer/Champy* 1994, 57-63)

Ausgangsbasis für diesen Ansatz ist folgende szenarische Beschreibung der „neuen" Arbeitswelt (*Hammer/Champy* 1994, 90-111): Bezüglich *organisatorischer Einheiten* Bewegung von Fachabteilungen zu Prozeßteams; bezüglich *Arbeitsstellen* von einfachen Aufgaben zu multidimensionalen Berufsbildern; von der Kontrolle der Mitarbeiter zum „*Empowerment*"; hinsichtlich der *Aufgabenvorbereitung* vom Anlernen zu Aus- und Weiterbildung; Konzentration auf meßbare Leistungsgrößen; bezüglich der *Vergütungsgrundlage* Orientierung an Ergebnissen statt an Tätigkeit; hinsichtlich der *Beförderungskriterien* von „Leistung" zu „Fähigkeiten"; Orientierung an dem Wert der *Produktivitätssteigerung* statt an Positionsabsicherung; hinsichtlich der *Managerrollen* vom Aufseher zum Coach; Hierarchie weicht der *flachen Organisation*; und schließlich hinsichtlich der *Einstellung der verantwortlichen Manager* Wandel vom „Punktezähler" zur Führungspersönlichkeit.

Bei dieser Aufzählung handelt es sich allerdings nicht etwa um eine empirisch-deskriptive Bestandsaufnahme der Realität. *Hammer* und *Champy* entwickeln vielmehr einen pragmatisch-präskriptiven Ansatz, unterstellen also, daß oben aufgeführte Charakteristika bereits heute in die Realität umgesetzt werden können und sollen. Nötig ist dazu häufig eine **Vorgehensweise**, die nach dem Überdenken von Unternehmensprozessen eine Kombination von Aktivitäten realisiert (vgl. *Hammer/Champy* 1994, 72-87): beispielsweise die Zusammenfassung mehrerer Projektschritte, Ermutigung der Mitarbeiter zu komplexen Entscheidungen, natürliche Reihung der einzelnen Prozeßschritte, Zulassen mehrerer Prozeßvarianten, Reduktion von Überwachungs-und Kontrollbedarf, Reduktion von Abstimmungsarbeiten auf ein Minimum, Institutionalisierung eines Casemanagers als einzige Anlaufstelle oder Realisierung einer Mischung aus Zentralisierung und Dezentralisierung. Auffällig ist an dieser Stelle, daß diese Vorschläge zur Vorgehensweise sich im wesentlichen mit den von *Frese* und *v. Werder* (1994, 6) identifizierten „typischen Maßnahmen" des Lean Managements decken.

Das Business Reengineering zielt also auf eine breite Veränderung der gesamten Ablauforganisation ab, wobei im Rahmen einer Beurteilung **vier Gesichtspunkte** besonders wichtig erscheinen:

1. Die Autoren konzentrieren sich auf den horizontalen Zusammenhang der Leistungserstellung, machen also den Prozeß vom Lieferanten zum Kunden zum Gegenstandsbereich ihrer Analyse. Die vertikalen Leitungsbeziehungen spielen dagegen eine untergeordnete Rolle.

2. Die Autoren unterstellen ein striktes Primat der Prozeß-Idee. Bei ihnen gilt „structure follows process“.
3. Die Autoren setzen grundsätzliche Veränderungen des Unternehmens bis hin zur Kernfrage nach dem eigentlichen Geschäftszweck voraus.
4. Bei diesem Ansatz spielt die Informationstechnologie eine Schlüsselrolle. In der Funktion „destabilisierender Technologien“ erlaubt sie die Eliminierung von alten Verhaltensregeln in Organisationen und ihren Ersatz durch neue, prozeßorientierte Regeln.

> Beispiel für den Einfluß der Informationstechnologie im Business Reengineering *Hammer/Champy* (1994, 127):
> *Alte Regel*: Außendienstmitarbeiter brauchen Büros, um Informationen empfangen, aufbewahren, abrufen und übertragen zu können.
> *Destabilisierende Technologie*: Drahtlose Datenkommunikation und tragbare Computer.
> *Neue Regel*: Außendienstmitarbeiter können Informationen an jedem beliebigen Ort absenden und empfangen.

Wichtig ist dennoch, daß der Ansatz nicht nur die Arbeitswelt der Arbeiter und Angestellten betrifft, sondern in gleichem Maße die Arbeitswelt der Manager, so daß eine Synchronisation von Managementfähigkeiten und Managementanforderungen einer reengineerten Organisation erfolgen muß (vgl. *Champy* 1994, 16).

3.2.2.1.3 Beispiel: Projektsynchronisation als Ablaufoptimierung

Die in den Bezugsrahmen eingeführte Projektorganisation mit ihrer Struktur stellt die organisatorische Institutionalisierung eines Projektes dar. Die Uhrwerk-Perspektive liefert zusätzlich den Ablaufaspekt. Erforderlich ist es also, die verschiedenen Phasen des Projektes in eine optimale Beziehung zu bringen.

Für das Gerüst des Projektablaufes mit der Aufspaltung der Sachaktivitäten in der Planung, Realisierung sowie Kontrolle der Teilprozesse und Zusammenführung in eine entsprechend sachlich-logische Abfolge gibt es mehrere **Varianten** (vgl. *Krüger* 1994, 384-390):

- *Lineare* Modelle sehen den einmaligen Durchlauf von Phasen wie Analyse, Erstellung des funktionalen und technischen Entwurfs und Realisierung vor.
- *Zyklische* Modelle treten meist in teilzyklischer Form auf, bei der zumindest die Planungsphasen mehrfach durchlaufen und zunehmend konkretisiert beziehungsweise detailliert werden.
- Das *Prototyping* impliziert ebenfalls einen bewußt mehrfachen Durchlauf der Projektphasen, bei dem zunächst Beispielsysteme entworfen werden, die bereits alle wesentlichen Merkmale des späteren Endproduktes aufweisen.
- *Versionenkonzepte* gehen davon aus, daß besonders bei hochkomplexen Projekten Totalansätze des linearen und zyklischen Modells nicht zum Ziel führen. Stattdessen werden sukzessiv verbesserte Versionen erstellt und in einen evolutorischen Systementwicklungsprozeß eingebettet.

In jedem Fall sind aber für das jeweilige Phasenkonzept konkretisierende Ablaufvorschriften erforderlich, die einen uhrwerkartigen Ablauf des Projektes ermöglichen. Übersicht 3.4 zeigt hierfür ein Beispiel, das auf dem Grundprinzip des teilzyklischen Phasenkonzeptes basiert.

Projektphase	**Hauptaufgabe**	**Phasenergebnis**
Anstoß		Projektauftrag
Vorstudie	Systemabgrenzung Umsysteme/Schnittstellen Rahmenbedingungen Kernprobleme Hauptziele Grobe Lösungsrichtungen Lösbarkeit/Durchsetzbarkeit/ Finanzierbarkeit	Rahmenkonzept
Hauptstudie	Unter-/Teilsysteme untersuchen Varianten für Teillösungen ggf. Prototypen, Pilotanwendung Prioritäten für Detailstudien	Grobkonzept
Teilstudien	ggf. nötige Konkretisierung bis zur Ausführungsreife Einführungsplanung Dokumentation für den Benutzer	Detailkonzept
Systembau	Realisieren der Pläne Testen Abschluß Projektdokumentation	Betriebsbereites System
Systemeinführung	Motivation, Information, Schulung Umstellung altes System Übergabe	Abgenommenes, akzeptiertes System
Systembetrieb	Benutzung/Anwendung des Systems Mängel melden	Erprobtes System
Systemerhaltung	Mängel beheben Anpassung ggf. Anstoß zu neuen Projekten	Angepaßtes System

Übersicht 3.4: Beispiel für ein teilzyklisches Phasenkonzept (nach Krüger 1994, 385)

Eine Projektgestaltung nach der Idee einer mechanischen Uhrwerkorganisation bedeutet aber nicht ausschließlich eine sequentielle Verkettung von Projektphasen. Angesichts der zunehmend erfolgskritischen Bedeutung von Entwicklungszeiten wird vielmehr versucht, Projektphasen parallel zu schalten (Abbildung 3.10).

Der Verzicht auf ein streng serielles Vorgehen bringt zwar den *Nachteil* eines verstärkten Planungsaufwandes mit sich, hat aber zwei entscheidende *Vorteile*: Zum einen wird die Entwicklungszeit verkürzt, zum anderen erfolgen informatorische Querbeziehungen zwischen den einzelnen Phasen mit dem Ergebnis, daß Modifikationen eher durchgeführt

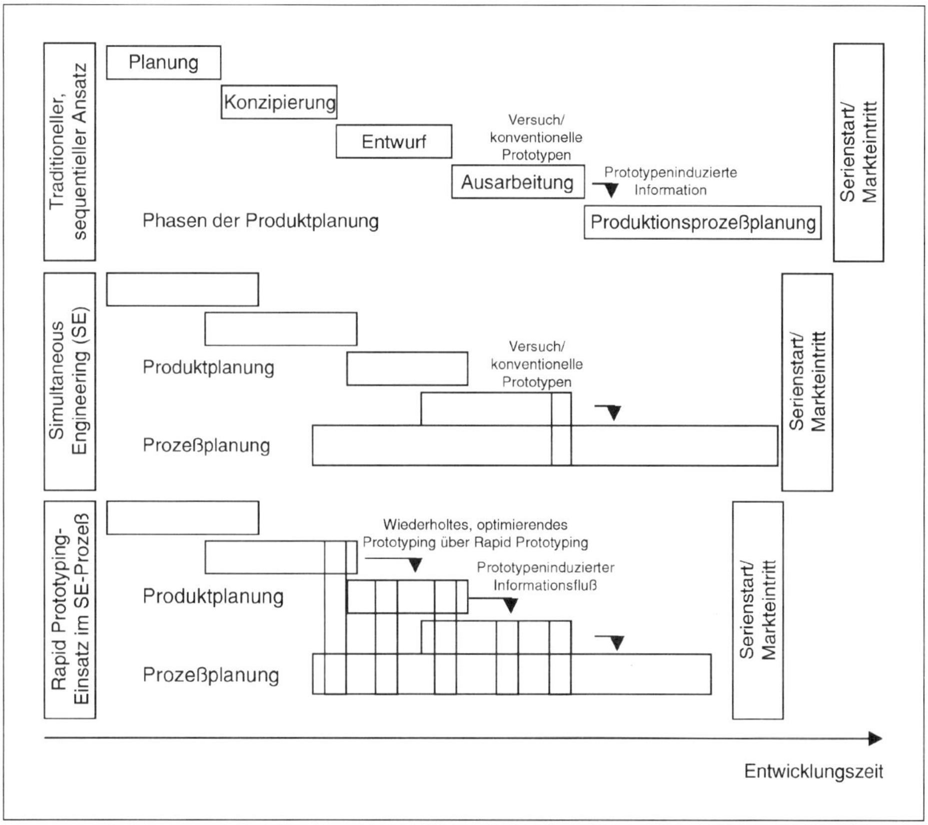

Abbildung 3.10: Ablaufmuster für Simultaneous Engineering (nach Horváth/Lamla/Höfig 1994, 46)

werden können. Letztlich ist also für zeitkritische und innovative oder komplexe Projektaufgaben das Simultaneous Engineering – bei hochinnovativen Problemen erweitert um ein Prototyping – dem traditionellen, sequentiellen Ansatz vorzuziehen.

3.2.2.2 Bewertung: Business Reengineering als Neotaylorismus

Es liegt nahe, daß sich insbesondere ein aus der Praxis stammender Berateransatz der Kritik aus der Wissenschaft stellen muß. So kritisiert *Kieser* (1996) unter anderem den Vorschlag von *Hammer* und *Champy* als „Managementmode" und formuliert als generelle **Kritik** an diesem und ähnlichen Ansätzen folgende Punkte (vgl. *Kieser* 1996, 23-26):

- Ein Schlüsselfaktor wird in den Vordergrund gestellt und als revolutionär und radikaler Bruch mit bisher gültigen Managementprinzipien dargestellt.
- Die neuen Prinzipien werden als unausweichlich beschrieben.
- Sie werden mit zentralen Werten der Leser in Verbindung gebracht.

- Es findet kein Belehren der Praxis statt, sondern lediglich ein Rühmen der eigenen (nationalen) Leistungen.
- Manager müssen sich nicht schuldig fühlen, noch nicht selbst auf die neuen Prinzipien gekommen zu sein, da die Umwelt sich eben radikal geändert habe.
- Die Ideen sind eine Mischung aus Einfachheit und Mehrdeutigkeit und bieten daher Interpretationsspielräume.
- Die neuen Konzepte können nur von Experten umgesetzt werden, da die enorme Verbesserungen versprechende Implementierung mit großen Schwierigkeiten verbunden ist.
- Die vorgestellten Konzepte verweisen auf Ergebnisse empirischer Untersuchungen, erscheinen damit wissenschaftlich fundiert, sind aber teilweise in unzulässiger Weise generalisiert und manipuliert.
- Um vollends zum Bestseller zu werden, sind die Ergebnisse leicht lesbar gemacht und treffen den „Nerv der Manager" der Zeit.

Auch wenn Konzeptkritiker letztlich genau die gleiche Rhetorik wie die von ihnen Kritisierten verwenden (vgl. *Scholz* 1996d), berührt dies nicht die Kritikpunkte wie z.B. den einer zu geringen wissenschaftlichen Fundierung.

Alfred Kieser	*Geb. 1942* *Professor für allgemeine Betriebswirtschaftslehre und Organisation an der Universität Mannheim. Forscht auf den Gebieten der Organisationstheorie und der Geschichte der Organisation und beschäftigt sich mit der kritischen Reflexion neuerer Entwicklungen des Faches Organisation.* *Hauptwerk: Organisation (1992, 1. Aufl. 1977, gemeinsam mit Herbert Kubicek).*

Speziell am Business Reengineering wird zudem kritisiert, daß es häufig mit Methoden und Werkzeugen zur Modellierung von Geschäftsprozessen operiert, die im wesentlichen tayloristischen Regel- und Handlungsmechanismen der Unternehmensleitung folgen. Wenn das moderne Ziel der prozeßorientierten und lernenden Organisation mit den Prämissen und Menschenbildern der traditionell zur Verfügung stehenden klassischen Planungs-, Steuerungs- und Kontrollinstrumente zusammentrifft, kommt es zu folgenden **Spannungsfeldern** bei der Umsetzung des Business Reengineering (vgl. *Reichwald* 1995, 12):

- Dezentralisierung von Kompetenzen und die Sicherstellung von Synergien,
- Gruppenautonomie und die Vermeidung von Bereichsegoismen,
- Eigenverantwortlichkeit von Gruppenmitgliedern und die Durchgängigkeit von Prozessen,
- ganzheitliches Denken und spezialisierte Qualifikation,
- dezentrale Zuständigkeit und zentrales Controlling,
- Kundenorientierung und ressourcenorientiertes Rechnungswesen.

Zur Entschärfung dieser Probleme schlägt *Reichwald* (1995, 13) die Orientierung an *humanzentrierten Erfolgsfaktoren* mit entsprechender Partizipation, Rollenverteilung in den Projektstrukturen, Durchdenken möglicher personaler und organisationaler Barrieren sowie langfristige Dynamisierung von Prozeßoptimierung vor.

Der Kritik entgegen steht eine breite **Akzeptanz** in der Praxis: So zeigen beispielsweise *Nippa* und *Picot (*1995*)*, daß bereits sehr stark ausdifferenzierte Reengineering-Konzepte zur Verfügung stehen und sich in der Praxis bewähren. In einer empirischen Untersuchung, die 1994 auf Basis von Daten aus 95 deutschen Großunternehmen durchgeführt wurde, stellen *Picot* und *Böhme* (1995, 227-247) Anwendungsstand, Erfolg und Erfolgsbarrieren prozeßorientierter Konzepte dar und kommen zu dem Schluß, daß diese in Deutschland nicht nur als modisches Konzept, sondern zunehmend als fundamentale Gestaltungs- und Führungsphilosophie dienen.

Ein weiterer Indikator für die breite Akzeptanz des Business Reengineering in der Praxis ist das erstmalige Erscheinen der Zeitschrift „Business Process Re-Engineering & Management Journal" im Jahr 1995. Eine darin enthaltene empirische Studie auf Basis von 48 interviewten europäischen und nordamerikanischen Unternehmensberatungen zum Thema Business Process Reengineering entlarvt sechs Business Process Reengineering (BPR)-**Mythen** (vgl. *Archer/Bowker* 1995, 43-44):

1. Meistens sind BPR-Ansätze *keine holistischen Ansätze* zur Neugestaltung von Organisationen, sondern ältere, nicht wesentlich weiterentwickelte Ansätze für Teilgebiete der Organisation.
2. BPR ist in der Regel *nicht radikal*, sondern in seiner Umsetzung trotz revolutionärer Ziele eher eine „Bastelei".
3. BPR ist *nicht wirklich neu*; Anbieter definieren in der Mehrzahl kaum Unterschiede zu ihren traditionellen Vorgehensmethoden.
4. Die *Informationstechnologie* ist beim BPR *weder treibende Kraft noch erfolgskritisch*, obwohl sie wichtig ist.
5. Unternehmensberatungen differenzieren sich *nicht etwa* durch *eigene BPR-Ansätze*, sondern bieten im wesentlichen die gleichen Leistungsinhalte.
6. BPR ist *nicht etwa eine Modeerscheinung*, denn die Unternehmensberatungen haben trotz aller Kritik bereits seit längerem volle Auftragsbücher.

Die Geschichte des Business Reengineering ist noch zu jung, um dieses Konzept abschließend zu würdigen und vor allem um die Befürchtungen zu entkräften, Mitarbeiterinteressen und Organisationskultur müßten bei dieser mechanischen Uhrwerk-Perspektive unberücksichtigt bleiben. Obwohl die Vertreter des Business Reengineering diesen Vorwurf immer wieder zu entkräften versuchen, dominiert das technisch-mechanische Weltbild des zu optimierenden Uhrwerkes dieses Konzepts.

Insgesamt ist festzustellen, daß das Business Reengineering eine konsequente Erweiterung tayloristischer Ideen auf die Ablauforganisation darstellt. Das Attribut „neotayloristisch“ für Business Reengineering ist hier wertneutral gemeint: Taylorismus durchdenkt kompromißlos das Optimieren von Strukturen, Business Reengineering genauso konsequent das Optimieren von Prozessen.

3.2.3 Konsequenz: Das Prinzip der wertschöpfungsorientierten Uhrwerke

Das Denken in Bezugsrahmen bedeutet Schaffen statischer Ordnungsstrukturen. Das Denken in Uhrwerken impliziert Bewegung und Prozeßbetrachtung im System der Organisation, schafft also Dynamik.

Reduziert man die Uhrwerk-Perspektive des Scientific Management und Business Reengineering auf den für die *Strategische Organisation* wichtigen Kern, so liegt dieser in der Wertschöpfungsorientierung der strategisch relevanten Teilprozesse. Die Uhrwerk-Perspektive für sich alleine genommen bedeutet effizienzsteigernde Optimierung des Prozesses. Setzt man diese Denkrichtung konsequent fort, so führt dies im Extremfall zur Neugestaltung eines Prozesses, der dann zwar ein Minimum an Durchlaufzeit und Ressourceneinsatz aufweist, aber kaum noch nötig ist. Aus diesem Grund versucht das Business Reengineering vor allem, sich bereits frühzeitig mit der strategischen Positionierung zu beschäftigen und sich speziell auf solche Prozesse zu konzentrieren, in denen eine signifikante Wertschöpfung stattfindet.

Bezugsrahmen versus Uhrwerk ist mehr als Aufbau- versus Ablauforganisation. Dahinter stecken vollkommen andere Leitbilder, vor allem andere Effektivitäts- und Effizienzkriterien: Bei den Bezugsrahmen sind die Eindeutigkeit der Zuordnungen und Stabilität der Interaktionsbeziehungen entscheidend, bei den Uhrwerken Ablaufsicherheit und Wirtschaftlichkeit.

Beiden Leitbildern ist gemeinsam, daß die Handelnden in Organisationen extrem von ihnen geprägt werden, allerdings weitgehend unbewußt:

- Ein *Bezugsrahmen-Konstrukteur* sieht seine Organisation (und die Umwelt) als ein komplexes, hierarchisches System aus Bezugsrahmen und sich selbst als denjenigen, der wie ein Buchhalter diese Bezugsrahmen verstehen, systematisieren und verbessern muß.
- Ein *Uhr-Werker* versteht sich als Techniker und Tüftler. Für ihn ist die Organisation eine Maschine, die er teilweise auseinandernehmen und umbauen kann, in der er „Sand im Getriebe“ verhindern soll und letztlich Zufriedenheit empfindet, wenn die Maschine „rund“ läuft.

Beide Perspektiven haben ihre Existenzberechtigung. Pathologische Auswüchse werden allerdings spürbar, wenn eine Organisation als Ganzes nur mehr durch eine der beiden Sichtweisen geprägt wird.

Prinzip der wertschöpfungsorientierten Uhrwerke
Eine vitale Organisation verlangt wertschöpfungsorientierte Uhrwerke. „Wertschöpfungsorientierte Uhrwerke" zu konstruieren bedeutet die Definition der Bewegungszusammenhänge in der Organisation so, daß die Wertschöpfungsanteile aller Teilprozesse, die jeweils eine Ausrichtung auf interne oder externe Kunden implizieren, klar ersichtlich werden.

Die Gestaltung von Prozessen darf nicht als Selbstzweck einer Organisation gesehen werden; vielmehr ist es notwendig, neben die Ablaufsicherheit und Wirtschaftlichkeit das Kriterium der Ablaufsicherheit und Kundenorientierung zu rücken. Sobald interne oder externe Kunden bereit sind, für Resultate aus Prozessen einen Preis zu zahlen, ist dies ein Indikator für die Wertschöpfung dieses Prozesses. In Verbindung mit der in Kapitel 2 verfolgten Kernkompetenzorientierung ergibt sich dann eine integrierte Ablaufsteuerung des strategischen organisatorischen Handelns.

3.3 Regelkreise: Einführung der Finalität

Anders als bei Uhrwerken, die in ihrer automatisierten Gleichförmigkeit allenfalls durch externe Gestaltungszwänge unterbrochen werden, haben Regelkreise eine eingebaute Mechanik, die das System über eine entsprechende Entscheidungslogik und darauf angepaßte Aktionspotentiale in Richtung auf einen vorgegebenen Zielzustand verändert.

3.3.1 Explizite Regelkreistheorie: Die Betriebskybernetik

> *Am M.I.T. begann auch mein ständig wachsendes Interesse an der physikalischen Seite der Mathematik feste Formen anzunehmen. Von den Gebäuden der Hochschule aus blickt man auf den River Charles und eine unveränderliche Silhouette von großer Schönheit. Die Stimmung des Flusses zu beobachten war immer reizvoll. Für mich als Mathematiker und Physiker bargen die Fluten aber noch eine andere Bedeutung. Wie konnte man das Studium der großen Zahl der sich ständig verändernden Kräuselungen und Wellen der Wasseroberfläche auf eine mathematische Formel bringen, denn war es nicht die erhabenste Bestimmung der Mathematik, die Ordnung in der Unordnung zu entdecken? (Wiener 1971, 35)*

Die auf *Wiener* zurückgehende Kybernetik (synonym: Regelkreistheorie) basiert auf der strikten Anwendung des Regelkreisprinzips und führte Anfang der achtziger Jahre zu einer ganzen Reihe von organisatorischen Ansätzen, für die auch die Bezeichnung „Betriebskybernetik" Verwendung fand (vgl. z.B. *Scholz* 1981; *Schiemenz* 1982). Diese Perspektive geht davon aus, daß Organisation und Führungskräfte gerade auch in Veränderungsprozessen einer extremen Komplexität gegenüberstehen, die es zu reduzieren gilt (vgl. Abschnitt 2.1.1.2.2): Die Betriebskybernetik soll dazu beitragen.

Norbert Wiener	*1894-1964* *Amerikanischer Mathematiker am Massachusetts Institute of Technology. Stellte die Verbindung zwischen Mathematik, Informationsprozessen und Hochtechnologie her; Begründer des kybernetischen Paradigmas.* *Hauptwerk: Cybernetics, or Control and Communication in the Man and the Machine (1948).*

3.3.1.1 Die Basis

Ist ein Stoiker ein Kybernetiker? Ja, man kann ihn so sehen. Durch unablässiges Gestalten verleiht er seiner Seele Stabilität mit einer unerschütterlichen statischen Festigkeit. Sie erlaubt ihm ein Lenken seiner Seele mit hoher Vitalität, mit hoher dynamischer Kraft. (Müller-Merbach 1993, 201)

Neben einer Basistypologisierung von Regelkreisen geht es in der Regelkreistheorie auch um die Arten der Information, die zwischen Regler und Regelstrecke ausgetauscht werden, die Entscheidungslogik des Reglers und um mögliche Reaktionsmuster der Regelstrecke.

3.3.1.1.1 Regelungstheoretische Grundbegriffe

Regelung ist die Festlegung einer Stellgröße (Aktion) in Abhängigkeit von einer Zustandsgröße (Instrument) und einer Führungsgröße (Sollwert) in einer Form, die auch überraschende Störfälle ausgleichen kann. In einem **Regelkreis** werden Materie und/ oder Informationsbeziehungen zwischen menschlichen und/oder maschinellen Komponenten berücksichtigt. Ein Regelkreis besteht aus
- der Regelstrecke **RS** (betrachtetes Regelungsobjekt),
- der Zustandsgröße **x** (gemeldete Ist-Information),
- der Führungsgröße **w** (vorgegebener Sollwert),
- dem Regler **R** (Aktionseinheit, die x an w annähert),
- der Stellgröße **y** (konkrete Maßnahme),
- der Störgröße **z** (systemexterner Einfluß) und
- dem Entscheidungsvektor **e** (Verhaltensnorm für den Regler).

Zur Darstellung der Rückkopplung zwischen regelnder und geregelter Komponente eines Systems im Hinblick auf eine spezifische Zustandsvariable dient das Blockschaltbild eines Regelkreises (Abbildung 3.11).

Die Festlegung einer Stellgröße aus der Zustandsgröße kann als Mitkopplung (positives Feedback) oder Gegenkopplung (negatives Feedback) erfolgen. Für reale und speziell

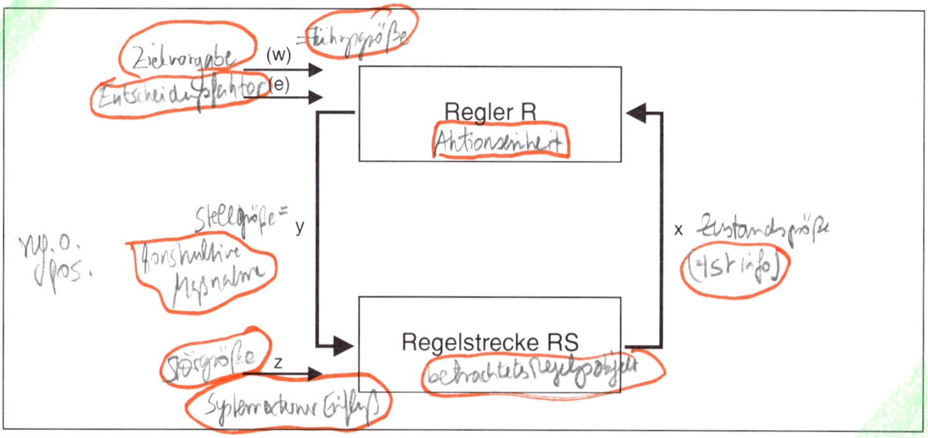

Abbildung 3.11: Blockschaltbild eines Regelkreises

soziale Systeme stellt speziell die **Gegenkopplung** den interessanteren Fall mit diversen Variationsmöglichkeiten dar (vgl. *Niemeyer* 1977, 161-164):

- Bei der *Sollwertregelung* kompensiert der Regler Abweichungen des Istwertes vom Sollwert der Zustandsvariablen. Bei der *vollkommenen* Sollwertregelung kompensiert er sowohl Unterschreitungen als auch Überschreitungen des Sollwertes. Die *unvollkommene* Sollwertregelung wirkt hingegen *entweder nur* bei Unterschreitungen *oder nur* bei Überschreitungen des Sollwertes.
- Die *Grenzwertregelung* kompensiert Abweichungen des Istwertes vom Gleichgewichtswert der Zustandsvariablen, und zwar im Hinblick auf einen *oberen Grenzwert* oder einen *unteren Grenzwert*. Die Grenzwertregelung geht von der Existenz eines natürlichen Maximal- oder Minimalwertes für die Zustandsgröße aus.
- Eine weitere Regelungsform besteht darin, einen vorgegebenen Wert möglichst weitgehend zu vermeiden. Eine solche *Antisollwertregelung* dient speziell der Vermeidung des „stuck in the middle"-Problems.

Alle drei Formen der Sollwertregelung (Abbildung 3.12) können als Festwertregelung (Führungsgröße ist im Betrachtungszeitraum konstant) und als Folgeregelung (Führungsgröße ist variabel) auftreten.

Auf Organisationen übertragen bedeutet dies einerseits das Vorhandensein eines großen Alternativenraumes der Regelungsformen. Andererseits ergibt sich jedoch die Konsequenz, daß für die Regler in der Konzeptionierungsphase jeweils genau definiert werden muß, welche Regelungsform angewendet werden soll.

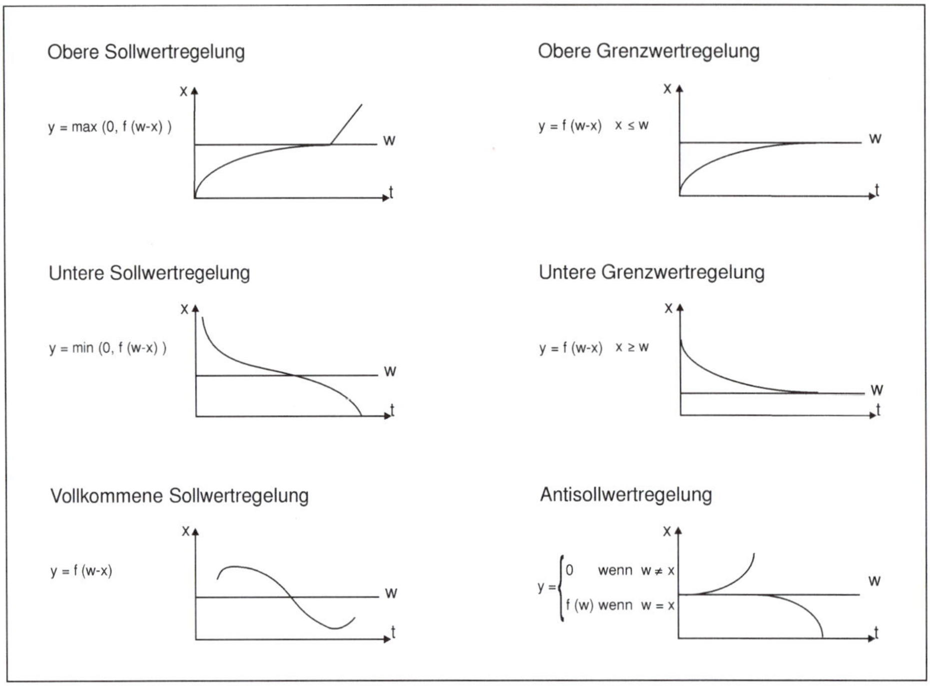

Abbildung 3.12: Grenzwert- und Sollwertregelung (nach Scholz 1981, 190)

3.3.1.1.2 Partialmodelle der Zustands- und Stellgrößenseite

Die *Strategische Organisation* erfordert eine informationsflußbezogene Führung. Bei den entsprechenden Reglermodellen ist zu unterscheiden zwischen

– den *Partialmodellen* der auf der rechten Seite des Regelkreises dargestellten *Zustandsgrößenseite*, die Informationen von der Regelstrecke zum Regler senden, und
– den *Partialmodellen der Stellgrößenseite* (links), die Aussagen über die vom Regler zur Regelstrecke gesendeten Informationen machen.

Die nachfolgend dargestellten Partialmodelle (vgl. *Scholz* 1981, 25-35), die sich auch den bekannten „Management by . . .“-Konzepten der Führung zuordnen lassen, unterscheiden sich in der Art der weitergegebenen Information, nicht aber danach, womit Regler und Regelstrecke konkret besetzt sind oder wie die Informationsübermittlung geschieht.

Das nachfolgende Beispiel unterstellt eine Führungshierarchie aus einem Regler R1 (zum Beispiel ein Meister) und einer Regelstrecke RS1. Letztere besteht wiederum aus einem Regler R2 (zum Beispiel ein Vorarbeiter) und einer Regelstrecke RS2 (zum Beispiel ein Arbeiter und eine Maschine).

Will der hierarchisch höhere Regler R1 den Zustand der Regelstrecke RS2 überwachen, hat er über die **Zustandsgrößenseite** zwei Alternativen:

- Beim *Management by Exception* (MbE) erfolgt eine fallweise Meldung über die Zustandsvariable, wenn diese eine vordefinierte Bandbreite verläßt. Solange die Zustandsvariable sich innerhalb dieses Bereiches bewegt, unterbleibt jegliche Nachricht an übergeordnete Regler.
- Beim *Management by Results* (MbR) erfolgt dagegen eine regelmäßige Berichterstattung über die Zustandsvariable, und zwar abhängig von (vorher) definierten Zeitintervallen. Der Extremfall ist die ununterbrochen laufende Realtime-Überwachung.

Geht es um regelnde Aktionen des Reglers R1 bezüglich der Regelstrecke RS2, ergeben sich vier Modelle für die **Stellgrößenseite**:

- Beim *Direkten Eingriff* (DirE) greift der Vorgesetzte R1 zur Unterstützung von Regler R2 direkt in den Aufgabenbereich des Untergebenen (Regelstrecke RS2) ein.
- Beim *Management by Decision Rules* (MbDR) gibt die obere Führungsebene R1 ihren untergebenen Stellen (alternativ oder zusätzlich zu den Zielen) Entscheidungsregeln darüber vor, welches Verhalten in welcher Situation gewählt werden soll.
- Beim *Management by Objectives* (MbO) verändert R1 die Führungsgröße des hierarchisch auf der nächst tieferen Stufe angeordneten Reglers R2 durch Zielvorgabe.
- Beim *Partizipativen Management by Objectives* (PMbO) legen R1 und R2 die für den Regler R2 zu geltende Zielgröße gemeinsam fest. Diese Zielvereinbarung gilt danach allerdings als fest.

In Abbildung 3.13 werden diese Modelle gegenübergestellt.

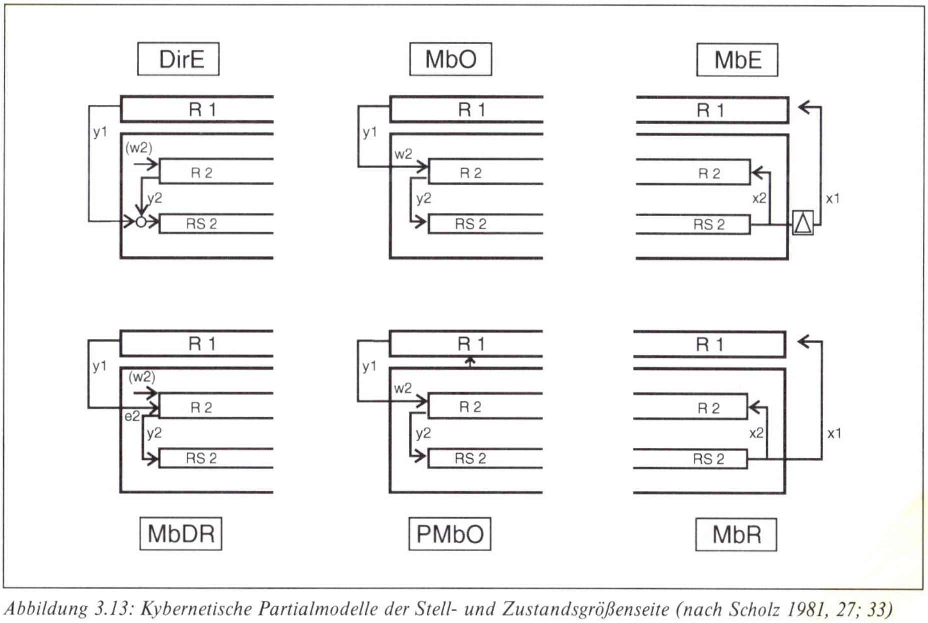

Abbildung 3.13: Kybernetische Partialmodelle der Stell- und Zustandsgrößenseite (nach Scholz 1981, 27; 33)

Entscheidend für den Erfolg ist die sinnvolle Zusammenführung von Information über den Zustand des organisatorischen Systems und der Veranlassung von Handlungen. Ein Beispiel ist die **Kombination** von Management by Exception mit dem direkten Eingriff, kurz zu charakterisieren als Subsidiaritätsprinzip. Dies bedeutet, daß (nur!) dann, wenn auf der Regelstrecke RS2 eine als außergewöhnlich einzustufende Entwicklung eintritt, der obere Regler selbst eingreift. Verursacht beispielsweise eine Störgröße in Form einer Grippewelle eine Reduktion des Produktionsergebnisses in der Regelstrecke und ist der direkte Vorarbeiter als Regler R2 nicht in der Lage, dieses Ergebnis durch entsprechende Maßnahmen zu korrigieren, so erfolgt eine Meldung an den übergeordneten Regler R1 (zum Beispiel einen Meister), der dann auf diese Meldung mit einem direkten Eingriff auf die untere Regelstrecke RS2 reagiert.

3.3.1.2 Verhaltensformen von Regler und Regelstrecke

Für die Reaktionsmöglichkeit der **Regelstrecke** auf die Regleraktivität gibt es zwei Grundformen:

- Bei der *Verzögerung* („Delay") reagiert die Regelstrecke zeitlich abgestuft auf den Input.
- Bei der *Totzeit* („Lag") schlägt der Input nach einer wirkungslosen Frist in vollem Umfang auf die Regelstrecke durch.

Ein Beispiel für eine Delay-Funktion ist die graduelle Anpassung der Raumtemperatur an die Temperatur einer Wärmequelle; ein Totzeitverhalten liegt dann vor, wenn der Verstärker einer Stereoanlage nach einer Schaltzeit von einer Sekunde „schlagartig" die voreingestellte Leistung erbringt.

In ähnlicher Form existieren mathematisch formalisierbare Modelle des **Reglerverhaltens** (vgl. dazu *Niemeyer* 1977, 182-194):

- Beim *differentialen Verhalten* bildet der Regler die Stellgröße aufgrund der Veränderungsgeschwindigkeit der zu regelnden Zustandsgröße.
- Beim *proportionalen Verhältnis* wird die Stellgröße unmittelbar aus dem Wert der Zustandsgröße bestimmt.
- Beim *integralen Verhältnis* ergibt sich die Stellgröße aufgrund des (Zeit-)Integrals über den Verlauf der Zustandsgröße.

Beide Verhaltensparameter verdeutlichen, daß die Regelung komplexer Systeme überwiegend nicht determinierbar ist. Selbst wenn ein System eingeregelt erscheint, ist damit nicht sichergestellt, daß es nicht aus dem Gleichgewicht geraten kann, wenn sich etwa bisher verborgene Delays auswirken. Dies bedeutet für die *Strategische Organisation*, daß eine ständige Beobachtung des organisationalen Systems auf unabhängige und abhängige Variablen hin und deren zeitliche und quantitative Verknüpfung dringend erforderlich ist; Sicherheit ist in diesem Zusammenhang eine Illusion.

3.3.1.3 Strategiehierarchie

Die Regelkreistheorie unterstellt mit ihrer Regelkreishierarchie ein spezifisches Strategieverständnis, was vor allem in Organisationen deutlich wird, die zwischen verschiedenen Strategieebenen differenzieren (vgl. *Hofbauer* 1991, 132-133).

In diesem Fall läßt sich die Strategiehierarchie als streng rekursives Regelkreissystem darstellen (Abbildung 3.14): Als hierarchisch höchster Regler R1 fungiert die gesellschaftspolitische Grundstrategie, als Regler R2 die Unternehmensstrategie und als Regler R3 die Geschäftsbereichsstrategie. Die Funktionalstrategie stellt die Basisregelstrecke RS dar. Die Informationsbeziehungen zwischen den Strategieebenen sind auf die Stellgrößenseite als Management by Decision Rules oder Partizipatives Management by Objectives, auf der Zustandsgrößenseite als Management by Exception zu institutionalisieren, wobei auch der Direkte Eingriff auf die Basisregelstrecke möglich ist. Das Verhalten der Organisation ist die Störgröße, die auf die Basisregelstrecke der Funktionalstrategie wirkt.

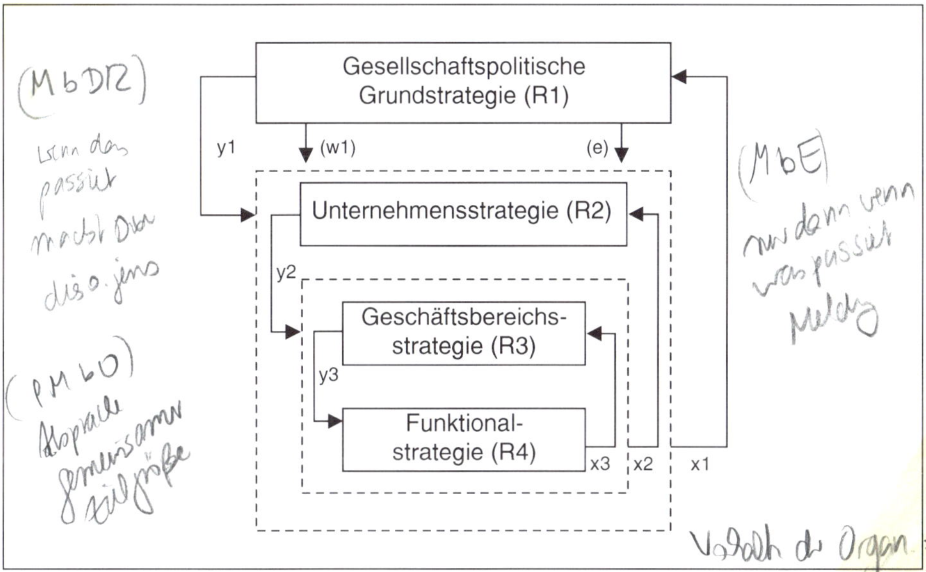

Abbildung 3.14: Regelkreishierarchie eines Strategiesystems (nach Hofbauer 1991, 133)

Die hierarchischen Interaktionsbeziehungen implizieren ein sukzessives Konkretisieren und Umsetzen der Führungsgrößen aus der gesellschaftspolitischen Grundstrategie auf die Ebene der Unternehmensstrategie und die nachgelagerten Ebenen: So richtet die Unternehmensstrategie Führungsgrößen auf die Geschäftsbereichsstrategie, die Geschäftsbereichsstrategie auf die Funktionalstrategie.

Dieses Strategieverständnis entspricht dem **pragmatisch-präskriptiven** Ansatz, kombiniert mit einem reinen top-down-Vorgehen. Grundsätzlich lassen sich auch komplexe Strukturen – einschließlich des Netzwerkmodells – abbilden, allerdings nur mit verhältnismäßig großem Aufwand.

3.3.1.4 Bewertung: Regelkreise als Handlungsunterstützung

Zusammenfassend kann die Bedeutung der Betriebskybernetik für organisationales Handeln sowohl in deskriptiver als auch präskriptiver Hinsicht gesehen werden. Betrachtet man die Betriebskybernetik in ihrer spezifischen **Funktionalität**, so liefert sie für die *Strategische Organisation* in vierfacher Weise Hilfestellung:

1. *Modelltheoretisch* erlaubt sie es, auch komplexe Regelungsbeziehungen abzubilden, wobei bereits das graphische Modell wichtige Hinweise auf das Systemverhalten gibt.
2. Im *Simulationslauf* ermöglicht ein Regelkreismodell, das Einschwingverhalten und die Regelgröße des abgebildeten Systems zu bestimmen.
3. Für Kybernetikexperten ist es in Einzelfällen möglich, *mathematisch* das Systemverhalten zu durchdringen.
4. Gerade die *Partialmodelle von Zustands- und Stellgrößenseite* unterstützen die Führenden in Organisationen bei der bewußten Konkretisierung von Leitungsbeziehungen.

Speziell die modelltheoretische Durchführung (1.) und die Explikation von Leistungsbeziehungen (4.) sind zentrale Anwendungsmöglichkeiten der Betriebskybernetik, die sich auf menschliche wie auch computermäßige Systeme beziehen.

3.3.2 Implizite Regelkreistheorie: Neue Institutionenökonomik

> *The main reason why it is profitable to establish a firm would seem to be that there is a cost of using the price mechanism. The most obvious cost of „organising" production through the price mechanism is that of discovering what the relevant prices are. This cost may be reduced but it will not be eliminated by the emergence of specialists who will sell this information. The costs of negotiating and concluding a separate contract for each exchange transaction which takes place on a market must also be taken into account. (Coase 1937, 390-391)*

Charakteristisch für die Betriebskybernetik ist die Diskussion von Steuerungsmechanismen, die das Verhalten der Regelstrecke in eine vorgegebene Richtung optimieren. Die „Neue Institutionenökonomik" als relativ junger Zweig einer interdisziplinär ausgerichteten Mikroökonomik befaßt sich ebenfalls mit dem Aufbau von steuerungsrelevanten Institutionen. Geklärt werden soll, wie effiziente Organisationen aufzubauen sind und welche Steuerungsmechanismen sich anbieten. Dabei entstammen die betrachteten Institutionen einer breiten Alternativenmenge, die von „Markt" bis zu „Organisation" reicht.

Ronald H. Coase	*Geb. 1910* *Britischer Volkswirt, Begründer der Neuen Institutionenökonomik, von 1964 bis 1982 Professor an der University of Chicago Law School, Nobelpreis für Wirtschaftswissenschaften 1991.* *Hauptaufsätze: The Nature of the Firm (1937); The Problem of Social Cost (1960).*

Die Neue Institutionenökonomik geht überwiegend auf *Coase* (1937; 1960) zurück, der sich die Frage stellte, warum es überhaupt Firmen als Institution gibt und warum man nicht sämtliche ökonomischen Verträge über den Markt mittels Kaufverträgen regelt und warum es, wenn Firmen nötig sein sollten, nicht nur eine große Firma gibt, sondern mehrere Firmen.

Die Neue Institutionenökonomik will Struktur, Verhalten sowie Wandel von ökonomischen Institutionen erklären, geleitet von einem – der Betriebskybernetik sehr ähnlichen – modellbasierten Erkenntnisinteresse, das sich auf **zwei Grundfragen** reduzieren läßt (vgl. *Ebers/Gotsch* 1993, 193):

- Welche (alternativen) Institutionen haben bei welchen Arten von Koordinationsproblemen des ökonomischen Austausches die relativ geringsten Kosten zur Folge, und welche sind effizient?
- Wie wirken sich die Koordinationsprobleme, die Kosten und die Effizienz von Austauschbeziehungen auf die Gestaltung und den Wandel von Institutionen aus?

Die Neue Institutionenökonomik stützt sich dazu im wesentlichen auf **drei Teil-Theorien**:

– die Transaktionskostentheorie,
– die Theorie der Verfügungsrechte (Property-Rights-Theory) und
– die Principal-Agent-Theory,

die in einem engen Zusammenhang zueinander stehen.

3.3.2.1 Die Transaktionskostentheorie

„Transaktionen" finden immer statt, wenn Verfügungsrechte an Gegenständen oder Leistungen über eine spezifische Schnittstelle hinweg übertragen werden. Ziel der Transaktionskostentheorie ist es, die dabei zu planenden Ressourcen optimal einzusetzen.

Oliver Eaton Williamson	*Geb. 1932* *Amerikanischer Professor für Wirtschaft, Hauptvertreter der Neuen Institutionenökonomik, insbesondere Transaktionskostenansatz, indem er die Ideen von Coase wieder aufnimmt und weiterentwickelt.* *Hauptwerke: Markets and Hierarchies: Analysis and Antitrust Implications (1975); The Economic Institutions of Capitalism (1985).*

Das Grundmodell der Transaktionskostentheorie (Abbildung 3.15) läßt sich über **sieben Bausteine** beschreiben (vgl. *Picot* 1982, 270-273; *Williamson* 1985; *Hill* 1990; *Ebers/Gotsch* 1993, 216-233):

1. Für die Transaktionspartner gelten drei spezielle *Verhaltensmerkmale*, nämlich begrenzte Rationalität (unter anderem wegen ihrer Informationsverarbeitungszeit), Opportunismus im Hinblick auf Maximierung des eigenen Nutzens und Risikoneutralität.
2. Die *Zielobjekte* sind die Transaktionen, die eine Übertragung von Rechten an einem Gut oder einer Leistung darstellen.
3. Die *Transaktionen* weisen *kostenwirksame Charakteristika* auf (z.B. Häufigkeit der Transaktion oder Unsicherheit).
4. Für diese Transaktion gibt es mehrere Formen *institutioneller Arrangements* mit jeweils spezifischen rechtlichen Rahmenvorgaben, nämlich die Abwicklung der Transaktion über den Markt als permanenter Aushandlungsmechanismus von Kaufverträgen, über die Organisation als feststehende Struktur aus Arbeitsverträgen und über „hybride" Zwischenformen (z.B. langfristige Verträge).
5. Die *institutionellen Arrangements* weisen ebenfalls *kostenwirksame Charakteristika* auf. So weist beispielsweise der Markt die stärkste Anreizintensität, das heißt Anreize zum sparsamen Ressourceneinsatz und zur Vermeidung opportunistischen Verhaltens auf,

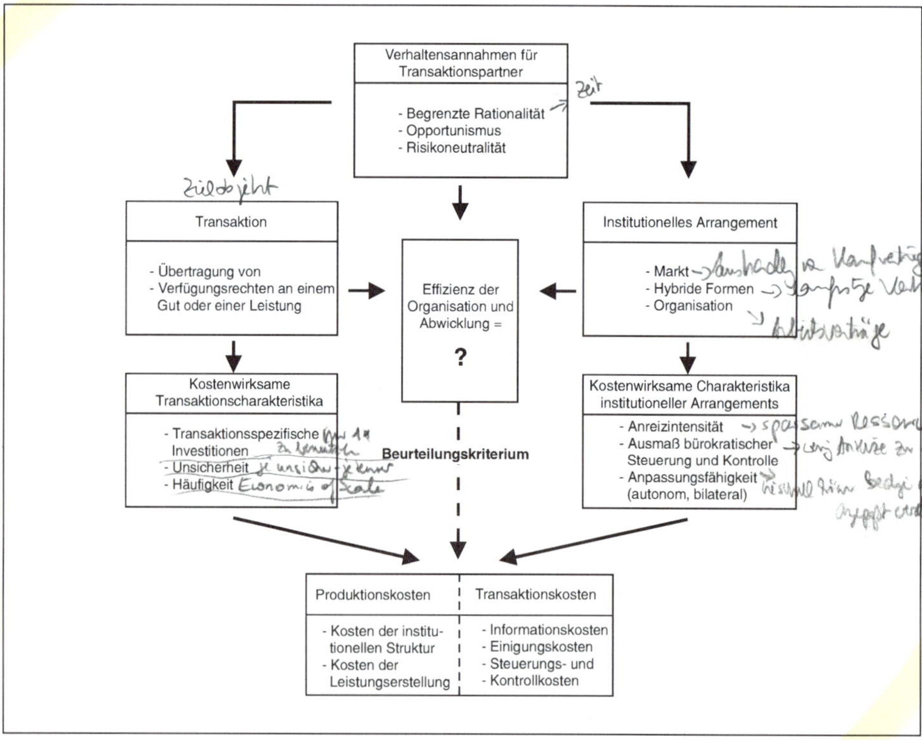

Abbildung 3.15: Grundmodell der Transaktionskostentheorie (modifiziert nach Ebers/Gotsch 1993, 227)

während die Organisation sich vor allem durch transaktionskostenintensive Verhaltenskontrolle mittels bürokratischer Steuerung auszeichnet, gleichzeitig aber kostengünstige „Vertragsanpassungen" (über interne Absprachen und hierarchische Weisungen) zuläßt.

6. *Transaktionskosten* umfassen die Kosten der Abwicklung und Organisation einer Transaktion, beispielsweise Informations-, Einigungs- und Kontrollkosten.
7. Zu den *Produktionskosten* zählen die Kosten für den Ressourcenverzehr der Leistungserstellung.

Je nach abzuwickelnder Transaktion und gewähltem institutionellen Arrangement ergeben sich also unterschiedliche Produktions- und Transaktionskosten. Gesucht wird bei einer gegebenen Transaktion dasjenige institutionelle Arrangement, bei dem die Summe aus Produktions- und Transaktionskosten minimal ist.

Der **Nutzen** der Transaktionskostentheorie liegt in der Erweiterung der Perspektive der Organisationsforschung hinsichtlich (vgl. *Ebers/Gotsch* 1993, 234-235)

- zentraler Fragestellungen, etwa der nach dem Grund für die Existenz von Organisationen,
- neuer Erklärungsfaktoren wie Art und Ausmaß transaktionsspezifischer Investitionen,
- der zu erklärenden Phänomene, insbesondere interorganisationaler Beziehungen,
- der interdisziplinären Ausrichtung der Erklärungsansätze;

zudem gelten ihre Thesen als überwiegend empirisch bewährt.

Kritisiert werden am Transaktionskostenansatz die unscharfen Begriffsdefinitionen, die Konzeption der Transaktionskosten sowie der Effizienzmaßstab. Darüber hinaus wird eine fehlende Anwendbarkeit auf die organisationsinterne Gestaltung von Organisationsstrukturen bemängelt: Obwohl die Frage nach Markt versus Organisation bezüglich des Leistungsaustausches zwischen Anbieter und Nachfrager analysiert wird, findet eine Betrachtung von alternativen Hierarchiestrukturen in der Organisation noch nicht statt (vgl. *Frese* 1991, 16-17).

Die noch weitergehende, aktuelle Kritik an der Transaktionskostentheorie behauptet, daß Handlungsanweisungen durch die Transaktionskostentheorie für die Praxis sogar *falsch und gefährlich* sein können, da die zugrundeliegende *Logik* anzuzweifeln ist: Organisationen seien nicht reine Substitute zur Strukturierung effizienter Transaktionen für den Fall des Marktversagens, sondern sie besitzen einzigartige Vorteile zur Steuerung von Transaktionen wie zum Beispiel qualitative Aspekte der Transaktionsbeziehungen. Die Transaktionskostentheorie berücksichtigt diese Unterschiede nicht (vgl. *Ghoshal/Moran* 1996).

3.3.2.2 Die Theorie der Verfügungsrechte

Die Theorie der Verfügungsrechte oder Property-Rights-Theory (vgl. *Demsetz* 1967; *Alchian/Demsetz* 1973; *Gerum* 1992) befaßt sich mit den **Rechten einer Person**, ein Gut zu nutzen *(usus)*, zu verändern *(abusus)* oder seine Nutzungserträge einzubehalten *(usus fructus)*; zudem können Nutzungsrechte auch verkauft werden (vgl. *Tietzel* 1981, 210). Ziel der Theorie der Verfügungsrechte ist die Analyse der Wirkungen, die unterschiedliche Ausgestaltungen der Verfügungsrechte haben, und die Erklärung der Entstehung von unterschiedlichen Verfügungsrechten.

Nach der Theorie der Verfügungsrechte versucht jeder Akteur, seinen im Zusammenhang mit den Verfügungsrechten entstehenden **Netto-Nutzen**, definiert als Differenz zwischen den positiven Nutzeneffekten und den Kosten zu deren Erlangung, zu maximieren:

- Auf der einen Seite versucht er, sich möglichst uneingeschränkte (in der Sprache der Neuen Institutionenökonomik „unverdünnte") Verfügungsrechte zu *sichern*, also möglichst alle Nutzeneffekte aus den Verfügungsrechten aus einer Ressource auf seine Person zu konzentrieren.
- Auf der anderen Seite versucht er, die Kosten, die mit der Fixierung, Übertragung und Durchsetzung der Verfügungsrechte verbunden sind, zu *minimieren*.

Bei unterstelltem nutzenmaximierenden Verhalten wird der Akteur jeweils durchaus bereit sein, auf die Durchsetzung solcher Verfügungsrechte zu verzichten, bei denen der Nutzen aus den Rechten geringer ist als der zur Etablierung der Rechte nötige Aufwand. Dieser Aufwand zur Bestimmung, Übertragung und Durchsetzung von Verfügungsrechten wird Transaktionskosten genannt, wobei diese Definition enger ist als die der Transaktionskostentheorie (vgl. *Ebers/Gotsch* 1993, 195).

Werden die „Externalitäten", also Dritten entgeltfrei zufallende Nutzungsmöglichkeiten eigener Verfügungsrechte, zu groß, wird der Eigentümer der Verfügungsrechte versuchen, die Externalitäten zu „internalisieren". Dazu versucht er, eine Situation zu schaffen, in der für ihn die Kosten der Internalisierung (also die Transaktionskosten) geringer ausfallen als der damit verbundene Nutzen. Damit ist bereits das Ziel der Gewinnmaximierung selbst ein wesentlicher Anreiz zur Internalisierung externer Effekte beispielsweise in Unternehmen.

Wenn mehrere Organisationen erkennen, daß sie mehr Gewinn durch Koordinierung ihrer Tätigkeiten erzielen können, werden sie sich vertraglich zusammenschließen und auf diese Weise Transaktionen internalisieren, also Transaktionskosten sparen. Viele Organisationen haben die externen Effekte zwischen Produktionseinheiten, die sich gegenseitig beeinflussen, bereits internalisiert.

Der Fall des Obstgartens und des Bienenzüchters ist ein vielzitiertes Beispiel dafür: Es ist üblich, daß die Besitzer von Obstgärten Bienen zur Befruchtung ihrer Bäume halten. Dieser spezielle externe Effekt (Nutzung der Bäume durch Bienen fremder Imker) kann leicht internalisiert und damit der Nutzenentgang für den Eigentümer der Verfügungsrechte am Obstgarten verhindert werden.

Gesucht ist also eine optimale Allokation der Verfügungsrechte. Dabei gilt nach *Coase* (1960): Die *Effizienz der Endallokation* (Verhandlungslösung zur Übertragung von Verfügungsrechten und entsprechende Kompensationszahlungen) *hängt nicht von der anfänglichen Verteilung der Verfügungsrechte ab*; dies gilt allerdings nur dann, wenn die Verhandlungen ohne Transaktionskosten geführt werden können (*Coase-Theorem*).

Ein wichtiges **Anwendungsgebiet** für die Theorie der Verfügungsrechte ist die Analyse von Eigentumsformen, Unternehmensverfassungen oder Wandel von Organisationen: Organisationen folgen somit nicht nur mechanistisch ihren Produktionsfunktionen, sondern existieren auf Basis komplexer, durch Individuen konstruierter institutioneller Alternativen.

3.3.2.3 Die Principal-Agent-Theory

Ein dritter Teilbereich der Neuen Institutionenökonomik befaßt sich mit der Gestaltung des Vertrages zwischen einem **Auftraggeber** *(Principal)* und einem **Auftragnehmer** *(Agent)*. Der Agent erbringt Leistungen für den Principal, der ihn dafür bezahlt, Aufgaben anweist und kontrolliert. Principal und Agent haben unterschiedliche Nutzenfunktionen, die sie individuell verfolgen. Die zentralen Fragestellungen für die Principal-Agent-Theory sind je nach **Forschungsrichtung** unterschiedlich (vgl. *Elschen* 1991, 1006): Die *normative* Principal-Agent-Theory (oder Principal-Agent-Theory im engeren Sinne) will aus Annahmen durch logische Deduktionen und mathematisch gestützte Beweise Empfehlungen über die Gestaltung von Vertragsbedingungen ableiten. Die *positivistische* Principal-Agent-Theory will die institutionelle Gestaltung von Auftragsbeziehungen beschreiben und erklären. Die Kernfrage ist: Worin besteht die wirtschaftlichste vertragliche Gestaltung der Beziehung zwischen Auftraggeber und Auftragnehmer unter Bedingungen ungleicher Informationsverteilung und Unsicherheit sowie unter Berücksichtigung der Risikoverteilung?

Ausgegangen wird dabei von
- *Interessenorientierung* (gegebene, stabile, konsistente Präferenzen; Nutzenmaximierung des individuellen Nutzens; Opportunismus) und
- *Risikoorientierung* (unterschiedliche Risikoneigung der Handelnden; meistens ist der Auftraggeber risikoneutral und der Auftragnehmer risikoavers).

Eine wichtige Rolle spielt dabei die **asymmetrische Informationsverteilung**: Der Agent hat einen Informationsvorsprung vor dem Principal: Nur er weiß genau, welchen Input er tatsächlich leistet. Je größer somit die Informationsasymmetrie, desto größer ist die Gefahr für den Principal, daß der Agent die eigenen Interessen zum Nachteil des Principals verfolgt.

Im Idealfall kann sich der Principal die spezialisierte Arbeitskraft und den Informationsvorsprung des Agents zunutze machen. Obwohl der Principal wegen der asymmetrischen Informationsverteilung im Nachteil gegenüber dem Agent ist, profitiert auch er von der Leistungserstellung des Agents, denn letztlich sind beide Eigennutzenmaximierer. Gesucht ist dabei ein entsprechendes System, das den Agent zur Teilnahme motiviert und ihn dazu bringt, den eigenen Nutzen und gleichzeitig den des Principals zu maximieren.

Im Ergebnis führt dies dazu, daß durch einen Vertrag versucht wird, die den Principal gefährdenden Probleme durch den Agent in ihrer Wirkung abzuschwächen (Übersicht 3.5). Diese Vertragsgestaltung läßt sich als mathematisch-mikroökonomisches Modell formalisieren (vgl. z.B. *Petersen* 1989).

Agenturprobleme	**Empfehlung zur Vertragsgestaltung**
„hidden information"/„adverse selection": Der Agent verfügt über Informationen, die dem Principal nicht oder nicht kostenlos zur Verfügung stehen, so daß der Agent seine eigenen Interessen besser realisieren kann.	Je mehr Informationen der Principal zur Überprüfung des Agents hat, desto stärker wird der Agent die Interessen des Principals berücksichtigen. Ein Zugang zu solchen Informationen kann im Vertrag über Anweisungen und Kontrollen geregelt werden (explizite Verhaltensnorm).
„hidden action"/„moral hazard": Der Principal hat keine genaue Kenntnis der Handlungsalternativen und tatsächlichen Leistungen des Agents, so daß der Agent zu einer Reduzierung seiner Leistungsbereitschaft verleitet wird.	Je mehr sich die vertragliche Vereinbarung zwischen Principal und Agent auf Leistungsergebnisse richtet, desto stärker wird der Agent die Interessen des Principals berücksichtigen. Eine effiziente Anreizgestaltung besteht in der Ergebnisbeteiligung des Agents über Zahlungen (implizite Verhaltensnorm).

Übersicht 3.5: Agenturprobleme und ihre Berücksichtigung in Verträgen (zusammengestellt nach Hax 1965, 74-76; Ebers/Gotsch 1993, 207-209)

Die Principal-Agent-Theory wird insbesondere in ihrer normativen Forschungsrichtung massiv **kritisiert**: Die expliziten und impliziten Annahmen des Ansatzes über den Arbeitsvertrag, die Information, das Verhalten von Agents und die Meßbarkeit von zentralen Modellparametern wie Erfolg werden als „empirisch falsch, logisch unmöglich oder zumindest sehr unwahrscheinlich" (*Müller* 1995, 61) bezeichnet. Empfehlungen für eine praktische Anreizsystemgestaltung werden aufgrund der geringen Universalität des Ansatzes trotz der hohen mathematischen Präzision als nicht ableitbar angesehen. Dagegen hat die positivistische Forschungsrichtung die Organisationstheorie trotz der fehlenden Präzision und mathematischer Strenge der normativen Forschungsrichtung um ein besseres Verständnis von Bestimmungsgrößen für die Effektivität von Delegationsformen und Koordinationsmechanismen erweitert (vgl. *Elschen* 1991, 1006; *Breid* 1995, 821). Die wesentliche Funktion der Principal-Agent-Theory für die *Strategische Organisation* liegt in der Analyse der Steuerung individuellen Verhaltens über Anreizsysteme. Obwohl hier noch kein unmittelbarer Anwendungsbezug vorliegt, ist bereits die Konzipierung eines Referenzmodells ein wichtiger theoretischer Beitrag (vgl. *Frese* 1991, 31).

3.3.2.4 Vergleich der Teiltheorien

Die Teiltheorien der Neuen Institutionenökonomik sind auf die unterschiedlichsten Phänomene wie Eigentümerkontrolle versus Managerkontrolle oder Eigenbezug versus Fremdbezug von Leistungen angewandt worden und können einen wichtigen, da interdisziplinär ausgerichteten Erklärungsbeitrag zur Organisationstheorie leisten, wobei sie unterschiedliche Schwerpunkte aufweisen (Übersicht 3.6).

	Property-Rights-Theory	**Transaktionskosten-theorie**	**Principal-Agent-Theory**
Untersuchungs-gegenstand (Institution)	Gestaltung und Verteilung von Verfügungsrechten	Transaktionsbeziehungen	Principal-Agent-Beziehungen
Untersuchungseinheit	Individuum	Transaktion	Individuum
Verhaltensannahmen	individuelle Nutzenmaximierung	individuelle Nutzenmaximierung, begrenzte Rationalität, Opportunismus, Risikoneutralität	individuelle Nutzenmaximierung, moral hazard, adverse selection, beschränkte Rationalität, Risikobereitschaft und Risikoaversion
Gestaltungsvariable	Handlungs- bzw. Verfügungsrechtssystem	Koordinationsmechanismus	Vertrag
Perspektive	ex ante	ex ante und ex post	ex ante
Beschreibung der Austauschbeziehung	keine spezifische Beschreibung	Beschreibung mit Hinweis auf Häufigkeit und Unsicherheit der Transaktion und auf Problematik transaktionsspezifischer Investitionen	Beschreibung mit Hinweis auf ungleiche Informationsverteilung, die Verteilung von Risiken und bestehenden Unsicherheiten

Übersicht 3.6: Vergleich zwischen den Theorien der Neuen Institutionenökonomik (zusammengestellt nach Ebers/ Gotsch 1993, 240-242).

Die Neue Institutionenökonomik zählt deshalb zur impliziten Regelkreistheorie, weil sie organisatorisches Geschehen quasi mechanisch und kybernetisch interpretierbar regelt. Daher kann sie als einfacher Regelkreis dargestellt werden: Regelstrecken sind jeweils die Systeme von Verfügungsrechten oder Verträgen, Stellgrößen ergeben sich aus der Wahl bestimmter institutioneller Arrangements. Der Soll-Ist-Abgleich erfolgt über die betrachteten Kostengrößen mit dem Ziel einer minimalen Kostenstruktur (Abbildung 3.16).

Ähnlich wie die Betriebskybernetik beschäftigt sich auch die Neue Institutionenökonomik vorrangig mit der Regelkreisstruktur, wobei aber hier der konzeptionell-deskriptive Aspekt im Vordergrund steht. Die Vorgabe von Stellgrößen ergibt sich nicht emergent,

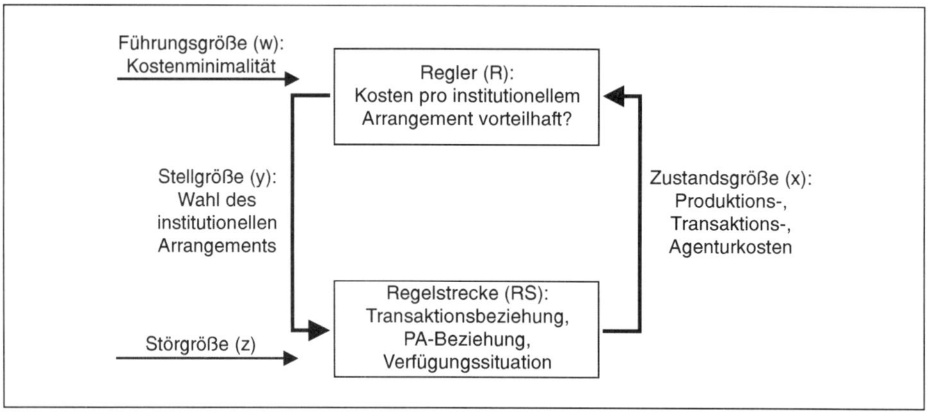

Abbildung 3.16: Die Neue Institutionenökonomik im Regelkreismodell

sondern ist tatsächlich aus dem Gewinnziel der Organisation abzuleiten und dadurch intendiert. Dennoch wird diese Kostenminimierung implizit geregelt, weil vordergründig verschiedene Kombinationen vertraglicher Elemente gestaltet werden: Man könnte daher auch von einem „structure follows legal aspects“ sprechen.

3.3.3 Konsequenz: Das Prinzip der strategischen Kybernetik

Der spezifische *Vorteil* der Organisationsperspektive des Regelkreises besteht in der bewußten Gestaltung der inhaltlichen Dimension der Beziehung zwischen den organisatorischen Einheiten. Oder um es zu vereinfachen: Wo beim Bezugsrahmen oder beim Uhrwerk lediglich eine Linie existiert, gibt der Kybernetiker an, ob es sich um eine Führungsgröße oder eine Zustandsgröße handelt. Die Konsequenz ist wiederum eine spezifische Sicht auf die Organisation, wonach Organisationen mit ausgeprägtem Vorwärtsdrang versuchen, Differenzen zwischen Soll- und Istwerten auszugleichen.

Die Regelkreis-Sichtweise hat als *Nachteil* die Gefahr der Vergangenheitsorientierung, da es sich letztlich bei der Anwendung eines Regelkreises immer um eine Maßnahme handelt, die auf Ereignisse der Vergangenheit reagiert. Dieses Problem läßt sich dadurch eingrenzen, daß die Regelkreis-Sichtweise weniger auf die Anwendung von Kontrollmechanismen abstellt als auf deren Konstruktion. Es bleibt aber ein Grundproblem: Die Kybernetik hilft allenfalls festzustellen, daß ein Umsatzziel nicht erreicht wurde. Sie selber schafft keinen Umsatz.

Prinzip der strategischen Kybernetik
Eine vitale Organisation verlangt die Führung mittels strategischer Kybernetik. „Strategische Kybernetik“ bedeutet die Nutzung hierarchischer Regelkreise als Kombination von aktueller Zustandskontrolle und Führungsimpuls-Übermittlung zur Optimierung der Steuerungsmechanismen organisationaler Aktivitäten.

3.4 Zusammenfassung

Alle drei Perspektiven der mechanischen Organisation betonen wichtige Teilaspekte eines organisatorischen Grundverständnisses, die für eine strategische Ausrichtung unverzichtbar sind. Unter der Perspektive der Bezugsrahmen wird das Grundgerüst der Organisation definiert, die Uhrwerks-Perspektive fokussiert auf die Prozeßgestaltung innerhalb der Strukturen, und die Regelkreis-Perspektive richtet das System auf Zielgrößen aus. Dennoch ist die Gesamtsicht eine rein mechanische, die eine Organisation in Analogie zu einer komplexen Maschine begreift.

Diese maschinenähnliche Organisation läßt sich zwar mit Hilfe des mechanischen Ideensystems bewegen und steuern, vernachlässigt wird bisher jedoch das Eigenleben der Organisation. Dieses Eigenleben gelangt erst durch das im nächsten Kapitel diskutierte Paradigma der Pflanze – also der „organischen" Organisation – in das Blickfeld.

3.5 Vertiefungsfragen

1. Stellen Sie die Beziehungen zwischen den Strukturen des Realsystems und denen des Weisungssystems her.
2. Welche unterschiedlichen Ausgestaltungen würden sich für eine funktionale Struktur ergeben, wenn im ersten Fall eine Kostenführerschafts-, im zweiten Fall eine Qualitätsführerschafts-Strategie verfolgt wird?
3. Welche Ängste können sich mit Business Reengineering verbinden?
4. Wovon hängt der Organisationsspielraum ab, den die mit einer Reorganisationsaufgabe betreuten Personen nutzen können?
5. ISO 9000 gilt als eine Alternative, Organisationen auf der Ebene der Uhrwerke zu verändern. Erläutern Sie diese Vorgehensweise vor dem Hintergrund der strategischen Prinzipien aus Kapitel 2.
6. Worin liegt der Unterschied zwischen Regelung und Steuerung?
7. Welche Bezüge lassen sich zwischen dem Transaktionskostenansatz und Benchmarking herstellen?
8. Woran erkennt ein Unternehmensberater, wann eine Organisationsstruktur geändert werden muß?
9. Welche Auswirkungen im konstruktivistischen Sinne hat die Existenz von Stäben auf die mögliche Prozeßorientierung einer Organisation?

4 Die organische Organisation

The firm is something organic, which intends to survive. (Beer 1972, 99)

Mit diesem Kapitel der *Strategischen Organisation* wird der Übergang zum biologisch-funktionalen Bereich der Boulding-Hierarchie vollzogen: Die Organisation wird nicht mehr nur hinsichtlich ihrer Bausteine und deren Verknüpfungen untersucht, sondern als lebender Organismus angesehen. Damit erfolgt die Einführung eines zusätzlichen Paradigmas, das gerade Wissenschaftlern und Praktikern, die sich ausschließlich auf die mechanische Perspektive konzentrieren, fremdartig und ablehnungsbedürftig erscheint: Sie perzipieren eben eine Organisation als Uhrwerk oder gut geölte Maschine, nicht aber als lebendes System.

Organisationen sind aber durchaus lebende Systeme: Sie durchlaufen Lebenszyklen und Wachstumsprozesse, vollführen Austausch- und Anpassungsprozesse gegenüber der Umwelt, sie verändern sich. Mit der Erforschung dieser komplexen, lebenden Systeme und dem Umgang mit ihnen befaßt sich unter anderem die Systemtheorie. Vom kybernetischen Standpunkt (vgl. *Maruyama* 1963) wird mit Kapitel 4 der Übergang von der Kybernetik I, die primär über Soll-Ist-Vergleich und Rückkopplung gleichgewichtserhaltende Prozesse behandelt, zur Kybernetik II erreicht. Sie sieht Ungleichgewichtszustände als normal an und befaßt sich deshalb mit Fragen der Instabilität und des organisatorischen Wandels.

4.1 Erforderliche Varietät

Only variety (. . .) can force down the variety (. . .); only variety can destroy variety. (Ashby 1956, 207)

Das erste Gestaltungsprinzip zur Organisationsperspektive der organischen Systeme befaßt sich mit der Umweltkomplexität, ausgedrückt in der Varietät, und mit den Möglichkeiten zum Umgang mit dieser Varietät, ausgedrückt in Mechanismen zur Varietätsreduktion und Varietätsgenerierung.

4.1.1 Grundidee

Versteht man unter **Varietät** die Anzahl möglicher Zustände eines Systems, so kann nach *Ashby* (1956, 206-213) und seinem Gesetz der erforderlichen Varietät ein System nur dann überleben, wenn dessen Lenkungsvarietät so hoch ist wie die Varietät der Systemumwelt: Varietät kann also nur durch Varietät bewältigt werden. Das ursprüngliche Konzept der Varietät nach *Ashby* stammt aus der Informationstheorie und impliziert die mathematisch-exakte Bestimmung der Varietät.

Betrachtet man drei Schreibtischlampen im Hinblick auf die möglichen Zustände „eingeschaltet“ und „ausgeschaltet“, ergibt dies eine Varietät von $2^3 = 8$. Will man diese drei Lampen mit einem einzigen Schalter steuern, so muß dieser acht verschiedene Stellungen zulassen: Die Varietät des Schalters als lenkendes System entspricht dann der Varietät der drei Schreibtischlampen, also des zu lenkenden Systems.

Diese mathematische Konzeption der Varietät ist vom Grundsatz her relativ einfach, nicht aber in ihrer Umsetzung. Vor allem aber entspricht sie in dieser Form ausschließlich der mechanischen Organisationsauffassung. Der Übergang zur lebenden Organisation erfolgt erst mit der Lösung der Frage, wie Organismen überhaupt in der Lage sind, mit der immensen Komplexität der Umwelt fertig zu werden.

Wenn man die Flut der Impulse betrachtet, die permanent auf einen Menschen eindringen, so könnte dieser nach dem Gesetz der erforderlichen Varietät nur dann überleben, wenn er intern im gleichen Ausmaß Varietät aufbauen und eine gleich hohe Lenkungsvarietät produzieren kann. Selbst bei Berücksichtigung der neuronalen Struktur des Gehirns ist dies aber nur schwer möglich: Das Gehirn kann nicht alle Eindrücke der Umwelt speichern, da es sonst zur Überlastung kommt. Das Gehirn muß die Flut an Informationen aggregiert verarbeiten, das heißt Komplexität reduzieren.

Wenn man einen Menschen jeden Tag sieht, sieht man ihn immer wieder mit unterschiedlichen Informationseindrücken (wie Verhalten oder Aussehen). Das Gehirn speichert jedoch nicht alle Einzeleinstellungen, sondern nur ein bestimmtes Grundbild dieses Menschen. Man kann also später nicht mehr genau sagen, welche Kleidung er trug, was er genau gesagt hat, wie er sich verhalten hat, ob er den rechten Arm erhoben hatte und so fort.

Um mit dieser Komplexität sinnvoll umzugehen, verfolgen organische Systeme simultan zwei verschiedene Strategien:

Auf der einen Seite sind sie permanent bemüht, die Varietät der Umwelt zu reduzieren. Diese **Varietätsreduktion** geschieht durch *Informationsselektion*, indem nur bestimmte Zustandsvariablen als relevant angesehen werden, sowie durch vereinfachend modellbildende Vorgänge der Realität: Das System reagiert demnach nicht auf die eigentliche Varietät der Umwelt, sondern in Abhängigkeit von der Ausprägung seines internen Modells. Diese Fähigkeit zur *internen Modellbildung* ist auch nach *Boulding* (1956, 203-204) ein wichtiger Schritt in Richtung auf Lebensfähigkeit. Ferner versuchen sie, in den vielfältigen Umweltzuständen ein *Gesetz* zu erkennen, das dann eine Prognose des Verhaltens zuläßt, und so ebenfalls Varietät reduziert. Lebende Systeme *beeinflussen* auch aktiv die Umwelt, indem sie Begrenzungen *(constraints)* setzen und dadurch Varietätswerte der Umwelt reduzieren. Solche Constraints in Form von Normen, Konventionen schränken die potentiell möglichen Zustände der Problemsituationen der Umwelt ein (vgl. *Gomez* 1981, 54).

Auf der anderen Seite versuchen lebende Systeme, die Varietät im eigenen Aktionsraum zu vergrößern. Diese **Varietätsgeneration** setzt bewußte Gestaltungsmaßnahmen voraus, nämlich Ausprägungsvielfalt durch Interdependenzvielfalt zu ergänzen oder ersetzen. Je größer die Zahl der Ausprägungen vorhandener Systemeinheiten ist, desto größer wird der Aktionsraum. Noch größere Varietät wird durch die Interaktionen zwischen diesen Systemeinheiten generiert (vgl. *Malik* 1992, 211-228). Auf die Organisation übertragen bedeutet dies, den Organisationsmitgliedern Handlungs- und Interaktionsspielräume einzuräumen. Es findet dann keine strikte funktionale Aufgabenzuweisung verbunden mit einengenden Verhaltensregeln statt. Vielmehr gilt es, Aufgaben im Zusammenhang zu bearbeiten und problembezogen Arbeitsgruppen zu bilden. Auf diese Weise können die Organisationsmitglieder nach dem Baukastenprinzip ihr Fachwissen für eine konkrete Aufgabe einbringen und situativ interagieren.

> Ein Beispiel für Varietätsgeneration sind Sonderausstattungen für Autos: So kann beispielsweise *VW* beim Golf durch die verschiedenen Sonderausstattungen sowie die Farben und Motoren so viele verschiedene Autotypen produzieren, daß selbst die entsprechende Abteilung die genaue Zahl der Möglichkeiten nicht in Erfahrung bringen kann.

Weiterhin müssen Kommunikationskanäle auf- beziehungsweise ausgebaut werden, damit Informationen über die Problemsituation nicht unvollständig oder gar falsch ankommen und Korrekturanweisungen zur entsprechenden Stelle gelangen (vgl. *Gomez* 1981, 55-56): Diese Koordinationsfrage wird durch den Aufbau eines redundanten Informationsnetzwerks gelöst, das durch die Vielzahl vorhandener Kanäle auch kleine Störungen kompensieren kann.

Damit organische Systeme tatsächlich ihre Lebensfähigkeit sichern, brauchen sie somit sowohl die Fähigkeit, Umweltvarietät zu reduzieren, als auch die Fähigkeit zur Schaffung einer entsprechend hohen Eigenvarietät (Systemvarietät). Dies setzt allerdings eine zusätzliche Strategie voraus, um eine **optimale Kombination** dieser beiden Aktionsausrichtungen sicherzustellen.

> Beim American Football hat die Angriffsmannschaft eine für die Verteidigung eigentlich unüberschaubare Menge an Spielzügen. Deshalb reduziert die Abwehr Komplexität durch Reduktion der Spielzüge auf Grundmuster, erhöht die eigene Varietät durch multifunktionalen Einsatz von Spielern. Zudem versucht sie, die gegnerische Angriffsmannschaft in ihrer Alternativenmenge zu begrenzen, beispielsweise durch Einleiten eines „Blitzes" oder durch bestimmte Verteidigungsstellungen.

4.1.2 Der Münchner Ansatz

Ein Ansatz, der sich mit der sinnvollen Handhabung von Komplexität befaßt, ist die **evolutionäre Führungslehre** von *Kirsch* (1985; 1992). Dieser nach der Heimatuniversität benannte „Münchner Ansatz" geht davon aus, daß Organisationen nicht bewußt gesteuert und beliebig verändert werden können, weil sie zu komplex sind. Diese Komplexität ergibt sich daraus, daß Individuen ein individuelles Problemlösungsverhalten haben. Die Problemwahrnehmung und -deutung durch Individuen wird stark durch den jeweiligen Kontext geprägt. Situations- beziehungsweise Problemdefinitionen sind also kontextspezifisch und liefern zudem jeweils nur eine partielle Sicht des Gesamtkontextes beziehungsweise der Gesamtsituation.

Auf diese Weise entstehen unterschiedliche Lösungen, ohne daß eine gesamthafte, konsistente Sicht der Situation vorhanden ist. Muß eine Entscheidung gefällt werden, treffen diese partiellen Definitionen aufeinander und führen zu einem Verständigungsproblem. Komplexität wird dadurch nicht bewältigt, wohl aber durch die Verneinung ihrer Problematik noch vergrößert. Daraus ergibt sich die Frage, wie die Organisation dieses Verständigungsproblem lösen, wie sie die kontextspezifischen Situationsdefinitionen koordinieren kann.

Der Münchner Ansatz fordert jedoch nicht etwa das Vermeiden von Komplexität. Vielmehr wird explizit ihre **Bejahung** propagiert (vgl. *zu Knyphausen(-Aufseß)* 1991; *Kirsch* 1992). Dies führt zur Vorstellung, durch betriebswirtschaftlichen Pluralismus eine erhöhte Problemlösungsfähigkeit zu erzielen, bei dem die Organisationsleitung (vgl. *Kirsch* 1985)
- durch *kommunikatives Handeln*, wie es *Habermas* (1985) versteht, Verständigung in komplexen Situationen anstrebt und Handlungspläne abstimmt, um die Umweltkomplexität zu bewältigen,
- geduldig auf Entscheidungsgelegenheiten *wartet*, in denen vernünftiges Handeln möglich und Verständigung mit anderen durch Handeln nützlich ist,
- rein zweckrationales Handeln in Frage stellt und sich auf die jeweilige Situation *einstellt*, um so die eigene Aktionsvarietät zu vergrößern.

Eine solche bewußte Bejahung der Komplexität und ihre Bewältigung durch einen varietätsentsprechenden Pluralismus führt dann zwangsläufig zu einem eher evolutionären Führungsverständnis, das ohne klare Planungsstrukturen einen akzeptierenden Umgang mit der Ambiguität fordert.

Nach Ansicht der Kritiker (z.B. *Kieser* 1993a, 275-276; 1994, 211-215) hat dieses Vorgehen aber durchaus seine **Schwächen**:
- So sehen die Autoren selbst ihren Ansatz als Grundlagenforschung, deren Anwendung in der Praxis bislang aber noch nicht überzeugend gelungen scheint. Für die Beratungspraxis fordern sie eine weitgehende Beteiligung der jeweils vom Problem betroffenen Personen, wobei der Berater den Prozeß der Problemlösung lediglich moderiert, während die Organisationsmitglieder die Lösung selbst finden sollen. Der Berater liefert als Hilfestellung Methoden der Problemlösung und hilft den Organisationsmitgliedern, bestehende Verhaltensmuster aufzubrechen und zu überwinden. Diese Vorgehensweise unterscheidet sich damit jedoch nicht gravierend von herkömmlichen Ansätzen der Unternehmensberatung.

- Die Forderung nach verständnisorientiertem Handeln trifft auf die in der Praxis noch immer vorherrschenden formalen Regelmechanismen. Organisationsmitglieder kommunizieren unter Vorbehalt, da formale Regelungen informelle Kommunikation überlagern.
- Nicht alle Systeme sind verständnisorientiertem Handeln zugänglich. Komplexe Systeme wie Kostenrechnung oder Organisationsstrukturen lassen sich nur schwer durch selbstorganisierende, verständnisorientierte Prozesse gestalten.
- Schließlich bleibt auch unklar, wie dem Manager die „richtige Einstellung“ vermittelt werden kann.

Aus diesen Kritikpunkten ergibt sich eine nur **eingeschränkte Gültigkeit** für die Anwendung varietätsbezogener Konzepte wie des Münchner Ansatzes auf die Organisation: Es bleibt offen, ob die Entwicklung von Organisationen, die sich nach dem Münchner Ansatz richten, fortschrittlicher verläuft als die anderer Organisationen (vgl. *Kieser* 1993a, 276). Allerdings ändert diese Kritik nichts an der Bedeutung des Postulates nach Varietätsentsprechung als Grundbedingung für lebensfähige Systeme, sondern unterstreicht vielmehr seine Wichtigkeit.

4.1.3 Konsequenz: Das Prinzip der erforderlichen Varietät

Die Bedeutung liegt in der Erkenntnis, daß wir ein System immer nur insoweit unter Kontrolle haben, als es uns gelingt, es daran zu hindern, sich in Zustände zu bewegen, zu denen es grundsätzlich in der Lage ist, die uns aber nicht wünschbar erscheinen. (Malik 1992, 191)

Die gegebene Komplexität der Umwelt kann nur unter Kontrolle gebracht werden, wenn die Organisation der Varietät der Organisationsumwelt ein adäquates Maß an eigener Varietät entgegenstellt, die Organisation also das Prinzip der erforderlichen Varietät berücksichtigt.

Prinzip der erforderlichen Varietät
Eine vitale Organisation verlangt Entsprechung von Umweltvarietät und Lenkungsvarietät. „Entsprechung“ wird mittels zweier Mechanismen hergestellt: einerseits durch Vergrößerung der Varietät des organisatorischen Aktionsraumes über die Ergänzung oder Substitution von Ausprägungsvielfalt durch Interdependenzvielfalt, andererseits durch Verringerung der Varietät der Umwelt über Informationsselektion beziehungsweise Komplexitätsreduktion.

Das Prinzip der erforderlichen Varietät impliziert damit in Analogie zum Organismus eine bewußte Thematisierung des Problems der Varietät und die Formulierung entsprechender Strategien zu deren Bewältigung. Auf diese Weise kann die *Strategische Organisation* auf die große Anzahl möglicher Umweltzustände mit einer angemessenen Anzahl von Aktionsvarianten reagieren.

4.2 Externinduzierte Selbstorganisation

> *Die übermaschinellen Fähigkeiten aller Lebewesen bestehen darin, daß sie die an den Maschinen von Menschen ausgeübten Tätigkeiten mit einschließen. (. . .). Sie erbauen ihre Körpermaschine selbst, sie leiten ihren Betrieb selbst, und sie nehmen selbst Reparaturen vor. Ich schlage deshalb vor, die lebende Zelle ein „Autonom" zu nennen. Die Eigengesetzlichkeit, d.h. die Abhängigkeit von einer eigenen Regel, ist ein wesentliches Kennzeichen des Lebendigen (. . .). (v. Uexküll 1928, 97; 118)*

Wichtig ist für die *Strategische Organisation* nicht nur, daß sie über eine angemessene Anzahl von Aktionsvarianten verfügt, mit deren Hilfe sie die Komplexität der Umwelt bewältigt. Wichtig sind auch die Prozesse, die dazu führen, daß die Organisation sich die Ordnung schafft, die sie benötigt, um die vorhandenen Aktionsvarianten entsprechend den Umweltherausforderungen einzusetzen. Damit beschäftigt sich das zweite Gestaltungsprinzip der organischen Organisationsperspektive.

4.2.1 Grundidee

Ein zentrales Merkmal lebender Systeme ist auch die Fähigkeit zur Selbstorganisation, gesehen als die Gesamtheit aller Prozesse, die sich von selbst in einem System einstellen und Ordnung entstehen lassen (vgl. *Probst* 1992b, 2255). Eine solche Selbstorganisationsfähigkeit ist vor allem dann von Bedeutung, wenn weitgehend auf eine Zentralinstanz zur Lenkung verzichtet wird.

Organisationen pressen auftretende Probleme allerdings noch immer in ein formales Lösungsschema; Probleme werden nach bestimmten Regeln angegangen. Aus diesem Grund stellt das Konzept der Selbstorganisation eine besondere Herausforderung für streng formal organisierte Systeme dar.

> Die Umsetzung der Selbstorganisation findet sich unter anderem im Konzept teilautonomer Arbeitsgruppen (vgl. z.B. *Bartölke* 1992). Der Aufgabenbereich der Arbeitsgruppen wird erweitert und neu strukturiert. In Kleingruppen werden zusammenhängende Aufgaben eigenverantwortlich erfüllt und kontrolliert. Die Beteiligten müssen große Spielräume bei der Gestaltung ihrer Arbeit haben, um autonom und flexibel zu agieren.

4.2.2 Zentrale Ansätze

Für die Umsetzung der Selbstorganisation werden in der Literatur eine ganze Reihe von Möglichkeiten genannt, von denen wegen ihrer Nähe zum systemtheoretischen Gedankengut besonders der Vorschlag von *Weick* und der St. Galler Ansatz interessant erscheinen.

4.2.2.1 Der Ansatz von Weick

> *All you need to remember while thinking about organizing is that there's a bit of absurdity in all of us (. . .). That absurdity can be turned to one's advantage (. . .). (Weick 1979, 64)*

Aus Sicht von *Weick* (1977) agieren bei rascher Umweltveränderung nicht-selbstorganisierende Organisationen zu wenig und zu spät, so daß sie zwangsläufig scheitern müssen. Im Prozeß der Selbstorganisation müssen Organisationsmitglieder sowohl die Rolle des Lehrenden als auch die des Lernenden einnehmen können. Auf diese Weise werden ständig neue Alternativen entwickelt und im Hinblick auf die Anforderungen und Zwänge, wie sie von den Organisationsmitgliedern wahrgenommen werden, getestet.

Ausgehend von dieser Zustandsbeschreibung postuliert *Weick* (1977, 38-39) sechs charakteristische **Merkmale** selbstorganisierender Systeme:

- Selbstorganisation beinhaltet die Anordnung und *Strukturierung* genauso wie das *Entkoppeln* von Organisationsteilen, um auf diese Weise Änderungen in Verhalten, Struktur und Ablauf herbeizuführen.
- Ein auf Selbstorganisation basierendes System kann sich *selbst kontrollieren* und bewerten.
- Selbstorganisation befaßt sich vor allem mit dem Prozeß des Organisierens und stellt primär solche Vorgänge in den Vordergrund, die *alternative Anordnungen* von Mitarbeitern und Aktivitäten erzwingen.
- Sich selbst organisierende Systeme haben das logische Problem, sich nicht losgelöst von einem gegebenen Ursprung entwickeln zu können, wodurch immer der *Lösungsraum für nachfolgende Anpassungen* mitbestimmt wird.
- Organisationsmodelle müssen häufig ohne Kenntnis der zugehörigen *Effektivitätskriterien* entworfen werden, erfahren also die Schwierigkeit, unbekannte Effektivitätskriterien maximieren zu müssen.
- Der Prozeß der Selbstorganisation ist oft kaum vom sich anschließenden Prozeß der Durchführung des Betriebes zu trennen. Selbstorganisation ist daher nicht als strikter, linear ablaufender Prozeß verschiedener Schritte anzusehen. Vielmehr stehen (Selbst-) Organisation und Systemdurchführung in einem *wechselseitigen Verhältnis.*

Gerade diese sechs Merkmale von *Weick* scheinen sich wegen ihrer Prägnanz in ganz besonderer Form als Handlungsmaximen für Organisationen zu eignen. Organisationseinheiten müssen somit flexibel miteinander verbunden sein, wobei Beziehungen je nach Bedarf eingegangen oder gelöst werden können. Das selbstorganisierende Handeln hat dabei immer Auswirkungen auf nachfolgende Handlungen, schafft also selbst den eigenen Kontext dafür.

Karl E. Weick	*Geb. 1914* *Professor für Organizational Behavior and Psychology an der University of Michigan. 1962 Ph.D. an der Ohio State University. 1972-82 hatte er eine Professur an der Cornell University inne. 1984-88 war er an der University of Texas.* *Derzeitige Forschungsaktivitäten: „Organizational sensemaking" und „Structures for improvisation in team leadership".* *Hauptwerk: The Social Psychology of Organizing (1979).*

4.2.2.2 Der St. Galler Ansatz von Malik und Probst

> *Während also natürliche Systeme als entstandene, gewachsene oder spontane Ordnungen angesehen werden, gelten soziale Organisationen als gemachte, konstruierte Ordnungen. (Malik/Probst 1981, 122)*

Der St. Galler Ansatz (vgl. *Malik* 1992; *Probst* 1986) geht davon aus, daß Organisationen ähnlichen Wirkungs- und Entwicklungsprinzipien ausgesetzt sind wie natürliche Systeme. Somit sind Organisationen weit weniger beherrschbar als angenommen. Sie sind weitgehend selbstorganisierende Systeme, die nur in begrenztem Maß bewußt gestaltet und gelenkt werden können. Betrachtet man dazu summarisch die in der Literatur genannten Gesichtspunkte der Selbstorganisation, so sind nach *Probst* (1987, 245-247; 1992b) vor allem **vier Merkmale** wichtig:

- *Autonomie* besagt, daß alle Beziehungen und Interaktionen zwischen den Komponenten nur im System selbst wirken. Sie bestimmen, was das System tut und warum es etwas tut. Das System wird somit nicht von außen verändert.
- *Redundanz* bedeutet, daß in allen Teilen des Systems viele Funktionen mehrfach vorhanden sind. Jeder Beteiligte kann zum Gestalter werden. Die Fähigkeiten sind redundant über das gesamte System verteilt. Die Redundanz schafft die Möglichkeit, daß sich ein System selbst organisieren, flexibel reagieren kann, Varietät aufbaut.
- *Komplexität* selbstorganisierender Systeme ist die Konsequenz der vielfältigen Interaktionen ihrer Komponenten. Die Beziehungen zwischen den Komponenten verändern sich ständig, wodurch die Folgen eines Eingreifens nicht eindeutig vorhersagbar sind. Die vielfältigen Verbindungen und Abhängigkeiten zwischen den Komponenten erschweren eingreifende Handlungsmaßnahmen.
- *Selbstreferenz* zeigt sich darin, daß jede Veränderung von Komponenten des Systems auf das Gesamtsystem wirkt und somit wieder auf die Komponenten zurück. Jede Veränderung ist Ausgangspunkt neuer Veränderungen. Deshalb muß man die inneren Zusammenhänge des Systems verstehen. Organisationen können nicht von außen geplant werden, da jeder Planer/Organisator wiederum Teil des Systems ist, sich also selbst plant beziehungsweise organisiert.

Übersicht 4.1 faßt diese vier Merkmale zusammen.

Autonomie	Selbststeuerung managementbezogene Handlungsspielräume minimale Spezifikation keine unveränderlichen Abhängigkeiten zwischen Aufgaben, Arbeitsbedingungen, Lösungswegen, Formen der Aufgabenerfüllung lose gekoppelte Systeme
Redundanz	Aufbau von Mehrfachqualifikation Aufrechterhaltung der Handlungsfähigkeit Aufbau von dezentraler Managementkompetenz Versorgung mit systemnotwendigen Organen Qualifikationsvielfalt
Komplexität	Bearbeitung „geschlossener" Aufgabenkomplexe Managementanteile bleiben weitestgehend erhalten gleichzeitige Berücksichtigung mehrerer Dimensionen (wirtschaftliche Notwendigkeiten und soziale Ansprüche) Erhaltung und Pflege von Beziehungen und Interaktionen
Selbstreferenz	sinnvolle Aufgabenstellungen synergetische Aufgabenerfüllung teamorientierte Führung und Formen der Kooperation Lernen und Lernen zu lernen durch Aktivitäten am Arbeitsplatz Selbstgestaltung, -lenkung und -entwicklung

Übersicht 4.1: Charakteristika selbstorganisierender Systeme (nach Probst 1992b, 2261)

Sind diese vier Merkmale erfüllt, ist die Organisation selbstorganisierend und kann sich unabhängig von ihrer Umwelt determinieren, also ihre Zukunft selbst gestalten.

Ein weiterer Ausgangspunkt des St. Galler Ansatzes ist das Konzept der **spontanen Ordnung** von *Hayek* (1973): Verhaltensregeln, die eine spontane Ordnung bewirken, müssen nicht bewußt geschaffen werden. Sie entstehen im Verlauf eines Entwicklungsprozesses, in dem Individuen ihr Verhalten an die Umwelt anpassen.

Ordnung beruht auf menschlichem Handeln, ist aber nie Ergebnis von Absicht und Planung, da unvorhergesehene und unbeabsichtigte Nebenwirkungen auftreten können. Diese Nebenwirkungen müssen jedoch nicht negativ sein. Sie können auch eine Chance für positive Veränderungen sein. Ordnungsmuster sind somit zu einem großen Teil Ergebnis autonomer Wirkungsprinzipien, entfalten also Eigendynamik. Ein selbstorganisierendes System hat deshalb eine erheblich größere Anpassungsfähigkeit als Befehlshierarchien: Es kann mehr Informationen verarbeiten und vielseitigere Beziehungen aufbauen, es hat eine höhere Komplexitätsbewältigungskraft. Zudem kann es sich sich selbständig an wechselnde Umweltbedingungen anpassen. Aufgrund der Fähigkeit von sozialen Systemen zur Selbstorganisation entwickeln sich auch deren Verhaltensregeln evolutionär fort, sind also nicht festgelegt.

> Die Mannschaften bei einem Fußballspiel (vgl. *Malik/Probst* 1981, 127) können als selbstorganisierende Systeme gesehen werden. Jede Mannschaft hat die Absicht, das Spiel zu gewinnen. Zu diesem Zweck vereinbart sie eine bestimmte grundsätzliche Strategie zu Beginn des Spiels. Im Verlauf des Spiels agieren die einzelnen Spieler jedoch autonom, je nach Erfordernis der Spielsituation. Müßte jeder Spieler erst auf Anweisungen des Kapitäns warten, bestünden kaum Aussichten, das Spiel zu gewinnen.

Malik und *Probst* (1981, 133-136) führen selbst mögliche **Einwände** gegen den St. Galler Ansatz auf, denen sie entgegentreten:

- *Die Existenz der selbstorganisierenden Eigendynamik von Organisationen wird zwar akzeptiert, gerade deshalb wird jedoch verstärkt ein Einsatz formaler Regelmechanismen gefordert.* Eben dieses Denken ist die größte Hürde für das Verständnis selbstorganisierender Systeme und muß überwunden werden.
- *Die Tatsache, daß Ergebnisse des Handelns nicht immer intendiert sind, wird darauf zurückgeführt, daß solche Mißerfolge von anderen Personen absichtlich herbeigeführt wurden.* Solche „Intrigen“ erreichen jedoch auch nicht immer das beabsichtigte Ziel und verkehren sich häufig in ihr Gegenteil, weisen also ebenfalls eine Eigendynamik auf.
- *Das Phänomen der Selbstorganisation wird einfach geleugnet. Das ungewollte Ergebnis wird im nachhinein als überlegte Absicht dargestellt.* Eine solche Selbsttäuschung verhindert ein Erkennen der Selbstorganisation.
- *Der selbstorganisierende Charakter von Organisationen wird als trivial abgetan.* Dies verhindert jedoch die Erkenntnis, daß es sich bei der Selbstorganisation um eine fundamentale Eigenschaft lebender Systeme handelt.

Malik und *Probst* lassen diese Einwände somit nicht gelten und sind der Meinung, daß die Organisationsleitung mit solchen Aussagen allenfalls das eigene Versagen zu rechtfertigen versucht. Zudem bewirkt eine solche Einstellung, daß die Eigendynamik lebender Systeme verkannt wird. Dem entgegen stehen allerdings die Aussagen von *Kieser* (1993a, 270-271; 1994, 225), der die **Kritik** am St. Galler Ansatz in folgenden Punkten zusammenfaßt:

- nur schwache Integration verschiedener Konzepte biologischen, kybernetischen und soziologischen Ursprungs,
- ungeklärte Übertragbarkeit der biologischen und kybernetischen Konzepte auf Organisationen,
- keine empirische Überprüfung,
- vage Formulierung der zentralen Begriffe (z.B. Kontextgestaltung) und praktischen Empfehlungen sowie
- kein Beleg dafür, daß ein Entstehen spontaner Ordnung in den heute meist vorherrschenden formalen Strukturen überhaupt möglich ist.

Somit läßt sich sagen (vgl. *Kieser* 1994, 209-211), daß bei Gestaltungsmaßnahmen, die sich am St. Galler Ansatz orientieren, konservative Lösungen wahrscheinlich sind und kein grundsätzlich anderes Vorgehen zu erwarten ist als bei konventionellen Konzepten.

4.2.3 Konsequenz: Das Prinzip der externinduzierten Selbstorganisation

Trotz aller berechtigten Kritik: Die Annahme der Selbstorganisation lebender Systeme hebt die Vorstellung auf, Organisationen könnten bewußt und zielgerichtet gesteuert werden. Es stellt sich jedoch die Frage, ob und wie die Voraussetzungen für Selbstorganisation durch Fremdorganisation geschaffen werden (müssen). Fremdorganisation ist dabei die geplante Schaffung von Rahmenbedingungen, die den Anforderungen der Umwelt entsprechen. Sie sollte als Unterstützung für Selbstorganisation gesehen werden. Dieser Sichtweise wird im Prinzip der externinduzierten Selbstorganisation entsprochen.

Prinzip der externinduzierten Selbstorganisation
Eine vitale Organisation verlangt eine externinduzierte Selbstorganisation. „Externinduzierte Selbstorganisation“ bedeutet, daß die Organisation aus kleinen autonomen Einheiten besteht, die bei weitgehendem Verzicht auf zentrale Lenkung und Kontrolle unter Aufbau informaler Kommunikationsnetze durch Impulse aus der Organisationsumwelt ein Entstehen spontaner Ordnung ermöglichen.

Das Prinzip der externinduzierten Selbstorganisation folgt lediglich in abgeschwächter Form dem St. Galler Ansatz und bietet vor allem in seiner Umsetzung interessante Anknüpfungspunkte zu dem zuvor skizzierten Ansatz von *Weick*: Danach sind Organisationen in kleine autonome Organisationsteile zerlegt, die je nach Erfordernissen der Umwelt informale Beziehungen eingehen und auch wieder lösen, so daß die Organisation trotz ständiger Umweltveränderungen flexibel bleibt. Es werden ständig neue Teams für immer wechselnde Projekte gebildet, die sich selber kontrollieren und weitgehend autonom Entscheidungen treffen. Dabei sind Planung und Durchführung von Aktivitäten keine aufeinanderfolgenden Schritte, sondern ineinander verzahnte, sich gegenseitig immer wieder auslösende Prozesse.

4.3 Begrenzte Autopoiese

A dynamic system that is defined as a composite unity as a network of productions of components that, (a) through their interactions recursively regenerate the network of productions that produced them, and (b) realize this network as a unity by constituting and specifying its boundaries in the space in which they exist, is a autopoietic system. (Maturana 1980, 52-53)

Das dritte Prinzip zur Gestaltung organischer Systeme befaßt sich mit der Reproduktion und Selbstherstellung des Systems, also der Autopoiese als Fähigkeit, sich unabhängig von seiner Umwelt aus sich selbst heraus aufrecht zu erhalten.

4.3.1 Grundidee

Lebende Systeme haben die Fähigkeit der weitgehenden **Selbsterneuerung**. Sie reproduzieren sich in einer Form, bei der ihre spezifische Individualität erhalten bleibt. Diese Autopoiese als Selbstherstellung verlangt von einem System, sich völlig von selbst heraus neu schaffen zu können und dabei die zentralen Systemcharakteristika wieder in analoger Form zu kreieren.

Autopoiese ist nicht gleichzusetzen mit Selbstorganisation, da letztere primär Aussagen über die Strukturierung organisatorischer Elemente macht, nicht aber über ihre Entstehung, erst recht nicht über ihre selbstgesteuerte Generierung.

Sicherlich läßt sich diskutieren, ob Organisationen als künstlich geschaffene Gebilde überhaupt autopoietisch sein können (vgl. z.B. *Kirsch/zu Knyphausen*(-Aufseß) 1991). In jedem Fall aber sollen Organisationen nicht als von außen gemachte und in Gang geschaltete Maschinen, sondern als Einheiten verstanden werden, die sich gleichsam von innen heraus produzieren und reproduzieren.

Die im Rahmen der *Strategischen Organisation* gewählte Perspektive geht davon aus, daß Organisationen immer auch lebende Systeme darstellen. Deshalb sind ihre autopoietischen Elemente wichtig.

4.3.2 Der Ansatz von Maturana

> *What is peculiar to living systems such that if it occurs in a system all biological phenomena will come as a consequence? (Maturana 1993, 121)*

Mit dem Phänomen der Autopoiese befaßt sich besonders *Maturana* (1993; 1994). Sein Konzept kommt ursprünglich aus der Kognitionsbiologie und wurde auf Organisationen übertragen. Er verbindet die Theorie der Organisation von Lebewesen (vgl. z.B. *Kasper* 1990; *Roth* 1994) mit der Theorie der Wahrnehmung.

Ausgangspunkt der Untersuchung *Maturanas* (1993; 1994) war die Frage, was Kriterium des **Lebendigen** ist: Als wesentliches Charakteristikum fand er Mechanismen der Selbsterzeugung, die er als Autopoiese bezeichnet. Lebende Systeme sind danach autonome Einheiten von Interaktionen, innerhalb derer alles in bezug auf sich selbst stattfindet. Die

Komponenten eines autopoietischen Systems erhalten sich selbst, indem sie sich an der Erhaltung der Komponenten beteiligen, die ihrer eigenen Erhaltung dienen; sie ersetzen kontinuierlich Elemente, aus denen sie bestehen, mit Hilfe der Elemente, aus denen sie bestehen.

> Eine Zelle (vgl. *Fischer* 1993, 19-20) erzeugt selbst Bestandteile, die sie zur Aufrechterhaltung der eigenen Existenz braucht. Die Zellmembran ist die Grenze der Zelle, wodurch die Zelle als Einheit funktioniert. Zusätzlich ist die Zellmembran an der Zellerhaltung beteiligt. Somit tragen die Zellmembran zur Zellerzeugung und die Zelle zur Membranerzeugung bei.

Die Einheit des autopoietischen Systems ist das Ergebnis seiner Autopoiese und wird durch das Zusammenspiel seiner Bestandteile erzeugt. Die jeweils bestehende Struktur legt dabei zu jedem Zeitpunkt fest, welche strukturellen Veränderungen das System durchmachen kann. Das **Fortleben des Systems** ist oberstes Ziel und jede Änderung muß das Fortbestehen gewährleisten. Existenzgefährdende Veränderungen müssen unterbleiben! Durch strukturelle Veränderungen darf die Autopoiese des lebenden Systems also nicht beeinträchtigt werden. Autopoietische Systeme determinieren somit ihre Zukunft selbst, sind also operational geschlossene Systeme und damit unabhängig von ihrer Umwelt (vgl. *Maturana* 1994, 95-97; *Roth* 1994).

Offen bleibt aber, unter welchen Bedingungen autopoietische Systeme sich weiterentwickeln, was *Maturana* nicht explizit untersuchte; auch bleibt undiskutiert, wie Systeme ihre Autopoiese trotz ständiger Veränderung aufrechterhalten können (vgl. *Roth* 1994, 276-277). Ausgeklammert wird zudem die Frage der Übertragbarkeit der Autopoiese aus dem biologischen in den soziologischen Bereich, also auf Organisationen.

Somit sollte gemäß *Bühl* (1987, 228-234) das Phänomen der Autopoiese nicht idealisiert und unreflektiert auf Organisationen übertragen werden, was unmittelbar zu der Forderung der wissenschaftlichen Begründung von Analogien führt: Denn die Idee der Autopoiese ist empirisch nicht zu widerlegen, weil sie bestimmten Fragen wie beispielsweise Vorhersage von Wandlungsverläufen oder Angabe von Kontrollparametern geschickt ausweicht. Solchen Fragen muß sie sich jedoch stellen, will sie nicht zum leerformelhaften Universalprozeß degenerieren.

4.3.3 Konsequenz: Das Prinzip der begrenzten Autopoiese

> *Die Komponenten eines lebendigen Systems sind (...) zirkulär miteinander verknüpft; es gibt keinen Anfang und kein Ende; solange der Kreis geschlossen bleibt, geht das Leben auch weiter. (Kirsch/zu Knyphausen(-Aufseß) 1991, 79)*

Autopoietische Mechanismen ermöglichen lebenden Systemen, autonom zu handeln. Kennzeichnend für lebende Organisationen ist aber auch, daß sie ein Netzwerk von Interaktionen ihrer Bestandteile sind. Diese Beziehungen definieren ein komplexes System als Ganzes, sie bilden seine Struktur und lassen es zum Leben erwachen (vgl. *Kickert* 1993, 263). Das autopoietische System kann sich auch nur als Ganzes weiterentwickeln, wobei von den Änderungen einzelner Komponenten immer alle anderen betroffen sind.

Allerdings stehen gerade lebende Systeme in einer permanenten Austauschbeziehung mit der Umwelt, wobei sie diese nicht nur selber aktiv prägen, vielmehr vor allem von ihr beeinflußt und unter den Zugzwang der Anpassung gesetzt werden. Aus diesem Grund drängt sich die Frage auf, ob nicht vielleicht *Maturanas* Unverbindlichkeit bei der Operationalisierung seines Konzeptes ein Indikator dafür ist, daß eine Autopoiese in der strengen Lesart der Systemtheorie lediglich eine modelltheoretische Fiktion darstellt. Denn gerade vor dem Hintergrund offener Systeme ist sie zu ergänzen durch Adaptionsleistung und damit partieller Aufhebung der „reinen" Autopoiese. Für lebende Organisationen gilt es also letztlich, begrenzte Autopoiese zu realisieren. Gleichzeitig aber erlangen sie die Fähigkeit, von Störungen unbeeinflußt zu bleiben und Autonomie aufzubauen (vgl. *Roth* 1994).

Prinzip der begrenzten Autopoiese
Eine vitale Organisation verlangt begrenzte Autopoiese. „Autopoiese" bedeutet Autonomie, indem die Organisation unabhängig von anderen Systemen handelt, verbunden mit operationaler Geschlossenheit. Die Handlungen der Organisation sind demzufolge selbstbezüglich und ihre Entscheidungen immer Gegenstand weiterer Entscheidungen, was impliziert, daß die Organisation sich mit sich selbst beschäftigen muß. „Begrenzte" Autopoiese verlangt die Existenz einer Korrekturvorschrift, die darauf achtet, daß die Sinnhaftigkeit der autopoietischen Impulse auch bei veränderter Umwelt (noch immer) gegeben ist.

Dieses Prinzip der begrenzten Autopoiese realisiert jetzt zwar eine Verträglichkeit mit der Idee offener Systeme, bildet aber – bedingt durch das Forschungsdefizit bei praxeologischer Umsetzung der Autopoiese – dennoch lediglich einen heuristischen Denkrahmen für potentielle Umsetzungen.

4.4 Heterarchische Hierarchie

> *Immer aber werden die langfristigen Entwicklungen durch eine heterarchische Struktur bestimmt sein, während kurzfristige Entwicklungen wohl durch eine hierarchische Kontrollstruktur in Gang gesetzt und gesteuert werden können, aber auch schnell wieder in der Erstarrung und im Organisationstod enden. (Bühl 1987, 243)*

Ein weiteres Gestaltungsprinzip lebender Organisationen basiert auf der Annahme, daß hierarchische Strukturen in Grenzen nötig sind, die Organisation aber zu sehr einzwängen. Nötig sind daher auch heterarchische Strukturen, die Raum für autonome Entscheidungen lassen und Hierarchien sinnvoll ergänzen.

4.4.1 Grundidee

Bereits die Klassiker der Systemtheorie haben dem Strukturprinzip der Hierarchie eine bedeutende Rolle beigemessen (vgl. z.B. *Mesarovic/Macko/Takahara* 1970; *Beer* 1972; *Laszlo* 1972), wobei sich drei Grundtypen von **Hierarchien** herauskristallisieren (vgl. *Scholz* 1981, 10-18):

- Bei physikalischen Hierarchien setzen sich Objekte additiv zu Oberkomponenten zusammen, beispielsweise Atome zu Molekülen. Diese *Intrasystemhierarchie* hat vertikale Kombinations- und horizontale Interaktionsbeziehungen zwischen den Komponenten.
- Bei biologisch-soziologischen Hierarchien ergibt sich die Hierarchiebildung aus Interaktionsbeziehungen zwischen mindestens zwei Ebenen. In solchen *Intersystemhierarchien* setzen sich Oberknoten nicht mehr additiv aus Unterknoten zusammen: Vielmehr existiert beispielsweise bei der Vorgesetzten-Mitarbeiter-Beziehung eine hierarchiebildende Machtbeziehung.
- *Funktionshierarchien* sind über mehrere Ebenen verteilte Anordnungen bestimmter Aufgaben, bei denen Funktionen höherer Ordnung nur dann sinnvoll realisierbar sind, wenn alle darunter liegenden Ebenen zumindest zeitweise funktionsfähig sind. Neben der bereits aus Kapitel 1 bekannten Hierarchie von *Boulding* ist auch die Hierarchie von *Mesarovic/Macko/Takahara* (1970) mit ihren Ebenen Prozeß-, Selektions-, Adaptions- und Selbstorganisationsfähigkeit ein Beispiel für eine Funktionshierarchie.

Charakteristisch für die Klassiker der Systemtheorie ist es, sich im Regelfall nur mit einer einzigen Hierarchieform zu beschäftigen und die anderen allenfalls als Ausnahmen oder als Sonderfälle zu führen.

Bei komplexen Systemen ergibt sich jedoch das Problem, daß sie nicht so planbar und beherrschbar sind, wie hierarchische Strukturen vortäuschen. Flexibilität ist gefragt, um auf wechselnde Problemstellungen zu reagieren. Diesen Weg beschreiten heterarchische Strukturen: Eine **Heterarchie** (vgl. *Bühl* 1987, 247-248; *Laszlo/Laszlo/v. Liechtenstein* 1992, 123-125) ist darauf ausgerichtet, unvorhergesehene Entwicklungen des Systemverhaltens auf den unteren Ebenen als Reaktion auf nicht antizipierte Umweltveränderungen zuzulassen.

In heterarchischen Organisationen löst jede Einheit ein Teilproblem auf ihrer *eigenen Ebene*, wobei sich die Teillösungen zu einer optimalen Lösung für die Organisation addieren (sollen). Hierzu werden möglichst viele Funktionen und Fähigkeiten des Gestaltens, Lenkens und Entwickelns in den Teilen organisiert und die Informationen über das System verteilt aufgenommen und verarbeitet.

Die jeweils *übergeordnete Ebene* erhält dabei lediglich die Verantwortungsbereiche zugeteilt, die auf der unteren Ebene nicht zufriedenstellend gelöst werden können. Die oberen Ebenen kontrollieren nicht mehr starr, sondern integrieren die auf den unteren Ebenen erarbeiteten Lösungen und führen sie zusammen. Es entstehen koordinierte, mehrschichtige Netzwerke, in denen auf allen Ebenen gelernt wird und Entscheidungen getroffen werden.

In letzter Konsequenz beinhaltet die heterarchische Struktur lediglich noch **zwei Ebenen**, den Arbeitsraum und die Koordination (vgl. *Klimecki/Probst/Eberl* 1994, 89). Die Koordinationsebene stimmt dabei die Ziele der Arbeitsgruppen im Hinblick auf das Gesamtziel des Systems ab und koordiniert die für die Arbeitsgruppen unüberschaubaren Interaktions- und Austauschprozesse.

Im folgenden werden jeweils ein Ansatz zur Hierarchie und ein Ansatz zur Heterarchie vorgestellt. Wie noch zu zeigen sein wird, ergibt sich jedoch für lebende Organisationen die Notwendigkeit, Hierarchie und Heterarchie zu vereinen, was im Prinzip der heterarchischen Hierarchie seinen Niederschlag finden wird.

4.4.2 Zentrale Ansätze

Die große Spannweite der Erforschung von Hierarchie und Heterarchie spiegelt sich auch in den ausgewählten zentralen Ansätzen wider: Die biokybernetische Forschungsrichtung wird durch den Ansatz von *Beer* vertreten, die soziologische Forschungsrichtung durch den Ansatz von *Bühl*.

4.4.2.1 Der biokybernetische Ansatz von Beer

> *The viable system is a system that survives. It coheres; it is integral. It is homeostatically balanced both internally and externally, but it has none the less mechanisms and opportunities to grow and to learn, to evolve and to adapt – to become more and more potent in its environment. (Beer 1972, 300)*

Ziel des Ansatzes von *Beer* (1972) ist es, einen konkreten Vorschlag für den Aufbau einer betrieblichen Lenkungshierarchie zu präsentieren. Seine Ausgangsbasis dafür ist das Zentralnervensystem, in dem *Beer* **fünf Subsysteme** lokalisiert, beginnend bei der Großhirnrinde bis hin zum Rückenmark. Eingehende Informationen werden entlang des Rükkenmarks auf verschiedenen Kanälen nach oben bis zum Gehirn weitergeleitet. Jedes Subsystem hat dabei seine spezifische Funktion beziehungsweise Aufgabe. Die Daten müssen geprüft, Maßnahmen eingeleitet und modifizierte Daten verdichtet oder gar nicht zum nächsthöheren Subsystem weitergeleitet werden. Zusätzlich müssen zentrale Daten gespeichert werden, damit später auf sie zurückgegriffen werden kann.

Stafford Beer	*Geb. 1926* *Geschäftsführender Direktor bei Science in General Management Limited (SIGMA).* *Als Soldat beschäftigte sich Beer mit Militärpsychologie, Statistik und Kybernetik. 1948 ging er in die Industrie und errichtete mit großem Erfolg eine der ersten Forschungsstellen, um diese Bereiche für das Management zu analysieren. Danach leitete er bis 1961 das Department of Operational Research and Cybernetics der United Steel Companies Limited.* *Hauptwerke: Brain of the Firm (1972); The Heart of Enterprise (1979).*

Wie im Organismus müssen in komplexen Organisationen große Gebiete autonom sein. Die Organisationsspitze kann ebenso wie das Gehirn nicht jede Funktion zentral ausüben. *Beer* (1972, 213-282) unterteilt deshalb die Struktur lebensfähiger Systeme in fünf hierarchisch gegliederte **Lenkungssubsysteme**, auf die die Funktionen verteilt werden (Abbildung 4.1):

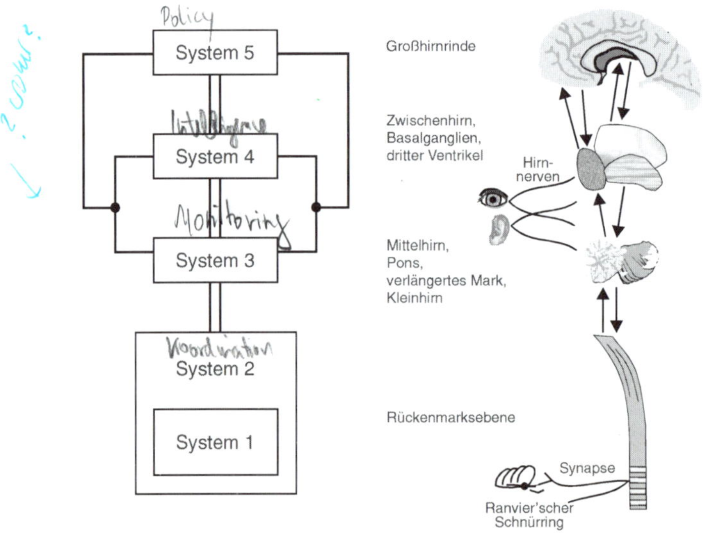

Abbildung 4.1: Betriebliche Lenkungshierarchie und ihr natürliches Vorbild (nach Beer 1972, 129; 168)

- *System 1* umfaßt die weitgehend autonome Lenkung der operativen Einheiten. Weisungen übergeordneter Systeme werden ausgeführt und Berichte an diese erstattet.
- *System 2* übernimmt die automatische Koordination und Regulation von System 1, liefert Informationen an System 3. Es ist somit Bindeglied zwischen System 1 und System 3.

- *System 3* ist ein aktives Entscheidungszentrum und kritischer Informationsknoten. Es hat die Verantwortung für gegenwärtige Aktivitäten vor dem Hintergrund des Gesamtorganisationsbezugs.
- *System 4* erfaßt Informationen über die Umwelt der Organisation und analysiert die Zukunftschancen.
- *System 5* übernimmt die Überwachung, Koordination und Lenkung der Beziehungen zwischen System 3 und System 4. Es ist oberste Entscheidungseinheit des Gesamtsystems und wahrt die Balance zwischen Gegenwart und Zukunft, Innen- und Außenorientierung. Zudem schafft es ein Bewußtsein der Organisation, Wertvorstellungen für das Gesamtsystem.

Die Systeme 1 bis 5 sind somit nicht mit bestimmten Organisationseinheiten gleichzusetzen, sondern sie stellen eine Zusammensetzung bestimmter Aktivitäten dar. Jedes System liefert seinen Beitrag, damit die Organisation als Ganzes funktionieren kann.

Je nach **Größe** der Organisation werden dabei alle Funktionen von einer Person erfüllt oder auf mehrere Personen verteilt:

- Bei einer *Ein-Mann-Organisation* benutzt diese eine Person ihr eigenes Nervensystem, um die Organisation zu leiten. Sie empfängt hereinkommende Informationen, filtert die wichtigen heraus, komprimiert die eingehende Datenflut, verarbeitet sie und so fort. Sie weiß *alles* über ihre Organisation.
- Besteht eine Organisation dagegen aus *mehreren Personen*, so hat jede Person ihre zugewiesene Aufgabe, die sie auszuführen hat. Eingehende Informationen werden von unteren zu höheren Ebenen weitergeleitet. Dabei muß ein ständiger Informationsaustausch zwischen den und innerhalb der Ebenen stattfinden. Es werden jedoch nicht *alle* Informationen zwischen *allen* Personen kommuniziert, sondern die jeweils relevanten Daten an die jeweils zuständige Stelle weitergegeben.

Darin besteht jedoch gerade das **Dilemma** großer Organisationen. Oft werden Informationen zu spät oder unzureichend weitergeleitet. Einen Ausweg bietet hier die Informationstechnologie. Mit ihrer Hilfe kann sich eine große Organisation dem Zustand einer Ein-Mann-Organisation annähern.

Beer erklärt die Funktionsweise einer Organisation in Analogie zum menschlichen Nervensystem: Es existieren in jedem lebenden System, also auch in der Organisation, bestimmte Mechanismen, die im System wahrgenommen werden müssen. Sie determinieren seine Lebensfähigkeit. Kritisch anzumerken ist jedoch, daß sein Ansatz keine umfassende Theorie darstellt, sondern eher einem operativen Organisationsmodell entspricht (vgl. *Probst* 1981, 97-108). Dennoch gibt die Funktionsweise des menschlichen Nervensystems interessante Anregungen, wie Organisationen in ihrem Informations- und Entscheidungsverhalten gestaltet werden können.

4.4.2.2 Der soziologische Ansatz von Bühl

> *Gesellschaftliche sind wie ökologische Systeme in der Hauptsache „heterarchisch" und eben gerade nicht „hierarchisch" aufgebaute Systeme. (Bühl 1987, 242)*

Bühl (1987) fordert aufgrund der Komplexität von lebenden Systemen, daß Kontrollmaßnahmen sich auf die Koordination unübersichtlich gewordener Interaktionsprozesse beschränken sollten, um die Organisation nicht durch Zwänge einzuengen. Zentrale Kontrollinstanzen verschieben sich je nach Gegebenheit der Umwelt oder Interaktionssituation. Diese Fähigkeit der Kontrollverschiebung basiert auf der möglichen Substitution funktional gleichwertiger und strukturell ähnlicher Interaktionseinheiten.

Voraussetzung für diese Substitutionsfähigkeit sind **Heterarchien** als aus voneinander relativ unabhängigen Akteuren zusammengesetzte Verhaltenssysteme, in denen es keine zentrale Kontrolle gibt, sondern die Führung in Konkurrenz und Konflikt, in Kooperation und Dominanz, in Sukzession und Substitution immer wieder neu ausgehandelt wird oder von Subsystem zu Subsystem wandert (*Bühl* 1987, 242). Große Systemzusammenhänge können nicht hierarchisch gekoppelt sein, wenn sie sich anpassen oder weiterentwickeln sollen. Die Anpassungsfähigkeit ist umso höher, je unabhängiger die Subsysteme voneinander sind. Sehr viele Systemkomponenten müssen lose beziehungsweise variabel gekoppelt sein, damit sie relativ ungebunden voneinander handeln können. Auf diese Weise können je nach Umweltsituation alte Kopplungen gelöst und neue eingegangen werden. Die Subsysteme können stets variabel miteinander agieren und dadurch Kontrollbeziehungen aufgeben oder reorganisieren. Die Funktionsfähigkeit des Systems bleibt dann trotz des schnellen Wandels und der Unsicherheit der Umwelt erhalten. Bei hierarchischen Strukturen dagegen kann es schnell zu einer Multiplikation von Fehlern kommen.

Als **Konsequenz** ergibt sich daraus, starre Über- und Unterordnungsbeziehungen zugunsten von situativen Kompetenzregelungen aufzulösen (vgl. *v. d. Oelsnitz* 1995): Probleme werden dort gelöst, wo das entsprechende Wissen vorhanden ist. Auf diese Weise werden die Organisationsmitglieder motiviert und Effizienzvorteile durch schnellere Lösungsfindung realisiert. Es ergeben sich jedoch Probleme, wenn die Organisationsmitglieder, die eine solche Kompetenzerweiterung erfahren, dazu gar nicht bereit oder gar fähig sind. Diese Akzeptanz ist notwendige Voraussetzung für das Funktionieren heterarchischer Strukturen und kann daher zu großen Schwierigkeiten führen. Weiterhin darf eine übergeordnete Problemsicht nicht fehlen, damit konkrete Probleme nicht isoliert gelöst werden, sondern in ihrem organisationalen Zusammenhang. Schließlich müssen langfristiges Denken und die Bereitschaft, bisherige Verhaltensmuster zu überdenken und Neues anzunehmen, in der Organisation Einzug halten, damit eine Heterarchisierung Erfolg hat. Zusammengefaßt läßt sich sagen, daß auch heterarchische Strukturen

Probleme mit sich bringen. Dennoch bieten sie Möglichkeiten, Organisationsabläufe kreativer und situativer zu gestalten und dadurch Geschwindigkeits- und Effizienzvorteile zu realisieren.

4.4.3 Konsequenz: Das Prinzip der heterarchischen Hierarchie

Faßt man die obigen Aussagen zusammen, so ergeben sich – wie in anderem Zusammenhang (vgl. *Scholz* 1981) als Hierarchietheorem formuliert – zwei zentrale **Implikationen**:

- Jede lebensfähige Organisation besitzt alle drei Hierarchiearten, also Intersystem-, Intrasystem- und Funktionshierarchie.
- Es müssen bestimmte strukturelle und funktionale Bedingungen erfüllt sein, um übergeordnete Systemziele zu erreichen.

Bereits in Kapitel 3 wurde aber darauf hingewiesen, daß diese hierarchischen Beziehungen überlagert werden können durch netzartige Querschnittsfunktionen. Diese finden ihre systemtheoretische Entsprechung im Konzept der Heterarchie. Das Konzept der Heterarchie fordert, daß Entscheidungen auf mehreren Ebenen getroffen und festgelegte hierarchische Befehlsstrukturen zugunsten informaler Kommunikation aufgegeben werden.

Prinzip der heterarchischen Hierarchie
Eine vitale Organisation verlangt eine heterarchische Hierarchie. „Heterarchische Hierarchie" bedeutet, daß die Organisation ihre Zielkomponenten Systemerhaltung, Systemeffizienz und Systemzuverlässigkeit realisiert, indem sie mindestens eine Intrasystem-, Intersystem- und Funktionshierarchie aufweist. Sie trifft gleichzeitig unabhängige Entscheidungen auf mehreren Ebenen (Heterarchie) und gibt festgelegte hierarchische Befehlsketten zugunsten gegenseitiger Informationsfluß-Beziehungen auf.

Für die *Strategische Organisation* bedeutet dies: Formale Hierarchien schaffen Rahmenbedingungen. Innerhalb dieser Rahmenbedingungen greifen heterarchische Strukturen, wenn die Problemsituation Flexibilität und autonomes Handeln erfordert.

4.5 Bewußte Eigendynamik

The concept of organizational renewal assumes that in the beginning of an organization's life, at its founding, there was something of value, some shared experience that was authentic and meaningful. Over time, this original feeling of authenticity, of meaning, has either faded or been lost. (Hurst 1995, 3)

Organisationen verändern sich ständig. Sie entwickeln sich weiter, erleben Rückschläge oder gehen sogar unter. Diese Tatsache ist von Organisationen zu berücksichtigen, wollen sie nicht von Veränderungen überrascht werden.

4.5.1 Grundidee

You cannot shrink to greatness. (Gertz/Baptista 1995, 7)

Sieht man die Analogie von einer Organisation zu einem Menschen, so bedeutet dies auch die Existenz eines genetischen Codes, der das Leben im Zeitablauf steuert. Dieses interne und bereits von *Boulding* (1956) hervorgehobene **Wachstumsmuster** *(blueprinted growth system)* ist damit ein zentraler Bestandteil der lebenden Organisation.

Extern induzierte Wachstumsmuster, hervorgerufen durch marktlichen Konkurrenzdruck, stehen häufig im Mittelpunkt von Untersuchungen: So hat beispielsweise das Buch „Grow to be Great“ (*Gertz/Baptista* 1995) für Furore gesorgt, als es gleichsam als Reaktion auf die Lean-Management-, Downsizing- und Reengineering-Debatte auf die Grenzen von Schrumpfungsprozessen hinwies. Die Hauptthese der Autoren ist, daß langfristig Wachstum nicht durch einen permanenten Schrumpfungsprozeß erreicht werden kann. Die Konsequenz ist ihr Postulat einer ständigen Überprüfung der Wachstumsstrategie. Sie konzentrieren sich dabei auf Wachstumsgrundlagen wie eine im Wettbewerbsvergleich überlegene Kundenwertschätzung, überlegene Wirtschaftlichkeit entlang der Wertschöpfungskette sowie konsistente Strategieumsetzung durch stromlinienförmige Ausrichtung der Organisation. Ihre Wachstumsstrategien sind zielgruppenorientiertes Kundenmanagement, Neuproduktentwicklung und Vertriebswegemanagement. Dieser Ansatz bezieht sich damit aber vor allem auf das Wachstum des Geschäftsvolumens, weniger auf das intern induzierte Wachstum der Organisation.

So plausibel die Existenz von *internen Wachstumsmustern* ist, so spärlich fallen die empirischen Befunde zu diesem Thema aus: Interne Wachstumsmuster stellen ein immenses Forschungsdefizit dar. Die Gründe sind offenkundig: Vertreter der rein mechanischen Organisationsperspektive negieren ihre Existenz, Vertreter der empirischen Organisationsforschung stehen fast ohnmächtig vor einer Vielzahl von methodischen Erhebungsproblemen. Vertreter der Strategieperspektive schließlich lehnen die organisatorische Eigendynamik als „unstrategisch“ ab. Trotzdem gibt es einige Wissenschaftler und Berater, die basierend auf erlebten und erforschten Fallstudien Gemeinsamkeiten in Organisationen diagnostizieren.

4.5.2 Zentrale Ansätze

Sicherlich hat sich die Literatur seit langem mit dem Thema der (Eigen-)Entwicklung von Organisationen beschäftigt. Die meisten Aussagen sind aber eher nichtempirische Impressionen mit Zufallsaussagen, wobei die Ansätze von *Greiner* und *Adizes* die positive Ausnahme darstellen. *Quinn* und *Cameron* stellen auf der Basis dieser und weiterer Ansätze einen Bezug zwischen Effektivitätsmodellen und organisatorischen Lebensphasen her. *Hurst* erweitert die Lebensmodelle um die Diskussion von Erneuerung und kommt zur Erklärung eines ökologieorientierten Lebensrhythmus von Organisationen.

4.5.2.1 Permanentes Wachstum: Der Ansatz von Greiner

> *Every organization and its component parts are at different stages of development. The task of top management is to be aware of these stages; otherwise, it may not recognize when the time for change has come, or it may act to impose the wrong solution. (Greiner 1972, 44)*

Noch immer unumstrittener Klassiker der Systementwicklung ist *Greiner* (1972), der in seinem Artikel „Evolution and Revolution as Organizations Grow" das Wachstum von Organisationen beschreibt. Seine Erkenntnisse zog er überwiegend aus Erfahrungen seiner Beratungspraxis. Dort hatte er festgestellt, daß Organisationen – ähnlich wie Kinder – immer die gleichen Wachstumsschübe durchlaufen, die immer zu spezifischen Problemphasen führen.

Dementsprechend unterscheidet *Greiner* zwischen
- *evolutionären* Phasen, in denen die Organisation relativ harmonisch wächst, und
- *revolutionären* Phasen, in denen die Organisation eine durch die evolutorische Phase verursachte Krise durchläuft.

Das Ergebnis ist dann ein spezifisches **Wechselspiel** von „Evolution" und „Revolution", wobei auch inhaltliche Angaben zur Art des Wachstumsschubes beziehungsweise der Krise gemacht werden (Abbildung 4.2). *Greiner* benennt die einzelnen Wachstumsschübe und Krisen, wobei er (ähnlich wie *Boulding* in seiner Systemhierarchie) die letzte Krise nicht weiter spezifiziert und damit sein Modell offenläßt für Ergänzungen.

Wichtig ist, daß Organisationen immer alle (!) Phasen durchlaufen, und zwar aus einem autonomen interninduzierten Antrieb heraus. Damit unterscheidet sich das Konzept *Greiners* von anderen Konzepten, die sich beispielsweise mit der phasenweisen Einführung von divisionalen Organisationsstrukturen beziehungsweise Diversifikationsstrategien befassen.

Greiner geht ferner davon aus, daß dieses Modell für alle Branchen gilt, wobei allenfalls die Dauer der einzelnen Phasen unterschiedlich ausfällt. Zudem mache es keinen Sinn, wenn Organisationen versuchen, einzelne Phasen zu überspringen. Vielmehr sind die dort gemachten Erfahrungen wichtig und unausweichlich. Um den Vergleich zur Entwicklung des Menschen anzuwenden: Letztlich ist es (zum Glück) auch nicht möglich, ein dreijähriges Kind unter Auslassung von Kindheit, Pubertät und Jugend in einen zwanzigjährigen Erwachsenen zu verwandeln.

Organisationen müssen sich demnach bewußt auf unterschiedliche organisatorische Verhaltensweisen in den jeweiligen Phasen einstellen. Durch Antizipation der entspre-

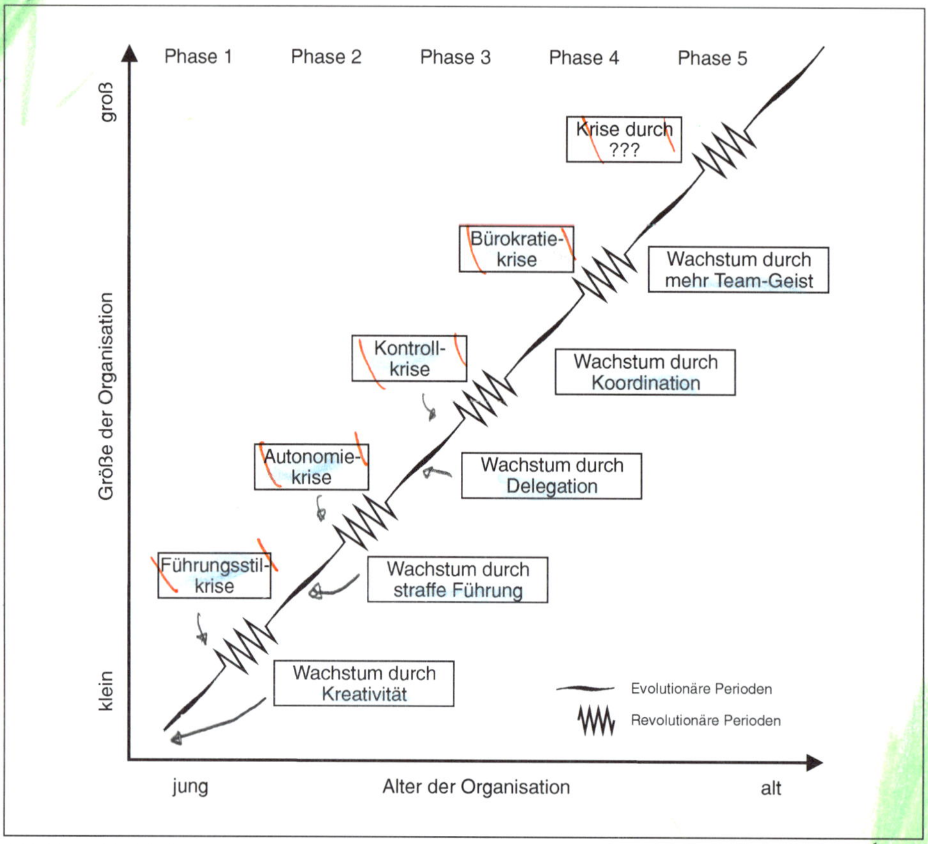

Abbildung 4.2: Wachstumsmuster nach Greiner (1972, 41)

chenden Probleme können diese dann in ihrer Wirkung zumindest abgeschwächt werden.

4.5.2.2 Wachstum und Tod: Der Ansatz von Adizes

> *If management, as a group, has no entrepreneurial spirit, no leadership traits, no managerial capacity to design congruent strategies for comprehensive goals, the community will find itself not only with failing economic results but with a social atmosphere too depressing to be endured. (Adizes 1975, 33)*

Zwei Fragen spart *Greiner* in seinem Ansatz aus: Können Organisationen am Ende ihres Entwicklungspfades auch sterben? Und was passiert, wenn etwas in den einzelnen Krisen schiefgeht und Organisationen frühzeitig sterben? Denn Organisationen haben nicht nur eingebaute Wachstumsmuster, die sie vorwärtstreiben. Es gibt vielmehr auch vorprogrammierte Soll-Bruchstellen mit vorprogrammierten Konsequenzen, auf die vor allem *Adizes* (1979; 1981; 1988) hinweist.

Zunächst einmal besteht für *Adizes* (1988, 3-4) ein wichtiger **Unterschied** zwischen Wachstum und Altern:

Wachstum ist für ihn die Fähigkeit einer Organisation, Problemen zu begegnen. Die Entwicklung von der „kleinen" zur „großen" Organisation ist durch eine Konfrontation mit zunächst kleineren, dann immer schwierigeren Problemen gekennzeichnet, wobei die Lösungsfähigkeit von größeren (normalen) Problemen aus der Überwindung der kleineren Probleme in einem früheren Entwicklungsstadium resultiert.

Altern dagegen drückt die abnehmende Fähigkeit aus, mit Problemen umzugehen. Das Management sollte daher für ausgeglichenes Wachstum, Verhinderung von Altern oder für „Verjüngung" sorgen, die Organisation in einen Reifezustand führen und dort halten.

Auf Alter und Wachstumsphase einer Organisation soll nach *Adizes* weniger aus den Variablen Größe und Zeit geschlossen werden, sondern vielmehr aus der jeweiligen Ausprägung von Flexibilität und Kontrollierbarkeit (vgl. Übersicht 4.2).

	Kontrollierbarkeit	
Flexibilität	gering	hoch
gering	–	alte Organisation
hoch	junge Organisation	reife Organisation

Übersicht 4.2: Organisatorische Grundphasen (nach Adizes 1988, 2)

Wie *Greiner* verwendet auch *Adizes* fünf **Wachstumsphasen**, allerdings mit einem anderen Inhalt belegt (vgl. Abbildung 4.3):

- In der *Werbephase* geht es darum, ob überhaupt aus dem Flirten mit einer Idee eine starke Organisation wird („courtship").
- In der *Kindphase* findet ein spielendes Ausprobieren statt („infant").
- In der *Startphase* hebt die Organisation quasi ab und beginnt sich zu bewegen („go-go").
- In der *Erwachsenenphase* hat sich die Organisation erfolgreich etabliert („adolescence").
- In der *Reifephase* steht die Organisation in ihrer maximal lebensfähigen Größe („prime").

Nach Durchlaufen der Wachstumsphasen tritt die Organisation in die *Stabilitätsphase* („stable") ein. Es herrscht eine gewisse Ordnung, konservative Lösungsmethoden werden bevorzugt.

Schließlich durchläuft die Organisation bestimmte **Altersphasen**.

- In der *Aristokratiephase* („aristocracy") läßt die Ergebnisorientierung nach. Nicht das *Was*, sondern das *Wie* des Handelns tritt in den Vordergrund. Wer sich still verhält, hat die besten Chancen.

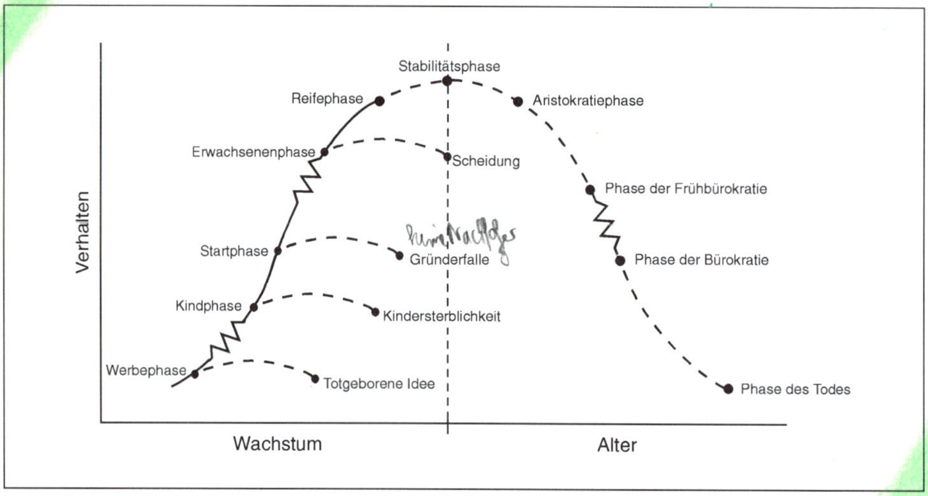

Abbildung 4.3: Das Modell von Adizes (1988, 84)

- In der *Phase der Frühbürokratie* („early bureaucracy") beginnt die interne Suche nach einem Sündenbock für die schlechte Lage der Organisation. Interne Machtkämpfe beschleunigen den Untergang der Organisation.
- In der *Bürokratiephase* („bureaucracy") läuft die Organisation nur noch vor sich hin. Es: wird nichts mehr bewegt. Formulare, Regeln und Routine dominieren das Geschehen.
- Beginnt die *Phase des Todes* („death") haben alle Starken die Organisation bereits verlassen. Zurückgeblieben sind die Schwachen, die keine andere Wahl hatten.

In Analogie zu einer medizinischen Untersuchung muß die Organisation nach *Adizes* erst analysiert (wo im Lebenszyklus steht die Organisation?), dann diagnostiziert (woran „krankt" die Organisation?) und schließlich therapiert werden (wie kann man die Organisation „heilen"?). Hilfestellung dabei leistet eine Systematik von phasenspezifischen Problemen:

Normale Probleme werden unterteilt in
– *„sensations"*, die typischerweise in bestimmten Phasen auftreten und vorhersehbar sind, und
– *„transitorial problems"*, im Sinne von unvorhergesehenen Problemen.

Während sich das Management bei „sensations" proaktiv verhalten und sie abwenden kann, ist dies bei „transitorial problems" nicht möglich. Diese werden jedoch durchaus als sinnvoll erachtet und können nach *Adizes* mit organisationsinterner Energie gelöst werden. Durch ihre Überwindung werden Energien in Organisationen freigesetzt, die den Schritt in die nächste Phase des Lebenszyklusses bewirken. Sie gehören, wie beim Menschen, zum Reifungsprozeß.

Abnorme Probleme werden unterschieden in

– *„pathologies"*, das sind abnorme Probleme die zwar selten auftreten, dann aber die Weiterentwicklung der Organisation hemmen oder ganz verhindern können, und
– *„complexities"* als in bestimmten Phasen auftretende abnorme Probleme.

Abnorme Probleme sind zu vermeiden, da die Organisation daran zugrunde gehen kann. Treten sie dennoch auf, wird externe Hilfe benötigt. Der Versuch des Managements, derartige Probleme alleine zu lösen, produziert in der Regel nur zusätzliche Probleme.

Ein Beispiel (vgl. *Adizes* 1988, 7) für ein häufig in der Kindphase auftretendes normales Problem (sensation) ist der Liquiditätsengpaß. Starke Organisationen können dieses Problem sofort lösen. Allerdings können die Ausmaße dieses Liquiditätsengpasses größer sein als erwartet. Wenn eine Organisation dann nicht mit dem Problem zurechtkommt, wird das normale Problem zum abnormen Problem (complexity).

Das Ergebnis sind nach *Adizes* diverse **Vorschläge** für das strategische Management, die in Übersicht 4.3 dargestellt werden.

Phase	**Vorschläge**
Kindphase	emotionale Untersützung und intensive rechtliche und finanzielle Beratung von außen
Startphase	Bilden von Teams, um Bedarf an administrativen Systemen und bürokratischen Regelungen gering zu halten
Erwachsenenphase	schrittweise Lösung des Abhängigkeitsverhältnisses von Gründer und Organisation
Reifephase	keine Hilfe von außen notwendig; Fallen auf Stabilitätsphase durch Dezentralisation verhinden; kleine Satellitenorganisationen bilden, um neue Lebenszyklen zu kreieren
Stabilitätsphase	Redefinition der „business-mission"; Umweltanalyse zum Erkennen von Bedrohungen und Möglichkeiten; jüngere Mitarbeiter einstellen, um Blickwinkel der Organisationsführung zu erweitern und Altern aufzuhalten
Aristokratiephase	Besinnung auf Organisationsziele; Zustand der Organisation analysieren; Änderungen in interaktiver Gruppenarbeit festlegen; eventuell Führungswechsel
Phase der Frühbürokratie	Überleben steht im Vordergrund; Notbehandlung durch sofortige gezielte Eingriffe; Mißtrauen des Managements überwinden
Bürokratie und Tod	sofortige Zusammenarbeit mit externen Beratern

Übersicht 4.3: Vorschläge für das strategische Management (nach Adizes 1988, 325-350)

Adizes sieht eine wichtige Aufgabe für das obere Management darin, trotz sich wandelnder Umwelt kein Chaos aufkommen zu lassen und die entstehenden Perspektiven zu nutzen. Organisationen müssen auf Gefahren und Chancen reagieren und sie antizipieren. Als Konsequenz aus dieser Überlegung ist es die Aufgabe einer strategischen Führung, Wachstum zuzulassen und gleichzeitig Alterungsprozesse zu vermeiden.

4.5.2.3 Wachstum und Effektivität: Der Ansatz von Quinn und Cameron

> *(. . .) we have learned little about the design and the development of new organizations (. . .) little is known about characteristics of early developmental stages, or about the processes by which organizations progress from one stage to another. (Quinn/Cameron 1983, 33-34)*

Quinn und *Cameron* (1983) untersuchten den Zusammenhang zwischen Effektivitätskriterien und der Entwicklungsstufe einer Organisation. Ausgangspunkt war dabei die Überlegung, daß die Lebenszyklusmodelle unter Beachtung höchst unterschiedlicher Organisationscharakteristika entwickelt und bisher empirisch nicht ausreichend fundiert wurden.

Mit ihrer Studie verfolgten *Quinn* und *Cameron* (1983) drei **Ziele**:
- die Identifizierung gemeinsamer Entwicklungsphasen, die in allen Lebenszyklusmodellen zu finden sind,
- die Identifizierung der Haupteffektivitätskriterien einer Entwicklungsstufe sowie
- die Erforschung ihrer Integration mit früheren Entwicklungsstufen.

Zu diesem Zweck wurden neun verschiedene Lebenszyklusmodelle, darunter die von *Greiner* und *Adizes*, miteinander verglichen und in ein Modell mit vier Entwicklungsstufen eingeordnet. Diese vier Entwicklungsstufen liegen implizit allen Lebenszyklusmodellen zugrunde.

Quinn und *Cameron* charakterisieren diese **vier Hauptphasen** folgendermaßen:
- Die *unternehmerische Phase,* „entrepreneurial stage", ist geprägt durch Kreativität und eine Vielzahl neuer Ideen. Die Organisation wird in Bewegung gesetzt.
- Die *Phase des Zusammenhalts,* „collectivity stage", zeichnet sich durch eine hohe Verständnisorientierung der Organisationsmitglieder und Informationskommunikation aus.
- In der *Phase der Formalisierung und Kontrolle,* „formalization and control stage", wird Wert auf Stabilität und Erhalt der Organisation gelegt.
- Die *Phase der Strukturentwicklung,* „elaboration of structure stage", ist gekennzeichnet durch ein Überdenken der bisherigen Organisationsstruktur und deren Anpassung.

Diese vier Phasen lassen sich in jedem Modell finden, wobei es bei manchen Modellen Unterphasen gibt.

In einem weiteren Schritt wurden diverse Effektivitätskriterien vier organisatorischen **Effektivitätsmodellen** zugeordnet (Übersicht 4.4).

Effektivitätsmodell	Effektivitätskriterien
Human Relations Model	Zusammenhalt, Bedürfnisbefriedigung der Mitarbeiter, Personalentwicklung
Open Systems Model	Flexibilität, Wachstum, Entwicklung externer Unterstützung
Internal Process Model	Informationsmanagement, Stabilität, Kommunikation, Kontrolle
Rational Goal Model	Produktivität, Effizienz, Zielerreichung

Übersicht 4.4: Effektivitätsmodelle nach Quinn/Cameron (1983, 42-44)

Aus den Charakteristika der vier Hauptentwicklungsstufen wurde dann die Hypothese entwickelt, daß die vier Effektivitätsmodelle **je nach Lebensphase** einer Organisation unterschiedlich ausgeprägt sind. Die Effektivitätsbetonung wandelt sich also parallel zur Entwicklung der Organisation (vgl. *Quinn/Cameron* 1983, 43-44):

- In der *unternehmerischen Phase* setzen Organisationen den Schwerpunkt auf die Effektivitätskriterien des Open Systems Model.
- Die *Phase des Zusammenhalts* ist gekennzeichnet durch die Kriterien des Human Relations und des Open System Model.
- In der *Phase der Formalisierung und Kontrolle* werden Kriterien des Internal Process- und des Rational Goal Model bevorzugt.
- Die *Phase der Strukturentwicklung* ist wieder durch die Kriterien des Open System Model geprägt.

Das Modell von *Quinn* und *Cameron* sagt somit aus, daß Organisationen auf Umweltturbulenzen in Abhängigkeit von ihrer Entwicklungsstufe reagieren. Abbildung 4.4 zeigt die entsprechenden Zusammenhänge.

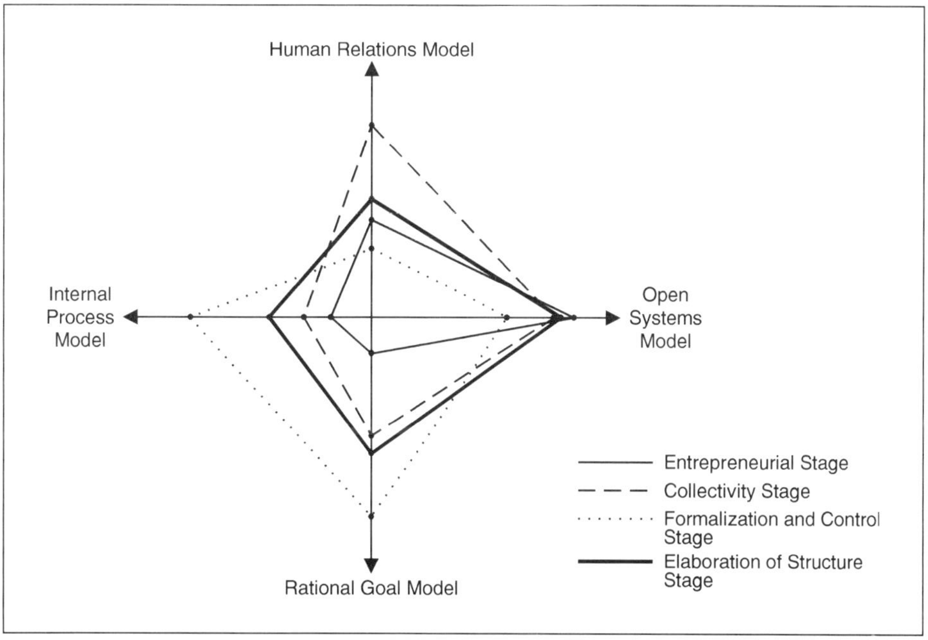

Abbildung 4.4: Kennzeichen der einzelnen Entwicklungsstufen (modifiziert nach Quinn und Cameron 1983, 43)

Quinn und *Cameron* weisen selbst auf **Schwachpunkte** in ihrer Untersuchung hin. Die Studie basiert auf der Integration existierender Lebenszyklustheorien. Aus diesem Grund ist es denkbar, daß sich die Ergebnisse nicht bedenkenlos auf junge Organisationen anwenden lassen: Bisher wurden meist nur ältere Organisationen untersucht. Das Modell von *Quinn* und *Cameron* setzt einen interessanten Kontrast zu den Kontingenztheorien (vgl.

Abschnitt 2.4.3), die propagieren, daß eine effektive Organisation bei dynamischer Umwelt organisch und bei stabiler Umwelt mechanisch strukturiert wird. *Quinn* und *Cameron* zeigen mit ihrem Modell jedoch, daß die Reaktion einer Organisation auf Veränderungen der Umwelt teilweise von ihrem eigenen Entwicklungsstadium abhängt.

4.5.2.4 Ökologisches Wachstum: Der Ansatz von Hurst

> *This creative integration of all these activities demands a manager who is sometimes rational, sometimes constrained, often confused, but never powerless – a manager who has a profound sense of the natural cycles of creation and destruction that all living systems must undergo. It demands a feel for the timing of when to act and when to wait, of when to go with the flow and when to oppose it, of when to stay on the beaten track and when to strike out for the distant hills. In short, it demands a deep understanding of the recurrent patterns in organizational change – an intuition of the rhythms of renewal. (Hurst 1995, 169)*

Der Ansatz von *Hurst* (1995) fokussiert auf die Verbindung von organisationaler Instabilität in Form von Krisen und organisationaler Erneuerung, die in sich wiederholenden, rhythmischen Mustern abläuft. Er leitet aus der Ökologie am Beispiel der Waldbewirtschaftung ein Entwicklungsmodell für Organisationen ab, das aus **vier Phasen** besteht (vgl. *Hurst* 1995, 96-103):

- In der *Wachstumsphase* finden eine Vielzahl von Prozessen statt, die zu einer schnellen Erschließung des vorhandenen Raumes führen. Die leicht zugänglichen Ressourcen werden bei geringer Vernetzung zur Wahrnehmung sich ergebender unterschiedlichster Wachstumschancen genutzt.
- Die *Bewahrungsphase* wird durch Prozesse charakterisiert, die für den langfristigen Schutz des Systems, der Verteidigung des besiedelten Raumes und eine hohe Vernetzung von Ressourcen sorgen, etwa in Form einer großen hierarchischen Organisation.
- In der Phase der *kreativen Zerstörung*, zu vergleichen mit einem Waldbrand, werden Teilbereiche des Systems zerstört, später aber erneuert. Die großen, hierarchischen Einheiten sind beim Auftreten von Krisen zu verwundbar; es überleben nur dramatisch verkleinerte und mobile Elemente. Die vormals das System von der Umwelt trennenden Grenzen verschwinden und die Ressourcen sind nicht länger in spezifischen Strukturen konzentriert.
- Die Phase der *Erneuerung* bewirkt in regenerativen Prozessen die lose Verknüpfung der Ressourcen in einem großangelegten Netzwerk, das wiederum die Voraussetzungen für eine neue Wachstumsphase bereitstellt.

Fügt man diese Phasen zusammen, so erhält man ein zyklisches Verlaufsmodell (Abbildung 4.5).

Zusätzlich zu dem emergenten (beinahe zufälligen) und situativ beschränkten Handeln der biologische Ökosysteme weisen Organisationen noch rationales Handeln auf. Ratio-

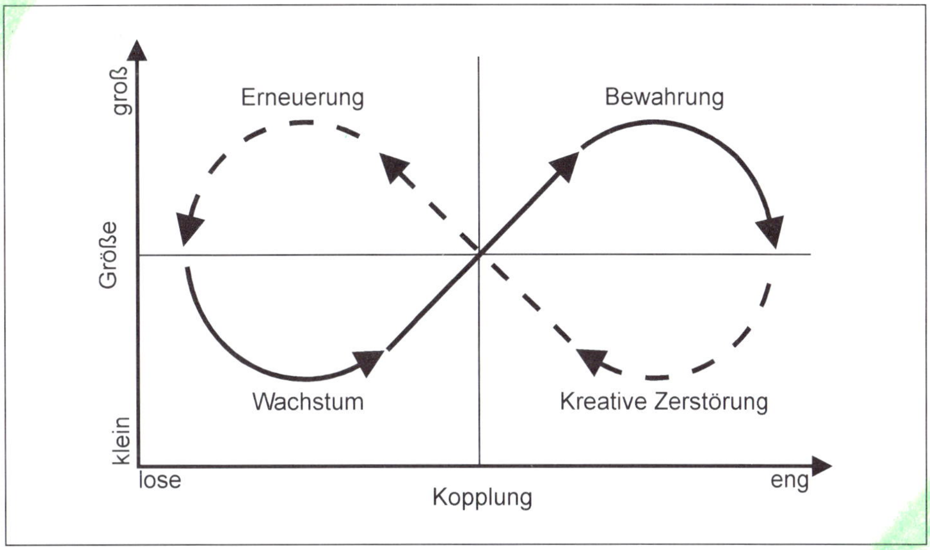

Abbildung 4.5: Grundmodell eines ökologischen Lebenszyklus (nach Hurst 1995, 97)

nalität wird hier im Rahmen des strategischen Managements als instrumentelle Rationalität im konventionellen Sinne, im Rahmen der charismatischen Führung im Sinne einer wertebasierten Rationalität verstanden.

Konkretisiert für Organisationen ergibt sich damit der in Abbildung 4.6 dargestellte „organisationale Ökozyklus". Die durchgezogene Linie bildet den konventionellen Lebenszyklus (8-3), der gestrichelte Teil Rekonzeptionierung der Organisation (4-7) ab. Obwohl sich *Hurst* hierbei nicht explizit zu Größe und Kopplung äußert, können diese Dimensionen wiederum auf die Organisation übertragen werden, was dann Phänomene wie Downsizing und Rightsizing zu erklären vermag.

Die acht konkretisierten **Managementphasen** dieses organisationalen Ökozyklus stellen sich wie folgt dar (vgl. *Hurst* 1995, 104-115):

- Im *strategischen Management* (1) erlernen Manager Ursache-Wirkung-Zusammenhänge, durchlaufen Trial-and-Error-Prozesse und richten die Aktivitäten auf lohnende Geschäftsfelder aus.
- Die *Bewahrung* (2) erhöht den Umfang erfolgreicher Aktivitäten, spezialisiert sich und strebt so eine Erfolgssteigerung an. Eine Inkaufnahme des Abbaus von Flexibilitätspotentialen macht die Organisation verwundbarer bei Krisen.
- Eine *Krise* (3) zeigt Diskontinuitäten und Instabilitäten bei bisher stabilen Variablen wie Umsatz und Preis, aber auch in Form von Ängsten und Unsicherheit unter den Organisationsmitgliedern.
- In der anschließenden Phase der *Verwirrung* (4) brechen die vorhandenen Formen organisationaler Kontrolle auf.

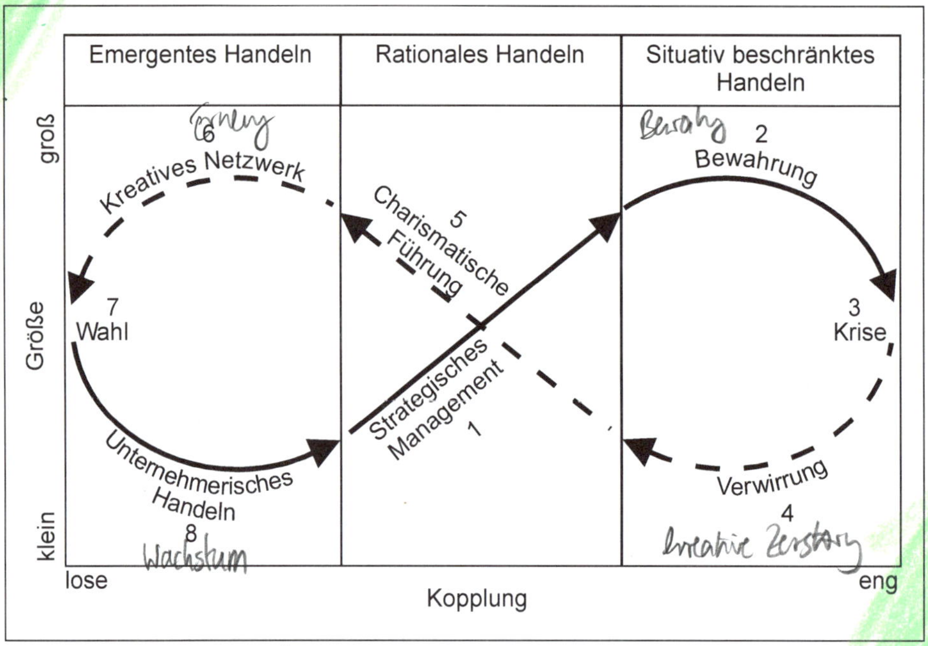

Abbildung 4.6: Organisationaler Ökozyklus (nach Hurst 1995, 103)

- Eine *charismatische Führung* (5) zeigt basierend auf einem konsistenten Wertesystem eine neue Orientierung für die Organisationsmitglieder auf und forciert eher ein Teilen der den Entscheidungen zugrundeliegenden Grundannahmen als die Vermittlung der Entscheidungslogik selbst.
- Die Bildung eines *kreativen Netzwerkes* (6) besteht darin, daß die Organisationsmitglieder einzeln und in Gruppen beginnen, Möglichkeiten und Projekte zu definieren und unternehmerisches Handeln einzuleiten.
- Im Zeitpunkt der *Wahl* (7) wird festgelegt, welche Orientierung die organisatorische Einheit anstrebt. Generell ist zu diesem Zeitpunkt wieder die Fähigkeit für die Organisation gegeben, Entscheidungen zu treffen.
- *Unternehmerisches Handeln* (8) führt dazu, daß die nun (wieder) beständige Struktur trotz ihrer geringen Größe beobachtbar und klar abgrenzbar wird und der Einheit ein Name gegeben werden kann.

Für jede dieser Phasen werden von *Hurst* spezifische Managementaktivitäten postuliert, beispielsweise sich nicht auf Erfolg zu verlassen, sondern Krisen herbeizuführen, bevor die Umwelt diese schafft, die Krise zu kontrollieren, das soziale System wiederzuerwecken und mit einer Vision zu versehen und den organisationalen Kontext neu aufzubauen.

Eine Beurteilung dieses Modells von *Hurst* läßt als **Vorteile** erkennen, daß es komplementär zu einer Reihe weiterer Organisationsentwicklungsmodelle ist: Beispielsweise kann das Modell von *Adizes* den Phasen des organisationalen Ökozyklus zugeordnet werden.

Hursts Modell deckt eine Vielzahl von Perspektiven wie die lernende sowie kulturelle Organisation ab und signalisiert zudem dem Manager, daß er in jeder Situation eines organisationalen Lebenszyklus über Entscheidungsspielräume verfügt. Ein wesentlicher **Nachteil** dieses Modells ist jedoch, daß es zwar eine Reihe präskriptiver Aussagen wie beispielsweise zur Herbeiführung einer Krise in einer reifen, erfolgreichen Organisation oder zur Bewältigung der daraus entstehenden „ethischen Anarchie" (*Hurst* 1995, 144) macht, jedoch nicht erläutert, wie diese Aktionen genau durchgeführt werden sollen. Zudem steht eine breite empirische Bestätigung der (allerdings durch eine Vielzahl von Fallstudien belegten) Thesen noch aus.

4.5.3 Konsequenz: Das Prinzip der bewußten Eigendynamik

Organisationen verändern sich ständig und passen sich ihrer Umwelt an. Sie folgen einem bestimmten Wachstumsmuster, ihrem eigenen Lebenszyklus. Ob Organisationen schon in den Phasen des Wachstums sterben oder sich über die Stadien des Wachstums hinaus stabilisieren und erfolgreich sind, können sie beeinflussen. Tauchen Probleme auf, müssen sie erkannt und Lösungen erarbeitet werden. Auf diese Weise kann die Organisation bewußt gestaltet und gesteuert werden.

Prinzip der bewußten Eigendynamik
Eine vitale Organisation verlangt ein Bewußtsein ihrer Eigendynamik. „Bewußte Eigendynamik" bedeutet, daß sich Organisationen antizipierend auf ihre Wachstumsphasen einstellen und Wachstumsprobleme verhindern beziehungsweise überwinden.

Organisationen müssen sich also auf Phasen des Wandels einstellen, sie akzeptieren und mögliche auftretende Probleme entweder schon im voraus proaktiv abwenden oder sie reaktiv bewältigen.

4.6 Gesteuerte Evolution

(. . .) natural selection acts by life and death, – by the survival of the fittest, and by the destruction of the less well-fitted individuals (. . .).
(Darwin 1900, 245)

Organisationen passen sich nicht nur erfolgreich an geänderte Umweltbedingungen an. Sie können auch scheitern. Im Mittelpunkt evolutionstheoretischer Ansätze steht die Frage, welche Arten von Organisationen langfristig überleben oder untergehen. Das letzte Gestaltungsprinzip lebender Organisationen befaßt sich damit, daß Entwicklungsprozesse von Organisationen nicht nur intendiert sind, also bewußt gesteuert werden, sondern auch unbeabsichtigt erfolgen.

4.6.1 Grundidee

> *(. . .) a population of organizations consists of all the organizations within a particular boundary that have a common form. (Hannan/ Freeman 1977, 936)*

Evolutionstheoretische Ansätze stellen das Verhältnis von Umwelt und Organisationen unter Bezugnahme auf biologische Analogien dar. Entstehung und Wandel von Organisationspopulationen werden als das Ergebnis von Prozessen interpretiert, die durch das Zusammenwirken von Variation, Selektion und Bewahrung zu beschreiben sind.

Mit dem Begriff der **Population** (Völkerschaft) ist in Analogie zur Biologie der Bestand einer ganzen Art von Organisationen gemeint – beispielsweise alle Banken oder alle Universitäten. Die Eingrenzung von Organisationspopulationen richtet sich beispielsweise nach geographischen, politischen Grenzen oder Marktzugehörigkeit.

Wandel von Organisationspopulationen ergibt sich nach der evolutionstheoretischen Sichtweise aus den auf sie wirkenden Zwängen der Umwelt, wodurch der Einfluß von einzelnen Organisationen auf ihr eigenes Schicksal sehr eingeschränkt beziehungsweise überhaupt nicht gegeben ist. Nur in Ausnahmefällen erreichen Organisationen eine Größe, die es ihnen ermöglicht, die Umwelt an ihre Anforderungen anzupassen.

Die Annahme der traditionellen Organisationstheorie, daß organisatorischer Wandel sowie die Formulierung von Strategien auf einer „managerial choice“ (vgl. *Lawrence/Lorsch* 1967) als bewußte Entscheidung der Organisationsleitung beruht, wird eingeschränkt: Entscheidend für das Überleben von Organisationspopulationen und damit von Organisationen ist nicht der Wille oder die Entscheidung von organisatorischen Strategen, sondern die Auslese durch die Umwelt.

4.6.2 Zentrale Ansätze

Im folgenden werden die evolutionstheoretischen Ansätze von *Darwin*, *Weick*, *Luhmann*, *Hannan/Freeman* und *McKelvey/Aldrich* dargestellt, die alle Selektionsmechanismen der Umwelt als Determinante des Überlebens sehen.

4.6.2.1 Das Überleben der Tüchtigsten: Darwin

> *As natural selection acts by competition, it adapts and improves the inhabitants of each country only in relation to their co-inhabitants; so that we need feel no surprise at the species of any one country, although on the ordinary view supposed to have been created and specially adapted for that country, being beaten and supplanted by the naturalised productions from another land. (Darwin 1900, 647)*

Eigentlich hatte *Darwin* zunächst ein ganz anderes Forschungsinteresse: Er beschäftigte sich mit der Tierwelt Südamerikas und ihrer geographischen Verbreitung zur damaligen Zeit. Aus seinen Erkenntnissen zog er später Rückschlüsse, die er 1859 in seinem Buch „The Origin of Species" veröffentlichte. Dieses Werk wurde zur zentralen Basis der Evolutionstheorie, zu der vier Basisbegriffe gehören (vgl. z.B. *Mayr* 1967):

- Betrachtet wird eine **Population**, die sich aus mehreren Individuen zusammensetzt. Diese Population ist durch ganz bestimmte Eigenschaften gekennzeichnet, und alle Eigenschaften zusammen ergeben den *Genpool* einer Population. Dieser Genpool ist spezifisches Kennzeichen einer Population.
- Populationen passen sich durch **Variation** an ihre Umwelt an. Variation erfolgt durch spontane Abwandlungen der bisherigen Eigenschaften, durch im Zusammenhang mit der Reproduktion entstehende neue Mischungen von Eigenschaften oder durch räumliche Trennung von Populationen, die sich dann unabhängig voneinander weiterentwickeln.
- Durch **Selektion** werden die Eigenschaften, die insgesamt die beste Anpassung an die Umwelt ermöglichen, herausgefiltert. Individuen, die diese Eigenschaften aufweisen, überleben („survival of the fittest"), während die übrigen ausgemerzt werden. Auf diese Weise wird ein Fortschritt für die gesamte Population erzielt.
- **Retention** von Eigenschaften ergibt sich, wenn bestehende, bewährte Eigenschaften weitervererbt werden.

Dieses Schema von Variation, Selektion und Retention innerhalb von Populationen liegt den evolutionstheoretischen Ansätzen zugrunde (vgl. *Radnitzky* 1987, 117). Die Variation reicht dabei von Mutation als unexaktem Kopieren von Eigenschaften über ungenaues Imitieren bis zur kreativen Neubildung. Selektion reicht vom natürlichen Ausmerzen der „Unangepaßten" über die Selektion von nicht konformen Regeln durch die Gruppe, die sie praktiziert, bis zur bewußten Elimination von bestimmten Tätigkeitsbereichen. Retention schließlich umfaßt alle Maßnahmen, die der Beibehaltung des einmal Erreichten dienen.

Die Population der Gazellen (vgl. *Kieser* 1993a, 244-245) hat die Löwen als natürliche Feinde. Diesem Umweltproblem begegnet sie durch schnelle Flucht. Die Merkmale der Schnelligkeit sind dabei genetisch festgelegt. Jede Gazelle weist eine individuelle Merkmalskombination (Genotyp), jedoch nie alle Merkmale zusammen auf. Neugeborene Gazellen haben eine zufällige Kombination der Merkmale ihrer Eltern. Durch Mutationen können auch neue Eigenschaften hinzukommen. Gazellen, die schneller fliehen können, also die besseren Eigenschaften aufweisen, haben eine größere Überlebenschance als andere. Sie werden selektiert und können ihre Eigenschaften weitervererben.

Der Begriff des „Darwinismus" entwickelte sich wie der „Taylorismus" eher zu einem negativ belegten Ausdruck, speziell in der Kombination des **Sozialdarwinismus**: Danach überleben in einer Gesellschaft nur die tüchtigen Leistungsträger, nicht aber sozial Schwache und Randgruppen.

4.6.2.2 Das Überleben von Ideen: Weick

> *Wann immer Leute über Organisationen sprechen, sind sie in Versuchung, eine Menge von Substantiven zu benutzen; aber diese scheinen den beschriebenen Erscheinungen eine trügerische Stabilität zu verleihen. Im Interesse besseren organisatorischen Verständnisses sollten wir die Leute drängen, Substantive einzustampfen. Wenn Organisationsforscher im Gebrauch von Substantiven geizig, im Gebrauch von Verben freigiebig und im Gebrauch von Gerundien verschwenderisch sein würden, dann würde Prozessen mehr Aufmerksamkeit geschenkt werden, und wir würden mehr darüber erfahren, wie man sie begreifen und lenken kann. (Weick 1985, 67)*

Der Ansatz von *Weick* (1979) basiert auf der Annahme einer Evolution menschlichen Verhaltens und kultureller Institutionen. Analyseobjekte sind somit **kollektive Erklärungsmuster**, die dem Handeln von Organisationen zugrunde liegen. Sein Ansatz hat weitere Wurzeln in der allgemeinen Systemtheorie, vor allem aber im sozialen Konstruktivismus, in dem

- Manager durch ihre Deutungen die Umwelt der Organisation „schaffen" und
- die Umwelt über self-fulfilling prophecies beeinflussen.

Evolutorische Prozesse sind damit letztlich Prozesse der sozialen Konstruktion von Wirklichkeit.

Veränderungen der Umwelt müssen von Managern wahrgenommen werden, sonst wirken sie sich nicht auf die Organisation aus. Das Wahrgenommene wird gedeutet, indem bestimmte Erklärungsmuster gebildet werden.

Der Ansatz von *Weick* (1979, 130-132) basiert auf drei evolutorischen Prozeßsegmenten (Abbildung 4.7):

- Eine Variation der Erklärungsmuster erfolgt durch „**Enactment**"-Prozesse. Dies bedeutet, daß ein neues Erklärungsmuster für die Umwelt und somit für die organisatorischen Zusammenhänge geschaffen wird.
- **Selektion** erfolgt dadurch, daß sich bestimmte Erklärungsmuster bewährt haben. Erklärungsmuster, die besser zur Komplexitätsbewältigung der Umwelt geeignet sind, werden beibehalten, während andere aufgegeben werden.
- **Retention** der besten Erklärungsmuster erfolgt über das kollektive Gedächtnis der Organisation. Die Mitglieder speichern sie, indem schriftliche Aufzeichnungen, Regeln und Normen erstellt werden, über die die Erklärungsmuster an neue Mitglieder weitergegeben werden.

Durch das kollektive Gedächtnis wird nach *Weick* wiederum die weitere Selektion ebenso wie die Schaffung von Variation beeinflußt. Bewährte Erklärungsmuster schaffen also die Grundlage für neue Erklärungsmuster und deren Auswahl. Dadurch wird die Organisation einerseits stabilisiert, andererseits aber auch in ihrer Flexibilität eingeschränkt. Da sie sich so nur begrenzt an Veränderungen der Umwelt anpassen kann, müssen beibehaltene Erklärungsmuster auch in Frage gestellt werden.

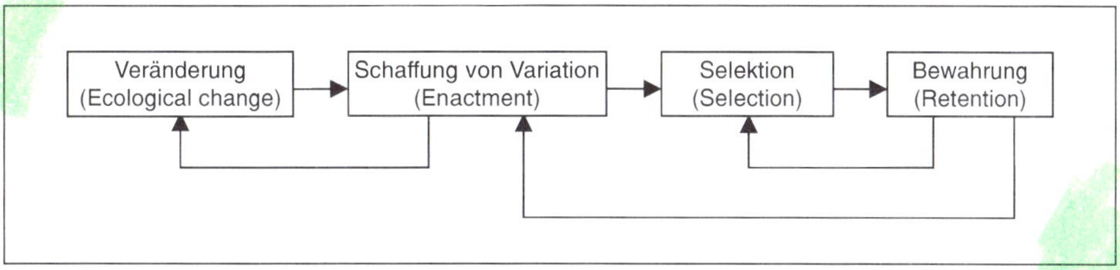

Abbildung 4.7: Das evolutorische Konzept nach Weick (1979, 132)

Für Organisationen leitet *Weick* (1979, 240-264) aus seinem Ansatz folgende Ratschläge ab:
- bei Chaos Panik vermeiden,
- besser im Chaos handeln, als in einem Zustand von Ordnung nichts tun,
- nicht auf die einzig richtige Lösung hoffen,
- neue Ideen zulassen und ausprobieren sowie
- sich die Organisation als evolutorisches System bewußtmachen.

Manager sollen über ihre Organisation nachdenken, sich mit ihr beschäftigen. Es ist besser, den Entwicklungsprozeß der Organisation zu analysieren als das Ergebnis. Seine Empfehlung für Manager lautet schlicht (vgl. *Weick* 1979, 261): „complicate yourself".

4.6.2.3 Das Überleben von Organisationen: Luhmann

> *Von sozialen Systemen kann man immer dann sprechen, wenn Handlungen mehrerer Personen sinnhaft aufeinander bezogen werden und dadurch in ihrem Zusammenhang abgrenzbar sind von einer nichtdazugehörenden Umwelt. Sobald überhaupt Kommunikation unter Menschen stattfindet, entstehen soziale Systeme; denn mit jeder Kommunikation beginnt eine Geschichte, die durch aufeinander bezogene Selektionen sich ausdifferenziert, indem sie nur einige von vielen Möglichkeiten realisiert. (Luhmann1982, 9)*

Einen weiteren evolutionstheoretischen Ansatz, der sich mit dem Überleben von Organisationen beschäftigt, präsentiert *Luhmann* (1982): Organisationen als soziale Systeme entstehen dadurch, daß **Kommunikation zwischen den Mitgliedern** stattfindet und ihre Handlungen aufeinander bezogen sind. Die Mitgliedschaft in einer Organisation ist dabei an bestimmte Bedingungen geknüpft. Organisationen weisen eine formale Struktur auf mit Kompetenzabgrenzungen, Definition von Weisungsbefugnissen und Kontrollmechanismen. Die Mitglieder verpflichten sich, diese Regeln anzuerkennen. Sie müssen sich dabei nicht notwendigerweise mit den Organisationszielen identifizieren. Es muß lediglich ein Gleichgewicht zwischen Anreizen der Organisation und Anforderungen gewährleistet sein.

Die Organisationen entstehen und entwickeln sich im Laufe eines Evolutionsprozesses durch Variation, Selektion und Retention (vgl. *Luhmann* 1982, 150-152):

Variation wird nach *Luhmann* durch Sprache, also Kommunikation zwischen Menschen, herbeigeführt. Wer mit guten Argumenten überzeugt, setzt sich durch. Man kann Unerwartetes und Neues sagen, jedoch nicht alles wird in Nachfolgehandlungen einbezogen, hat *kommunikativen Erfolg.*

Die **Selektion** erfolgt durch *symbolische Codes.* Dies sind Kommunikationsmedien, die Kommunikation ablehnen oder annehmen. Informationen, die für die gegenwärtige Situation nützlich sind, werden bevorzugt. Der erwähnte kommunikative Erfolg ist ein Zeichen der erfolgten Selektion.

Die **Retention** als drittes Element erfolgt durch Systemdifferenzierung. Sinngehalte, die sich in die Ordnung der Gesellschaft einfügen, das heißt in die „gute Praktik passen", werden beibehalten. Eine Änderung dieses Schemas erfolgt erst, wenn dadurch gravierende Probleme lösbar erscheinen.

Organisationen verändern sich durch Evolution insofern, als sie unterschiedliche Mechanismen für Variation, Selektion und Retention ausbilden. Je unabhängiger voneinander diese Variations-, Selektions- und Retentionsmechanismen institutionalisiert sind, desto schneller verläuft die Evolution.

4.6.2.4 Das Überleben von Populationen: Hannan/Freeman und McKelvey/Aldrich

> *Error, chance, luck, and conflict are more likely sources of variation, although they are devilishly difficult to theorize about. (Aldrich 1979, 28)*

Die konsequente Umsetzung des Gedankens der biologischen Evolution auf Organisationspopulationen zur Erklärung ihres Wandels bietet der Population Ecology-Ansatz mit dem Ansatz von *Hannan/Freeman* (1977; 1984) und dem Ansatz von *McKelvey/Aldrich* (1983). Der Population Ecology-Ansatz erklärt die Entwicklung von Organisationen damit, daß eine Auswahl durch die Umwelt erfolgt. Das Entstehen, Überleben oder der Untergang von Organisationspopulationen wird über die drei Mechanismen Variation, Selektion und Retention erklärt.

Ausgangspunkt (vgl. *Hannan/Freeman* 1984, 151) ist die Annahme, daß Organisationen zu träge sind, um schnell auf Bedrohungen oder Chancen in ihrem Umfeld zu reagieren. Sie liegen immer mehrere Schritte zurück. Trotzdem erfolgt Wandel, und zwar bezogen auf eine exakt spezifizierte Gruppe von Organisationen. Eine solche **Population** besteht aus Organisationen einer speziellen Teilbranche, die durch ähnliche Strukturen, Verhaltensmuster und Wertvorstellungen gekennzeichnet sind. Danach sind zwar Restaurants eine Population, nicht aber „Dienstleistungsbetriebe".

Ein wichtiger Unterschied zwischen dem Ansatz von *Hannan* und *Freeman* einerseits und dem Ansatz von *McKelvey* und *Aldrich* andererseits besteht darin, daß erstere Populationen von Organisationen als Ansatzpunkt der Evolution sehen, während letztere die Wissens- und Fähigkeitselemente einer Organisationspopulation, die sogenannten „*comps*" (competence elements), zur Grundlage der Evolution erklären: Populationen unterscheiden sich in ihrer „comp-Zusammensetzung". Keine Population besitzt alle comps, kein comp ist Bestandteil aller Populationen. Comps kommen je nach Wettbewerbsbedingungen in bestimmten Kombinationen vor, die für andere Populationen nicht nützlich sind, da sie sich in einer anderen Situation befinden. Sie sind für die Überlebensfähigkeit von Organisationspopulationen der herausragende Bestimmungsfaktor.

Die Evolution in der Population benötigt **Variation** als Beginn des Prozesses der natürlichen Auslese. Variationen verlaufen primär zufällig, wobei es nach *Hannan* und *Freeman* ausschließlich zufällige Veränderungen gibt, während *McKelvey* und *Aldrich* zumindest teilweise auch den Einfluß durch eine bewußte und geplante gestalterische Maßnahme zulassen. *McKelvey* und *Aldrich* stellen dabei die Variation der comps in den Vordergrund. Einigkeit herrscht jedoch darin, daß Variation innerhalb einer Population wesentlich häufiger auftritt als zwischen Populationen: Dabei gilt das Wachstum von Organisationen als Hauptursache, da mit der Expansion verbundene Kontrollprobleme zu Modifizierungen organisatorischer Praktiken führen (vgl. *Aldrich* 1979, 29). Daneben zählen auch Neugründungen zu den Ursachen interner Variation: Erfolgreiche Organisationen ziehen potentielle Konkurrenten an, die versuchen, sie zu imitieren, was aber nicht vollständig gelingt und so zu Variation in der Population führt.

Einige Variationen sind für das Überleben von Populationen nützlicher als andere und werden selektiert. Die **Selektion** neuer oder geänderter Formen ist das Resultat aus den Zwängen, die durch Umweltanforderungen entstehen. Populationen, die sich der Umwelt angepaßt haben, unterliegen der positiven Selektion und überleben, während andere, die die notwendigen Adaptionen nicht vollzogen haben, dies entweder nachholen oder scheitern. Aus der Sicht des Population Ecology-Ansatzes ist es somit letztlich die Umwelt, die optimiert. Für das Objekt der Selektion gibt es zwei Möglichkeiten: Entweder wird dabei unmittelbar zwischen Populationen selektiert, wie es *Hannan* und *Freeman* vorsehen; oder aber es werden lediglich Wissenselemente zum Objekt der Selektion, wie es *McKelvey* und *Aldrich* propagieren, die gerade dieses unvollständige Kopieren von Wissenselementen als Motor der Evolution behandeln.

Die **Retention** als das dritte und letzte Element evolutorischer Prozesse ermöglicht die Konservierung erfolgreicher Mechanismen und deren Weitergabe an neue Organisationen. Retention oder Bewahrung ergibt sich zum einen aus der Umwelt, zum anderen aus Populationen selbst: Im Rahmen der Industrialisierung haben dabei mündlich weitergegebene Traditionen zugunsten materieller Artefakte einer Gesellschaft an Bedeutung verloren. Beispiele für materielle Artefakte sind schriftliche Berichte oder auch Maschinen, allgemein physische Bestandteile von Gemeinschaften.

Sofern Variation, Selektion und Retention in ihrer Verbreitung völlig uneingeschränkt sind, führen sie zu einer **Vereinheitlichung** organisatorischer Formen über Populationen hinweg. Die Annahme, daß durch den Prozeß der Selektion nur die erfolgreichen Mechanismen beziehungsweise Organisationen ausgewählt werden, hätte zur Folge, daß nur noch einige wenige Formen von Organisationen existieren, was der Realität widersprechen würde. In Anlehnung an die Biologie erklären die Vertreter der Population Ecology die Vielzahl organisatorischer Formen mit Isolationsmechanismen, die eine Population von einer anderen absondern. *Hannan* und *Freeman* (1977, 931-932) bezeichnen dabei „organisatorische Trägheit“ als Ursache der Isolation von Populationen. Sie unterscheiden sich deutlich hinsichtlich der Investitionen in Spezialisten und Maschinen, ihres historischen Hintergrunds, der individuellen Markteintritts- und Marktaustrittsbarrieren, des Informationsflusses; diese Unterschiede lassen sich nicht einfach beheben. *McKelvey* und *Aldrich* (1983, 113) dagegen nennen die Individualität der comps als Ursache. Comps einer Population sind in der Regel für andere Populationen nicht sehr nützlich.

Es versteht sich von selbst, daß ein derartig weitreichend und in Teilen extrem exakt formulierter Ansatz mit derartig umfassenden Annahmen eine wahre Fundgrube für **Konzeptkritiker** darstellt. So kritisiert beispielsweise *Kieser* (1988, 610-616):

- Der Population Ecology-Ansatz läßt unberücksichtigt, daß die organisationsinternen Evolutionsmechanismen selbst einer Evolution unterliegen.
- Die Konzepte der organisatorischen Trägheit sind zwar prinzipiell realistisch, im Laufe der Zeit nimmt diese Trägheit jedoch immer mehr ab, da Informationsbarrieren zwischen unterschiedlichen Arten von Organisationen durchlässiger werden. Auch in dieser Hinsicht ist somit ein evolutorischer Prozeß feststellbar, der zu einer gestiegenen Anpassungsfähigkeit von Organisationen führt.
- Organisationspopulationen lassen sich nicht eindeutig abgrenzen. Es ist bisher trotz intensiver Bemühungen nicht gelungen, Populationen empirisch zu bestimmen. Gerade die Existenz von Populationen ist aber ein Eckpfeiler des Population Ecology-Ansatzes.
- Der Population Ecology-Ansatz geht davon aus, daß die Entwicklung einer Population durch die Umwelt determiniert ist. Es ist aber weder gezeigt, welche Selektionsfaktoren wirksam werden, noch wurde ein Verfahren entwickelt, wie man diese Faktoren lokalisieren kann.
- Da die Entwicklung von Organisationen als ein Prozeß angesehen wird, der zum überwiegenden Teil vom Zufall abhängt, kann der Population Ecology-Ansatz keine praxisrelevanten beziehungsweise gehaltvollen Aussagen liefern.

Trotz dieser Kritikpunkte hat sich aber die Population Ecology eine wichtige Position in der Organisationstheorie gesichert und wurde bisher noch nicht „herausselektiert“.

4.6.3 Konsequenz: Das Prinzip der gesteuerten Evolution

Entstehung, Veränderung und Scheitern von Organisationen können nicht immer durch sie selbst beeinflußt werden. Wandel erfolgt auch zufällig. Die unterschiedlichen Umweltbedingungen, denen Organisationen ausgesetzt sind, wirken sich auf ihre Entwicklung aus. Organisationen, die sich gut in ihr Umfeld einfügen, haben Erfolg, andere werden mit der Zeit aufhören zu existieren. Es erfolgt also eine Auslese durch die Umwelt sowohl auf der Ebene der Ideen als auch der Organisationen sowie der Organisationspopulationen. Organisationen müssen dies akzeptieren und sich das Überleben zum Ziel setzen. Dabei können sie jedoch nicht allein auf sich gestellt handeln, sondern sie müssen dieses Ziel gemeinschaftlich, also als Population von Organisationen, ansteuern. Sie müssen dem Prinzip der gesteuerten Evolution folgen.

Prinzip der gesteuerten Evolution
Eine vitale Organisation verlangt eine gesteuerte Evolution. „Gesteuerte Evolution" bedeutet das Verständnis des Zusammenwirkens von Variation, Selektion und Retention als Mechanismen der Auslese durch die Umwelt und des daran gekoppelten organisatorischen Überlebens. Da der Einfluß von einzelnen Organisationen auf ihr eigenes Schicksal nur begrenzt beziehungsweise überhaupt nicht gesehen wird, kann nur eine Population im Zusammenspiel für das Überleben sorgen.

Je aggregierter die Ebene des Untersuchungsobjektes ist, desto weniger konkret sind die ableitbaren Anweisungen für organisatorisches Handeln. Dies darf aber nicht darüber hinwegtäuschen, daß von evolutionären Prozessen massive Einflüsse auf Organisationen ausgehen, die teilweise antizipiert werden können und damit Eingang in die Strategieformulierung finden sollten.

4.7 Zusammenfassung

In diesem Kapitel wurde die *Strategische Organisation* als lebendes, dynamisches System betrachtet. Es wurden verschiedene Ansätze dargestellt, die sich aus unterschiedlichen Perspektiven mit der organischen Organisation befassen. Somit ergab sich die Notwendigkeit der Organisation, die Komplexität der Umwelt zu bewältigen, ihre Fähigkeit zur Selbstorganisation auf- und auszubauen, sich selbst zu generieren, hierarchische mit heterarchischen Strukturen zu kombinieren, sich ihre Eigendynamik bewußt zu machen und den Prozeß der natürlichen Selektion zu akzeptieren. Diese Forderungen an die organische Organisation wurden als Prinzipien formuliert.

Aus den aufgezeigten Prinzipen ergeben sich daher verschiedene **Grundpfeiler** einer organischen Organisation:

- Aus dem Prinzip der erforderlichen Varietät ergibt sich für die Organisation das Ziel, die Varietät im eigenen Aktionsraum zu vergrößern und die der Umwelt zu verringern, um einen Handlungs- und Entscheidungsspielraum zu erlangen.
- Das Prinzip der externinduzierten Selbstorganisation erfüllt eine Organisation, wenn sie spontane Ordnung akzeptiert. Diese entsteht durch den Aufbau kleiner autonomer Einheiten, die informell miteinander kommunizieren und auf Impulse aus dem Umfeld der Organisation reagieren.
- Das Prinzip der begrenzten Autopoiese fordert Autonomie und operationale Geschlossenheit der Organisation.
- Aus dem Prinzip der heterarchischen Hierarchie läßt sich die Forderung nach Intrasystem-, Intersystem- und Funktionshierarchie ableiten, damit das System „Organisation" aufrecht erhalten wird. Zugleich sollen die zentrale Kontrolle vermieden und die Systemeinheiten lose miteinander gekoppelt werden.
- Eine Organisation sollte weiterhin das Prinzip der bewußten Eigendynamik befolgen und sich ihr internes Wachstumsmuster bewußt machen, um sich auf die einzelnen Phasen und Probleme des Wachstums einzustellen.
- Schließlich gilt noch das Prinzip der gesteuerten Evolution, das Organisationen vor dem Hintergrund der Auslese durch die Umwelt sieht. Die Organisation muß die Evolutionsmechanismen verstehen lernen und annehmen.

Auf diese Weise wird die rein funktionale Sichtweise einer Organisation aufgegeben und damit auch die Vorstellung, man könnte die Organisation wie eine Maschine warten und reparieren. Vielmehr wird sie so als biologischer Mechanismus, als lebendes System angesehen, das auch eigenen Regeln folgt.

4.8 Vertiefungsfragen

1. Überlegen Sie sich, warum Autopoiese nicht mit Selbstorganisation gleichzusetzen ist.
2. Erläutern Sie am Beispiel teilautonomer Arbeitsgruppen die vier Merkmale der Selbstorganisation nach *Probst*.
3. Listen Sie jeweils Vor- und Nachteile von Heterarchien und Hierarchien auf und zeigen Sie die Überlegenheit der Kombination beider Strukturen auf.
4. Stellen Sie Gemeinsamkeiten und Unterschiede der Lebenszyklusmodelle von *Greiner* und *Adizes* dar.
5. Ordnen Sie die Lebenszyklusphasen der Modelle von *Greiner* und *Adizes* den vier Hauptphasen von *Quinn* und *Cameron* zu.
6. Stellen Sie ein Beispiel für das Überleben von Ideen nach *Weick* aus dem Alltag einer Marketingabteilung dar.
7. Analysieren Sie die aktuelle Diskussion um die deutschen (österreichischen) Hochschulen vor dem Hintergrund des Modells von *Hurst*.
8. Betrachten Sie das Wachstum von Organisationen mit den sechs Denkhüten von *de Bono*.
9. Was würde *Adizes* am Konzept von *Hurst* kritisieren?
10. Widerspricht das Prinzip der erforderlichen Varietät dem Wirtschaftlichkeitsprinzip?

5 Die kulturelle Organisation

> ***Corporate Culture*** *1: The way we do things around here, our combination of shared values and group norms; 2: An excuse for not making desperately needed changes in the way a company conducts its business. (Shapiro 1995, 51)*

Jede Organisation ist – unabhängig von ihrer strategischen Ausrichtung – immer auch eine Kulturgemeinschaft mit gemeinschaftlich geteilten Normen und Werten, eigenen Ritualen und Spielregeln, einer eigenen „Sicht der Welt" und einer eigenen Tradition (vgl. *Katz/Kahn* 1966, 51-57). Dabei spielt es keine Rolle, ob diese Kultur homogen oder fragmentiert ist, ob sie im Einklang mit der Strategie steht oder sich gegenläufig zu ihr verhält: Organisationskultur ist immer vorhanden und steht in enger Beziehung zum Erfolg der Organisation. *Strategische Organisation* beinhaltet deshalb immer auch den bewußten und zielgerichteten Umgang mit der Organisationskultur.

Bei aller Kritik im Detail: Spätestens seit dem von *Peters* und *Waterman* (1982) propagierten Ergebnis der „Suche nach Spitzenleistungen" gilt Organisationskultur als eine der wichtigsten Determinanten für den Erfolg. Um sich aber dem Phänomen „Organisationskultur" in einer operational-pragmatischen, gleichzeitig aber wissenschaftlich-fundierten Form zu nähern, sind **fünf Fragen** zu beantworten (vgl. *Scholz/Hofbauer* 1990; *Scholz* 1994a, 488-532): Wie entstehen und wirken Organisationskulturen? Welche dysfunktionalen Implikationen können bestimmte Organisationskulturen haben? Wie sind hierarchisch oder funktional gegliederte Kulturen zu beurteilen? Wie lassen sich Kulturen erfassen und prägen? Welche Überlegungen gibt es zur Stimmigkeit von und mit Organisationskulturen?

Antworten auf diese Fragen werden in verschiedenen Forschungsrichtungen gesucht, wodurch sich eine Vielfalt an Konzepten zur Analyse und zum Inhalt der Organisationskultur ergibt.

5.1 Kulturentstehung

> *Unternehmenskultur (Corporate Culture) ist das implizite Bewußtsein eines Unternehmens, das sich aus dem Verhalten der Organisationsmitglieder ergibt und das umgekehrt die formalen sowie die informalen Verhaltensweisen der Individuen steuert. (Scholz 1987a, 88)*

5.1.1 Grundidee

In der Anthropologie (vgl. z.B. *Kluckhohn* 1951) gibt es bereits seit langem intensive Hinweise auf die Bedeutung von Wert- und Denkmustern in Organisationen. Dennoch dauerte es relativ lange, bis sich das Denken in organisationskulturellen Dimensionen in der **Betriebswirtschaftslehre** durchsetzen konnte (vgl. Übersicht 5.1):

- Zunächst läßt sich bis Ende der fünfziger Jahre eine Phase der betriebswirtschaftlichen *Kulturignoranz* diagnostizieren.
- Mit Beginn der sechziger Jahre richtete sich die Forschung auf länderübergreifende Vergleiche der Managementsysteme. Das *Cross Cultural Management* postulierte zunächst einen kulturfreien Ansatz *(culture free thesis)*, bei dem Unterschiede zwischen Managementformen auf nicht-kulturellen Situationsfaktoren beruhen. Der kulturgebundene Managementansatz *(culture bound thesis)* sah in der Landeskultur eine wichtige Variable zur Erklärung von Managementverhalten.
- Es folgte die kulturvergleichende Managementforschung (*Comparative Management*), die sich mit wechselseitigen Einflüssen von Landeskultur und Managementverhalten befaßt.
- Die Auseinandersetzung mit dem Wechselspiel von Kultur und Managementverhalten führte zur Mikro-Ebene, also der Organisationskultur als einer intern bedingten Variable, letztlich also zur *Organisationskulturforschung.*
- Mit Beginn der neunziger Jahre rückten dann Versuche in den Mittelpunkt, die Makro- und Mikro-Ebene zu integrieren.
- Sicherlich noch weitgehend offen sind die Konsequenzen der Entwicklung in Richtung zur „borderless organization" auf die Organisationskultur. Hier ist der *pointillistische Kulturansatz* eine denkbare Variante, auf die im Ausblick in Kapitel 8 etwas näher eingegangen wird.

Diese Denkrichtungen verliefen im deutsch- und englischsprachigen Raum im wesentlichen synchron.

Zeit	**Ausgangsebene**	**Stadium**	**Betrachtungsweise**
bis 1960	**Makro-Ebene**	betriebswirtschaftliche „Kulturignoranz"	
ab 1960		Cross Cultural Management	a) kulturfreier Managementansatz b) kulturgebundener Managementansatz (Landeskultur als unabhängige Variable)
ab 1970		Comparative Management	Wechselbeziehungen zwischen Landeskultur und Managementverhalten
ab 1980	**Mikro-Ebene**	Organisationskulturforschung	Untersuchung/Beeinflussung der Organisationskultur weitgehend ohne landeskulturellen Kontext: a) Ansatz der (individuellen) Verhaltensforschung b) Organisationstheoretischer Ansatz c) Ansatz des strategischen Managements
ab 1990	**Makro- und Mikro-Ebene**	Kulturintegration	Wechselbeziehungen zwischen Organisationskultur und Landeskultur
ab 2000	**Globalebene**	Kulturpointillismus	kleinste Kultureinheiten in einem grenzenlosen Raum, die je nach Perspektive zu unterschiedlichen Kulturansichten führen

Übersicht 5.1: Entwicklungspfad der Management-Kulturforschung (nach Scholz 1994a, 491)

In den meisten Arbeiten findet sich inzwischen ein stark ausgeprägter Konsens darüber, was man unter Organisationskultur zu verstehen hat: Nämlich ein gemeinsam geteiltes Normen- und Wertesystem. Deutliche Unterschiede liegen aber in Konzeptionalisierung und Operationalisierung. Sie beginnen bereits mit der Frage, worin sich eigentlich Organisationskultur äußert.

5.1.2 Kulturmanifestation

Jeder, der eine Organisation betritt, wird sofort mit einer Fülle von markanten Objekten und Verhaltensweisen konfrontiert: Sie sind potentielle (aber nicht immer zutreffende) Indikatoren der Organisationskultur. So sind architektonische Objekte, Logos, Raumgestaltungen und Firmenwagen Kennzeichen eines spezifischen Selbstverständnisses und spiegeln damit eine tieferliegende Organisationskultur wider.

5.1.2.1 Das 3-Ebenen-Modell von Schein

> *(...) „culture": a pattern of basic assumptions — invented, discovered, or developed by a given group as it learns to cope with its problems of external adaption and internal integration — that has worked well enough to be considered valid and, therefore, to be taught to new members as the correct way to perceive, think, and feel in relation to those problems. (Schein 1985, 9)*

Der noch immer wichtigste Ansatz zur Behandlung derartiger Kulturschichten stammt von *Schein* (1985). Er erklärt auf den Grundlagen der Organisationspsychologie und -entwicklung das Entstehen der Organisationskultur als Zusammenspiel von drei Kulturschichten:

Auf der obersten Ebene zeigt sich die Kultur einer Organisation in künstlich geschaffenen **Objekten und Verhaltensweisen** (Artefakten), wie Gebäudearchitektur, Bürogestaltung, Bekleidungsvorschriften und Zeremonien, die sichtbar und/oder hörbar direkt zu erfassen sind. Auf diese Weise kann beispielsweise die Architektur eines Verwaltungsgebäudes durchaus Rückschlüsse auf die Organisationskultur zulassen, ebenso wie Rituale und Zeremonien.

Beispiele für sichtbare Objekte als potentielle Indikatoren für Organisationskultur (vgl. *Scholz/Hofbauer* 1990, 26):

Architektur	Baustil, Vorplatz, Parkanlagen, Trennung von Verwaltung und Produktion
Inneneinrichtung	Entrée, Farbgestaltung, Kunstgegenstände, Vorzimmer, Foyer, Möbel, Konferenzzimmer, Casino, Pausenräume
Arbeitsplätze	Teppiche, Vorhänge, Wandschmuck, Pflanzen, Türschilder, ergonomische Gestaltung (auch in der Produktion)

Arbeitsorganisation	Größe des Arbeitsplatzes, Großraumbüro, Einzelzimmer, Gruppenzimmer, Transport- und Lagereinrichtungen
Arbeitsmittel	Telefonanlage, EDV, PCs, Maschinen, Anlagen
Äußere Erscheinung	Freizeitkleidung, Business Dress, Uniform, Arbeitskleidung
Art der Überwachung	Verzicht auf Zeitkontrolle, Stechuhren, Kontrollpersonal
Sonstiges	Titelhierarchie, Logos, Embleme, Fahnen, Visitenkarten, Ausweise, Freistempler, Briefpapier, Firmenwagen, Jahresbericht, Führungsgrundsätze, Organigramme, Incentives, Veranstaltungen

Aber nicht nur physikalische Objekte, sondern eine ganze Reihe weiterer Medien transportieren organisationskulturelle Charakteristika auf der sichtbaren Ebene. Diese Verhaltensmerkmale äußern sich in bestimmten Riten, Mythen, Helden und Slogans und lassen sich sogar in Witzen lokalisieren.

Beispiele für organisatorische Witze (nach *Neuberger* 1988, 71+216+266):

1. Management by
   - Blue Jeans: An wichtigen Stellen sitzen Nieten.
   - Helikopter: Viel Lärm machen, Staub aufwirbeln, und wenn's undurchsichtig wird, senkrecht nach oben abheben.
2. Bei Ausgrabungsarbeiten im Jahr 3000 entdeckten Archälogen in Wolfsburg die Überreste des VW-Werks. Sie kommen zu folgendem Schluß: „Hier stand früher einmal eine Papierfabrik. Ungewöhnlich ist der große Fuhrpark!".
3. Frage bei Siemens: Warum befindet sich in der Hofmannstraße (Werksgelände in München) um jedes Gebäude ein Grünstreifen? Antwort: Damit man nicht hört, wie das Geld zum Fenster hinausgeworfen wird. Frage: Und warum ist am Wittelsbacherplatz (wo der Vorstand residiert) kein Grünstreifen? Antwort: Weil dort Scheine hinausgeworfen werden.

Gerade die Analyse von Witzen wirkt auf den ersten Blick recht einfach, erlaubt aber nur über eine tiefenpsychologische Analyse seriöse Auskünfte zur Organisationskultur (vgl. *Neuberger* 1988). So sind alle Witze bedeutungslos, die lediglich Wortspiele ausdrücken und beliebig austauschbar sind. Aussagefähig sind jedoch Witze, die auf konkrete Organisationsspezifika abstellen, was allerdings nicht ohne zusätzliche Analysen möglich ist.

Auf der zweiten Ebene liegen die **kollektiven Werte** der Organisationsmitglieder. Sie beziehen sich auf das im Laufe der Zeit entstandene Werte-Kompositum in der Organisation und steuern (mehr noch als die Artefakte der ersten Ebene) das Verhalten der Organisationsmitglieder. Bei „angenommenen" Werten, wie sie durch Unternehmens- oder Führungsgrundsätze vermittelt werden, ist der Einfluß auf das Verhalten der Organisationsmitglieder allerdings geringer als bei „internalisierten" Wertvorstellungen, die dauerhaft verhaltenssteuernd wirken.

Beispiele für die gemeinsamen Werte nach *Deal/Kennedy* (1982, 23) :
Caterpillar: „24-hour parts service anywhere in the world"- symbolizing an extraordinary commitment to meeting customers' needs.

Sears, Roebuck: „Quality at a good price" – the mass merchandiser for middle America.
Rouse Company: „Create the best environment for people" – a dominating concern to develop healthy and pleasant residential communities, not just to build subdivisions.
Continental Bank: „We'll find a way" (to meet customer needs).
Dana Corporation: „Productivity through people" – enlisting the ideas and commitment of employees at every level in support of Dana's strategy of competing largely on cost and dependability rather than product differentiation.

Auf der dritten und tiefsten Ebene der Organisationskultur befinden sich die **Grundannahmen** der Organisationsmitglieder als kaum noch diskutierte und langfristig konstante Auffassungen. Im einzelnen postuliert *Schein* (1985, 86) folgende fünf „basic assumptions", und zwar als:

- Die Basis der Beziehung zur Umwelt: Blickwinkel der Schlüsselmitarbeiter auf ihre Organisation.
- Die Basis von Realität und Wahrheit: die formellen und informellen Regelungen zur Definition von Realität und Wahrheit.
- Die Basis der menschlichen Natur: humaner Kern des Menschen und seine motivationale und intendierte Basis.
- Die Basis von menschlichen Aktivitäten: motivationale Beweggründe für die Art der Aufgabenerledigung.
- Die Basis der menschlichen Beziehungen: Definition des „richtigen" Weges für zwischenmenschliche Beziehungen.

Explizit oder zumindest implizit finden sich diese Grundannahmen in jeder Organisation.

Ein gelungenes Beispiel für die Analyse derartiger Grundannahmen liefert *Schmidt* (1995, 200-204) im Rahmen seiner Analyse der genossenschaftlichen Organisationskultur in Österreich: So ist der Umweltbezug der Genossenschaft im wesentlichen auf das wirtschaftliche Überleben ausgerichtet, bewirkt dadurch ein vorsichtiges Marktverhalten und dient damit der Erhaltung der Arbeitsplätze. Die Realitätsauffassung wird geprägt durch unternehmensinterne Problemlösung und Entscheidungsfindung, wobei Verlagerung in externe Bereiche vermieden wird. Grundlage der Entscheidungen und Anschauungen ist dabei ein kooperationstheoretisches Menschenbild *(homo cooperativus-Typ)*, wobei durch die auf ökonomische Sicherung ausgerichtete Umweltbeziehung teilweise eine Doppelnatur entsteht. Dieses geschieht im Kontext der Teamorientierung, die zusammen mit dem zugrundeliegenden Menschenbild einen kooperativen Führungsstil determiniert. Diese Basisannahmen werden in ein Modell kulturprägender Grundeinstellungen der Produktivgenossenschaft zusammengeführt.

Diese kulturtragenden Annahmen haben großen Einfluß auf das Verhalten der Organisationsmitglieder, lassen sich aber nur schwer ermitteln, da sie häufig im Unterbewußtsein liegen. Abbildung 5.1 faßt das Drei-Ebenen-Modell von *Schein* zusammen.

Für *Schein* ist besonders die Entschlüsselung der Grundannahmen in einer Organisation von Bedeutung: In Einzel- und Gruppeninterviews versucht dazu der Kulturforscher/

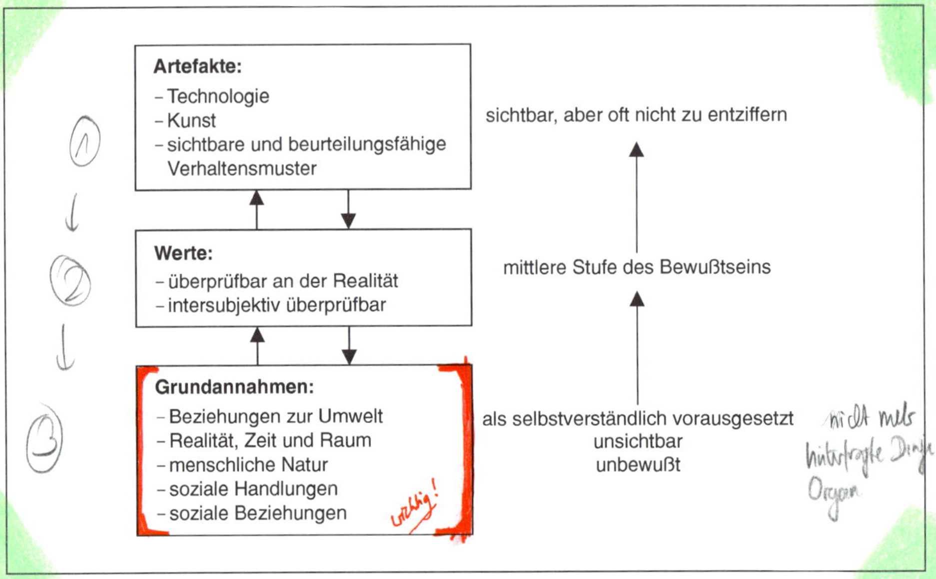

Abbildung 5.1: Ebenen der Organisationskultur (nach Schein 1985, 14)

Kulturberater, die tieferliegenden Schichten der Organisationskultur zu erfassen. *Schein* ist ein strikter Vertreter des „clinical approach“: Danach können nur professionell geschulte Außenstehende die Organisationskultur richtig erfassen.

> Mitte der achtziger Jahre erforderte die Privatisierung öffentlicher Unternehmen bei *Trans Australian Airlines* ein kulturbasiertes Veränderungsprogramm. Waren bislang Werte wie Sicherheit und Senioritätsprinzip zentral, fand nun eine Refokussierung auf eine ausgeprägte Kundenorientierung statt. Als interner Change Agent trat der neue CEO *Strong* auf, dessen Programm zahlreiche Veränderungen auf der Ebene der Artefakte (unter anderem den Namenswechsel in *Australian Airlines*) umfaßte. Aber auch der neue zentrale Wert der Kundenorientierung wurde erfolgreich implementiert. Zudem änderte sich der Führungsstil hin zu mehr Autonomie und der Betonung des internen Kunden-Prinzips. Diese Umstrukturierung in der sozialen Hierarchie, bei der die Piloten bislang ganz oben standen, führte dazu, daß durch deren „Degradierung“ ein schwerwiegender Streik ausgelöst wurde. Zudem entwickelten die Piloten schrittweise eine Subgruppen-Kultur, die den organisatorischen Zielen entgegenstand. Daß die Basisannahmen nicht wirklich verändert wurden, zeigt auch, daß aufgrund finanzieller Einbußen eine Re-Zentralisation durchgeführt wurde, die das Ausscheiden derjenigen Top-Manager zur Folge hatte, die von der bisherigen Kultur geprägt waren (vgl. *Shadur* 1995, 121-123).

Die zentrale **Anwendung** des Drei-Ebenen-Modells von *Schein* liegt in der Analyse und vor allem im differenzierten Verständnis der Organisationskultur. Zusätzlich lassen sich aber auch eine Vielzahl von Gestaltungselementen des strategischen Managements mit diesem Modell zu praktikablen Konzepten anreichern. So kann man beispielsweise die Portfolio-Matrizen mit entsprechenden kulturellen Implikationen verbinden. Übersicht 5.2 zeigt dieses Vorgehen für die BCG-Matrix (vgl. Abschnitt 2.1.1.3): Eine derartige Verknüpfung erlaubt es, die Portfoliozellen mit ihren kulturellen Einflußfaktoren in Beziehung zu setzen und der Produkt-/Markt-Strategie eine Kulturstrategie an die Seite zu stellen.

Zelle	Artefakte	Werte	Grundannahmen
Question Mark	„born heroes" entstehen, Management-Rituale als Substitute rationaler Techniken	Technologieorientierung, Innovationsorientierung	Machbarkeitsideal, Zukunftsorientierung, hohe Toleranz für Ambiguität, Initiative und aktive Gestaltung, Risikofreude, Autonomie nach außen, Personenorientierung nach innen
Star	„born heroes" als Vorbild, „heroes who are made", gemeinsame Sprache, Management-Rituale und rationale Techniken	Technologieorientierung, Kundenorientierung	Dominanzstreben, eingeschränkte Toleranz für Ambiguität, Aktion und Risikofreude, Autonomie nach außen, Gruppenbewußtsein
Cash Cow	„managers but no heroes", Verfahrensrituale, rationale Verfahren und Techniken ersetzen typische Artefakte	Kundenorientierung, Produktionsorientierung, Leistungsorientierung, Kostenorientierung	Dominanz, Gegenwartsorientierung, keine Toleranz für Ambiguität, Sachzwänge, Reaktion, geringe Autonomie, Zweckbestimmtheit
Dog	keine Helden, Routinerituale	Produktionsorientierung, Kostenorientierung	Unterordnung, Vergangenheitsorientierung, gefangen in der Situation, Verlust der Gruppenadhäsion

Übersicht 5.2: Kulturprofile in der BCG-Matrix (nach Scholz/Hofbauer 1990, 129)

Die Kulturschichten von *Schein* sind in der Literatur **weitgehend akzeptiert** (vgl. z.B. *Staehle* 1994, 471-473) und zum Standardbestandteil nahezu jeden Buches zur Organisationskultur geworden. Vor allem führen Beobachtung und Messung der Kultur über die drei Ebenen zu einem eher differenzierten Vorgehen, bei dem die Gefahr einer kulturellen Mißinterpretation verringert wird, die durch die Verwechslung von Symptomen mit Ursachen entsteht; zudem wird nicht die Manipulierbarkeit von Kultur allein durch Veränderung der Artefakte propagiert.

Edgar H. Schein	*Geb. 1928* *Professor für Management an der Sloan School of Management am Massachusetts Institute of Technology (MIT).* *1949 machte Schein seinen B.A. in General Education an der University of Chicago, 1949 erwarb er seinen M.A. in Sozialpsychologie an der Stanford University und 1952 seinen Ph.D. im gleichen Fach an der Havard University.* *Hauptwerke: Career Dynamics (1978); Organizational Psychology (1980 1. Aufl. 1965); Organizational Culture and Leadership (1985).*

5.1.2.2 Das Lambda-Modell

> *Liegt die Unternehmenskultur in essentiellen Bereichen im argen, verändern sich Qualität und Quantität der dem Markt zur Verfügung gestellten Leistungen. Die Sensibilität von Handel und Verbraucher gegenüber den weichen Faktoren im Marktauftritt ist von Branche zu Branche unterschiedlich, hat aber überall in den letzten Jahrzehnten stetig zugenommen. (Prahl 1995, 42)*

Im Zusammenhang mit der Organisationskultur ist zu differenzieren zwischen der sichtbaren Ebene des Verhaltens und der Erscheinung sowie der unsichtbaren Ebene der Organisationskultur. Diese Differenzierung entspricht der aus der Anthropologie kommenden Unterscheidung zwischen Konzeptas und Perzeptas: Kulturelle *Perzeptas* befinden sich auf der sichtbaren Ebene von Organisationsverhalten und Organisationserscheinung, während kulturelle *Konzeptas* Bestandteil der Organisationskultur sind. Streng genommen gibt es damit keine „sichtbare Schicht" der Organisationskultur, sondern vielmehr nur sichtbare Indikatoren, die als markante Objekte und Verhaltensweisen ansatzweise (ähnlich wie die Spitze eines Eisbergs) Rückschlüsse auf die Organisationskultur zulassen.

Für *Schein* (1985) ist Organisationskultur ein Konstrukt, das sich – in unterschiedlicher Intensität – auf allen drei Ebenen seines Modells ausdrückt. Die Betrachtungsweise der Konzeptas und Perzeptas führt allerdings zu einer stärkeren Differenzierung von „sichtbar" und „unsichtbar". Eine solche Ebenentrennung wird im **Lambda-Modell** (vgl. *Scholz* 1989; 1992c) vorgenommen. Dieses Modell entspricht in seiner graphischen Form dem griechischen Buchstaben Lambda und basiert auf einer strikten Differenzierung zwischen der primär intern ausgerichteten Organisationskultur und dem extern ausgerichteten Organisationsimage sowie der Trennung von sichtbarer und unsichtbarer Ebene.

Dies führt zu drei Hauptbereichen im Lambda-Modell (vgl. Abbildung 5.2):

Lambda 1 ist der unsichtbare organisationsinterne Bereich mit der bereits in Abschnitt 5.1.2 diskutierten **Organisationskultur** (*Organizational Culture*). In ihrem unsichtbaren Kulturkern entwickeln Organisationen im Laufe der Zeit ihre eigene Persönlichkeit. Hier unterscheiden sie sich oft deutlich von Konkurrenten, beispielsweise hinsichtlich ihrer Innovationsbereitschaft oder ihrer Kundenorientierung.

Lambda 2 ist der sichtbare Bereich. Dieses **Erscheinungsbild** (*Organizational Appearance*) umfaßt alle markanten Objekte und Verhaltensweisen, mit denen sich die Organisation nach innen und/oder nach außen präsentiert. Organisationsverhalten (*Organizational Behaviour*) ist dabei die Menge aller Verhaltensweisen, mit denen sich die Mitglieder der Organisation nach innen und außen präsentieren. Organisationsarchitektur (*Organizational Design*) ist die Menge aller physikalischen Objekte, mit denen sich eine Organisation nach innen und außen präsentiert. Erst beide Komponenten gemeinsam bieten die Möglichkeit zur Entwicklung einer organisatorischen Identität. Während Lambda 2 grundsätzlich *alle* sichtbaren Objekte und Verhaltensweisen umfaßt, ergibt sich die Organisationsidentität (*Organizational Identity*) lediglich als ein in sich *stimmiger* Teil daraus. Organisationsidentität ist die Summe aller konsistenten Objekte und Verhaltensweisen, mit denen sich die Organisation nach innen und außen präsentiert, und die sich zugleich auch in Organisationskultur und Organisationsimage wiederfinden.

Lambda 3 ist der unsichtbare externe Bereich. Außenstehende nehmen Kultur, Leistung und Erfolg der Organisation subjektiv wahr. Das hieraus entstehende **Image** der Organisation (*Organizational Image*) ist das Bild, das sich Organisationsexterne von der Organisationskultur machen. Diese Kulturperzeption muß jedoch nicht der tatsächlichen Organisationskultur entsprechen.

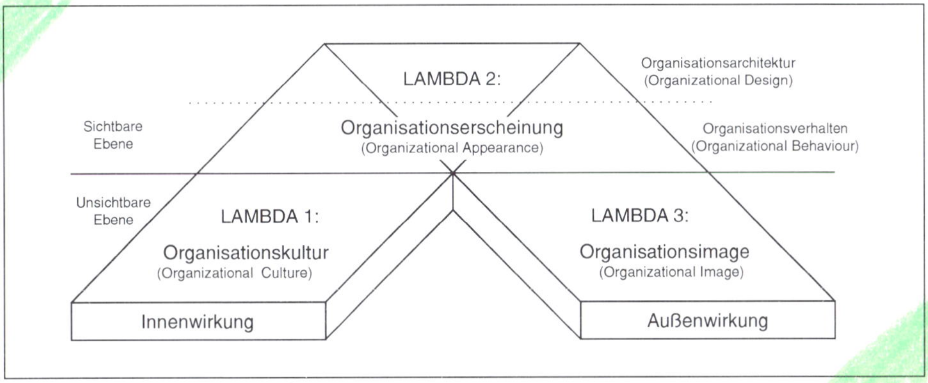

Abbildung 5.2: Das Lambda-Modell (nach Scholz 1989, 218)

Zu einem sinnvollen Umgang mit der Organisationskultur trägt das Lambda-Modell insofern bei, als es für die Phase der *Organisationsanalyse* eine Differenzierung in klar unterscheidbare Bereiche propagiert, an denen dann auch unterschiedliche Analysetechniken ansetzen, wobei Lambda 2 ausschließlich als Indikator für die Kultur (nicht aber als Kultur selbst) gilt. Aus dieser Differenzierung folgt für die Phase der *Organisationsentwicklung* das ausschließliche Ausrichten auf den Bereich Lambda 2, da nur hier Änderungen durchführbar sind, die sich danach allerdings auf Lambda 1 und Lambda 3 auswirken.

5.1.3 Kulturcharakterisierung

Um die Kultur von Organisationen in eine handhabbare Form zu bringen, ist sie hinsichtlich ihrer Art (also der Ausrichtung) und ihrer Stärke (also der Intensität) zu beschreiben.

5.1.3.1 Kulturarten

> *Es kann nicht verwundern, daß es zahlreiche Versuche zu Organisationskultur-Typenbildung gibt, da das Interesse nach Vereinfachung der komplexen Wirklichkeit durch Typenmodelle generell in den Sozialwissenschaften immer schon groß war und ist. (. . .) Typenbildungen können (. . .) „Wirklichkeitsmächtigkeit" auslösen, und zwar dann, wenn Publikationen Versimplifizierungen in Form von unreflektierten Typologisierungsversuchen beschreiben und sie als erstrebenswert hinstellen. (Kasper 1987, 86)*

In der Literatur gibt es seit Beginn der achtziger Jahre eine Vielzahl von Vorschlägen dazu, wie man die Kultur von Organisationen als unsichtbare Ebene konkretisieren kann (vgl. z.B. *Heinen* 1987; *Kasper* 1987, 86-107). Das Ergebnis sind dann teilweise extrem auf Einzelfälle ausgerichtete Beschreibungen von tatsächlich vorhandenen Organisationskulturen.

> *Frey* und *Schuster* (1996, 42-46) beschreiben folgende Kulturarten:
>
> In der *Problemlösungskultur* findet ein permanentes Reflektieren der Organisationsmitglieder darüber statt, ob sie Teil des Problems oder der Lösung sind. Ziel ist es, den letzteren Anteil zu erhöhen, da erfolgreiche Mitglieder letztlich in der Lage sind, eigene innovative Problemlösungen zu entwickeln.
>
> In der *Lernkultur* wird lebenslanges Lernen als Selbstverständlichkeit betrachtet. Dies setzt bei den Mitarbeitern die Verinnerlichung einer permanenten Reflexion über das eigene Verhalten aber auch über die Umweltbedingungen voraus.
>
> Die *konstruktive Fehlerkultur* propagiert ein Klima, in dem Fehler begangen werden dürfen. Über die Institutionalisierung der Fehleranalysen können zukunfts- und erfolgsorientierte Verhaltensänderungen realisiert werden.
>
> Die *konstruktive Konfliktkultur* befürwortet die konstruktive und kooperative Lösung von Konflikten als Voraussetzung für die organisatorische Entwicklung. Über die Einbindung der Mitarbeiter in die Ursachenanalyse und Fehlersuche wird so deren Identifikation mit einer Entscheidung erhöht.
>
> Die *schöpferische Chaos-Kultur* fördert Querdenken, Phantasie, Kreativität und schöpferisches Chaos. Auf diese Art sollen tradierte Verhaltens- und Verfahrensweisen überwunden werden, um die Flexibilität und Schnelligkeit der Organisation zu erhöhen.
>
> Die *Hedonismus- und Komfortzonenkultur* setzt an den Potentialen der Mitarbeiter an. Ziel ist es, die optimale Kombination von Talenten zu finden, die ein Maximum an Energie entfacht.
>
> Die *Zivilcouragekultur* fordert konstruktiven Eigensinn, Mut zum Widerspruch und Zivilcourage nach oben und unten. Damit wird der Aufbau von Selbstvertrauen bei den Mitarbeitern verlangt.

Versucht man über diese Beobachtungen hinausgehend zumindest eine ansatzweise Systematisierung, so leistet die Idee der *Kulturdimensionen* eine wichtige Hilfestellung: Danach werden organisationskulturelle Erscheinungen zu mehreren Grunddimensionen zusammengefaßt, die sich jeweils durch mehrere Variablen beschreiben lassen. Die Auswahl des Betrachtungswinkels läßt dabei zwangsläufig unterschiedliche Kulturdimensionen in den Vordergrund rücken, da es jeweils von einer Vielzahl von Faktoren abhängt, welche Kulturdimension tatsächlich prägend hervortritt.

Angesichts der Probleme bei der empirischen Erhebung von Organisationskulturen – auf die noch einzugehen sein wird – überrascht es nicht, daß es auf empirischer Basis für die Kulturtypologisierungen allenfalls rudimentäre Vorschläge gibt. Deshalb bietet es sich ansatzweise an, auf Vorschläge aus der pragmatischen Managementschule zurückzugreifen. Dort haben sich vor allem folgende vier zentrale Kulturdimensionen etabliert:

Zeitinduziert läßt sich die Kultur der Organisation als Entwicklungsstufe erfassen. Ein (heute schon historischer) Vorschlag für eine entsprechende Klassifikation stammt von *Ansoff* (1979), der ein Merkmalsspektrum von der auf Stabilität ausgerichteten Vergangenheitsorientierung bis hin zu einem kreativen Erfinden neuer Spielregeln für die Zukunft anbietet (Übersicht 5.3). Im Schema von *Ansoff* ist es letztlich die Einstellung der Organisation zur Zeit, die das Verhalten prägt. Steht beispielsweise das Zurückblicken auf die Vergangenheit im Mittelpunkt, führt dies zwangsläufig zu einer risikoaversen und innovationsfeindlichen Vorgehensweise. Der Vorteil der Typologisierung von *Ansoff* liegt in ihrer leichten Diagnostizierbarkeit, verbunden mit einer hohen Plausibiliät.

Kulturart	Zeitperspektive	Ausrichtung	Risikoeinstellung	Hauptslogan
„stable“	Vergangenheit	introvertiert	Risikoaversion	„Don't rock the boat“
„reactive“	Gegenwart	introvertiert	risikominimierend	„Roll with the punches“
„anticipating“	bekannte Zukunft	extrovertiert, introvertiert	bekanntes Risiko eingehen	„Plan ahead“
„exploring“	unbekannte Zukunft	extrovertiert	Trade-off Risiko/Nutzen	„Be where the action is“
„creative“	neuartige Zukunft	extrovertiert	Risikofreude	„Invent the future“

Übersicht 5.3: Beispiel für (entwicklungs-)zeitinduzierte Organisationskultur (nach Ansoff 1979, 120)

Externinduziert ist die Beziehung der Organisation zur Umwelt. Bei dieser Kulturdimension wird davon ausgegangen, daß zu einem ganz erheblichen Ausmaß die Umwelt die Organisationskultur prägt, also bei Unternehmen beispielsweise die Branche den Ausschlag für die jeweilige Unternehmenskultur gibt. Die in diesem Zusammenhang wichtigste Typologie lieferten *Deal* und *Kennedy* (1982). Die Autoren untersuchten rund achtzig Unternehmen, ihre Kultur und ihre jeweilige Umwelt. Sie stellten dabei fest, daß **zwei Faktoren** die Kultur von Organisationen prägen (vgl. Übersicht 5.4):

- Der eine Faktor ist das unmittelbare *Risiko*, das mit einer Entscheidung verbunden ist. Hier tragen Währungsspekulanten im Regelfall ein wesentlich höheres Risiko als Lebensmittelhändler.

Feedback	Risiko	
	niedrig	hoch
rasch	**work-hard/play-hard** („Harte Arbeit/Viel Spaß") Teamkult Kundenorientierung Spielrituale Wert = Umsatz (Sport = Basketball)	**tough-guy/macho** („Macho-Kultur der harten Männer") Starkult, Spielertypen „Alles oder nichts" Schutzrituale Wert = Risiko (Sport = Squash)
langsam	**process** („Verfahrenskultur") Bürokratiekult Dienstwegorientierung Hierarchierituale Wert = Kontinuität (Sport = Jogging)	**bet-your-company** („Risikokultur") Techniker-/Tüftler-Kult Technologieorientierung Konferenzrituale Wert = Erfahrung (Sport = Golf)

Übersicht 5.4: Externbezogene Dimension (nach Deal/Kennedy 1982, 107-123)

- Der andere Faktor betrifft die Verzögerung, mit der ein *Feedback* auf die Aktion eintritt. Hier erhält ein Hochschullehrer von Studenten eine wesentlich raschere Rückmeldung als ein Flugzeugbauer, dessen Maschine erst viele Jahre nach dem Entwurf mit Passagieren konfrontiert wird.

Die Zusammenführung der beiden Dimensionen führt zu vier verschiedenen, von den Autoren plakativ-überzeugend titulierten Kulturarten. Jede dieser vier Kulturen weist ihre eigenen Charakteristika auf, die sich in der Grundorientierung, aber auch in speziellen Ritualen und Wertvorstellungen äußern. Schließlich – allerdings mehr zu verstehen als heuristisch interessanter Nebenansatz – weisen die Autoren auch darauf hin, daß je nach Organisationskultur auch unterschiedliche Sportarten präferiert werden.

Interninduziert ergibt sich die Organisationskultur aus den spezifischen Attributen der Organisation, also beispielsweise ihrer Aufbau- und Ablauforganisation sowie der Form, in der die vorgesehenen Aktivitäten ausgeführt, koordiniert und kontrolliert werden. Es liegt nahe, daß es hierfür eine Vielzahl von Beschreibungsformen gibt, die sich dann auch in unterschiedlichsten Kulturarten manifestieren. Ein Vorschlag, der sich hierzu etabliert hat, befaßt sich mit der unterschiedlichen Grundstruktur in der Organisation und beschreibt dann Führungsmuster, Arbeitsweisen sowie das entsprechende Motivationsprinzip: *Handy* (1978; 1993) und *Harrison* (1972) beschreiben vier unterschiedliche Organisationskulturarten, in denen sich interne Aktivitäten ausdrücken. Übersicht 5.5 zeigt diese vier Kulturen und ihre Charakteristika. Diese Kulturarten finden sich bei der vergleichenden Betrachtung von verschiedenen Organisationen. Sie können aber ebenso innerhalb einer Organisation deren einzelne Abteilungen prägen.

Werteorientiert lassen sich Organisationen durch unterschiedliche Basisannahmen beschreiben. Zu dieser Kulturdimension stammt ein denkbarer Vorschlag von *Pümpin, Kobi*

	Machtkultur	Rollenkultur	Aufgabenkultur	Personenkultur
dominierend in	kleinen Organisationen, Armee	öffentlichem Dienst, Banken	Marketingabteilung, Beratungsorganisation	Familie, Rechtsanwaltsbüro
Führungsprinzip	zentralisierte Führung	Steuerung durch Stellenbeschreibung	Projekt- und Teamorientierung	Individuenzentrierung
Arbeitsweise	Wünsche und Entscheidungen der zentralen Person werden ausgeführt; zentrale Kontrolle	starre Kompetenzabgrenzung, strikte Einhaltung der Vorgaben	Ziel des Teams ist wichtig, Expertenwissen ist gefragt	Organisation ist Basis für eigene Karriere, Profilierung ist oberstes Ziel
Motivationsprinzip	Erlangen von Macht	Sicherheit, Regelmäßigkeit	Selbstkontrolle, Anerkennung	persönliche Erfolge
Vorteile	Stolz und Stärke	erfolgreich bei stabiler Umwelt	Flexibilität, hohe Anpassungsfähigkeit	großer Freiraum für den Einzelnen
Nachteile	unnachgiebig, rücksichtslos	Änderungsnotwendigkeit wird meist zu spät erkannt, mangelnde Innovationsfähigkeit	Machtgerangel bei knappen Ressourcen	Probleme der Koordination und Führung

Übersicht 5.5: Vier Organisationskulturen (nach Handy 1978, 404-406)

und *Wüthrich* (1985), die im Hinblick auf die jeweils dominierenden Kulturwerte hinsichtlich Kunden-, Mitarbeiter-, Resultats- , Innovations-, Kosten-, Kommunikations-, Unternehmens- und Technologieorientierung unterscheiden. In Anlehnung daran schlagen *Kobi* und *Wüthrich* (1986) für die Ermittlung dieser Kulturdimensionen einen Fragebogen vor (vgl. Übersicht 5.6), der sowohl zur Erhebung der gegenwärtigen Situation („Ist-Kultur"), als auch zur Bestimmung der angestrebten Kultur („Soll-Kultur") zum Einsatz kommen soll.

Zusammengefaßt bieten die vier präsentierten Kulturdimensionen (zeitinduziert, externinduziert, interninduziert und werteorientiert) sicherlich einen ersten Einstieg in die Vielfalt möglicher Organisationskulturen. Sie dürfen aber auf keinen Fall isoliert betrachtet werden, sondern ergeben erst in ihrer Zusammenführung ein aussagefähiges Bild der Kultur. Die Darstellung in einem Kultur-Radar-Chart (vgl. Abbildung 5.3) verdeutlicht dies. Zudem können gleichzeitig mehrere Ausprägungen pro Dimension auftreten. So kann beispielsweise eine Organisation auf der zeitbezogenen Dimension durchaus eine Kulturmischung aus „stabil" und „kreativ" besitzen.

Auf die Problematik der Erhebbarkeit von Organisationskulturen wird später noch eingegangen: Sie ist nicht zu unterschätzen. Allerdings ist die Frage der Erhebbarkeit zu entkoppeln von der Frage der Existenz der postulierten Kulturarten, die grundsätzlich als Phänomene durchaus auch dann existieren, wenn sie nicht meßbar sind.

	unwichtig	mittel wichtig	sehr wichtig
Kundenorientierung			
– Überdurchschnittliche Wertschätzung des Kunden	☐	☒	☐
– Profunde Kunden- und Kundenproblemkenntnisse	☐	☐	☒
– Regelmäßige Kundenkontakte	☐	☐	☒
– Enge Kundenbeziehungen	☐	☐	☒
– Intensive Kundenpflege	☐	☐	☒
Mitarbeiterorientierung			
– Überdurchschnittliche Wertschätzung des Mitarbeiters	☐	☒	☐
– Großes Vertrauen in die Mitarbeiter	☐	☐	☒
– Partizipation als Selbstverständlichkeit	☒	☐	☐
– Teamwork als Voraussetzung	☐	☒	☐
– Konstruktive Zusammenarbeit auf allen Stufen	☐	☒	☐
– Transparente Karrieremechanismen	☒	☐	☐
– Überdurchschnittliche Entlohnung und Sozialleistungen	☒	☐	☐
– Professionelle Personalbetreuung	☐	☒	☐
Resultatsorientierung			
– Ausgeprägtes Zielbewußtsein der Mitarbeiter	☐	☒	☐
– Starke persönliche Einsatzbereitschaft und Eigeninitiative	☐	☒	☐
– Überdurchschnittliche Arbeitsintensität	☐	☒	☐
– Beispielhafte Arbeitsmentalität	☐	☒	☐
– Gesundes Maß an Aggressivität im Angehen von Zielen	☐	☒	☐
– Handeln statt Analysieren und Administrieren	☐	☐	☒
– Überdurchschnittliche Produktivität dank Menschen	☐	☒	☐
– Persönliche Leistung als Basis der Entlohnung	☒	☐	☐
Innovationsorientierung			
– Ausgeprägte Risikofreudigkeit	☒	☐	☐
– Überdurchschnittliche Lern- und Veränderungsbereitschaft	☐	☒	☐
– Experimentiermentalität	☐	☐	☒
– Hohe Flexibilität	☐	☐	☒
– Offenheit für Neues, Toleranz gegenüber Abweichungen	☐	☒	☐
– Kontinuierliche Realisierung von Produkt-, Verfahrens- und übrigen Innovationen	☐	☐	☒
– Existenz kreativer Champions	☒	☐	☐
Kostenorientierung			
– Stark ausgeprägte Sparmentalität	☐	☒	☐
– Kostenbewußtsein auf allen Stufen	☐	☐	☒
– Kostensenkungsprogramme als Selbstverständlichkeit	☐	☒	☐
– Kosteneinsparung als Leitmaxime	☒	☐	☐
Kommunikationsorientierung			
– Ausgeprägte interne Kommunikation	☐	☐	☒
– Ausgeprägte externe Kommunikation	☐	☒	☐
– Bedeutung von Mitwirkungsformen	☐	☒	☐
Unternehmensorientierung			
– Starke persönliche Identifikation mit dem Unternehmen	☐	☒	☐
– Ausgeprägte Loyalität auf allen Stufen	☐	☒	☐
– Starker Gemeinschaftsgeist	☒	☐	☐
– Konstruktives Konfliktverhalten	☒	☐	☐
– Ausgeprägte Bereitschaft zur Erbringung persönlicher Opfer für das Gesamtinteresse	☒	☐	☐
– Solidarität der Belegschaft mit begründeten Anliegen der Firmenleitung	☐	☒	☐
– Branchendurchschnittliches Dienstalter der Belegschaft	☒	☐	☐

Technologieorientierung			
– Ausgeprägtes Technologiebewußtsein auf allen Stufen	☒	☐	☐
– Überdurchschnittlicher technologischer Stand von Einrichtungen und Anlagen	☐	☐	☒
– Große Bedeutung einer wissenschaftlichen Basis bei der Leistungserbringung	☒	☐	☐
– Überdurchschnittliche Bereitschaft zur Investition in neueste Technologien	☐	☒	☐
– Logisch-rationales Argumentieren als Selbstverständlichkeit	☒	☐	☐
– Technologie als Mittel zur Profilierung im Markt	☒	☐	☐

Übersicht 5.6: Werteorientierte Kulturdimensionen nach Kobi und Wüthrich (1986, 138-140)

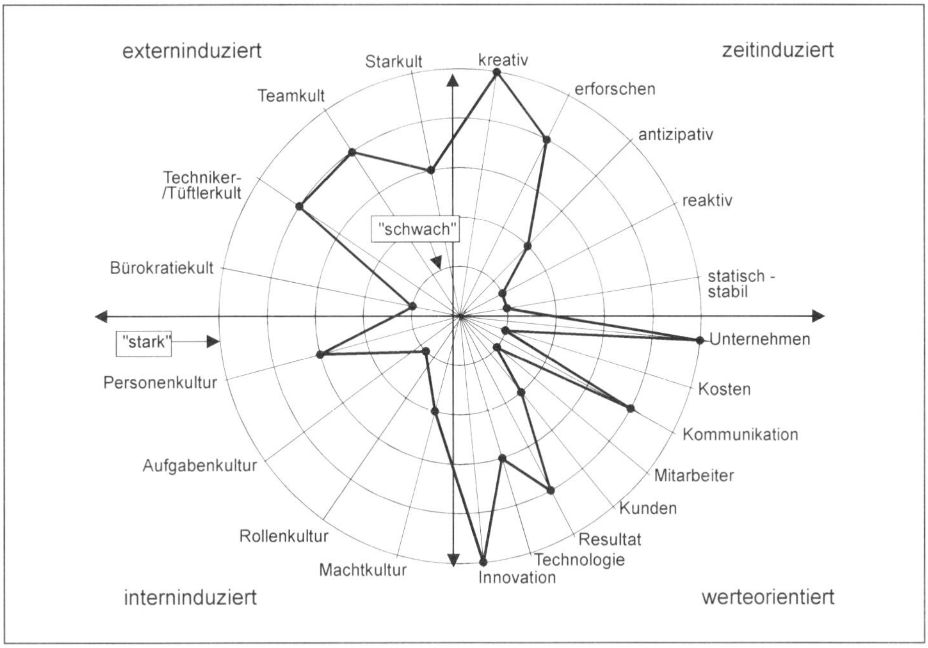

Abbildung 5.3: Organisationskulturarten

5.1.3.2 Kulturstärke

> *As we worked on research of our excellent companies, we were struck by the dominant use of story, slogan, and legend as people tried to explain the characteristics of their own great institutions. All the companies we interviewed, from Boeing to McDonald's, were quite simply rich tapestries of anecdote, myth, and fairy tale. (...) These days people like Watson and A.P. Giannini at Bank of America take on roles of mythic proportions that the real persons would have been hard-pressed to fill. (Peters/Waterman 1982, 75)*

Je intensiver die Beziehungen zwischen der sichtbaren Verhaltensebene und der unsichtbaren Kulturebene verlaufen, umso stärker entwickelt sich die Organisationskultur. Neben der Kulturart ist somit die Kulturstärke ein weiterer wichtiger Aspekt beim Umgang mit der Organisationskultur: Denn je stärker die Kultur ist, desto eher prägt sie das Verhalten.

Ob es tatsächlich zu einer starken Kultur kommt, hängt von mehreren, größtenteils noch unerforschten Faktoren ab: Zu vermuten ist allerdings, daß sich eine starke Organisationskultur mit einer **höheren Wahrscheinlichkeit** entwickeln kann, wenn
- die Wertvorstellungen und Ziele der Organisationsmitglieder nicht gegenläufig sind,
- die Wertemuster für die Organisationsmitglieder transparent sind,
- die Organisation alt genug ist, damit alle Mitglieder die Kultur internalisieren konnten,
- die sichtbaren Objekte stimmig zu den Kulturwerten sind und
- die grundlegenden Landeskulturwerte nicht konträr zu den Wertemustern der Organisation verlaufen.

Die Kulturstärke als quantitative Ausprägung der Organisationskultur ist danach eine Funktion von Verbundenheit (Konnektivität), Interaktionsdichte, Werttransparenz sowie Ereignisdynamik.

Neben diesen eher theoretisch-abstrakten Determinanten der Kulturstärke gibt es drei pragmatisch-konkrete **Indikatoren** für starke Organisationskulturen (vgl. *Scholz* 1987a, 89-90):
- *Geschichten* sind Spiegel einer Kultur. Ihre Weitergabe läßt auf eine Kongruenz zur Organisation schließen. Geschichten spielen eine prägende Rolle, da sich aktuelles und zukünftiges Verhalten an ihren Pointen orientiert. Typisch für starke Kulturen ist daher der ausgeprägte Hang zu derartigen Geschichten.
- *Symbolik* liegt in vielen organisierten oder gewachsenen Handlungsmechanismen. Dies gilt für Zeremonien genauso wie für Mittel zur Standardisierung der Kommunikation. Je intensiver die Symbolik, umso stärker dürfte auch die Organisationskultur ausfallen.
- *Clans* sind Personengruppen in einer Organisation, die einen prägenden Einfluß auf die Organisationskultur haben. Je höher die Wahrscheinlichkeit dafür ist, daß ein Clan innerhalb einer Organisation existiert, umso höher ist die Wahrscheinlichkeit für das Auftreten einer starken Organisationskultur.

Diese Indikatoren lassen sich zumindest tendenziell operationalisieren und somit zur Bestimmung der Organisationskultur heranziehen. Sie signalisieren die Organisationskultur, zeigen also, daß sie existiert, und gleichzeitig sind sie Ursache der Organisationskultur, bewirken also, daß sie entsteht beziehungsweise fortbesteht. Sie sind somit Quelle und Ergebnis der Organisationskultur, die durch diese wechselseitige Beziehung gestärkt wird.

5.1.4 Kulturwirkungen

Die Beschäftigung mit der Organisationskultur ist nicht Selbstzweck: Sie erfolgt vielmehr, weil man davon ausgeht, daß die Kultur einer Organisation einen Einfluß auf ihren Erfolg hat.

5.1.4.1 Nutzen einer starken Kultur

A strong culture is a system of informal rules that spells out how people are to behave most of the time. By knowing what exactly is expected of them, employees will waste little time in deciding how to act in a given situation. (. . .) A strong culture enables people to feel better about what they do, so they are more likely to work harder. When a sales representative can say „I'm with IBM," rather than „I peddle typewriters for a living," he will probably hear in response, „Oh, IBM is a great company, isn't it?" (Deal/Kennedy 1982, 15-16)

Starke Kulturen haben den Vorteil, deutliche Impulse zur Verhaltenssteuerung auszusenden: Sie wirken daher koordinierend und leisten somit Hilfestellung gerade auch im Hinblick auf die notwendige (strategische) Stimmigkeit.

Generell erfüllt eine starke Kultur nach Ansicht der Verfechter eines organisationskulturellen Funktionalismus im günstigsten Fall (vgl. *Deal/Kennedy* 1982; *Dill/Hügler* 1987) **vier Funktionen**:

- *Koordinationsfunktion*: Sie steuert das tägliche Verhalten der Mitarbeiter, indem sie Handlungsabläufe festlegt sowie Handlungsfreiräume definiert.
- *Motivationsfunktion*: Sie vermittelt Mitarbeitern den Sinn der Arbeit und steigert dadurch deren Leistungsbereitschaft.
- *Identifikationsfunktion*: Sie schafft ein Potential für eine Zugehörigkeit der Mitarbeiter zur Organisation.
- *Profilierungsfunktion*: Sie erlaubt die Abgrenzung zu anderen Organisationen.

Weiterhin fördern die kohäsiven Kultureigenschaften als Selbstbeschreibung der Organisation die gemeinsame Sinnvorstellung der Mitarbeiter. Gerade die Kultur einer Organisation nimmt somit als Code sozialer Systeme eine dominante Position ein; dies gilt umso mehr, je stärker die Kultur zur Differenzierung zwischen Organisationen und damit zur eindeutigen Identifizierung auch außerhalb der organisatorischen Grenzen beiträgt.

Zentrale Determinante der als stark erachteten Organisationskultur der *DB-Soft AG* ist der hohe Anteil an weiblichen Mitarbeitern und Führungskräften. Zu den Leitlinien und Regelungen zählen dementsprechend nicht nur die teamorientierten Strukturen mit flachen Hierarchien, kurzen Entscheidungswegen und offener Informationspolitik: Großer Wert wird auch auf die gezielte berufliche Aus- und Weiterbildung mit internen Aufstiegschancen gelegt. Das daraus resultierende gute Arbeitsklima und die hohe Motivation sind damit innerhalb der höchst dynamischen Softwarebranche die herausragenden Erfolgsfaktoren des Unternehmens, das bundesweit der führende Anbieter kaufmännischer Standard-Software ist (vgl. *Duft* 1995).

Neben diesen primären Funktionen hat die Organisationskultur diverse **sekundäre Wirkungen**. So trägt sie beispielsweise zu einer allgemeinen Erhöhung der wirtschaftlichen Effektivität bei und führt unter anderem durch geringere Fluktuationsraten und Abwesenheitsquoten zu einer Steigerung der Verhaltenseffektivität (vgl. *Albert/Silverman* 1984,

13). Auch wenn die Bestimmung der exakten Bedingungen, unter denen die oben skizzierten Kulturwirkungen eintreten, weitgehend offen bleibt, so sind sich doch die Kulturprotagonisten einig, daß die positiven Effekte der Organisationskultur immer auch die Existenz einer starken Kultur voraussetzen.

5.1.4.2 Gefahren einer starken Kultur

Eine starke Organisationskultur ist nicht von vornherein positiv einzustufen, da sich gerade starke Kulturen häufig problematisch auswirken (vgl. z.B. *Schreyögg* 1989): Sie bringen die Tendenz zur Abschottung sowie Inflexibilität mit sich und produzieren emotionale Barrieren, die bis hin zur kollektiven Vermeidungshaltung führen können. Insbesondere können folgende **negative Effekte** auftreten:

- Es besteht die Gefahr, daß das organisationskulturell verankerte Wertesystem zu einer alles beherrschenden Kraft in der Organisation wird. Änderungen in der Aufgabenumwelt und der externen Umwelt werden nicht mehr wahrgenommen oder ignoriert.
- Starke Organisationskulturen wehren sich gegen Änderungen im Wertesystem und sind bei einer Strategieänderung nur sehr schwer in eine neue Richtung zu beeinflussen.

Starke Organisationskulturen haben daher oft einen **ambivalenten Charakter**: Einerseits bieten sie allen Organisationsmitgliedern eine klare Handlungsorientierung durch Stabilität und Zuverlässigkeit (effiziente Homogenität). Andererseits ist dies ihre größte Schwäche, da die Fixierung auf historische Erfolgsmuster keinen Raum für neue Orientierungsmuster läßt (mangelnde kreative Heterogenität). Eine starke Kultur führt also wegen der Verfestigung von Rollenbewußtsein und Entscheidungsverhalten zu Innovationsfeindlichkeit und Inflexibilität.

Dies gilt insbesondere für den Strategieplanungsprozeß: Hier fließen unbewußt die in der Kultur verankerten Werte und Normen in die Situationsanalyse und Zielformulierung ein. Im Extremfall kann ein derartiges Verhalten zur Folge haben, daß Warnsignale und neue Herausforderungen nicht wahrgenommen werden (vgl. *Linke* 1993, 33-34).

5.1.5 Kulturkritik

> *Das Konzept der Unternehmenskultur erweist sich insgesamt als wenig nützlich. Aufgrund seiner geringen Leistung im Entdeckungs-, Beschreibungs-, Erklärungs- und Anwendungszusammenhang ist es wissenschaftlich kaum fruchtbar und nur begrenzt praktikabel. Der Forschungsstand ist bruchstückhaft und wenig befriedigend. Anforderungen an wissenschaftliche Standards bleiben im definitorischen, methodischen und theoretischen Bereich unerfüllt. (Wicher 1994, 338)*

Spätestens an dieser Stelle ist darauf hinzuweisen, daß das Konzept der Organisationskultur in der Literatur teilweise massiv kritisiert wird. Exemplarisch sollen nachfolgend zwei

Kritiklinien referiert werden, die sich auf breiter Basis mit der Organisationskulturforschung auseinandergesetzt haben:

Frederick (1995) stellt nicht in Frage, daß Kultur grundsätzlich in Organisationen existiert, und bezweifelt ebenfalls nicht ihren eventuellen instrumentalen Nutzen. Vielmehr kritisiert er den **Mißbrauch** des ursprünglich anthropologischen Ansatzes, speziell durch Unternehmensberatungen. Der pragmatische Transfer anthropologischer Ausdrücke wie Clans, Rituale und Mythen führte dazu, Organisationen wie primitive Volksstämme zu untersuchen. Durch die pragmatische Identifikation verheißungsvoller Erfolgspfade wurde die Kulturidee zusätzlich erheblich verfremdet: Während Anthropologen oft jahrelang innerhalb der zu untersuchenden Kulturen leben, ist der Mißerfolg durch Berater, die nur kurze Zeit in und mit der Organisation verbringen, vorprogrammiert. Letztlich überwiegt das Selbstinteresse der „Kulturmanager", die das Kulturkonzept extrem simplifizieren und sich fernab der anthropologischen Idee des Verstehens bewegen.

Auch existieren kaum systematische und umfassende Ansätze, die die Werte und Grundannahmen innerhalb von Organisationen beschreiben: Entweder konzentrieren sich Studien auf das Zusammenspiel von organisatorischen und sozialen Werten, oder das Interesse richtet sich ausschließlich auf die Identifizierung einiger weniger Schlüsselfaktoren. Letztlich führt die pragmatisch-autoritäre Konzeption durch die Beschränkung auf einige wenige fundamentale Werte zu einer Reduktion der Chancen, die eine kulturelle Variation der Organisation bietet.

Auch *Wicher* (1994) ist in seiner Kritik nicht zurückhaltend: Zunächst bemängelt er das grundsätzliche **Theoriedefizit** innerhalb der Kulturforschung. Im einzelnen führt er hierzu folgende Punkte auf:
- die mangelnde theoretische empirische Fundierung der Wirkungsgefüge und -mechanismen einzelner Kultursymbole,
- die undifferenzierte Übernahme von Erkenntnissen aus anderen Kulturbereichen,
- die unzureichende Berücksichtigung der Abhängigkeit der Organisations- von der Umweltkultur,
- das konzeptionelle und empirische Defizit zum Verhältnis von Subkulturen und Gesamtkultur,
- die geringe Beachtung der Entstehungsbedingungen der organisationsspezifischen Kultur,
- die Ignoranz bezüglich der unternehmerischen Vielfalt und Realität,
- die Illusion, daß eine einheitliche Organisationskultur ohne Beachtung der ökonomischen Gegebenheiten aufzubauen ist und
- die Ableitung unmittelbarer, pragmatischer Handlungsempfehlungen aus theoretischen Verhaltenshypothesen.

Weiterhin wird von *Wicher* das **„Kulturmanagement"** kritisiert. Ausgehend von der Entrationalisierung von Managementprozessen sieht er die Gefahr, das Kulturkonzept auf eine einseitige, wenig pluralistische Ausrichtung zu reduzieren. Dementsprechend werden auch der informelle Charakter und die geringe Disponierbarkeit einiger Kulturkonzepte bemängelt. Ein zentraler Erfolgseinfluß wird aufgrund entsprechend enger Strukturierungsspielräume, fehlender Steuerbarkeit und reduktionistischer, monokausaler Erklärungen von *Wicher* bezweifelt.

Insgesamt ergeben sich zwei **Implikationen**: Erstens belegen die vorgebrachten Argumente äußerst eindrucksvoll, daß die Organisationskultur wesentlich mehr ist als ein simples „plug and play"-Instrument. Nötig ist vielmehr ein ernster Umgang, getragen von einem entsprechenden Problembewußtsein. Zweitens liegt ein erster Schlüssel für den sinnvollen Umgang mit der Organisationskultur in einer Vertiefung des generellen Verständnisses der Organisationskultur, zu verstehen als Zusammenspiel zwischen Organisationsattributen und Organisationsverhalten.

5.1.6 Konsequenz: Das Prinzip der organisationskulturellen Dualität

Auf der einen Seite ergibt sich die Organisationskultur aus dem Verhalten der Organisationsmitglieder. (. . .) Andererseits beeinflußt die Organisationskultur das Verhalten der Organisationsmitglieder. (Scholz 1988b, 81)

Ausgangspunkt für die Auseinandersetzung mit der Organisationskultur (vgl. Abbildung 5.4) ist die betrachtete Organisation mit ihren verschiedenen Komponenten und ihren in unterschiedlicher Weise sichtbaren Ausprägungen der **Organisationsattribute**: Die *sichtbare Ebene* enthält die unmittelbar auch für einen Außenstehenden erkennbaren Artefakte. Auf der *unsichtbaren Ebene* lassen sich die existierenden Phänomene im Hinblick auf ihren Zeitbezug positionieren. Eine Vermittlungsrolle zwischen der unsichtbaren und der sichtbaren Ebene übernimmt die *kommunikative Ebene*. In sie gehen auch die artikulierten Wertvorstellungen der Organisationsmitglieder ein.

Die **Organisationskultur** ergibt sich als *Teilmenge* (!) aus diesen Organisationsattributen, wenn zwei Bedingungen erfüllt sind: *Erstens* muß es sich um Attribute handeln, die von der Mehrzahl der Organisationsmitglieder in gleicher Form gesehen und – sofern es sich um Werte handelt – akzeptiert werden. *Zweitens* muß von diesen Attributen ein Einfluß auf das Verhalten der Organisation ausgehen; die Organisationskultur ist damit gemeinsame Basis zur Verhaltenssteuerung.

Die Organisationskultur folgt aber nicht nur aus diesen Organisationsattributen: Hinzu kommen als weitere kulturprägende Einflüsse (Umwelt-)Restriktionen, explizite Zielsetzungen im Zusammenhang mit Führungsaktivitäten sowie gegebenenfalls die Definition einer neuen Soll-Kultur aus der Strategie. Das Medium zum Transport dieser Einflüsse ist das **Organisationsverhalten**, da erst dieses eine Wirkung auf die Kultur hat. Zwischen der Organisationskultur und dem Organisationsverhalten besteht eine Wechselbeziehung: Auf der einen Seite beeinflußt eine (starke) Kultur das Verhalten. Auf der anderen Seite fördert das praktizierte, erfolgreiche Verhalten die Bildung kulturprägender Merkmale; danach dürfte Erfolg tendenziell die bestehende Kultur verstärken, während Probleme und Mißerfolg einen abschwächenden Einfluß auf die Organisationskultur ausüben.

Aber auch die übrigen Organisationsattribute erfahren eine sukzessive Veränderung, denn das historische Gedächtnis der Organisation spiegelt auch tatsächliches Verhalten wider. Während Änderungen auf der unsichtbaren Ebene allenfalls unbewußt ablaufen, läßt sich die sichtbare Ebene bewußt verändern. Dazu zählen Veränderungen von Verwaltungsgebäuden genauso wie neue Unternehmensleitlinien oder Kommunikationsformen.

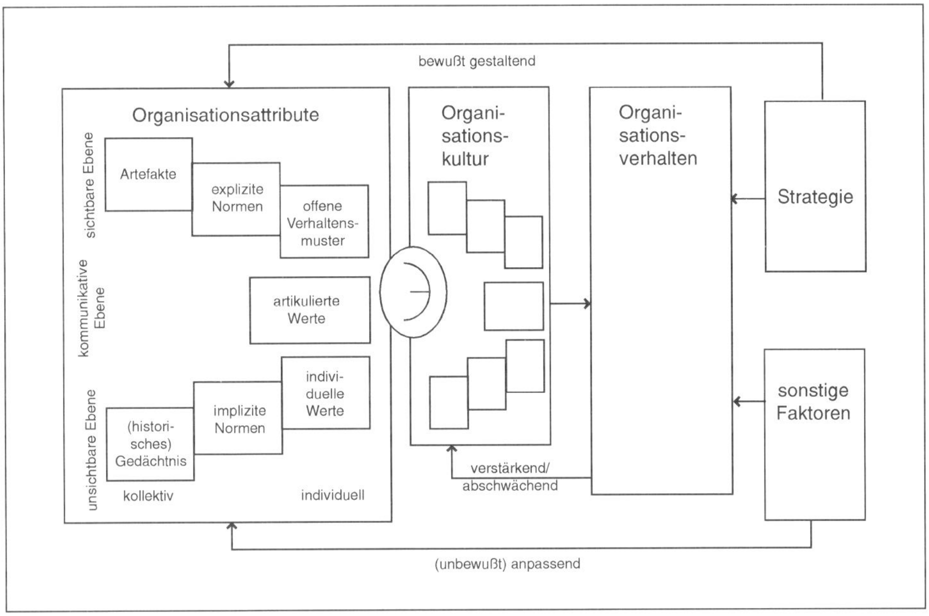

Abbildung 5.4: Bezugsrahmen für die Organisationsforschung (nach Scholz 1988a, 260)

Für einen strategisch ausgerichteten Umgang mit dem Phänomen Organisationskultur ist es nötig, sich explizit mit dem Wechselspiel von *Ursprung* und *Wirkung* zu beschäftigen (vgl. Abbildung 5.5):

- Zum einen entsteht Organisationskultur aus dem laufenden Verhalten der Mitarbeiter. Es gibt also in jeder Organisation eine Organisationskultur. Organisationskultur als Ansammlung von gemeinsam geteilten Werten und Normen in der Organisation ist in dieser Hinsicht eine Ergebnisgröße.
- Zum anderen wirkt die Organisationskultur als „kollektive Programmierung“ (*Hofstede* 1980b, 1169) auf das Verhalten der Organisationsmitglieder: Sie spüren permanent die

Kultur ihrer Organisation und verhalten sich dementsprechend. Natürlich gibt es auch Fälle, in denen Mitarbeiter sich nicht an die Spielregeln der Kultur halten. Dieser Kulturkonflikt führt langfristig zur (gegebenenfalls inneren) Kündigung von Mitarbeitern oder aber zu einer graduellen Veränderung der Organisationskultur, sofern zahlreiche Mitarbeiter neue Spielregeln favorisieren.

Dieser Zusammenhang zwischen Kultur und Verhalten geht als zentraler Bestandteil in das Prinzip der organisationskulturellen Dualität ein.

Prinzip der organisationskulturellen Dualität
Eine vitale Organisation verlangt, die Dualität aus Kulturentstehung und Kulturwirkung zu berücksichtigen. „Organisationskulturelle Dualität“ bedeutet damit die explizite Berücksichtigung der wechselseitigen Beeinflussung von kulturellen Vorgaben (Grundannahmen, Werten, Normen und Einstellungen) und gelebtem Verhalten.

Im Prinzip der organisationskulturellen Dualität findet sich ein Ansatz, der die reziproken Beziehungen zwischen Ursprung und Wirkung der Organisationskultur aufzeigt, wobei sich die Interdependenzen zwischen sichtbarer und unsichtbarer Ebene auf die Kulturstärke auswirken.

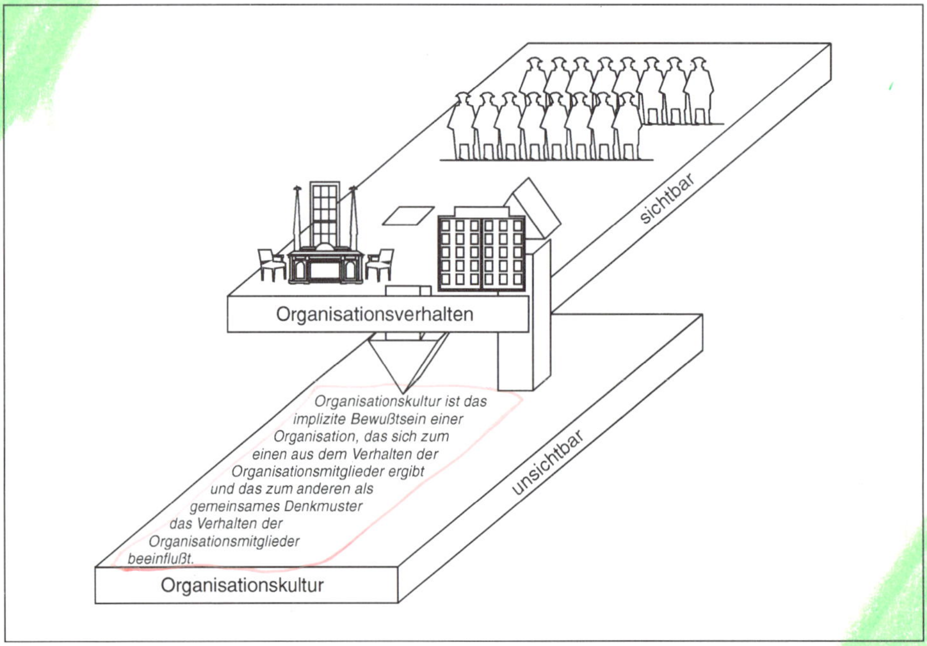

Abbildung 5.5: Das Prinzip der organisationskulturellen Dualität

Der Widerspruch zwischen den positiven und negativen Konsequenzen einer starken Kultur verliert dann an Schärfe, wenn man Organisationskultur nicht mehr als unveränderbare, konstante Größe ansieht, sondern gemäß dem Prinzip der organisationskulturellen Dualität als wechselseitigen Prozeß zwischen kulturellem Wertesystem einer Organisation und dem Verhalten der Organisationsmitglieder begreift. Werte, Grundannahmen und Verhalten der Organisationsmitglieder werden in diesem Prozeß nicht nur durch die Organisationskultur geprägt, sondern auch durch landeskulturelle Besonderheiten und gesellschaftlichen Wertewandel, wodurch ein Werteausgleich als gegenseitige Beeinflussung stattfindet.

5.2 Kulturerkrankung

Bei der Untersuchung von organisatorischen Defekten, die auf Streß durch Führung beruhen, treten wiederum bestimmte Verhaltensmuster mit bemerkenswerter Regelmäßigkeit auf. (. . .) Obwohl viele der auf diese Weise in Kultur und Struktur äußerst problembelasteten Firmen (. . .) noch immer aktiv sind, haben sie bereits die Saat für ihr Versagen gelegt. (Kets de Vries 1995, 251)

5.2.1 Die Grundidee

Bereits bei der Herleitung des Prinzips der organisationskulturellen Dualität wurde darauf hingewiesen, daß die Existenz einer starken Organisationskultur nicht zwangsläufig als positiv einzustufen ist. Hinzu kommt, daß es auch eine ganze Reihe von Kulturarten gibt, die in spezifischer Kombination zu fatalen Konsequenzen führen.

Diese Überlegung führt zum Konzept der pathologischen Organisationskultur, das in Anlehnung an die Individualpsychologie die Existenz von neurotischen und sogar von pathologischen Tendenzen in Organisationen postuliert. In diesem Zusammenhang kennzeichnen **Neurosen** als psychische Störungen ein auffallendes Verhalten, das bei einer Person vorkommt und mit einem als unangenehm erlebten Symptom oder einer Leistungsbeschränkung in einem oder mehreren wichtigen Funktionsbereichen einhergeht. **Pathologisches** Verhalten geht über diese Neurosen hinaus und entsteht, wenn einzelne neurotische Züge die Oberhand gewinnen. Es wird somit charakterisiert durch das *exzessive und situationsunspezifische Auftreten eines einzigen neurotischen Stils*; dies führt zwangsläufig zu Leistungsbeeinflussungen (vgl. *Kets de Vries/Miller* 1987, 17).

5.2.2 Pathologiebeschreibung: Zentrale Ansätze

Die Idee der pathologischen Organisation besagt, daß es in einer Organisation Normen und Denkschemata gibt, die in nicht situativ differenzierter Weise konstant und exzessiv das Verhalten der Organisationsmitglieder prägen. Anders als bei den individuellen Pathologien, die sich im günstigsten Fall quer über eine Gruppe ausgleichen können, teilen hier alle Personen bezüglich der Organisation die gleichen (pathologischen) Einstellungen.

5.2.2.1 Systemstörungen: Türk

> *Die Zusammenhänge zwischen Ursachen, Störungen, dynamischen Prozessen und Kosten aufzudecken, ist nun Aufgabe einer Pathologie der Organisation. (Türk 1978, 172)*

Potentielle Pathologien lassen sich auf drei Ebenen lokalisieren, nämlich auf der Ebene des Individuums, der Gruppe und der gesamten Organisation. Werden Gruppenstörungen für die gesamte Organisation kulturprägend, so führen sie zu Kulturpathologien. Aus individuellen Neurosen und gruppenbezogenen Problemen entwickeln sich damit Systemstörungen, die die gesamte Organisation betreffen. *Türk* (1976) identifiziert hierbei drei verschiedene **Grundmuster**:

- Die *Überkomplizierung* äußert sich darin, daß das kognitive System einer Person überfordert wird. Es sind nicht mehr zu bewältigende Mengen an Alternativen und Daten zu verarbeiten, die mit großer Unsicherheit behaftet sind. Zudem sieht sich die Person widersprüchlichen Anforderungen gegenübergestellt. Ursachen hierfür liegen darin, daß orientierungsfördernde Strategien nicht oder nur zum Teil eingesetzt werden und dadurch dysfunktionale Wirkungen hervorgerufen werden. Die Überkomplizierung kann sich in struktureller Überlastung, als strukturelle Ambivalenz und in struktureller Widersprüchlichkeit äußern.
- Die *Übersteuerung* ist durch eine übermäßige Reduktion von Komplexität und Kontingenz gekennzeichnet. Dieser Zustand ergibt sich aus zu großer Simplizität, Rigidität oder Repressivität. Die Übersteuerung liegt damit im motivationalen und identitätsbezogenen Bereich des organisatorischen Handelns.
- Die *Überstabilisierung* wird durch mangelndes Bewußtsein bezüglich der organisatorischen Selbstkontingenz gekennzeichnet. Diese bezieht sich auf die Sinnsetzung, die in sozialen Systemen über Interaktionen entsteht. Die Überstabilisierung äußert sich demnach zum einen in einer Verselbständigung der Organisation als eine unreflektierte Versachlichung durch Entfremdung des Produzenten von seinem Produkt. Zum anderen kann die Überstabilisierung sich als Verdinglichung darstellen, bei der Sachzwänge den Handlungsspielraum derart einengen, daß nur noch in vergegenständlichenden Kategorien gedacht und gehandelt werden kann.

Diese drei Dimensionen können letztlich zu pathologischen Organisationskulturen führen und Systemzustände zur Folge haben, die zur Gefährdung und/oder Zerstörung der Organisation führen.

5.2.2.2 Verhaltensstörungen: Kets de Vries

> *Human behavior is generally characterized by a mixture of neurotic styles. The same person may possess elements of many styles, each of which is triggered in different circumstances. In many individuals, however, we can discern the predominance of one particular style that consistently characterizes many aspects of behavior. Any extreme manifestation of a single style can eventually lead to psychopathology and serious impairment of functioning. Our experience with top executives and their organizations revealed that parallels could be drawn between individual pathology – excessive use of one neurotic style – and organizational pathology, the latter resulting in poorly functioning organizations. In dysfunctional, centralized firms, the rigid neurotic styles of the top executives were strongly mirrored in the nature of the inappropriate strategies, structures, and organizational cultures of their firms. (Kets de Vries/Miller 1987, 17)*

Vor allem fünf pathologische Kulturen sind hier aufgrund ihrer Verbreitung in der Praxis und ihrer fatalen Konsequenzen hervorzuheben (vgl. *Kets de Vries/Miller* 1987; *Kets de Vries* 1995, 252-255):

Die **dramatische** Organisation wird durch Hyperaktivismus, Impulsivität, Abenteuerlust und Hemmungslosigkeit gekennzeichnet. Die Entscheidungsträger leben nicht in einer Welt der Tatsachen, sondern in einer der Verdächtigungen und Eindrücke. Die dramatische Atmosphäre richtet sich auf die Frage, wie die einmal gewonnene Aufmerksamkeit erhalten bleibt, und führt häufig zu zentralistischer Macht an der Organisationsspitze. Die Organisation operiert auf einer Vielzahl von Märkten, ohne sich tatsächlich auf die Marktbedingungen auszurichten: Vielmehr schafft sie sich ihre eigene Umwelt. Das narzißtische Bedürfnis der Führungsriege äußert sich in extremen Wachstumszielen, die mittels kühner und riskanter Operationen realisiert werden sollen.

Die **paranoide** Organisation äußert sich in einer Überbetonung der organisatorischen Kontrolle. Verdächtigungen und Mißtrauen des Managements führen zur Errichtung von Budgetierungssystemen, Cost-Centern, Profit-Centern und der Installation umfangreicher Kostenrechnungsapparate. Diese Mechanismen reflektieren den Wunsch, permanent auf Notfälle vorbereitet zu sein. Das Mißtrauen des Top-Managements richtet sich nach außen, wobei gleichzeitig die interne Diskussion den organisatorischen Informationsstand verbessern soll. Mißtrauische Organisationen sind reaktiv, ohne überhaupt zu antizipieren. Zudem äußert sich die Furcht vor Innovationen und Ressourceneinsatz in einem ausgeprägten Konservatismus.

> *Kets de Vries* und *Miller* (1987, 27-28) stellen als Beispiel für eine paranoide Organisation ein Unternehmen der Halbleiterindustrie vor, das von seinen zwei Gründern geleitet wurde, die früher in der Rüstungsindustrie gearbeitet hatten. Drei Faktoren trugen zu dem paranoiden Verhalten der Gründer und damit der Organisation bei: Zum einen wurden von russischen Spionen wichtige Unterlagen ge-

stohlen. Weiterhin war ein Konkurrent immer schneller am Markt mit Produkten, die das Unternehmen zuerst erdacht hatte. Schließlich war der Industriebereich des Unternehmens durch eine hohe Anzahl von Konkursen gekennzeichnet. Somit entwickelten die Gründer alle erdenklichen Schutzmaßnahmen, damit ihre Ideen nicht gestohlen wurden: Sie spalteten Jobs und Prozesse so auf, daß nur eine Handvoll von Personen im Unternehmen die Produkte wirklich verstand. Sie zahlten überdurchschnittliche Gehälter, um die Angestellten an das Unternehmen zu binden. Sie beobachteten den Markt sorgfältig, um zu sehen, was die Konkurrenten machten. Diese mißtrauische Haltung führte dazu, daß das Ausbilden von spezifischen Kompetenzen vernachlässigt wurde und somit der Erfolg des Unternehmens ausblieb.

Die **schizoide** Organisation leidet unter einem Führungsvakuum, da die oberste Führungskraft dazu neigt, sich zurückzuziehen. Sie legt ein mangelndes Gegenwarts- und Zukunftsinteresse an den Tag, ist uninvolviert und desinteressiert. Der Kernkonflikt besteht in dem Gefühl, daß Interaktionen mit anderen zum Scheitern verurteilt sind und Distanz den sichereren Weg darstellt. Oft wird die zweite Führungsebene zum Schlachtfeld, auf dem Chancen gesehen werden, die eigene Karriere voranzutreiben. Diese Kombination von Desinteresse auf der ersten und politischen Machtspielen auf der zweiten Ebene führt zu einer Nichtrealisierung strategischer und struktureller Ziele und verhindert eine effektive Koordination und Kommunikation. Informationen über die Umwelt werden nicht ermittelt, der Fokus der organisatorischen Aktivitäten wird aufgrund persönlicher Ambitionen ausschließlich nach innen verlagert.

Die **zwanghafte** Organisation wird durch ihre Rituale und Detailplanung geprägt. Im Vordergrund stehen Gründlichkeit, Vollständigkeit und Konformität, der Schwerpunkt liegt auf Kontroll- und Informationssystemen. Im Gegensatz zur mißtrauischen Organisation ist hier aber die Aufmerksamkeit auf die internen Situationen gerichtet. Auch die Strategie wird explizit fokussiert und immer an einem eng begrenzten Bereich – beispielsweise Kostenreduktion – ausgerichtet. Diese Orientierung ist die Hauptrichtschnur der Organisation, unabhängig von der Umweltsituation. Wandel findet infolgedessen kaum statt.

Die **depressive** Organisation wird durch Inaktivität, Vertrauensdefizit und eine ausgeprägte konservative Inselhaltung charakterisiert. Die Atmosphäre wird durch Passivität und Ziellosigkeit geprägt und äußert sich in mangelndem Interesse an den Marktbedingungen und damit in einer ausgesprochenen Innenorientierung. Die dominanten Meinungsbildner leiten die Organisation aufgrund ihres mangelnden Selbstvertrauens und ihrer negativen Zukunftsperspektive ziel- und haltlos. Eine explizite Strategieformulierung findet nicht statt, genauso wenig wie ein sinnvoller strategischer Wandel. Dieser organisatorische Typus neigt besonders zur Selbstvernichtung und ist im Falle des Überlebens meist in saturierten Märkten zu finden.

Eine depressive Kultur (vgl. *Kets de Vries/Miller* 1987, 37) findet sich oft in Unternehmen, die von Großkonzernen übernommen wurden. Wenn der bisherige Entscheidungträger das Unternehmen verläßt, tritt ein neuer mit einen neuen Führungsstil an seine Stelle. Das Mutterunternehmen führt zusätzlich detaillierte Kontrollmechanismen ein, von denen viele nicht notwendig sind beziehungsweise nicht zur Tochter passen. Dieser Mangel an Verständnis von seiten des Mutterunternehmens führt zu einer Apathie unter den Top-Managern der Tochter, die sich in ihrem Handlungsspielraum eingeengt sehen.

Diese Kulturpathologien treten weitgehend unabhängig voneinander auf und schließen sich sogar teilweise aus. In jedem Fall aber spielen bei den Kulturpathologien die Führungskräfte eine wichtige Rolle, die das fundamentale Problem des angemessenen Umgangs mit Kulturpathologien verdeutlicht: Zum einen appelliert die Führungskraft an die Ratio der Organisationsmitglieder. Zum anderen findet die Interaktion oftmals auf hochsymbolischer, unbewußter Ebene statt, bei der die Mitarbeiter Ideale, Wünsche und Gefühle auf den Vorgesetzten projizieren. Häufig kommen auch regressive Kräfte beim Vorgesetzten hinzu, bei dem die Furcht vor Erfolg und die Einsamkeit der Führung in Kombination mit Streßsituationen leicht zu neurotischen Stilen führen kann (vgl. *Kets de Vries* 1995, 249-251).

5.2.3 Pathologieentstehung: Ein Ebenenmodell

Organisationen richten als Systeme stabilitäts- und flexibilitätsfördernde Strukturen ein. Gerät dieses Gleichgewicht zwischen Komplexität und Kontingenz außer Balance, kann es zu strukturbedingten Kulturpathologien kommen, bei denen die Identifikations-, Motivations- und Orientierungsfunktion nicht mehr durch die Organisationskultur unterstützt werden.

Spätestens an dieser Stelle ergibt sich die Frage danach, wie überhaupt derartige pathologische Strukturen entstehen können. Zwar wurde schon ausgeführt, daß dabei die Führungskräfte eine wichtige Rolle spielen. Bereits hier sind im Sinne eines „homo pathologicus" (vgl. *Scholz* 1994a, 467-470) individuelle Wahnvorstellungen denkbar (vgl. *Kets de Vries/Miller* 1986, 268-277), und zwar als
– Verfolgungswahn,
– Hilflosigkeitswahn,
– Großartigkeitswahn,
– Kontrollwahn oder
– Abkopplungswahn.

Diese *„fantasies"* resultieren primär aus unverarbeiteten Kindheitserlebnissen. Die *Übertragung* als Verarbeitungsmechanismus konfliktärer Kindheitserlebnisse kann zu einer Konstellation zwischen Mitarbeiter und Vorgesetztem führen, die sich in Verbindung mit dem gegenseitigen Abhängigkeitsverhältnis als ausgesprochen stabil erweisen kann. Unabhängig davon, ob es sich um eine
– idealisierte Übertragung,
– spiegelbildliche Übertragung oder
– Verfolgungs-Übertragung

handelt, sind als Ergebnis ernste Störungen wahrscheinlich. Übertragung als aktueller Anlaß und strukturelle Gegebenheit als passender organisatorischer Rahmen führen damit zur **individuellen Pathologie**.

In analoger Form können sich individuelle in **gruppenbezogene Pathologien** transformieren, und zwar ebenfalls bei Realisation eines spezifischen Anlasses und einer unterstützenden Umfeldsituation. Gruppenbezogene Pathologien artikulieren sich in Form von „Mentalitäten", wobei vorrangig drei Typen zu diagnostizieren sind, nämlich
- die Kampf-/Fluchtmentalität,
- die Abhängigkeitsmentalität und
- die Utopiementalität.

Die gruppenbezogenen Pathologien sind im Regelfall auf kleine organisatorische Teileinheiten begrenzt und tendieren durchaus auch dazu, diese Kulturpathologie bewußt gegenüber anderen zu „kultivieren". Trotzdem ist eine Übertragung als gesamtorganisatorische **Kulturpathologie** – wie bei *Türk* und *Kets de Vries* beschrieben – denkbar und vor allem bei dominanten Führungspersonen mit gewolltem oder ungewolltem symbolischen Management auch durchaus wahrscheinlich. Abbildung 5.6 faßt die Idee der Pathologiehierarchie zusammen und zeigt die Beziehungsstruktur auf, die zwischen den Persönlichkeitsstörungen auf der individuellen Ebene und den kollektiven Systemstörungen bestehen.

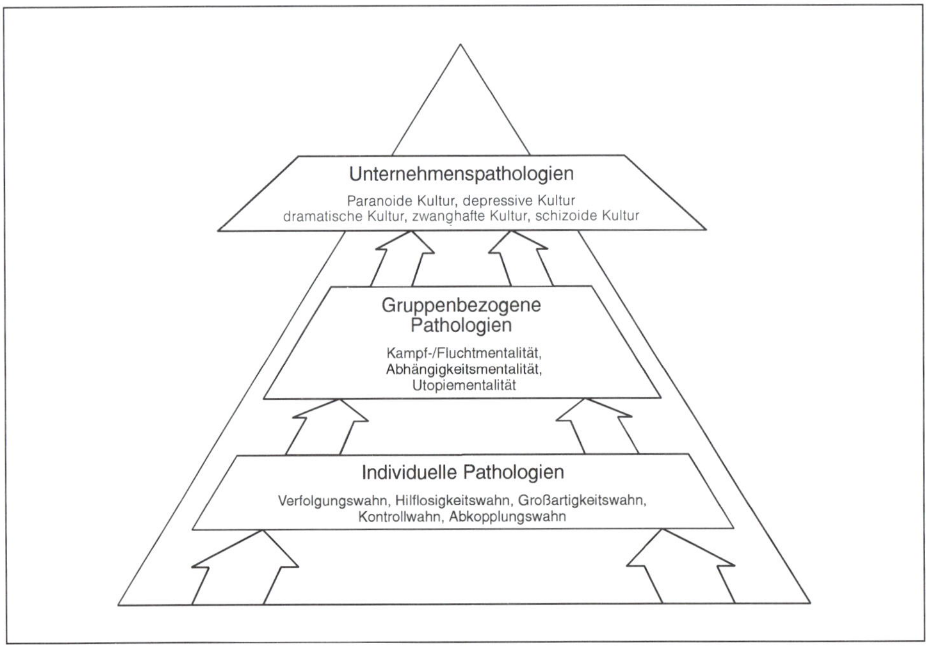

Abbildung 5.6: Die Patholgiehierarchie

In der wissenschaftlichen Literatur sind pathologische Kulturen eher in die Rubrik „exotische Ausnahme“ zu positionieren. Die fehlende Bereitschaft zur empirischen Auseinandersetzung darf allerdings nicht als Beleg für die Nicht-Existenz des Problems interpretiert werden.

5.2.4 Konsequenz: Das Prinzip der organisationskulturellen Pathologievermeidung

Kulturpathologien entwickeln sich aus individuellen Neurosen und Pathologien, also aus Persönlichkeitsstörungen. Genauso wie das einzelne Individuum der Organisationskultur positive Impulse zu vermitteln vermag, schlagen auf die Kultur auch individuelle Schwierigkeiten durch, wenn sie durch Wiederholung und kollektive Akzeptanz auf andere Gruppenmitglieder übertragen werden. Dies geht aus dem Prinzip der organisationskulturellen Dualität hervor, das die wechselseitige Beeinflussung von Kultur und Verhalten betont.

Neurotische Stile sind nicht a priori negativ. Auch Organisationen müssen charakteristische Züge besitzen, um sich von der Masse abzuheben und ihre Mitglieder mitreißen zu können. Erst die exzessive, situationsunspezifische oder von der Organisation unkontrollierte Anwendung eines spezifischen Stils führt zur Ausbreitung der Neurose unter den Mitarbeitern und zur Entstehung einer krankhaften Organisationskultur mit all ihren negativen Implikationen. Die Konsequenz für Organisationen ist daher die Beachtung des Prinzips der organisationskulturellen Pathologievermeidung.

Prinzip der organisationskulturellen Pathologievermeidung
Eine vitale Organisation verlangt die Vermeidung der Problematik organisationskultureller Pathologien. „Organisationskulturelle Pathologievermeidung“ verlangt nach einer Reduktion des Einflusses in Richtung auf eine kollektiv-pathologische Kultur, um die Entstehung einer krankhaften Organisation zu verhindern. Ist dies nicht möglich, so muß die Organisation Therapiemaßnahmen einleiten.

Wie Menschen zeigen auch Organisationen verschiedene Formen von Persönlichkeits- und Verhaltensstörungen. Das Prinzip der organisationskulturellen Pathologievermeidung verlangt daher, sich explizit mit dem Irrationalen, Unbewußten und Pathologischen in der Organisation auseinanderzusetzen. Erst durch die Sensibilisierung für diese Problematik kann die Etablierung einer kranken Organisation mit einer pathologischen Kultur verhindert beziehungsweise die Notwendigkeit für Therapiemaßnahmen erkannt werden.

5.3 Kulturgliederung

(...) a cultural way of studying organizations is to study the meaning of organizational behavior – or more specifically, the meanings and beliefs which members of organizations assign to organizational behavior and how these assigned meanings influence the ways in which they behave themselves. (Schultz 1995, 5)

5.3.1 Grundidee

Im Prinzip der organisationskulturellen Dualität wurde die Organisationskultur als Teil eines mentalen Programms beschrieben, das unterschiedliche Personen auf identische Stimuli ähnlich reagieren läßt. Organisationskultur trägt daher auch zur Abgrenzung gegenüber anderen Kulturen bei, indem sie solche Aspekte in den Vordergrund rückt, die typisch für eine spezifische Gruppe sind.

Es ist allerdings davon auszugehen, daß es keine Organisationskultur als konsistente Einheit gibt. Vielmehr setzt sie sich – abgesehen vom Spezialfall einer extrem ausgerichteten Kleinstgruppe – immer aus verschiedenen funktions- und ebenenbezogenen Subkulturen zusammen. Gleichzeitig ist die *Organisationskultur* Teil eines übergreifenden Systems, in dem eine Vielzahl von anderen Organisationskulturen (z.B. von Unternehmen, Parteien, Vereinen) interagieren. Das Ergebnis ist dann auf einem höheren Aggregationsniveau die *Landeskultur*: Sie nimmt Werte der einzelnen Organisationskulturen in sich auf, prägt aber gleichzeitig durch das landeskulturelle Wertegefüge die Vielfalt der Einzelkulturen. Aus Interaktionen der Landeskulturen ergibt sich schließlich die *Globalkultur*, die im weitesten Sinne mit der „Kultur vom Menschen“ gleichgesetzt werden kann. In ihr spiegelt sich das historisch-evolutionäre Geschehen „der Menschheit“ wider.

5.3.2 Funktionale Teilkulturen

Teilkulturen in Organisationen sind nicht zwingend gleichgerichtet. Übertragen auf den Objektbereich der *Strategischen Organisation* bedeutet dies die Auseinandersetzung mit der potentiellen Gegenläufigkeit zwischen der Kultur der Gesamtorganisation und der Kultur einzelner organisatorischer Subsysteme. Widersprüche können sich beispielsweise zwischen den verschiedenen hierarchischen Ebenen (*vertikale Subkulturen*) oder auch zwischen unterschiedlichen Funktionsbereichen (Marketingkultur, F&E-Kultur, Controllingkultur) herausbilden (*horizontale Subkulturen*).

Da sich die Kultur einer Gruppe immer nur in **Abgrenzung** zu anderen Kulturen definiert, sind die positiven Effekte der Organisationskultur (wie die Motivationsfunktion) immer dann besonders stark, wenn es eindeutig abgrenzbare und somit relativ kleine Einheiten gibt. Umgekehrt ist aber für die Koordinationsfunktion gerade die Kompatibilität zum

Gesamtverbund wichtig. Dieses permanente Konfliktpotential zwischen Koordination und Differenzierung stellt zwar ein Problem dar, fördert aber als Teil eines evolutionären Gesamtkonzeptes die Lernfähigkeit von Organisationen.

5.3.3 Landeskulturelle Werte

> *One reason for culture change is the proliferation of the results of scientific discoveries, but this does not mean that all cultures will become more and more similar. Different dimensions of culture in different countries may follow different trends, although some trends will be felt worldwide. (Hofstede 1980a, 342)*

Während die funktionalen Teilkulturen quasi eine Aufspaltung der Organisationskultur „nach unten" darstellen, impliziert Landeskultur eine kulturelle Verdichtung nach oben. Während es zu der intraorganisatorischen Subkultur bisher erst relativ wenig interessante Studien gibt, liegen für die Landeskultur zwei wichtige Studien vor. Obwohl im Rahmen der *Strategischen Organisation* internationale Aspekte weitgehend ausgespart bleiben, soll hier insofern eine Ausnahme gemacht werden, als sich die internationalen Kulturdimensionen auch als Differenzierungsmaßstab für nationale Organisationen eignen.

5.3.3.1 Geschäftskultur: Hofstede

Hofstede (1980a; 1993) liefert die wichtigste und historisch bedeutendste Untersuchung zur Geschäftskultur: Das Management wird von Landes- beziehungsweise Geschäftskulturen geprägt. Kulturell bedingte Wertvorstellungen zählen neben den natürlichen Unterschieden zu den nur – wenn überhaupt – langfristig änderbaren Phänomenen. So sind die nationalen Wertemuster und Verhaltensweisen durch einen langen Sozialisationsprozeß geprägt und haben sich bei den jeweiligen Umweltbedingungen, die in den Ländern herrschen, bewährt. *Hofstede* kommt in seiner Untersuchung zunächst zu vier **Kulturdimensionen**, die er später um eine weitere ergänzte:

- *Unsicherheitsvermeidung* als das Ausmaß der Vermeidung von Risiko und Unsicherheit,
- *Maskulinität* als das Ausmaß der Betonung von „maskulinen" Werten in der Gesellschaft,
- *Individualität* als das Ausmaß der Betonung des Individuums gegenüber der Gruppe,
- *Machtabstandstoleranz* als das Ausmaß, in dem eine ungleiche Machtverteilung innerhalb einer Gesellschaft akzeptiert wird, und
- *Langfristorientierung* als die Ausrichtung auf langfristige Perspektiven.

Diese Kulturdimensionen charakterisieren die einzelnen Landeskulturen in spezifischer Weise. Die Aussagen lassen sich im Hinblick auf Erhebungsmethodik (*Hofstede* verwendet lediglich Fragebogen), Erhebungsobjekt (nur IBM-Niederlassungen), Erhebungszeitraum (die Ergebnisse basieren auf den relativ alten Daten aus den Jahren 1967-1969 und 1971-1973), Erhebungsauswertung (Faktorenverdichtung) massiv kritisieren. Trotzdem hat diese Untersuchung gerade in dem hier zu diskutierenden Zusammenhang eine wichtige Bedeutung. Die Einordnung der Länder nach den Kulturdimensionen bietet konkrete Ansatzpunkte für die organisationsspezifische Kulturstimmigkeitsanalyse.

5.3.3.2 Kulturpole: Hampden-Turner und Trompenaars

Einen ganz anderen Ansatz verfolgen *Hampden-Turner* und *Trompenaars* (1993). Sie identifizierten verschiedene Kulturdimensionen, die sich aus dem **Spannungsfeld** zweier diametral entgegengesetzter Werte ergeben:

- *Universalismus vs. Partikularismus* fragt nach der Befolgung von Regeln: Wird eine unerwartete Situation mit Hilfe einer bestehenden, aber kaum passenden Vorschrift gelöst oder als einmaliger Fall betrachtet?
- *Analyse vs. Integration* beschäftigt sich mit der Effektivität des Handelns: Ist diese höher, wenn schwerpunktmäßig eine detaillierte Analyse stattfindet oder wenn Beziehungen integrativ zusammengeführt werden?
- *Individualismus vs. Kollektivismus* fokussiert auf die Frage, ob eher dem Wohlergehen der Individuen oder der gesamten Organisation Aufmerksamkeit geschenkt wird.
- *Innengerichtete vs. außengerichtete Orientierung* bezieht sich auf die Ausrichtung der Handlungsrichtlinien: Sind die intraorganisatorischen Urteile, Entscheidungen und Verpflichtungen relevant, oder werden die Signale und Trends der organisatorischen Umwelt betrachtet?
- *Zeitablauf vs. Zeitsynchronisation* kennzeichnet folgende Fragestellung: Sollen Aufgaben in einer möglichst kurzen Zeit(-folge) erledigt werden, oder ist es besser, die Anstrengungen zu synchronisieren, um damit eine höhere Gesamtkoordination zu erreichen?
- *Erworbener Status vs. festgelegter Status* bezeichnet die Handhabung der Mitarbeiterstellung: Kommt es eher auf die erzielten Ergebnisse an, oder wird das Senioritätsprinzip präferiert?
- *Gleichheit vs. Hierarchie* beschäftigt sich mit dem Führungsverhalten: Wird eine Gleichstellung bevorzugt, um das Beste aus den Mitarbeitern herauszuholen, oder wird eine hierarchische Führung und Bewertung installiert?

Zwischen einzelnen Nationen variieren die relativen Bedeutungen dieser Werte erheblich. In den USA dominieren beispielsweise Universalismus und Individualismus, während in Japan das Wohlergehen der Gesamtheit und eine partikularistische Sichtweise im Vordergrund stehen. Die jeweils vorherrschende Wertekombination ist für ein Land so spezifisch wie ein Fingerabdruck. Manager – und damit ihre Organisation – werden durch diesen Fingerabdruck geprägt. Sie können dieser Kultur auch niemals wirklich entrinnen.

Der ökonomische Erfolg wird sich nach Meinung der Autoren aber nur dort einstellen, wo eine Ausbalancierung dieser Kulturdimensionen gelingt. Die konträren Ausprägungen müssen in Einklang gebracht werden. Aus diesem Grund wünschen sich die Autoren eine Weltkultur, in die alle Kulturdimensionen einfließen.

5.3.4 Konsequenz: Das Prinzip der organisationskulturellen Hierarchie

Eine Organisationskultur als ein homogenes Gebilde anzusehen ist definitiv unrealistisch. Vielmehr muß von einer komplexen, weil vernetzten und hierarchischen, Perspektive ausgegangen werden. Organisationskultur setzt sich einerseits immer aus verschiedenen Subkulturen zusammen und ist andererseits auch immer Teil der Landeskultur (vgl. Abbildung 5.7), innerhalb derer sich viele Organisationskulturen finden. Zwischen all diesen Kulturen findet eine ständige Interaktion und gegenseitige Beeinflussung statt.

Diese Sichtweise von Organisationskulturen macht ihre Analyse zwar nicht einfacher, wegen ihrer größeren Nähe zur Realität aber erfolgversprechender. Ihre Bewußtmachung postuliert das Prinzip der organisationskulturellen Hierarchie.

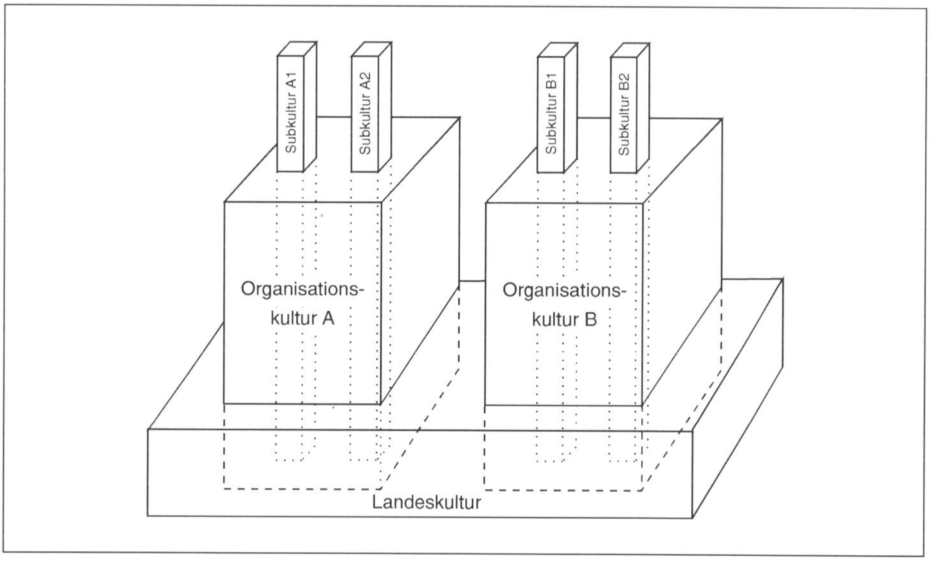

Abbildung 5.7: Das Prinzip der organisationskulturellen Hierarchie

Prinzip der organisationskulturellen Hierarchie
Eine vitale Organisation verlangt ein Bewußtsein über ihre Kulturhierarchie. „Kulturhierarchie“ bedeutet, daß sich jede Organisationskultur aus Subkulturen zusammensetzt und ihrerseits Teil eines übergeordneten Kulturkonstruktes ist. Dies verlangt nach einer klaren Differenzierung und Präzisierung bezüglich dieser Kulturebenen und Kultursegmente.

Die sich aus dem Prinzip der organisationskulturellen Hierarchie ableitenden Konsequenzen liegen in drei Bereichen:

1. Im Rahmen der *Diagnostik* ist zu klären, welche Subkulturen überhaupt von strategischer Relevanz sind. Ein Teil dieser Diagnose betrifft die Bestimmung von neuroti-

schen und von pathologischen Tendenzen, wie sie im Prinzip der organisationskulturellen Pathologievermeidung erläutert wurden.
2. Es ist eine *Entscheidung* darüber zu fällen, welche Subkulturen aus Sicht der Strategie sinnvoll sind.
3. Ferner ist eine *Anpassung* der organisatorischen Parameter und Instrumente an die gewünschte Konfiguration der Subkulturen vorzunehmen.

Auch die Kulturhierarchie könnte analog zur Strategiehierarchie (Abschnitt 3.3.1.3) als rekursives Regelkreissystem dargestellt werden, wobei hier allerdings im Gegensatz zur Strategiehierarchie kein reines Top-down-Vorgehen bei der Kulturentstehung angenommen werden kann.

5.4 Kulturentwicklung

> *Two broad approaches may be adopted here, one drawing upon assumptions characteristic of the functionalist paradigm, the other upon the interpretive paradigm. Both approaches seek to identify and document the various symbolic forms through which the culture of an organization expresses itself, and identify the patterns of subjective meaning embodied in the content and context of cultural practice. (Morgan/Frost/Pondy 1983, 19)*

Die Beschäftigung mit der Organisationskultur ist sicherlich kein Selbstzweck. Vielmehr geht es im Hinblick auf die Kulturentwicklung als Mindestanspruch darum, die eigene Organisationskultur zu begreifen und sie unter Umständen vielleicht sogar zu gestalten.

5.4.1 Grundidee

Als Bezugsrahmen für die angestrebte Kulturentwicklung eignet sich die Systematik von *Burrell* und *Morgan* (1979). Sie ergibt sich aus der Soziologie der Regulation und führt in Verbindung mit den zwei polaren „Grundannahmen zur Natur“ (objektiv/subjektiv) zur funktional-objektivistischen und interpretativ-subjektivistischen Perspektive. Diese Differenzierung leitet über zu den beiden zentralen **Kulturparadigmen** der Organisationstheorie (vgl. z.B. *Morgan/Smircich* 1980; *Smircich* 1983), die sich auch mit der aus der Anthropologie stammenden Systematik von *Allaire* und *Firsirotu* (1984) decken:

- In einem Fall ist die Kultur als individuelle Variable zu konzeptionalisieren; Organisationen verfügen also über eine Kultur als integrierter Bestandteil des soziokulturellen Systems („Die Organisation hat eine Kultur“).
- Im anderen Fall werden Organisationen als Kulturen gesehen und die Kultur als allumfassende organisatorische Erklärungsvariable. Kultur ist also als eigenständiges Bedeutungssystem zu konzipieren („Die Organisation ist eine Kultur“).

Für beide Fälle gibt es eine ganze Reihe von Unterformen, die in Abbildung 5.8 aufgelistet sind.

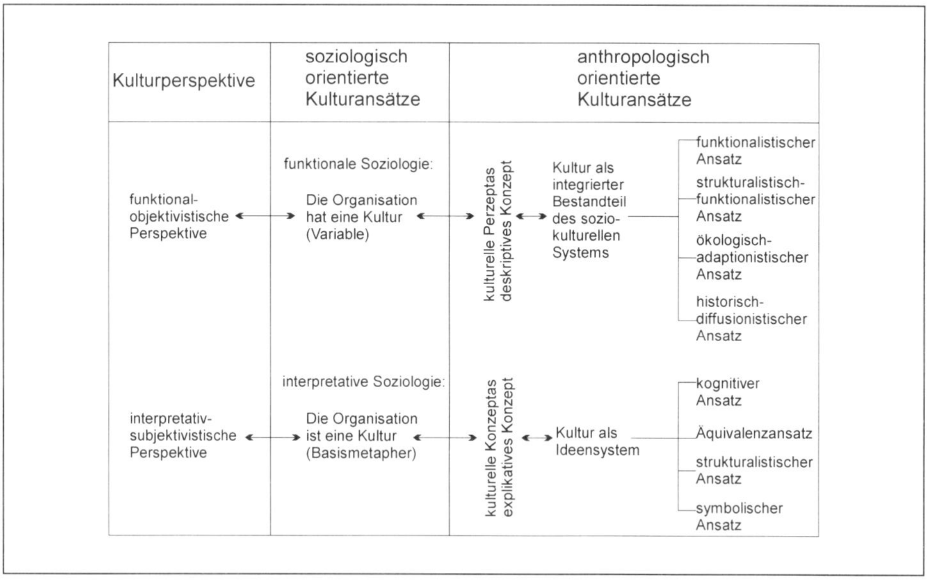

Abbildung 5.8: Einordnung der Kulturforschung

Die unterschiedlichen Formen und Perspektiven der Kulturforschung führen zwangsläufig auch zu unterschiedlichen Ansätzen für die Kulturentwicklung, zu verstehen als Kulturerfassung und Kulturprägung.

5.4.2 Kulturerfassung

Am Anfang jeglichen Umgangs mit der Organisationskultur steht die Erfassung der Kultur. Hierfür stehen mit der objektiven und der subjektiven Erfassungsform zwei extrem unterschiedliche Vorgehensweisen zur Verfügung.

5.4.2.1 Objektive Kulturerfassung

The norm indicator is essentially self-administered. It can be completed by individuals, either alone or in a group, or it can be completed as a group exercise. Since the statements are simple and precise observations of behavior, the indicator can be used at all levels of an organization. (Allen/Kraft 1982, 52)

Bei der „objektiven“ Erforschung von Organisationskulturen ist der Kulturanalytiker ausschließlich Beobachter: Er betrachtet kulturelle Phänomene, um Regelmäßigkeiten und Gesetze in den sozialen Verhaltensweisen der Organisationsmitglieder zu erkennen und zu erklären. Der Kulturanalytiker sieht sich dabei selbst außerhalb der von ihm beobachteten sozialen Welt der Organisationskultur. Das **positivistische Wissenschaftsverständnis** basiert auf der Grundannahme, daß auf diese Weise Befunde objektiv erhebbar und mit anderen Ergebnissen vergleichbar sind.

Zur Erfassung dieser Regelmäßigkeiten und Kausalgesetze bedient sich der Kulturanalytiker der Methoden *empirischer Sozialforschung.* Hierzu gehören Fragebögen (zum Beispiel für die Mitarbeiterbefragung), Beobachtungen und/oder Interviews sowie die daran ansetzenden statistischen Auswertungsmethoden wie Häufigkeitstabellen, Korrelations- und Faktorenanalysen. Diese standardisierten Meßmethoden garantieren bei entsprechender Handhabung und Einhaltung der statistischen Voraussetzungen die erforderliche Reliabilität und Validität der Forschungsergebnisse, so daß man von intersubjektiv nachprüfbaren und in ausreichendem Ausmaß objektiven Erkenntnissen sprechen kann (vgl. z.B. *Scholz* 1994a, 77-86).

Eine implizite Annahme der objektiven Erfassung ist im Regelfall auch die Prämisse einer Nichtbeeinflussung des Untersuchungsobjektes: Ähnlich wie bei der Messung der Lufttemperatur mit Hilfe eines Thermometers unterstellt man, daß sich die Temperatur nicht durch den Meßvorgang verändert. Es versteht sich von selbst, daß diese Bedingung nur in ganz seltenen Fällen als erfüllt gelten kann. Unabhängig davon, ob die Kulturerfassung „objektiv" verläuft, stellt sie daher im Regelfall bereits eine Kulturbeeinflussung dar.

5.4.2.2 Subjektive Kulturerfassung

Während das objektivistische Paradigma interpersonelle und intrapersonelle Reliabilität und eine entsprechende Validität unterstellt, lehnt das subjektivistische Paradigma diese Vorgehensweise grundsätzlich ab: Wirklichkeit existiert nicht an sich, sondern ist sozial konstruiert. Bestehende Ordnungen sind ausgehandelt und vereinbart. Sie sind nicht objektiv, sondern allenfalls objektiviert: Was (objektive) Realität ist, muß immer erst entschlüsselt und gedeutet (also objektiviert) werden (vgl. *Thomas* 1965, 147).

Die Organisationsmitglieder *kreieren ihre eigenen und daher subjektiven Auffassungen* der organisatorischen Realität. Ähnliches gilt auch für den Kulturanalytiker, der dem subjektivistischen Paradigma folgt: Er sucht überhaupt nicht erst eine intersubjektiv nachprüfbare Objektivität. Statt dessen setzt er sein konkretes Erleben und Erfühlen der Organisation in sein eigenes Weltbild um, um auf diese Weise zu einer individuellen Kulturperzeption zu gelangen. Subjektive Kulturanalytiker bauen also auf ihren Erfahrungsschatz, weshalb die Qualität und Gültigkeit ihrer Analyse letztlich von dessen Substanz abhängt.

Aus diesem Grund geht die subjektive Kulturanalyse implizit von einem adäquaten Kulturanalytiker aus, der über eine ausreichende Professionalität verfügt. In eher positivistisch geprägten Gruppen dürfte dieser schwer zu finden sein, noch schwerer aber eine Akzeptanz für seine Erkenntnisse herstellbar sein: Der subjektive Kulturanalytiker operiert nicht mit „drei Stellen hinter dem Komma". Er liegt deshalb nicht zwangsläufig weniger richtig, hat aber zum Teil eine geringere Glaubwürdigkeit.

Im übrigen beeinflußt auch die subjektive Kulturerfassung das Analyseobjekt, wobei allerdings die subjektivistischen Kulturanalytiker dies auch bewußt in dieser Form vorsehen: Für sie ist meist die Erfassung Teil der organisatorischen Gestaltung.

5.4.3 Kulturprägung

Neben der Erfassung gehört auch die Prägung der Kultur zum Umgang mit der Organisationskultur. Auch hier gibt es mit der funktionalen Kulturnutzung und der interpretativen Situationsdefinition zwei unterschiedliche Ansätze.

5.4.3.1 Funktionale Kulturnutzung

> *Changing a culture is not a matter of teaching people a bunch of new techniques, or replacing their behaviour patterns with new ones. It is a matter of exchanging values and providing role models. This is done by changing attitudes. (Crosby 1986, 97)*

5.4.3.1.1 Grundidee

Aus funktionaler Sicht ist Organisationskultur eine instrumentelle Größe, die sich gezielt zur Erhöhung des Zielerreichungsgrades einsetzen läßt. Auch wenn diese Absicht nicht immer explizit im Vordergrund der Diskussion steht, stellt sie doch ein gewichtiges Motiv zur Auseinandersetzung mit der Organisationskultur speziell von gewinn- und wachstumsorientierten Organisationen dar.

> Als Japan sich Anfang der achtziger Jahre als herausragendes Beispiel für Total Quality Management und damit als immer größere Bedrohung für die westlichen Industriestaaten zu etablieren begann (*Tuckman* 1994, 740), entsandte das britische *Department of Industry* im Rahmen der *National Quality Campaign* eine „Mission" in die USA und den fernen Osten: Das Team, bestehend aus Managern, Beratern, Journalisten und Gewerkschaftern, begutachtete das japanische Qualitätszirkel-System, ließ sich dieses Konzept erläutern und besuchte Schulungen des amerikanischen Qualitätsgurus *Crosby*. Ergebnis war, daß die Qualitätsherausforderung als ausgesprochen ernst und das Qualitätssicherungsverhalten als entscheidender „cultural change" betrachtet wurden.

Den Anfang mit dieser instrumentellen Nutzung von Unternehmenskultur machten *Peters* und *Waterman* (1982) mit ihrem Exzellenz-Projekt (vgl. Abschnitt 2.1.3.1). Ihr Ergebnis: Wenn sich ein Unternehmen eine spezifische Kultur „schafft" (mit extremer Kundennähe), ergibt sich aus dieser Unternehmenskultur ein positiver Erfolgsbeitrag. Abgesehen davon, daß immer auch die umgekehrte Kausalität möglich ist und möglicherweise eine starke Unternehmenskultur oder ein gutes Betriebsklima nicht Ursache für, sondern Konsequenz aus dem Unternehmenserfolg sein kann, sind allerdings auch vollkommen falsche Deutungen möglich (vgl. *Pascale* 1984).

Diese Kritik ändert jedoch nichts an der Beliebtheit des funktionalistischen Ansatzes, entspricht doch die funktionalistische Kulturperspektive dem gängigen betriebswirtschaftlichen Verständnis. Organisationen sind demnach offene Systeme, in denen interne und externe Faktoren möglichst kontrolliert zusammenwirken. Soziale Phänomene werden analog zu naturwissenschaftlichen Gesetzmäßigkeiten nach der Grundidee der mechanischen Organisationen behandelt und die Organisationskultur ähnlich wie Strategie, Struktur und Planungssystem als interne Gestaltungsvariable aufgefaßt.

5.4.3.1.2 Organisationssymbolik

> *From the moment one enters the bounds of an organization, one quickly becomes directly exposed to relatively simple modes of symbolic expression which have been consciously contrived to create a desired effect. (Morgan/Frost/Pondy 1983, 7)*

Die Vorstellung einer gezielten Einsetzbarkeit der Organisationskultur liegt auch dem Gedanken der symbolischen Führung zugrunde (vgl. *Lasser* 1987): Die Organisationskultur und die „shared meanings" der Organisationsmitglieder sind keine objektiven Realitäten, sondern subjektive Konstruktion von Wirklichkeit (vgl. Abschnitt 1.2.2). Diese Konstruktion von Wirklichkeit kann durch Setzen von Symbolen beeinflußt werden; Symbole sind für die Schaffung eines gemeinsamen Werteverständnisses von großer Bedeutung.

Symbole bestimmen die Kommunikation zwischen Individuen (vgl. *Wood* 1992, 59-83): Sie sind mehrdeutig und somit interpretierbar. Durch symbolische Interaktionen werden beispielsweise Ideen, Gefühle und Erfahrungen ausgetauscht. Erst das subjektive Zuweisen einer Bedeutung füllt Symbole mit Inhalt. Dies impliziert jedoch auch die Gefahr, daß Symbole mit einem anderen als dem intendierten Sinn belegt werden, also falsch gedeutet werden.

Dies muß bei der **symbolischen Führung** berücksichtigt werden. Das Setzen von Symbolen wie Slogans, Witzen, Ritualen, Informationssystemen oder Pausenregelungen zur Beeinflussung des Wertesystems der Mitarbeiter muß bewußt erfolgen. Der Vorgesetzte muß seine durch Symbole propagierten Werte auch so *vorleben*. Die Mitarbeiter müssen die neuen Werte in den Handlungen des Vorgesetzten wiederfinden (vgl. *Kobi/Wüthrich* 1986, 170-174): Der Vorgesetzte führt den Mitarbeitern auf diese Weise vor Augen, wie sie selbst handeln sollen. Die Wirkung der symbolischen Führung ist dabei umso größer, je spontaner und kreativer sie erfolgt. Zudem dürfen die gesetzten Zeichen nicht in unterschiedliche Richtungen weisen, damit ein in sich konsistenter Rahmen für die Mitarbeiter entsteht und sie nicht verunsichert werden.

Durch bewußten Einsatz symbolischer Führung sollen die Organisationsmitglieder motiviert und stärker an die Organisation gebunden werden (vgl. *Lasser* 1987). Dabei darf jedoch nicht übersehen werden, daß symbolische Führung auch *negative Effekte* haben kann. Durch die starke Fixierung auf symbolische Interaktionen und die dadurch entstehende „verschworene Gemeinschaft" kann es zur Realitätsverzerrung kommen. Die Organisationsmitglieder fühlen sich im Schutze der Gemeinschaft unverletzlich und übersehen so drohende Gefahren.

> Als Medium (vgl. *Lasser* 1987, 1934-1935) für symbolische Führung läßt sich beispielsweise Sprache einsetzen. Sie spielt bei jeder Art von sozialen Beziehungen eine entscheidende Rolle. Durch Sprache werden gemachte Erfahrungen kommuniziert und an andere Generationen weitergegeben. Weiterhin steuert sie die Wahrnehmung dahingehend, daß Ereignisse, für die keine Begriffe existieren, nicht in den Erfahrungsschatz eingehen. Das Management kann somit durch die Wahl der Worte eine Identität schaffen.

Das Konzept der symbolischen Führung ist jedoch nicht unumstritten. *Ulrich* (1990) kritisiert, daß Management als *Symbolarchitektur* eingesetzt werden soll: Der Manager spricht „magische Formeln", die von den „Besprochenen" unreflektiert akzeptiert werden sollen. *Ulrich* fordert daher zum kritischen Umgang mit der symbolischen Führung auf, damit kulturbewußtes Management nicht zum manipulativen Management degeneriert.

5.4.3.1.3 Kulturmanagement

Das funktionale Paradigma (vor allem in seiner Kombination mit dem objektivistischen Paradigma) mündet in das Postulat nach einem konkreten Kulturmanagement. Ein möglicher Vorschlag für ein solches „Kulturmanagement" unfaßt folgende **acht Schritte**:

Zunächst muß es als *Schritt 1* einen Auslöser für die Einrichtung eines Kulturmanagements geben. Dies kann eine Krise genauso sein wie die Überzeugung der Führung, daß im Umgang mit der Organisationskultur ein vielversprechender Weg zum Erfolg liegt.

Schritt 2 ist die Überzeugung des (übrigen) Top-Managements. Dies betrifft die Mitglieder der oberen Führungsebene, da die Organisationskultur letztlich alle Bereiche und Hierarchieebenen umfaßt. Ausgehend vom Prinzip der organisationskulturellen Pathologievermeidung sind hier Schwierigkeiten zu erwarten, aber basierend auf dem Verständnis von Neurosen und Pathologien auch zu meistern.

In *Schritt 3* folgt die Überzeugung des mittleren Managements. Seine Mitglieder müssen später sowohl die Analysephase als auch die Gestaltungsphase mittragen. Diese Überzeugungsleistung kann nur über das Top-Management erfolgen. Kulturanalytiker eignen sich hier allenfalls als Referenzpersonen, die die Überzeugungsleistung aber nicht initiieren.

Schritt 4 ist die Analyse der aktuellen Organisationskultur. In einer interpretativen Synthese werden sowohl objektive als auch subjektive Daten zu einem Ergebnis verdichtet, das auch das Sinnsystem der Organisationsmitglieder umschließt und die wechselseitigen Abhängigkeiten von Kultur und augenblicklichem Verhalten erfaßt. Schritt 4 setzt zwingend externe Kulturanalytiker voraus, die gemeinsam mit organisationsinternen Personen in Projektteams arbeiten.

Schritt 5 ist dann die Festlegung der anzustrebenden Soll-Kultur. Ziel ist ein Fit zwischen Organisationskultur einerseits und Landeskultur, Global-, Portfolio-, Akquisitionsstrategie, dem Managementinstrumentarium sowie (vor allem!) den Organisationsmitgliedern: Die Soll-Kultur kann und darf nicht an essentiellen Bedürfnissen der Organisationsmitglieder vorbeilaufen.

Schritt 6 besteht aus der Abweichungsanalyse zwischen Ist und Soll, wobei als Ergebnis durchaus zwar eine Abweichung, nicht aber eine Veränderung der Organisationskultur denkbar ist. Ein Entscheidungsraster zur Änderung der Kultur und/oder der Strategie liefert wiederum das Prinzip der organisationskulturellen Stimmigkeit.

Als *Schritt 7* folgt die Verstärkung oder eine Veränderung der Ist-Kultur. Generell ist Kulturmanagement keine einmalige Aufgabe. Wie in den vergangenen Abschnitten deutlich wurde, ist Organisationskultur Inhalt jeden Verhaltens und jeder Entscheidung. Deshalb ist es vorrangige Managementaufgabe, die Organisationskultur zu „pflegen" und dafür zu sorgen, daß sie in den Köpfen und Herzen der Organisationsmitglieder „lebt". Kulturbewußtes Management realisiert im Zeitablauf eine Verstärkung der Kultur.

Schritt 8 umfaßt abschließend Maßnahmen zur Stabilisierung der neuen Organisationskultur. Hierbei spielen wiederum symbolisches Management und vorgelebtes Wertesystem eine essentielle Rolle: Jeder Vorgesetzte kann durch bewußtes Setzen von Symbolen das organisatorische Sinnsystem und die daran ansetzenden Verhaltensnormen propagieren. Dies setzt aber Kenntnis der Soll-Kultur, vor allem aber Kenntnis und Verständnis der Ist-Kultur voraus.

Derartige Schrittmodelle dürfen jedoch allenfalls als Hinweis auf zu bearbeitende Aufgaben angesehen werden, auf keinen Fall aber als dogmatischer Aktionsplan.

5.4.3.2 Interpretative Situationsdefinition

> *Für eine Unternehmenskultur kann man sich nicht entscheiden. Eine Unternehmenskultur muß leben. Sie besteht nicht aus Leitbildern, die in irgendwelchen Schubladen verstauben. Sie entwickelt sich aus all den Widersprüchen und Spannungen, die in einer pluralistischen Gesellschaft vorhanden sind. (Lutz 1993, 39)*

5.4.3.2.1 Grundidee

Organisationen sind Miniaturgesellschaften mit eigenen Gesetzmäßigkeiten, die erst durch die interpretative Perspektive der Organisationsmitglieder Bedeutung erlangen. Der Begriff der Interpretation hat hier eine Doppelbedeutung: Einerseits bezieht er sich organisationsintern auf die Verständnisleistung der Mitarbeiter, andererseits systemextern auf die Rekonstruktion dieser Bedeutungen durch den Analytiker (vgl. *Habermas* 1985, 128).

Dem interpretativen Paradigma folgend, entstehen die eigentlichen Kulturwirkungen ausschließlich durch **individuelle Deutungen**, die dann in ein spezifisches Sinnverständnis münden (vgl. *Berger/Luckmann* 1980; *Pondy* 1983).

Dabei spielen Symbole eine wichtige Rolle, ebenso die Sprache und die generelle Kommunikation. Dadurch ist es möglich, sich in die Lage anderer Organisationsmitglieder hineinzuversetzen und deren Rolle zu verstehen. Damit können auch ihre Haltungen in Interaktionsbeziehungen durchdacht werden, was wiederum auf die eigenen Handlungen zurückwirkt. Letztlich wird Realität also dadurch geschaffen, daß sich innerhalb der Organisation sozialer Konsens darüber einstellt, was „wirklich" ist.

Ohne Berücksichtigung der Eigenperspektive der Organisationsmitglieder kann daher vom Kulturanalytiker nicht hinreichend erklärt werden, warum Personen in spezifischen Situationen in ganz bestimmter Art und Weise handeln. Sichtbare Kulturphänomene sind demnach immer *interpretationsbedürftig*: Deshalb kann auch nicht aus sichtbaren Objekten (kulturellen Perzeptas) auf Grundannahmen, Werte, Normen und Einstellungen (kulturelle Konzeptas) geschlossen werden. Dieselben Manifestationen können in verschiedenen Organisationen gänzlich andere Bedeutung besitzen.

5.4.3.2.2 Organisationsdramatik

> *Theatre is not just any staging of life that communicates through the perspective of particular metaphoric forms; it is a staging of life as action. (Mangham/Overington 1987, 52)*

Einen Ansatzpunkt zum Verständnis der Rollen der einzelnen Organisationsmitglieder und zur Bewußtmachung der Interaktionsbeziehungen bietet die Organisationsdramatik.

Die Organisation wird als **Theater** gesehen, in dem die Mitarbeiter sowohl bestimmte Rollen spielen als auch Zuschauer sind (vgl. *Mangham/Overington* 1987). Wie in einer Theateraufführung kommunizieren die Mitarbeiter als Schauspieler und Zuschauer miteinander. Sie agieren in einer unsicheren Umgebung mit wechselnden Partnern. Die Art, wie sich die Schauspieler präsentieren, bestimmt den Grad der Aufmerksamkeit der Zuschauer beziehungsweise Zuhörer. Ihre Handlungen und Aussagen werden genau beobachtet und interpretiert. Je überzeugender jemand „spielt", desto größer ist sein Erfolg. Dazu gehören auch ein entsprechendes „Bühnenbild" und „Kostüm", damit der Auftritt den richtigen Rahmen hat.

Die Basis der „Aufführung" bildet das **Drehbuch** (beispielsweise die Organisationsstrategie), das die Handlungen in gewissem Maße eingrenzt, also die inneren Abläufe der Organisation festhält. Es bestimmt die Interaktionsbeziehungen zwischen den Organisationsmitgliedern. Gleichzeitig läßt es jedoch auch Freiraum für die individuelle Entfaltung. Die „Schauspieler" können ihre zugewiesenen Rollen mit individuellen Nuancen versehen und auch improvisieren. Somit ist die Organisation ein großer Theaterschauplatz, in dem die Mitglieder das Stück spielen, im Zuschauerraum sitzen und das Drehbuch schreiben. Das Theater-Modell von *Mangham/Overington* (1987) läßt sich folglich den interpretativen Ansätzen der Organisationsforschung zuordnen, die Aktionen in Organisationen deuten (vgl. *Wollnik* 1993). Für diese Deutung werden qualitative Forschungsmethoden wie Einzelfallstudien, Verlaufsanalysen und Konversationsanalysen bevorzugt. Die Beobachtung der Interaktionen zwischen Organisationsmitgliedern ist wichtig.

> In diesem Rahmen besteht auch die Möglichkeit, ein Theaterstück über Organisationen aufzuführen. Bestimmte Situationen in Organisationen werden nachgestellt. Den Mitarbeitern soll ihr Handeln vor Augen geführt werden, sie sollen das Geschehen innerhalb der Organisation verstehen lernen. Die *Karlsberg Brauerei KG Weber* (vgl. *Rau* 1994, 6) führte ein Theaterstück auf, das Kundenorientierung erlebbar machte. Beauftragt wurde eine Theatergruppe, die betriebliche Probleme im Schauspiel darstellt. Im Publikum saßen die Mitarbeiter des Unternehmens vom Lehrling bis zum Top-Manager. Das Theaterstück sollte den Mitarbeitern die bisherige Vorgehensweise vor Augen führen und sie zu besseren Leistungen und einem höheren Kundenbewußtsein motivieren. Auch wenn sich das Erlebnis nicht messen läßt, der Firmenchef ist überzeugt davon, daß das Stück Denkanstöße an die Mitarbeiter aussandte, die eine Einstellungsänderung erhoffen lassen.

Voraussetzung für das Funktionieren des Theaters über Organisationen ist jedoch der Wille der Mitarbeiter, ein *Theatergefühl* zu entwickeln. Realität muß abstrahiert werden, sie wird zum Schauspiel, dessen Höhepunkt und Ende man erleben will. Zu diesem Zweck muß jedoch jeder bis zum Ende ausharren.

Auf diese Weise gewinnen die Organisationsmitglieder einen gewissen Abstand zum realen Alltag. Sie können ihre eigenen Handlungen hinterfragen, die anderer kritisch beobachten und über Verbesserungen nachdenken.

5.4.4 Konsequenz: Das Prinzip der organisationskulturellen FOSI-Integration

The final determination of the cultural „essence" must then be a joint effort, for two basic reasons: 1. To avoid the subjectivity bias. (. . .) 2. To overcome internal invisibility.(Schein 1985, 113)

In den vorangegangenen Abschnitten wurden jeweils zwei Paradigmen zur Kulturerfassung und zwei Paradigmen zur Kulturprägung vorgestellt (vgl. Abbildung 5.9). Sie alle haben ihre Bedeutung, wenngleich sie bereits von ihrer Grundkonzeption her weit auseinanderliegen.

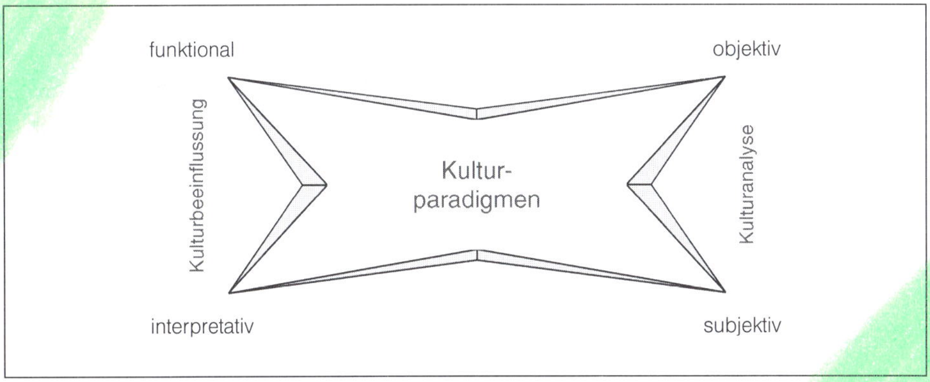

Abbildung 5.9: Das Prinzip der organisationskulturellen FOSI-Integration

Objektiv, subjektiv, funktional, interpretativ: Alle diese Vorgehensweisen sind sinnvolle Strategien zur erfolgreichen Weiterentwicklung der Organisation. Sie führen aber bei falscher und unprofessioneller Umsetzung zu fatalen Konsequenzen (vgl. Übersicht 5.7):

- Seriöse Vertreter der funktionalen Kulturperspektive verstehen Kulturmanagement als langwierigen Prozeß, der ernsthaft vorbereitet und gründlich durchgeführt werden muß *(„Ingenieur-Strategie")*. Im Gegensatz dazu suggeriert der *„24-Stunden-Service"* bereits durch geringfügige Kosmetik eine essentielle Verbesserung.
- Das objektivistische Paradigma impliziert entweder eine *„Reporter-Strategie"*, bei der das wertneutrale Erhebungsinteresse im Mittelpunkt steht, oder einen *„Ferndiagnostiker"*, der im Extremfall die Organisation eigentlich gar nicht kennt.
- Im subjektivistischen Paradigma, operiert der *„Mystiker"* (positive Ausprägung) aus seiner Erfahrung heraus und hilft tatsächlich, während der *„Allround-Guru"* (negative Ausprägung) mit extremem Subjektivismus allenfalls wohlklingende Trivialitäten von sich gibt.
- Das interpretative Paradigma führt im positiven Fall zur *„Psychiater-Strategie"*, bei der die Organisation mit ihren Neurosen und Pathologien quasi auf der Couch des Analytikers landet, der – anders als ein simpler *„Kaffeesatzleser"* – ernsthaft vermittelnd konkrete Probleme angeht und diese bereits durch die Analyse leichter lösbar macht.

Die verwendeten Ausdrücke in dieser Gegenüberstellung wurden bewußt in einer derartigen polarisierenden Form gewählt, um die fundamentalen Unterschiede dieser Vorgehensweise zu verdeutlichen.

Paradigma	**Positive Ausprägung**	**Negative Ausprägung**
funktional	Ingenieur-Strategie	24-Stunden-Service
objektivistisch	Reporter-Strategie	Ferndiagnostiker
subjektivistisch	Mystiker	Allround-Guru
interpretativ	Psychiater	Kaffeesatzleser

Übersicht 5.7: Positive und negative Umsetzung der Kulturparadigmen im Prinzip der organisationskulturellen FOSI-Integration

Unterstellt man jeweils die positiven Ausprägungen der vier Paradigmen, so ergibt sich eine konzeptionelle Nähe zwischen dem objektivistischen und dem funktionalen Paradigma sowie dem subjektivistischen und dem interpretativen Paradigma. Die *funktional-objektivistische* Kulturperspektive folgt dem positivistisch-technischen Weltbild und befaßt sich tendenziell mehr mit der Oberflächenstruktur. Dieser Ansatz kann jedoch nicht alle in einer Organisation vorhandenen Tatbestände erfassen. Wesentliche Punkte wie Entstehung, Aufbau und Wirkung eines organisatorischen Sinnsystems und eines systemsubjektiven Realitätsbegriffes können nicht erklärt werden. Die *interpretativ-subjektivistische* Kulturperspektive dagegen liefert zwar eine Beschreibung der organisatorischen Realität bis zur Sinnebene, ihr fehlt aber eine pragmatisch-operable Gestaltungsbasis. Ohne Referenzsystem sind ihre Ergebnisse nicht objektivierbar und kaum übertragbar. Aus diesen Überlegungen ergibt sich zwingend die Notwendigkeit, alle vier Perspektiven kombiniert zu verfolgen, wie das Prinzip der organisationskulturellen FOSI-Integration postuliert.

Prinzip der organisationskulturellen FOSI-Integration

Eine vitale Organisation verlangt die Integration der organisationskulturellen FOSI-Perspektiven.
Organisationskulturelle „FOSI-Integration" bedeutet, daß die Organisation eine funktional-objektivistische mit einer interpretativ-subjektivistischen Kulturperspektive verbinden muß, um die Errichtung eines alle Facetten der Organisationskultur umfassenden Kulturmanagements zu ermöglichen.

Die Konsequenzen des Prinzips der organisationskulturellen FOSI-Integration betreffen das gesamte Spektrum der organisatorischen Interventionen: Von der ersten vorsichtigen Erfassung der Kultur bis zu ihren Veränderungen kommen danach immer alle vier Paradigmen gleichzeitig zum Einsatz. Offen bleibt aber die Beantwortung der Frage nach der optimalen Mischung: Hier ist noch ein weitreichendes Forschungsdefizit zu konstatieren.

5.5 Kultureinbindung

(. . .) the best answer to the question, „How should we organize to pursue a particular strategy?“ depends on a complex set of trade-offs among structure, systems, people, and culture. No organization will perform well in a competitive environment unless these four dimensions of organization are internally consistent and fit the strategy. (Schwartz/Davis 1981, 32)

5.5.1 Grundidee

Bereits in Kapitel 2 wurde auf die Notwendigkeit hingewiesen, strategische Stimmigkeit herzustellen. Dies gilt in besonderem Maße auch für die Organisationskultur, die hier in zweifacher Weise eine wichtige Rolle spielt:

- Zum einen stellen sich in Richtung auf die Organisationskultur spezifische Stimmigkeitserfordernisse. Es gilt also zu prüfen, inwieweit beispielsweise strukturelle oder strategische Gestaltungsoptionen mit der bestehenden oder der geplanten Organisationskultur kompatibel sind.
- Zum anderen wirkt die Organisationskultur selber stimmigkeitsfördernd. Danach kommt gerade der Organisationskultur die Funktion einer impliziten Koordination zu. Aus dieser Perspektive sind – wie bereits im Zusammenhang mit Abschnitt 5.1.4.1 erläutert – vor allem starke Organisationskulturen in der Lage, Stimmigkeit zu fördern.

Im folgenden sollen diese Stimmigkeitsnotwendigkeiten (vgl. Abbildung 5.10), die zur Formulierung eines Prinzips der organisationskulturellen Stimmigkeit führen, näher erläutert werden.

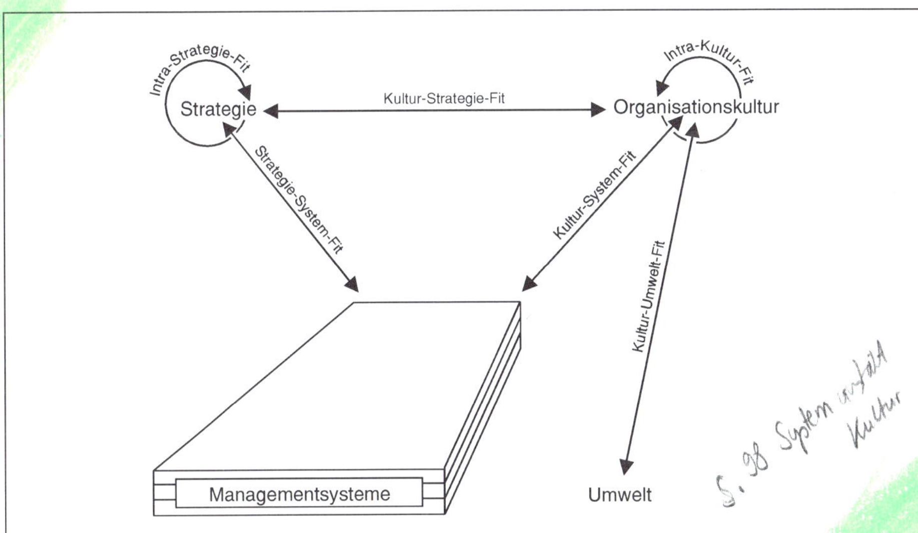

Abbildung 5.10: Die organisationskulturellen Stimmigkeitserfordernisse

So wenig die Notwendigkeit organisationskultureller Stimmigkeit bestritten wird, so deutlich kommen auch hier die forschungsmethodischen Defizite zum Tragen, auf die bereits in Abschnitt 2.4 im Zusammenhang mit dem allgemeinen Stimmigkeitsprinzip näher eingegangen wurde. Aus diesem Grund beschäftigt sich der nachfolgende Abschnitt auch mehr mit Stimmigkeitsnotwendigkeiten und weniger mit konkreten Gestaltungstechniken.

5.5.2 Stimmigkeitsnotwendigkeiten

A strong culture can be an enormous advantage if it is in sync with the organization's strategies. (The Price Waterhouse Change Integration Team 1996, 109)

5.5.2.1 Intra-Kultur-Fit

Das Prinzip der organisationskulturellen Stimmigkeit verlangt Stimmigkeit innerhalb der Organisationskultur. Diese Stimmigkeit gilt als relativ unproblematisch, da ex definitione nur konsistente Verhaltensmuster in eine Organisationskultur eingehen können. Eine wichtige Ausnahme ist die Existenz von *Subkulturen* innerhalb der Organisation, da diese nicht zwingend stimmig sein müssen. Eine weitere Situation, die zu mangelnder Stimmigkeit führen kann, besteht bei Kulturänderungen im Zeitablauf, da sich bestimmte Kulturaspekte meist nur langsam ändern.

5.5.2.2 Kultur-Strategie-Fit

Im Gegensatz zum Intra-Kultur-Fit stellt die Stimmigkeit der Strategie mit der Organisationskultur ein essentielles Problem dar. So harmoniert eine Organisationsstrategie, die auf „friedliches Nebeneinander“ abstellt, nicht mit einer Organisationskultur, die internen und externen Wettkampf betont. Hier sind dezidierte Analysen der Organisationskultur und der expliziten sowie impliziten Organisationsstrategie erforderlich, um längerfristig die erfolgsschmälernden Konsequenzen einer fehlenden Strategie-Kultur-Abstimmung zu verhindern.

Stimmigkeit bedeutet beim Kultur-Strategie-Fit Verträglichkeit zwischen den Hauptcharakteristika von Organisationskultur und Organisationsstrategie, aber nicht zwingend Identität. So paßt eine Organisationskultur, die „Kundenorientierung“ in den Vordergrund rückt, durchaus zu einer Organisationsstrategie der Technologieführerschaft.

Bei Unstimmigkeiten zwischen Organisationskultur und Organisationsstrategie gibt es drei Handlungsmöglichkeiten, nämlich Anpassung der Strategie an die Kultur, Anpassung der Kultur an die Strategie und Reduktion negativer Konsequenzen („managing around the culture"):

Die **Strategieanpassung** stellt nach dem Prinzip der organisationskulturellen Dualität insofern eine wichtige Alternative dar, als die Kultur sich aus dem Verhalten und damit auch aus der impliziten Strategie ergibt. Eine Diskrepanz zwischen Kultur und Strategie bedeutet damit automatisch eine Abweichung zwischen expliziter und impliziter Strategie. Deshalb bietet es sich an, von vornherein die Strategie möglichst innerhalb des durch die Kultur vorgegebenen Kulturkorridors zu positionieren.

Die **Kulturanpassung** an die Strategie ist bei geringer Unstimmigkeit zwischen Organisationskultur und Organisationsstrategie vielversprechend. Sie mündet in eine behutsame Veränderung der Kultur in Richtung Strategie. Bei einem grundlegenden Strategiewechsel stellt eine starke Kultur ein schwerwiegendes Hindernis dar, das sich nur durch massive und bewußte Beeinflussungsmechanismen aus dem Weg räumen läßt. Deshalb gibt es nur drei Anlässe, die eine umfassende Kulturänderung und damit eine Anpassung der Kultur an die Strategie nötig machen (vgl. *Uttal* 1983, 70):
– die Branche wurde plötzlich wettbewerbsintensiv,
– die Organisation ist (zum Teil kulturbedingt) marode,
– eine bisher relativ kleine Organisation beginnt stark zu wachsen.
Diese Auflistung macht aber deutlich, daß eine derartige (funktionale) Kulturanpassung nur selten im großen Umfang stattfinden kann.

„Managing around the culture" (vgl. *Schwartz/Davis* 1981) schließlich bedeutet ein teilweises **Umgehen** „strategischer Kulturbarrieren". Es werden aber weder Kultur noch Strategie geändert, vielmehr durch Detailänderungen im Rahmen der Strategie-Implementation die negativen Konsequenzen einer Unstimmigkeit abgemildert.

Neben der „reinen" Form der drei oben genannten Möglichkeiten zur Reaktion auf eine Kultur-Strategie-Unstimmigkeit existiert als pragmatische Alternative auch deren situationsspezifische Kombination. So bietet gerade in schwierigen Situationen die Kombination von „Managing around the culture", Teil-Anpassung der Strategie und Teil-Veränderung der Kultur die Möglichkeit, Unstimmigkeiten einzugrenzen.

5.5.2.3 Kultur-System-Fit

Von der Organisationskultur gehen ständig (implizite) Steuerungsimpulse für Vorgesetzte und Mitarbeiter aus: Sie alle spüren (gegebenenfalls unbewußt) den Einfluß der Organisationskultur und fühlen sich dementsprechend verunsichert, wenn strategische Instrumente (explizit) in eine andere Richtung deuten. Aus diesem Grund sind alle Maßnahmen immer dann auf die bestehende Organisationskultur auszurichten, wenn die vorhandene Ist-Kultur weitgehend der angestrebten Soll-Kultur entspricht, damit auf diese Weise eine Stabilisierung *(freezing)* eintritt.

Ist letzteres nicht der Fall und soll die Organisationskultur eine Änderung erfahren, so kann ein bewußtes Verletzen des Kultur-System-Fits als erster Schritt in Richtung auf eine Kulturmodifikation wirken.

5.5.2.4 Kultur-Umwelt-Fit

Die Organisationskultur spiegelt bis zu einem gewissen Grad die Wertvorstellungen der Mitarbeiter sowie die umfassende Landeskultur mit den Wertvorstellungen der Bevölkerung wider: Daraus kann aber nicht auf eine unmittelbare Deckungsgleichheit von Organisationskultur und Landeskultur geschlossen werden.

Einen großen Einfluß übt auch die spezifische (Aufgaben-)Umwelt der Organisation aus. Diese bestimmt nicht nur die organisatorische Struktur, sie führt auch innerhalb identischer Branchen zu ähnlichen Annahmen und Werten. Dies bedeutet nicht, daß Organisationen gleicher Branchen auch zwingend über eine identische Organisationskultur verfügen. Die Unterschiede sind diesbezüglich aber weniger auffällig, wenn Organisationen mit denselben Problemstellungen konfrontiert werden, ähnliche Verfahren anwenden und sich vergleichbaren Wachstumsbedingungen gegenübersehen.

Chatman und *Jehn* stellten 1994 eine **Studie** vor, die dem theoretischen und empirischen Defizit in diesem Bereich begegnen sollte. Ausgangspunkt war die Annahme, daß eine starke Kultur ein besonders entscheidender Wettbewerbsfaktor sein kann. Um methodischen Anforderungen gerecht zu werden, wurde dabei faktorenanalytisch untersucht, wie groß die kulturelle Variation innerhalb und zwischen einzelnen Branchen ist. Vor allem wurde auf den Einfluß zweier herausragender Charakteristika – Technologie und Wachstum – fokussiert, wobei eine generelle Beschränkung auf den Dienstleistungssektor erfolgte. Charakterisiert wurde die Organisationskultur über die sieben Dimensionen
- Innovation,
- Stabilität,
- Menschenachtung,
- Ergebnisorientierung,
- Detailorientierung,
- Teamorientierung und
- Aggressivität.

Überprüft wurden schließlich verschiedene Hypothesen, die auf Grundlage der branchenspezifischen Technologien und Wachstumsraten die Art der Organisationskultur evaluieren sollten. Dabei bestätigte sich zunächst, daß die Kultur generell mehr zwischen als innerhalb einzelner Branchen variierte. Auch die These bezüglich eines Zusammenhangs zwischen der Organisationskultur und den Branchencharakteristika konnte gestützt werden. Obwohl die Ergebnisse sich als äußerst komplex erwiesen und auch die Frage bezüglich der Ursache von branchenähnlichen Kulturen offen bleiben mußte, stellt die Studie einen wichtigen Schritt in Richtung auf eine Systematisierung der Beziehung von Umwelt und Kultur dar.

Für die strategische Analyse bedeutet dies, daß auch der *Kulturunterschied* zu den Wettbewerbern ein wichtiger Aspekt ist und damit die Frage berücksichtigt werden muß, inwieweit Kultur als Wettbewerbsvorteil genutzt werden kann. Hier ist aber noch weitere Forschung erforderlich, um die Bedingungen zu klären, unter denen entweder die Imitation oder die Errichtung einer unverwechselbaren Kultur erfolgversprechend ist.

5.5.3 Konsequenz: Das Prinzip der organisationskulturellen Stimmigkeit

> *If strategy is a statement of what a company wants to accomplish, and organization is the vehicle for how the company will accomplish it, then guiding beliefs are the statements of why the company wants to accomplish the strategy. (Davis 1984, 4-5)*

Für die *Strategische Organisation* ergibt sich die Herausforderung, alle Stimmigkeitserfordernisse zu verwirklichen. Eine gelungene Abstimmung der relevanten Aspekte ist notwendige Bedingung für den langfristigen Erfolg der Organisation (vgl. *Schwartz/Davis* 1981). Erfolgreiche Organisationen haben starke Kulturen, in deren Bewußtsein sie ihren Wettbewerbsvorsprung aufbauen, implementieren und aufrechterhalten. Harmoniert die Organisationskultur gemäß dem Prinzip der organisationskulturellen Stimmigkeit mit der Strategie, den Systemen und der Umwelt der Organisation, so führt dies zu einem sich selbst verstärkenden organisationalen Rahmen: Die Organisation ist eine Kultur.

Prinzip der organisationskulturellen Stimmigkeit
Eine vitale Organisation verlangt die Sicherstellung ihrer kulturellen Stimmigkeit. „Organisationskulturelle Stimmigkeit" bedeutet, daß die Organisation nicht nur den Intra-Kultur-Fit berücksichtigen muß, sondern vor allem auf die kulturelle Stimmigkeit zur Strategie, zum System und zur Umwelt achten sollte.

Das Prinzip der organisationskulturellen Stimmigkeit fordert die Schaffung und Erhaltung der Stimmigkeit, macht aber keine Aussagen darüber, ob Kultur als abhängig (und zu gestaltend) und/oder als unabhängig (und damit impulsgebend) aufzufassen ist.

5.6 Zusammenfassung

Kulturelle Organisation bedeutet Berücksichtigung des Normen- und Wertesystems, letztlich also des sozialen Klebstoffes (vgl. *Schein* 1984, 14), der eine Organisation zusammenhält, ihr aber auch die Veränderung erschwert.

Das *Prinzip der organisationskulturellen Dualität* weist in diesem Zusammenhang auf das Wechselspiel zwischen praktiziertem Verhalten und unsichtbarer Werteebene hin, eine Dualität, die gerade durch ihre Dynamik erheblichen Einfluß auf die Organisation hat. Dem potentiellen Nutzen einer starken Kultur stehen allerdings auch diverse Gefahren gegenüber.

Besonders problematisch sind Tendenzen zu einer Ansammlung von Neurosen in Organisationen. Dieses aus der individuellen Verhaltenspsychologie stammende Konstrukt läßt sich auch auf ganze Organisationen übertragen und führt in seiner Ausformulierung als *Prinzip der organisationskulturellen Pathologievermeidung* zu weitreichenden Ansichten über Aufbau und Funktion von Organisationen. Auch wenn die Auseinandersetzung mit Pathologien kein „angenehmes" Thema ist, stellt sie doch den Schlüssel zur organisatorischen Effektivität dar.

Organisationen stellen kulturell nie homogene und monolithische Blöcke dar. Wie im *Prinzip der organisationskulturellen Hierarchie* ausgedrückt, ist vielmehr von Kulturschichten auszugehen, die je nach Untersuchungsperipherie zu unterschiedlichen „Schnitten" und damit zu unterschiedlichen Sichtweisen führen.

Eine besondere Rolle für die *Strategische Organisation* spielt das *Prinzip der organisationskulturellen FOSI-Integration*: Gerade weil eine strikte Zielerreichung bei der organisatorischen Gestaltung unterstellt wird, besteht die Gefahr einer zu starken funktionalen Instrumentalisierung der Organisationskultur. Dies wäre allerdings eine Übertragung des mechanistischen Paradigmas auf die Kultur und allenfalls vordergründig erfolgversprechend. Nötig ist vielmehr bei der Erfassung der Kultur eine Kombination aus objektiven und subjektiven Ansätzen, bei der Prägung der Kultur eine Kombination aus funktionalem und interpretativem Vorgehen. Dies alles steht unter der Maxime, daß Kulturverständnis das eigentliche Ziel organisatorischen Handelns ist und sich bereits aus der Suche nach dem Verständnis wichtiger Gestaltungsimpulse ableitet.

Es gibt keine guten oder schlechten Kulturen; es gibt allerdings passende und unpassende Kulturen. Diese im *Prinzip der organisationskulturellen Stimmigkeit* formulierte Forderung nach Kompatibilität zwischen Strategie, Struktur, Prozeß und Kultur gilt als zentrale Erfolgsprämisse in der *Strategischen Organisation.*

5.7 Vertiefungsfragen

1. Für ein bekanntes Automobilunternehmen wurde als dominante Betriebssportart „Angeln“ genannt. Interpretieren Sie diesen Befund entsprechend der Kulturtypologie von *Deal* und *Kennedy* (Abschnitt 5.1.3.1). Welche Bezüge zu Organisationskulturprinzipien lassen sich darüber hinaus herstellen? Mit welchen Konsequenzen?
2. Analysieren Sie die Kulturen verschiedener Lehrstühle der Universität anhand des 3-Ebenen-Modells von *Schein.*
3. Konstruieren Sie ein konkretes Beispiel, wie eine individuelle Neurose zur pathologischen Organisationskultur führt.
4. Erstellen Sie für eine Ihnen bekannte Organisation ein Kultur-Radar-Chart (Abschnitt 5.1.3.1). Gehen Sie dabei auch kritisch auf die von Ihnen gewählte Erhebungstechnik ein.
5. Zeigen Sie den Zusammenhang zwischen dem Prinzip der organisationskulturellen Dualität und dem Prinzip der organisationskulturellen Hierarchie auf und erläutern Sie die Konsequenzen.
6. In jüngster Zeit haben eine ganze Reihe von deutschen Großunternehmen einen „erfolgreichen Kulturwandel“ bekannt gegeben. Diskutieren Sie eines dieser Beispiele mit Hilfe der Kulturprinzipien.
7. Welche organisationskulturellen Grundannahmen und Werte werden durch ein Vorhandensein von Großraumbüros ausgedrückt?
8. Welche Aggregationsvorschriften halten Sie bei der Bestimmung einer Unternehmenskultur aus mehreren Abteilungs- und Geschäftseinheiten-Kulturen für sinnvoll?
9. Ist es Ihrer Meinung nach sinnvoll, wenn eine Organisation gleichzeitig eine Langfristorientierung und eine Geschwindigkeitsorientierung verfolgt?

6 Die intelligente Organisation

Wissende Firmen verschreiben sich der Aufgabe, die „einzig wahre" Methode für die Bewältigung unternehmerischer Aufgaben zu finden. Verstehende Firmen stützen sich auf starke, in der Unternehmenskultur verankerte Werte, an denen sich ihre Strategie und Aktivitäten ausrichten. Denkende problemlösungsorientierte Firmen sehen ihre Aktivitäten als eine Abfolge von Problemen, die schnellstmöglichst „behoben" werden müssen. Lernzentrierte Unternehmen betrachten jede Geschäftserfahrung als Chance, ihren Leistungsstand zu verbessern und ihr Lernpotential aufzustocken. (McGill/Slocum 1996, IX)

Kaum eine Organisation ist von vornherein optimal auf ihre Umwelt eingestellt, kaum eine Organisation befindet sich in einer statischen Umwelt ohne Variation. Dies macht Anpassungsprozesse unvermeidlich: zu verstehen als die Umsetzung des Bedürfnisses von Organisationen, Wettbewerbspositionen am Markt zu erhalten und auszubauen. Dabei ist oft nicht nur entscheidend, was verändert wird, sondern was die Organisation daraus lernt und welches Wissen daraus entsteht. Dieses Anwenden und Schaffen einer sinnvollen Wissensbasis in einer Organisation ist Charakteristikum einer lebensfähigen Organisation.

Organisatorische Intelligenz wird damit zum strategischen Wettbewerbsvorteil und ist deshalb gleichermaßen das Ziel wie das Merkmal einer vitalen Organisation:

- Ansatzpunkt jeder Entwicklung hin zur intelligenten Organisation ist das zur Verfügung stehende **Wissen**. Hierbei handelt es sich aber nicht allgemein um organisatorisches Wissen: Vielmehr ist es ein besonderes Merkmal der Intelligenz, die Wissensbasis nicht generell nur zu erweitern, sondern sie vielmehr zielgerichtet (strategisch) zu optimieren und damit auch veränderten Umweltsituationen anzupassen.
- Der zweite Teil der organisatorischen Intelligenz ist der Umgang mit Wissen, aber in Form des Lernens. Auch hier geht es aber nicht generell um **Lernen**, sondern im Hinblick auf die intelligente Organisation darum, zielgerichtetes Lernen zu ermöglichen.

Organisatorische Intelligenz ergibt sich somit aus spezifischen Formen des Wissens und des Lernens, jeweils bezogen auf die Organisation (Abbildung 6.1). Der Ansatz der *Strategischen Organisation* folgt damit dem aktuellen Forschungsstand zur organisationalen Intelligenz, der organisatorische Intelligenz zum einen als *Prozeß*, zum anderen als *Produkt* betrachtet (vgl. *Matsuda* 1993).

Im Rahmen der *Strategischen Organisation* geht es nicht darum, die gesamte Breite der Diskussion um Wissen und Lernen abzudecken, wie dies in theoretischer (vgl. z.B. *Reinhardt* 1993; *Albach/Wildemann* 1995; *Cohen/Sproull* 1996) und pragmatisch-praxisorientierter (vgl. z.B. *Sattelberger* 1991; *Senge* 1994) Form bereits vorliegt. Statt dessen erfolgt eine fokussierte Behandlung bestimmter Bereiche des Wissens (Abschnitt 6.1) und des Lernens (Abschnitt 6.2). Ferner wird eine Systematik behandelt (Abschnitt 6.3), die sich als Kombination aus Wissen und Lernen ergibt.

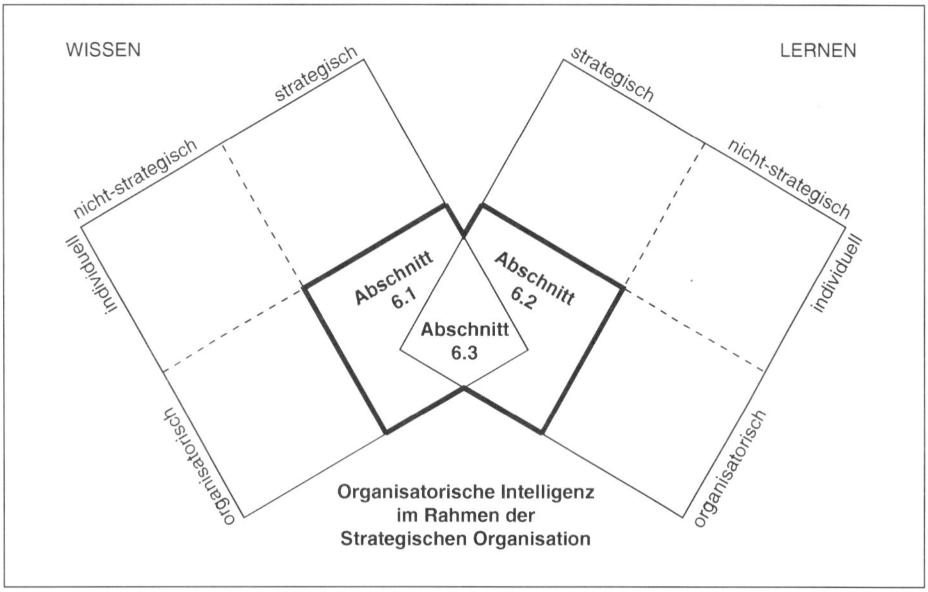

Abbildung 6.1: Schwerpunkte der intelligenten Organisation

6.1 Wissen als Basis

> *Wir wissen nichts — das ist das Erste.*
> *Deshalb sollen wir sehr bescheiden sein — das ist das Zweite.*
> *Daß wir nicht behaupten zu wissen, wenn wir nicht wissen — das ist das Dritte.*
> *Das ist so ungefähr die Einstellung, die ich gerne popularisieren möchte. Es besteht wenig Aussicht darauf. (Popper 1987, 37)*

Generell kann davon ausgegangen werden, daß auch Organisationen lernfähig sind und somit Wissen erwerben. Welcher Art dieses Wissen ist, wird im nachfolgenden Kapitel behandelt.

6.1.1 Grundidee

> *Wissen, wie es hier verstanden wird, ist das Ergebnis der Verarbeitung von Informationen durch das Bewußtsein. Demnach stellt Wissen keinen Prozeß dar, sondern dessen Ergebnis (...). (Albrecht 1993, 41-42)*

In allen Ansätzen der intelligenten Organisation nimmt das Wissen eine große Rolle ein, da jeder Lernprozeß zu einer Veränderung der Wissensbasis führt. Ökonomische Entscheidungen und Handlungen sind auf der Grundlage von organisatorischem Wissen zu treffen, wobei Wissen nicht angehäuft wird, damit es existiert, sondern um es ziel- und zweckgerichtet einzusetzen. Wissen bezieht sich dabei sowohl auf **Verhaltensweisen** *(knowing how)* als auch auf **Fakten** *(knowing that).*

Wissen umfaßt neben einer Sammlung von in sich geordneten Aussagen, von Kenntnissen und Fähigkeiten auch **Sinnstrukturen**, die nicht unbedingt bewußt oder sprachlich erfaßbar, wohl aber für alltägliches Handeln und soziale Koordination unverzichtbar sind.

Dies leitet über zu Merkmalen wie Ordnung, Vernunft und experimenteller Bestätigung. Wissen muß also in strukturierter Form vorliegen, um die Intelligenz einer Person zu aktivieren.

Auf einer nächsten Stufe – und hier beginnt der eigentliche Reiz der Diskussion – ist jetzt zu unterscheiden zwischen dem Wissen eines Individuums und dem **Wissen der Organisation**, verbunden mit der Existenz verschiedener Wissensarten, die über verschiedene Wissensverarbeitungsprozesse des Individuums in die Organisation eingehen können. Besonders interessant ist dabei die Verteilung des Wissens. Die organisatorische Wissensbasis enthält implizit und explizit Wissen, wobei das gespeicherte Wissen in den Organisationsmitgliedern als *implizit* und alles andere gespeicherte Wissen als *explizit* gilt.

Zusätzlich wird nach der Zugangsmöglichkeit zwischen *privatem* und *kollektivem* Wissen unterschieden. Wenn individuelles Wissen einer Gruppe von Organisationsmitgliedern zur Verfügung gestellt wird, erfolgt eine Wissenskollektivierung. Die organisatorische Wissensbasis besteht aus lokalen Wissensbasen, also aus kleinen Gruppen von Organisationsmitgliedern, die ihr Wissen kollektiviert haben.

6.1.2 Konzeptionell: Strukturierung der Wissensbasis

Um organisatorisches Wissen zum Entstehen einer organisatorischen Intelligenz bereitzustellen, bedarf es einer organisatorischen Wissensbasis und eines Mechanismus, der Informationen in handlungsleitende Tatbestände transformiert.

6.1.2.1 Das hierarchische Schichtenmodell

Ein Ansatz zur Strukturierung der organisatorischen Wissensbasis ist das Schichtenmodell von *Pautzke* (1989). Das Modell geht von der Annahme aus, daß Wissen mit unterschiedlicher Wahrscheinlichkeit in organisationalen Entscheidungen einfließt. Daraus ergeben sich dann unterschiedliche Wissensschichten. Sie decken die aktuelle Wissensbasis als das der Organisation zugängliche Wissen und die latente Wissensbasis als das der Organisation nicht zur Verfügung stehende Wissen ab.

Die **aktuelle Wissensbasis** kann aufgeteilt werden in zwei Schichten:

- Schicht (1) enthält das von allen Mitgliedern der Organisation geteilte Wissen.
- Schicht (2) betrifft das der Organisation zugängliche individuelle Wissen.

Die **latente Wissensbasis** besteht aus drei Schichten:

- Schicht (3) enthält das der Organisation nicht zugängliche Wissen und besteht aus dem Wissen der Organisationsmitglieder, das aus deren eigenen Erfahrungswelt stammt. Dadurch wird klar, daß sich die organisatorische Wissensbasis nicht mit dem kumulierten individuellen Wissen deckt.
- Schicht (4) bezeichnet das Wissen der Umwelt, über das ein Metawissen in der Organisation vorhanden ist.
- Schicht (5) als „kosmisches Wissen" soll auf die Tatsache hinweisen, daß die Schichten (1) – (4) lediglich einen kleinen Teil des gesamten (überhaupt jemals möglichen) Wissens darstellen.

Zwischen den Wissensbereichen bestehen Zugangsbarrieren, die das für die Organisation erreichbare Wissen begrenzen. Diese Zugangsbarrieren können aus räumlichen und zeitlichen Entfernungen bestehen, die zur Fixierung des Wissens führen (Abbildung 6.2).

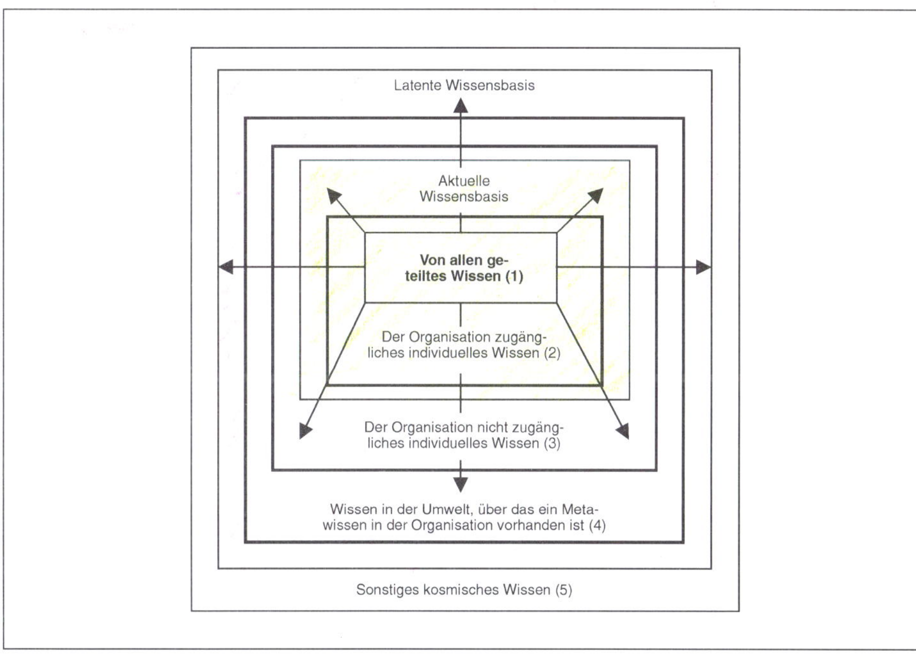

Abbildung 6.2: Das Schichtenmodell (nach Pautzke 1989, 87)

Auch wenn das Modell von *Pautzke* zwangsläufig keine Aussagen über die Inhalte der Wissensbasis macht, so zeigt es doch anschaulich die Komplexität organisatorischer Wissensbasen auf.

6.1.2.2 Ein vereinfachtes Schnittmengenmodell

Im Umgang mit organisatorischen Wissensbasen interessieren vor allem zwei Fragestellungen:

- Welche Wissenselemente sind in der Wissensbasis gespeichert?
- Wer hat in welcher Form Zugriff auf das gespeicherte Wissen?

Während die erste Frage im Detail allenfalls organisationsspezifisch beantwortbar ist, läßt die zweite Frage zumindest ansatzweise einige generalisierende Antworten zu.

Zu diesem Zweck ist explizit zwischen den verschiedenen Wissensträgern zu unterscheiden. Nimmt man zwei Personen (x, y) und definiert sie als „Organisation“, indem man sie mit einem institutionellen Rahmen und einer gemeinsamen Zielsetzung ausstattet, so führt dies zu fünf verschiedenen Gruppen von **Wissensträgern** (vgl. Abbildung 6.3):

- Fall A betrifft Wissen, das als individuelles Wissen bei beiden Personen in irgendeiner Form vorhanden ist und das sie in die Organisation einbringen.
- In Fall B verfügt nur eine der beiden Personen über das entsprechende Wissen, das deswegen auch zum organisatorischen Wissen gehört.
- Fall C schließlich bedeutet organisatorisches Wissen, das losgelöst von einzelnen Personen existiert. Hierzu gehören neben schriftlichen Dokumentationen auch prozedurale Wissenskomponenten, wie sie sich beispielsweise in Raumgestaltungen manifestieren.

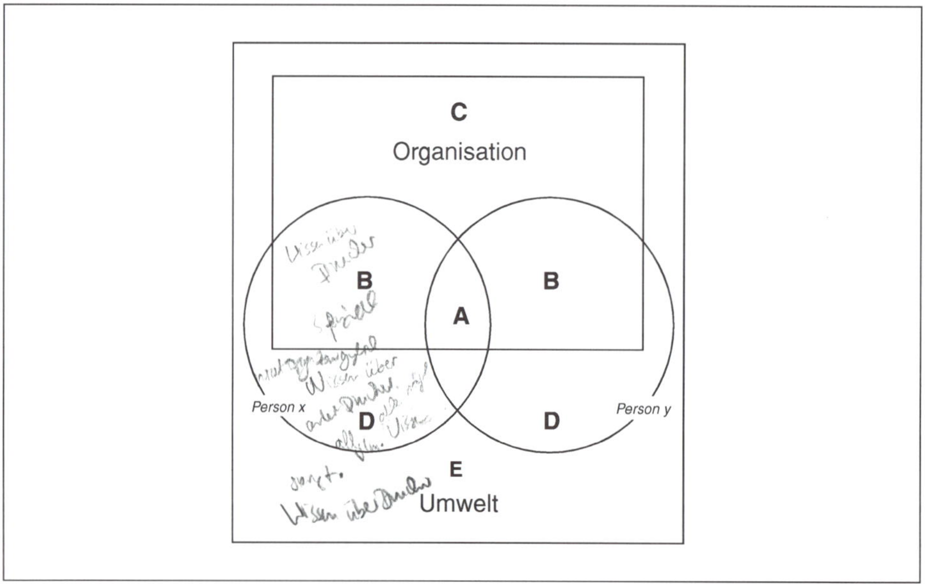

Abbildung 6.3: Systematik der Wissensbasis

- Im Fall D ist dagegen individuelles Wissen vorhanden, der Organisation aber nicht zugänglich. Dieser Fall kann zwar für die Organisation bedauerlich sein, soll aber zunächst einmal als nicht veränderlich angesehen werden.
- Der Fall E beschreibt Wissen, das außerhalb der individuellen Ebenen existiert und auch außerhalb der Metaebene der Organisation. Es existiert also Wissen außerhalb der Organisation, das nicht verfügbar ist.

Organisatorisches Wissen umfaßt die Bereiche A, B und C.

Eine weitere Differenzierung folgt aus der Form der **Wissensspeicherung**: Diese kann
– als personengebundenes Wissen im Gedächtnis der Organisationsmitglieder,
– als personenungebundenes Wissen in der Organisation (zum Beispiel in Computern) oder
– als gleichzeitig personengebundenes und personenungebundenes Wissen

vorliegen. In Abbildung 6.4 zeigt Fall C personenungebundenes Wissen, das losgelöst vom einzelnen Individuum existiert, also gespeichertes Wissen der Organisation darstellt. Im Fall A und B sind zur Aktivierung des Wissens immer auch Organisationsmitglieder notwendig, da dieses Wissen nur in personengebundener Form vorliegt.

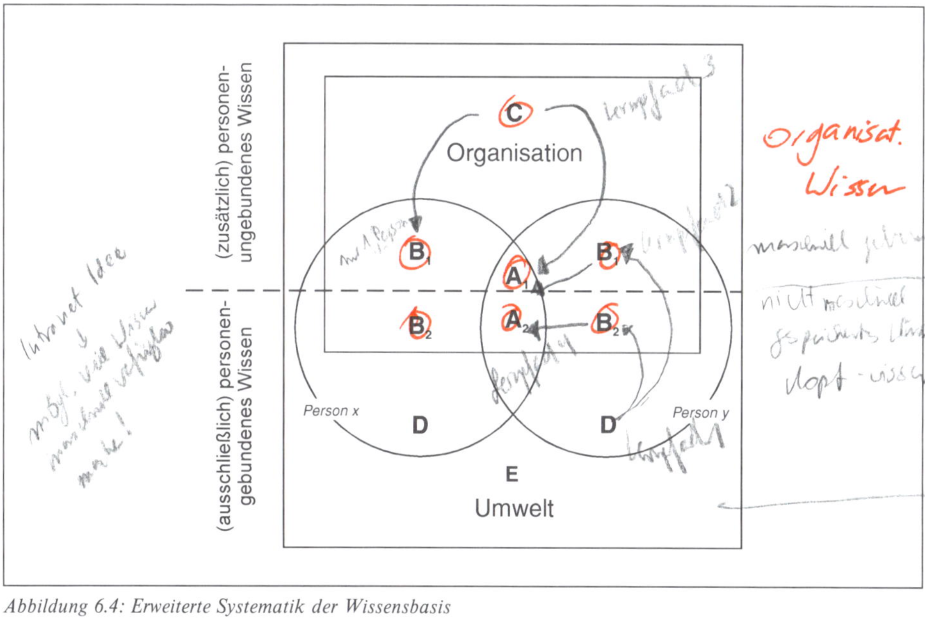

Abbildung 6.4: Erweiterte Systematik der Wissensbasis

Unabhängig davon ist, welche Lernstrategien später zur formulieren sind. Es ergibt sich bereits an dieser Stelle das Ziel für die *Strategische Organisation*, möglichst viel relevantes Wissen in einer Form zu speichern, die personenungebunden vorliegt, dennoch aber für möglichst viele Organisationsmitglieder zugänglich ist.

6.1.3 Paradigmatisch: Leitbilder der Wissensbasis

Im folgenden werden verschiedene Ansätze dargestellt, die als Leitbilder der Wissensbasis fungieren könnten.

6.1.3.1 „Intelligence" als strategierelevante Information: Wilensky

> *A man who knows more is alert to more opportunities and consequences. And an executive who understands the problem of intelligence, who grasps the limitations and contributions of men of knowledge, is more likely to temper power with wisdom. (Wilensky 1967, xi)*

Einer der ersten Autoren, der sich mit der organisatorischen Wissensbasis als Grundlage für organisatorische Intelligenz befaßte, ist *Wilensky* (1967). Er fokussiert auf Qualität von Wissen („high-quality intelligence"), wozu bei ihm auch das Ausschalten von „Intelligenzfehlern" als Defizite der Wissensbasis gehört.

Für *Wilensky* bedeutet qualitativ sinnvolle Intelligenz strategierelevante Information im Sinne von Fragen, Hypothesen, Einsichten, Aussagen. **Sechs Eigenschaften** dieser Information machen „high-quality intelligence" aus. Die Information sollte (*Wilensky* 1967, viii)

- klar verstehbar *(clear)*,
- rechtzeitig verfügbar *(timely)*,
- verläßlich *(reliable)*,
- gültig *(valid)*,
- hinreichend *(adequate)* und
- umfangreich *(wide-ranging)*

sein. Dabei sollten sich beispielsweise Sender und Empfänger nicht gegenseitig blockieren oder der Empfänger eine Information sorgfältig prüfen, bevor er sie möglicherweise verwirft.

Der Aufbau von „high-quality intelligence" wird verhindert, wenn **„Intelligenzfehler"** auftreten, die Organisation also unfähig ist, die Intelligenz zu erlangen, die zur Verfolgung der Organisationsziele notwendig ist. Dies kann beispielsweise eine Folge von Informationsmangel sein, der wegen unzulänglich ausgeprägter (Informations-)Suchverfahren entsteht. Auch Spezialisation, Zentralisation und Hierarchien sind Quellen für Intelligenzverzerrung und -blockierung (*Wilensky* 1967, 42): Je komplexer, spezialisierter und zentralisierter die Struktur einer Organisation, desto anfälliger wird sie für Intelligenzdefizite.

6.1.3.2 „Intellect" als Schlüssel zu Produktivität und Wohlstand: Quinn

> *At their core, most successful enterprises today can be considered ‚intelligent enterprises', converting intellectual resources into a chain of service outputs and integrating these into a form most useful for certain customers. (Quinn 1992, 213)*

Während *Wilensky* (1967) in Analogie zur Spionage auf das Konzept der „intelligence" als strategischer Wissensvorsprung abstellt, beschäftigt sich *Quinn* (1992) mit dem „intellect" als Schlüsselgröße. Für ihn ist „intellect" die Kernressource zur Produktion von Dienstleistungen und das Management von „intellectual activities" der Schlüssel zu Produktivität und Wohlstand. Dies führt zur Forderung nach einer neuen wissens- und serviceorientierten Organisation, die sich durch folgende **Charakteristika** hervorhebt (vgl. *Quinn* 1992, 59):

- Steigerung der Produktivität sowie des Kundenverständnisses,
- Vereinfachung und Abflachung der internen Organisation beispielsweise durch Outsourcing, Teambildung, Betonung von EDV-Orientierung, und
- Verringerung von langfristiger Kapitalbindung und Steigerung strategischer Flexibilität.

Diese Ziele sind von jeder Organisation zu verfolgen.

Eine Organisation wird dann zur intelligenten Organisation, wenn sie sich auf diejenigen Wissenselemente in der Wertschöpfungskette konzentriert, in denen sie „the best in the world" ist beziehungsweise sein kann. Dies entspricht der in Abschnitt 2.3.1.2 beschriebenen **Kernkompetenzorientierung**. Zusätzlich muß die Organisation zumindest nach Gleichheit in den anderen Elementen der Wertschöpfungskette streben oder sie auslagern (Outsourcing). Zuletzt soll eine Organisation ihre Kernkompetenzen vor möglichen negativen Einflüssen, beispielsweise von seiten der Konkurrenz, schützen. Im Kern der beschriebenen Aktivitäten steht dabei immer das „Management of Intellect".

Quinn (1992, 415) bezieht dieses neue Paradigma des „Management of Intellect" weiter auf die gesamte Volkswirtschaft. Dabei sieht er die moderne Ökonomie in einen Wandel eintreten, der ein „Management of Intellect" notwendig macht. Dieses Management wäre nicht nur Schlüssel zur Zukunft der Wirtschaft, sondern auch zum Wohlstand der Nationen.

6.1.3.3 Corporate Intelligence Quotient: Holzner und Bloemer

> *Die zahlreichen Möglichkeiten der Entwicklung von Unternehmenserfolg lassen sich theoretisch über die Entstehung und Ausbildung von Unternehmensintelligenz sowie Anforderungsprofile und Auswirkungen partieller Intelligenzdefizite erklären. Zur empirischen Belegung der damit verbundenen Hypothesen ist es notwendig, die Unternehmensintelligenz konkret zu messen. (Holzner/Bloemer 1991, 91)*

Holzner und *Bloemer* (1991, 88) definieren Unternehmensintelligenz als die Fähigkeit eines Unternehmens, in seiner sich wandelnden Umwelt dauerhaft Erfolg zu haben.

Eine Messung der Unternehmensintelligenz führt einerseits zur Ermittlung eines detaillierten Intelligenzprofils des Unternehmens und andererseits zur Ermittlung eines Unternehmens-Intelligenzquotienten CIQ (corporate intelligence quotient). Dabei ist Intelligenz bei Organisationen wie bei Individuen keine einheitliche Fähigkeit, sondern läßt sich nach verschiedenen Faktoren strukturieren. Eine Möglichkeit der Strukturierung nehmen *Holzner/Bloemer* vor, auf der Grundlage, daß Unternehmen aus der Gesamtheit ihrer Managementprozesse bestehen. Es lassen sich vier Managementbereiche – Kapitalmanagement, Technologiemanagement, Human Resource Management und Informationsmanagement – abgrenzen.

Analog zu diesen Managementbereichen lassen sich **vier Intelligenzbereiche** eines Unternehmens identifizieren (vgl. *Holzner/Bloemer* 1991, 89):

- Die *finanzielle* Intelligenz ist die Fähigkeit zur Bewältigung von Anforderungen aus Investitions- und Finanzierungsaufgaben.
- *Technologische* Intelligenz äußert sich in geplanten und bedarfsgerechten Innovations- und Imitationsprozessen.
- Die *soziale* Intelligenz zeigt sich in Einsatz, Planung und Strukturierung des Faktors Arbeit sowohl auf den Leitungs- wie auch auf den unteren Managementebenen, sowie in der Gestaltung der externen Beziehungen des Unternehmens, insbesondere zu anderen sozialen Systemen.
- Die *informatorische* Intelligenz ist der Intelligenzbereich einer Organisation, der die gezielte und schnelle Beschaffung, Speicherung, Verarbeitung und Verteilung von Informationen umfaßt sowie die Gestaltung dieser Prozesse.

Die informatorische Intelligenz hat in diesem Konzept eine besondere Bedeutung für die Organisation, weshalb im Rahmen des Informationsmanagements die anderen Managementbereiche planmäßig und bedarfsorientiert mit Informationen und folglich mit Wissen zu versorgen sind.

Informationsintelligenz als Fähigkeit zur Informations- beziehungsweise Wissensverarbeitung in Organisationen bestimmt damit wesentlich die Fähigkeit der anderen Organisationsbereiche, die ihnen gestellten Aufgaben zu erfüllen.

6.1.3.4 Emotionale Intelligenz: Goleman

> *Ähnlich wie die an Spock erinnernde Figur des Commander Data in der neuen Serie „Raumschiff Enterprise: Das nächste Jahrhundert" weiß die Psychologie neuerdings die Macht und die Vorzüge der Emotionen im Seelenleben, aber auch ihre Gefahren zu schätzen. Wie Data schließlich (. . .) einsieht, vermag seine kalte Logik nicht die richtige, menschliche Lösung zu bringen. (. . .) Aus Datas Sehnsucht nach Sehnsucht lernen wir, daß die höheren Werte des menschlichen Herzens (. . .) dem kühlen kognitiven Blick völlig entgehen. (Goleman 1996, 63).*

In der aktuellen – allerdings teilweise eher populärwissenschaftlichen – Literatur findet sich gegenwärtig eine spezielle Form der Intelligenz, nämlich die emotionale Intelligenz (vgl. z.B. *Golemann* 1996): Hier wird versucht, eine Intelligenz jenseits der sachlich-logischen Dimension zu postulieren, die sich auf Erkennen, Handhaben und Nutzen von eigenen sowie von fremden Emotionen bezieht. Das Ergebnis ist dann eine „emotionale Bildung", die in eine **„Schulung der Gefühle"** mündet.

Im Zusammenhang mit der *Strategischen Organisation* soll diese Argumentationslinie nur kurz erwähnt, nicht aber weiter vertieft werden. Abgesehen davon, daß sich dieses Thema erst in einem Anfangsstadium befindet, stellt sich auch hier das Problem der Fokussierung auf das Individuum: Ähnlich wie „Intelligenz" üblicherweise nur auf eine Person bezogen wird, wird auch die „emotionale Intelligenz" im Regelfall nur einer einzelnen Person zugeschrieben.

Interessant für die *Strategische Organisation* ist jedoch die Frage, ob und inwieweit es überhaupt in Organisationen eine „kollektiv-emotionale Intelligenz" geben kann. Hier drängt sich unmittelbar der Querbezug zur Organisationskultur nach Kapitel 5 auf: Diese Organisationskultur drückt – zumindest in einer weiten Begriffsfassung – nicht nur Sinnschemata, sondern auch die Art und Weise aus, wie eine Organisation mit bestimmten Fragestellungen umgeht. Erweitert man diese Überlegungen in Richtung auf eine „kollektiv-emotionale Intelligenz", so bedeutet dies ein Erkennen der eigenen Kultur (inklusive der emotionalen Aspekte) und Erlernen einer sinnvollen Form des Umgangs mit dieser Kultur.

6.1.4 Pragmatisch: Realisation der Wissensbasis

> *The technology network thus supports the real knowledge network – the informal one of the people talking to people, which is difficult to maintain in a sprawling organization. The vitious circle begins: People do things that become stories that become documents on a network that people use to learn how to do things. Human capital begets structural intellectual capital, which begets human capital. (Stewart 1995, 99)*

Eine zentrale Komponente der vitalen Organisation ist die organisatorische Wissensbasis, wobei bereits in Abschnitt 6.1.2 das Ziel formuliert wurde, einen möglichst intensiven Wissensaustausch zwischen den Mitgliedern der Organisation zuzulassen und Wissen auch in personenungebundener Form bereitzustellen. Gerade die auf diese Weise entstehenden Wissensnetze erlauben dann unter anderem die Realisation der Postulate, wie sie im Zusammenhang mit der Perspektive der organischen Organisation formuliert wurden.

Insbesondere in Großunternehmen kumuliert das Problem, schlagartig und ohne vorherige Planung auf unterschiedliche Wissensbausteine zurückgreifen zu müssen. Eine mögliche Lösung ist dabei die dezentrale Datenhaltung mit einer ebenso dezentralen Datenverantwortung. Hinter dieser auf den ersten Blick sehr abstrakt wirkenden Aussage stekken *zwei Trends* mit hoher Tagesaktualität. Sie wirken als „Driving forces" und erlauben zunehmend den Aufbau einer lernenden Organisation:

Der erste Trend ist der massive Einsatz von **Groupware** in Organisationen (vgl. z.B. *Dier/Lautenbacher* 1994; *Wagner* 1995). Dahinter steht die Überlegung einer abteilungsübergreifenden Bearbeitung von Projekten basierend auf einer gemeinsamen EDV-Infrastruktur. Hierzu werden Informationen unabhängig von Raum und Zeit den Beteiligten zu Verfügung gestellt, die auf diese Weise simultan damit arbeiten können.

> Eine spezielle Form von Groupware-Systemen sind Multiagentensysteme (vgl. z.B. *Krallmann/Boeckhoff* 1996): Als Teilbereich der Verteilten Künstlichen Intelligenz streben sie eine zeitlich entkoppelte Kooperation unabhängiger Experten an. Zu diskutieren ist dann die Frage, wie ein solcher Handlungsagent als Akteur aussehen muß, der in einem solchen Umfeld existieren und kooperieren kann. Als primäres Handlungsziel steht dabei das Fällen einer gemeinsamen Entscheidung im Mittelpunkt, die – sukzessive und „lernend" – basierend auf einer grafischen Beschreibung des entsprechenden Entwicklungsprozesses entsteht.

Notwendig für eine solche Gesamtstruktur ist zum einen eine *Gesamtoberfläche*, die in der Lage ist, die Akteure zusammenzuführen, und zwar losgelöst von Raum und Zeit. Hier ist in absehbarer Zeit eine erhebliche Bereicherung durch die Virtual Reality Technik (vgl. Abschnitt 7.2) zu erwarten: Sie wird eine scheinbar physische Präsenz auch bei realer Abwesenheit ermöglichen. Zum anderen erfordern Groupware-Konzepte eine entsprechende *Daten- und Programmlogik*, die – unter Beachtung aller Integritätsbedingungen – eine tatsächlich gemeinsame Arbeit ermöglichen.

Für diese Groupware-Konzepte gibt es inzwischen eine ganze Reihe von bekannten Anwendungsfällen: Sie reichen von der effizienten Gestaltung des Außendienstes (vgl. z.B. *Aurich-Haider/v. Bogdandy/Gronau* 1995) über die gemeinsame Softwareentwicklung bis hin zu komplexeren Planungsprojekten.

Der für die intelligente Organisation entscheidende Aspekt der Groupware-Konzepte liegt in ihrer Möglichkeit, individuelle Arbeitsvorgänge in ein kollektives Lernen zu transformieren: Aus diesem Grund ist eine Integration von Modulen der *Künstlichen Intelligenz* nötig, die eine maschinelle und damit auch eine organisatorische Lernfähigkeit sicherstellen.

Der zweite Trend, auf den an dieser Stelle hinzuweisen ist, ergibt sich aus der Entwicklung zu verteilten Datensystemen nach dem Prinzip von **Lotus Notes** oder neuerdings vom **Intranet**. Diese Bewegung ergibt sich aus dem Problem vieler Firmen, die inzwischen zwar viele Daten angesammelt haben, aber über keinen sinnvollen Zugriffsmechanismus verfügen. Zudem gibt es für die Mitarbeiter keine realistische Möglichkeit, aktuell auch unstrukturierte Informationen in das Informationssystem einzuspeisen. Nötig ist daher ein System, das menschliches, personengebundenes Wissen in personenungebundenes Wissen transformiert.

Hierfür gibt es (bei relativ ähnlicher innerer Logik) zwei unterschiedliche **Technologien**:

- Bei *Lotus Notes* wird über das entsprechende Softwarepaket eine Gesamtoberfläche bereitgestellt, in der die Benutzer Informationen in zugriffstechnisch optimierter Form präsentieren können. Auf diese Weise entsteht ohne strukturelle Begrenzungen ein komplexes Netz an Informtionen, die vom Informationssuchenden quasi „durchsucht" werden können.
- Eine wesentlich vereinfachte (und wesentlich billigere) Form mit ähnlichem Potential ist das sogenannte *Intranet* (vgl. z.B. *Cortese* 1996). Hier wird die inzwischen weitgehend erprobte Technologie des Internets dazu genutzt, ein organisationsinternes Netz aufzubauen. In diesem Netz entwerfen – vereinfacht ausgedrückt – die Benutzer ihre eigenen Homepages (Startseiten) und leiten dann die Informationssuchenden zu den entsprechenden Informationen. Durch Verwendung entsprechend einfacher Sprachen (z.B. HTML) lassen sich derartige Seiten auch von EDV-Laien erstellen. Zusätzlich können auch komplexere Anwendungen über JAVA geschrieben werden, einem Zusatz, der quasi unsichtbar in der Homepage „steckt" und auf nahezu allen Geräten (vom Funktelefon bis zum Großrechner) ausführbar ist. Grundsätzlich läßt sich das Intranet auch von Organisationsexternen aufrufen, eine Möglichkeit, die aber über sogenannte „Firewalls" weitgehend eingeschränkt werden kann.

Anders als beim Mailbox-Prinzip wird bei beiden Systemen davon ausgegangen, daß Information eine Holschuld und keine Bringschuld ist. Die potentiellen Informationsnutzer müssen sich ihr Wissen selber zusammensuchen, wobei ihnen jedoch entsprechende Techniken bei der Suche helfen *(search engines).*

> *Stewart* (1995, 97) schildert diverse Beispiele von organisationsinternen Wissensnetzen. Neben US West und Hewlett-Packard ist besonders der Fall einer Chemie-Devision von Monsanto's interessant: Hier ging ein substantieller Auftrag verloren, weil für die Akquisition wichtige Detailinformationen nicht zur Verfügung standen. Das Ergebnis: Hunderte von Verkäufern und sonstige „Informationsqellen" wurden zu einem komplexen Netz verbunden, in das bewußt auch „weiche" Daten (Gerüchte!) eingespeist werden sollten. Diese „knowledge

management architecture“ lenkt das Schwergewicht weg von der Informationsbeschaffung zur bewußten Ausbeutung vorhandener Informationen.

Allerdings verlangen auch derartige Netze eine substantielle Planung, die sich aber auf das primäre Gerüst und auf die Festlegung einfacher Regeln beschränken sollte. Ansonsten sollte auch ein solches Netz zumindest den in Kapitel 4 formulierten Grundprinzipien einer organischen Organisation folgen.

6.1.5 Konsequenz: Das Prinzip der optimierten Wissensbasis

Aus obigen Ausführungen folgt, daß eine Organisation daraufhin wirken muß,
- das Wissen der verschiedenen Bereiche auch zur Verfügung gestellt zu bekommen und
- dieses Wissen dann auch sinnvoll wieder den Organisationsmitgliedern zur Verfügung zu stellen, um es in von allen geteiltes Wissen umzuwandeln.

Dabei kommt gerade der Konservierung von individuellem oder kollektivem Wissen in personenungebundener Form eine wichtige Bedeutung zu. Wissen ist also sowohl formell als auch informell im Unternehmen zu fixieren und dabei weiter zu übertragen.

Das Prinzip der optimierten Wissensbasis
Eine vitale Organisation setzt eine im Hinblick auf Inhalt und Zugriff optimierte Wissensbasis voraus. „Inhaltlich optimiert“ bedeutet dabei Sicherstellung des unmittelbaren Bezuges zu den Organisationszielen. „Zugriffsmäßig optimiert“ bedeutet Konservierung von Wissen in personenungebundener Form mit entsprechender Zugriffsmöglichkeit.

Intelligente Organisationen reflektieren bewußt die Verteilung von Wissenselementen in der internen und externen Umwelt und stellen sich ein optimales Portfolio an Wissen zusammen. Um strategische Lücken zu schließen, wird Lernen aktiviert, ein Prozeß, auf den im nächsten Abschnitt eingegangen wird.

6.2 Lernen als Prozeß

The ability to learn faster than your competitors may be the only sustainable competitive advantage. (de Geus 1988, 71)

Die Sichtweisen des Lernens als Prozeß einerseits und des Lernens als Teil der organisationalen Intelligenz andererseits wird in der Literatur durchaus geteilt (vgl. *Levitt/March* 1996, 531): Daher ist es fast schon trivial, eine wesentliche Verbesserung der organisationalen Intelligenz als Ergebnis einer Erhöhung von organisationaler Lernfähigkeit anzusehen. Kompliziert wird es jedoch, wenn man den Lernprozeß als Teil der organisationalen Intelligenz im einzelnen analysiert.

6.2.1 Grundidee

Die Komplexität des Lernprozesses steigt, wenn man den Begriff des Lernens vom Individuum auf die Organisation überträgt. Organisatorisches Lernen ist mehr als die einfache Addition individueller Lernprozesse; es umfaßt auch die Wechselbeziehungen zwischen Individuen und zwischen den Subsystemen der Organisation.

Als organisatorisches Lernen gilt der Prozeß der Veränderung der organisatorischen Wissensbasis. Dieser Prozeß soll zu einer Verbesserung der **Problemlösungs- und Handlungskompetenz** der Mitglieder der Organisation führen. Damit einher soll eine Veränderung des gemeinsamen Bezugsrahmens von und für Mitglieder innerhalb der Organisation gehen (vgl. *Probst/Büchel* 1994, 17).

Üblicherweise beginnt die Diskussion zum Thema organisatorische Intelligenz beziehungsweise organisatorisches Lernen mit einem Verweis auf individuelle Lernprozesse. Bereits dieses **individuelle Lernen** ist ein kaum erschöpfbares Thema (vgl. z.B. *Piaget* 1992, 15-63). Lernen bedeutet nicht nur Schulung und Training als Weitergabe von Informationen und deren Nutzung; es beinhaltet auch die aktive Lösung von Problemen, das Hinterfragen von Sachverhalten und die Verbesserung der Leistungserbringung. Ein wichtiger Schlüssel zum Lernen ist dabei die Wissensbasis, in der gerade die entsprechenden Handlungstheorien positioniert sind. Zusammengeführt werden können Lernen und Wissen im Konzept der Intelligenz.

Das individuelle Lernen steht primär im Mittelpunkt der individuellen Personalentwicklung: Auf sie soll an dieser Stelle verwiesen (vgl. z.B. *Löhner* 1991; *Hofmann/Regnet* 1994; *Bisani* 1995, 280-293; *Scholz* 1994a, 231-306) und das Thema im Rahmen der *Strategischen Organisation* deshalb auch nicht weiter behandelt werden.

Organisatorisches Lernen beschreibt Veränderungsprozesse, die in personengebundener Form ablaufen und sich in veränderten Problemlösungen niederschlagen, wobei sowohl die Organisation als auch die Umwelt als Handlungsrahmen dienen können. Angelehnt beispielsweise an die fünf Konfigurationen von *Mintzberg* (vgl. Abschnitt 2.4.3.3.1) können unterschiedliche Lernprobleme zusammengestellt werden, deren Existenz bereits verdeutlicht, daß eine Vielzahl von Ausgangsbedingungen des organisatorischen Lernens mit unterschiedlichen Implikationen bestehen (vgl. Übersicht 6.1).

Beim organisatorischen Lernen wird die Organisation als wissensbasiertes System betrachtet, deren Wissen theoretisch verfügbar sein muß, um in die Entscheidungen und Handlungen der Organisation einzufließen. Die Systematisierung der zentralen Lernprozesse (Abbildung 6.5) wird nachfolgend vertieft.

Konfiguration	Lernproblem
Einfache Struktur	Akquisition internen Expertenwissens
Industrielle Bürokratie	Starrheit im Sinne von Festhalten an bestehenden Verfahren und Schwierigkeiten mit Entlernen; Interpretation der Datenmengen; Verbreitung von Erkenntnissen in den Funktionalbereichen
Expertokratie	Probleme mit der Einführung von Managementinnovationen und Verlust von Entscheidungsautonomie bei Experten; Balance von Experten-Qualität und organisationaler Effizienz und Effektivität
Divisionalisierung	Problem der Wissensverteilung über stark differenzierte Organisationseinheiten hinweg
Adhocratie	Bewahrung von Wissen und Erfahrung; Einführung von Kontinuität und Effizienz

Übersicht 6.1: Lernprobleme auf Basis der Konfigurationen von Mintzberg (nach Wijnhoven 1995, 27)

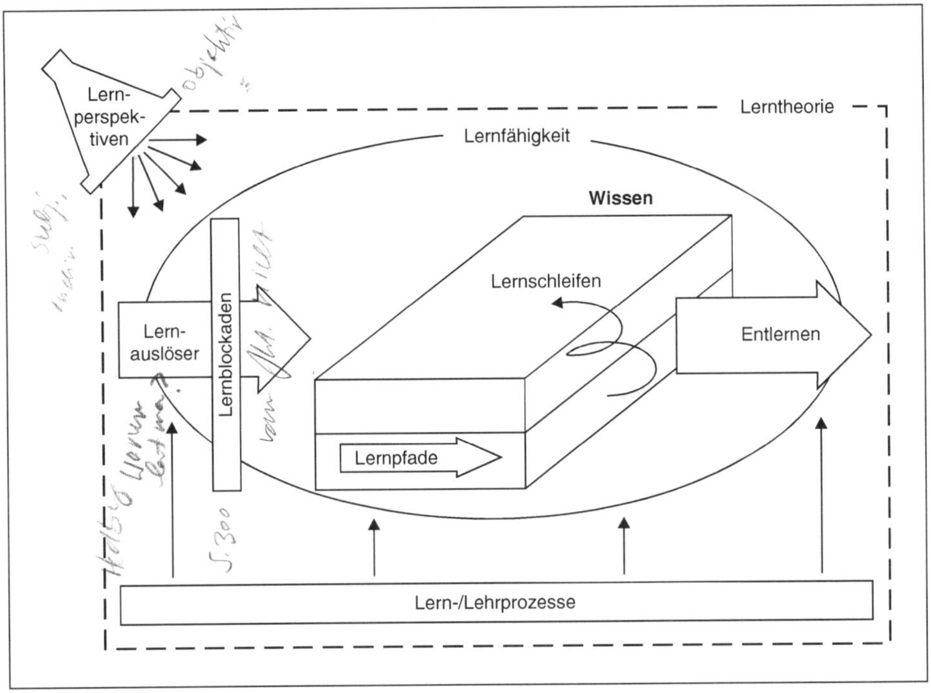

Abbildung 6.5: Systematisierung der zentralen Lernprozesse

6.2.2 Zentrale Lernprozesse

> *There is the need for a new breed of staff and management capable of working in these new style organizations where knowledge-based workers have replaced the low-skilled mass-production operative. (Birchall/Lyons 1995, 158)*

Organisationen haben mittlerweile eine Reihe von Lösungen gefunden, die die zentralen Lernprozesse auf den Aufbau einer intelligenten Organisation ausrichten. Dennoch bleibt eine Vielzahl von Herausforderungen zu bewältigen; die Diskussion der zentralen Lernprozesse zeigt in diesem Zusammenhang die wesentlichen Komponenten auf.

6.2.2.1 Lernperspektiven

> *The need to develop interpersonal skills which support organizational learning is critical. The different organizational learning situations (. . .) require very different types of management skills. (Shrivastava 1983, 25)*

Wie die gesamte *Strategischen Organisation* mit den Denkhüten von *de Bono* (vgl. Abschnitt 1.2.6) können auch die Lernprozesse unter verschiedenen Sichtweisen betrachtet werden. Eine der ersten Zusammenstellungen organisatorischer Lernperspektiven nach der zugrundeliegenden theoretischen Idee nimmt *Shrivastava* (1983, 9-18) vor, wobei er zu **vier Lernperspektiven** kommt:

- Organisatorisches Lernen als *Anpassung* fokussiert auf die Anpassungsprozesse von Organisationen an Umweltänderungen durch die Veränderung ihrer Ziele und umweltbezogenen Aufmerksamkeits- und Suchregeln.
- Organisatorisches Lernen als *Teilen von Grundannahmen* geht davon aus, daß die gebräuchlichen Organisationstheorien geteilte Grundannahmen widerspiegeln. Lernen bezieht in diesen Ansätzen die Änderung dieser Organisationstheorien mit ein.
- Organisatorisches Lernen als *Entwicklung der Wissensbasis* sieht Lernen als einen Prozeß an, mit dem Wissen über Aktions-Ergebnis-Beziehungen entwickelt wird.
- Organisatorisches Lernen als *institutionalisierte Erfahrungseffekte* bezieht Erfahrungskurveneffekte auf die Entscheidungsfindung im Management.

Diese Einteilung, die *Shrivastava* jeweils durch die Hauptvertreter der Perspektiven ergänzt, hat eine relativ weite Verbreitung gefunden, wobei sie allerdings dahingehend zu kritisieren ist, daß ihre Systematisierung nach Theorieausprägungen nicht so strukturierend wirkt wie eine Systematisierung nach spezifizierten Dimensionen, denen dann verschiedene Theorieausprägungen zugeordnet werden können.

Eine weitere Einteilung, die sich durch eine große Nähe zum Konzept der *Strategischen Organisation* auszeichnet, ist bei *Wijnhoven* (1995, 47-51) zu finden. Er systematisiert Lernperspektiven in Anlehnung an zwei Paradigmen, die er als **Dimensionen** verwendet:

- Das Paradigma des Wissens unterteilt er in *Subjektivismus*, bei dem Wissen mit dem subjektiven Erkennen des Menschen verbunden ist, und *Objektivismus*, bei dem objektive Gesetzmäßigkeiten unterstellt werden.
- Das Paradigma der sozialen Realität differenziert nach *Ordnung und Regelung* auf der einen Seite und nach *Konflikt und radikalem Wandel* auf der anderen Seite.

Eine Zuordnung von Lernperspektiven in die Felder einer durch diese Dimensionen aufgespannten Matrix konzentriert sich auf die kybernetische Regelungsperspektive, auf die kulturelle Perspektive, auf Scientific Management als mechanische Perspektive und auf die Organisationsentwicklung als organische Perspektive (Übersicht 6.2).

Es ist unmittelbar einsichtig, daß unterschiedliche Lernperspektiven zu unterschiedlichen Implikationen für die Ausgestaltung des Lernprozesses und zu unterschiedlichen Bewertungen der Lerneffektivität führen. Bereits die verschiedenen Sichtweisen von organisationalem Lernen, benötigten Voraussetzungen, Akteuren sowie Lernfeldern belegen dies. Interessant ist, daß sich in dieser Einteilung der Lernperspektiven auch das Prinzip der organisationskulturellen FOSI-Integration (Abschnitt 5.4.4) wiederfindet.

Je nach gewählter Perspektive werden auch die nachfolgenden Komponenten des Lernprozesses mit unterschiedlichen Schwerpunkten belegt und unterschiedlich interpretiert.

Paradigma der sozialen Realität Wissensparadigma	**Ordnung**	**Konflikt**
Objektivismus	kybernetische Regelungsperspektive 1. organisatorisches Lernen: entdeckt die objektive Realität und wird als Lernprozeß begriffen 2. benötigt: Daten und Modelle 3. Akteure: individualistische Entwicklung und Wissensüberprüfung 4. Lernfeld: Produktions- und Transformationsprozeß	Scientific Management-Perspektive 1. organisatorisches Lernen: Wandel in Konflikten und Machtverhältnissen über die Entwicklung objektiven Wissens 2. benötigt: Entdeckung von Konfliktquellen und latenten Dysfunktionalitäten 3. Akteure: hauptsächlich Machtelite 4. Lernfeld: Technologie des Dominierens und der Manipulation
Subjektivismus	kulturelle Perspektive 1. organisatorisches Lernen: Verstehen von Wahrnehmungen, die Verhalten in bestimmten sozialen Kontexten motivieren. Auch organisationaler Wandel und Elimination von Entlern-Problemen 2. benötigt: Gefühl für die „Realität“ 3. Akteure: Individuen, die in einem spezifischen sozialen und kulturellen Kontext interagieren 4. Lernfeld: beispielsweise Arbeitseinstellungen, Führung und Zusammenarbeit	Organisationsentwicklungs-Perspektive 1. organisatorisches Lernen: Verstehen von Dysfunktionalitäten, die durch Routineprozesse und durch Probleme des Wandels verursacht werden 2. benötigt: offene Kommunikation, gegenseitiges Vertrauen, Wille zum Wandel 3. Akteure: sozial und individuell: Individuen, die in einem spezifischen sozialen (Macht-)Kontext interagieren 4. Lernfeld: soziale und politische Faktoren, die Organisationsprozesse und organisationales Denken beeinflussen und zu einem organisationalen Gleichgewicht führen, das die Ressourcenversorgung sicherstellt

Übersicht 6.2: Lernperspektiven (nach Wijnhoven 1995, 50)

6.2.2.2 Lernauslöser

Organizations cannot afford to scan their environments continuously searching for conditions that require action. (Hedberg 1981, 16)

Unterstellt man vereinfachend, daß eine Organisation tatsächlich lernfähig ist, so bleibt immer noch die Frage unbeantwortet, warum die Organisation überhaupt anfängt zu lernen, welches also der eigentliche Lernauslöser ist. *Hedberg* (1981) liefert dazu mehrere Antworten:

Üblicherweise fangen Organisationen erst dann zu lernen an, wenn **Krisen** auftauchen. Konflikte, Unzufriedenheit bis hin zu existenzbedrohenden Ereignissen sind die stärksten Auslöser für Lernaktivitäten. So gesehen haben gerade Krisen durchaus einen positiven Aspekt, wenn sie die Lernbereitschaft fördern und durch den krisenbedingten Leistungsdruck Änderungswiderstände abbauen. Wenn Krisen erst einmal da sind, ist es für alle Organisationsmitglieder klar, daß eine schnelle Veränderung notwendig ist.

Das kriseninduzierte Lernen hat aber auch seine Schwächen. Zunächst einmal gibt es oft weder genug Zeit noch ausreichend Möglichkeiten zum Handeln. Zudem ist nicht sicher, ob die Organisation das Richtige lernt: Setzt man das kriseninduzierte Lernen mit den in Abschnitt 5.2 eingeführten pathologischen Organisationskulturen in Beziehung, so sind es gerade Umgangs- und Verhaltensformen in Krisen, die Pathologien fördern. Sind bereits Pathologien der Abkopplung oder der Großartigkeitsillusion vorhanden, so sind Organisationen überhaupt nicht mehr in der Lage, sinnvoll zu lernen. Sie lernen im Gegenteil sogar das Falsche und verfestigen so ihre Pathologie.

Anders sieht dagegen das Lernen aus, das durch strategische **Chancen** ausgelöst wird. Hier ist es vor allem ein Ressourcenüberschuß, der es Organisationen erlaubt zu lernen. Wenn organisatorischer Slack vorhanden ist, sind unerwünschte Ergebnisse nicht sofort existenzgefährdend. Deshalb läßt sich angstfrei experimentieren, kreativer zu planen und zu variieren. Aber auch hier gibt es zwei potentielle Gefahren: Zum einen ist bei Organisationen mit ausgeprägtem organisatorischen Slack ein Gefühl der Sattheit und Trägheit nicht auszuschließen, sind also Lernprozesse nicht zwangsläufig und Pathologietendenzen nicht auszuschließen. Zum anderen bedeutet organisatorischer Slack immer auch Struktur- und Potentialreduzierung, birgt also immer eine Bedrohung für die Gesamteffizienz.

Eine dritte Gruppe von Lernauslösern sind die **Menschen** in der Organisation. Dabei geht es überhaupt nicht um das individuelle Lernen. Es geht vielmehr darum, daß Individuen in Organisationen differenziert ihre Meinungen artikulieren und ihre Ansichten in teilweise symbolischer Form manifestieren. Dabei animieren sie andere zum Denken und zum Überdenken. Auf diese Weise können gerade die sogenannten Querdenker im Unternehmen Impulse zur Veränderung der organisatorischen Wissensbasis liefern. Auch dieser Lernauslöser erlaubt allerdings keine grundsätzliche Aussage, ob der Lernprozeß die Organisation vorwärts bringt und ob dieser Lernprozeß gesamtheitlich als effizient einzustufen ist.

Über diese drei Auslöser hinausgehend bieten sich nach *Hedberg* zunehmend auch **Systeme** als Initiatoren für Lernprozesse an: Sie kommen in Betracht, wenn die Organisation selbst als Träger der Veränderung gesehen wird. Durch Regelungen, Artefakte und auch durch das System selbst entstehen Lernerfahrungen. Diese werden in den Speicher-Systemen der Organisation gelagert und dienen zur Verbindung mit der Umwelt. Es ergibt sich somit ein organisatorisches Wissen beziehungsweise Gedächtnis. Lernen entsteht dann, wenn die Teilsysteme aggregiert werden und sich emergent zu einem neuen Gesamtsystem entwickeln. Dabei fungieren Strukturen und Prozesse als Mechanismen des Lernens. Der Wissensbestand der Organisation kann somit erhöht und organisatorisches Lernen ausgelöst werden, wenn die Speicher-Systeme einer Veränderung, Fortentwicklung oder Nutzung unterliegen.

Die Lernauslöser nach *Hedberg* erklären, warum Lernen überhaupt beginnt und die Erweiterung der Wissensbasis eingeleitet wird. Sicherlich fehlen eindeutige Befunde dazu, welche Lernauslöser tatsächlich den höchsten Effektivitätsgrad erzielen. Dies ändert aber nicht, daß Organisationen im Hinblick auf ihre langfristige Überlebensfähigkeit alle vier Auslöser akzeptieren und forcieren müssen, wollen sie eine maximale Lernfähigkeit realisieren.

6.2.2.3 Lernpfade

Personenungebundenes Wissen hat den Vorteil der größeren Stabilität, wenn von fluktuierenden Mitgliederzahlen der Organisation ausgegangen wird. Umgekehrt steigt die Nutzungswahrscheinlichkeit mit der Anzahl von Personen, die dieses Wissen aktivieren können. Aus diesen Beziehungen können unmittelbar mindestens vier Formen des organisatorischen Lernens abgeleitet werden, wenn man unterstellt, daß organisatorisches Lernen jegliche Bewegung auf Punkt B oder weitergehend auf Punkt A, eingeschränkt auch auf Punkt C ist:

D zu B oder D zu C: Ein Mitarbeiter stellt sein Wissen der Organisation zur Verfügung, und zwar in personengebundener (B2), personenungebundener (C) oder kombinierter Form (B1) (Abbildung 6.6).

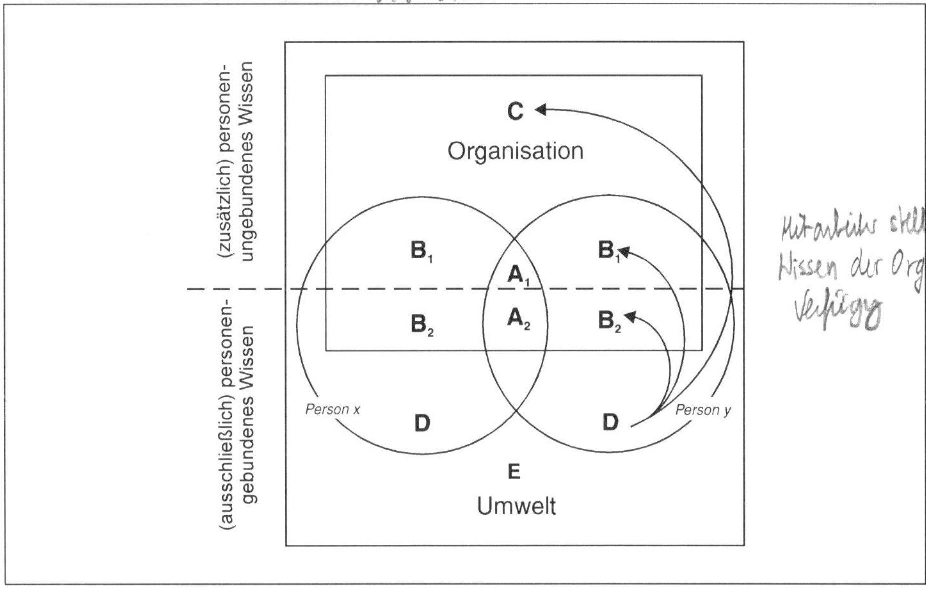

Abbildung 6.6: Lernpfade I

B2 zu B1 oder A2 zu A1: Individuelles/kollektives Wissen wird zusätzlich personen-ungebunden gespeichert (Abbildung 6.7).

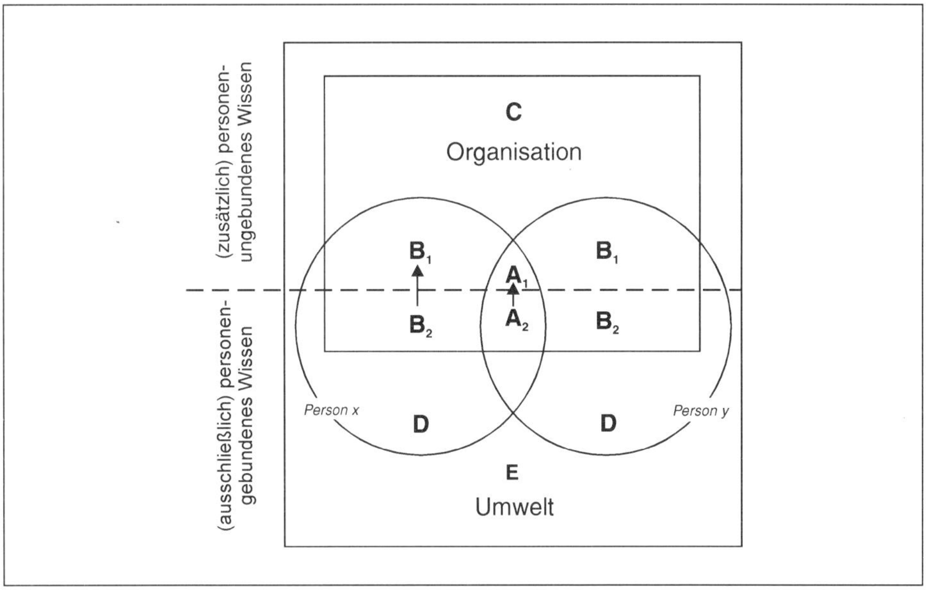

Abbildung 6.7: Lernpfade II

C zu B1 oder C zu A1: Personenungebundenes Wissen wird an Personen gebunden (Abbildung 6.8).

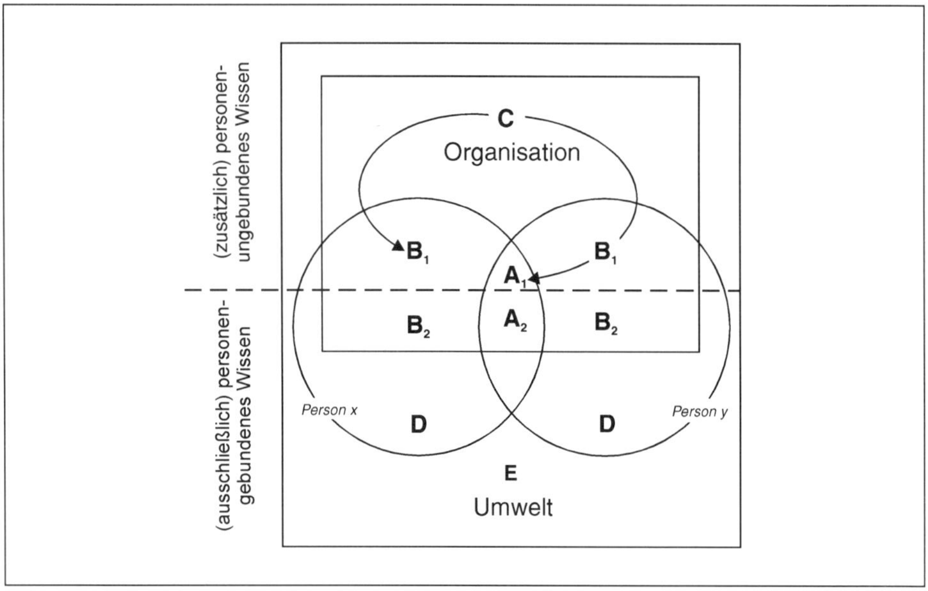

Abbildung 6.8: Lernpfade III

B2 zu A2 oder B1 zu A1: Organisation des Wissens wird von einer Person auf mehrere übertragen (Abbildung 6.9).

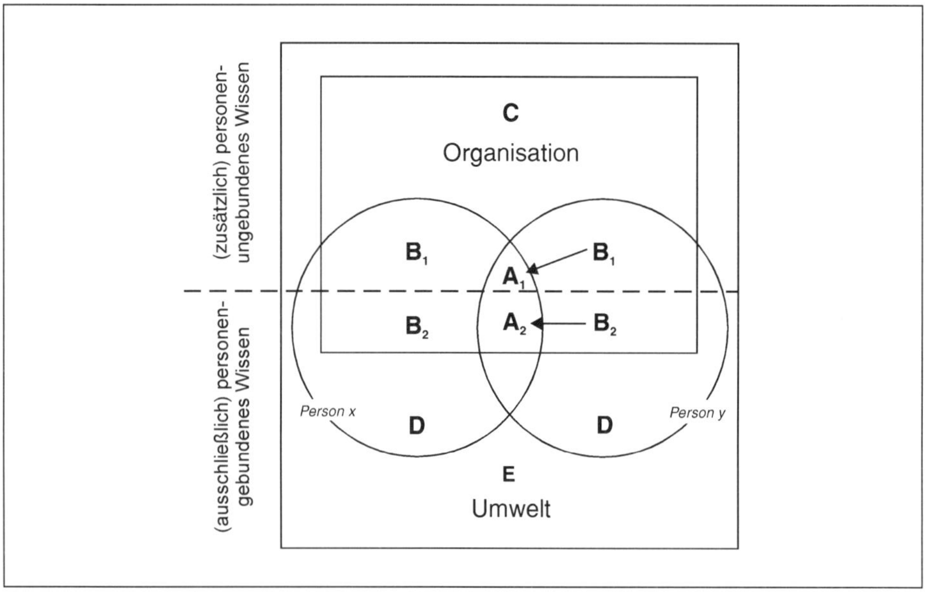

Abbildung 6.9: Lernpfade IV

Je nach Vorliegen der Wissensbasen in der Organisation muß es also zu einer gezielten Strategie kommen, diese Wissensbasen zu vergrößern, zur Verfügung zu stellen und zu nutzen.

> Ein Beispiel dafür, eine solche Strategie explizit zu formulieren, findet sich bei dem als Netzwerk organisierten Finanzdienstleister *MLP* (vgl. *Sydow/van Well* 1996, 223), dessen Management die Devise ausgibt, „alles das, was wir in unseren Köpfen haben, entweder auf Papier [zu] drucken oder direkt an andere weiter[zu]-geben". Realisiert wird dieses Ziel durch die Einrichtung von Arbeitskreisen, in denen dezentral generiertes Wissen der Berater gekoppelt mit administrativem Wissen der Zentrale anderen Netzwerkakteuren zugänglich gemacht werden soll. Wissen wird externalisiert und kombiniert und soweit wie möglich in personenunabhängige Wissensspeicher wie neue oder veränderte Finanzdienstleistungsprodukte, Beratungsmodule für die systematische Führung von Beratungsgesprächen und Foliensätze für Schulungen umgesetzt. Ein zusätzliches Resultat besteht darin, daß die Legitimation und Wirksamkeit dieses Wissens als Netzwerkwissen entscheidend dadurch erhöht wird, daß anstelle von Mitarbeitern der Zentrale nun die Berater selbst die Verantwortung für die Generierung, Speicherung und Diffusion des Wissens übernehmen.

Man erkennt aus der Zusammenstellung der Lernpfade deutlich, daß eine zentrale Entwicklungsrichtung zu dem Punkt A1 hin liegt: Hier gibt es organisatorisches Wissen, das personengebunden sowie personenungebunden vorliegt und das zusätzlich von mehreren Personen geteilt wird. Da Bewegungen auf den Lernpfaden letztlich immer auch Ressourcen verbrauchen, läßt sich A1 allerdings nicht als generell gültiges Ziel postulieren.

6.2.2.4 Lernschleifen

> *In the context of theories-in-use, a person engages in single-loop learning, for example, when he learns new techniques for suppressing conflict. He engages in double-loop learning when he learns to be concerned with the surfacing and resolution of conflict rather than with its suppression. (Argyris/Schön 1974, 19)*

Bei den Experten für organisatorisches Lernen herrscht weitgehend Einigkeit darüber, daß Lernen ein über mehrere Ebenen ablaufender Prozeß ist, der besonders prägnant von *Argyris* und *Schön* (1978) beschrieben wurde:

- Danach beginnt Lernen im Sinne eines *single-loop-learnings* in einem bestehenden System und in einem bestehenden Bezugsrahmen.
- Im *double-loop-learning* lernt die Organisation eine Stufe weiter, indem jetzt auch die Struktur und der Bezugsrahmen verändert werden.
- Im *deutero-learning* schließlich befaßt sich die Organisation mit dem eigenen Lernen, strebt also ein Meta-Lernen im Sinne eines *„Lernen über Lernen"* an.

Diese Dreiteilung hat sich mittlerweile als akzeptierte Grundlage für die Analyse von Lernprozessen weitgehend durchgesetzt.

Chris Argyris	Geb. 1923
	Amerikanischer Organisationssoziologe und Psychologe. Seit 1972 Professor an der Harvard University.
	Hauptwerke: Theory in Practice (1974; gemeinsam mit Donald A. Schön); Increasing Leadership Effectiveness (1976).

Eine Konkretisierung der Prozeßdimensionen des organisatorischen Lernens findet sich in Übersicht 6.3, in der den Lernprozessen typische Lernaktivitäten zugeordnet wurden.

Lernprozeß	**Lernaktivität**
single-loop-learning	Wissensanpassung, Verbreitung, Speicherung, (Wieder-)Gebrauch
double-loop-learning	Theorieentwicklung (einschließlich Implementation), Entlernen
deutero-learning	Lernen über die Schaffung von Identität und politischen Normen, Lernen über die Schaffung von Verantwortungsnormen, Lernen über die Schaffung von Handlungsnormen, Schaffung prozeduraler Lernnormen

Übersicht 6.3: Konkretisierung der Prozeßdimensionen des organisatorischen Lernens (nach Wijnhoven 1995, 270)

Insbesondere die dritte Rubrik des Deutero-Lernens ist ein interessanter Forschungsbereich, für den **zwei Vorschläge zur Konkretisierung** vorliegen.

Der erste Vorschlag (vgl. *Morgan* 1986, 84-105) geht in Anlehnung an das menschliche Gehirn und die Kybernetik von einem „holographischen Design" der Organisation aus. Neben der Schaffung von Redundanz und Varietät dient das *„Learning to learn"* dazu, negative Flexibilisierungseffekte, die im Entstehen chaotischer Zustände liegen können, abzupuffern.

In einem zweiten Vorschlag stellt *Senge* (1990) dem adaptiven Lernen als Erhöhung der Anpassungsfähigkeit an die Umwelt das *generative Lernen* gegenüber. Dieser Ausdruck stellt das schöpferische Element in den Vordergrund und zielt auf die innere Motivation ab, die eigenen intellektuellen Kapazitäten auszuweiten. Die Organisation zum generativen Lernen zu bringen, sieht er als Aufgabe des Managements an, das dazu eine kreative Spannung zwischen Realität und Vision erzeugen muß.

Die **Bedeutung** derartiger Lernschleifen für die intelligente Organisation ergibt sich aus der Transformation dieser Systemzusammenhänge auf die Organisation. Durch die Veränderung und Erweiterung der Situationsbetrachtung kommt es zu einer Verflechtung der Organisation und seiner Sub-Systeme. Organisatorische Entwicklung ist damit die zunehmende Integration widersprüchlicher Schemata in ein Gesamtsystem, Lernen der Erwerb immer komplexerer kognitiver Strukturen. Diese Entwicklung erfolgt stufenweise, wobei jede vorausgehende Stufe Voraussetzung für die darauffolgende ist. Ein Überspringen von Stufen ist nicht möglich. Dadurch wird die Wahrscheinlichkeit für Konflikte verringert. Über dem stufenweisen Lernen als

– Verhaltensänderung,
– Strukturänderung und
– Paradigmenänderung
liegt als Meta-Lernen die Lernänderung, die sich auf alle drei Lernstufen bezieht (Abbildung 6.10).

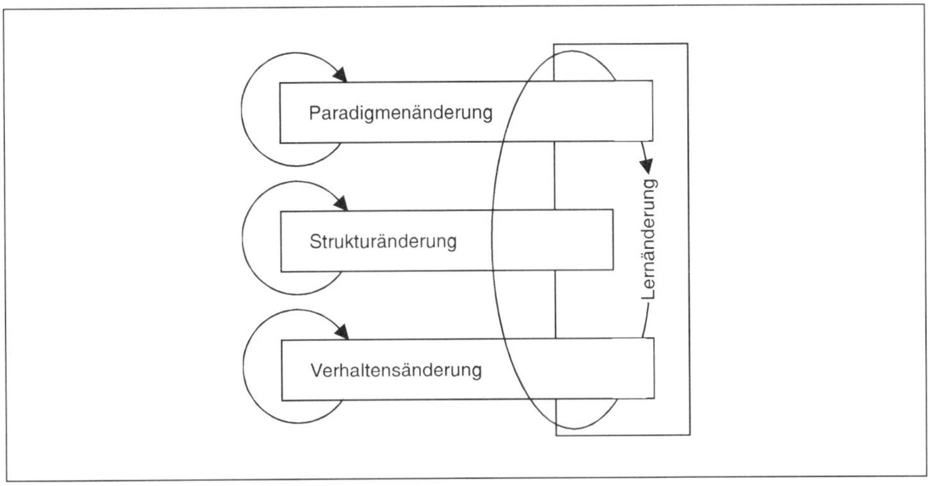

Abbildung 6.10: Systematik der Lernschleifen

Organisationen geraten immer dann in Schwierigkeiten hinsichtlich ihrer Lernfähigkeit, wenn sie Lernaktivitäten ungleichmäßig auf diese Stufen verteilen und nicht alle Lernschleifen durchlaufen. Deshalb ist es eine wichtige Funktionsbedingung für eine *Strategische Organisation,* permanent die Funktionsfähigkeit aller Lernschleifen zu überwachen, wozu auch die Lernänderung als Wahlstrategie zwischen den Lernstufen gehört.

6.2.2.5 Lernblockaden

> *Initially, the idea that organizations learn to change sounds deceptively simple and easy. But it is not. To learn in deep and fundamental ways raises elemental fears and triggers powerful defense mechanisms. To learn means facing the unknown, recognizing that we do not possess all of the answers, conceding that we often do not know what to do, admitting that past decisions and actions may no longer be valid, questioning the basic assumptions we have long held about running the business, and making ourselves vulnerable amid the political dynamics that pervade all organizations. (Redding/Catalanello 1994, 11-12)*

In Organisationen sind – analog zu der Idee der strategischen Barrieren – Mechanismen zu erwarten, die die Bewegung zu einer intelligenten Organisation erschweren oder verhindern. Es sind jedoch nicht nur die Problembereiche von Interesse: Ebenso ist darauf hinzuweisen, daß die Existenz von Lernblockaden kritisch für die Lebensfähigkeit der gesamten *Strategischen Organisation* ist.

6.2.2.5.1 Problembereiche

Die Perspektive der lebenden Organisation legt die Idee nahe, daß Organisationen nicht nur Mechanismen entwickeln, die organisatorisches Lernen initiieren, sie schaffen sich auch Mechanismen, um Lernen zu verhindern. Eine solche Lernverhinderung kann eine sinnvolle Strategie zur Komplexitätsreduktion sein. Sie kann aber auch gefährlich wirken, wenn sie die sinnvolle Weiterentwicklung der Organisation konterkariert. *Argyris* (1983, 73) nennt in diesem Zusammenhang drei fatale Lernblockaden:

Aus der Individualpsychologie stammt das Phänomen der **geschickten Unfähigkeit**. Dieser Mechanismus resultiert aus der Handlungstheorie, wonach man Kontrolle über die jeweilige Situation anstrebt. Ergibt sich jetzt eine schwierige Situation, so kommen entsprechende Gebrauchstheorien zum Zuge: Sie haben zwar überhaupt nichts mit der tatsächlichen Realität zu tun, liefern dafür aber eine Erklärung dafür, warum man das Problem nicht lösen kann. Gefährlich wird diese „skilled incompetence" vor allem dann, wenn sie durch Meinungsaustausch zwischen den Organisationsmitgliedern dazu führt, diesen Zustand zu akzeptieren. Auf diese Weise wird Lernfähigkeit kollektiv ausgeschaltet.

> Während diese Zeilen geschrieben werden, sitzt der Verfasser des Buches im Interregio 2310. Verspätung: rund eine Stunde, Tendenz steigend. Der Grund: Vor Koblenz stand der Zug 40 Minuten wegen „höherer Gewalt". Hinter dem Interregio warteten – verteilt auf die Strecke von Bingen nach Koblenz – unter anderem der IC 526 und der IC 504. Der Zugchef des Interregio sieht seinen Zug weit genug vorne und gibt keine Empfehlung, in den IC umzusteigen. Die regionale Transportleitung in Köln entscheidet aber anders und verordnet dem Interregio, bei jedem Halt zusätzlich zu warten und nachfolgende ICs passieren zu lassen. Diese Entscheidung wird trotz modernster Kommunikationstechnologie weder dem Interregiochef noch den Reisenden mitgeteilt. Bei den Reisenden macht sich Ärger breit. Trotzdem fühlt sich niemand „schuldig", und keiner wird lernen! Die Zugbegleiter sind für Verspätungen nicht zuständig, und die regionale Transportleitung steht vor der unlösbaren Komplexität der intensiv befahrenen Strecke Koblenz-Köln.

Während die „skilled incompetence" auf die Existenz einstudierter Verteidigungsrituale hinausläuft, gehen die institutionalisierten **Verdrängungsrituale** *(defensive routines)* noch einen Schritt weiter, da jetzt ins kollektive Bewußtsein einprogrammiert wird, daß überhaupt kein Problem besteht und man deshalb auch überhaupt nicht über das Problem diskutieren kann. Eine solche organisatorische Grundhaltung verhindert ebenfalls organisatorisches Lernen.

> Daß auch die Deutsche Bahn ansatzweise Tendenzen in diese Richtung entwickelt, erkennt man daran, daß es keine exakten und allgemein zugänglichen In-

formationen über die prozentuale Verspätungslage der rund 700 IR-, IC-, ICE- und EC-Züge gibt. Eine entsprechende Zentralauskunft wurde angeblich sogar abgeschafft. Verspätung bei der Deutschen Bahn ist kein Thema, was man auch daran erkennt, wie selten sich ein Zugleiter für die Verspätung „seines“ Zuges bei den Reisenden entschuldigt.

Parallel zu den Ritualen der geschickten Unfähigkeit und der Verdrängung besteht noch eine dritte Gruppe von Lernblockaden, nämlich die **phantasievolle Basisarbeit** *(fancy footwork)*. Hierunter versteht man die teilweise fast schon abenteuerlichen Realitätsverrenkungen, die sich in einer Gruppe breit machen und die Schuld an Problemen auf Dritte beziehungsweise auf nicht änderbare Umstände schieben.

Bei Bahn-„Beamten“ hat die „Privatisierung“ nicht überall Begeisterung hervorgerufen. Im Gegenteil: Einige sehen darin auch im Hinblick auf den Service einen Rückschritt und in dem AG-Status der Bahn eine Wurzel des Problems. Logische Konsequenz sind dann Gespräche zwischen Bahn-„Beamten“, wonach es erst dann wieder mit der Bahn aufwärtsgeht, wenn die „Privatisierung“ rückgängig gemacht wird. Auch wenn dieses Argument vollkommen unsinnig ist, wirkt es bei den Betroffenen doch als Lernblockade.

Eine weitere Form von Lernblockaden beschreiben *Levitt* und *March* (1996, 519-520) unter dem Begriff **Kompetenzfallen**: Es werden in der Regel erfolgreiche Strategien und Routinen gelernt, die zu erwünschten Resultaten geführt haben, die Strategien oder Routinen selbst werden jedoch nicht in Frage gestellt. Dieses Vorgehen tritt bezüglich mehrerer Ebenen auf: Die Einzelkomponenten der Routinen und Strategien werden immer besser unterschieden, und die Routinen werden im Laufe ihres Lernens verbessert. Die Folge ist, daß die Effizienz jeder Prozedur mit der Gebrauchshäufigkeit steigt, gleichzeitig Unterschiede im Erfolg bei dem Gebrauch unterschiedlicher Routinen und Strategien nicht nur die Leistungspotentiale der Routinen widerspiegeln, sondern auch die Kompetenzen der Organisation im Umgang mit ihnen.

Ein typisches Beispiel für eine Kompetenzfalle ist die Gestaltung von Tastaturen für Schreibmaschinen und PCs (vgl. *Levitt/March* 1996, 520): Obwohl Funktionalitäts- oder Effektivitätsargumente durchaus für andere Varianten der Anordnung der Buchstabentasten sprechen, haben die gültigen Standardvarianten sich bis heute gehalten.

6.2.2.5.2 Bezug zur Vitalität

Everything that a company does, however, has both operational and learning aspects. Unfortunately, the learning aspect is usually ignored or regarded as incidental. At the core of the philosophy of renewal is recognizing that learning is vital. (Goulliart/Kelly 1995, 302)

Die vorangegangene Auflistung von Lernblockaden macht bereits die Bedeutung derartiger Störfaktoren deutlich. Sie zeigt auch, daß es von hier nur ein kleiner Schritt ist zur pathologischen Unternehmenskultur und speziell ihrer Verzerrung zur Informationspathologie.

Eine Synthese aus theoretischen und empirischen Forschungen zu Lernbarrieren stellt *Wijnhoven* (1995, 29) zusammen: Gründe organisationaler Lernprobleme führen zur Reduzierung der Lebensfähigkeit von Organisationen (Abbildung 6.11).

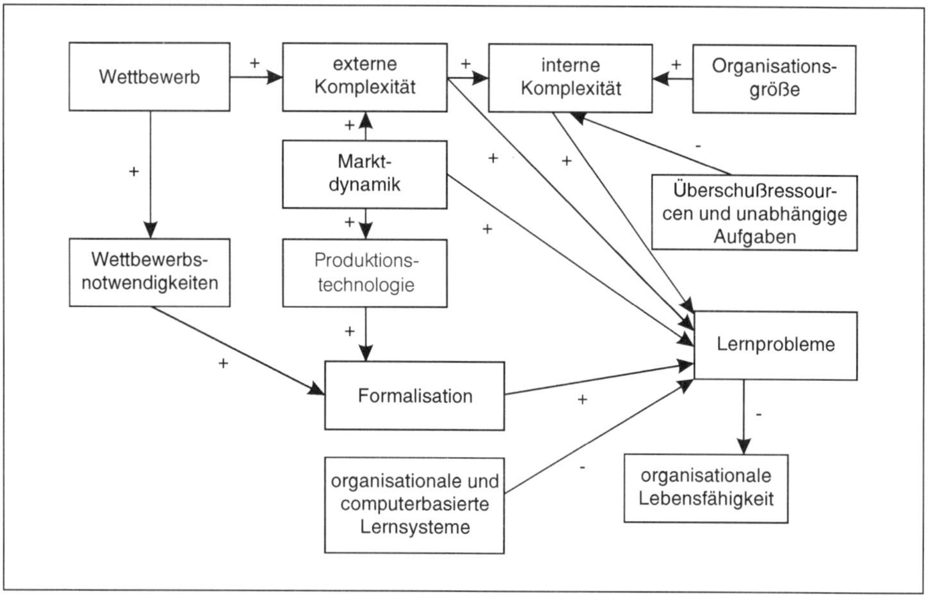

Abbildung 6.11: Gründe für organisatorische Lernprobleme und der Zusammenhang zur organisationalen Vitalität (nach Wijnhoven 1995, 29)

Eine Einschränkung der Lebensfähigkeit bedeutet gleichzeitig eine Einschränkung der Vitalität als Lebendigkeit der Organisation: Das Potential zur Strategieverfolgung und Komplexitätsbewältigung, also die Varietät, sinkt mit zunehmenden Lernproblemen.

6.2.2.6 Lerntheorie

A full schema for a theory of action (. . .) would be as follows: in situation S, if you want to achieve consequence C, under assumption a1 . . . an, do A.
(. . .) A theory of action is a theory of deliberate human behavior, which is for the agent a theory of control but which, when attributed to the agent, also serves to explain or predict his behavior. (Argyris/ Schön 1974, 6)

Um von Information zu aktionsbezogenem Wissen zu kommen, setzen Organisationsmitglieder sogenannte „theories of action" ein: Hinter diesem von *Argyris* und *Schön* (1974) geprägten Begriff der Handlungstheorien steckt der Versuch, sich einen spezifischen Denkrahmen zu schaffen, der Aussagen über vermutete Zusammenhänge zwischen organisatorischen Komponenten und Ergebnisvariablen macht. Dieser Ansatz stellt eine Weiterentwicklung ihrer „theory of practice“ dar, mit der die Autoren auf handlungstheoretischer Grundlage versucht haben, das Lernen von Individuen zu beschreiben. Handlungstheorien beinhalten somit aus individuellen Erfahrungen gewonnene Informationen über die möglichen Konsequenzen einer Verhaltensweise.

Je nachdem, wo und wie sich diese Handlungstheorien manifestieren, führen sie zu zwei unterschiedlichen **Formen** (vgl. *Argyris/Schön* 1974, 3-19):

- Die „*espoused theories*“ beinhalten Aussagen über kontextbezogene Handlungsgrundlagen. Die offiziellen Theorien sind damit offizielle Leitsätze und Erklärungsmuster der Organisation, die auch losgelöst von konkreten Personen existieren. Espoused theories werden von einem Individuum zur Befolgung vorgegeben.
- Die „*theories in use*“ beschreiben tatsächlich gezeigtes und damit beobachtbares Verhalten. Die Gebrauchstheorien setzen primär an Personen an und drücken eine gemeinsam konstruierte Wirklichkeit aus. Diese sozial-konstruierte Realität verbindet organisatorisches Alltagswissen mit sinngebundener Spekulation. Welche Gebrauchstheorien Organisationsmitglieder haben, kann nicht von ihnen erfragt, sondern nur aus ihrem Verhalten erschlossen werden. Jedes Individuum hat für die unterschiedlichsten Situationen eigene Gebrauchstheorien, die es auch selbst findet und strukturiert *(microtheories).*

Diese differenzierten, individuellen Theorieansätze werden auf den organisationalen Bereich des Lernens übertragen und können somit unterschieden werden in die „organizational espoused theory“ als Organisationstheorie mit Betrachtungsraum der internen und externen Umwelt und die „organizational theory-in-use“ als theoretische Erschließung des beobachtbaren Verhaltens der Organisation.

Die „organizational theory-in-use“ wird in der heutigen Managementliteratur oftmals auch mit der Organisationskultur verglichen, die für das organisatorische und individuelle Handeln der Organisationsmitglieder einen äußeren Rahmen bildet. Die „organizational espoused theory“ äußert sich dagegen in den Prozessen und Systemen der Organisation.

Grundsätzlich kann nur dann von organisatorischem Lernen im Sinne der Handlungstheorien von *Argyris* und *Schön* gesprochen werden, wenn die Einbringung von individuellen Erfahrungen und Lernprozessen in den organisationalen Kontext Auswirkungen auf die Handlungs- und Wirkungsweisen der anderen Organisationsmitglieder hat.

6.2.2.7 Lernfähigkeit

> *Das System organisatorischer Intelligenz ist die Fähigkeit einer Organisation, Antworten auf neue Fragestellungen zu finden. (Oberschulte 1994, 30)*

Betrachtet man organisatorisches Lernen als Teil eines kybernetischen Systems, so ergeben sich **vier Subsysteme** (*Oberschulte* 1994, 27):

- das organisatorische *Wissen* als die Gesamtheit der gespeicherten Informationen im Unternehmen, die Verhaltens- und Handlungsweisen der Organisationsmitglieder beeinflussen,
- das organisatorische *Gedächtnis* als Möglichkeit, Informationen langfristig zu speichern und sie später wieder abzurufen,
- das organisatorische *Lernen* als Möglichkeit der Verhaltensänderung und
- die organisatorische *Lernfähigkeit* als zu gegebenem Zeitpunkt maximal mögliches organisatorisches Lernen.

Das Zusammenwirken (Interaktion) der obigen Subsysteme erfolgt durch organisatorisches *Lernen* und ihre Kombinationsbeziehung ergibt dann organisatorische Intelligenz. Diese äußert sich im Zeitbedarf für die Lösungsfindung oder/und in der Qualität der Antwort (*Oberschulte* 1994, 30). Jede der vier Komponenten (Lernen, Lernfähigkeit, Wissen und Gedächtnis) ist dabei sowohl eine Ausgangsbasis als auch eine Ergebnisgröße des organisatorischen Lernens.

Eine besondere Bedeutung hat dabei die **Lernfähigkeit**. Nur sie ist es, die letztlich den Aufbau einer Wissensbasis durch Lernprozesse ermöglicht. Aus diesem Grund müssen Organisationen zwangsläufig ihre Lernfähigkeit evaluieren und gegebenenfalls Verbesserungsprozesse initiieren.

6.2.2.8 Lern-/Lehrprozesse

> *Der „zündende" Lern-/Lehr-Prozeß im Sinne der Wertschöpfungskette besteht darin, daß der einzelne von dem weitergegebenen Wissen und den Erfahrungen der anderen profitiert. (Heidack 1993, 21)*

Argyris und *Schön* machen in ihrem Modell Aussagen zum gemeinschaftlichen Lernen von Individuen in Organisationen. Ein Teilaspekt davon ist die Existenz wechselseitiger Lern- und Lehrprozesse, wie sie im Konzept der kooperativen Selbstqualifikation vorgesehen sind (vgl. *Heidack* 1993).

Merkmal der kooperativen Selbstqualifikation sind Gruppen oder Partnerbezüge in den Lerngemeinschaften, die sich und ihre entstehenden oder bestehenden Konflikte miteinander koordinieren. Um im Rahmen des Weiterbildungsprozesses ablaufende Lernprozesse in der Organisation zu optimieren, werden Strategien zur Verhaltenssteuerung entwickelt, die dazu beitragen, daß die kooperative Selbstqualifikation in Verbindung mit dem Lernen an verschiedenen Lernorten geeignete Handhabungs- und Problemlösungspotentiale ermöglicht. Dabei muß abstrahiert werden von bloßen Lernpartnerschaften. Angestrebt wird die Lernkompetenz als Fähigkeit zur Selbststeuerung von verantwortungsvollem und reflektiertem Handeln beim Umsetzen des Gelernten, insbesondere in Form des lebenslangen und gruppenbezogenen Lernens.

In Anlehnung an die soziale Feldtheorie von *Lewin* (1968) folgen aus diesen Überlegungen **drei Aktionsfelder** (vgl. *Heidack* 1993, 22-24):

- Das *Lernfeld* beschreibt den intentionalen Teil des Lernens, in dem bewußte und absichtsvolle Lernprozesse vollzogen werden.
- Das *Funktionsfeld* zeigt die Inhalte der beruflichen Weiterbildung auf und leitet über in die Anwendung. Hier vollzieht sich das Lernen funktional.
- Das *Interaktionsfeld* wiederum hebt ab auf die Beziehungsstruktur zwischen den einzelnen Organisationsmitgliedern und beschreibt somit soziales Lernen.

Durch die Kombination der einzelnen Lernorte ergeben sich Lernvorgänge im Sinne der Organisationsentwicklung (Abbildung 6.12).

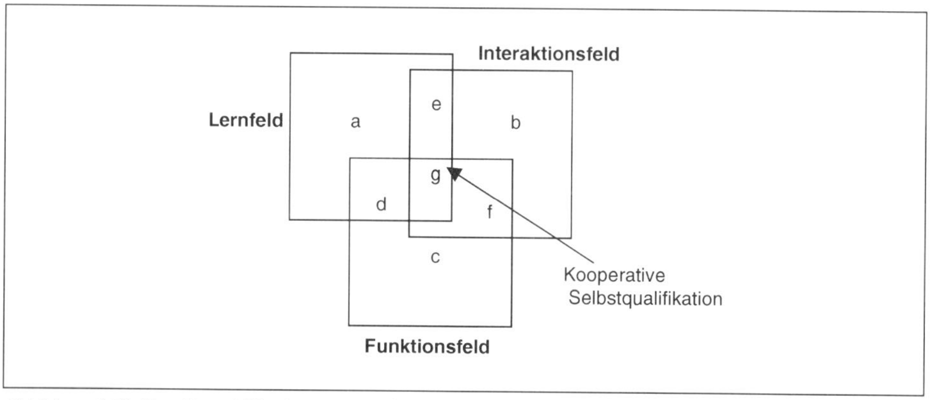

Abbildung 6.12: Handlungsfelder kooperativer Selbstqualifikation (nach Heidack 1993, 23)

Die eigentliche Pointe der kooperativen Selbstqualifikation ergibt sich in der wechselseitigen Zusammenführung von Lern- und Lehrprozessen, wodurch synergetisch sichergestellt werden soll, daß im Handlungsfeld „g“ tatsächlich Lern-, Funktions- und Interaktionsfeld zusammentreffen. Es kommt also zu einem gemeinschaftlichen Lernen von Individuen *in der* Organisation mit einer Rückführung der Ergebnisse *für* die Organisation.

6.2.2.9 Entlernen

> *The life cycle metaphor presupposes a start and a finish of life. This also applies to management knowledge. Removal of knowledge is important when it becomes obsolete and misdirects attention and actions. This aspect of the organizational learning process is maybe the most difficult one (. . .). (Wijnhoven 1995, 86)*

Eine organisatorische Wissensbasis kann auf Dauer nicht nur permanent erweitert werden, will sie nicht durch Informationsüberlastung zur Organisationsparalyse führen: Viele Informationen verlieren an Wert, viele lange eingeübte Verhaltensmuster entsprechen nicht mehr den aktuellen Anforderungen.

Entlernen ist etwas völlig anderes als Umlernen. Beim Entlernen wird (informationstheoretisch ausgedrückt) der spezifische Impuls vollkommen aus der Liste der reaktionsauslösenden Impulse gestrichen und nicht nur (wie beim Umlernen) der Impuls mit einer neuen Reaktion verknüpft.

Für *Matsuda* (1993, 15) bedeutet „Verlernen" nicht etwa die simple Eliminierung von Lerninhalten, die sich nicht bewährt haben, sondern vielmehr ein systematisches Verlernen dieser überholten Lerninhalte und Ersetzen durch Neues. *Walz* und *Bertels* (1995, 55) sehen in Lernen und Entlernen generell ein- und denselben Vorgang, da sich beides in einer Veränderung der bestehenden Wissensbasis äußert. Insgesamt sehen sie im Entlernen einen systematischen Abbau eingefahrener Denkraster, Gewohnheiten, die ein kontinuierliches Lernen verhindern beziehungsweise blockieren. Durch Institutionalisierung von Entlernvorgängen werden Organisationen gezwungen, Veränderungen vorzunehmen, da sich die Mitglieder sonst diesem mühsamen Prozeß automatisch entziehen würden.

Ein Hauptproblem beim Verlernen kann die Befreiung von routinierten Strukturen und Verhaltensweisen darstellen. (Dazu-)Lernen wird dadurch verhindert, daß alte Inhalte nicht verändert werden wollen. Auch benötigt der Prozeß des Verlernens Ressourcen der Organisation wie Zeit und Motivation der Organisationsmitglieder.

Dabei stehen dem Entlernen die verschiedenen bereits erläuterten Lernblockaden ebenso entgegen wie dem Prozeß des Lernens. Wichtig für eine Organisation ist es also, ein Gleichgewicht zu finden zwischen den Fähigkeiten, Neues zu erlernen und Altes zu verlernen. Nur dadurch läßt sich sicherstellen, daß Organisationen geplanten Wandel und entsprechende Veränderungen tatsächlich initiieren.

6.2.3 Konsequenz: Das Prinzip der kooperativen Selbstqualifikation

Es zeigt sich, daß Lernprozesse in der Organisation nur dann sinnvoll sind, wenn sie zielgerichtet gesteuert werden.

So fassen die meisten Ansätze der intelligenten Organisation zu kurz. Es drängt sich der Schluß auf, daß die Umsetzung der aufgeführten organisationalen Prämissen für die Erzielung des angestrebten Organisationserfolges nicht ausreicht. Auf die so dringend notwendige strategische oder operative Umsetzung wird nicht eingegangen. Systeminhärent ist außerdem der den meisten Ansätzen zugrundegelegte zu enge Lernbegriff, der unbewußte Vorgänge ausschließt. Nur eine zielgerichtet gesteuerte, bewußte intelligente Organisation kann die gewünschten Lernprozesse zur Anpassung an die sich wandelnde Umwelt vollziehen. Dafür kann nicht allein das Management die Verantwortung übernehmen: Vielmehr sind alle Organisationsmitglieder in diesen Prozeß zu integrieren, damit durch organisationsweites Lernen gemäß dem Prinzip der kooperativen Selbstqualifikation die Lebensfähigkeit der Organisation gesichert wird.

Prinzip der kooperativen Selbstqualifikation
Eine vitale Organisation basiert auf einer (individuellen) Selbstqualifikation, die kooperativ realisiert wird. Auf der einen Seite müssen also Lernprozesse beim Individuum gefördert werden, da gerade diese neues Wissen schaffen. Diese Lernprozesse sind aber als eigenverantwortliche Gruppenprozesse zu organisieren, um den unmittelbaren Bezug zur Organisation und die Speicherung des gewonnenen Wissens sicherzustellen.

Das Prinzip der kooperativen Selbstqualifikation stellt somit ab auf organisatorische Prozesse, die zum eigenverantwortlichen Lernen führen sollen. Sie sind – entsprechend der Ausführung in Kapitel 4 – vor allem nach den Prinzipien der Selbstorganisation und der erforderlichen Varietät zu organisieren.

6.3 Intelligenzfelder als Ansatzpunkte

Abschnitt 6.2 stützt sich weitgehend auf bewährte Basisüberlegungen zum organisatorischen Lernen. Diese sind im folgenden zu erweitern durch Ansätze, die sich unmittelbar aus den verschiedenen Perspektiven ergeben, die in den Kapiteln 3 bis 5 vorgestellt wurden. Je nach zugrunde gelegten Perspektiven entstehen vollkommen andere Formen organisatorischen Lernens, die gerade durch ihre spezifische Unterschiedlichkeit pragmatisch-heuristisches Potential entwickeln. Meta-Lernen ist dabei ausgeklammert und als genereller Umgang mit dem entstehenden Lernsystem definiert.

6.3.1 Grundidee

Zunächst einmal ergeben sich drei instrumentelle **Formen** des Lernens:

- Beim *mechanischen* Lernen bleibt die Struktur erhalten, Lernprozesse finden also bei gegebener Struktur des Systems statt.
- Beim *organischen* Lernen wird auch die Struktur verändert, das System verändert sich also nicht nur materiell, sondern auch strukturell.
- Beim *kulturellen* Lernen werden zugrundeliegende Sinnschemata verändert. Es erfolgt also eine Paradigma-Veränderung.

Diese drei instrumentellen Formen des Lernens machen (ausschließlich!) Aussagen zur Art des Lernens, beantworten also die Frage nach dem „Wie“.

Sucht man jetzt nach Antworten auf die Frage nach den **Lernobjekten** als zu bildende Wissensobjekte, will also die Frage nach dem „Was“ beantworten, so lassen sich ebenfalls die mechanische, die organische und die kulturelle Organisationsperspektive als Kristallisationspunkte heranziehen:

- Setzen Lernprozesse an der *mechanischen* Organisation an, so steht eine Optimierung der gegebenen Abläufe in Abhängigkeit von den damit gemachten Erfahrungen im Vordergrund.
- Setzen Lernprozesse an der *organischen* Organisation an, bedeutet dies eine grundlegende Veränderung der Strukturen sowie der Austauschprozesse mit der Umwelt.
- Setzen Lernprozesse an den Grundideen der *kulturellen* Organisation an, so führt dies primär zu einer grundlegenden Veränderung der Paradigmen, die das Verhalten der Organisationsmitglieder steuern.

Diese drei Gruppen von Lernobjekten beantworten somit die Frage nach dem „Was".

Die Zusammenführung dieser beiden Dimensionen zeigt als Ergebnis **neun** unterschiedliche **Intelligenzfelder** organisatorischen Lernens (Abbildung 6.13).

Die im Rahmen der *Strategischen Organisation* zu behandelnden Intelligenzfelder sollen nachfolgend konkretisiert werden. Sicherlich handelt es sich dabei allenfalls um eine erste Heuristik, die aber zumindest ansatzweise eine Vertiefung der sich für die organisatorische Intelligenz ergebenden Fragestellungen erlaubt.

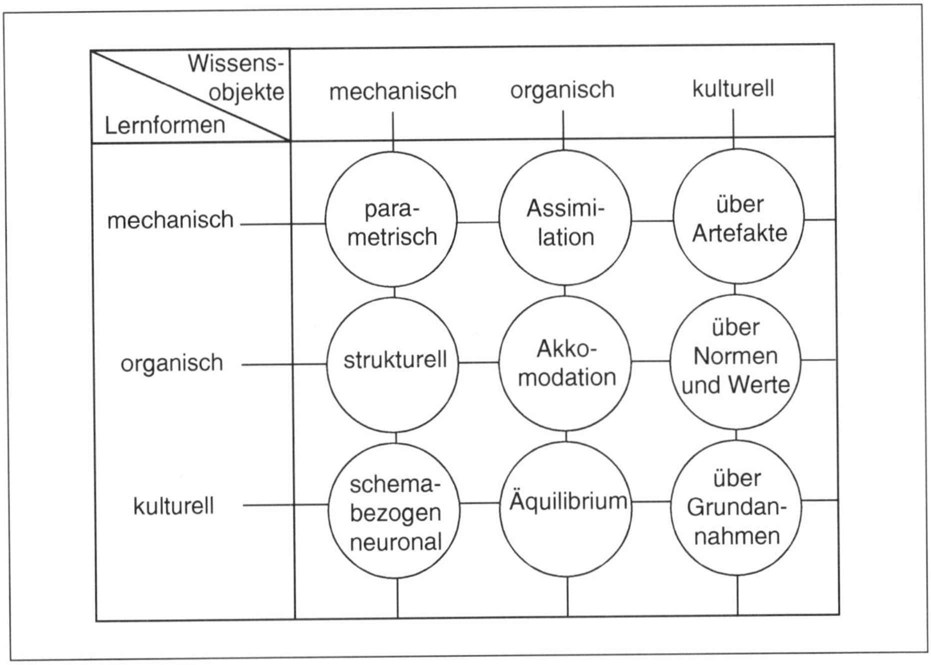

Abbildung 6.13: Intelligenzfelder als Ansatzpunkt

6.3.2 Die Intelligenzfelder im Detail

Manager und Unternehmen stehen unter dem Druck, sich im Wettbewerb Vorteile zu verschaffen. Dies ist der Grund für immer hektischere Experimente mit neuen Organisationsformen. Insoweit es betriebsferne Modelle sind, wird das Wissen des Mitarbeiters (in der Regel) nicht systematisch genutzt. Es scheint deshalb sinnvoll, das latente und unterdrückte Wissen zu nutzen, auch wenn das – und gerade! – revolutionär ist. (Boss 1993, 34)

6.3.2.1 M→M-Lernen: Parametrisches Lernen

Setzt man in mechanischer Form – und dieser Ausdruck ist nicht negativ, sondern ausschließlich deskriptiv – an der mechanischen Organisation an, richtet sich das organisatorische Lernen auf die Steuerungsparameter der organisatorischen Regelkreise. Es werden mechanisch orientierte Lernaktivitäten auf organisationale Sachverhalte der mechanischen Organisation angewandt. Auch Erfahrungskurveneffekte spielen hierbei eine wichtige Rolle.

Um dieses Lernprinzip allerdings konsequent umzusetzen, ist vor allem der Aufbau der Wissensbasis von entscheidender Bedeutung: Diese Wissensbasis dient dazu, die Effektivität und Effizienz der unterschiedlichen Parameterkonstellationen sowie ganze (implementierte) Ablaufmechanismen in der Organisation abzuspeichern und auf diese Weise sukzessive zu besserem Reglerverhalten zu kommen.

Ein Ansatz der Organisationsentwicklung, der diese Vorgehensweise verfolgt, ist die Architektur integrierter Informationssysteme/ARIS (vgl. *Scheer* 1995): Unter der Idee der Bildung eines computergestützten Unternehmensprozesses werden hier zunächst in einer intensiven Analysephase alle Prozesse in der Organisation in detailliertester Form nach verschiedenen Sichten analysiert und in ereignisorientierten Prozeßketten dokumentiert. Resultat ist eine Wissensbasis, die es ermöglicht, organisationale Geschäftsprozesse datenseitig abzubilden und auf Sinnhaftigkeit zu überprüfen.

Mechanisch geprägte Organisationen sind charakterisiert durch primäre Betrachtung statischer Strukturen oder einfacher dynamischer Abläufe. Dabei kann das organisatorische Geschehen vereinfacht dargestellt werden, indem man es auf ein einziges kybernetisches Modell reduziert, das entweder nur interne Komponenten oder auch externe Störgrößen berücksichtigen kann. Mechanisches Lernen im Sinne von single-loop-learning läuft dann auf der Handlungsebene ab, betrifft also einzelne Aktionen innerhalb einer gegebenen Regelkreisstruktur.

Dies bedeutet, daß nicht zufriedenstellende Aktionen korrigiert und in Zukunft entsprechend besser gestaltet werden. Das Lernen läßt sich mit einem Versuch-Irrtum-Prozeß auf der Realebene vergleichen, bei dem die Organisationsmitglieder ihre Arbeitsabläufe ständig optimieren. Vergleichbar ist dies mit der tayloristischen Vorgehensweise, bei der ausgehend von Zeit- und Bewegungsstudien von Arbeitern *ein* bester Verrichtungsablauf herausgefunden wurde.

6.3.2.2 O→M-Lernen: Strukturelles Lernen

Organische Lernprozesse in einer mechanischen Organisation versuchen, physikalisch oder der Physik nachgebildete Strukturen umzuformen und ihnen auf diese Weise eine Anpassung an die Umwelt und an geänderte Gegebenheiten zu ermöglichen. Dies setzt allerdings eine äußerst komplexe Konstruktion der Wissensbasis voraus: In ihr sind zum einen die Ergebnisse unterschiedlicher Anpassungsformen gespeichert, zum anderen aber auch der letztlich realisierte Erfolg von Suchstrategien. Denn gerade organisatorisches Lernen setzt bewußte strukturelle Variation voraus.

Dieses Lernen betrifft weiterhin ein strikt mechanisches/kybernetisches System ohne die Eigenschaften lebender Systeme.

> Bei *Thyssen Fahrtreppen* wurden für Mitarbeiter Workshops organisiert, um deren Tempo bei der Produktion zu steigern. Zusätzlich sollten Mitarbeiter selbst die Gelegenheit bekommen, Vorschläge zur Verbesserung ihrer Arbeitsabläufe zu machen. So lieferte zum Beispiel der Bediener einer CNC-Maschine die Idee zu einem speziellen Werkzeug zur Verringerung der Rüstzeiten (vgl. *Krogh* 1995, 142-143).

In bezug auf die Umwelt lernt ein System, genügend Varietät zu entwickeln, um auf die verschiedenen Umweltzustände angemessen reagieren zu können. Eine Möglichkeit, sich aktiv mit der Umwelt auseinanderzusetzen, ist das Benchmarking. Dabei werden Informationen von Unternehmen untereinander ausgetauscht. Lernen auf interne Abläufe bezogen betrifft beispielsweise die Optimierung des internen Informationsflusses, des Kontrollsystems und allgemein der Regulationsvorgänge.

> Der Reifenhersteller *Goodyear* wurde mit zunehmender (billig anbietender) Konkurrenz aus Ostasien konfrontiert. Um den neuen Umweltanforderungen gerecht zu werden, wurden monatlich Mitarbeitertreffen in Teams organisiert und diese mit den Problemen der Organisation vertraut gemacht. Dadurch konnten Änderungsvorschläge direkt von den Betroffenen gemacht werden. Die Kommunikationswege von unteren zu oberen Hierarchieebenen wurden verkürzt beziehungsweise ganze Ebenen aufgelöst, so daß ein Verkaufsleiter sich beispielsweise ohne Umwege an das Management richten konnte (vgl. *Krogh* 1995, 143-144).

6.3.2.3 K→M-Lernen: Schemabezogenes (neuronales) Lernen

Eine nicht gerade einfache Form des Lernens in der mechanischen Organisation ist der Einsatz des kulturellen Lernens. Es wird erworben durch die Interpretation von Erlebnissen und der Genese von Handlungen. Im Extremfall ergibt sich Lernen von Regelkreisen über Einsatz unterschiedlicher Paradigmen.

Hierzu bieten sich vor allem zwei Ideen an, nämlich
- beim neuronalen Lernen anhand von kulturellen Beziehungen,
- beim schemabezogenen Lernen anhand von kulturellen Schemata.

Auch hier geht es wieder um den Aufbau der spezifischen Wissensbasis.

> Die getrennte Sammlung von Müll mit dem „grünen Punkt" und sonstigem Hausmüll ist ein Beispiel für schemabezogenes Lernen: Die Bürger werden durch Kulturbeeinflussung (beispielsweise über massive Werbung oder Gewinnspiele mit gesammelten Getränkebehältern) dazu gebracht, ihre (mechanische) Mülltrennung zu modifizieren.

Sichtbares Zeichen von kulturellen Lernprozessen sind gemeinsame Werte, Normen, Deutungen und Orientierungen. Daher hat das kulturelle Lernen über seine implizite, unterschwellige Bedeutung Einfluß auf die *Strategische Organisation.* Damit ist Kulturentwicklung in der Organisation auch eine Form der Entwicklung einer intelligenten Organisation. Durch Interaktion in der Organisation entstehen Bezugsmuster, die dann wiederum den handlungstheoretischen Kontext des kulturellen Lernens liefern.

Kulturelles Lernen wird in diesem Fall als ein permanentes Überprüfen der Arbeitsinhalte begriffen. Dabei sollen beispielsweise bestimmte routinierte Arbeitsabläufe auf ihre Zweckmäßigkeit kontrolliert werden. Zu diesem Zweck können in der mechanischen Organisation regelmäßige, fest im System integrierte Meetings installiert werden, in denen das Regelsystem konsequent überprüft wird:
- Ist das Kontrollsystem noch zeitgemäß, oder muß ein neues System konzipiert werden?
- Laufen die Kommunikationsflüsse einwandfrei, oder sind sie verbesserungswürdig?

Am Ende eines solchen Meetings wird bestimmt, was verändert werden soll, welche Inhalte nicht mehr passen. Gelernt wird dann dadurch, daß Zustände im Ist- und Soll-Zustand, deren Differenz sowie die äußeren Umstände, die Umstrukturierung notwendig machen, verglichen werden.

6.3.2.4 M→O-Lernen: Assimilation

Auch organische Organisationen können rein mechanisch lernen, ähnlich wie ein lebender Organismus zum Beispiel auf eine Erhöhung der Außentemperatur durch Schwitzen und damit durch Verdunstungskälte reagiert.

Vergleichbar mit homöostatischen Prozessen im menschlichen Körper, die mechanistisch ablaufen und den menschlichen Verstand/das menschliche Bewußtsein kaum oder gar nicht in Anspruch nehmen, lassen sich in Organisationen Prozesse finden, die derartig ablaufen.

Organisationsmitglieder reagieren auf bestimmte Situationen – Veränderungen der internen und externen Umwelt – automatisch und unbewußt, indem sie einerseits offensichtliche Handlungsfehler korrigieren und andererseits ihre bestehenden Handlungsmuster entsprechend verändern. Das Lernen bezieht sich hier lediglich auf regelmäßige, routinierte Handlungsabläufe innerhalb des organisatorischen Rahmens und auf ein Aktion-Ergebnis-Lernen.

> Managementsimulation (vgl. *Milling* 1995) ist eine Methode, mittels eines mechanischen Systems, nämlich eines formalen Simulationsmodells, die organisatorischen Lernprozesse selbst effektiver zu gestalten. Dabei ist das Zielobjekt, auf das die Managementsimulation angewendet wird, das organisatorische Lernen als Struktur rückgekoppelter Entscheidungsprozesse, die als double-loop-learning Veränderung implizieren.

Piaget (1985, 82) entwickelte dazu eine Systematik. Er definierte, daß unter *Assimilation* die Aufnahme und Verarbeitung von Dingen der äußeren Welt in den Organismus zu verstehen sei im Sinne von Einverleibung des Aufgenommenen in die Erfahrungsgegebenheiten des Individuums und von dessen Einordnung in sein bestehendes Schema der Welt. Generell werden **drei Typen** von Assimilation unterschieden:

- *reproduktive Assimilation* als einfache Handlungswiederholung,
- *rekognitive Assimilation* als Wiedererkennung eines Gegenstandes sowie
- *generalisierende Assimilation* als Ausweitung des Anwendungsbereiches eines Schemas.

Jean Piaget	*1896-1980* *Schweizer Psychologe mit Forschungsschwerpunkt Kinderpsychologie. 1926 erhielt er einen Ruf an die Universität Neuchâtel (Neuenburg), ab 1929 Professor für experimentelle Psychologie und genetische Erkenntnistheorie an der Universität Genf und Direktor des „Bureau International d'Education".* *Schwerpunkte der Arbeiten Piagets waren die kindliche Entwicklung von Sprache, Denken, Raum-, Zeit- und Kausalvorstellungen und moralischer Urteilsbildung sowie die genetische Erkenntnistheorie. Piaget erhielt über 30 Ehrendoktorate, unter anderem aus Harvard.* *Hauptwerke: Die Entwicklung des Erkennens. Band 1: Das mathematische Denken (1972), Band 2: Das physikalische Denken (1973a), Band 3: Das biologische Denken. Das psychologische Denken. Das soziologische Denken (1973b); Biologie und Erkenntnis (1983; 1. Aufl. 1974).*

Bei der Assimilation verleiht das Individuum den aufgenommenen Dingen eine Bedeutung und ordnet sie in Klassen ein (Inkorporation der Umweltgegebenheiten). Diese Assimilationsschemata machen das Verhaltensinstrumentarium des Individuums aus – eine Handlung wird dadurch wiederholbar und anwendbar. Daraus wird deutlich, daß ein Mensch seine Umwelt nur insoweit begreifen und in ihr agieren kann, wie er dazu

Assimilationsschemata zur Verfügung hat. Gleiches gilt für die Organisation. M→O-Lernen impliziert deshalb die Notwendigkeit, derartige Schemata zu schaffen und zu nutzen.

6.3.2.5 O→O-Lernen: Akkommodation

Lebende Organismen sind aber – zumindest, wenn man sie evolutionstheoretisch über einen längeren Zeitraum betrachtet – zusätzlich in der Lage, sich auch durch Veränderung ihres strukturellen Aufbaus im Hinblick auf geänderte Gegebenheiten zu „akkommodieren", sich also an die Situation anzupassen. Dabei wird eine durch die Spezifizität der Umweltgegebenheiten notwendig werdende Modifikation eines bestehenden Schemas vorgenommen. Akkommodation wird also immer dann notwendig, wenn sich ein Gegenstand oder eine Situation nicht assimilieren läßt – dann wird ein verändertes Assimilationsschema generiert.

Piaget (1983) sieht zwei grundsätzliche Möglichkeiten der Akkomodation:
- Differenzierung eines Ausgangsschemas sowie
- Koordination mehrerer Assimilationsschemata.

Ziel dabei sollte immer sein, Umweltgeschehen nicht als unbeeinflußbar und schicksalhaft anzusehen, sondern aktiv gestaltend darauf einzuwirken. Dazu und dabei lernt die Organisation.

Dieses Lernen bezieht sich auf eine Organisation, die sich ihrer Wachstumsprozesse bewußt ist. Sie weiß um ihre wechselseitige Beziehung mit der Umwelt und stellt gezielt auf eine Verbesserung ihrer Fähigkeit, mit veränderten/problematischen Umweltsituationen umzugehen, ab.

Lernen vollzieht sich hier beispielsweise mit Hilfe von Szenario-Techniken oder Environmental Scanning, bei denen das Unternehmen systematisch sein bestehendes Bild von der Realität zu verbessern lernt. Dabei spielt das Lernen in Gruppen eine große Rolle, da ein Individuum losgelöst von dem Umweltverständnis anderer Organisationsmitglieder wenig Chancen zur Vervollständigung seiner Kenntnisse über die Umwelt hat.

Als weiteres Hilfsmittel kann das Benchmarking herangezogen werden. Dabei lernt das Unternehmen speziell (unternehmens-)entwicklungsbedingte Inhalte von anderen Unternehmen.

Nach *Hedberg* (1981, 3) lernen Organisationen durch Interaktion mit ihrer Umwelt, und zwar einerseits durch die Resultate des eigenen Verhaltens in der Umwelt und andererseits durch Nachahmung der Aktionen anderer Unternehmen.

Senge und *Scharmer* (1996) vom *MIT* haben in Zusammenarbeit mit innovativen Unternehmen und in Anlehnung an Trainingsteams vor allem im Sportbereich „Management-Übungsfelder" erprobt. Dabei handelt es sich zum einen um Lernlaboratorien und zum anderen um Dialogprojekte, die dazu dienen sollen, „Lernumwelten" zu schaffen, in denen Manager spezifische Managementprobleme diskutieren oder sich allgemein austauschen.

6.3.2.6 K→O-Lernen: Äquilibrium

Menschen verfügen wie Tiere über Instinkte, die einen Teil ihres Verhaltens steuern. Diese können situationsbezogen angepaßt werden und funktionieren ohne äußere Einflüsse. Diese äußere Steuerung wird wahrgenommen und verinnerlicht.

Instinktives Verhalten muß somit auch innerhalb von Organisationen bestehen im Sinne eines unbewußten Antriebs zu bestimmten Handlungen, die durch spezifische Signale ausgelöst werden. Das Bewußtsein über das Vorhandensein solcher instinktiven Verhaltensweisen kann zu Lernprozessen innerhalb des Unternehmens führen, indem instinktive Aktionen, die Abläufe und Interaktionen zwischen Organisationsmitgliedern blockieren, herausgearbeitet werden.

Ein Beispiel hierfür ist die in Kapitel 5 bereits angesprochene Organisationsdramatik. Dabei werden in einem Unternehmen Theaterstücke mit und für Organisationsmitglieder aufgeführt, in denen sie Alltagssituationen durchspielen und somit ihre eigenen, häufig unbewußten Verhaltensmuster in wichtigen Situationen aus einer anderen/kritischeren Perspektive erleben. Diskussionen danach unter den Spielern und mit dem Auditorium können zu einer aussagekräftigen Analyse des (auch instinktiven) Verhaltens führen.

Der Population Ecology-Ansatz greift den obigen Gedanken auf. Er impliziert für ganze Organisationspopulationen Genpools/„comps" (vgl. *McKelvey/Aldrich* 1983), wodurch sich Organisationen unter anderem voneinander abgrenzen. Diese enthalten auch instinktive Verfahrensabläufe. Kulturelles Lernen ist dann auch in diesem Zusammenhang für die einzelne Organisation das bewußte Auseinandersetzen mit instinkthaften Verhaltensweisen und deren langfristiger Veränderung.

Dies kann der Entwicklung der gesamten Population Nutzen stiften, da „comps", die sich bei einer Organisation bewähren, von anderen Organisationen der Population kopiert werden.

Der *Äquilibrationsprozeß* nach *Piaget* (1991, 216-258) ist ein Prozeß des permanenten Ausgleichs ungleichgewichtiger Zustände, vergleichbar mit physikalischen Regulationsmechanismen oder homöostatischen Vorgängen in der Biologie. *Piaget* geht davon aus, daß die Entwicklung des Individuums von Zuständen geringer Stabilität oder geringen Gleichgewichts zu Zuständen höherer Stabilität oder höheren Gleichgewichts fortschreitet. Ungleichgewichtszustände können zum einen dadurch entstehen, daß ein Objekt nicht assimiliert werden kann und Akkommodation fehlschlägt. Andererseits kann sich mangelndes Gleichgewicht durch Konflikte zwischen Assimilationsschemata bilden. Als weitere Verursacher werden Widerlegung eines Urteils durch empirische Ergebnisse sowie Ungleichgewicht durch Problemstellungen und Fragen aufgeführt.

6.3.2.7 M→K-Lernen: Lernen über Artefakte

In der kulturellen Organisation werden Organisationen durch die jeweiligen Ausprägungen der Kulturdimension gesteuert. Wie bereits im Abschnitt 5.1.2 zur Unternehmenskultur diskutiert, prägen Kulturdimensionen wie Kunden-, Mitarbeiter-, Kommunikations- oder Leistungskultur die Organisation und sind damit letztlich mitverantwortlich für den Gesamterfolg.

Setzt man nun über die mechanistische Form an der Organisationskultur an, so impliziert dies einen äußerst funktionalistischen Zugang. So wird beispielsweise versucht, durch eine Veränderung der Tischzusammenstellung in der Cafeteria eine stärkere Kommunikation und damit letztlich (wie im Dualitätsprinzip erläutert) auch eine Betonung des Kulturwertes „Kommunikation" zu erreichen. Das eigentliche Lernen findet bei diesem Zugang insofern statt, als der „Kulturmechaniker" sukzessive feststellt, welche kulturellen Drehknöpfe sich besonders zur Veränderung von Kulturdimensionen eignen. Findet dieser Lernprozeß aber ausschließlich im Computer oder im Kopf eines externen Organisationsberaters statt und fügt er dieses Wissen vor seinem Weggang nicht in die organisatorische Wissensbasis ein, so bedeutet das Lernen dieses (externen) Kulturmechanikers nicht automatisch auch ein Lernen der Organisation.

Prinzipiell kann hierunter die Veränderung objektiver/greifbarer Elemente innerhalb der Unternehmenskultur verstanden werden, die auf die Initiierung von Lern- oder Entwicklungsprozessen abzielt, ohne dabei das Werte- oder Sinngerüst der Organisation zu berühren. Ausgehend vom Drei-Ebenen-Modell der Organisationskultur von *Schein* (1985), bedeutet dies ein „Drehen" an den Artefakten der Organisation.

> Ein Beispiel ist die Einführung offener Gemeinschaftsbüros, um kommunikativen Austausch und soziale Integration zu fördern. Der Lerneffekt bestünde hier darin, daß die gemeinsam arbeitenden Individuen bei ihrer Problemlösungssuche bald merken würden, daß Gespräche und Diskussionen sie auf dem Weg zur Lösung weiterbringen. Anregungen, die die Mitarbeiter durch Interaktion mit anderen erfahren, erweitern ihre Sicht der Dinge in einer Weise, wie sie für „Einzelkämpfer" nicht möglich wäre.

6.3.2.8 O→K-Lernen: Lernen über Normen und Werte

Ein Kulturorganiker sieht die Organisation als einen lebenden Organismus, bei dem Normen und Werte im Zeitablauf entstehen und sich verändern. Er versucht deshalb, die Normen und Werte in ihrer Entstehungsgeschichte zu verstehen, um beispielsweise durch kulturprägendes Verhaltenstraining auf sie einzuwirken.

Geht man weiterhin von *Scheins* Drei-Ebenen-Modell aus, so werden hier angenommene Werte der Organisationsmitglieder verändert. „Espoused values“ werden durch Unternehmens- und Führungsgrundsätze vermittelt und sind schwerer veränderbar als Artefakte, da sie auf tieferen Überzeugungen/Ansichten der Unternehmensspitze basieren und von den Organisationsmitgliedern im Lauf der Zeit als solche akzeptiert wurden. Lernen muß hier bei den Managern ansetzen und nach unten weitervermittelt werden.

Bezogen auf die Handlungstheorien von *Argyris* und *Schön* werden dabei beispielsweise Veränderungen in der Umwelt bei den Führungskräften der Organisation wahrgenommen und bewirken ein (notwendiges) Überdenken ihrer Unternehmens- und Führungsgrundsätze beziehungsweise des normativen Rahmens der Organisation. Auch hier kann auf Kulturaspekte bezogenes Benchmarking herangezogen werden, indem beispielsweise erfolgreiche Führungsgrundsätze anderer Organisationen übernommen werden.

Des weiteren kann unterstützend für diese Lernart das Mindmapping eingesetzt werden, bei dem sich die Mitglieder der Organisation ein adäquates Bild von ihrer Organisation und ihren Zielen machen sollen, und zwar in Gruppenprozessen zur „korrektiven Konkretisierung“ (*Probst/Büchel* 1994).

6.3.2.9 K→K-Lernen: Lernen über Grundannahmen

Einen noch anderen Zugang wählt der Kulturparadigmatiker: Sein Instrumentarium sind die leitbildartigen Paradigmen der Organisation, also ihre Grundannahmen. Streng nach dem rein interpretativen Kulturansatz ist deshalb ein Offenlegen dieser Basisannahmen bereits ein erster Eingriff in die Organisationskultur.

Hier geht es um Lernen durch Infragestellen der Grundannahmen (dritte Ebene von *Scheins* Hierarchie) der Organisation. Darunter sind die langfristig und kaum noch diskutierten Auffassungen der Organisationsmitglieder über Wesen von Realität, Zeit und Raum, über das Wesen der Menschen und deren Interaktion zu verstehen – vergleichbar mit den Gebrauchstheorien bei *Argyris* und *Schön* (1974).

Da diese „basic assumptions“ häufig im Unterbewußtsein der Organisationsmitglieder existieren, ist ein Lernen sehr schwierig. Es müssen starke Abwehrmechanismen gegen Eingriffe bestehen, da die Grundannahmen ja die Welt der Individuen erklären und eine

Falsifizierung dieser Erklärungen nicht ohne weiteres zugelassen wird. Daher müssen primär ein Bewußtsein für das Bestehen der Gebrauchstheorien geschaffen und dadurch Denk- und Lernprozesse angekurbelt werden, die sukzessive das Sinnsystem der Organisation und der übrigen Welt durchleuchten.

Dieses Deutero-Lernen könnte beispielsweise durch existenzbedrohende Situationen hervorgerufen werden, in denen das Unternehmen (vornehmlich die Führungskräfte) eine radikale Bestandsaufnahme ihres Bildes der Realität vornehmen müssen, um überlebensfähig zu bleiben.

Der Unterschied zu kulturellem Lernen in organischen Organisationen besteht darin, daß dort nicht lebensfähige Organisationen im Extremfall nicht überleben werden, hier aber kulturelle Prozesse ein Überleben sichern können. Das heißt, daß kulturelle Lernaspekte Defizite im organischen Lernen überkompensieren können.

6.3.3 Konsequenz: Das Prinzip der kognitiven Intelligenzfeldmorphologie

Will man unkonventionelle Lernformen ermöglichen, so sind die organisationalen Routinen im Umgang mit individuellen Wirklichkeitskonstruktionen zu überprüfen. Dies setzt eine Offenlegung der in einer Organisation bestehenden Erwartungshaltungen voraus. (Eberl 1996, 229)

Die vorgestellten Intelligenzfelder zeigten die Breite der möglichen Zugänge zum Lernen mit unterschiedlichen Lernobjekten und Zielen auf. Grundsätzlich sind alle neun Intelligenzfelder als gestaltbar einzustufen, wobei ihre jeweilige Gewichtung allerdings von der konkreten Aufgabenstellung und Situation der Organisation abhängt.

Als präskriptive Aussage für die *Strategische Organisation* ist festzuhalten, daß zur Erhaltung der Lebensfähigkeit alle Intelligenzfelder berücksichtigt werden müssen, wenn auch nicht mit der gleichen Intensität. Allerdings ist darauf zu achten, daß bestimmte Bandbreiten der Berücksichtigung von Intelligenzfeldern nicht verlassen werden: *Gefährlich* ist es, wenn lediglich eine einzige Zeile oder eine einzige Spalte der Intelligenzfelder durch organisatorisches Lernen abgedeckt ist, und *lebensbedrohend* ist die Berücksichtigung nur einer einzigen Zelle. Das Prinzip der kognitiven Intelligenzfeldmorphologie zielt darauf ab, diese Gefahren zu reduzieren.

Prinzip der kognitiven Intelligenzfeldmorphologie
Eine vitale Organisation verlangt eine kritische Selbstreflexion über die gesamte Breite der Intelligenzfelder. Entsprechend den in der *Strategischen Organisation* verwendeten mechanischen, organischen und kulturellen Perspektiven sind unterschiedliche Lernansätze möglich; die Verbindung des „Was“ und „Wie“ ergeben dann neun realisierbare Intelligenzfelder.

Durch die Berücksichtigung aller neun Intelligenzfelder werden nicht nur die Risiken der Nichtbeachtung bestimmter Lern- und Wissensaspekte vermieden. Es ergeben sich auch eine Vielzahl neuer Chancen, wenn die *Strategische Organisation* die zugrundeliegende mechanische, organische und kulturelle Perspektive auch hinsichtlich ihrer Intelligenz konsequent umsetzt.

6.4 Zusammenfassung

The organizational intelligence paradigm is proposed as the unified way of looking at the intellectual aspect of organization in the current information-sophisticated age. (Matsuda 1991, 172)

In den vorangehenden Ausführungen ist die Bedeutung von Intelligenz als überlebensnotwendige Ressource für Unternehmen deutlich geworden. Ohne ein ausreichendes Wissen über Umweltanforderungen oder den inneren Zustand der Organisation können keine fundierten Entscheidungen getroffen oder Handlungen erfolgreich durchgeführt werden, die sich an den betreffenden Zielen und Aufgaben orientieren.

Mit allen Ansätzen der organisatorischen Intelligenz geht einher, daß sie sich ausführlich mit dem Wissensverarbeitungsprozeß auf organisationaler Ebene beschäftigen, diesen analysieren, beschreiben, dabei jedoch die Ebene der individuellen Wissensverarbeitung und die Probleme, die daraus für die Organisation resultieren können, vernachlässigen. Es wird von einem idealtypischen Beziehungsgeflecht ausgegangen. Die Organisationsmitglieder verfolgen aus intrinsischen Motiven uneigennützig die Ziele der Organisation. In der Realität liegen diese idealtypischen Beziehungen nur eingeschränkt vor. Hier müßten mögliche Zielkonflikte, die aus dem individuellen Wissensverarbeitungsprozeß stammen und mit dem organisatorischen Wissensprozeß kollidieren, problematisiert und berücksichtigt werden.

Fraglich ist, ob andere Organisationsformen wie die der virtuellen Organisation diese geforderten Ansatzpunkte vielleicht besser verwirklichen können. Eine Klärung dieser Frage erfolgt im nächsten Kapitel.

6.5 Vertiefungsfragen

1. Der von *Matsuda* (1993) entwickelte Ansatz der Organizational Intelligence berücksichtigt explizit die Differenzierung von Intelligenz in Produkt (Wissen) und Prozeß (Lernen).

   Matsuda gliedert den Prozeß organisatorischer Intelligenz in Wahrnehmungs-, Speicherungs-, Lern-, Kommunikations- sowie Entscheidungsprozesse zwischen Menschen, Maschinen sowie Menschen und Maschinen. Ziel zur Erlangung organisationalen Erfolges ist der Erwerb organisatorischer Intelligenz als Produkt: ein System, das die Versorgung mit strukturierter, synthetischer und zielgerichteter Information sicherstellt. Auf der untersten Ebene befinden sich die Daten der Organisation, darüber die Information der Organisation als Ergebnis maschineller und menschlicher Intelligenz und auf der obersten Ebene die Intelligenz der Organisation. Eine Organisation, die darauf ausgerichtet ist, die Probleme des Intelligenzprozesses zu beseitigen, muß auf eine lernfördernde Unternehmenskultur, die Festlegung von Lern- und Wissenszielen, die Sensibilisierung der Organisationsmitglieder auf einen zielgerichteten Informationsfluß hin oder Wissenstransfer als Managementfunktion verweisen können.

Stellen Sie die Beziehung zwischen dem Ansatz von *Matsuda* und der *Strategischen Organisation* her.

2. Organisationsentwicklung ist eine methodische Interventionsstrategie, die durch Beratung eingeleitet wird und die auf die Entwicklung von Organisationen sowohl unter Berücksichtigung personaler als auch struktureller Aspekte ausgerichtet ist. Welche Gemeinsamkeiten und Unterschiede bestehen zwischen der Organisationsentwicklung und der organisatorischen Intelligenz?
3. Entwickeln Sie ein detailliertes Konzept zur Unterstützung der organisatorischen Intelligenz durch Organisationsentwicklungsmaßnahmen, und begründen Sie Ihre Überlegungen.
4. In einigen Total Quality Management-Konzepten wird zum Erreichen der idealen Null-Fehler-Quote gefordert, unter anderem über die Definition kleiner Regelkreise eine schnelle Fehlererkennung und -behebung zu ermöglichen. Welche Schwierigkeiten können bei der Definition dieser Regelkreise auftreten?
5. Wie weiß eine Organisation, daß sie etwas gelernt hat?
6. Sollten Informationen der Leitung einer Organisation eher chaotisch oder eher strukturiert präsentiert werden?

7 Die virtuelle Organisation

In 10 bis 20 Jahren werden wir eine Explosion neuer Industrien und Firmen erleben, die dann Zehntausende von virtuellen Organisationen bilden, prognostiziert (. . .) John Sculley. (Müller 1993a, 20)

Strategische Organisation beinhaltet zielgerichtetes Auseinandersetzen mit den Organisationsgrenzen. Während in der Vergangenheit vor allem der Aufbau von Grenzen das zentrale Leitmotiv der Organisationslehre/-theorie darstellte, dominieren gegenwärtig grenzüberschreitende Aktivitäten und der weitgehende Abbau von Grenzen. Damit entsteht eine neue faszinierende Herausforderung, nämlich die Suche nach organisatorischen Einheiten, die auch in einer solchen Situation erfolgreich operieren können. Hierzu rückt zunehmend das Konzept der virtuellen Organisation in den Mittelpunkt der Diskussion: eine Idee, die sicherlich noch nicht Standardelement der aktuellen Organisationslehre ist, im vorliegenden Buch aber dennoch wegen ihrer Bedeutung für die strategische Ausrichtung von Organisationen präsentiert wird.

7.1 Grundlagen

Man soll ein Fremdwort nicht in den Mund nehmen, weil man nicht wissen kann, wer es vorher im Mund gehabt hat. Infolgedessen habe ich zuerst einmal ein englisches Wörterbuch aufgeschlagen, denn diese Dinge kommen ja meist aus Amerika über uns. Dort habe ich folgende Definition von „virtuell" gefunden: „Für alle praktischen Zwecke soviel wie wirklich." (. . .) wenn man verstehen will, was virtuell ist, muß man anscheinend erst verstehen, was wirklich ist. (Flusser 1993, 65 + 66)

„Virtuell" hat sich seit Anfang 1995 zu einem intensiv genutzten Schlagwort entwickelt. Ob virtuelle Erlebniswelt oder virtueller Arbeitsplatz, ob die virtuelle Bekanntschaft oder der virtuelle Lehrstuhl: In allen Fällen werden Personen mit einer vorgetäuschten Wirklichkeit konfrontiert, die sie in den wichtigen Aspekten durchaus als real erfahren können. Will man die inzwischen fast schon grotesk anmutende inflationäre Nutzung des Ausdruckes „Virtualität" als Camouflage für „nicht genau erklär- und beschreibbar" verhindern, ist deshalb eine Konkretisierung der Virtualität nötig.

7.1.1 Der Begriff der Virtualität

The word virtual has become popular in the field of Future Work. If something is virtual, it is said to have the effect but not the form. (Birchall/Lyons 1995, 18)

Einen ersten Ausgangspunkt für eine Auseinandersetzung mit der Virtualität liefert die umgangssprachliche Definition: Virtuell (abgeleitet vom lateinischen „virtus" = „Tüchtigkeit") steht dabei für nicht wirklich, scheinbar oder der Anlage nach vorhanden. Als virtuell wird damit generell die Eigenschaft einer Sache bezeichnet, die zwar nicht real, aber doch in der Möglichkeit existiert; Virtualität spezifiziert also ein konkretes Objekt über Eigenschaften, die nicht physisch, trotzdem ihrer Leistungsfähigkeit nach vorhanden sind.

An dieser Stelle geht es noch nicht um die Präzisierung der virtuellen Organisation an sich. Vielmehr soll die Virtualisierung zunächst als **generelles Konzept** verstanden werden, um aus diesem heraus virtuelle Organisationen entwickeln zu können.

Entscheidend ist dabei, daß die zuvor skizzierte Ausgangsdefinition von Virtualität immer einen spezifizierten Bezug zu einem konkreten Objekt benötigt: Es gibt demnach keine Virtualität per se, sondern lediglich virtuelle Fernsehstudios, virtuelle Produkte, virtuelle Urlaubsreisen oder virtuelle Büros (vgl. Abbildung 7.1). Auf die Organisation bezogen läßt sich Virtualisierung danach zum einen *interorganisatorisch* auf Verbindungen von organisatorischen Einheiten über Organisationsgrenzen hinweg, zum anderen *intraorganisatorisch* auf Verbindungen innerhalb der Organisation beziehen.

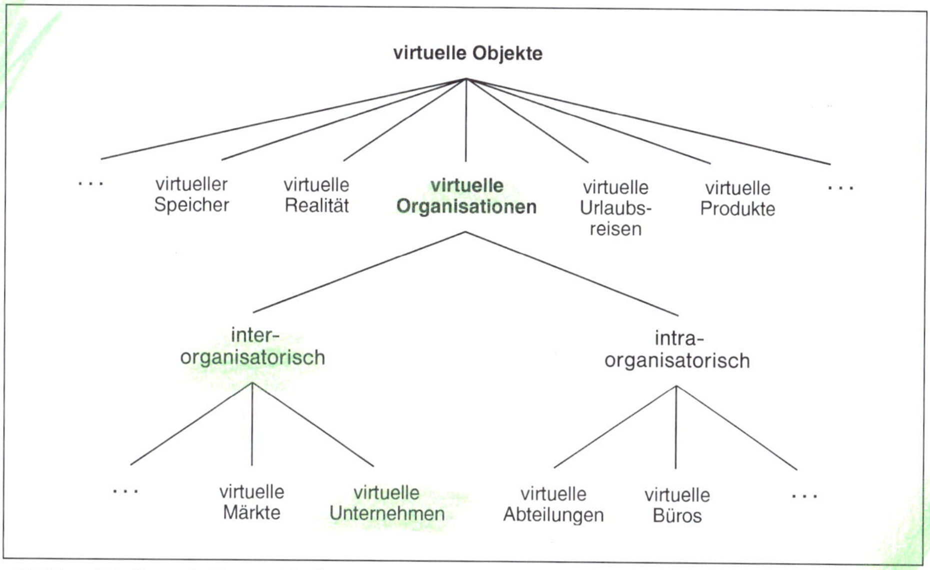

Abbildung 7.1: Beispiele für virtuelle Objekte

Verwendet man diese Grundidee, wonach grundsätzlich jedes Objekt virtualisierbar ist, so beginnt jeder Virtualisierungsprozeß mit einer Spezifizierung des zu virtualisierenden Objektes über seine Merkmale. Diese *konstituierenden Charakteristika* weisen sowohl das ursprüngliche (reale) Objekt als auch seine virtuelle Realisierung auf. Anschließend läßt sich festlegen, welche Attribute virtualisiert werden. Entscheidend bei der Idee der Virtualisierung ist immer das Fehlen von bestimmten physikalischen Attributen des ursprünglichen Objektes, die üblicherweise mit dem zu virtualisierenden Objekt assoziiert werden, aber beim virtualisierten Objekt nicht mehr vorhanden sind und trotzdem in ihrer erlebbaren Funktionalität realisiert werden. Diese Virtualisierung läßt sich allerdings nur durch entsprechende *spezielle Zusatzspezifikationen* realisieren, wobei es sich oft (aber nicht immer!) um technische Hilfsmittel handelt. Ergebnis ist dann ein *Nutzenvorteil*, der sich durch den Wegfall der physikalischen Attribute ergibt.

> Zu einer Urlaubsreise gehört als konstituierendes Charakteristikum das Erleben fremder Regionen, ein Gefühl, das auch in der virtuellen Urlaubsreise realisiert werden muß. Bei einer virtuellen Urlaubsreise wird dazu das physikalische Merkmal „Verlagern des physikalischen Standortes“ virtualisiert. Es kommt demnach zu einem Erleben fremder Regionen, realisiert durch die elektronische Brille und den Datenhandschuh. Dieser Virtualisierungsaufwand bringt als Nutzen unter anderem den Wegfall der Transportkosten.

Nach dieser Ableitung läßt sich ein virtuelles Objekt definieren über konstituierende Charakteristika, fehlende physikalische Attribute, spezielle Zusatzspezifikationen und realisierbare Nutzenvorteile (vgl. Abbildung 7.2).

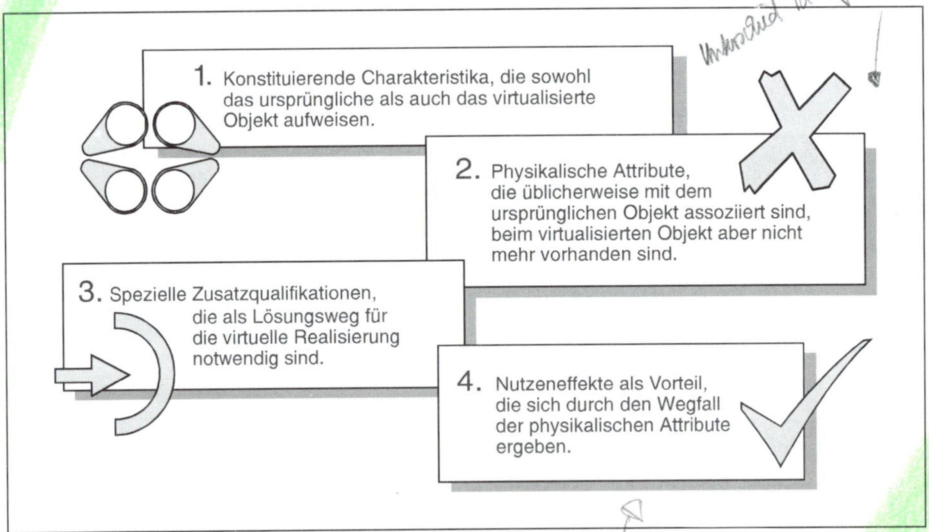

Abbildung 7.2: Das Vier-Merkmal-Schema der Virtualität (nach Scholz 1994b, 5)

Dieses Vier-Merkmal-Schema der Virtualität läßt sich zwar grundsätzlich auf alle zu virtualisierenden Objekte anwenden, soll sich aber im Zuge dieses Kapitels ausschließlich auf zu virtualisierende Organisationen beziehen.

7.1.2 Evolution der Virtualitätskonzepte

Um zu den Inhalten der virtuellen Organisation vorzustoßen, ist es hilfreich, an den historischen Wurzeln des Konzeptes der Virtualität anzusetzen und so die Evolution vom virtuellen Speicher bis zur virtuellen Organisation nachzuzeichnen.

7.1.2.1 Virtuelle Speicher

Eine erste Konkretisierung von Virtualität findet sich in der Informatik, wo „virtuell" in Verbindung mit Speichermedien einen Hintergrundspeicher (Sekundärspeicher) bezeichnet, der über eine weitaus größere Speicherkapazität als der Haupt- oder Arbeitsspeicher (Primärspeicher) verfügt, trotzdem aber für den Benutzer funktionsäquivalent genutzt werden kann.

Bei einem *virtuellen Hauptspeicher* wird der Adreßraum auf der Festplatte dargestellt und der Inhalt vor der Ausführung eines Prozesses – für den Anwender unbemerkt – seitenweise in den realen Hauptspeicher übertragen. Der Vorteil dieser Speicherorganisation liegt in der Nutzung von Speicherkapazität, die den tatsächlich physikalisch vorhandenen Hauptspeicher um ein Vielfaches übersteigen kann. Das Betriebssystem kann hierbei für jedes von mehreren im Multi-Programming-Betrieb ablaufenden Programmen die Nutzung eines eigenen virtuellen Speichers ermöglichen.

Entwicklungen rund um virtuelle Maschinen und Speicher lieferten damit die Idee der Virtualität, indem die technologischen Entwicklungen eine substantielle Flexibilitätssteigerung bei der EDV-Anwendung erlaubten.

7.1.2.2 Virtuelle Realität

Visualization of organizational functioning is a very promising application of virtual reality technologies because it fits with how people cognitively process complex information. (Grantham 1993, 219)

Auch der nächste Schritt in Richtung zur organisatorischen Virtualität fand in der technischen Sphäre statt. Ende der achtziger Jahre prägten ein ganze Reihe von Innovationen die Informationstechnologie, beispielsweise leistungsfähige Mikroprozessoren und multimediale Systeme. Diese Technologie führte unter anderem zu der virtuellen Realität, einer im Computer simulierten Wirklichkeit (*Cyberspace*). Auf diese Weise wurden zunächst Personen mit Hilfe einer elektronischen Brille (*headmounted display*) und eines Datenhandschuhs (*dataglove*) in eine künstliche Welt versetzt und interaktiv eingebunden.

Imposante Beispiele zur virtuellen Realität lieferten die Vorbereitung zu den Olympischen Spielen 1996 in Atlanta: Dort wurde der Georgia Dome im Computer so detailliert abgebildelt, daß selbst Kamerapositionen vorher festlegbar waren und aus Zuschauersicht sowie Sportlerperspektive optimierbar waren. Eine ähnliche Planung erfuhr auch der Lauf des letzten Fackelträgers: Hier wurden Laufstrecke und Entzünden des olympischen Feuers ebenfalls im Computer geplant.

Über in die Brille stereoskopisch eingespielte, dreidimensional erscheinende Bilder erhält der „Cybernaut" den Eindruck, sich tatsächlich in der abgebildeten Welt zu befinden, also in Räumen, Landschaften oder Fahrzeugen. Seine eigenen Bewegungen werden sensorisch erfaßt, was zur laufenden Anpassung von Bildausschnitt und Bildperspektive führt. Die Bedienung virtueller Realitäten hat sich inzwischen weiterentwickelt.

Ein etwas makaberes Anwendungsbeispiel (*Coy* 1994, 50) für die *virtuelle Realität* ist die „virtuelle Leiche" (*virtual cadaver*), an der Medizinstudenten, ausgestattet mit HMD und Dataglove, in Anatomiekursen das Innere des menschlichen Körpers erforschen können, ohne tatsächlich auf (lebende oder verstorbene) Menschen zurückgreifen zu müssen.

Die Technik der virtuellen Realität wird mittlerweile neben Computerspielen erfolgreich bei militärischen und zivilen Fahr- und Flugsimulatoren und neuerdings auch verstärkt in der Raumfahrt, der Medizin sowie in der Architektur und Raumplanung eingesetzt (vgl. z.B. *Cheek* 1993; *Miller* 1993).

Mittlerweile setzen alle Automobilhersteller – ob *VW*, *BMW* oder *Daimler Benz*, virtuelle Entwicklungswerkzeuge ein; Chemiker der *BASF* entwerfen mit Hilfe der virtuellen Realität dreidimensionale Moleküle; *ABB* entwirft für die Verkaufspräsentation und Schulung von Mechanikern ein virtuelles Kraftwerk (vgl. *o.V.* 1995, 289).

7.1.2.3 Virtuelle Erzeugnisse

Die physische Welt der Rohstoffe, Fabriken, Waren und Märkte ist Managern vertraut. Aber diese Welt wird inzwischen überwölbt von einer zweiten, virtuellen Sphäre, die aus digitalisierten Informationen besteht. Zum „Marketplace" gesellt sich der „Marketspace" – und der ist vielen Managern noch nicht geheuer. (Rayport/Sviokla 1996, 104)

Über die virtuelle Realität wird auf mechanisch-elektronischem Wege dem Anwender der visuelle Eindruck des realen Objektes vermittelt. Es liegt auf der Hand, daß Organisationen diese Möglichkeit nutzen wollen, um auf die aktuellen Anforderungen des **Marktes** zu reagieren und
– möglichst zeitgleich mit dem Entstehen des Kundenwunsches,
– gemeinsam mit dem Kunden
– ein auf Kundenbedürfnisse hin individualisiertes Produkt zu schaffen.
Das Ergebnis dieser Überlegungen war die Entwicklung virtueller Erzeugnisse (vgl. *Davidow/Malone* 1993), die **spezifische Kundenbedürfnisse** unmittelbar und kostengünstig erfüllen. Auto- und Flugzeugbauer haben bereits einige Bereiche ihrer Produktentwicklung

in die virtuelle Sphäre verlegt. Konstrukteure und Marketingexperten aus aller Welt arbeiten über das Datennetz an gemeinsamen Projekten. Auch Softwarehäuser, Finanzdienstleister und Versicherungen kreieren mittels Datenbank immer neue Produkte und Leistungen (vgl. *Rayport/Sviokla* 1996, 104).

Als Paradebeispiel für *virtuelle Erzeugnisse* gilt die Brillenfirma Pearle Vision Express (*Davidow/Malone* 1993, 11+156): Hier werden Brillengestelle und Brillengläser nicht auf Vorrat produziert beziehungsweise auf Bestellung in der Fabrik angefertigt. Sie entstehen vielmehr unmittelbar im Beisein des Kunden über eine entsprechende Maschine, die dann dem Kunden erlaubt, auf den Produktionsprozeß Einfluß zu nehmen. Die Virtualisierungsidee liegt dabei im Entstehungsprozeß, bei dem über Interaktion und Ausprobieren des Kunden zunächst von einem „Als-ob-Produkt" gesprochen wird.

Um mit derartigen virtuellen Erzeugnissen in den Markt eintreten zu können und dort erfolgreich zu bestehen, bedarf es einer veränderten Grundstrategie, die letztlich zu einer spezifischen Auffassung von „Erzeugnis" und zur intensiven Interaktion zwischen Hersteller und Lieferant bis hin zu parallelen Innovationen führt.

Gerade die Diskussion um diese virtuellen Produkte zeigt aber auch die **Probleme** des Konzeptes: So kann man, sofern nur das Begriffsverständnis genügend weit gefaßt wird, letztlich alle Dienstleistungsangebote in den Bereich der virtuellen Produkte einordnen. Im Endeffekt degeneriert dann die Einstufung eines Produktes als virtuelles Erzeugnis zur *definitorischen Spitzfindigkeit.*

Virtuelle Erzeugnisse erfahren eine physische Manifestation durch die Mitwirkung des Kunden beziehungsweise bei der Nutzung durch den Kunden. Damit unterscheidet sich die „Virtualität" von Erzeugnissen von der im Zusammenhang mit der *virtuellen Realität* verwendeten „Virtualität" als Realisation eines Eindrucks ohne physische Manifestation. Letztlich geht es bei virtuellen Erzeugnissen immer darum, reale Produkte zu erhalten (vgl. Übersicht 7.1), sieht man vom Extremfall der vollvirtualisierten Produkte ab. Überlegungen im Hinblick auf vollvirtualisierte Produkte sollen an dieser Stelle trotz ihrer unbestreitbaren Faszination und ihres lebhaften Echos in der entsprechenden Computerliteratur nicht weiter verfolgt werden, da hierdurch die Argumentationsplattform eine zu starke Erweiterung finden würde.

	Virtuelle Realität	**Virtuelle Erzeugnisse**
„Anbietersicht"	Das System liefert die Eigenschaften „im Computer".	Der Anbieter stellt die Möglichkeit bereit, die Eigenschaften des „Objektes" zu erfahren, ohne daß das Objekt selbst schon existiert.
„Kundensicht"	„Realität" entsteht im Kopf des Benutzers.	„Realität" entsteht zunächst beim Benutzer im Kopf, danach jedoch auch real.

Übersicht 7.1: Der Unterschied von virtueller Realität zu virtuellen Erzeugnissen

Die virtuelle Realität stellt damit eine wichtige Vorstufe zu virtuellen Erzeugnissen dar: Bietet ein Architekt einem Bauherrn eine Computeranimation an, in der dieser sein zukünftiges Haus „virtuell erleben" kann, so ist dies virtuelle Realität. Wird dieses Haus dann entsprechend gebaut, wird es quasi im nachhinein zum virtuellen Erzeugnis: Denn das „im Kopf" entstehende reale Bild befindet sich jetzt im virtuellen Kontext auf dem Wege zur Realität.

7.1.2.4 Virtuelle Organisationen

> *The concept of the virtual corporation is proving to be much more than another catchy phrase. With most companies already to do things better, faster and smarter, the virtual model challenges managers to think about things that aren't even possible today. (Bottoms 1994, 61)*

Während die Entwicklung von virtuellen Erzeugnissen vor allem durch Marktveränderungen herbeigeführt und begünstigt wurde, ist die Tendenz in Richtung auf virtuelle Organisationen eine Folge der Veränderungen des Zusammenspiels von Organisationen sowie der einzelnen Einheiten innerhalb der Organisation. Die Auseinandersetzung mit der virtuellen Organisation selbst hat bisher ebenfalls vier Phasen durchlaufen, die zwar auf einer weitgehenden Einigkeit über das zu untersuchende Objekt aufbauen, aber deutliche Unterschiede aufweisen.

7.1.2.4.1 Die Phase der (unbewußten) Vorläufer

> *The emerging model for successful business is the „virtual enterprise". Its basic goal is to deliver to the customer, in as timely a fashion as possible, the lowest-cost, highest-value product that the entire value chain – not just a single company – can produce. (Flaig 1992, 153)*

Erste Vorüberlegungen bezüglich virtueller Organisationen beziehungsweise virtueller Unternehmen (*virtual enterprise*) liegen seit Mitte der achtziger Jahre vor. Sie stammen im wesentlichen aus **zwei Denkrichtungen**:

- Auf der einen Seite wurde ausgehend von der Informationstechnologie darüber nachgedacht, welche Konsequenzen sich aus der zunehmenden Computerisierung für die *Arbeitsumwelt* ergeben. Beispiele für derartige Überlegungen sind diverse Aussagen über die sozialen Dimensionen der Büroorganisation, die aus dem Umfeld von Computerfirmen stammen. Ein Beispiel für diese Denkrichtung ist der Aufsatz von *Clemens*, *Row* und *Miller* (1992), in dem die Informationstechnologie in internationalen Unternehmen beschrieben und erste Schritte auf dem Weg zum virtuellen Unternehmen gesehen werden.
- Auf der anderen Seite ging es – in etwas geringerer Intensität – um organisatorische Fragestellungen, etwa zur *Produktionslandschaft* im 21. Jahrhundert. Ein Beispiel hierfür sind die Ausführungen von *Flaig* (1992), der sich mit den strategischen Wertschöpfungsaktivitäten des virtuellen Unternehmens auseinandersetzte.

Allen diesen Arbeiten war gemeinsam, daß sie sich eher am Rande mit der virtuellen Organisation befaßten. Die Virtualität wurde als ein heuristisch-anregender Ausdruck angesehen, der erst im nachhinein durch die neuere Diskussion Mitte der neunziger Jahre Bedeutung erlangte.

7.1.2.4.2 Die Phase der (übertriebenen) Euphorie

> *It's not just a good idea, says Gerald Ross, co-founder of Change Lab International, a consulting firm in Greenwich, Conn. It's inevitable. (Byrne/Brandt/Port 1993, 37)*

Mitte 1992 machte sich in den USA eine große Euphorie breit, die in der virtuellen Organisation eine wichtige Vision für die amerikanische Wirtschaft sah. Ausgelöst wurde diese Welle durch **zwei Arbeiten**:

- *Davidow* und *Malone* (1993) publizierten ihre Überlegungen zum virtuellen Unternehmen. Auch wenn häufig inhaltlich etwas falsch zitiert: *Davidow* und *Malone* befassen sich in ihrem Bestseller – wie bereits oben aufgeführt – primär mit virtuellen Produkten und weniger mit virtuellen Unternehmen. Sie kleideten allerdings ihre Argumentation äußerst akzeptanzfördernd in eine faszinierende Zusammenfassung gängiger Managementtrends und postulierten in diesem Zusammenhang virtuelle Unternehmen. Diese Vorgehensweise brachte ihnen teilweise selbst von Verfechtern virtueller Unternehmen massive Kritik ein (vgl. z.B. *Byrne/Brandt/Port* 1993, 40), weil das Konzept letztlich so breit gefaßt wurde, daß es vom Customer Focus bis zum Total Quality Management alles beinhaltete.
- Der zweite Impuls war die von *Byrne, Brandt* und *Port* (1993) verfaßte Titelgeschichte der *Business Week*. Mit ihrer heuristisch-interessanten Zusammenstellung journalistisch angehauchter Spekulationen lieferten die drei Autoren eine Grundauffassung von virtuellen Unternehmen, die noch immer Bestand hat: Danach ist es charakteristisch für diese Organisationsform, daß sich die involvierten Einheiten bis auf ihre Kernkompetenzen hin reduzieren, um sich dann flexibel zu neuen Einheiten zusammenzuschließen.

Die Präsentation der Anwendungsfälle in der angesprochenen *Business Week* zeigte aber auch deutlich ein Problem, das zu einem prägenden Element der Diskussion um virtuelle Organisationen werden sollte: Hinter jeder Virtualisierung steckt in letzter Konsequenz ein reales Objekt. So handelt selbst ein virtuelles Unternehmen im Internet immer auch mit realen Gütern. Trotzdem: Gerade weil die Darstellung in der *Business Week* (und in nachfolgenden Wiedergaben dieser Gedanken) relativ kritiklos die Virtualisierung propagierte, sich mehr auf reine Fallsammlungen konzentrierte und jegliche trennscharfe Definition vermied, entfachte sie (überwiegend in den USA) bei Praktikern Begeisterung und machte das virtuelle Unternehmen zum Hoffnungsträger einer rezessiven Weltwirtschaft.

Aber bei aller Kritik im Detail: Mit *Davidow* und *Malone* (1992) sowie *Byrne, Brandt* und *Port* (1993) war der Grundstein für eine wichtige Ergänzung der Organisationstheorie gelegt.

7.1.2.4.3 Die Phase der (bewußten) Konzeptionalisierung

> *Welche Chancen und welche Risiken bringt das Konzept der virtuellen Unternehmung den internen Partnerinnen und Partnern? Wie sieht das entsprechende Idealprofil des Managers, der Managerin aus? (Vogt 1994, 8)*

1994 griffen eine ganze Reihe von Autoren in konzeptionell-explorativen Beiträgen die Thematik der virtuellen Unternehmen auf, konkretisierten definitorische Grundlagen, extrahierten konstituierende Merkmale, operationalisierten erste Meßvariablen, thematisierten Querbezüge zu anderen Konzepten und entwickelten logische Schrittmodelle. Virtuelle Organisationen sind danach Einheiten, die auf den primären Geschäftszweck reduziert sind, durch strukturelle und prozeduale Einfachheit ein Maximum an Wirtschaftlichkeit realisieren, Kostensenkungspotentiale radikal ausschöpfen, innovative (Hochtechnologie-)Produkte oder (Spezial-)Dienstleistungen entwickeln und anbieten, sich durch vielfache Kombinationsmöglichkeiten äußerste Flexibilität sichern und sich selbst als offen ansehen für vielfältigste Änderungsprozesse.

Beispiele für derartige konzeptionelle Vorschläge aus dem **amerikanischen** Bereich sind von
- *Bleecker* (1994) für die technologische Perspektive,
- *King* (1994) für die Informatikseite,
- *Klein, M.* (1994) für die Dienstleistungsunternehmen und
- *Snell* (1994) für das Human Resource Management.

Im **deutschsprachigen** Bereich sind unter anderem drei Arbeiten zu nennen, nämlich
- *Mertens* und *Faisst* (1995) für die Wirtschaftsinformatik,
- *Scholz* (1994b) für die Organisationstheorie sowie
- *Szyperski* und *Klein* (1993) für die Netzwerkidee und die Informationslogistik.

Diese Beiträge folgten im wesentlichen der gleichen Argumentationslogik: Zunächst wird der Begriff der virtuellen Organisation näher erläutert, um dann aus der jeweiligen Sichtweise heraus ausgewählte Aspekte näher zu vertiefen. Diese Vorgehensweise führt zum einen zu im Vorfeld der Theoriebildung zu positionierenden grundsätzlichen Aussagen, zum anderen teilweise zu konkreten Gestaltungsempfehlungen.

7.1.2.4.4 Die Phase der Ernüchterung

> *Obviously, these (. . .) visions of corporate utopia clash. If most of the people connected to the corporation no longer have job security, all the talk about teamwork, empowerment, investment in people, and long-term orientation is a sham. Without a reciprocal commitment by management to a long-term relationship, the employee who buys into the partnership model is being romanced for a one-night stand. (Kuttner 1993, 12)*

Wer jetzt aber glaubte, die Idee der virtuellen Organisation würde sich so schnell durchsetzen wie der zeitgleiche Siegeszug des Internet, sah sich rasch enttäuscht: 1995 wurden weder wichtige neue Gedanken ergänzt, noch wollte sich die unternehmerische Praxis dieser Entwicklung anschließen. Auch wenn gerade in praxisnahen Zeitschriften das Thema weiter intensiv propagiert wurde, hielten sich Innovationen ebenso in Grenzen wie praktische Anwendungsfälle.

Zudem wurden die **Kritikpunkte** an den bisherigen Auseinandersetzungen mit virtuellen Organisationen zunehmend artikuliert:
- diese Form der Kooperation zwischen Organisationen sei nicht grundlegend neu (*Olbrich* 1994, 29),
- durch das Fehlen von verläßlichen Strukturen innerhalb der Organisation und zwischen den Organisationen bestehe die Gefahr, daß Organisationsmitglieder überfordert und verunsichert werden (*Lux/Stadelmann* 1995, 72),
- das Konzept bezeichne Binsenwahrheiten als revolutionäre neue Entwicklungen (*Gomez* 1993, 778).

Der Hauptteil der Beiträge zur virtuellen Organisation erschien in informatiknahen Zeitschriften; wirtschaftswissenschaftliche Zeitschriften nahmen sich des Themas eher peripher an. Dies führte zu einer starken Reduzierung auf die Technologieperspektive und zur Gefahr, wichtige strategische und organisationstheoretische Aspekte zu vernachlässigen.

7.1.2.5 Zwischenergebnis

Virtuelle Organisationen sind das Ergebnis einer langen **Entwicklung**, die sich als evolutorisches Wechselspiel aus technologischen und organisatorischen Gesichtspunkten ergab (Abbildung 7.3). Diese enge Verzahnung führt dazu, daß auch virtuelle Organisationen selbst meist technologische und organisatorische Aspekte verbinden.

Sicherlich bergen auch die Bewegungen in Richtung auf virtuelle Netzwerkorganisationen mit „fliegenden“ Allianzen eine Fülle von neuen Problemen, angefangen von potentiellen Identifikations- und Motivationsproblemen der Mitarbeiter bis hin zur Gefahr der Profilierungsschwäche. Trotz aller Kritik werden aber gerade die virtuellen Organisa-

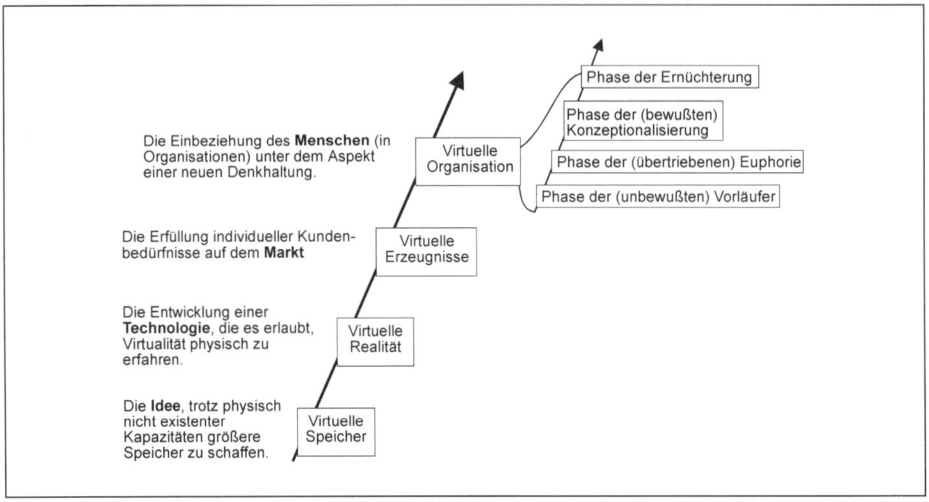

Abbildung 7.3: Evolution der virtuellen Organisation

tionsformen als interessante Alternativen zunehmend ernst genommen, allerdings meist immer noch als stark technologiegetrieben angesehen. Zudem bewirkt das weitgehende Fehlen einer theoretischen Untermauerung, daß die Auseinandersetzung mit virtuellen Organisationen bisher eher problemgetrieben und weniger theoriegeleitet ist.

7.1.3 Theoretische Fundierung

Um das evidente Theoriedefizit etwas abzubauen, wird – bevor in Kapitel 7.1.4 eine Zusammenführung der bisherigen Aussagen in ein allgemeines Prinzip organisatorischer Virtualität erfolgt – die virtuelle Organisation vor dem Hintergrund unterschiedlicher Theorien etwas näher betrachtet. Hierzu bietet sich vor allem die Systemtheorie mit ihrem Anspruch als ganzheitliche Theoriebasis an. Im Anschluß daran soll der Konstruktivismus als erkenntnistheoretisches Paradigma zum Verständnis der virtuellen Idee und ihren Konsequenzen beitragen. Kulturelle Überlegungen betreffen schließlich das Verhalten der Virtualisierungspartner. Sie werden ergänzt durch eine spieltheoretische Basis, strategische Grundlagen, Bezüge zur Transaktionskostentheorie und zur Organisationstheorie. Angesichts des zuvor konstatierten Theoriedefizits sind diese Überlegungen eher als hermeneutische Annäherung denn als abschließende Untermauerung anzusehen.

7.1.3.1 Systemtheorie: Die ganzheitliche Basis

In Kapitel 4 wurden Gestaltungsprinzipien formuliert, die aus systemtheoretisch-organischer Sicht für Organisationen Gültigkeit haben. Verwendet man diese systemtheoretische Basis als Anforderungskatalog für virtuelle Organisation, so führt dies zu folgenden Überlegungen:

Nach dem **Prinzip der erforderlichen Varietät** kann einer gegebenen Komplexität nur mit einem komplexitätsentsprechenden System begegnet werden. Die Lenkungsvarietät eines Systems muß demnach so gestaltet werden, daß sie der Umweltkomplexität entspricht.

Gerade diese Eigenschaft läßt sich durch virtuelle Organisationen realisieren: Der „Trick" der virtuellen Organisation besteht darin, zunächst einmal die organisationseigene Systemvarietät zu reduzieren. Diese Varietätsreduktion wirkt damit zunächst gegenläufig zum Prinzip der erforderlichen Varietät, hat aber bezogen auf mehrere verbundene Einheiten varietätssteigernde Effekte: Denn im Endergebnis wird die Varietät dann erhöht, wenn die Variablenvielfalt zwar sinkt, jedoch die Entkopplung einzelner Elemente neue, synergetische Kombinationen ermöglicht und damit die Ausprägungsvielfalt steigert.

Durch die Fokussierung auf den primären Geschäftszweck lassen sich je nach Problemstellung in einer virtuellen Organisation unterschiedlichste Kernkompetenzen der einzelnen Partner konkretisieren und dann kombinieren. Wie zuvor dargestellt, ist es gerade ein Charakteristikum der virtuellen Organisation, durch die auf spezifische Ziele ausgerichteten Kooperationen extreme Flexibilität zu erreichen. *Varietätsgenerierung* ist damit immer dann ein herausragendes Merkmal der virtuellen Organisation, wenn sie tatsächlich die Fähigkeit zur flexiblen Kopplung von unabhängigen Einheiten mit sich bringt.

Aus dem **Prinzip der externinduzierten Selbstorganisation** lassen sich Aussagen zur Gestaltung von virtuellen Organisationen ableiten. Diese beginnen mit dem bewußten Verzicht auf eine Zentralinstanz zur Lenkung des Systems. Betrachtet man zudem die virtuelle Organisation vor dem Hintergrund der in Abschnitt 4.2.2.2 genannten vier Charakteristika selbstorganisierender Systeme von *Probst* (1992b), so ergeben sich folgende Forderungen an virtuelle Organisationen:

- Selbststeuerung, managementbezogene Handlungsspielräume, minimale Spezifikation, variable Abhängigkeiten zwischen Aufgaben, lose gekoppelte Systeme *(Autonomie)*;
- unabhängig von der Fokussierung auf die jeweilige Kernkompetenz müssen auch in einer virtuellen Organisation als „organizational slack" Mehrfachqualifikation und Qualifikationsvielfalt vorhanden sein (*Redundanz*);
- bewußte Bearbeitung „geschlossener" Aufgabenkomplexe sowie bewußte Erhaltung und Pflege von Interaktionen *(Komplexität);*
- synergetische Aufgabenerfüllung, teamorientierte Führung, Kooperation sowie Lernen und arbeitsplatzbezogene Selbstentwicklung. Das aus der These der offenen Systeme abgeleitete Pinzip der externinduzierten Selbstorganisation weicht insofern von der strengeren und aus der Ausrichtung auf geschlossene Systeme stammenden Idee einer völlig selbstrefentiellen Selbstorganisation ab, als gerade die Impulse aus der Umwelt organisationsspezifisch interpretiert und umgesetzt werden *(Selbstreferenz).*

Dies läßt sich auch aus den in Abschnitt 4.2.2.1 präsentierten Merkmalen der Selbstorganisation von *Weick* (1977) darstellen, die sich ebenfalls für die Konkretisierung der virtuellen Organisation instrumetalisieren lassen. Hier zeigt sich, daß

– das Potential zu alternativen Anordnungen von Mitarbeitern und Aktivitäten,
– die strukturelle Vorbestimmung des Lösungsraumes (und seine Kenntnis bei der Organisationsgestaltung),
– das Operieren ohne exakte Effektivitätskriterien und
– der wechselseitige Prozeß zwischen (Selbst-)Organisation und Systemdurchführung

charakterisierende Merkmale für die Selbstorganisation sind, die wichtige Einflüsse auf die Gestaltung der virtuellen Organisation haben.

Die Basis für das **Prinzip der begrenzten Autopoiese** (Abschnitt 4.3) war eine Modifikation des ursprünglichen Gedankens von *Maturana* (1980, 52-53), für den entscheidend ist, daß sich ein autopoietisches System aus sich heraus selbst generiert.

Dieser dominierend geschlossene Systemcharakter ist aber gerade bei einer virtuellen Organisation *nicht* gegeben: Hier ist das herausragende Charakteristikum die auf die Umwelt (den Markt) ausgerichtete Gestaltung. Nur dies erlaubt die erforderliche (multistabile) Adaptivität. Unabhängig davon, ob Organisationen überhaupt autopoietische Systeme sein können, bleibt damit festzuhalten, daß virtuelle Organisationen keine rein autopoietischen Systeme sein *dürfen*. Aus diesem Grund sind virtuelle Organisationen auch keine *voll* selbstreferentiellen Systeme.

Für die *Strategische Organisation* wurde deshalb mit dem Prinzip der begrenzten Autopoiese eine abgeschwächte Form postuliert. Überträgt man dieses Prinzip auf die virtuelle Organisation, so kann sich die virtuelle Organisation dann im ganzen als offenes System realisieren und dem Prinzip der begrenzten Autopoiese entsprechen.

Das **Prinzip der heterarchischen Hierachie** (Abschnitt 4.4) verlangt eine Kombination aus Hierarchie und Heterarchie, was als Postulat speziell bei den virtuellen Organisation seine Sinnhaftigkeit beweist: *Heterarchien* müssen sich funktional gemäß den jeweiligen Problemstellungen verändern lassen (vgl. *Bühl* 1987, 242). In der Konsequenz führt dies dazu, daß sich die Führung stetig ändert, neu ausgehandelt und von Fall zu Fall von anderen Partnern übernommen wird. Verantwortungsbereiche, Kompetenzbereiche sowie Kontrollinstanzen sind dann lediglich noch virtuell gegeben und lassen sich je nach Erfordernissen verschieben. Diese Extremform der heterarchischen Fluktuation macht zugleich eine Problematik deutlich, deren Berücksichtigung für rein „heterarchisch-virtuelle" Organisationen von Bedeutung sein dürfte: Dies ist die Gefahr einer fortlaufenden Neuorientierung und die übertriebene Tendenz, in der Vergangenheit Erlerntes fast schon „aus Prinzip" außer acht zu lassen.

Entsprechend dem Prinzip der heterarchischen Hierarchie können diese Probleme vermieden werden. Die *heterarchische* Komponente gewährleistet die notwendige Flexibilität, während der Unkontrollierbarkeit durch organische *Hierarchisierung* entgegengewirkt wird.

Zentrales Merkmal der Eigenentwicklung von Organisationen ist der endogen induzierte Antrieb, aus dem heraus die Organisation einen (vorbestimmten) Wachstums- und Entwicklungspfad durchläuft. Das **Prinzip der bewußten Eigendynamik** (Abschnitt 4.5) verlangt daher die Antizipation und eine bewußt inszenierte Ausrichtung spezifischer organisatorischer Phasen.

Eine virtuelle Organisation hat nicht das Ziel, ein intensives (quantitatives) Wachstum zu realisieren. Vielmehr soll durch Agilität und Flexibilität einer spezifischen Problemsituation begegnet werden. Damit zeichnet sich ein erhebliches Problem ab: Nach Wachstumsmodellen wie dem von *Adizes* (1988) besitzen nämlich alle (!) Organisationen eine *vorprogrammierte Wachstumstendenz*. „Bewußte Eigendynamik" bedeutet deshalb Kenntnis der eigenen Wachstumsmuster und ihre langfristige Optimierung. Will eine virtuelle Organisation das Prinzip der bewußten Eigendynamik umsetzen, hat sie zwei Aufgaben zu erfüllen: Zum einen muß sie permanent auf Tendenzen zum Größenwachstum achten und diese verhindern, will sie sich nicht durch Wachstum des eigenen Existenzgrundes berauben; zum anderen muß sie qualitative Umschichtung hinsichtlich einer permanenten Regenerierung sicherstellen.

Das evolutionäre Grundmuster von Selektion, Variation und Retention stellt sich als Ergebnis eines organisatorischen Adaptionszwangs dar und soll nach dem **Prinzip der gesteuerten Evolution** (Abschnitt 4.6) auf alle und damit auch auf die virtuellen Organisationen übertragen werden. Gerade die virtuelle Organisation ist durch eine extreme Marktorientierung charakterisiert und läßt die bewußte Umsetzung dieses Prinzips in idealer Form zu. Die erste evolutionäre Komponente – die Selektion – stellt damit die organisatorische Herausforderung in Form einer Problemspezifikation dar. Durch den mutativen Prozeß werden die virtuellen Komponenten zieladäquat zusammengefügt, um während der Retention das definierte Problem zu bewältigen. Wird eine neue Zieldefinition erforderlich, setzt der selektive Prozeß von neuem ein.

7.1.3.2 Erkenntnistheorie: Die konstruktivistische Perspektive

> *Nur im ständigen switching von Selbst- und Fremdbezug läßt sich etwas Neues erfahren und läßt sich Altes bestätigen. (Baecker* 1985, 88*)*

Als Ausgangspunkt einer konstruktivistischen Betrachtung der virtuellen Organisation kann zunächst die Frage dienen, ob Existenz in der subjektivistischen Welt des Cyberspace möglich ist. Hierzu hilft zunächst der **Radikale Konstruktivismus** beim Grundverständnis der Virtualität:

1. Der Gedanke der Virtualität entspricht dem „Als-Ob-Charakter“ des Radikalen Konstruktivismus (*Emrich* 1993, 285).
2. Die subjektive Konstruktion kann als Spezialisierung und damit als Reduktion auf Kernkompetenzen begriffen werden. Eine erfolgreiche Umweltorientierung ist nicht von einer isomorphen Repräsentation der Umwelt abhängig (*Schmidt* 1994a, 17).
3. Bei der Konstruktion einer intersubjektiven Realität spielt die Konsistenz der bisherigen Erfahrungen eine herausragende Rolle (*Emrich* 1993, 185).

Geht man nun einen Schritt weiter, liefert der **kommunikationstheoretische Konstruktivismus** Hinweise auf die Art der interaktiven Objektivierung. Die Funktionsfähigkeit der virtuellen Organisation hängt danach entscheidend von der Bereitschaft der Beteiligten ab, ihre Erfahrungen glaubwürdig zu transportieren. Gerade die spezifischen Charakteristika der organisatorischen Virtualisierung – wie Kooperation, Kundenfokussierung oder gegenseitiges Vertrauen – bedingen eine intensive Auseinandersetzung mit der kommunikativen Problematik. Entscheidend ist hierbei zum einen die Vermeidung von Übertragungsfehlern zwischen den Virtualisierungpartnern, zum anderen die Bereitschaft, die Aufmerksamkeit auf eventuelle Konfusionen zu richten und gegebenenfalls eine entsprechende Lösungsbereitschaft aufzubringen.

Als dritter Beitrag deutet die **sozialkonstruktivistische Perspektive** an, wie sich das zur Zeit noch bruchstückhafte Wissen über virtuelle Organisationen zur auch gesellschaftlich legitimierten Institution entwickeln kann (Abbildung 7.4). Gerade die Tatsache, daß die virtuelle Organisation noch immer als Modeerscheinung abgetan wird (z.B. *Kieser* 1996), zeigt, daß solche Kritiker mit legitimierten, aber nicht auf die Virtualität zutreffenden Organisationsbegriffen arbeiten: Kritiker und Protagonisten befinden sich in unterschiedlichen gesellschaftlichen Wirklichkeitskonstruktionen und die virtuelle Organisation damit erst am Anfang der Institutionalisierungsphase.

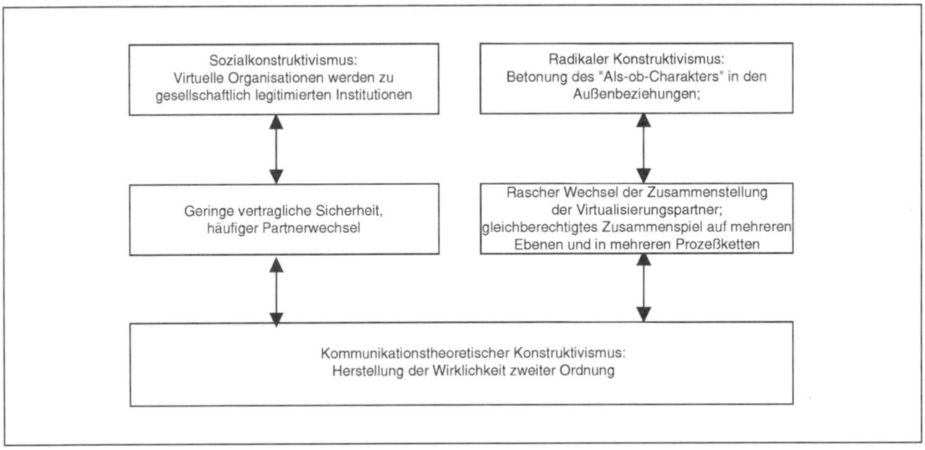

Abbildung 7.4: Konstruktivistische Grundlagen der virtuellen Organisation

7.1.3.3 Verhaltenstheorie: Die organisationskulturellen Grundlagen

Das Verhalten in sowie der Umgang mit virtuellen Organisationen wird sowohl durch individuelle als auch kollektive Verhaltensmuster bestimmt. Die kulturellen Grundlagen der virtuellen Organisation ergeben sich nach dem **Prinzip der organisationskulturellen Hierarchie** aus der Zusammenfassung mehrerer Ebenen, von der übergeordneten landeskulturellen Ebene über die organisationskulturelle Betrachtung bis hin zu individualisierten Kulturmerkmalen. Angesichts des geringen Wissensstandes über virtuelle Organisationen läßt sich noch keine empirisch fundierte Liste über notwendige und hinreichende Kulturmerkmale „erfolgreicher" virtueller Organisationen aufstellen, wohl aber einige *Plausibilitätsüberlegungen*, die auf der allgemeinen Literatur zur Organisationskultur und auf den vorangegangenen Ausführungen basieren.

Betrachtet man die Organisationskultur als das Werte- und Normensystem einer Organisation, das sich einerseits aus dem Verhalten der Organisationsmitglieder ergibt und andererseits zugleich die formalen und informalen Verhaltensweisen der Mitglieder steuert (*Scholz* 1987a), so ist unmittelbar einsichtig, daß die „Kultur" einer Organisation sowohl für den Aufbau einer inter- als auch intraorganisationalen Virtualität von besonderer Bedeutung ist. Dies gilt primär für
– die Motivationsfunktion durch Identifikation und
– die Koordinationsfunktion durch standardisierende Sinnvermittlung.
Allerdings deutet die Meinung der überwiegenden Mehrheit der Experten zu diesem Thema (vgl. z.B. *Deal/Kennedy* 1982) darauf hin, daß sich Organisationskultur nur langsam und im Laufe der Zeit bei weitgehender Konstanz von Gruppenzusammensetzung und Leitung bilden kann. Damit könnte das Konzept der Organisationskultur auf den ersten Blick einen systemimmanenten Widerspruch zu der Idee der virtuellen Organisation darstellen, die durch die eingebaute Schnellebigkeit und die notwendige Bereitschaft zum Partner- und Teamwechsel gerade nicht erlaubt, Organisationskulturen zu bilden.

Dennoch besteht – wie bereits im organisationskulturellen Hierachieprinzip diskutiert (vgl. Abschnitt 5.4) – die Organisationskultur aus einer Vielzahl von Segmenten. Betrachtet man nun die Gruppe der Einheiten, die sich zu virtuellen Organisationen zusammenschließen wollen, so können virtuelle „Kooperationspartner" zwar unterschiedliche individuelle Kulturmerkmale aufweisen, benötigen gleichzeitig aber eine gemeinsame Andockkultur: Sie drückt die Bereitschaft aus, vertrauensvoll Kopplungsprozesse mit anderen Organisationsmitgliedern einzugehen. Das erste Kulturmerkmal für die virtuelle Organisation ist damit die **Vertrauenskultur**: Danach bestimmen Ehrlichkeit, Offenheit, Toleranz und Anerkennung das Denken und Handeln aller Organisationsmitglieder. Einhaltung und Beachtung dieser Werte können jedoch in der virtuellen Organisation aufgrund fehlender Kontroll- und Sanktionierungsmöglichkeiten dem Vertrauensgeber nicht garantiert werden. Gerade das Risiko des Vertrauensmißbrauchs ist ein charakteristisches Merkmal für ein Vertrauensverhältnis. Die Mitarbeiter einer virtuellen Organisation müssen ihre Motivation und Identifikation somit unter den erschwerten Bedingungen der virtuellen Organisation entwickeln. Sie müssen in der Lage sein, mit Ungewißheit zu leben, sie müssen eine erhebliche Unsicherheitstoleranz aufweisen, und sie müssen sicher sein, daß sie auch in der virtuellen Organisation im Hinblick auf ihren individuellen Input und Output gerecht behandelt werden.

Speziell bei interorganisatorischen Virtualisierungen stellt sich zudem die Frage, auf welcher Basis eine „virtuelle“ Zusammenarbeit zwischen den verschiedenen Organisationen ablaufen kann. Die vertragliche Festlegung jedes Detailaspekts widerspricht der Grundidee virtueller Organisationen. Nötig ist also eine Organisationskultur, in der auch die Allianzenbildung und das Bewegen auf den Schnittstellen über das Normen- und Wertesystem geregelt sind.

Das japanische *Keiretsu* ist ein Paradebeispiel für eine Vertrauenskultur, wie sie in der virtuellen Organisation gerade *nicht* konzipiert sein darf. Obwohl hier zum Teil Hunderte kleiner und großer Unternehmen – horizontal oder vertikal – zusammengeschlossen sind, ist *Keiretsu* explizit hierarchisch organisiert. Die dominanten Organisationen achten strikt auf die Einhaltung der von ihnen festgelegten Prinzipien und begegnen Mißachtungen mit umfangreichen, unmittelbaren Sanktionsmaßnahmen. Dies führt sogar bis zur Regulierung des Privatlebens kleinerer *Keiretsu*-Angehöriger: Einem Manager eines solchen Unternehmens wurde mitgeteilt, sein neu erworbener Wagen sei wieder abzuschaffen. Grund war, daß die großen Unternehmen eine derartige Zurschaustellung für unangebracht hielten (*Miyashita/Russell* 1994).

Ein zweites wichtiges Kulturmerkmal ist die **Kundenorientierung**. Sie ergibt sich aus der Erfordernis zur Markt- und Wettbewerbsorientierung und folgt zunächst der Überlegung, daß letztlich nicht Aufsichtsräte, Vorstände oder Geschäftsführer, sondern die Kunden Macht auf Organisationen ausüben. Eine Reihe von Organisationen hat sich bereits auf die steigende Nachfragermacht eingestellt und bezieht den Kunden daher aktiv in ihr Unternehmen mit ein. Nur in wenigen Organisationen gelang es bislang, die Mauern zwischen den Bereichen wie F&E, Produktion und Vertrieb zu überwinden und damit tatsächlich eine Kundenorientierung zu realisieren. Die Entwicklung virtueller Erzeugnisse, die als Produkt unmittelbar im Beisein und unter Mitwirkung des Kunden entstehen, fügt sich in dieses Marketing-Konzept nahtlos ein.

Eine stringente Umsetzung des Begriffs „Kundenorientierung“ zeigt das Beispiel der Firma *Boeing (Hanser* 1994*)*, die für die Entwicklung und Produktion der Boeing 777 Aufbau- und Ablauforganisation völlig neu gestaltete, um Kunden bereits in der Entwicklungsphase dieses neuen Flugzeugs miteinzubeziehen.

Das dritte Kulturmerkmal ist eine durchgängige **Technikorientierung**. Sicherlich geht das Schaffen einer virtuellen Organisation über die Implementation komplexer EDV-Lösungen hinaus, und sicherlich bedeutet Virtualisierung nur zu einem geringen Teil „Verlagerung in den Computer". Trotzdem benötigen virtuelle Organisationen im Regelfall eine breite Infrastruktur oder müssen sich zumindest die Option dafür offenhalten. Je mehr somit eine generell positive Einstellung zu dieser Technik vorherrscht, um so eher besteht auch die Tendenz zur Virtualisierung. Aus diesem Grund überrascht es nicht, wenn Beispiele zu virtuellen Organisationen aus einem Umfeld kommen, das – wie Softwareunternehmen oder Multimediabetriebe – zumeist schon eine gewisse Techniknähe aufweist und diese auch bei der organisatorischen Gestaltung mit einbezogen hat.

Exemplarisch für virtuelle Unternehmen mit einer hohen Technikorientierung ist *Rickard Associates*, ein von der Business Week als 100 % virtuell bezeichnetes Unternehmen (*Verity* 1994, 47). Dieses produzierte Zeitschriften über ein Netz von freien Mitarbeitern. Das alleine wäre noch nicht bemerkenswert. Interessant wird dieser Fall dadurch, daß die hochgradige EDV-Vernetzung via Internet vor allem dazu dient, eine intensive Kommunikation zwischen den verschiedenen Redakteuren herzustellen, damit letztlich ein Gefühl und die damit verbundene Funktionalität, in einer gemeinsamen Redaktion zu sitzen.

Das vierte Kulturmerkmal schließlich ergibt sich aus der erforderlichen Struktur virtueller Organisation und soll als **polychroner Förderalismus** bezeichnet werden. Danach erfordern virtuelle Organisationen eine Denkhaltung, die eine vernetzte Simultaneität quer über unterschiedlichste Schnittstellen verlangt und diese als „normal" ansieht. Anders als bei monochronem Handeln, wo sukzessive eingehende Schritte abgearbeitet werden, setzt polychrones Handeln Gleichzeitigkeit verschiedener Aktivitäten voraus (vgl. *Hall/Hall* 1989, 13). Virtuelle Organisationen werden damit zu multiplen und fluktuierenden strategischen Allianzen mit der entsprechenden Anforderung an das *Schnittstellenmanagement* und an ein Verständnis von Organisationen als locker gekoppelte Systeme (vgl. z.B. *Douglas/Weick* 1990).

Als ein gelungenes Beispiel, wie die zuvor genannten Konzepte zusammengeführt werden können, gilt die *Mettler-Toledo GmbH* (*Hanser* 1994): Der Hersteller von Waagen begann schon vor rund zehn Jahren mit der grundsätzlichen Neugestaltung, indem Hierarchien abgeschafft, bisherige Arbeitsabläufe umgestellt und das gesamte Unternehmen in „Fraktale" als kleine sich selbst regelnde Einheiten gegliedert wurde. Die traditionelle Funktionsorganisation wurde schrittweise durch eine Prozeßorganisation ersetzt, in der die Prozesse so ausgerichtet sind, daß sie vom Kunden zum Unternehmen und nicht umgekehrt verlaufen. Hierzu war es notwendig, alle für die Schaffung neuer Produkte notwendigen Funktionen wie Entwicklung, Arbeitsplanung oder Marketing aufzulösen und die Mitarbeiter dieser Bereiche in Teams zusammenzufassen, in denen jetzt die volle Fachkompetenz vorhanden ist, um den gesamten Entwicklungs-, Produktions- und Absatzprozeß zu beherrschen.

Diese generelle **Prozeßorientierung** in der virtuellen Organisation basiert dabei aber nicht auf strukturellen Maßnahmen, die durch aufbauorganisatorische Mechanismen eine Prozeßorientierung erzwingen. Wäre dies nötig, so würde man sich vom Grundgedanken der Virtualität entfernen, der einen Verzicht auf derartige Regelungsmechanismen verlangt.

Die Prozeßorientierung muß vielmehr zum Bestandteil der Denkhaltung der Mitarbeiter werden, die nicht mehr in Strukturen oder Produkten, sondern ausschließlich in Kategorien in dynamischen Prozessen denken. Gefordert ist also nicht die Organisationsstruktur, sondern die Organisationskultur (Abbildung 7.5).

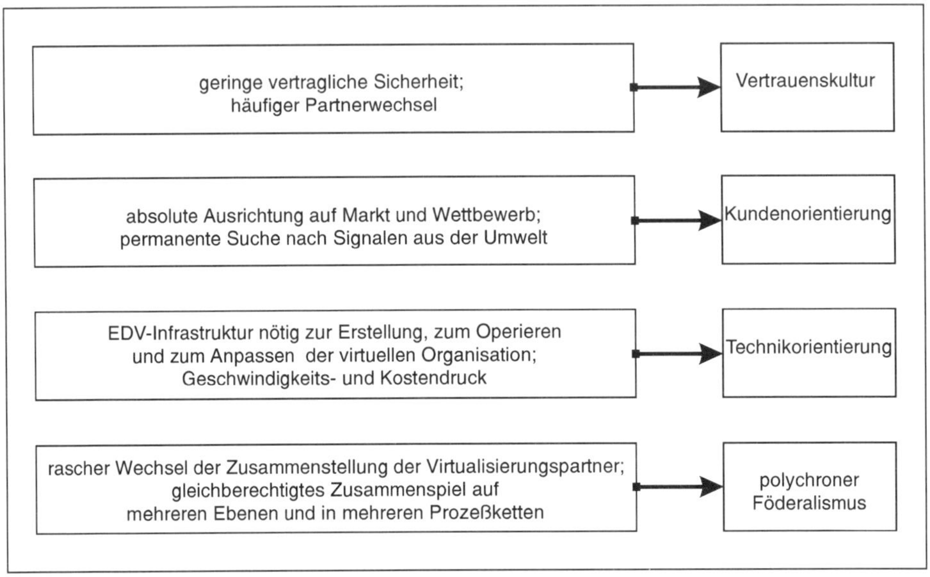

Abbildung 7.5: Kulturimplikationen virtueller Organisationen

Auch wenn im Rahmen der *Strategischen Organisation* die **Landeskultur** weitgehend ausgespart bleibt, bietet sich doch an dieser Stelle ein entsprechender Querverweis an: Es scheint nämlich, daß die Landeskultur den Aufbau virtueller Organisationen in einem extremen Ausmaß beeinflußt, also fördert oder verhindert. So läßt sich am Beispiel der virtuellen Personalabteilung (vgl. *Scholz* 1995d) deutlich zeigen, daß Landeskulturen wie die Frankreichs und Deutschlands die Realisierung solcher virtuellen Personalabteilungen im erheblichen Ausmaß beeinflussen (vgl. *Barmeyer/Stein* 1996). Auf der Grundlage theoretischer Erkenntnisse zum interkulturellen Management lassen sich generalisierend die komparativen Vorteile Frankreichs (F) und Deutschlands (D) darstellen und auf virtuelle Organisationen übertragen (Übersicht 7.2).

Es zeigt sich, daß in diesem Beispiel sowohl Frankreich als auch Deutschland spezifische landeskulturelle Faktoren aufweisen, die virtuelle Organisationen begünstigen, etwa Frankreichs polychrone Mentalität oder Deutschlands föderalistische Grundorientierung.

Bereich	„Befund“	Komparativer Vorteil bezüglich der virtuellen Personalabteilung für
Vertrauenskultur	F: personenbezogene Complicité, hoher Kontext D: sachbezogene Zuverlässigkeit, niedriger Kontext	F: Persönliche Vertrauenskultur ermöglicht Aufrechterhaltung von Beziehungsnetzen über das ganze Unternehmen hinweg D: Vertrauen im sachlichen Arbeitskontext begünstigt sichere Identifikation von Kernkompetenzträgern
Kunden-orientierung	F: differenzierte Dienstleistungsmentalität mit „Logique de l'honneur“ D: Anspruchsdenken und Orientierung an der Produktqualität	F: trotz bestehender Suboptimalitäten mehr Dienstleistungsbereitschaft, Kundenorientierung und intrinsische Motivation zur Teilnahme an der virtuellen Organisation
technisch/rechtlich	F: geringere mentale Barrieren bezüglich der Nutzung von Technologien D: Datensicherheit hoch, geringere Informationstechnologie-Akzeptanz und -gewöhnung	F: Begünstigung der computergestützten Teamzusammenstellung und Aufgabenbearbeitung D: Probleme der Datensicherheit in sensiblen, hochflexiblen Bereichen eher lösbar
polychroner Föderalismus	F: zentralistisch D: föderalistisch F: informelle Beziehungsstruktur, „Système D“ D: formales Organigramm, Unsicherheitsvermeidung, „Schema F“ F: Generalisten D: Spezialisten F: polychron D: monochron	D: Föderalismus entspricht der Grundstruktur virtueller Abteilungen durch Vermeidung einer Abhängigkeit von Autoritäten F: flexiblere „Partnersuche“, leichteres Wechseln in andere Aufgabenbereiche F: „Jede Führungskraft ein Personalmanager“ leichter umsetzbar F: Spontanität und Flexibilität bei der Mitarbeit an mehreren Aufgaben gleichzeitig sowie der Integration mehrerer Teil-Identitäten zu einer Abteilungsidentität gegeben

Übersicht 7.2: Begünstigung der virtuellen Organisation durch die Landeskultur (modifiziert nach Barmeyer/Stein 1996, 44)

7.1.3.4 Spieltheorie: Die strategische Interaktion

Virtual organizations perform best with shared goals. (Coyle/Schnarr 1995, 41)

Die Spieltheorie beschäftigt sich mit **alternativen Strategien** zweier oder mehrerer Spieler. Ein Spiel läßt sich als konfliktäre Entscheidungssituation zwischen interagierenden Entscheidungsträgern über folgende Bedingungen charakterisieren (vgl. *Ackoff* 1962, 36-39):
– Jeder Entscheidungsträger verfügt über zwei oder mehr spezifizierte Alternativen,
– jede denkbare Kombination dieser Alternativen führt zu einem eindeutigen Endstand (Spielende) und
– für jeden Endstand kann eine Auszahlung spezifiziert werden.
Hinsichtlich der **Entscheidungssituation** bestehen zwei Alternativen: Zum einen können die Spieler sich bezüglich der Alternativenwahl des Gegners *sicher* sein. Zum anderen – und das ist die interessantere Situation – verfügen die Spieler über keinerlei Information über die Entscheidung des Gegners, treffen also ihre eigene Wahl *unter Unsicherheit.*

Die beiden Spieler werden nun versuchen, für ihre Entscheidung eine optimale Strategie zu ermitteln, um ein bestimmtes Spielergebnis, z.B. den maximalen Gewinn, zu sichern. Hat ein solches Spiel eine eindeutige Lösung, spricht man von einem Spiel mit Sattelpunkt.

> Das klassische Beispiel ist als *Gefangenendilemma* bekannt. Zwei Gefangene, die gemeinsam ein Delikt begangen haben, werden getrennt voneinander vor die Alternativen gestellt, ein Geständnis abzulegen oder zu leugnen. Gesteht nur einer der beiden, würde dieser freigelassen, während der andere zu sechs Monaten Haft verurteilt wird. Gestehen beide, werden sie für jeweils drei Monate eingesperrt. Leugnet allerdings jeder der zwei, werden beide jeweils nur einen Monat lang festgehalten. Unabhängig davon, wie sich der Mitgefangene entscheidet, wird jeder durch ein Geständnis bessergestellt. Da dies für beide Gefangene gilt, werden sie dann zu einer Strafe von jeweils drei Monaten verurteilt. Hätten sie einander vertrauen können und beide geleugnet, wäre die einmonatige Haft das deutlich wünschenswertere Ergebnis gewesen.

Dieses Beispiel veranschaulicht die Bedeutung der **Spielhäufigkeit**: Wird ein Spiel nur einmal gespielt, ist es für beide Spieler vorteilhafter, die (pareto-ineffiziente) „Strategie des Abspringens" – im obigen Beispiel des Gestehens – zu wählen, solange keine Beeinflussungsmöglichkeit besteht (vgl. *Varian* 1991, 449). Anders hingegen bei einem (unendlich oft) wiederholten Spiel, für das *Axelrod* (1984) über ein Computer-Experiment demonstrierte, daß die einfachste Strategie auch die siegreichste war: In der ersten Runde wird kooperiert, um anschließend jede Nicht-Kooperation des Gegners in der folgenden Runde mit einem „wie Du mir, so ich Dir"-Zug zu beantworten. Diese Strategie beinhaltet sowohl die unmittelbare Strafe für *unkooperatives Verhalten* als auch eine Geste des Verzeihens, da das gegnerische Fehlverhalten nur einmal sanktioniert wird. Dieser Mechanismus ist also bei unbestimmter Spieldauer hervorragend geeignet, ein effizientes Ergebnis zu erzielen, indem *Vertrauen* zwischen den Beteiligten geschaffen wird und sie sich somit von Gegnern zu Kooperationspartnern entwickeln.

Dieses Konzept läßt sich jetzt für die **virtuelle Organisation** anwenden:

Zumindest für die *intraorganisationale* Virtualität (virtuelle Abteilung, virtuelles Büro) sind Akzeptanz und Einhaltung der für Vertrauen notwendigen Spielregeln zu erwarten. Problematischer erscheint dies aber bei *interorganisationaler* Virtualität, wenn sich in virtuellen Unternehmen die Partner nicht gut kennen und von vornherein nur ein Interesse an einer kurzfristigen Zusammenarbeit haben. Die Angst oder die Ungewißheit darüber, ob das den Partnern entgegengebrachte Vertrauen nicht nur während, sondern auch nach Auflösung der virtuellen Organisation mißbraucht wird, könnte den Aufbau einer Vertrauenskultur unmöglich machen. Die einzige Garantie liegt in dem Wissen, daß der Einsatz jedes Partners so hoch ist, daß sich ein einseitiger Vertrauensbruch nicht auszahlen, sondern zu einer entsprechenden Reaktion der übrigen Partner führen würde. Ob ein solches, auf dem „Prinzip der Abschreckung" beruhendes Vertrauen aber praktikabel ist, muß bezweifelt werden. Nötig ist daher bereits bei der Einführung der virtuellen Organisation ein bewußt gestalteter Entwicklungsprozeß. Auf diese Weise kann sich die virtuelle Organisation von vornherein zu einem unendlich wiederholten Spiel entwickeln.

7.1.3.5 Transaktionskostentheorie: Die kostenminimierende Institutionalisierung

Eine Analyse der virtuellen Organisation unter transaktionskostentheoretischer Perspektive kann nur eine komparatistische Untersuchung sein (vgl. *Williamson* 1996, 136): Im Vordergrund steht die Frage, unter welchen Bedingungen die virtuelle Organisation ein kostenminimales institutionelles Arrangement für die Abwicklung von Transaktionen darstellt. In Abschnitt 3.3.2.1 sind die Vorgehensweise der Transaktionskostentheorie sowie insbesondere die sieben Bestandteile der Analyse bereits skizziert worden.

Ein sinnvolles Vergleichsobjekt findet sich in einem Konzept, das einerseits von seiner Konzeptionierung nahe an der Konzeptionierung der virtuellen Organisation liegt, andererseits bereits selbst Gegenstand transaktionskostentheoretischer Betrachtungen war: die *strategische Allianz* (vgl. *Parkhe* 1993). Kern der Fragestellung ist also, ob die virtuelle Organisation im Vergleich zur strategischen Allianz vorteilhaft ist, beurteilt nach dem Kriterium der Summe der Produktions- und Transaktionskosten bei einer gegebenen Transaktion, wobei für die relative Vorteilhaftigkeit bereits Tendenzaussagen ausreichen (vgl. *Ebers/Gotsch* 1993, 219). Dabei wird davon ausgegangen, daß die durch den Transaktionskostenansatz getroffenen Verhaltensannahmen begrenzte Rationalität, Opportunismus sowie Risikoneutralität für die Akteure zutreffen.

Die gegebene Transaktion besteht in der partnerschaftlichen Erstellung eines Produktes oder einer Dienstleistung. Ceteris paribus hängt die Höhe der Produktions- und Transaktionskosten von den unterschiedlichen Charakteristika des institutionellen Arrangements (vgl. *Williamson* 1991, 277-281) ab.

Die **Anreizintensität** bezieht sich auf die dem institutionellen Arrangement immanenten Anreize, Ressourcen sparsam einzusetzen und opportunistisches Verhalten durch dessen Kopplung mit Kosten zu vermeiden. Die virtuelle Organisation als temporäre Partnerschaft von Kernkompetenzträgern ist hier gegenüber der strategischen Allianz als vertraglich kodifizierte Kooperation zum Erreichen strategischer Ziele im Vorteil: Während bei der strategischen Allianz Entscheidungen über die Ressourcenallokation auch unter politischen Gesichtspunkten getroffen werden, ist bei der virtuellen Organisation die Ressourcenallokation auf der Basis von Effizienzkriterien bei jedem der beteiligten Partner selbst zu treffen. Jede Reduktion der Nettokosten wirkt sich direkt bei den Transaktionspartnern aus und wird nicht erst innerhalb einer Kooperation verrechnet; zudem ist bei der virtuellen Organisation der Konkurrenzdruck bei vorhandenen und potentiellen Kernkompetenzträgern höher, der dazu führt, daß ressourcenverschwendende Partner der virtuellen Organisation (durchaus *neo-darwinistisch*) substituiert werden.

Darüber hinaus verfügt die virtuelle Organisation über einen Vorteil, den die strategische Allianz nicht in dieser Konsequenz aufweist: Die virtuelle Organisation generiert durch die potentiell unbeschränkte Kombination der Leistungsmodule mittels der vorhandenen Interaktionskomplexität Varietät. Die strategische Allianz dagegen ist eher durch die vertraglich festgelegte ex ante-Bestimmung eines Leistungsprogramms in ihrer Varietätsgenerierung eingeschränkt. Da diese *Varietätsgenerierung* weitere Synergiepotentiale für die teilnehmenden Virtualisierungspartner erschließt, besteht kein Anreiz, opportunistisches Verhalten beispielsweise in Form der Zurückhaltung innovativer Leistungsmodule zu zeigen.

Vorhandene **Kontrollmechanismen** wirken sich darauf aus, wie effizient die Probleme des Opportunismus der Akteure durch Verhaltenskontrolle reduziert werden. Auch hier läßt sich der Vorteil der virtuellen Organisation gegenüber der strategischen Allianz belegen: In der strategischen Allianz werden die Leistungsmodule der Partner vertraglich definiert, was die Überwachung und Durchsetzung der Vertragsinhalte kostengünstig macht. Außerdem existiert mit der Drohung der Aufkündigung der strategischen Allianz ein Sanktionsmechanismus, der das Verhalten kontrolliert. Demgegenüber nimmt in der virtuellen Organisation die *Vertrauenskultur* die verhaltenskontrollierende Rolle ein und bewirkt im Idealfall eine Reduzierung vorhandener Unsicherheit, wodurch keine zusätzlichen Kosten für Regelungssysteme anfallen. Da die Kontrolle des Erfolges virtueller Organisationen von der Idee her recht schnell über den Markt erfolgt, ist hier auch eine Nähe zu den geringen Kontrollkosten eines marktlichen Arrangements festzustellen.

Die **Anpassungsfähigkeit** betrifft die Tatsache, daß die aufgrund der begrenzten Rationalität der Transaktionspartner unvollständigen Verträge im Laufe der Zusammenarbeit an neue Bedingungen angepaßt werden müssen. Je leichter ein institutionelles Arrangement sich einseitig oder in Abstimmung der Partner anpassen kann, desto geringere Transaktionskosten entstehen. Die strategische Allianz weist hier einen komparativen Vorteil bezüglich der bilateralen Anpassungsfähigkeit auf, da innerhalb der Allianz Informationen über die vorhandenen Leistungspotentiale leichter erhältlich sind als in der virtuellen Organisation. Der Vorteil der virtuellen Organisation zeigt sich an anderer Stelle: Vertragsanpassungen fallen hier gar nicht an, da keine zusätzlichen rechtlichen Vereinbarungen getroffen werden, um die virtuelle Organisation zu bilden. Außerdem sind im Extremfall gar keine Anpassungen notwendig, wenn es durch den Wechsel von Kompetenzträgern zum Ausscheiden der nicht mehr zu virtuellen Organisation passenden kommt.

Bezüglich der **Kosten der Einrichtung und Nutzung** des institutionellen Arrangements selbst fallen bei der strategischen Allianz die juristischen Verträge und die Etablierung der Steuerungs- und Kontrollsysteme an. Die strategische Allianz erlangt dadurch zwar den Vorteil, daß sie durch konkretere Partnerschaftsvertäge ihre einzurichtenden Systeme ex ante dimensionieren und günstig gestalten kann. Dennoch entfallen diese entsprechenden Kosten im wesentlichen bei der virtuellen Organisation. Die Suchkosten nach Partnern sind bei der virtuellen Organisation im Vergleich zur strategischen Allianz ebenfalls nicht höher einzuschätzen. Die Partner werden tendenziell in dem Moment ausgetauscht, in dem sie keine Kernkompetenzträger mehr sind; dies geht mit einer Selbstselektion der Partner einher, die lediglich minimale Kosten verursacht.

Weiterhin müssen strategische Allianzen vor der Aufnahme ihrer Tätigkeit häufig noch in als strategisch erkannte Potentiale und Synergien investieren. Bei der virtuellen Organisation sind die Investitionen in Kernkompetenzen jedoch bereits durch die Partner getätigt, denn sonst würden sie nicht Partner der virtuellen Organisation werden. Ein letztes Argument ist, daß die Bildung einer virtuellen Organisation aufgrund der temporären Ausgestaltung und potentiellen Kurzfristigkeit häufiger geschieht, so daß sich hier Lerneffekte ergeben. So gesehen ist auch der Entstehungsprozeß einer virtuellen Organisation im Vergleich mit der strategischen Allianz als vorteilhaft anzusehen.

7.1.3.6 Regelkreistheorie: Die duale Regelung

Die virtuelle Organisation erscheint hinsichtlich ihrer Durchführungskonzeption auf den ersten Blick nicht mehr als eine Kombination aus modernen Ablaufkonzepten wie Business Reengineering und strategischen Ablaufkonzepten wie der Wertschöpfungskette zu sein. Es ist in der Tat auch so, daß die virtuelle Organisation hier in der Tradition dieser innovativen Gestaltungsansätze steht. Allerdings existieren **zwei zentrale Unterschiede**:

Zum ersten weist die virtuelle Organisation entscheidend *weniger neotayloristische Züge* auf als beispielsweise das Business Reengineering. Es steht kein Menschenbild im Vordergrund, das die Organisationsmitglieder in solche einteilt, die schwierigere Aufgaben bewältigen können, und in solche, die die Routinetätigkeiten ausführen sollen. Im Gegenteil fordert die virtuelle Organisation von ihren Partnern jederzeit einen exzellenten Problemlösungsbeitrag und übt damit einen impliziten Zwang zur ständigen Qualifikation und Effizienzsteigerung aus. Damit werden selbst die anfallenden Routinetätigkeiten nicht als minderwertig abqualifiziert, sondern in ihrer Bedeutung den weiteren benötigten Kernkompetenzen gleichgestellt.

Der zweite Unterschied bezieht sich darauf, daß die bisherigen Ablauforganisationskonzepte zwar ein permanentes Überdenken der Prozesse fordern, jedoch keine Anreizsysteme bereitstellen, diese *permanente Reflexion* auch durchzuführen. Daher werden die modernen Abläufe zwar in einem radikalen Prozeß vollständig neu gestaltet, bleiben nach der Implementierung jedoch über eine längere Zeit hinweg konstant. Das „Clock-Building" statt dem „Time-Telling" (*Collins/Porras* 1994, 22-42) wird zwar ausgeführt, jedoch als singuläres Ereignis, bis die für gut befundene Organisation läuft. Dieser Punkt ist insbesondere dann gegeben, wenn ein solcher Reorganisationsprozeß von externen Beratern unterstützt oder durchgeführt wird und diese dann ihre Arbeit in der Organisation abschließen. Bei der virtuellen Organisation dagegen findet auch die *Ablaufgestaltung* ständig statt, und zwar in einer zeitlich helikalen (spiralförmigen) Struktur: Da nur Kernkompetenzträger in der virtuellen Organisation einen Platz finden, ist es jederzeit möglich, bei Erkennen eines neuen Kernkompetenzträgers alte auszutauschen. Die virtuelle Organisation als Uhr ändert ihre Komponenten und damit zusammenhängend auch ihre Prozesse, so daß sie auf den jeweils neuesten Stand der Leistungserstellung gelangen kann. Der Grund, daß die Partner dieses Vorgehen akzeptieren und daran teilnehmen, liegt darin, daß sie jeder für sich nicht nur Virtualisierungspartner, sondern parallel dazu noch selbständig in ihrem Kerngeschäft sind und somit ein anderes Standbein haben. Die Virtualisierungsidee ist für sie ein Zusatznutzen, den sie sich temporär sichern können.

Eine **Konsequenz** dieser Überlegungen ist, daß der Aspekt der regelkreisgesteuerten Leistungserstellung bei der virtuellen Organisation einen neuen Fokus bekommt: Erstens können sich die Führungsgrößen und Entscheidungsvektoren der Regler im System der virtuellen Organisation in Abhängigkeit von den jeweiligen Partnern und deren Gestaltungsideen sehr kurzfristig ändern. Zweitens werden die Führungsgrößen nicht mehr nur von einer externen Steuerungseinheit vorgegeben, sondern durch die Regelstrecke selbst: Die virtuelle Organisation verfügt über eine *duale Regelung*, in der die Zielvorstellungen innerhalb des heterarchisch strukturierten Systems entstehen. Und drittens muß auch aus der kybernetischen Perspektive eine Passung verschiedener Regelkreise realisiert werden, damit die Regelkreise der einzelnen Partner zu einem Gesamtregelungssystem zusammengefaßt werden können, ohne jedoch auf ein Metaregelungssystem zurückzugreifen.

Die Lösung der letztgenannten Herausforderung nimmt im wesentlichen die Zusatzspezifika einer virtuellen Organisation, die technologisch-informatorische Vernetzung sowie die Vertrauenskultur, in Anspruch.

7.1.3.7 Lerntheorie: Die kontinuierliche Potentialentwicklung

Here everyone becomes a teacher, everyone a learner. All share their knowledge together in their common infrastructure, the internet. (Grenier/Metes 1995, 246)

Wie bereits in Kapitel 6 dargestellt, bedarf es einer bewußten Institutionalisierung des organisatorischen Lernens, um über die intelligente Organisation einen Wertschöpfungsbeitrag zu realisieren. Zahlreiche Manager sind heute der Auffassung, daß der Wandel in Richtung zu einer lernenden Organisation eine ähnlich hohe Priorität besitzt wie beispielsweise die Kundenorientierung.

Wichtig in diesem Zusammenhang ist die Unterscheidung zwischen virtuellem Lernen und der lernenden virtuellen Organisation:

Virtuelles Lernen bezieht sich auf die Virtualisierung des Lernvorgangs – beispielsweise als virtuelles Klassenzimmer. Ähnlich wie bei einem virtuellen Büro geht es darum, bestimmte physikalische Attribute (beispielsweise Lernorte) zu virtualisieren, um ein entsprechendes Lernfeld zu kreieren.

Das **Lernen in der virtuellen Organisation** zielt dagegen auf Intelligenzverstärkung in der virtuellen Organisation ab, beispielsweise um
- eine Teamkultur zu errichten,
- die intra- und interorganisatorischen Aktivitäten zu unterstützen und
- die Entwicklung und den Ausbau von Kernkompetenzen zu fördern.

Hier wird die unmittelbare Parallelität von organisatorischer Virtualisierung und Lernen deutlich: Beide zielen auf eine synergetische Verbindung, die im Ergebnis mehr als die Addition individueller Leistungen ist.

Da generell die Idee der virtuellen Organisation noch relativ neu ist, fehlt es an Literatur zum Lernen. Eine Ausnahme ist der **Vorschlag** von *Grenier* und *Metes* (1995, 243-267), der primär darauf abstellt, daß durch ein virtuelles Lernumfeld auch virtuelle Optionen des Lernens zu schaffen sind. So ist in virtuellen Situationen Lernen am besten in einer gemeinsamen Umgebung (beispielsweise dem Internet) über dieselben Werkzeuge (beispielsweise der E-Mail) während der (gemeinsamen) Arbeit zu realisieren. Die Lernaktivitäten basieren auf einer Netzwerkinfrastruktur, die auch bei den meisten virtuellen Tätigkeiten Anwendung finden, wie Informationssysteme, Groupware oder gemeinsame Datenbanken. Drahtlose Kommunikation und ein weltweites Telefonsystem ermöglichen somit einen allgegenwärtigen Zugang zu einem Teamnetzwerk. Insgesamt ergibt sich dabei die Einheit zwischen Arbeit und Lernen als integrierter und simultaner Prozeß. Gleichzeitig verdrängt kontinuierliches Lernen die isolierten Lern-Ereignisse (Lern-Events). Ermöglicht wird dies vor allem über die Informations- und Kommunikationsinfrastruktur.

Die virtuelle Organisation ist somit ein System, das über interaktive Informationsteilung und Kooperation in der Lage ist, die durch in Abschnitt 6 beschriebenen Lernprozesse erworbenen Kernkompetenzen synergetisch zu kombinieren.

7.1.3.8 Organisationstheorie: Sphärische Netze

Im Abschnitt 3.1.1.2.3 wurde das Konzept des *multifirm spherical network* erläutert, das eine starke Nähe zu der Idee der virtuellen Organisation hat. Deshalb ist es möglich, auch auf die theoretische Grundlage zurückzugreifen, die mit dem mulitfirm spherical network verbunden ist. Hier sind insbesondere zwei Barrieren zu beachten, nämlich

– die *intellektuelle Barriere*, die trotz der Nähe der sphärischen Netzwerk-Struktur zur traditionellen Netzwerk-Struktur für Manager den Umgang mit Einzelorganisationen erschwert, deren Produktionsfaktoren über mehrere Organisationen verteilt sind, sowie
– die *Einstellungsbarriere*, die aus konfliktären Menschenbildern und Führungsstilen resultiert und bewirkt, daß Manager diese neuen Strukturen gar nicht aufbauen wollen.

Die Frage ist jetzt, wie diese Barrieren überwunden werden können. Insbesondere die **„Human-Investitionen-Philosophie"** kann als theoretisches Konstrukt einen Ansatz dazu liefern. Diese fußt dabei auf drei grundlegenden Bestandteilen (vgl. *Miles/Snow* 1995, 11):

Annahmen werden dahingehend getroffen, daß die meisten Personen zur Organisationsentwicklung beitragen und als Partner hinsichtlich ihrer eigenen Entwicklung handeln wollen. Sie verfügen auch über die Fähigkeiten, kontinuierlich ihre technischen Fertigkeiten, ihre Selbst-Management-Kompetenz sowie ihr Verständnis der Geschäftstätigkeit weiterzuentwickeln. Weiterhin werden die meisten Personen, sowohl innerhalb des Netzwerk-Unternehmens als auch in gegenwärtigen und zukünftigen Partnerunternehmen, als vertrauenswürdig angesehen und vertrauen ihrerseits in ihre partnerschaftlichen Verbindungen. Sie können und werden effektive Partnerschafts-Management-Fertigkeiten entwickeln.

Personalpolitische Aussagen betreffen die Rolle der Manager: Sie müssen Humanpotentiale aus der Perspektive eines risikofreudigen internen Unternehmers betrachten, der durch Investitionen in ihre langfristige Ausbildung die operativen und unternehmerischen Stärken der Organisationsmitglieder aufbaut. Ferner müssen sie bei der Suche nach Möglichkeiten, neue Fertigkeiten zu praktizieren und neues Wissen einzuüben, als Partner der einzelnen Angestellten und selbststeuernden Teams auftreten sowie bereit sein, Investitionen in technische und zur Lenkung notwendige Fertigkeiten innerhalb anderer Unternehmen des Netzwerkes zu tätigen.

Erwartungen im Rahmen dieser Philosophie beinhalten, daß anhaltende, umfangreiche Investitionen in das Humanpotential zu einer erhöhten Anpassungsfähigkeit durch die Schaffung von breit gestreuten Fertigkeits- und Wissensreserven führen – zu einer lernenden Organisation. Dahinter steht die Idee, daß, je kompetenter die eigene Organisation des Managers ist, sich um so leichter und effektiver Netzwerkverbindungen knüpfen lassen.

Die virtuelle Organisation könnte durchaus als ein multifirm spherical network gedeutet werden. Der wesentliche Unterschied ergibt sich daraus, daß das sphärische Netzwerk vor allem auf die Flexibilität der Ressourcenallokation unabhängig von der Eigentumsfrage der Ressource abstellt, wohingegen die virtuelle Organisation die Flexibilität auf die Partner bezieht. Beim sphärischen Netzwerk ist also eine größere Konstanz der Teilnehmerpools zu erwarten als bei der virtuellen Organisation. Die Human-Investitionen-Philosophie stellt jedoch Aussagen zusammen, die vollständig auch in der virtuellen Organisation Anwendung finden können.

7.1.3.9 Zwischenergebnis

Die vorangegangenen Ausführungen haben gezeigt, daß es, ausgehend von den Charakteristika der virtuellen Organisation durchaus Ansatzpunkte für eine theoriebasierte Auseinandersetzung mit der virtuellen Organisation gibt (vgl. Abbildung 7.6).

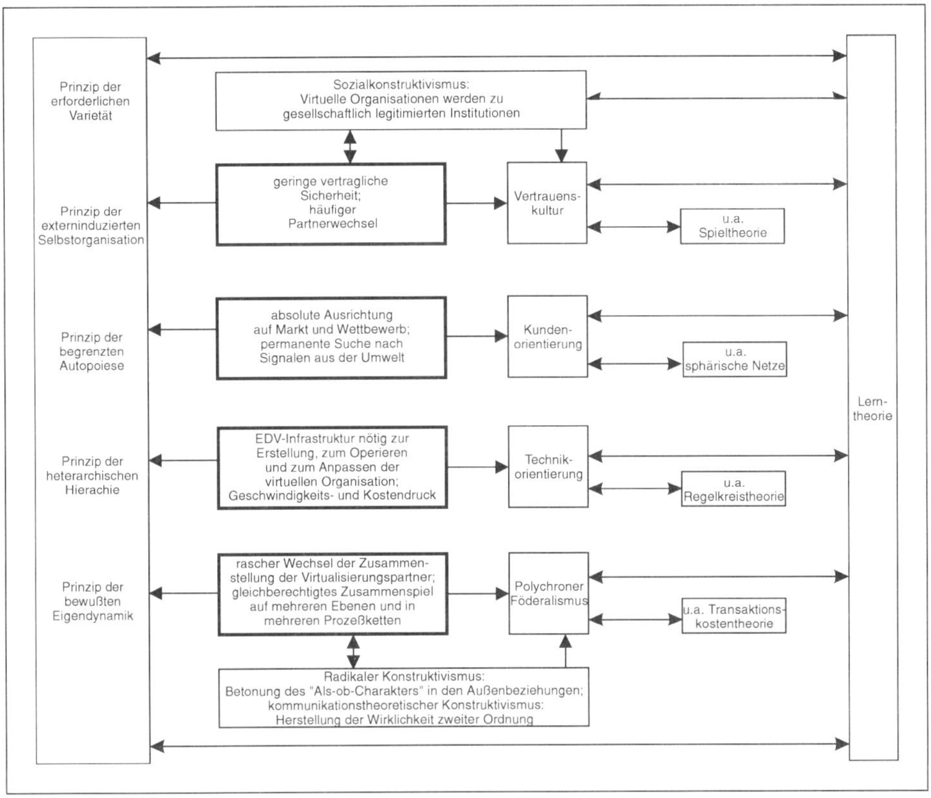

Abbildung 7.6: Theorieelemente der virtuellen Organisation

Die getroffenen Aussagen sind vom wissenschaftstheoretischen Standpunkt aus unterschiedlich zu bewerten: Die systemtheoretischen Prinzipien machen Aussagen darüber, wie virtuelle Organisationen zu konkretisieren sind, wollen sie tatsächlich vitale Systeme werden. Die konstruktivistische Perspektive befaßt sich unter anderem mit dem gesellschaftlichen Legitimationprozeß als einer notwendigen Voraussetzung für eine virtuelle Organisation. Analog zur systemtheoretischen Überlegung folgen aus den Charakteristika der virtuellen Organisation auch organisationskulturelle Spezifika, wobei jeweils Teilaspekte durch die Spieltheorie, die sphärischen Netze, die Regelkreistheorie und die Transaktionskostentheorie konkretisiert und instrumentalisiert werden. Den Rahmen dazu bildet die Lerntheorie.

7.1.4 Konsequenz: Das Prinzip organisatorischer Virtualisierung

> *Today, the virtual label is used to describe everything from virtual co-existence to virtual offices to virtual communities. It's enough to confuse virtually any prospective virtual manager. (Bottoms 1994, 61)*

Die große Gefahr bei der Virtualisierungsidee besteht in einer unspezifiziert-vagen Übernahme der Grundidee. Das Ergebnis ist dann eine Organisation, die sich zwar durch den Verzicht auf klassische Organisationsattribute auszeichnet, nicht aber die erforderlichen Zusatzmerkmale generiert. Das Prinzip der organisatorischen Virtualisierung will diese Gefahr reduzieren.

Prinzip der organisatorischen Virtualisierung
Wenn eine organisatorische Virtualisierung vorgenommen wird, müssen die vier Virtualisierungsmerkmale bewußt berücksichtigt und herbeigeführt werden, da andernfalls die Vitalität der Organisation gefährdet ist. „Virtualisierungsmerkmale" sind Identifikation der konstituierenden Charakteristika, deren Beibehaltung bei gleichzeitigen Verzicht auf physikalische Attribute, Einsatz von Zusatzspezifikationen zur Unterstützung der notwendigen Selbstorganisationsprozesse sowie Spezifikation der erhofften Nutzenvorteile als Effektivitätskriterium.

Das Prinzip der organisatorischen Virtualisierung gibt – bei allen verbleibenden Abgrenzungsproblemen zu anderen Organisationsformen – erste allgemeine Hinweise zur Gestaltung von virtuellen Organisationen. Diese lassen sich präzisieren, wenn man sich statt mit der virtuellen Organisation konkret mit diversen Realisierungen beschäftigt, also beispielsweise mit virtuellen Unternehmen, virtuellen Abteilungen oder virtuellen Büros.

Im Zuge dieser Präzisierung ergeben sich für die virtuelle Organisation **zwei** unterschiedliche **Fragestellungen**: In einem Fall steht das Schaffen eines computerisierten Objektes (*Virtual Reality*) im Vordergrund, indem man versucht, organisatorische Aspekte im Computer nachzubilden. Im anderen Fall werden Organisationen und speziell Organisationszusammenschlüsse tatsächlich neu gestaltet, wobei der Fokus auf den *Kernkompetenzen* und ihrer synergetischen Verbindung liegt.

Beide Fragestellungen können zum einen als *Teilaspekt* intraorganisatorisch beantwortet werden, wenn etwa ein virtuelles Büro im Computer entsteht oder tatsächlich eine virtuelle Abteilung eingerichtet wird; zum anderen könnten sie als *Gesamtperspektive* die Organisationsgrenzen erreichen und interorganisatorische als virtuelles Einzelunternehmen oder als virtuelles Verbundunternehmen auftreten. Übersicht 7.3 zeigt diese zwei Dimensionen, die nachfolgend näher betrachtet werden.

	Teilperspektive	Gesamtperspektive
Fokus auf Virtual Reality (Organisationsnachbildung)	virtuelles Büro (Abschnitt 7.2.2.1)	virtuelles Einzelunternehmen (Abschnitt 7.2.2.2)
Fokus auf Kernkompetenz (Organisationsneugestaltung)	virtuelle Abteilung (Abschnitt 7.3.2.1)	virtuelles Verbundunternehmen (Abschnitt 7.3.2.2)

Übersicht 7.3: Ansatzpunkte für virtuelle Organisationen

7.2 Fokus auf Virtual Reality: Organisationsnachbildung

The concept of „cyberspace" is crucial to an understanding of virtual organizational forms. Put simply, cyberspace refers to the medium in which communications flow and computer software operates. (Barnatt 1995, 83)

7.2.1 Grundidee

Die erste Form der organisatorischen Virtualisierung ergibt sich aus der Betonung der Virtual Reality. In diesem Fall wird versucht, eine organisatorische Einheit ganz oder teilweise in den Computer zu verlagern. Durch eine mehr oder weniger ausgeprägte VR-Technologie wird also das entsprechende Objekt nachgebildet. Eine solche Organisationsnachbildung setzt die stringente Umsetzung der zuvor definierten *vier Merkmale* voraus. Dies beginnt mit der Bestimmung der konstituierenden Merkmale der „nicht-virtuellen" Organisationseinheit (die bei deren Virtualisierung nicht wegfallen) und reicht bis zum realisierbaren Zusatznutzen.

Im Rahmen der VR-Fokussierung sollen die Möglichkeiten der multimedialen Vernetzung die Geschwindigkeit des Informationsaustausches steigern, damit die Wissensbasis vergrößern und Lernprozesse einleiten. Zudem führt die Verbesserung der Abstimmung von Individuen und Institutionen ohne räumliche und zeitliche Einheit der Faktorbereitstellungs- und Faktorkombinationsprozesse zu einer effektiveren und effizienteren Ressourcennutzung (vgl. z.B. *Palupski* 1995; *Reichwald/Schulte/Oldenburg* 1995).

7.2.2 Manifestation

Die Organisationsnachbildung durch Virtualisierung kann sich auf unterschiedlichste Objekte beziehen. Nachfolgend werden mit dem virtuellen Büro und dem virtuellen Einzelunternehmen zwei Beispiele konkretisiert, die – weil thematisch weit auseinanderliegend – das Spektrum der Virtualisierungsmöglichkeiten illustrieren können. Gemeinsam ist beiden Beispielen, daß im Regelfall lediglich die räumliche Dimension virtualisiert wird, die Menschen als Akteure aber weiterhin erhalten bleiben. Gemeinsam ist den beiden Beispielen auch, daß neben der technischen Dimension vor allem die organisatorischen Aspekte bis hin zur Schaffung einer künstlichen Erlebniswelt von Bedeutung sind.

7.2.2.1 Das virtuelle Büro

Sieht man das Büro als eine institutionalisierte Organisation von Menschen und Sachmitteln an einem Ort zur Produktion, Verwaltung und Kommunikation an, so entsteht durch die räumliche Verbundenheit der in einem Büro angesiedelten Arbeitsplätze ein soziotechnisches System, das in besonderer Weise den arbeitsteiligen Prozeß zwischen den Beteiligten unterstützt: Hier finden nicht nur formelle Kommunikationsprozesse, sondern auch informelle „face-to-face"-Kommunikationsvorgänge und nonverbale Interaktionsprozesse statt (vgl. z.B. *Greengard* 1994, 70).

„Büro" ist damit mehr als eine automatisierbare Fließbandbearbeitung von Dokumenten. Es sind gerade die nicht vorstrukturierten Kontakte zwischen den Betroffenen, die in Verbindung mit der vollorganisierten Grundstruktur und der technologischen Basis die Effizienz und Effektivität eines Büros bestimmen.

Beginnt man mit der Nachbildung eines virtuellen Büros entsprechend den in Kapitel 7.1.2 eingeführten vier Merkmalen, so gilt es als erstes die **konstituierenden Charakteristika** eines Büros zu extrahieren. Dies sind primär
- die sequentielle, aber teilweise auch zeitgleiche Bearbeitung von Dokumenten durch mehrere Personen in einem arbeitsteiligen Prozeß und
- informelle „face-to-face"-Kommunikation zwischen den im Büro Tätigen.

Sicherlich gibt es noch weitere Merkmale eines Büros, von der Kaffeemaschine bis zum Büroklatsch als „social noise". Trotzdem sollen die beiden genannten Merkmale wegen ihrer weitreichenden Aussagekraft als ausreichend angesehen werden.

Analog dazu läßt sich die zweite Merkmalsgruppe, die zu ersetzenden **physikalischen Attribute,** behandeln. Dies ist in diesem Fall vor allem die räumliche Verbundenheit der Akteure. Will man ein Büro virtualisieren, so bedeutet dies zunächst primär Verzicht auf die räumliche Nähe, wobei aber deren positive Effekte erhalten bleiben.

Eine besonders extreme Form der Virtualisierung erfahren virtuelle Büros, wenn man sie mit den Möglichkeiten der virtuellen Realität kombiniert. Beispielsweise wäre es dann denkbar, daß sich Mitarbeiter nicht nur per Datenfernübertragung von einem fremden Ort Zugang zu einer Datenbank verschaffen, sondern ihr eigenes Büro mit Schreibtisch, Telefon und Aktenordnern virtuell erfahren und in einer Weise mit diesen Materialien arbeiten könnten, als wären sie selbst an diesem Ort physisch anwesend (vgl. z.B. *Krcmar/Lewe/Schwabe* 1995, 20).

> *Crichton* (1994) schildert in seinem Roman „Enthüllung" ein virtuelles Büro: Ein Ingenieur, ausgestattet mit Datenhelm und Datenhandschuh, auf einem Laufband, unternimmt gemeinsam mit einer Kollegin eine virtuelle Reise in eine Unternehmensdatenbank in New York. Visuell in Form einer Bibliothek mit entsprechenden Abteilungen für Personal, Finanzierung, Marketing und Technik dargestellt, sind Daten in Form von Büchern in Regalen, Aktenordnern und Hän-

geregistraturen zugänglich. Während ihrer Suche begegnen sie dem Entwickler der Datenbank, der zum selben Zeitpunkt in New York ebenfalls mit entsprechender VR-Ausrüstung die Datenbank durchsucht. Von ihm können sie sich über ihren Datenhandschuh mit einem virtuellen Händedruck verabschieden.

Um eine solch weitreichende Virtualisierung zu realisieren, sind zum einen **Zusatzspezifika** im technischen Bereich nötig. Diese dürfen sich nicht ausschließlich auf die Umsetzung der formellen Kommunikation beschränken, beispielsweise lediglich die Verwaltung und Zusammenführung von Dokumenten ermöglichen. Nötig sind vielmehr auch Kommunikationstechnologien, die informelle Prozesse unterstützen.

E-Mail trägt als neue Kommunikationsform innerhalb und außerhalb von Organisationen auch zu veränderten Arbeitsformen bei und reduziert dabei nicht nur den Papierverbrauch, sondern erhöht auch die Geschwindigkeit der Nachrichtensysteme. *Microsoft* wird beispielsweise nachgesagt, über die E-Mail die Kultur der Organisation zu transportieren: Das Unternehmen expandiert derart stark, daß die E-Mail die schnellste und beste Form ist, sämtliche Veränderungen als Informationen weiterzutransportieren. Neue Kollegen lernt man häufig von vornherein über die Software „Gods" und „Goddesses" kennen, anstatt sie physikalisch im selben Raum als neue Teammitglieder zu begrüßen (*Barnatt* 1995, 83).

Anwendungen zur Erleichterung der informellen Kommunikation erlauben mittlerweile hochkomplexe, interaktive Methoden der Zusammenarbeit (vgl. *Barnatt* 1995). *Lotus Notes* ermöglicht bereits 750000 Anwendern einen multiplen, interaktiven Datenbankzugang. Dieses System wird von mehr als 2500 Unternehmen genutzt, um Teamwork über organisatorische Grenzen hinweg zu realisieren. Videokonferenzen gehören mittlerweile zum Standard der Telekommunikationsverbindungen vieler Unternehmen. Ebenso werden verstärkt computerbasierte Videoverbindungen wie *ProShare* von *Intel* angeboten, die über ISDN-Anschlüsse auf jedem modernen PC installierbar sind.

Das virtuelle Büro ist – und dies wird von der Informatik häufig übersehen – nicht nur ein rein hardware- und softwaretechnisches Problem. Es setzt vielmehr auch eine spezielle Einstellung bei den betroffenen Mitarbeitern und ihren Vorgesetzten voraus. Sobald sich ein Vorgesetzter selbst über die Kontrollmöglichkeit hinsichtlich seiner Mitarbeiter definiert, sind Schwierigkeiten vorprogrammiert.

Spätestens an dieser Stelle wird der Unterschied zwischen dem *workgroup computing* als Informatikkonzept und dem v*irtuellen Büro* als Organisationskonzept deutlich, denn letzteres weist zusätzlich die Merkmale Vertrauen, gemeinsame Vision und bewußte Selbstorganisation auf.

Damit ergeben sich als spezielle Zusatzspezifika
– der Aufbau einer multimedialen Kommunikationsstruktur,
– die Existenz oder Schaffung einer Vertrauenskultur sowie
– eine hohe Professionalität bei allen Akteuren.

Bedenkt man, daß sich die zu erwartenden Defizite vor allem bezüglich der beiden letztgenannten Punkte zeigen, so wird offenkundig, daß das virtuelle Büro weniger ein technisches Problem als vielmehr ein Personalmanagementproblem darstellt.

Unternehmen begeben sich auf den schwierigen Weg in Richtung auf ein virtuelles Büro nur, wenn sie sich daraus einen **Zusatznutzen** versprechen (vgl. z.B. *Viehöver* 1992, 81). Dieser liegt darin, daß
- Zuschläge für Überstunden und Wochenendarbeiten durch Zeitkonten mit Ausgleichsmöglichkeit entfallen,
- zu Hause Arbeitende motivierter sind und kostengünstiger arbeiten (eine britische Untersuchung registrierte Produktivitätssteigerungen um 30 %),
- langfristig teure Büroflächen eingespart werden können,
- die Organisation als Arbeitgeber interessant wird und ein gutes Image aufbaut,
- Vereinbarung von Beruf und Familie ermöglicht wird (z.B. Kindererziehung, Pflege eines Kranken).

Die Fähigkeit zur Teamarbeit und der Kontakt zu Kollegen gehen nicht verloren, wenn sich Kollegen pro Woche (ein- bis zweimal) treffen.

An dieser Stelle wird zudem der Unterschied zu EDV-Heimarbeit oder „dezentralen" Arbeitsplätzen ersichtlich, die oft im wesentlichen der (zumindest in Deutschland weitgehend überwundenen) anonymen Stückakkord-Fertigung entsprechen und eine EDV-Verkettung von Einzelaktivitäten mit umfangreichen Kontrollsystemen bedeuten. Beim virtuellen Büro werden dagegen auch die sozialen Zugehörigkeitsbedürfnisse befriedigt und Elemente einer gemeinsamen Organisationskultur weiterentwickelt.

Abschließend läßt sich das virtuelle Büro wie in Übersicht 7.4 dargestellt charakterisieren.

Konstituierende Charakteristika	– Sequentielle, aber teilweise auch zeitgleiche Bearbeitung von Dokumenten durch mehrere Personen in einem virtuellen arbeitsteiligen Prozeß – Informelle „face-to-face"-Kommunikation zwischen den im virtuellen Büro Tätigen
Fehlende physikalische Attribute	– Räumliche Verbundenheit der Akteure
Spezielle Zusatzspezifikationen	– Multimediale Kommunikationsstruktur – Existenz oder Schaffung einer Vertrauenskultur – Hohe Professionalität bei den Betroffenen
Nutzeneffekte	– Effiziente Nutzung von Räumen und Ressourcen – Größere Flexibilität und Anpassungsfähigkeit

Übersicht 7.4: Das virtuelle Büro im Vier-Merkmal-Schema

7.2.2.2 Das virtuelle Einzelunternehmen

Wie wird ein solch neuartiges Unternehmen eigentlich aussehen? Der außenstehende Betrachter sieht ein fast konturloses Gebilde mit durchlässigen und ständig wechselnden Trennlinien zwischen Unternehmung, Lieferanten und Kunden. Von innen ist das Bild nicht weniger formlos: Herkömmliche Arbeitsgruppen, Abteilungen und Unternehmensbereiche reformieren sich ständig nach Bedarf. Aufgaben und Einflußbereiche verschieben sich immer wieder (. . .). (Davidow/ Malone 1993, 15)

Beim virtuellen Büro bilden Computer und multimediale Verbindungen primär die Infrastruktur und soziale Verknüpfung ab, die letztlich auch räumlich getrennte Personen verbindet und ihnen das Gefühl der unmittelbaren Nähe vermittelt. Die Idee des virtuellen Einzelunternehmens geht weiter, da umfassende Funktionalitäten „in den Computer" verlagert werden.

Nimmt man als Virtualisierungsprojekt ein Kaufhaus, so ergeben sich **mehrere Stufen** der Virtualisierung (vgl. Übersicht 7.5): Im einfachsten und noch nicht virtualisierten Fall existiert ein reales Gebäude, das von Kunden besucht wird, die dort ausgestellte Produkte aussuchen und kaufen. Eine nächste Stufe wäre die Verlagerung des Kaufhauses in den Computer, wo das Angebot aus Bildern, Filmen und Tönen besteht: Ein Einkaufserlebnis ist für den Kunden nur noch begrenzt vorhanden. In einem dritten Schritt kann sich der Kunde im Computer-Kaufhaus durch eine entsprechende multimediale Ausrüstung wie in einem realen Kaufhaus bewegen. Die letzte Virtualisierungsstufe entspricht schließlich der zusätzlichen Virtualisierung der angebotenen Produktpalette.

Kaufhaus	**Produkt-präsentation**	**Einkaufserlebnis**	**verkaufte Güter**	**Virtualisierung**
real	real	real	real	keine Virtualisierung (0%)
im Computer	als Bilder, Filme und Töne	nicht mehr vorhanden	letztlich real	mittlere Virtualisierung
im Computer	als Bilder, Filme und Töne	Kunde kann „per Joystick" durch ein Warenhaus gehen, sieht sich selber genauso wie andere Kunden und die Verkäufer	letztlich real	hohe Virtualisierung
im Computer	als Bilder, Filme und Töne	Kunde kann „per Joystick" durch ein Warenhaus gehen, sieht sich selber genauso wie andere Kunden und die Verkäufer	erscheint virtuell	absolute Virtualisierung (100%)

Übersicht 7.5: Stufen eines virtuellen Einzelunternehmens

Beginnt man die Operationalisierung des virtuellen Einzelunternehmens nach dem Vier-Merkmal-Schema, so sind zunächst die **konstituierenden Charakteristika** eines virtuellen

Einzelunternehmens festzulegen. Diese ergeben sich über die Gesamtheit der die organisatorische Identität spezifizierenden Attribute: Sowohl das ursprüngliche als auch das virtualisierte Einzelunternehmen orientiert sich am gleichen Geschäftszweck. Bei einer virtuellen Buchhandlung geht es genau wie bei einer realen um den Verkauf von Publikationen. Zum anderen setzt sich die Präsentation der Leistungsangebote gegenüber den Kunden aus einer Vielzahl emotionaler und sozialer Stimuli zusammen. Konstituierende Merkmale des virtuellen Einzelunternehmens sind damit

– ein identitätsbegründender Geschäftszweck und
– die sensomotorische Einbindung des Kunden.

Diese konstituierenden Merkmale sind nicht zwangsläufig an eine feststehende Räumlichkeit gebunden. Fehlende **physikalische Attribute** sind demnach

– ein physikalisch-reales Gebäude und
– die räumliche Verbundenheit von Mitarbeitern und Kunden.

Auf technischer Seite ist zur Zeit noch keine vollständige Virtualisierung von Einzelunternehmen zu erwarten: Obwohl die Möglichkeiten des Cyberspace ständig zunehmen, ist vor allem das Defizit der privaten Informations- und Kommunikationsinfrastruktur das entscheidende Manko. Zudem setzt das virtuelle Einzelunternehmen ebenso wie das virtuelle Büro eine Vielzahl psychosozialer Fähigkeiten voraus – auch beim Kunden, der eine gewisse Akzeptanz für interaktive Stimulierung innerhalb der virtuellen Realität mitbringen muß.

Besonders das Marketing als Schnittstelle zwischen Kunden und Organisation sieht sich vielfältigen Herausforderungen gegenüber. Auch Merkmale wie Vertrauen oder Freundlichkeit können und müssen vermittelt werden. Das Produkt wird individuell optimiert, die Kundenzufriedenheit steigt. Der Nachfrager weiß vorher schon, wie das fertige Produkt aussieht. Eine Kontaktaufnahme mit dem Anbieter ist jederzeit möglich. Insgesamt wird ein mentaler Rahmen geschaffen, in dem Kunden eine Erlebniswelt entdecken, die ihren Bedürfnissen entspricht. Da die Nutzung der virtuellen Realität sich insbesondere mit der Wirklichkeitskonstruktion und damit einer ausgesprochen intensiven Kommunikation beschäftigt, muß eine entsprechende Umorientierung der Mitarbeiter erfolgen (vgl. *Palupski* 1995, 264).

Die erforderlichen **Zusatzspezifikationen** sind

– die Existenz oder Schaffung einer qualitativ anspruchsvollen Informations- und Kommunikationsinfrastruktur,
– die kunden- und mitarbeiterseitige Akzeptanz multimedialer Technologien und
– der Vertrauensaufbau zwischen Kunden und Mitarbeitern mit Hilfe (und trotz) technologischer Hilfsmittel.

Durch die Erweiterung in bezug auf die Kundeneinbindung ergeben sich zusätzliche Vorteile. Insbesondere sind hier die Potentiale zu erwähnen, die sich über die multimediale Vernetzung im psychosensorischen Bereich ergeben. Der intensive Einblick in die Präferenz des Nachfragens wird dabei schwerpunktmäßig auf die Beobachtung (gegenüber der

Befragung) verlegt, indem beispielsweise der Hautwiderstand sensorisch gemessen werden kann.

In letzter Konsequenz verschmelzen Anbieter und Nachfrager zu einer effizienten Einheit in bezug auf das (virtuelle) Produkt. Der Anbieter minimiert seine Absatzrisiken, während der Kunde über die verbesserte Entscheidungsqualität seine individuelle Zufriedenheit maximiert (vgl. *Palupski* 1995).

Die **Nutzeneffekte** virtueller Einzelunternehmen sind:
- der Wegfall der physikalischen Errichtungs- und Erhaltungskosten,
- größere Flexibilität und Anpassungsfähigkeit sowie
- Optimierung des Anbieter-/Nachfrager-Verhältnisses und damit effizientere und effektivere Nutzung des Marketinginstrumentariums.

Diese Überlegungen weisen erneut auf die Erfordernisse einer spezifischen Vertrauensbeziehung zwischen virtuellen Einzelunternehmen und Kunden hin: Die Offenlegung eingefilterter Präferenzen dürfen sich nicht am Horrorszenario des gläsernen Kunden ausrichten.

Daraus läßt sich analog das Vier-Merkmal-Schema für das virtuelle Einzelunternehmen ableiten (Übersicht 7.6).

Konstituierende Charakteristika	– Identitätsbegründender Geschäftszweck – Sensomotorische Einbindung des Kunden auf der VR-Ebene
Fehlende physikalische Attribute	– Physikalisch-reales Gebäude – Räumliche Verbundenheit von Mitarbeitern und Kunden
Spezielle Zusatzsspezifikationen	– Existenz oder Schaffung einer qualitativ anspruchsvollen Informations- und Kommunikationsinfrastruktur – kunden- und mitarbeiterseitige Akzeptanz multimedialer Technologien – Vertrauensaufbau zwischen Kunden und Mitarbeitern mit Hilfe (und trotz) technologischer Hilfsmittel
Nutzeneffekte	– Wegfall der physikalischen Errichtungs- und Erhaltungskosten, – Größere Flexibilität und Anpassungsfähigkeit – Optimierung des Anbieter-/Nachfrager-Verhältnisses und damit effizientere und effektivere Nutzung des Marketinginstrumentariums

Übersicht 7.6: Das virtuelle Einzelunternehmen im Vier-Merkmal-Schema

7.2.3 Operationalisierungsüberlegungen

Um die Organisationsnachbildung mittelfristig der empirischen Forschung zugänglich zu machen, ist eine entsprechende Meßvorschrift nötig. Sie setzt an der Grundidee des Virtualisierungskonzeptes an: Bei der Virtualisierung mit Fokus auf Virtual Reality muß eine Menge von realen physikalischen Attributen durch eine multimediale Computerdarstellung so ersetzt werden, daß dem Benutzer/Kunden trotzdem die volle Funktionalität der Attribute erhalten bleibt.

Der Virtualisierungsgrad einer Organisationsnachbildung bestimmt sich damit zum einen aus dem Umfang, in dem **physikalische Objekte** nachgebildet, also aus der Realität in den Computer verlagert werden. Es genügt allerdings nicht der Grad der Computerisierung allein als Indikator für die Virtualisierung. Ansonsten wäre ein Unternehmen, das für andere Betriebe Lohn- und Gehaltsberechnungen durchführt, bereits ein virtuelles Unternehmen. Definitorisch wichtig ist nämlich auch das Ausmaß, in dem **emotionale und soziale Reize** multimedial abgebildet werden. Es geht darum, alle Reize und Stimuli, die der Kunde des realen Unternehmens erfährt, möglichst weitgehend in ihrer Funktionalität abzubilden. Im Ergebnis erhält der Kunde auch bei der virtuell nachgebildeten Organisation die gleiche Erlebniswelt vermittelt wie bei der realen Organisation.

Orientiert man sich in einer ersten Annäherung an eine Meßvorschrift am Anteil der physischen Objekte, die im Computer nachgebildet sind, sowie am Anteil der emotional-sensorischen Reize, die multimedial abgebildet werden, ergibt sich folgende Formel für den Virtualisierungsgrad mit Fokus auf Virtual Reality (VG_{VR}):

$$\mathbf{VG}_{VR} = \left(\frac{\sum \text{im Computer abgebildete Aspekte} \Big/ \sum \text{ursprünglich physikalische Objekte}}{2} + \frac{\sum \text{multimedial abgebildete Reize} \Big/ \sum \text{ursprüngliche Reize}}{2} \right) \times 100$$

Auch wenn an dieser Stelle noch keine unmittelbar in der empirischen Forschung umsetzbare Meßvorschrift sichtbar wird, so läßt sich ansatzweise eine Operationalisierung erkennen. Diese wird deutlich, wenn man auf das Beispiel der virtuellen Banken zurückgreift. In einer Bank, bei der sich sämtliche Transaktionen in der realen Schalterhalle vollziehen, beträgt der Virtualisierungsgrad VG_{VR} noch 0 %. Im nächsten Schritt verlagern sich die geschäftlichen Aktivitäten (zu Hause) an den Computer, womit bereits eine mittlere Virtualisierung vorliegt. Wird letztlich im Cyberspace die Bank abgebildet, kann der Kunde sich dort virtuell bewegen und mit Bankangestellten in einer virtuellen Schalterhalle kommunizieren (vgl. Abbildung 7.7).

An dieser Stelle ist auf ein potentielles Mißverständnis hinzuweisen: Die gegenwärtige Überlegung verschiedener Banken, ihre Dienstleistung im Internet anzubieten, bedeutet nicht unbedingt und automatisch das Erzielen eines hohen Virtualisierungsgrades.

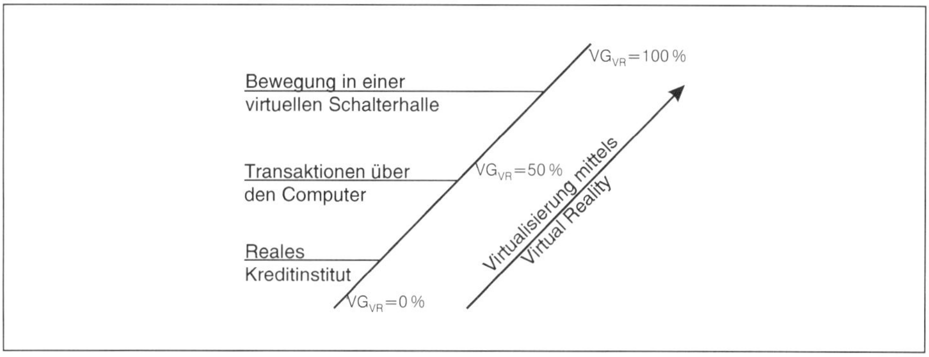

Abbildung 7.7: Stufen eines virtuellen Kreditinstituts

Transferiert man beispielsweise lediglich die Erfassungsformulare aus dem altbekannten BTX-Zahlungsverkehr in das Internet, kann der Kunde also statt im BTX jetzt auf der Internetseite seinen Transaktionswunsch eingeben, so ändert sich noch nichts am Virtualisierungsgrad. Dieser fällt erst dann größer aus, wenn es einer Bank zusätzlich gelingt, die Transaktion mit einer entsprechenden Erlebniswelt zu verbinden; ein Gedanke allerdings, der zumindest den Mechanisten unter den Bankstrategen eher fernliegt.

7.2.4 Konsequenz: Das Prinzip der virtuellen Organisationsnachbildung

Organisationen stehen zur Zeit unter großem Druck im Hinblick auf innerbetriebliche Effizienzsteigerung. Lean Management und Outsourcing sind dabei nur zwei von vielen Schlagworten, die zur Steigerung der Wettbewerbsfähigkeit zunehmend auch auf Verwaltungs- und Planungsprozesse angewendet werden müssen. Innerbetriebliche Optimierung von der Dezentralisierung bis hin zur elektronischen Heimarbeit als Lösungsmuster ist angesichts der Fortschritte in der Informationstechnologie eine durchaus realistische Option.

Die Herausforderung liegt darin, diese Prozesse – sofern nötig und gewünscht – unter Beibehaltung und Intensivierung des **sozialen Interaktionsgeflechtes** zu realisieren, also neotayloristische Tendenzen auszuschalten. Gerade dazu kann die Idee der virtuellen Büros als Fortführung der Urform der dezentralen (Heim-)Arbeitsplätze wichtige Impulse liefern. Dies setzt aber eine einzelfallspezifische Analyse der jeweiligen (sozialen) Organisation in Verbindung mit einer substantiellen Aufgabenanalyse voraus. In noch viel stärkerem Umfang gilt dies auch für die virtualisierten Einzelunternehmen, die zusätzlich noch den Kunden integrieren müssen, wollen sie nicht aus der Virtualität in die Irrealität der Unbedeutsamkeit abdriften.

Prinzip der virtuellen Organisationsnachbildung
Wenn eine virtuelle Organisationsnachbildung vorgenommen wird, müssen insbesondere die Virtual Reality (VR)-Zusatzspezifika realisiert werden, da andernfalls die Vitalität der Organisation gefährdet ist. „VR-Zusatzspezifika" sind die Multimedialisierung der Kommunikations- und Informationsinfrastruktur sowie die Beibehaltung und Intensivierung des sozialen Interaktionsgeflechtes unter Schaffung einer Vertrauenskultur.

Nachdem jetzt die Fokussierung auf die Virtual Reality erfolgt ist, wird ebenso die Fokussierung auf Kernkompetenz erläutert. Bestandteile dieser Organisationsneugestaltung sind die virtuelle Abteilung und das virtuelle Verbundunternehmen.

7.3 Fokus auf Kernkompetenz: Organisationsneugestaltung

A virtual corporation is a temporary network of independent companies — suppliers, customers, even erstwhile rivals — linked by information technology to share skills, cost and access to one another's markets. It will have neither central office nor organization chart. It will have no hierarchy, no vertical integration. Instead, proponents say this new, evolving corporate model will be fluid and flexible — a group of collaborators that quickly unite to exploit a specific opportunity. (o.V. 1993, Titelseite)

7.3.1 Grundidee

Beim Fokus auf Virtual Reality ging es um das möglichst weitreichende Nachbilden einer gesamten Organisation beziehungsweise eines Teiles davon. Beim Fokus auf Kernkompetenzen sollen dagegen — wie auch im obigen Zitat auf der Titelseite der *Business Week* zum Ausdruck gebracht — mehrere unabhängige Einheiten mit ihren spezifischen Kernkompetenzen zu einer virtuellen *Verbundorganisation* zusammengefaßt werden. Es geht dabei nicht mehr um das Nachbilden einer Organisation im Computer, sondern um den tatsächlichen Zusammenschluß aus mehreren Organisationen beziehungsweise Organisationseinheiten.

Als konstituierende Charakteristika verfügt sowohl eine virtuelle als auch eine klassische Organisation über Kommunikationsbeziehungen und Verhaltensregeln; wegen des Einsatzes neuer Informationstechniken (Zusatzspezifikation) entfallen physikalische Attribute wie Strukturmuster der Aufbau- und Ablauforganisation. Als besonderer Nutzenvorteil ergeben sich beispielsweise zeitliche und örtliche Flexibilität.

Die Grundidee einer *virtuellen Verbundorganisation* läßt sich am Beispiel eines **Hausbaus** erklären, bei dem die teilweise in Auftrag gegebenen Einzelgewerke von unterschiedlichen Firmen erbracht werden. Anders als bei einer zentralen Bauleitung (die Einzelaktivitäten in Auftrag gibt und deren kostenadäquate Realisation kontrolliert) und anders als bei einer Arbeitsgemeinschaft beziehungsweise einem Konsortium ergibt sich die Interaktionsstruktur zwischen den beteiligten Firmen unmittelbar aus ihrer sachlogischen Vernetzung. Folgen alle Beteiligten der *Vision* des zu erstellenden Gebäudes und dem Grundsatz von *Fairneß* und *Vertrauen* sowie dem Ziel der raschen und kostengünstigen Fertigstellung, so können Handwerker nicht nur ihre Aktivitäten selber koordinieren, sondern im Extremfall sogar einzelne Gewerke unter Ausnutzung der Spezialisierungsvorteile „im Auftrag des Bauherrn" in Auftrag geben. Auf diese Weise entfällt nicht nur das umfassende und zeitraubende Erstellen von Vergleichsangeboten, es wird vielmehr ohne schriftliche Auflagen sukzessiv gearbeitet. Voraussetzung dafür ist aber auch eine breite und gemeinsame *informatorische Basis* sowie ein landeskultureller Kontext, der diese Arbeitsweise auch tatsächlich zuläßt.

Versteht man unter Improvisation die Realisation einer Aufgabe ohne umfassend definiertes Regelwerk, so könnte man die virtuelle Verbundorganisation auch als eine spezifische Form der Improvisation ansehen. Da einer derartigen Zusatzspezifikation aber kein zusätzlicher Erkenntnisnutzen zukommt, soll die virtuelle Organisation lediglich gegen eine „physikalisch-reale" Organisation abgegrenzt werden, wobei vor allem die Form von Koordination und Kontrolle, die Basis der Kooperation und Organisation der Informationsaspekte sowie die Existenz der Vision notwendige, aber noch nicht hinreichende Definitionsgrundlagen darstellen (Übersicht 7.7).

Organisationsform	physikalisch-reale Organisation	virtuelle Verbundorganisation
Kontrolle und Koordination	„real existierendes" Kontrollsystem, basierend auf expliziter Kontrolle und Koordination	Selbstkontrolle der Gruppe, Eigenkoordination
Basis	Basis ist das (schriftliche) Regelwerk	Basis ist das gegenseitige Vertrauen
Information	selektiver Informationszugang	breite informatorische Vernetzung
Vision	zentrale Vision optional	internalisierte Vision zwingend

Übersicht 7.7: Abgrenzung der virtuellen Organisation

Für diese Organisationsneugestaltung ist eine moderne Informations- und Kommunikationstechnologie in vielen Fällen wichtig. Trotzdem sind virtuelle Verbundorganisationen grundsätzlich auch ohne sie realisierbar, nicht aber ohne eine spezifische Organisationskultur, worauf bereits in Abschnitt 7.1.3.3 hingewiesen wurde.

Auch für die Bildung virtueller Organisationen nach dem Kernkompetenzprinzip gibt es eine ganze Reihe von **Anwendungsfällen**: Der weitestgehende ist die Schaffung eines virtuellen (Verbund-)Unternehmens als interorganisatorische Lösung, ein engerer die Schaffung einer virtuellen Abteilung als intraorganisatorische Organisationsform.

Während die Fokussierung auf Virtual Reality die generellen Virtualisierungsziele über die Computerisierung zu erreichen versucht, zielt der Kernkompetenz-Fokus auf die *synergetische Verknüpfung* hochspezialisierter Elemente. Dieser Ansatz ist insofern immateriell ressourcenorientiert, als sich Kernkompetenzen auf Wissen und Können beziehen. Als originäre Stärke der Organisation dienen sie zum einen der Identitätsbegründung und zum anderen der permanenten Verbesserung. Eine weitere flexibilitätsfördernde Eigenschaft ergibt sich aus ihrer verwendungsseitigen Integrativität, die sich über mehrere Geschäftsfelder beziehungsweise Organisationen erstrecken kann (vgl. z.B. *Reiß/Beck* 1995). Dieser Effektivitätsgewinn wird ergänzt durch die potentiell schlankere und damit effizientere Organisationsform, die zudem als ablaufoptimierte Struktur in der Lage ist, mit höherer Geschwindigkeit Produkte auf den Markt zu bringen.

7.3.2 Manifestation

Die organisatorische Virtualisierung mit Kernkompetenz-Fokus umfaßt sowohl die flexible interorganisatorische Zusammenarbeit als auch das intraorganisatorische Zusammenspiel spezifischer Segmente. Mit der virtuellen Abteilung und dem virtuellen Verbundunternehmen werden nachfolgend Organisationsformen skizziert, die – wie auch im vorangegangenen Abschnitt – zwei sehr unterschiedliche Positionierungen innerhalb dieser Perspektive darstellen.

7.3.2.1 Die virtuelle Abteilung

Anders als beim virtuellen Büro geht es bei der virtuellen Abteilung weniger um die Bewältigung einer räumlich-strukturierenden Aufgabenstellung als vielmehr um eine *sachlogische* Frage, die auch dementsprechend schwieriger zu beantworten ist: Ziel ist letztlich eine effizientere und flexiblere Abteilungsbildung, die Ansprüchen gerecht wird, wie sie beispielsweise im Zusammenhang mit der prozeß- oder projektgetriebenen Organisation formuliert werden.

Dem entgegen steht die organisatorische Realität, denn für viele stellt noch immer das Organigramm eine zentrale Grundlage jeglichen Handelns dar: Es zeigt, welche Stellen und welche Mitarbeiter zu einer Abteilung gehören und wer diese Abteilung leitet. Allzuoft mutieren fortschrittliche Entwicklungsprojekte in simples Kästchen-Zeichnen, degenerieren Reorganisationsabsichten in einfaches Umzeichnen des Status quo, und schließlich werden alle Energien darin investiert, welcher Name in welches Kästchen kommt.

Nachfolgend soll die Bezeichnung Abteilung einheitlich für alle Formen der Zusammenfassung von Stellen zu einer organisatorischen Einheit verwendet werden. Die zu einer Abteilung gehörenden Stellen sollten dabei sowohl im Hinblick auf die Gleichartigkeit der Aufgabenmerkmale als auch unter dem Aspekt der Verbundenheit (Kommunikationsintensität, Nutzung gemeinsamer Ressourcen) möglichst große Gemeinsamkeiten aufweisen.

Aus dieser Definition leiten sich die für eine Abteilung entscheidenden *Merkmale* ab, nämlich

- Stellen mit einem klar definierten Aufgaben- und Zuständigkeitsbereich,
- Zuordnung von Stellen zu einer oder mehreren Abteilungen (ein- bzw. mehrdimensionale Organisationsstruktur) unter dem Gesichtspunkt der Verwandtschaft (Ähnlichkeit) und der Verbundenheit (Interdependenz) der zu erfüllenden Aufgaben,
- Einrichtung einer Leitungsebene (Abteilungsleiter) zur Überwachung und Koordination der zugeordneten Stellen,
- Übertragung von Sach- und Finanzmitteln an die Abteilung zur Erfüllung ihrer Aufgaben sowie
- Einbettung der Abteilung in das Gesamtunternehmen durch Festlegung einer übergeordneten Instanz für die Organisation der Kommunikation und des Leistungsaustauschs mit anderen Stellen im Unternehmen (Dienstwegorientierung).

Neben Vorteilen einer derartigen Abteilungsbildung wie vereinfachte Leitung und Kontrolle durch Delegation und Komplexitätsreduktion der internen Aufgabenumwelt gibt es eine Reihe von Dysfunktionalitäten, beispielsweise Abteilungsegoismen, die den Koordinationsaufwand zwischen den Abteilungen beträchtlich erhöhen (vgl. z.B. *Kieser* 1992).

Die Grundüberlegung bei der Schaffung einer *virtuellen Abteilung* geht daher davon aus, durch die Virtualisierung die Dysfunktionalitäten abzubauen, gleichzeitig aber die Flexibilität und Anpassungsfähigkeit zu steigern. Es sollen störende Merkmale der Abteilung beseitigt werden, ohne ihre Grundfunktion und damit ihren Nutzen aufzugeben.

Orientiert man sich zur Entwicklung eines Gedankenmodells für die virtuelle Abteilung strikt am Vier-Merkmal-Schema, so sind als erstes die zentralen Merkmale zu lokalisieren, die als **konstituierende Charakteristika** auf virtuelle und nicht-virtuelle Abteilungen gleichermaßen zutreffen. Dies sind

- Existenz einer Leitungsebene zur Überwachung und Koordinierung der Arbeitsleistung ebenso wie der (eigenen) Ressourcen und
- langfristige Konstanz des Gesamtsystems bezogen auf Existenz und Vorhandensein einer personellen Besetzung.

Die letztgenannte Eigenschaft soll vor allen Dingen dazu beitragen, die virtuelle Abteilung (zumindest tendenziell) von der Projektgruppe und von einer Matrixeinheit abzugrenzen. Denn gerade der temporäre Charakter eines Projektes und der permanente Kampf mit der Mehrdimensionalität der Matrixorganisation unterscheiden diese Formen von einer konstant vorhandenen und (zumindest auf dem Papier) klar gegliederten Abteilung.

Auf der anderen Seite ist es gerade die Interaktionsdichte mit den übrigen Stellen, die bei Projektgruppen und bei der Matrixorganisation Abteilungsegoismen und die Betriebsblindheit einer Scheuklappenmentalität abbauen helfen. Daher müßten als **physikalische Attribute**

– die räumliche Verbundenheit aufgegeben werden, ebenso
– die exklusive Zuordnung der Mitglieder der Abteilung zu einem einzigen Vorgesetzten.

Sicherlich wäre eine virtuelle Abteilung auch ohne das letzte Merkmal denkbar. Dennoch soll hier ein umfassendes Konzept andiskutiert werden, um, über die Analogie zum virtuellen Büro hinausgehend, Effektivitätsgewinne durch erhöhte Wirtschaftlichkeit und Kreativität zu ermöglichen.

Sich selbst steuernde Teams kennen ex definitione kein „Vorgesetzten-Mitarbeiter-Verhältnis“, deshalb stellt der Leiter der virtuellen Abteilung eher einen Moderator dar, der informiert, Aktivitäten koordiniert und für optimale Arbeitsbedingungen sorgt. Er schafft eine gemeinsame Vision, entwickelt eine Strategie und hält das Team zusammen. Trotzdem verfügt auch eine virtuelle Abteilung über eine klare Leitungsstruktur im Sinne eines Abteilungsleiters, nicht zuletzt auch, um Sicherheitsgefühle durch klare organisatorische Verantwortung zu gewährleisten. Dieser „Abteilungsleiter“ ist real und nicht-virtuell. Erst mit dem (nicht absehbaren) Erfolg von Expertensystemen und einer Erweiterung der virtuellen Realität kann man vielleicht später einmal von einem „virtuellen Abteilungsleiter“ sprechen.

Der Leiter der virtuellen Abteilung hat allenfalls zeitanteilsmäßigen Zugriff auf seine Mitarbeiter, die ihm in durch Obergrenzen definierten Zeitkontingenten zur Verfügung stehen. Dies macht eine entsprechende Auseinandersetzung mit dem erforderlichen Beziehungsnetz einer solchen Abteilung nötig. Denn: Charakteristisch für eine virtuelle Abteilung ist der weitgehende Verzicht auf formale Organisations- und Kommunikationsstrukturen. Damit erlangt die ohnehin schon immer vorhandene informelle Organisation eine noch größere Bedeutung. Die Berücksichtigung dieser informellen Netze wird für die virtuelle Abteilung also eine Notwendigkeit sein.

Damit ergeben sich folgende **Zusatzspezifika** einer virtuellen Abteilung:
– auf Kernkompetenzen basierendes Leitungsnetz höchster Professionalität, dessen Teile sich aufgaben- und fallspezifisch zur virtuellen Abteilung aktivieren,
– breite Vertrauenskultur nicht nur innerhalb der virtuellen Abteilung, sondern auch an den Schnittstellen zur übrigen Organisation und
– hochentwickelte Informationstechnologie, die multimedial eine Zusammenarbeit von Mitgliedern der virtuellen Abteilung auch bei räumlicher Trennung ermöglicht.

Der letztgenannte Punkt bedeutet allerdings nicht, daß sich die Mitglieder einer virtuellen Abteilung nun ihrem Computer ausliefern: Er soll lediglich eine in solchen Situationen nötige Zusatzoption bereitstellen.

Die mit der virtuellen Abteilung zu erwartenden **Zusatznutzen** liegen auf der Hand:
– Reduktion der für (nicht-virtuelle) Abteilungen typischen Intra-Abteilungsprobleme,
– effiziente Nutzung von wertvollen Kernkompetenzen, also auch Vergrößerung des Leistungspotentials durch optimierte Ressourcenallokation, und
– größere Flexibilität und Anpassungsfähigkeit an wechselnde Aufgabenstellungen.

Die virtuelle Abteilung zeichnet sich damit durch die in Übersicht 7.8 zusammengefaßten Merkmale aus.

Konstituierende Charakteristika	– Existenz einer Leitungsebene – Langfristige Konstanz bezogen auf Existenz und personelle Besetzung
Fehlende physikalische Attribute	– Räumliche Verbundenheit – Exklusive Zuordnung der Mitglieder der Abteilung zu einem einzigen Vorgesetzten
Spezielle Zusatzspezifikationen	– Auf Kernkompetenzen basierende Unternehmensleitung höchster Professionalität, deren Teile sich aufgaben- und fallspezifisch zur virtuellen Abteilung aktivieren – Breite Vertrauenskultur – Hochentwickelte multimediale Informationstechnologie
Nutzeneffekte	– Reduktion der für (nicht-virtuelle) Abteilungen typischen Intra-Abteilungsprobleme – Effiziente Nutzung von wertvollen Kernkompetenzen – Größere Flexibilität und Anpassungsfähigkeit

Übersicht 7.8: Die virtuelle Abteilung im Vier-Merkmal-Schema

Ein Beispiel für eine derartige Virtualisierung ist die virtuelle Personalabteilung (vgl. *Scholz* 1995b und 1996a). Ausgangsbasis für dieses Denkmodell ist zum einen die Notwendigkeit, professionelle Personalarbeit nach dem Kernkompetenz-Konzept zu realisieren, zum anderen die Erkenntnis, daß zunehmend Personalaktivitäten aus der Personalabteilung verlagert und zum Teil in nicht professioneller Form durchgeführt werden. Die virtuelle Personalarbeit operiert mit Kernkompetenzträgern, die in der gesamten Organisation verteilt sind, die aber gleichzeitig über eine integrative Klammer mit dem Ziel „one face to the customer“ verknüpft werden. Ferner werden Mitarbeiter, die bisher ohne Bezug zum Personalbereich waren, Mitglieder in der virtuellen Personalabteilung. Die virtuelle Personalabteilung ist somit ein sich selbst steuerndes Team, wodurch der Personalleiter primär die Aufgaben eines Moderators übernimmt, indem er Strategien und gemeinsame Visionen schafft, informiert und koordiniert.

So bestechend die Grundidee einer virtuellen Abteilung für eine größere Flexibilität und Anpassungsfähigkeit auch ist, so schwierig bleibt die Realisierung und Steuerung dieser Organisationsform: Da es weder feste Stellen mit einem klar definierten Aufgaben- und Funktionsbereich noch längerfristig angelegte Gruppen und Teams gibt, stellt sich zwangsläufig die Frage, wie in einer solchen „Strukturlosigkeit“ die angestrebten Ziele konsequent mit einer spezifischen Strategie verfolgt werden können. Nur wenn die in Abschnitt 7.1.3 skizzierten Voraussetzungen gegeben sind, kann diese Organisationsform Wirklichkeit werden.

7.3.2.2 Virtuelle Verbundunternehmen

> *In a virtual corporation, organizations form temporary partnerships in which each participating company brings to the table its core capabilities. (Englman 1993, 28)*

7.3.2.2.1 Basisüberlegungen

Das virtuelle Verbundunternehmen schafft ein künstliches Unternehmen, das basierend auf den individuellen Kernkompetenzen eine Integration entlang der gesamten Wertschöpfungskette realisiert, ohne daß ein entsprechender zusätzlicher Koordinationsaufwand notwendig wäre.

Diese Zielsetzung findet sich auch bei den meisten Beschreibungen von virtuellen Unternehmen, die allerdings noch nichts über Realisierungswege und Umsetzungsmöglichkeiten aussagen.

Ein Beispiel für eine derartige Verkettung von Kernkompetenzen zu einem virtuellen Unternehmen ist das von *Paul Farrow* gegründete Unternehmen *Walden Paddlers* (vgl. *Welles* 1993): Mit der klaren Vision, technisch hochwertige, aber preisgünstige Kajakboote aus recyceltem Kunststoff für jedermann zu produzieren und zu vermarkten, schuf *Farrow* in einem halben Jahr ein Netzwerk von Zulieferern, Herstellern, Designern und Verkäufern mit einem einzigartigen Know-how. Neben günstigen Marktbedingungen sieht *Farrow* insbesondere in der unkonventionellen und flexiblen Bindung der Partner einen Faktor für den rasch einsetzenden Erfolg seines Unternehmens, dessen einziger Angestellter er ist. Der eigentliche Wert des Unternehmens liegt daher für ihn nicht im bilanziellen Betriebsvermögen, sondern vielmehr in dem auf Kernkompetenzen der Partner aufgebauten Netzwerk.

Bei stringenter Umsetzung der Grundidee eines virtuellen Verbundunternehmens bringt jedes Mitglied dieses Verbunds ausschließlich seine *Kernkompetenzen* ein. Es entsteht auf diese Weise ein spezifischer Mix aus Produkten und/oder Dienstleistungen, zu dem jeder Teilnehmer den Baustein beiträgt, bei dem er eine absolute Spitzenposition innehat. Auf diese Weise ist nicht nur sichergestellt, daß das für die jeweilige Fragestellung kompetenteste Mitglied des virtuellen Verbundunternehmens die betreffende Aufgabe übernimmt. Es entstehen auch Zeitersparnisse, weil sich nicht mehr jedes Unternehmen mit allen Fragestellungen auseinandersetzen muß, die von Produktidee und Marktforschung über Produktdesign und Produktion bis hin zum Vertrieb anfallen.

Berücksichtigt man die oben skizzierte Aufgabenstellung, so wird ein Unternehmen mit den folgenden **konstituierenden Charakteristika** gesucht:
- Einheitliches Auftreten gegenüber dem Kunden und
- Gesamtoptimierung der (ganzen) Wertschöpfungskette.

Diese Merkmale gelten losgelöst von der Frage, ob ein virtuelles oder nicht-virtuelles Unternehmen angestrebt wird.

Würde es sich um ein nicht-virtuelles Unternehmen handeln, so ließe sich die oben skizzierte Zielsetzung durch die Gründung einer entsprechenden Dachgesellschaft realisieren, die als juristisch legitimierte Koordinationsstelle fungiert. Diese und die daraus resultierenden physikalischen Attribute (wie gemeinsames Gebäude oder Computerzentrale) fallen gemäß der Ausgangsdefinition nach Kapitel 7.1.2 bei einem virtuellen Unternehmen weg.

Ein virtuelles Verbundunternehmen hat daher im Hinblick auf die **physikalischen Attribute**
– kein gemeinsames juristisches Dach und
– keine gemeinsam geteilte Verwaltung.

An ihre Stelle treten zwei spezielle **Zusatzspezifika** als weitere Bedingungen für ein Funktionieren eines virtuellen Verbundunternehmens:
– ausgereifte Informationstechnologie zur Verbindung der einzelnen Einheiten und
– Gefühl des absoluten gegenseitigen Vertrauens zwischen den Akteuren.

Weitere Zusatzspezifika ergeben sich aus der oben genannten Zielsetzung virtueller Verbundunternehmen bezüglich Anforderungen an die Partner einer derartigen Organisationsform, nämlich:
– Vorhandensein individueller Kernkompetenzen und
– synergetische Kombinierbarkeit der Kernkompetenzen, also keine aktuelle Konkurrenzsituation.

Diese beiden Voraussetzungen sind für sich allein notwendige, aber noch nicht hinreichende Bedingungen für die Existenz eines virtuellen Verbundunternehmens.

Das virtuelle Verbundunternehmen ist ein Netzwerk unabhängiger Organisationen auf Zeit, die über *Informationstechnologie* verbunden sind, um Fähigkeiten, Kosten und Marktzugangsmöglichkeiten zu teilen (vgl. *Byrne/Brandt/Port* 1993, 37). Dies mag für viele virtuelle Unternehmen als empirisch beobachtbarer Tatbestand zutreffen, ist aber nicht als notwendige Bedingung für das Entstehen und Funktionieren eines virtuellen Verbundunternehmens anzusehen. Problematisch erscheint in diesem Zusammenhang die Unterschätzung der massiven Kosten für die gelegentliche, zeitlich begrenzte Interaktion der „steckkompatiblen“ Akteure einer virtuellen Organisation durch ihr ständiges Kommen und Gehen (vgl. *Womack/Jones* 1994, 93).

Die Bedingung der Informationstechnologie dürfte sich bei dem radikalen Fortschritt in diesem Bereich (vgl. *Szyperski/Klein* 1993) langfristig nicht als limitierender Faktor herausstellen; speziell angesichts der Tendenzen im Hinblick auf den „Information Highway“ (vgl. z.B. *Berke/Fuchs/Deysson* 1993; *Kaderali* 1994; *Richter-Maierhofer* 1994), PC-gestützte Videokonferenzsysteme (vgl. *Zivadinovic* 1994) und die Standardisierung von Hard- und Software (vgl. *Upton/McAfee* 1996).

Anders sieht es hingegen beim *„gegenseitigen Vertrauen"* aus: Sicherlich wird sich durch die gegenseitige Abhängigkeit als gemeinsames Schicksal eine Überlebensgemeinschaft („co-destiny") entwickeln, die dieses Vertrauensverhältnis erzwingt. Dies ersetzt aber nicht die Notwendigkeit einer „Vertrauenskultur" als gemeinsamen Nenner der beteiligten Organisationskulturen, eine für das heutige Wirtschaftsleben nicht unbedingt typische Grundlage für praktizierte Zusammenarbeit.

Gemäß der in Kapitel 7.2 aufgestellten Definition muß das virtuelle Verbundunternehmen gegenüber seinem nicht-virtuellen Pendant auch entscheidende **Vorteile** im Sinne von Nutzenkategorien realisieren. Nach Ansicht der Protagonisten der virtuellen Organisation liegen diese vor allem in der erhöhten Flexibilität und Anpassungsfähigkeit sowie in der Nutzung des synergetischen Potentials. Die Basis der Zusammenarbeit ist das Verständnis, daß keine der beteiligten Organisationen das angestrebte Ziel alleine erreichen kann (*Englman* 1993, 28-30).

Diese **Nutzenaspekte**
– Flexibilität und Anpassungsfähigkeit sowie
– Nutzung eines gemeinsamen Synergiepotentials
als weitere Merkmale des virtuellen Verbundunternehmens setzen voraus, daß die übrigen genannten Merkmale voll realisiert wurden. Dies bedeutet letztlich auch Verzicht auf eine interne Koordinierungsstelle, die als hauptberufliche „Beauftragte" für die Schnittstellen zu den anderen Teilen der virtuellen Verbundunternehmung tätig ist.

Die Bedeutung dieser Prämissen zeigt auch das nachfolgende Beispiel von *TelePad*: Hier lassen sich die Flexibilitäts- und Synergiegewinne nur nutzen, wenn weder bei *TelePad* noch bei den beteiligten Firmen entsprechende Koordinierungsgruppen bestehen, die Administrationsaufwand und Erstarrung vergrößern.

> *TelePad Corp.* (*Byrne/Brandt/Port* 1993) wurde von *Ron Oklewicz*, einem ehemaligen Mitarbeiter bei *Xerox* und *Apple*, als Kristallisationspunkt für ein virtuelles Unternehmen gegründet. Sein Ziel war es, einen neuartigen Computer zu entwickeln und auf den Markt zu bringen, der besonders klein ist und mittels Griffel bedient wird. *TelePad* verfügt kaum über eigene Kompetenz im Bereich des Produktdesign, über keinerlei Produktionskapazitäten und lediglich über eine Handvoll Ingenieure. Der Computer wurde gemeinsam mit *GVO Inc.*, einer großen Industriedesign-Firma, entwickelt. Ein Team der *Intel Corp.* löste verschiedene technische Probleme, andere Firmen entwickelten die Software für den Computer und ein Batteriehersteller löste gemeinsam mit *TelePad* Fragen der Energieversorgung. Für die Produktion werden freie Kapazitäten einer *IBM*-Fabrik in Charlotte, N.C., genutzt. *Oklewicz* selbst bringt in dieses virtuelle Unternehmen, an der insgesamt über zwei Dutzend Firmen beteiligt sind, seine Spezialkenntnisse im Computerverkauf an Regierungsstellen ein, die Schlüsselkunden für dieses Produkt darstellen. An diesem virtuellen Unternehmen beteiligten sich letztlich mehr als 1000 Spezialisten aus den Bereichen Design, Produktion bis hin zum Vertrieb. Keiner der Beteiligten wäre allein imstande gewesen, das von diesem virtuellen Unternehmen angebotene Produkt zu entwickeln oder auf den Markt zu bringen.

Übersicht 7.9 bringt zusammenfassend und in Anknüpfung an die in Abschnitt 7.1.1 abgeleitete Definition von Virtualität eine entsprechende Konkretisierung von virtuellen Verbundunternehmen.

Konstituierende Charakteristika	– Einheitliches Auftreten gegenüber dem Kunden – Gesamtoptimierung der ganzen Wertschöpfungskette
Fehlende physikalische Attribute	– Kein gemeinsames juristisches Dach – Keine gemeinsam geteilte Verwaltung
Spezielle Zusatzspezifikation	– Ausgereifte Informationstechnologie zur Verbindung der einzelnen Einheiten – Gefühl des absoluten gegenseitigen Vertrauens zwischen den Akteuren
Nutzeneffekte	– Vorhandensein von individuellen Kernkompetenzen – Synergetische Kombinierbarkeit der Kernkompetenzen, also keine Konkurrenzsituation

Übersicht 7.9: Das virtuelle Verbundunternehmen im Vier-Merkmal-Schema

Im virtuellen Verbundunternehmen finden sich Eigenschaften der strategischen Allianz oder der Arbeitsgemeinschaft wieder: So kann im virtuellen Verbundunternehmen die Zusammenarbeit wie bei der strategischen Allianz auf verschiedenen Stufen der vertikalen Wertschöpfungskette oder aber zwischen horizontal nebeneinander angesiedelten Unternehmen erfolgen. Auch kann es sich bei horizontal kooperierenden Unternehmen ebenso um (ehemalige) Konkurrenten handeln wie um Firmen mit einem Aktionsradius ohne gegenseitige Überschneidungen. Ein Unterscheidungsmerkmal ist allerdings die beim virtuellen Verbundunternehmen zwingend erforderliche Unabhängigkeit der Beteiligten. Selbst im Falle der vertikalen Kooperation darf kein Abhängigkeitsverhältnis zwischen den einzelnen Unternehmen bestehen. Ansonsten wären Spontanität, Flexibilität und informelle Beziehungsmuster als Grundcharakteristika des virtuellen Verbundunternehmens kaum umsetzbar, und auch der Austausch nicht mehr adäquater Kernkompetenzträger könnte nicht in jedem Fall problemlos realisiert werden.

Eine eindeutige Trennung von den übrigen Kooperationsformen resultiert auch aus der zeitlichen Befristung der Zusammenarbeit. Das Joint Venture sowie die strategische Allianz sind im Gegensatz zum virtuellen Verbundunternehmen im Regelfall auf eine erheblich längerfristige Kooperation ausgerichtet. Dies ergibt sich zwangsläufig aus dem großen Aufwand für die Konstituierung des Zusammenschlusses mittels formaler Verträge sowie personeller und materieller Ressourcen. Dieser Aufwand erfordert einen gewissen Zeitraum der Kooperation, um diese hohen Aufwendungen zu rechtfertigen.

Im Hinblick auf die zeitliche Ausrichtung bestehen damit gewisse Parallelen zwischen dem virtuellen Verbundunternehmen und der Arbeitsgemeinschaft. Abgesehen von der vertraglich geregelten Kooperation mit dem Ziel der Abwicklung eines exakt definierten

Projekts unterscheidet sich das virtuelle Verbundunternehmen von der Arbeitsgemeinschaft durch häufige Ausrichtung auf Projekte mit hochinnovativem Charakter, zu deren erfolgreichem Abschluß die Beteiligten jeweils ihre speziellen Kernkompetenzen einbringen müssen.

Das virtuelle Verbundunternehmen entspricht einem Puzzle, dessen vollständiges Zusammensetzen genau die Kooperationspartner erfordert, die sich über ihre speziellen Fähigkeiten als erforderliche (einzigartige) Puzzlesteine einbringen können. Zudem entstehen die Anforderungen an die jeweils hinzuzufügenden Puzzleteile erst sukzessive. Beim virtuellen Verbundunternehmen geht es also nicht um die gemeinsame Abwicklung eines aus Standardaufgaben bestehenden Projektes, sondern um die Kooperation von Unternehmen mit einzigartigen Spezialkenntnissen. Hierfür müssen, wie beim Puzzle, die richtigen (passenden) Partner „gesucht" werden. Das durch das Puzzle zusammengelegte Bild ist dann wesentlich differenzierter und komplexer als ein vergleichsweise grobes Mosaik aus Normbausteinen. Im Gegensatz zum einbetonierten Mosaik lassen sich die Teile bei veränderten Anforderungen wieder auseinandernehmen und – hier hinkt jetzt der Vergleich zum Puzzle – in einer anderen Kombination sinnvoll zusammensetzen.

7.3.2.2.2 Rechtliche Überlegungen

This mentality often demands a willingness to work – without a contract – for an indeterminate length of time. (Bottoms 1994, 62)

Ein virtuelles (Verbund-)Unternehmen hat im Extremfall keine eigene Rechtsform und die Möglichkeit zum permanenten Partnerwechsel. Zusammen mit einer intensiven Computervernetzung und der fehlenden Zentralisierung können nach *Scholz* (1994c, 2932-2933) nachfolgende juristische Probleme entstehen:

- *Kartellrechtliche* Bedenken wie bei formalen Firmenzusammenschlüssen sind bei der virtuellen Organisation davon abhängig, inwieweit eine immanente Marktbeherrschung ausgeübt und inwieweit Barrieren für andere Unternehmen aufgebaut werden. Müßten solche Zusammenschlüsse erst von der Kartellbehörde in einem langwierigen Verfahren genehmigt werden, wäre die Idee der virtuellen Organisation zumindest für größere oder strategisch bedeutsame Unternehmen hinfällig.
- Streng nach der Konzeption von virtuellen Unternehmen hat das virtuelle Verbundunternehmen keine eigene *Rechtsform*, könnte daher allenfalls implizit in der Form einer Gesellschaft bürgerlichen Rechts (GbR) oder Partnerschaft geführt werden.
- Für die Mitarbeiter des virtuellen Verbundunternehmens stellt sich die Frage, wer der *rechtliche Arbeitgeber* ist. Die betroffenen Mitarbeiter können nach wie vor eine Bindung zu einem eigentlich für sie nicht mehr relevanten Unternehmen haben.
- *Arbeitsverträge* und *Gehaltsabrechnungen* sind ohne eigene zentralisierte Personalabteilung im virtuellen Verbundunternehmen problematisch. Extrem wäre die Situation, in der jeder Mitarbeiter letztlich nur mit seinem unmittelbaren Vorgesetzten einen in-

dividuellen Arbeitsvertrag abschließt. Da beim virtuellen Verbundunternehmen de facto nicht zwingend ein persönlicher Ansprechpartner existieren muß, wäre die Frage zu klären, ob allein mit dem Computer als Partner ein Rechtsverhältnis entstehen kann.

- Durch die starke computermäßige Vernetzung entstehen enge Informations- und Kommunikationsbeziehungen. Inwieweit tatsächlich *Vertraulichkeit* zu realisieren ist, hängt davon ab, inwiefern Mitarbeiter in ihren Arbeitsverträgen auf vertraulichen Umgang mit den Daten bis hin zum Schutz vor unbefugter Nutzung verpflichtet werden.
- Auch wenn eine einheitliche physikalische *Personalakte* unwahrscheinlich ist, so könnte die resultierende virtuelle Personalakte sicherlich nicht mit den Bestimmungen des Bundesdatenschutzgesetzes in Einklang zu bringen sein. Vor allen Dingen die Vielzahl der möglichen Verknüpfungen von Daten, gerade bei einem intensiven Projektmanagement, wo Einsatz- und Leistungsdaten, Schulungsinformationen und Zeugnisdaten permanent anfallen, sind Schwierigkeiten unvermeidlich.
- Zu klären ist auch die Frage der *Haftung für Managementfehler*: Wer trägt aber die Verantwortung, wenn hier aufgrund falscher Daten oder unzulässigen Datenverknüpfungen Managementfehler entstehen?
- Rechtliche Probleme verschafft auch die Frage der Haftung und des *Schadensersatzes*. Wenn im Sinne der (impliziten) BGB-Gesellschaft jeder Mitarbeiter eines virtuellen Unternehmens mit seinem gesamten Privatvermögen haften würde, dürfte die Bereitschaft zur Teilnahme an dem virtuellen Unternehmen eher gering sein. Umgekehrt dürfte aber ein Kunde beziehungsweise ein Lieferant sich nur dann mit einem Unternehmen ernsthaft auseinandersetzen, wenn tatsächlich derartige Fragen geklärt sind. Die Alternative wäre ein Handeln nach Prinzipien wie „Gekauft wie gesehen“ und „Lieferung nur gegen Barzahlung“.
- Eine extreme Beantwortung nach dem *Eigentum* an den Gegenständen des Betriebsvermögens wäre eine Situation, in der jeder Mitarbeiter über seine eigenen Betriebsmittel verfügt, wobei dann die marxistische Forderung nach Kontrolle der Produktionsfaktoren durch die Arbeiter voll erfüllt wäre. Die Praktikabilität einer solchen Lösung ist aber anzuzweifeln, eine rechtliche Lösung daher nötig.
- Wer ist letztlich Urheber der anfallenden *Patente* beziehungsweise wer besitzt die *Urheberrechte*? Auf der einen Seite ist allenfalls eine zentralisierte Administration nötig, die hier derartige Ansprüche der einzelnen Mitarbeiter katalogisiert und systematisiert, auf der anderen Seite ist aber gerade eine solche Stelle in einem virtuellen Verbundunternehmen system-inkonform.
- Sicherlich ist *Gewinnverwendung* kein juristischer Tatbestand, wohl aber vertraglich zu regeln. Auch hier gilt wieder: Wenn ein virtuelles Verbundunternehmen ohne eigene Rechtsform Einnahmen hat, wenn Mitarbeiter allenfalls lockere Arbeitsverträge mit diesem Unternehmen beziehungsweise Kooperationsverträge miteinander haben, wer entscheidet letztlich über die Gewinnverwendung?

Sucht man nach möglichen Denkschienen, mit denen die oben genannten Problembereiche beantwortet werden können, so erscheinen **drei alternative Lösungsansätze** denkbar:

Zunächst einmal kann *im gegebenen gesetzlichen Rahmen* weitergearbeitet werden. Dies würde bedeuten, daß die oben genannten Fragen mit den derzeit geltenden Gesetzen in Verbindung mit der aktuellen Rechtsprechung abgeglichen und entsprechende Antworten gesucht werden. Um dann im Einzelfall die entsprechenden Rechtsprobleme zu lösen, gibt es zwei Möglichkeiten: Entweder wird ein automatisiert standardisiertes Verfahren eingeführt, bei dem über juristische Expertensysteme die Betroffenen (Kunden, Lieferanten, Mitarbeiter, Anteilseigner) die Rechtssituation abklären und in eine Vertragsform bringen können. Oder aber es wäre ein einzelfallspezifisches Vorgehen nötig, bei dem aber die Gefahr besteht, daß der für den Vertragsschluß benötigte Zeitraum bei weitem die angestrebte Dauer der geplanten Zusammenarbeit in den Bereichen Entwicklung, Produktion und Absatz der Produkte übersteigt.

Eine zweite Alternative würde auf *ein faktisches Ignorieren der gesamten gesetzlichen Vorschriften* hinauslaufen. Die durch virtuelle Unternehmen im weitesten Sinne betroffenen Personen verzichten dabei explizit oder implizit auf die Beantwortung der oben genannten Fragen, gehen also von einer extremen Vertrauenskultur aus, die keine rechtlichen Regularien benötigt.

Eine dritte Alternative würde darin bestehen, *besondere gesetzliche Bestimmungen* für virtuelle Unternehmen zu erlassen, die entweder analog zum AktG und GmbHG eigenständig oder als Sonderbestimmungen in die vorhandenen Gesetzeswerke eingearbeitet werden müßten. Zu befürchten ist allerdings, daß derartige gesetzliche Regelungen – sofern man sie überhaupt anstrebt – bereits zum Zeitpunkt der Verabschiedung in der Praxis schon wieder überholt sein dürften.

7.3.2.2.3 Überlegungen zur integrativen Klammer

Gerade weil die Diskussion um virtuelle Verbundunternehmen sich weniger mit der Virtualisierung eines einzelnen Unternehmens befaßt, sondern vorrangig mit dem Zusammenschluß unabhängiger Einheiten, liegt es nahe, sich mit den gewählten Integrationsmechanismen als Basis der Virtualisierung zu beschäftigen. In der Literatur werden hauptsächlich vier Integrationsmechanismen genannt, nämlich Information und Kommunikation, Vertrauen, Fairneß und Co-Destiny. Obwohl sich die letzten drei Aspekte auf den ersten Blick kaum zu unterscheiden scheinen, existieren dennoch große Unterschiede, die im folgenden näher beleuchtet werden. Übersicht 7.10 zeigt in diesem Zusammenhang auf, wie diese vier Aspekte von verschiedenen Autoren aufgegriffen und als Integrationsmechanismus der virtuellen Organisation behandelt wurden.

Autor	Information und Kommunikation	Vertrauen	Co-Destiny	Fairneß
Arnold et al. (1995)				
Barnatt (1995)				
Behme (1995)				
Bleecker (1994)				
Bleicher (1996)				
Boone (1994)				
Bottoms (1994)				
Bullinger/Thaler (1994)				
Byrne/Brandt/Port (1993)				
Daconta (1994)				
Davidow/Malone (1993)				
Flaig (1992)				
King (1994)				
Klein, M. (1994)				
Klein, S. (1994)				
Kuttner (1993)				
Mertens/Faisst (1995)				
Müller (1993a)				
Müller (1993b)				
Olbrich (1994)				
Scholz (1994b)				
Snell (1994)				

Übersicht 7.10: Integrationsmechanismen bei der Virtualisierung von Unternehmen

Um die Behandlung der Integrationsmechanismen in der Virtualisierungsliteratur zu konkretisieren, werden die vier Aspekte kurz erläutert:

Aspekt 1: Informations- und Kommunikationstechnologie

Die wohl am häufigsten angeführte Virtualisierungsbasis ist die Informations- und Kommunikationstechnologie. Betrachtet man die wichtigsten Quellen, so gibt es keinen einzigen Autor, der den Einsatz der Informations- und Kommunikationstechnologien nicht erwähnt.

Lediglich zwei Quellen weisen darauf hin, daß unter gewissen Umständen das virtuelle Unternehmen auch ohne den Einsatz von Informations- und Kommunikationstechnologien vorstellbar ist: Während *Mertens* und *Faisst* (1995, 64) keinen Hinweis darauf geben, wie der von ihnen angesprochene Spezialfall der virtuellen Organisation ohne den Einsatz von Informationstechnologie aussehen soll, stellt *Scholz* (1996c) ein Modell „im Kopf" vor, das lediglich von interagierenden Menschen getragen werden soll.

Dennoch wird von den meisten Autoren auf diese Möglichkeit nicht hingewiesen, sondern im Gegenteil der Einsatz von Informations- und Kommunikationstechnologien als eines der Hauptcharakteristika des virtuellen Unternehmens bezeichnet. Dabei wird insbesondere Bezug genommen auf die mit dem Informationsaustausch einhergehenden neuen Größenordnungen der Geschwindigkeit und der Qualität. Dies ermöglicht die Koordinierung von Aktivitäten, die ansonsten aufgrund der hohen Kosten bisher als kaum synchronisierbar galten (vgl. *Mertens/Faisst* 1995, 64).

Laut *Byrne, Brandt* und *Port* (1993) erlaubt gerade die Verbindung durch Informations- und Kommunikationstechnologien den Verzicht auf ein Zentralbüro, eine Hierarchie und ein Organigramm. Der „informationelle Kitt", der Zusammenhalt, soll durch die Informations- und Kommunikationtechnologie geleistet werden und die ansonsten nebeneinander existierenden Unternehmen faktisch zu einer Reaktionseinheit zusammenschweißen (vgl. *Behme* 1995, 299).

Zwar lassen sich zahlreiche Beispiele finden, die für den Einsatz von Informations- und Kommunikationstechnologien als eines der Hauptmerkmale des virtuellen Unternehmens plädieren, wenige Autoren beschreiben jedoch, wie diese Vernetzung konkret aussehen soll und welche Anforderungen sich daraus für die Unternehmen ergeben. Eine Ausnahme sind sowohl *Barnatt* (1995) als auch *Daconta* (1994), die sich diesem Aspekt ausführlich widmen. Medium der virtuellen Organisation soll der Cyberspace sein, der als Bestandteil jedes einzelnen Computers in der virtuellen Organisation vorhanden ist. Der Cyberspace zeigt die Dimension auf, in dem sich eine virtuelle Organisation positionieren soll. Es ergibt sich aus der Zusammenführung aller Kommunikationstechnologien ein sogenannter „information space".

Aspekt 2: Vertrauen

Hinter dem Vertrauensaspekt des virtuellen Verbundunternehmens steckt die Überlegung, daß wegen des auslösenden Marktdruckes und der eher temporären Art des Zusammenschlusses eine Vertrauensbasis die gewünschte Integrationsfunktion vorantreiben kann. Außerdem ist auf den Verzicht auf rechtliche Regelungen zu verweisen: Da zumeist keine vertraglichen Beziehungen bestehen, ist eine Vertrauensbasis Handlungsgrundlage. Dabei wird Vertrauen explizit als Ersatz für komplexe rechtliche Vereinbarungen gesehen (vgl. *Behme* 1995, 299). Vertrauen ist stark mit dem aktiven Erbringen von Vorleistungen verbunden. Eine durch gegenseitiges Vertrauen bei allen Beteiligten (Unternehmensleitung, Mitarbeiter, Kunden, Lieferanten) entstehende Vertrauenskultur wäre durchaus in der Lage, die fehlenden formalen Sicherheitsmechanismen zu ersetzen.

Aspekt 3: Fairneß

Abzugrenzen von dem Vertrauen ist der Begriff der Fairneß als Integrationsmechanismus. Ziel ist es, im Sinne einer Partnerschaft zu handeln. Partnerschaft muß nicht eine

Bindung auf ewige Zeiten bedeuten, sondern eine auf Fairneß basierende Gemeinschaft auf Zeit (vgl. *Bullinger/Thaler* 1994, 20). Es liegt bei den Partnern eine geteilte Geschäftskultur zugrunde.

Aspekt 4: Co-Destiny

Der vielleicht am wenigsten beschriebene Aspekt einer virtuellen Organisation ist das Co-Destiny. Diese Beziehung zwischen den einzelnen Virtualisierungspartnern wird oftmals als Schicksals- oder Überlebengemeinschaft charakterisiert, in der die verschiedenen Partner voneinander abhängig sind. Anstelle des ethischen Fairneß-Postulats tritt die Einsicht, daß die Partner zwangsläufig in ihrer Entwicklung aneinander gekoppelt sind. Nur mit gegenseitigem Einverständnis, Vertrauen und der Bereitschaft zur Flexibilität ist das gemeinsame Ziel zu erreichen (vgl. *Davidow/Malone* 1993, 104). Der Zusammenhang der Partner ist fast als symbiotisch zu bezeichnen.

Co-Destiny bildet damit tendenziell ein Gegengewicht zu den neodarwinistischen Tendenzen der virtuellen Organisation. Bei Akzeptanz der Co-Destiny-Annahme sind die Partner dann unter Umständen eher gewillt, eine Win-Win-Situation anzustreben, als sie es beim wettbewerbskompatibleren Fairneß- oder Vertrauenspostulat sind: Hier reicht innerhalb ethischer Grenzen eine einfache Win-Situation häufig schon aus.

7.3.2.2.4 Controllingüberlegungen

Durch ein virtuelles Verbundunternehmen sollen planvoll gestaltet marktbezogene Leistungen erbracht werden. Dementsprechend dürfen, auch wenn man rein intuitiv einen Widerspruch vermutet, virtuelles Verbundunternehmen und Controlling nicht als unüberwindbare Gegensätze angesehen werden.

Zeitgemäßes Controlling geht über den reinen Aspekt der Kostenkontrolle hinaus (vgl. *Horváth* 1993, 322-334). Seine **Aufgaben** umfassen vielmehr generell die Koordination von Planung sowie Kontrolle und darüber hinaus die Informationsversorgung sowie die Frühwarnfunktion. Ziel des Controlling ist es, die für den betrieblichen Erfolg wichtige Koordinations-, Reaktions- und Adaptionsfähigkeit in der Organisation zu sichern und zu erhalten. Damit ergeben sich für die **Gegenstände** des Controlling Bereiche wie Kostenkalkulation und Qualitätssicherung mit unmittelbarer Erfolgsrelevanz für virtuelle Verbundunternehmen.

Da ein virtuelles Verbundunternehmen aus mehreren unabhängigen Unternehmen beziehungsweise Unternehmensbereichen besteht, sind auch die **Inhalte** für das Controlling entsprechend vielfältig:

- Der *Marktbezug* als Informationsfluß vom Markt zu jedem einzelnen virtuellen Verbundunternehmen und die Adaptionsfähigkeit an Markterfordernisse müssen sichergestellt werden.

- Der *Virtualisierungsprozeß* selbst als Koordination zwischen den einzelnen virtuellen Verbundunternehmen ist zu optimieren, wozu unter anderem auch eine regelmäßige Strategieüberprüfung gehört.
- Jeder am virtuellen Verbundunternehmen beteiligte Partner muß die eigene Aktions- und Reaktionsfähigkeit für die Beteiligung am virtuellen Verbundunternehmen evaluieren, also die *Virtualisierungstauglichkeit* sicherstellen. Hierzu gehört auch das unternehmensinterne Controlling innerhalb jedes einzelnen Teilunternehmens, fokussiert auf den eigenständigen Geschäftsprozeß der Erstellung der relevanten Teilleistung zum virtuellen Unternehmen.

Die Literatur zu virtuellen Verbundunternehmen befindet sich noch in einem kaum entwickelten Stadium. Trotzdem sollte man zumindest rudimentäre Aussagen über Preiskalkulation und Kostenkontrolle sowie generelle Vorschläge zum Controlling erwarten. Diese Erwartung wird allerdings enttäuscht. Bisher läßt sich in der Literatur nichts in dieser Richtung finden. Diese Nichtbehandlung kann zwei Ursachen im Sinne von „underlying assumptions“ haben, die dann in zwei vollkommen unterschiedliche **Controlling-Paradigmen** für ein Virtualisierung-Controlling münden:

- Auf der einen Seite kann argumentiert werden, daß es gerade das Charakteristikum eines virtuellen Verbundunternehmens ist, ohne zusätzlichen administrativen Aufwand auszukommen. Man vertraut auf die unsichtbare Hand einer (automatischen) Selbstorganisation. Denn ein Controlling würde eine zusätzliche Instanz verlangen und damit ein wichtiges Grundprinzip des virtuellen Verbundunternehmens („kein neuer Overhead“) verletzen. Bewußtes Controlling in einem virtuellen Verbundunternehmen wäre demnach paradox, allenfalls ein *implizites Controlling* zulässig.
- Auf der anderen Seite wird explizit-formales Controlling zwar für nötig, allerdings für extrem kompliziert angesehen. Ähnlich wie bei der Diskussion um die Unternehmenskultur („vermehrt nötig, erschwert möglich“) muß daher die Suche nach entsprechend leistungsfähigen Ansätzen beginnen, auch wenn abschließende Lösungen noch nicht in Sicht sind. Es wird also – in den durch die Philosophie des virtuellen Verbundunternehmens vorgegebenen Grenzen – ein *explizites Controlling* angestrebt.

Bezogen auf ein konkretes Controlling-Objekt schließen sich beide Paradigmen aus: Es ist somit beispielsweise im Hinblick auf die Sicherstellung eines optimalen Marktpreises nicht gleichzeitig ein explizites und ein implizites Controlling sinnvoll; bezogen auf unterschiedliche Objekte sind die Paradigmen dagegen kombinierbar.

Zusammenfassend zeigt bereits die kurze Skizzierung von Ansatzpunkten im Hinblick auf Aufgaben, Gegenstände, Inhalte und Paradigmen eines Controlling im virtuellen Verbundunternehmen die Komplexität der hier anstehenden Fragestellungen (Abbildung 7.8).

Eine weitergehende **Konkretisierung** der Inhalte des Controlling für das virtuelle Verbundunternehmen konzentriert sich auf die Aspekte des Marktbezuges, des Virtualisierungs-

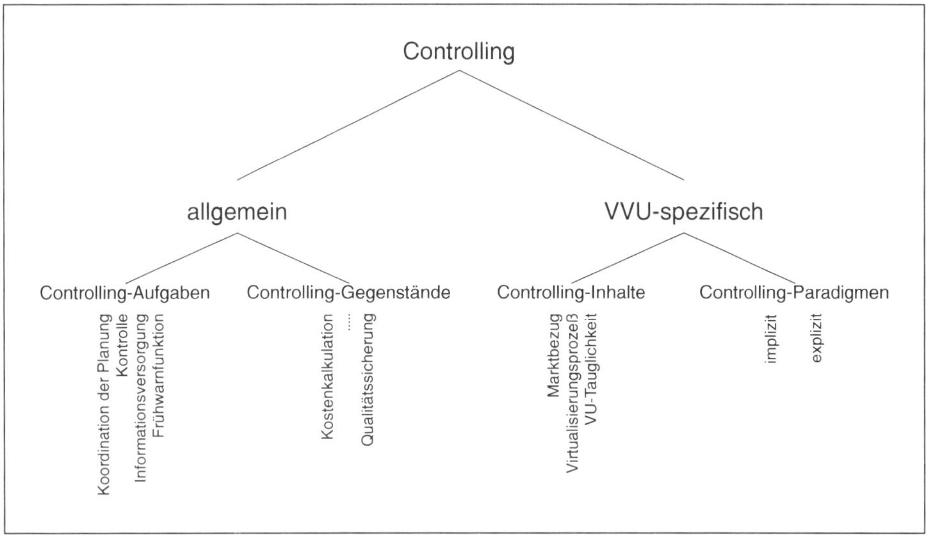

Abbildung 7.8: Rahmen für ein Controlling im virtuellen Verbundunternehmen (nach Scholz 1995a, 184)

prozesses sowie der Bereitstellung eines Tauglichkeitsmaßes für die einzelnen Partner. Diese Aspekte können jeweils im Lichte des impliziten und des expliziten Controlling-Paradigmas betrachtet werden.

Aspekt 1: Marktbezug als Controlling-Inhalt

Nimmt man im Hinblick auf ein Controlling des Marktbezuges stellvertretend die Frage nach dem marktadäquaten Preis und der daraus abzuleitenden Kostenstruktur, so liefert das **implizite Paradigma** zwei alternative Denkansätze: Im einen Fall, wenn das Produkt neuartig beziehungsweise die Preiselastizität extrem gering ist, hängt das Nachfragevolumen kaum vom Preis ab; es müssen also lediglich Marktwünsche exakt erfaßt und die entscheidenden Kernkompetenzträger schnell zusammengeführt werden. Im anderen Fall einer Konkurrenz-Situation, in der der Markt einen bestimmten Preis diktiert, wäre dieser Martkpreis gleichzeitig Controlling-Instrument. In beiden Fällen wird sich das virtuelle Verbundunternehmen nicht bewußt mit einem Controlling befassen.

Wenn der Markt die Anforderungen an die Leistungen eines Unternehmens sowie Qualität und Preis des Produktes bestimmt und das Angebot des Unternehmens sich nicht mit den Marktanforderungen deckt, bietet das herkömmliche Kostenmanagement kaum Problemlösungsmechanismen. Für einen Controlling-Ansatz gemäß dem **expliziten Paradigma** könnte sich das *Target-Costing* (vgl. *Laker* 1993) anbieten: Dieses liefert die Möglichkeit einer strikten Ausrichtung des Kostenmanagements an die Marktanforderungen. Kerngedanke des Target-Costing ist die Annahme, daß die Unternehmen kaum mehr Spielräume bei Kosten, Zeit und Qualität besitzen. Bei Kostenkalkulationen wird daher nicht berechnet, was ein Produkt kostet, sondern was es kosten darf. Festzulegen bleibt eine Bezugsgröße zur Aufteilung des gesamten Kostentargets auf die Partner des virtuellen Verbundunternehmens. Target-Costing setzt schon in sehr frühen Produktlebenszyklusphasen an und leistet darüber hinaus einen wesentlichen Beitrag zur Strategieunterstützung (*Seidenschwarz* 1991).

Aspekt 2: Virtualisierungsprozeß als Controllinginhalt

Ein exemplarischer Ansatzpunkt für das Controlling des Virtualisierungsprozesses ist der Gemeinkostenblock, der für die Koordination im virtuellen Verbundunternehmen entsteht.

Im **impliziten Paradigma** wird zunächst die Frage gestellt, ob innerhalb eines virtuellen Verbundunternehmens überhaupt noch prozeß-induzierte Gemeinkosten existieren, die ein entsprechendes Controlling erfordern: Im Grunde sind die einzelnen Kernkompetenzträger für die bei ihnen entstehenden Kosten selbst verantwortlich; Kosten für das virtuelle Verbundunternehmen insgesamt entstehen primär gar nicht. Eine Ausnahme könnte beispielsweise der Prozeß einer Koordination der einzelnen Teilunternehmen bilden, was jedoch bei einer funktionierenden Selbstorganisation definitionsgemäß ausgeschlossen ist.

Anders dagegen im **expliziten Paradigma**, wo sich unmittelbar die Prozeßkostenrechnung anbietet. Die *Prozeßkostenrechnung* ist vor allem durch die Strukturveränderungen der betrieblichen Wertschöpfungskette und der dadurch bedingten Verschiebung der Kostenstruktur entstanden (vgl. *Coenenberg/Fischer* 1991). Sie ist ein Mittel des Gemeinkostenmanagements. Es sollen dabei die wesentlichen Einflußfaktoren bei der Gemeinkostenentstehung ermittelt werden, die „Cost Driver“ oder „Kostentreiber“.

Für das Analyseobjekt des virtuellen Verbundunternehmens stellt sich hier die Frage, welches die relevanten Hauptprozesse im Sinne der Prozeßkostenrechnung in einem Virtualisierungsprozeß sind. Letzterer setzt sich definitionsgemäß aus den für das virtuelle Verbundunternehmen relevanten Teilleistungen der einzelnen konstituierenden Unternehmen zusammen. Diese werden als eigenständiger und abgeschlossener Prozeß in das virtuelle Verbundunternehmen eingebracht. Einen solchen Prozeß könnte man als Hauptprozeß im Sinne der Prozeßkostenrechnung auffassen. Gemeinkosten für das virtuelle Verbundunternehmen entstehen dann als Mindestaufwand einer Koordination, etwa durch Abstimmung des einheitlichen Auftretens der Partner gegenüber den Kunden oder durch die Formulierung einer abgestimmten Geschäftsstrategie. Diese Kosten können mittels intelligenter Software-Lösungen, die für alle Partner gleichermaßen zugänglich sind, gemeinsam im Rahmen eines expliziten Controlling erfaßt und nach spezifizierten Verrechnungsschlüsseln auf die Hauptprozesse verteilt werden.

Aspekt 3: Bereitstellung eines Tauglichkeitsmaßes als Controlling-Inhalt

Das virtuelle Verbundunternehmen – und damit auch der Virtualisierungsprozeß – ist eine Kombination aus einzelnen Prozessen, von denen jeder jeweils ein konstituierendes Unternehmen repräsentiert. Entscheidend und grundlegend für den Erfolg eines virtuellen Verbundunternehmens sind das Potential und die unmittelbare Fähigkeit jedes einzelnen Partners für die Beteiligung an einem virtuellen Verbundunternehmen. Daraus ergibt sich die strategische Notwendigkeit, die sogenannte Virtualisierungstauglichkeit in jedem einzelnen Unternehmen sicherzustellen beziehungsweise zu erhalten. Auch dies fällt in den Aufgabenbereich eines Controlling. Hier jedoch ist nicht das virtuelle Verbundunternehmen selbst gefordert, sondern vielmehr jedes einzelne konstituierende Unternehmen unmittelbar.

Gemäß dem **impliziten Paradigma** des Controlling bietet es sich an, die Tauglichkeit über eine entsprechende Organisationskultur zu erreichen oder zu bewahren. Wie auch immer eine solche Organisationskultur konkret ausgestaltet sein mag, sie muß auf jeden Fall ein Umfeld für effiziente Leistungserbringung im Sinne der Tauglichkeit ermöglichen. Dafür sind zwei wichtige Bausteine unabdingbar: eine Vertrauens- und eine Innovationskultur. Erfolgreich im Unternehmen umgesetzt, kann diese Idee ein explizites Controlling überflüssig werden lassen: Organisationskultur wird hier also als handelndes Subjekt angesehen, das ein explizites Controlling zu substituieren hilft.

Das **explizite Paradigma** findet seine Erfüllung im traditionellen Controlling-Ansatz. Eine Überprüfung der Tauglichkeit kann in das Konzept des bereits existierenden unternehmensinternen Controlling eingebettet werden. Auch hier ist die Organisationskultur nicht irrelevant; allerdings ist sie in diesem Zusammenhang als ein durch die Controlling-Mechanismen beeinflußtes Objekt stimmig zur Tauglichkeit zu gestalten.

Den Unterschied zwischen implizitem und explizitem Controlling-Paradigma im virtuellen Verbundunternehmen kann man auch deutlich an der Frühwarnfunktion (*Perlitz* 1993) hinsichtlich der Virtualisierungstauglichkeit ablesen:

- Im **impliziten Paradigma** wird davon ausgegangen, daß sich die auf ihre Kernkompetenzen reduzierten Einheiten sowieso in einer permanenten Interaktion mit der Umwelt befinden, alle modernen Informationstechnologien nutzen, um auf dem neuesten Stand zu bleiben, und so auch Änderungen in ihrer Umwelt frühzeitig erkennen.
- Im **expliziten Paradigma** wird dagegen argumentiert, daß nur eine vom handelnden Subjekt unabhängige Stelle in der Lage ist, eine ernsthafte Frühwarnfunktion wahrzunehmen. Dies entspricht dem Grundproblem eines Regelkreises, der nicht gleichzeitig über die Wege zur Erreichung einer Führungsgröße und über die Sinnhaftigkeit der Führungsgröße nachdenken kann.

Die beiden Paradigmen führen also auch hier wieder zu völlig unterschiedlichen Vorgehensweisen in Richtung auf ein Controlling im und vom virtuellen Verbundunternehmen.

7.3.3 Operationalisierungsüberlegungen

Because each partner brings its „core competence" to the effort, it may be possible to create a „best-of-everything organization. Every function and process could be world-class – something that no single company could achieve. (Byrne/Brandt/Port 1993, 36)

Ebenso wie die Organisationsnachbildung mit Virtual Reality-Fokus keinen binären Zustand, sondern ein Kontinuum darstellt, läßt sich auch die Organistationsneugestaltung mit Kernkompetenz-Fokus durch eine Reihe von Zwischenstadien darstellen. Diese sind auf **zwei Achsen** zu positionieren:

Die erste Achse drückt das Ausmaß aus, in dem die Geschäftsaktivitäten quer über die Verbundpartner verteilt sind. Auf dieser Dimension der Zergliederung ist ein virtuelles Unternehmen um so ausgeprägter, je mehr die Aktivitäten durch unterschiedlichste Partner realisiert werden. Geht man ferner davon aus, daß jedes virtuelle Verbundunternehmen ein dominantes Teilunternehmen aufweist – zumindest aber eines mit der relativ größten Wertschöpfung – so läßt sich der Zergliederungsgrad bezogen auf den Kernkompetenz-Fokus VG_{KK}^{ZER} definieren als

$$VG_{KK}^{ZER} = \left[1 - \left(\frac{\text{Wertschöpfung des dominanten Virtualisierungspartners}}{\text{Gesamtwertschöpfung}} \right) \times 100 \right].$$

Besteht die neugestaltete virtuelle Organisation, also etwa das virtuelle Verbundunternehmen, aus sehr vielen kleinen Teilen, so nähert sich VG_{KK}^{ZER} dem Grenzwert von 100 %, besteht sie nur aus einem einzigen Virtualisierungspartner, nimmt VG_{KK}^{ZER} den Wert 0 % an.

Als zweite Achse ist als VG_{KK}^{INT} das Ausmaß der **Integration** der Organisationsneugestaltung zu operationalisieren. Es sind also Aussagen darüber nötig, inwieweit eine integrative Klammer existiert, die für eine Zusammenführung der einzelnen Einheiten sorgt. Hier fällt eine entsprechende Definition und Operationalisierung wesentlich schwerer und kann daher nachfolgend auch nur in rudimentären Grundzügen erfolgen. Dabei unterstellt man – wie oben ausgeführt – daß neugestaltete virtuelle Organisationen wie virtuelle Verbundunternehmen

(1) Merkmale wie beispielsweise eine gemeinsame (zusätzliche) Infrastruktur, ein umfassendes rechtliches Dach und eine sachlogische Zwangskopplung *nicht* aufweisen dürfen,
(2) dagegen Merkmale wie beispielsweise eine gemeinsame Vision, eine Kultur des Vertrauens und ein ganzheitliches Erscheinungsbild zum Kunden realisieren sollen.

Die erste Forderung folgt der Überlegung, daß nicht sämtliche Merkmale (M) zwingend erfüllt werden müssen. Beispielsweise können traditionelle Integrationsmechanismen wie eine gemeinsame Infrastruktur vorhanden sein, solange die neuzugestaltende virtuelle Organisation sich noch im Virtualisierungsprozeß befindet. Die in der zweiten Forderung erhobenen Merkmale sind dagegen entscheidende Bestandteile einer virtuellen Abteilung oder eines virtuellen Verbundunternehmens. Führt man hierzu eine Skala von 0 (nicht erfüllt, also Merkmale noch vorhanden) bis 1 (voll erfüllt, also Merkmale nicht mehr vorhanden) ein, ergibt sich für Forderung (1) bei n Aspekten der additive Term:

$$(1)\ VG_{KK}^{INT(1)} = \frac{\sum_{i=1}^{n} Mi}{n} \quad \text{für } i = \{1,2,3,\ldots,n\}$$

Für Forderung (2) bringt eine multiplikative Verknüpfung die zwingende Notwendigkeit aller m Merkmale zum Ausdruck. Hier bedeutet 0 nun das Nichtvorhandensein der Merkmale, 1 ihr Vorhandensein. Damit ergibt sich:

$$(2)\ VG_{KK}^{INT(2)} = \prod_{j=1}^{m} Mj \quad \text{für } j = \{1,2,3,\ldots,n\}$$

Der Virtualisierungsgrad der Integrationbestandteile läßt sich damit insgesamt darstellen als Produkt der Forderungen (1) und (2):

$$VG_{KK}^{INT} = VG_{KK}^{INT(1)} \times VG_{KK}^{INT(2)} = \frac{\sum_{i=1}^{n} Mi}{n} \times \prod_{j=1}^{m} Mj \times 100$$

Der Zusammenhang zwischen Zergliederung und Integration ergibt sich damit wie in Abbildung 7.9 dargestellt als Vektorkombination der beiden Virtualisierungsgrade VG_{KK}^{ZER} und VG_{KK}^{INT}.

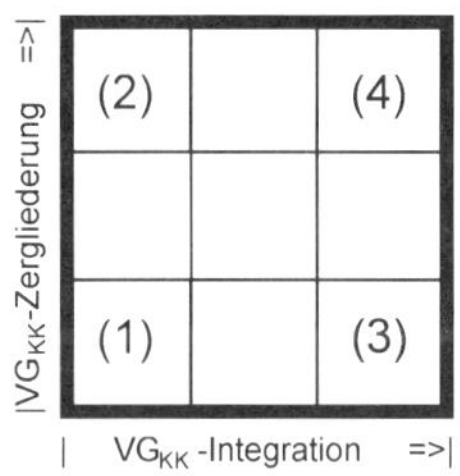

Abbildung 7.9: Der Zusammenhang zwischen Zergliederung und Integration

Nach Abbildung 7.9 lassen sich vier Extremfälle unterscheiden:

- Im Fall 1 ist das Unternehmen weder zergliedert, noch hat es entsprechende Integrationsmechanismen. Hier liegt kein virtuelles Verbundunternehmen vor.
- Im Fall 2 ist der Unternehmensverbund zwar weitreichend zergliedert, es fehlen aber Integrationsmechanismen.
- Im dritten Fall hat das Unternehmen zwar Integrationsmechanismen, aber nahezu keine Zergliederung.
- Im letzten Fall ist das Unternehmen ein virtuelles Verbundunternehmen.

Für die Organisationsneugestaltung lautet nun die Formel für die Kennziffer des Virtualisierungsgrades bezogen auf die Kernkompetenz wie folgt:

$$VG_{KK} = VG_{KK}^{ZER} \times VG_{KK}^{INT}$$

Es ergibt sich also die in Abbildung 7.10 als Pfeil dargestellte Visualisierung des Virtualisierungsgrades bezogen auf die Kernkompetenz. Dieser ist 0%, wenn Zergliederungsgrad oder Integrationsgrad oder beide den Wert 0 annehmen; eine 100%ige Virtualisierung wäre erreicht, wenn Zergliederungsgrad und Integrationsgrad den Wert 1 annähmen.

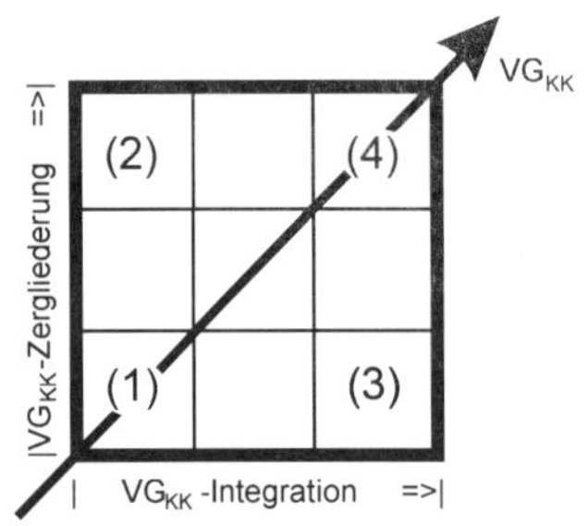

Abbildung 7.10: Der Virtualisierungsgrad bezogen auf die Kernkompetenz

Aus dieser Operationalisierung lassen sich zwei **theoretische Implikationen** ableiten:

1. Es besteht ein Ansatz, der eine *empirische Überprüfung* des Virtualisierungskonzeptes erlaubt. Da erhebbar ist, wie zergliedert eine Organisation ist, und ebenfalls über Zentralindikatoren das Ausmaß der Integration erfaßbar ist, kann ein Wert ermittelt werden, zu wieviel Prozent die Wertschöpfungskette innerhalb des Virtualisierungsprozesses unter Kontrolle ist. Es ist unrealistisch, davon auszugehen, daß es in absehbarer Zeit zu 100 % virtualisierte Organisationen geben wird; wichtig ist es, in die Virtualisierungsdiskussion die notwendige Differenzierung hineinzubringen.
2. Bezogen auf die aus der Transaktionskostentheorie (vgl. Abschnitt 3.3.2.1) stammenden *Kategorisierung* von Transaktionsformen in dem Kontinuum zwischen Markt und Hierarchie (vgl. *Williamson* 1985) ist die virtuelle Organisation als hybride Organisationsform anzusehen. Der Virtualisierungsgrad bezogen auf die Kernkompetenz ist darin so abzutragen, daß eine 0 %ige Virtualisierung zur hierarchischen Seite, die 100 %ige Virtualisierung zur marktlichen Seite ausgerichtet ist. Es liegt also eine Möglichkeit vor, hybride Organisationsformen zu klassifizieren (Abbildung 7.11).

Damit kann diese Form der Operationalisierung – über die Betrachtung der virtuellen Organisation selbst hinaus – der empirischen Organisationsforschung einen neuen Anstoß geben.

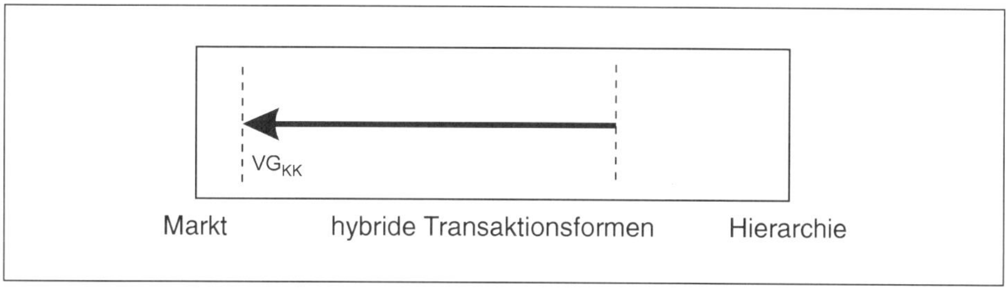

Abbildung 7.11: Der Virtualisierungsgrad bezogen auf die Kernkompetenz im Markt-Hierarchie-Kontinuum der Transaktionsformen

7.3.4 Konsequenz: Das Prinzip der virtuellen Organisationsneugestaltung

Um virtuelle Organisationen möglichst vorteilhaft realisieren zu können, müssen zunächst die zentralen Erfolgspotentiale bei (potentiellen) Partnern ausgemacht werden.

Die Zusammenarbeit kann zudem nur unter Aufgabe tradierter Verhaltensweisen und der Entwicklung einer (gemeinsamen) Vision realisiert werden. Voraussetzung ist die Schaffung einer Vertrauensbasis sowie eine grundsätzlich positive Einstellung gegenüber neuen Informations- und Kommunikationstechnologien. Zentral ist jedoch die permanente Berücksichtigung der Kernkompetenzen bei der Organisationsneugestaltung. Zusammengefaßt ergibt sich damit das Prinzip der virtuellen Organisationsneugestaltung.

Prinzip der virtuellen Organisationsneugestaltung

Wenn eine virtuelle Organisationsneugestaltung vorgenommen wird, muß der Kernkompetenzfokus konsequent umgesetzt werden, da andernfalls die Vitalität der Organisation gefährdet ist. Dieser Fokus auf Kernkompetenz setzt sich zusammen aus dem Zergliederungsaspekt, der die Verteilung der Aufgaben auf unterschiedliche Partner berücksichtigt, und dem Integrationsaspekt, der die Stärke der integrativen Klammer widerspiegelt.

Die Berücksichtigung von Spezialisierung und nachfolgender Integration ist Grundlage jeglicher Organisation und damit grundsätzlich sicherlich nicht innovativ. Es ist jedoch zu konstatieren, daß Spezialisierung plus Integration selten Grundlage einer virtuellen Organisation ist: Bei der Organisationsneugestaltung besteht die – empirisch noch zu belegende – Tendenz, so lange zu zergliedern, bis die gesamten Organisationsgebilde auseinanderfallen, und daraus dann auf die Unmöglichkeit von Virtualisierung zu schließen. Das Prinzip der virtuellen Organisationsneugestaltung verlangt in seiner Kernaussage die bereits von *Lawrence* und *Lorsch* (vgl. Abschnitt 2.4.3.1.2) untersuchten Aspekte der Differenzierung und Integration gemeinsam zu berücksichtigen.

7.4 Virtuelle Organisation als strategische Option

These collaborative, or consultative networks – combinations of local-area and wide-area computer and communications networks – allow businesses to form and dissolve realationships at an instant's notice and thus create new corporate ecologies. (Bleecker 1994, 9)

Nach den allgemeinen Grundlagen der virtuellen Organisation aus Abschnitt 7.1 wurden in Abschnitt 7.2 die auf der Virtual Reality und in Abschnitt 7.3 die auf dem Kernkompetenzkonzept basierenden Formen der virtuellen Organisation diskutiert. Aus diesen Überlegungen ergibt sich als nächstes die Frage, wie diese in eine sinnvolle Gesamtstrategie integrierbar sind.

7.4.1 Grundidee

What's critical, experts say, is that each participant in a virtual corporation brings to it a core competency that complements the expertise of the other partners working toward the same goal. (King 1994, 29)

Strategiekonzepte machen Aussagen über sinnvolles Vorgehen am Markt. Diese Aussagen sind ebenso zutreffend für die virtuelle Organisation wie für jede andere Organisationsform. Alle anwendbaren Konzepte verfügen immer über eine handlungsorientierte Komponente und machen konkrete methodische und inhaltliche Vorschläge dazu, wie Organisationen ihre Strategien formulieren und implementieren sollen.

Im Rahmen der aktuellen Umweltherausforderungen spielt die virtuelle Organisation insofern eine **spezielle Rolle**, als gerade sie in der Lage erscheint, die in Kapitel 1 formulierten Anforderungen an eine vitale Organisation zu erfüllen. Angesichts der Tatsache, daß im intra- und interorganisatorischen Bereich die um Organisationseinheiten herum bestehenden Grenzen reduziert werden, stellt sich in vielen Fällen die Frage überhaupt nicht mehr, ob sich Organisationen auf den Weg zur virtuellen Organisation begeben wollen: Zergliederung und fließende Übergänge zwischen Organisationen werden zunehmend Realität.

Diese *driving force* der Umwelt impliziert aber noch nicht zwingend Existenz einer virtuellen Organisation. Dazu ist neben der Zergliederungskomponente auch die Integrationskomponente zu besetzen. Fehlt letztere, kommt es allenfalls zu einem graduellen Auflösen der organisatorischen Einheit, zu einem völligen Verlust der eigenständigen Identität und Funktion.

So gesehen haben Organisationen im wesentlichen vier **strategische Wahlbereiche**:
- gewünschtes Ausmaß an Zergliederung (einschließlich Optimierung der entsprechenden Barrieren),

– Wahl geeigneter Integrationsmechanismen zur Schaffung der virtuellen Organisation,
– Ausmaß des anzustrebenden Virtual Reality-Fokus bei der Virtualisierung und
– Ausmaß des anzustrebenden Kernkompetenz-Fokus bei der Virtualisierung.

Berücksichtigt man zudem noch das Alternativenspektrum, das sich durch die Wahl der zu virtualisierenden Objekte ergibt, so wird deutlich, daß die virtuelle Organisation tatsächlich eine vielschichtige strategische Option darstellt.

Für diese zu formulierende Strategie sollen nachfolgend die strategischen Prinzipien aus Kapitel 2 herangezogen werden: Zum einen sind gerade sie es, die eine entsprechende Strategieformulierung erlauben, zum anderen wurden die Kapitel 3 bis 6 bereits für die theoretischen Grundlagen der virtuellen Organisation berücksichtigt, weshalb eine erneute Einbeziehung an dieser Stelle zu einer unnötigen Redundanz der Argumentation führen würde.

7.4.2 Strategieformulierung virtueller Organisationen nach den strategischen Prinzipien

7.4.2.1 Strategische Effektivität virtueller Organisationen

They leverage the strengths of each link in the value chain, improve efficiencies, reduce expenses, and focus on the interoperability of processes and supporting systems. (Bleecker 1994, 10)

Zentraler Aspekt bei der Umsetzung des Prinzips der strategischen Effektivität auf die virtuelle Organisation ist die Formulierung des Zieles, das mit der Einführung einer virtuellen Organisation verfolgt wird. Beschränkt man sich zunächst nur auf die abstrakten Formalziele, so gibt es hierfür eine ganze Reihe von Erwartungen (Übersicht 7.11): Der Markterfolg soll entscheidend durch eine größere Angebotsvielfalt, Flexibilität, verbesserte Time to Market und eine bessere Marktdurchdringung gesteigert werden; weiterhin soll die virtuelle Organisation die Kosten entscheidend reduzieren und damit ein hohes Maß an Wirtschaftlichkeit erlauben.

Betrachtet man diese Zielartikulationen, so ergibt sich als dominantes Ziel die **Time to Market**, also die Geschwindigkeit, mit der ein auf spezifische Kundenwünsche zugeschnittenes Produkt auf den Markt kommt. Als Begründungen dafür, warum gerade eine virtuelle Organisation in der Lage sein könnte, diesen Zeitfaktor entsprechend zu optimieren, werden vorrangig zwei Faktoren gesehen:

- Zum einen wird davon ausgegangen, daß eine virtuelle Organisation sich sehr schnell in eine neue Struktur formieren kann, um so eine ablaufoptimierte Struktur zu realisieren. Diese Überlegungen setzen allerdings implizit voraus, daß es tatsächlich einen effizienten Steuerungsmechanismus gibt, der die einzelnen Einheiten zu einer virtuellen Organisation zusammenführt.

	Time to Market	**Know-how, Kapazitätszuwachs**	**Aufwandsreduktion**	**Risikoreduktion**	**Erhöhung der Flexibilität**
Arnold et al. (1995)	■	■	■	■	
Behme (1995)	■	■			■
Bleecker (1994)			■		
Bleicher (1996)					■
Boone (1994)					
Bottoms (1994)	■			■	■
Bullinger/Thaler (1994)	■	■			■
Byrne/Brandt/Port (1993)	■	■	■		■
Daconta (1994)			■		
Davidow/Malone (1993)	■				
Flaig (1992)	■		■		■
King (1994)	■	■	■		
Klein, M. (1994)	■	■	■	■	■
Klein, S. (1994)		■			■
Kuttner (1993)			■		■
Mertens/Faisst (1995)				■	
Müller (1993a)		■	■		
Olbrich (1994)	■	■	■		■
Scholz (1994b)		■			■
Snell (1994)	■				■

Übersicht 7.11: Zielvorstellungen bei virtuellen Organisationen

- Zum anderen wird als Begründung für das Schaffen eines entsprechenden Geschwindigkeitsvorteils die Tatsache gesehen, daß virtuelle Organisationen bereits durch die vorangegangenen Strukturierungsmaßnahmen weitgehend schlank und effizient sind.

Auch wenn beide Argumentationen in dieser Form nur begrenzt überzeugen, ändern sie nichts an der Dominanz des Geschwindigkeitszieles bei den Protagonisten der virtuellen Organisation und damit wahrscheinlich auch bei ihren Nutznießern.

Ein zweites Ziel, das mit der Einführung der virtuellen Organisation verbunden wird, ist der Zuwachs an spezifischen Fähigkeiten, letztlich also an **Kapazität** und **Know-how**, zu gewinnen. So wird auf die „Sammlung von Erfahrungswissen" (*Olbrich* 1994, 32) ebenso gehofft wie auf ein Fallen aller Kapazitätsgrenzen (*Boone* 1994, 3).

Wenn sich eine Organisation mit anderen zusammenschließt und auf diese Weise die nutzbare Kapazität erhöht wird, so ist dies reichlich trivial. Deshalb kann es als Ziel allenfalls darum gehen, die nutzbare Kapazität bei gleichzeitiger Beibehaltung der Unabhängigkeit zu erhöhen. Ob tatsächlich – wie vermutet – ein spezifischer Leverage-Effekt entstehen kann, muß zunächst noch bezweifelt werden.

Auffällig ist, daß einige Autoren (z.B. *Bullinger/Brettreich-Teichmann/Fröschle* 1995; *Scholz* 1995c, 58) besonders gute Virtualisierungsmöglichkeiten für kleine und mittlere Unternehmen sehen. Die Größe einer virtuellen Organisation wird nunmehr nicht mehr über Mitarbeiteranzahl oder die Anzahl der Niederlassungen definiert. Daher können auch kleine und mittlere Unternehmen über die Kooperationsgebilde „virtuelle Größe" erreichen. Damit werden gerade mittelständische Unternehmen in die Lage versetzt, neue – und vor allem größere – Märkte zu erschließen.

Ein drittes Ziel ist das der **Aufwandsreduktion**, wobei die Verringerung der Fixkosten des Verwaltungsapparates und die Verkürzung der vertikalen Integrationslinie als Begründungen angegeben werden:

- Die Fixkosten bleiben auf ein Minimum reduziert, obwohl die virtuelle Organisation Flexibilität und schnelle Anpassung an Marktveränderungen gewährleistet (*Vogt* 1994, 6).
- Irreversible Kosten werden dadurch vermieden, daß keine realen, sondern eine Art von Pseudo- oder Quasi-Unternehmen errichtet werden (*Olbrich* 1994, 28).
- Die finanzielle Flexibilität wird erhöht, da das Verhältnis variabler zu fixen Kosten vergrößert wird (*Klein, M.* 1994, 94).
- Die Ineffizienzen und Gesamtkosten der vertikalen Integration werden durch das Zusammenspiel entsprechend professioneller Partner reduziert (*Byrne/Brand/Port* 1993, 39-40).

Allerdings gilt auch für das Ziel der Aufwandsreduktion, daß dieses nur dann zu realisieren ist, wenn der Zusatzaufwand durch die Schaffung einer virtuellen Organisation geringer ausfällt als die wegfallenden Kosten.

Als vierte Gruppe betonen einige Autoren die **Reduktion des Risikos** als ein Ziel der virtuellen Organisation (vgl. *Mertens/Faisst* 1995, 62). Bei dieser Reduktion des Risikos gilt allerdings, daß gesamtheitlich die Relation von Risiko zu Organisationsgröße unverändert bleibt, weil sich weder Einsatz noch Erfolgswahrscheinlichkeit ändern. Das Risiko wird allerdings insofern deutlich kleiner, als im Idealfall jeder teilnehmende Partner Kernkompetenzen einbringt und hier eine Versagenswahrscheinlichkeit als niedrig eingestuft wird. Diesem professionellen Einbringen von Kernkompetenzen wird somit eine Begrenzungsfunktion für das unternehmerische Risiko zugesprochen (*Klein, M.* 1994, 94).

Bei einer größeren Zahl von Autoren spielt die **Erhöhung der Flexibilität** eine wichtige Rolle. (vgl. z.B. *Olbrich* 1994, 30). Sie erscheint durchaus als ein realistisches Ziel, da gerade die virtuelle Organisation als kundenorientierter Verbund von Kernkompetenzen durch deren zahlreiche Kombinationsalternativen äußerste Flexibilität schafft und für innovative Änderungsprozesse aufgeschlossen ist. Allerdings müssen auch hier zwei wichtige Voraussetzungen erfüllt sein: Zum einen muß eine ausreichend große Zahl an potentiellen Virtualisierungspartnern existieren, da nur dann eine entsprechende Flexibilität realisierbar ist. Zum anderen müssen die Partner in der Lage sein, entsprechende „Andockmanöver" überhaupt zu ermöglichen, also eine Tauglichkeit zum virtuellen (Verbund-)Unternehmen aufweisen.

Differenziert man die obigen Aussagen zu den Zielvorstellungen bei virtuellen Organisationen (Übersicht 7.12), so zeigt sich, daß der Fokus auf Virtual Reality und der Fokus auf Kernkompetenzen im wesentlichen mit den gleichen Zielen verbunden werden. Allerdings ist darauf hinzuweisen, daß bei der auf Virtual Reality basierenden virtuellen Organisation immer dann mit einem erhöhten Aufwand und Risiko zu rechnen ist, solange – und dies dürfte gegenwärtig noch weitgehend der Fall sein – die entsprechende Technik noch nicht voll beherrscht wird.

	Time to Market	**Know-how, Kapazitätszuwachs**	**Aufwandsreduktion**	**Risikoreduktion**	**Erhöhung der Flexibilität**
virtuelle Organisationen basierend auf Virtual Reality	ja	zum Teil	zum Teil, eventuell aber sogar Mehraufwand	zum Teil, eventuell aber sogar Mehrrisiko	ja
virtuelle Organisationen basierend auf Kernkompetenzen	ja	ja	ja	zum Teil	ja

Übersicht 7.12: Zuordnung von Virtualisierungszielen zu Virtualisierungsformen

Berücksichtigt man, daß Übersicht 7.11 und Übersicht 7.12 lediglich abstrakte Formalziele ausweisen und spezifische Ziele (wie die Eroberung eines Marktes X) gar nicht enthalten sein können, so wird die imposante Breite der möglichen Zielsetzung für eine virtuelle Organisation deutlich. Neben dieser Effektivitätsbetrachtung („welche Ziele verfolgen wir") rücken daneben auch Effizienzziele in den Mittelpunkt der Betrachtung: Es geht letztlich – schon alleine im Hinblick auf die diversen Stakeholder – auch um die Wirtschaftlichkeit der Zielerreichung.

7.4.2.2 Strategisches Verhalten virtueller Organisationen

Interdependence among partners differentiates the virtual corporation from the traditional corporate hierarchy, often through short-lived ventures of ad hoc, goal-driven business units. (Bottoms 1994, 61)

Im Hinblick auf das Prinzip des strategischen Verhaltens wird nachfolgend zunächst auf besonders wichtige Verhaltensmerkmale eingegangen, bevor der Prozeßaspekt näher betrachtet und die Virtualisierung im Handel als ein mögliches Anwendungsbeispiel für strategisches Verhalten virtueller Organisationen diskutiert wird.

7.4.2.2.1 Basisüberlegungen

Gerade die technologische Faszination verführt leicht zu einem Verhalten, das in dieser Form weder geplant noch erkennbar effektiv ist. Dieser Teilbereich der emergenten Strategien in einer Organisation mit sich auflösenden Grenzen ist wegen seiner geringen Identitätswirkungen im Regelfall langfristig wenig erfolgreich. Daher sollten diese Strategiebestandteile durch bewußte Integrationsmechanismen in die intendierte Strategie eingebunden werden, um der Virtualisierung einen definierten Gesamtrahmen zu geben.

Danach ist zu überlegen, welche Form der **Aktionsorientierung** vorliegt. Handelt es sich um eine *geplante Reaktivität*, so sind Einflüsse anderer Organisationen aus der Umwelt Auslöser des Virtualisierungsprozesses; trotzdem ist der Organisation aber bewußt, daß der zweite Schritt (Aufbau des Aktionspotentials einer virtuellen Organisation) unterstützt durch eine intensive Analyse der *first mover* ansteht. Bei *Kontingenzaktivität* berücksichtigt die Organisation von sich aus alle alternativen Zukunftsvarianten, indem sie eine virtuelle Organisationsgrundstruktur errichtet, die Möglichkeiten zur unterschiedlichen Kopplung von Kernkompetenzen oder zum Schaffen unterschiedlicher virtueller Realitäten ermöglicht. Bei *Initiativaktivität* als frühzeitige Gestaltung der Zukunft steht die bewußte Entscheidung für eine spezifizierte virtuelle Organisationsform im Mittelpunkt, die dann „ohne Wenn und Aber“ umzusetzen ist. Weitere wichtige Verhaltenspostulate der virtuellen Organisation sind die **Komplexitätsreduktion** und **Potentialkonzentration**, hier konkretisiert als *Kernkompetenz-Fokus*. Auf beide Aspekte wurde bereits in Abschnitt 7.1 näher eingegangen.

7.4.2.2.2 Prozeßaspekt

Virtuelle Organisationen sind keine statischen Gebilde. Sie durchlaufen vielmehr für die Dauer ihrer Existenz eine Vielzahl von Prozeßphasen. Deshalb kann man virtuelle Organisationen auch nicht in Denkkategorien traditioneller Bezugsrahmen verstehen, sondern muß sie als Geschäftsprozeß und damit ihre Gestaltung als Prozeßorganisation behandeln.

Die Prozeßorganisation basiert auf der Grundüberlegung, daß sämtliche Abläufe effizienter bearbeitet werden können, wenn sie als ganzheitliche Prozesse betrachtet werden. Die traditionelle Gliederung in Funktionen wie beispielsweise Produktion, Marketing und Rechnungswesen bringt zwar gewisse Spezialisierungsvorteile, dem stehen jedoch erhebliche Nachteile wie Medienbrüche bei der Weitergabe von Informationen und lange Informationsübertragungszeiten gegenüber.

Bei der virtuellen Organisation werden demnach nicht – wie heute noch üblich – zwingend die einzelnen Arbeitsschritte von Produkterstellung bis Vertrieb gewinnmaximierend aufgeteilt. Jeder Virtualisierungspartner bringt vielmehr einen (mehr oder weniger) komplexen Prozeß in die Leistungserstellung der virtuellen Organisation ein. Virtuelle Organisationen basieren damit auf einer **doppelten Prozeßorganisation** (Abbildung 7.12):

- zum einen im Hinblick auf die *Bildung* der virtuellen Organisation, wobei Phasen wie Produktidee, Partnersuche oder -wechsel und Kundenanalyse durchlaufen werden,
- zum anderen im Hinblick auf die *Leistungserstellung* als Interaktionsgeflecht der Virtualisierungspartner, wobei die unterschiedlichen Kernkompetenzen zusammengeführt werden.

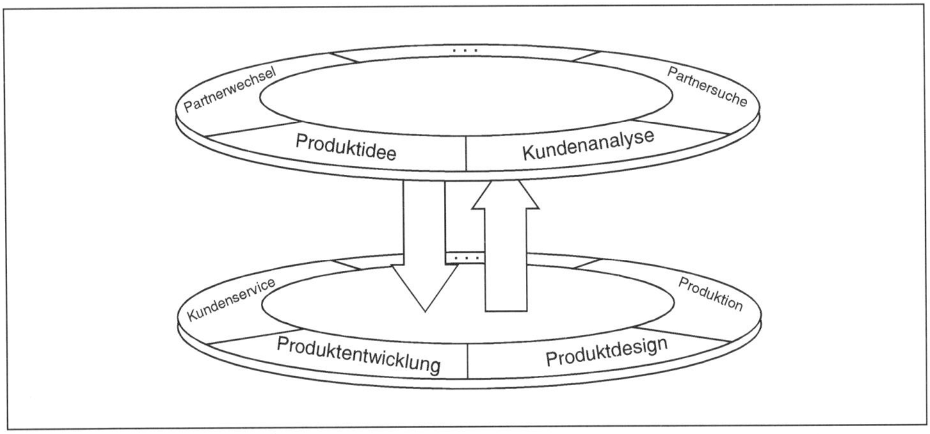

Abbildung 7.12: Die doppelte Prozeßorganisation virtueller Organisationen (nach Scholz 1996c, 32)

Diese (doppelt) prozeßorientierte Sichtweise als strategische Option der virtuellen Organisation eröffnet eine Vielzahl möglicher organisatorischer Realisationsformen, die durch die Variation von Prozeßparametern wie

- Involvierungsgrad der konstituierenden Partner,
- Synchronität der aktiven Beteiligung sowie
- Anzahl der Prozeßphasen der virtuellen Organisation

entstehen. Alle diese organisatorischen Gestaltungsmöglichkeiten lassen sich zur Bewahrung der Flexibilität durch entsprechende Informationssysteme unterstützen.

In diesem Kontext führt eine Reflexion der verschiedenen **Perspektiven** der *Strategischen Organisation* zu den folgenden Handlungsimplikationen:

- Bei der *mechanischen* Organisation würde es eher klassifikatorisch um ein Zusammenstellen von einzelnen Kästchen gehen, die dann je nach Anordnung die virtuelle Organisation bilden, allerdings unter Beachtung der Prinzipien der Uhrwerk- und Regelkreis -Ebene komplexere Verläufe erlauben.
- Bei der *organischen* Organisation zeigt sich der eigentliche Impuls, der eine virtuelle Organisation vorwärtstreibt, nämlich die ständige Interaktion mit der Umwelt mit allen ihren (systemtheoretischen) Konsequenzen.

- Bei der *kulturellen* Organisation geht es darum, das „Denken in Geschäftsprozessen" jenseits des strukturalistischen Rahmens in die Köpfe der an der virtuellen Organisation Beteiligten zu bekommen, letztlich also das Entstehen einer dynamischen Prozeßkultur zu fördern.
- Bei der *intelligenten* Organisation stehen das permanente Lernen und die Verbesserung der Wissensbasis im Mittelpunkt, wobei die Lernaktivitäten sich auf alle Beteiligten beziehen, ob sie nun innerhalb der vormals definierten Grenzen eines Virtualisierungspartners oder außerhalb dieser Grenzen arbeiten.

Gefordert ist also nicht die Konzentration auf die Organisationsstruktur, sondern eine am Umweltsystem ausgerichtete Organisationskultur mit einer entsprechenden Intelligenz.

7.4.2.2.3 Exemplarische Vertiefung: Virtualisierung im Handel

> *Recent advances in computer graphics and three-dimensional modeling promise to bring simulated test marketing to a much broader range of companies, products, and applications. How? By allowing the marketer to re-create – quickly and inexpensively – the atmosphere of an actual retail store on a computer screen. (Burke 1996, 123)*

Strategisches Verhalten im Zusammenhang mit virtuellen Organisationen wird in der Literatur überwiegend im Objektbereich der Industrieunternehmen gesehen. Abgesehen davon, daß gerade auch Non-Profit-Organisationen einen interessanten Ansatzpunkt für virtuelle Organisationen bieten, liegt ein wichtiges Anwendungsfeld im Bereich von Handelsunternehmen (vgl. *Scholz* 1995b).

Gerade im Handel gibt es in der Informationstechnologie eine Fülle von Ansatzpunkten zur Virtualisierung, speziell im Hinblick auf das elektronische Marketing (vgl. z.B. *Hermanns/Flegel* 1992; *Burke* 1996) und auf elektronische Distributionssysteme (vgl. z.B. *Töpfer* 1992). Trotzdem darf – wie bereits ausgeführt – das Konzept der virtuellen Organisation nicht auf die EDV-Technologie reduziert werden. Sie ist ein Hilfsmittel, überläßt aber die entscheidenden Aspekte der inhaltlichen Dimension und vor allem die aktive Bewußtseinsbildung den jeweiligen Akteuren.

Im einzelnen gibt es drei Anwendungsaspekte, nämlich
- Virtualisierung beim Produzenten (Lieferanten),
- Virtualisierung beim Handel selbst und
- Virtualisierung beim Kunden (Endabnehmer).

Alle drei Perspektiven sollen nachfolgend kurz dargestellt werden.

Aspekt 1: Virtualisierung auf der Produzentenseite

Die in diesem Zusammenhang für den Handel entscheidende Virtualisierung auf Produzentenseite betrifft vor allem die Form der interorganisatorischen Partnerschaft, also die

Virtualisierung zu Verbundunternehmen: Kleine und auf ihre Kernkompetenzen reduzierte Unternehmen (beziehungsweise Unternehmensteile) schließen sich dabei aufgabenspezifisch zusammen, wobei aber für den Außenstehenden ein einheitliches Unternehmen mit einem einheitlichen Auftreten entsteht.

Aus diesem Szenario sind speziell **vier Implikationen** für den Handel bedeutsam:

1. Gerade virtuelle Verbundunternehmen haben wesentlich *kürzere Reaktionszeiten* auf Veränderungen in der Nachfragestruktur. Geht man ferner davon aus, daß bisher in der Regel Handelsunternehmen rascher reagieren wollten, als ihre vorgelagerten Produzenten es ermöglichten, so ist diese Zeitverkürzung auf der Lieferantenseite eine interessante Chance für den Handel.
2. Durch den Zusammenschluß zu virtuellen Verbundunternehmen läßt sich auf der Produzentenseite leichter die *kritische Masse* erreichen, die erforderlich ist, um dem Handel entsprechend selbstbewußt entgegenzutreten.
3. Die amöbenhafte *Wandlungsfähigkeit* von virtuellen Verbundunternehmen könnte es Handelsunternehmen schwerer als bisher machen, auf Strukturänderungen im Produzentensystem zu reagieren.
4. Die für den Handel gefährlichste Entwicklung besteht in einer punktuellen *Vorwärtsintegration* von ursprünglich nur auf Produktion festgelegten Unternehmen. Ein solches virtuelles Verbundunternehmen versucht dennoch, direkt bis zum Kunden beziehungsweise bis zum Endverbraucher vorzudringen. Verbindet man diese Gedanken zusätzlich noch mit der Idee des virtuellen Produktes (Jeans, Brillen), deren Produktidee direkt aus der Interaktion mit dem Kunden entsteht, so wird deutlich, warum gerade der Trend zu virtuellen Verbundunternehmen auf der Produzentenseite für das Handelsunternehmen eine wichtige Herausforderung ist.

Als Konsequenz ergibt sich, daß Handelsunternehmen zwangsläufig eine entsprechende Strategie brauchen, um bewußt mit virtuellen Produktionsunternehmen umzugehen. Hierzu gibt es **vier Alternativen**:

- *Verhinderung von virtuellen Unternehmen*: Konzentriert sich der Handel in seinen Beschaffungsaktivitäten primär auf traditionelle (also nicht-virtuelle) Unternehmen, so kann er ein Etablieren von virtuellen Verbundunternehmen in seinem Umfeld durchaus mittelfristig verhindern und virtuelle Verbundunternehmen bereits in ihrer Start-up-Phase „verhungern“ lassen.
- *Partnerschaft mit virtuellen Unternehmen:* Wesentlich interessanter, da mit geringerem Risiko und höherem Ertragspotential verbunden, ist der aktive und offene Umgang mit virtuellen Verbundunternehmen. Der Handel nutzt dabei im Hinblick auf die Maximierung des Nutzens von seinen Kunden (und von sich selbst) das Flexibilitätspotential des virtuellen Produktionsunternehmens, indem er bewußt mit ihm kooperiert.
- *Förderung von virtuellen Unternehmen*: Nutzt der Handel seine Informationsmöglichkeiten an der Schnittstelle zum Kunden, so kann er innovative Geschäftsideen aufspüren, die das virtuelle Verbundunternehmen auf der Produzentenseite umsetzen kann. Der Handel nimmt damit gerade die bei innovativen Ideen erforderliche Rolle des „Bezie-

hungspromotors“ (vgl. *Gemünden/Walter* 1995) wahr, der als Netzwerkmanager tätig ist. Entscheidend ist: Der Handel wird bei dieser Alternative nicht Teil des virtuellen Verbundunternehmens, er initiiert beziehungsweise fördert es aber durch entsprechende Informationen; gerade darin liegt seine Kernkompetenz.

- *Mitwirkung an virtuellen Unternehmen*: Noch einen Schritt weiter geht die vierte Alternative, bei dem das Handelsunternehmen zu einem aktiven Partner im virtuellen Unternehmen wird. Dies macht besonders dann Sinn, wenn das Handelsunternehmen mit Virtualisierungstendenz entweder klein (und flexibel) ist oder aber als ausgegliederte (unabhängige) Einheit eines größeren Handelsunternehmens operiert.

Alle vier Alternativen sind tragfähige Strategien, aus denen sich das Handelsunternehmen in Abhängigkeit von der eigenen Situation eine entsprechende wählen kann. Für größere Handelsunternehmen sind je nach involvierten Marktsegmenten durchaus Kombinationen zulässig.

Aspekt 2: Virtualisierung von Handelsunternehmen

Wendet man sich jetzt der unmittelbaren Virtualisierung des Handelsunternehmens selbst zu, so läßt sich dieses (basierend auf dem Virtual Reality-Fokus) als virtuelles Einzelunternehmen oder aber (basierend auf dem Kernkompetenzkonzept) als virtuelles Verbundunternehmen charakterisieren.

Bei der Bildung eines **virtuellen Einzelunternehmens** ist sicherlich ein Versandhaus, das die Bestelloption per Internet zuläßt, ebensowenig ein virtuelles Warenhaus, wie bereits per se ein Versandhaus ein virtuelles Warenhaus darstellt. Nötig ist vielmehr eine konsequente Umsetzung der Virtual Reality bis hin zum Schaffen eines entsprechenden Einkaufserlebnisses.

Für **virtuelle Verbundunternehmen** gibt es mehrere Formen, bei denen das Handelsunternehmen ganz oder teilweise in ein virtuelles Unternehmen eingeht. Dies kann als Verbindung von Unternehmen oder Unternehmensteilen auf der *gleichen Stufe* erfolgen; es schließen sich also mehrere Handelsunternehmen zusammen. Oder aber es erfolgt eine Integration *unterschiedlicher Stufen*. Hier bietet sich vor allem die *Rückwärtsintegration* an: Dazu verbindet sich das Handelsunternehmen mit produzierenden Unternehmen und erzielt so Steuerungs- und Innovationspotentiale.

Die virtuellen Verbundunternehmen über *unterschiedliche Stufen*, die vom Produzenten bis hin zum Distributionsunternehmen reichen, wären eine logische Weiterführung von Bewegungen, die unterstützt durch die weitreichenden Möglichkeiten der Informationstechnologien zu diversen kooperativen Modellen führen: So postulieren beispielsweise *Buzzell* und *Ortmeyer* (1994) entsprechende „Channel Partnerships“ als Ergebnis von Reengineering-Prozessen traditioneller Händler-Hersteller-Beziehungen.

Aspekt 3: Virtualisierung beim Kunden/Konsumenten

Die (relativ) geringsten Implikationen ergeben sich für den Handel durch Veränderungen auf der Kundenseite, vor allem wenn man davon ausgeht, daß am Ende der Kette ein (physikalisch) realer Konsument steht. Ausgenommen davon ist allenfalls der Großhandel, der es seinerseits beim Einzelhandel mit virtuellen Unternehmen als Kunden zu tun haben kann. Trotzdem geht aber vom Konsumenten eine indirekte Wirkung aus, da auch er über diverse Medien wie Internet in die Lage versetzt wird, Produkt- und Händlerinformationen einzuholen.

> Wenn ein Kunde sich nach eigenen Recherchen im Internet aufgrund von Vergleichsinformationen für ein Auto entscheidet (vielleicht aber doch durch emotional stimulierende Werbung beeinflußt), dann über Serienbrieffunktion als E-Mail alternative Händlerangebote einholt, sich über das WWW eine Finanzierung zusammenstellt und die entsprechenden Transaktionen vornimmt, nach Einsicht in die Produktionsplanung des Herstellers und in die Dispositionsdaten des Vertriebes sein Auto über Audiokommunikation bestellt und dessen Herstellung quasi online im Werk überwacht, so wird klar, daß sich der Handel auf eine neue Struktur von Käufern einstellen muß, was teilweise nur über virtuelle Unternehmen überhaupt möglich sein wird.

Somit muß – nach diesem Szenario – der Handel im Extremfall mit einem informatorisch voll aufgeklärten Kunden rechnen.

7.4.2.3 Strategische Kräfte virtueller Organisationen

> *Rather, the virtuous virtuals have carefully nurtured and guarded the internal capabilities that provide the essential underpinnings of competitive advantage. (Chesbrough/Teece 1996, 70)*

Bei den strategischen Kräften soll – wie in Abschnitt 2.3 vorgeschlagen – nach strategischen Potentialen, strategischen Bewegungen und strategischen Barrieren differenziert werden, allerdings direkt auf die Virtualisierung bezogen. Die relative Kraft ergibt sich dann aus der Konfrontation der eigenen absoluten Kraft hinsichtlich der Virtualisierung mit den gesamten strategischen Kräften, also nicht nur den Virtualisierungskräften, externer Konkurrenzorganisationen (Abbildung 7.13).

Diese Komponenten der strategischen Kraft werden nachfolgend untersucht.

7.4.2.3.1 Virtualisierungspotentiale

> *(...) and a network of other companies that cooperate to achieve what none of them could achieve alone. (Klein, M. 1994, 94)*

Strategische Potentiale im Zusammenhang mit der virtuellen Organisation lassen sich auf **zwei Ebenen** erfassen:

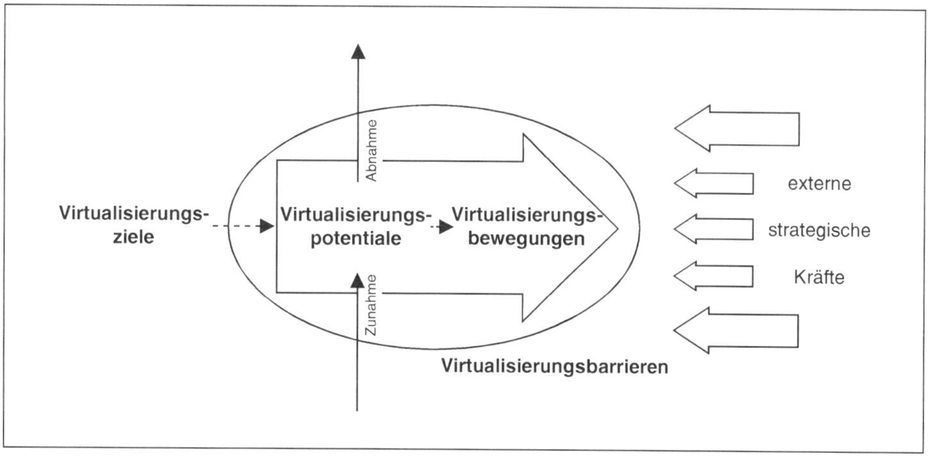

Abbildung 7.13: Strategische Kraft hinsichtlich der Virtualisierung

- Die erste Ebene befaßt sich mit den *generellen Potentialen* der Organisation und ordnet diese dem Fokus auf Virtual Reality oder auf Kernkompetenzen zu.
- Die zweite Ebene macht Aussagen dann darüber, welche *konkreten Potentiale* vorliegen.

Beide Ebenen sind von einer Potentialanalyse zu erfassen, wollen sie ein realistisches Bild der Organisation abgeben.

Die erste Ebene befaßt sich mit den **generellen Potentialen** der Organisation. Hier geht es darum, Ansatzpunkte für eine spätere Virtualisierung zu finden.

Hat ein Unternehmen beispielsweise eine hochentwickelte Informationstechnologie und entsprechend ausgebildete Mitarbeiter, so bietet es sich an, zumindest in Teilaspekten eine Virtualisierung über Virtual Reality einzuleiten. Dies setzt aber einen entsprechenden, realistisch geschätzten Markt voraus. Gerade im Bereich der Internet-Märkte sind gegenwärtig Fehlprognosen an der Tagesordnung und dürfen nicht geschäftszweckbestimmend sein.

Es kann in diesem Zusammenhang festgelegt werden, ob sich aus dem allgemeinen Potential tatsächlich ein *Virtual Reality*- oder ein *Kernkompetenz-Fokus* ableitet. An dieser Stelle ist bereits eine Relativierung der Virtualisierungspotentiale anhand der wahrgenommenen Barrieren notwendig; Ziel ist also auch hier die Identifizierung relativer Virtualisierungspotentiale.

Die zweite Ebene spezifiziert die **konkreten Virtualisierungspotentiale**, die es umzusetzen gilt. Hierzu kann man die in Abschnitt 2.3.1.2 vorgestellte Kernkompetenz-Matrix heranziehen. Ergebnis ist eine Reihenfolge von Virtualisierungspotentialen ergänzt um entsprechende Handlungsimplikationen, die dann gemäß der Priorität realisiert werden.

7.4.2.3.2 Virtualisierungsbewegungen

Wie bereits mehrfach angesprochen, können strategische Virtualisierungsbewegungen auf mehreren Dimensionen ablaufen:

- Im Hinblick auf den **Kernkompetenz-Fokus** sind Bewegungen in Richtung auf (differenzierende) *Zergliederung* ebenso einleitbar wie in Richtung auf die (integrative) *Zusammenführung.* Wie zuvor ausgeführt, sind beide Dimensionen gleichzeitig nötig, um eine kernkompetenzbasierte Virtualisierung einzuleiten.
- Im Hinblick auf den **Virtual Reality-Fokus** ist das Ausmaß festzulegen, in dem eine computermäßige Virtualisierung angestrebt wird.

Abbildung 7.14 zeigt die Ableitung des Rahmens, in dem die einzelnen Virtualisierungsformen und die Bewegungen analysiert werden: Bezüglich der drei auf den Achsen des Würfels abgetragenen Dimensionen kann die Organisation mit ihrem Status quo und mit ihrer angestrebten Virtualisierung fixiert werden.

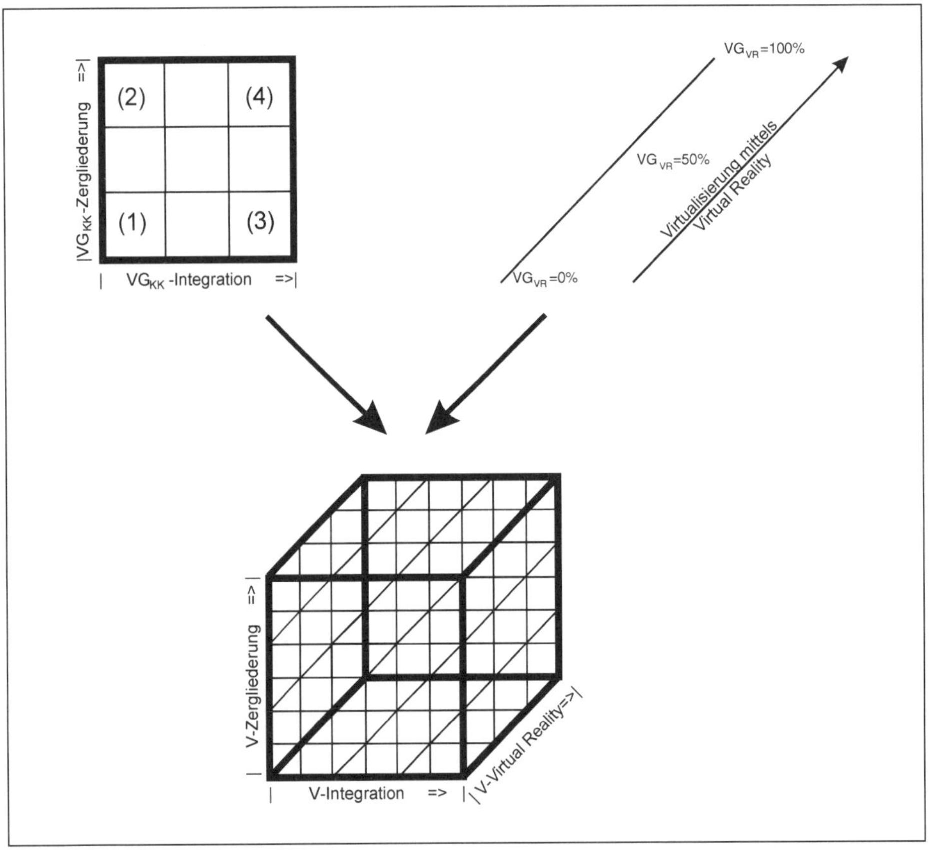

Abbildung 7.14: Ableitung des Rahmens der Virtualisierungsformen

Aus diesen drei Dimensionen mit ihren verschiedenen Virtualisierungsformen ergeben sich dann unterschiedliche Virtualisierungsstufen. Im ersten Fall wird ein bestehendes Unternehmen quasi in den Computer verlagert. Es findet also lediglich eine Bewegung entlang der Achse „VR-Fokus“ statt (Abbildung 7.15).

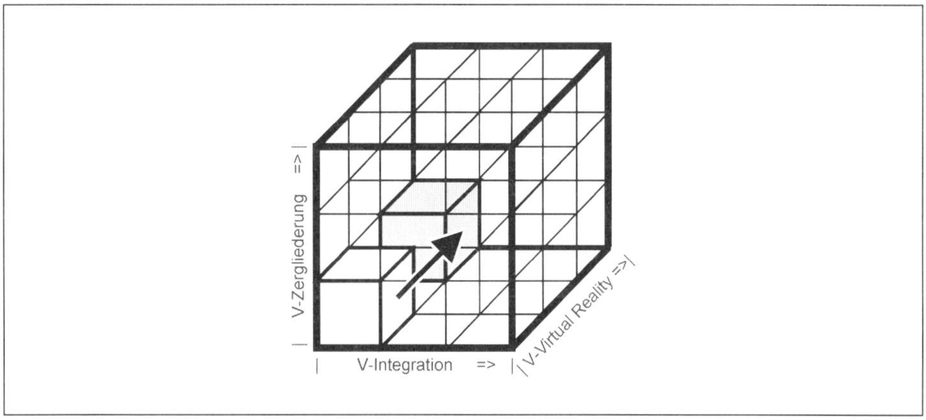

Abbildung 7.15: Der Weg zum virtuellen Einzelunternehmen im VR-Fokus

Der zweite Fall (Abbildung 7.16) beschreibt drei Annäherungen zum virtuellen Verbundunternehmen, die allerdings an fehlender Integration (links) und unzureichender Zergliederung auf unabhängige Kernkompetenzträger (Mitte) scheitern. Nur der rechte Fall realisiert ein virtuelles Verbundunternehmen, allerdings ohne zusätzliche Computervirtualisierung. Trotzdem können der linke und der mittlere Fall als mögliche Startbewegungen hin zu einem virtuellen Verbundunternehmen eingestuft werden.

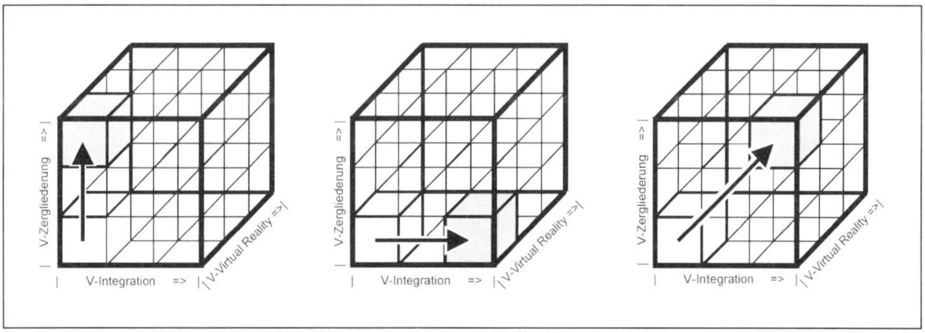

Abbildung 7.16: Der Weg zum virtuellen Verbundunternehmen im Kernkompetenz- und VR-Fokus

In Abbildung 7.17 ist ein Weg skizziert, den ein Unternehmen einschlagen kann, das zwar eine hohe Zergliederung, aber noch keine Virtualisierung erreicht hat: Im linken Fall wird ausschließlich eine Virtual Reality-Computerisierung eingeleitet, im rechten Fall auch auf Integrationsmechanismen geachtet.

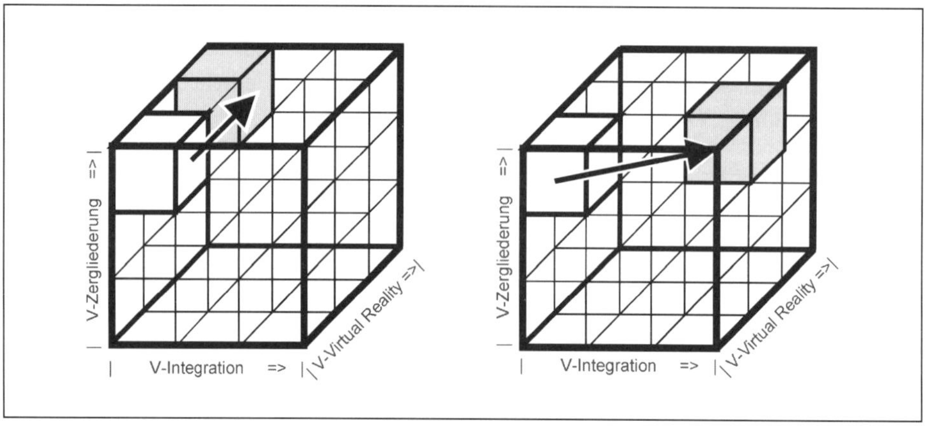

Abbildung 7.17: Wege zu einem computerisierten virtualisierten Verbundunternehmen

Die abschließende Darstellung zeigt die Bewegung hin zu einem virtualisierten Verbundunternehmen, das teilweise (links) oder vollständig (rechts) computerisiert ist (Abbildung 7.18). Dies setzt allerdings die Existenz der entstehenden zu 100% virtuellen Verbundunternehmen voraus und ist damit gegenwärtig eher unwahrscheinlich.

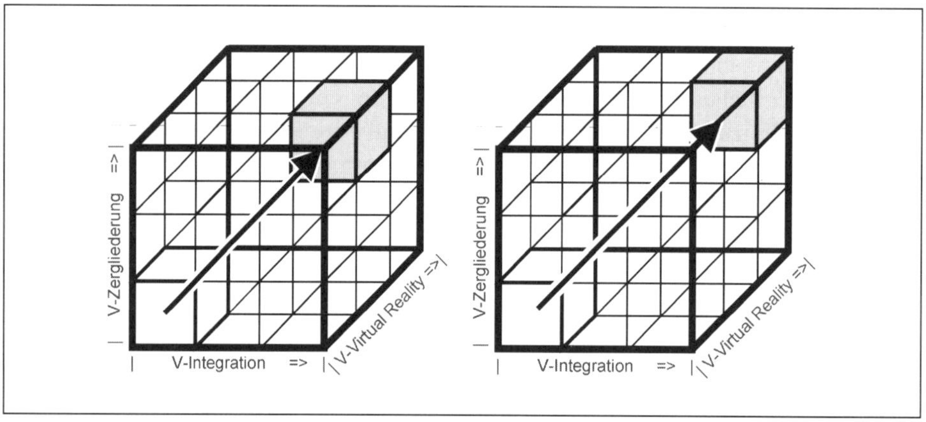

Abbildung 7.18: Weg zum computerisierten virtualisierten Verbundunternehmen

Die Virtualisierungsbewegungen der Vergangenheit können rückblickend als emergente Entwicklungen eingestuft werden. Zunehmend wird jedoch die Bewegung von einem Punkt A zu einem Punkt B im Würfel der Virtualisierungsformen zu einer bewußten Virtualisierungsbewegung.

7.4.2.3.3 Virtualisierungsbarrieren

> *The incentives that make a virtual company powerful also leave it vulnerable. (Chesbrough/Teece 1996, 67)*

Als spezifische Virtualisierungsbarrieren lassen sich sowohl physikalisch-manifeste als auch psychologisch-mentale Barrieren identifizieren. Zu den **physikalisch-manifesten Virtualisierungsbarrieren** zählen zunächst die *technischen Restriktionen*: Bei dem gegenwärtigen Stand der technischen Entwicklung sind gewisse Anforderungen an Informations- und Kommunikationssysteme und Realitätssimulationstechniken noch nicht oder nur äußerst aufwendig realisierbar. Dies ist eng gekoppelt mit *Finanzrestriktionen*, da es für Organisationen teilweise zu teuer ist, sich die benötigten technischen Zusatzspezifika zu beschaffen. *Organisatorische Restriktionen* bestehen darin, daß die Umstellung von einer gegebenen Organisationsstruktur auf eine virtuelle Struktur zwangsläufig zu Friktionen in der Übergangszeit führt, die in Kauf genommen werden müssen und „switching costs" verursachen, beispielsweise wenn eine neue Personalstruktur erforderlich wird, die nicht kurzfristig realisierbar ist. Auf die *rechtlichen Restriktionen* ist bereits in Abschnitt 7.3.2.2.2 eingegangen worden.

Psychologisch-mentale Virtualisierungsbarrieren bestehen im wesentlichen in vier Vorbehalten von Beteiligten:

- Vorbehalte *gegen die Auflösung von Grenzen zwischen Unternehmen* beziehen sich darauf, daß Manager gemäß dem „not invented here-Syndrom" alleinerstellte Arbeit der in Kooperationen erstellten Arbeit als überlegen ansehen. Weiterhin besteht eine intensive Abneigung dagegen, irgendwelche Interna wie Kostenstrukturen offenzulegen und den Virtualisierungspartnern damit die Möglichkeit zur Aufdeckung eigener Schwächen zu geben.
- Vorbehalte *gegen die Auflösung von funktionalen Grenzen* rekurriert auf typische Intragruppenprozesse, bei denen sich die Gruppenmitglieder bei Bedrohung der Gruppenexistenz enger zusammenschließen und sich an der bisher gelebten Organisationskultur genauso festhalten wie an bisher geförderten Verhaltensmustern, die eine Konkurrenz von Abteilungen befürwortete.
- Vorbehalte *gegen die Auflösung räumlicher und zeitlicher Grenzen aufgrund des Einsatzes neuer Informations- und Kommunikationstechnologien* bestehen zunächst hinsichtlich der individuellen Fähigkeit, diese Technologien überhaupt einsetzen zu können, dann hinsichtlich eines befürchteten Verlustes an persönlichen Kontakten und hinsichtlich sozialer Isolation und schließlich hinsichtlich einer befürchteten Informationsüberlastung.
- Organisationale Strukturen generieren Stabilität auch bezüglich personeller Abhängigkeiten, und Gruppengröße wird häufig als Indikator für Prestige, Macht und Arbeitsplatzsicherheit angesehen. Vorbehalte *gegen die Auflösung bestehender Machtstrukturen* führen daher dazu, daß Manager, die von der traditionellen Situation profitieren, tendenziell weniger Bereitschaft zum Aufbrechen dieser Strukturen zeigen.

Diese Virtualisierungsbarrieren können dennoch überwunden werden; allerdings ist es wichtig, im Zuge von Virtualisierungsprozessen frühzeitig insbesondere die psychologisch-mentalen Virtualisierungsbarrieren der Betroffenen abzubauen, um nicht von vornherein das Scheitern der Virtualisierung zu provozieren. Die Prinzipien der intelligenten Organisation können die dazu notwendigen organisatorischen Lernprozesse wesentlich unterstützen.

7.4.2.4 Strategische Stimmigkeit virtueller Organisationen

> *„Fit": Die Partner müssen strategisch, hinsichtlich der Aufbau- und Ablauforganisation, unternehmenskulturell sowie informationstechnisch zueinander passen. (Mertens/Faisst 1995, 65)*

7.4.2.4.1 Komponentenbezogen

Wie in Abschnitt 2.4.1.2 betont, gilt es, Stimmigkeit letztlich immer vor dem Hintergrund der Situation und Strategie herzustellen, da es keine generelle Stimmigkeit gibt. Auch die theoretische Betrachtung der Virtualisierung sollte Stimmigkeit nicht undifferenziert einsetzen und statt dessen konsequenterweise die verwendete spezifische Bedeutung von Stimmigkeit transparent machen.

Unter Rückgriff auf die alternativen Sichtweisen von *Venkatraman* (1989, 424-439) ist auch bezüglich der Virtualisierung festzustellen, daß alle **Stimmigkeits-Sichtweisen** Einsatz finden können. Jedoch ist in dieser speziellen Anwendung der Stimmigkeit das Forschungsdefizit noch größer als bei der generellen Stimmigkeit; daher ist eine vollständige Zuordnung von Forschungsansätzen auf alle sechs Sichtweisen als ein erster Ansatz zu betrachten:

1. *Fit as Moderation:* Der Einfluß, den die unabhängige Variable „Virtualisierungsstrategie" auf die abhängige Variable „Virtualisierungserfolg" hat, hängt von einer dritten Moderatorvariablen wie beispielsweise „Informationsinfrastruktur" oder „Vertrauenskultur" ab. Gerade diese Interaktion zwischen unabhängiger und Moderatorvariablen wird von einigen monovariablen Ansätzen zu Detailaspekten der virtuellen Organisation in den Vordergrund gerückt.
2. *Fit as Mediation:* Hierbei wird ein wirksamer Interventionsmechanismus zwischen der unabhängigen Variablen „Virtualisierungsstrategie" und der daraus folgenden abhängigen Variablen „Virtualisierungserfolg" postuliert. Diesen Ansatz verfolgen pragmatisch orientierte Vorgehensweisen wie beispielsweise von *Davidow* und *Malone* (1993).
3. *Fit as Profile Deviation:* Stimmigkeit als Grad der Übereinstimmung eines tatsächlichen Profils mit einem extern vorgegebenen Soll-Profil ist ein Ansatz, der in der Virtualitätsdiskussion häufig verfolgt wird, und zwar mit der Definition eines spezifizierten Kataloges an Merkmalsausprägungen, die präskriptiv als das Soll einer Virtualisierung postuliert werden.

4. *Fit as Matching:* Stimmigkeit als eine aus der Theorie heraus definierte Entsprechung zwischen zwei Variablen ist ein Ansatz, der die Stimmigkeit explizit als erfolgsfördernden Faktor der Virtualisierung betont. Es erfolgt ein Rückgriff auf eine (paarweise) Stimmigkeit zur Struktur, Unternehmenskultur oder Informationstechnologie, wie sie von der Idee her der situative Ansatz verfolgt.
5. *Fit as Covariation:* Stimmigkeit als ein Muster von Kovarianzen innerhalb einer Menge theoretisch verknüpfter Variablen setzt eine massive empirische Forschung voraus; hier manifestiert sich das Forschungsdefizit im Bereich der virtuellen Organisationen gegenwärtig noch am stärksten.
6. *Fit as Gestalts:* Stimmigkeit als das Ausmaß interner Kongruenz in einer Menge theorieabgeleiteter Variablen ist die der Virtualisierung innerhalb der *Strategischen Organisation* zugrundegelegte Stimmigkeitssicht. Die Virtualisierung wird nur dann als lebensfähig angesehen, wenn alle vier Virtualisierungsmerkmale in gegenseitiger Abstimmung realisiert werden.

Übersicht 7.13 adaptiert die Perspektiven strategischer Stimmigkeit für die Virtualisierung.

		kriterienspezifisch — Wahl der Abhängigkeit des Stimmigkeitskonzeptes von einem spezifischen Kriterium — kriterienfrei	
niedrig	groß	Fit as Profile Deviation: Katalogisierung von Merkmalen	Fit as Gestalts: Ansatz der *Strategischen Organisation*
Spezifizität des Stimmigkeits-Konzeptes	Variablenanzahl in der Stimmigkeits-Gleichung	Fit as Mediation: pragmatischer Virtualisierungs-erfolgs-Ansatz	Fit as Covariation: bislang Forschungsdefizit im empirischen Bereich
hoch	klein	Fit as Moderation: monovariable Detailanätze	Fit as Matching: Idee des situativen Ansatzes

Übersicht 7.13: Anwendung der sechs Perspektiven strategischer Stimmigkeit nach Venkatraman (1989, 425) auf die Virtualisierung

Auch diese Differenzierung verdeutlicht die Breite der Forschungsansätze zur virtuellen Organisation, die jeweils nicht von vornherein bezogen auf ein Vorgehen zur Stimmigkeit besser oder schlechter sind, sondern lediglich unterschiedlich.

7.4.2.4.2 Prozeßbezogen

Virtuelle Organisationen ergeben sich nicht von selbst: Sie brauchen teilweise sogar mehr Aufwand zu ihrer stimmigen Entwicklung als die physikalisch-reale Organisation, beginnend mit einer problembezogenen Konzeptualisierung bis hin zu einer integrativen Implementierung (vgl. *Scholz* 1996b, 204-210).

Schritt 1: Problembezogene Konzeptionalisierung

Zunächst ist genau festzulegen, worauf sich die anschließende Virtualisierung bezieht: also beispielsweise auf bestimmte Abteilungen oder auf ganze Unternehmen. Es muß Klarheit darüber bestehen, ob der Fokus unter Berücksichtigung der Stimmigkeit zu Strategie sowie externer und interner Umwelt der Organisation auf Virtual Reality oder auf Kernkompetenzen festgelegt wird. Erst eine solch klare Leitidee erlaubt später eine erfolgversprechende Umsetzung.

Schritt 2: Implementationsbezogene Akzeptanzsicherung

Wegen der Intensität der zu erwartenden Umbrüche sind von vornherein Überlegungen zur Akzeptanzsicherung zweckmäßig. In Anlehnung an das an anderer Stelle (*Drumm/Scholz* 1988, 34-38) erläuterte Akzeptanztheorem als Grundmuster für erfolgreiche Implementationsaufgaben bedeutet dies die Erfüllung von **fünf Voraussetzungen**:

- Die erste Voraussetzung besteht darin, durch explizites und ungeschöntes Herausstellen des vorhandenen *akuten Problemdrucks* die vielfältigen Virtualisierungsbarrieren wie beispielsweise organisatorische Bewahrungstendenzen anzugehen; nur so läßt sich ein Virtualisierungsprojekt erfolgreich starten. Ob also das Fehlen von preiswerten Büroräumen zum virtuellen Büro führt oder die Inflexibilität der bestehenden Struktur zum virtuellen Verbundunternehmen – in beiden Fällen gilt es, das Basisproblem als Zwang zum Nach- und Umdenken zu betonen.
- Die zweite Voraussetzung ist exakte Kenntnis der diversen Virtualisierungskonzepte bei den „Systemgestaltern". Dabei geht es nicht nur um die Methoden- und Konzeptkenntnis, es geht auch um die vorhandene Erkenntnis, daß Virtualisierung eine sinnvolle Strategie darstellt (*Methodeneignung*).
- Die Fachpromotoren brauchen drittens zur Vervollständigung des *Promotorenteams* einen charismatischen Machtpromotor, der hinter der Virtualisierung steht.
- Viertens sind bereits frühzeitig alle Betroffenen in der *Implementationskette* massiv einzubinden. So macht beispielsweise die Einführung eines virtuellen Büros wenig Sinn, wenn sie über den Kopf der betroffenen Mitarbeiter und Vorgesetzten hinweg beschlossen wird.
- Schließlich ist fünftens das *Kompetenzangstsyndrom* zu berücksichtigen, zu verstehen als Angst, daß durch die neue Organisation der eigene Kompetenzrahmen eingeschränkt oder die intellektuelle Kompetenzgrenze überschritten wird.

Schritt 3: Formale Konkretisierung

Als nächstes ist das Objekt der Virtualisierung (also z.B. „Abteilung" oder „Unternehmen") im Hinblick auf konstituierende Charakteristika, physikalische Attribute, spezielle Zusatzspezifikationen und Nutzeneffekte formal exakt zu konkretisieren. Nur wenn alle vier Merkmale bereits in der Konzeptualisierungsphase konkretisiert sind, läßt sich eine virtuelle Organisation erfolgreich planen und einführen.

Schritt 4: Substantielle Fundierung

Neben der formalen Konkretisierung bedarf die virtuelle Organisation einer tiefergehenden Fundierung, auf die Promotoren in Form einer Wissensbasis zurückgreifen können. Diese Wissensbasis besteht im wesentlichen, wie in Abschnitt 7.1.3 erläutert, aus theoretischen Ansätzen aus den Bereichen System-, Erkenntnis-, Verhaltens-, Spiel-, Transaktionskosten-, Regelkreis-, Lern- und Organisationstheorie. Es ist auch hier darauf zu achten, daß keine einseitige Ausrichtung auf eine Organisationsperspektive erfolgt, sondern alle Intelligenzfelder, die die Perspektiven der *Strategischen Organisation* widerspiegeln, berücksichtigt sind, so daß bei der tatsächlichen Gestaltung der Virtualisierung auch vom Wissenspotential her eine stimmige Konkretisierung erfolgen kann.

Schritt 5: Integrative Implementierung

Die Gefahren, die aus einer zunehmenden Technologisierung resultieren können (z.B. Isolation infolge eines Mangels an sozialen Kontakten), erschweren die notwendige Bildung einer Vertrauenskultur, die ihrerseits wegen des Fehlens von formalen Identifikationsmerkmalen in der virtuellen Organisation an Bedeutung gewinnt. Deshalb ist neben der leicht in eine Dominanzposition geratenen Technikdimension von vornherein eine ganzheitliche integrative Implementation anzustreben, die auch die *verhaltensorientierten* Gesichtspunkte und ihre Stimmigkeit zu den anderen Virtualisierungskomponenten berücksichtigt.

Abbildung 7.19 zeigt das Zusammenspiel von problembezogener Konzeptionalisierung, implementationsbezogener Aktzeptanzsicherung, formaler Konkretisierung und substantieller Fundierung auf, um die integrative Implementierung einer virtuellen Organisation stimmig zu realisieren.

Die Anwendung der strategischen Prinzipien auf die Virtualisierung kann damit in einer expliziten Virtualisierungsstrategie resultieren, die um so handlungsleitender wird, je breiter sie bei den Organisationsmitgliedern bekannt und akzeptiert ist.

7.4.3 Konsequenz: Das Prinzip der strategischen Virtualisierung

Innerhalb der Diskussion der virtuellen Organisation bleibt zum jetzigen Zeitpunkt aufgrund des bestehenden Forschungsdefizites eine Vielzahl von Fragen noch unbeantwortet. Eine weitere soll an dieser Stelle hinzugefügt werden, nämlich die Frage nach der vitalen virtuellen Organisation. Hierzu scheinen zwei Thesen denkbar:

Auf der einen Seite kann argumentiert werden, daß auch virtuelle Einheiten immer und zu jedem Zeitpunkt selbst lebensfähig sein müssen. Es setzen sich also vitale Komponenten zu neuartigen vitalen Komponenten zusammen, wie das Beispiel verdeutlicht, bei dem ein Schwarm Fische im Verbund einen Hai täuschen kann (Abbildung 7.20).

Auf der anderen Seite scheint auch der temporäre Verzicht auf den Zustand der Vitalität zulässig. Danach „leben" die virtuellen Teileinheiten in einem Verbund, der ihre Lebensfähigkeit sichert. Sie können sich aber aus diesem Verbund lösen und einen anderen Verbund eingehen. Während dieser Phase sind sie dann kurzfristig nicht lebensfähig, wie ein Fisch, der von einem Wasserbehälter in einen anderen versetzt wird.

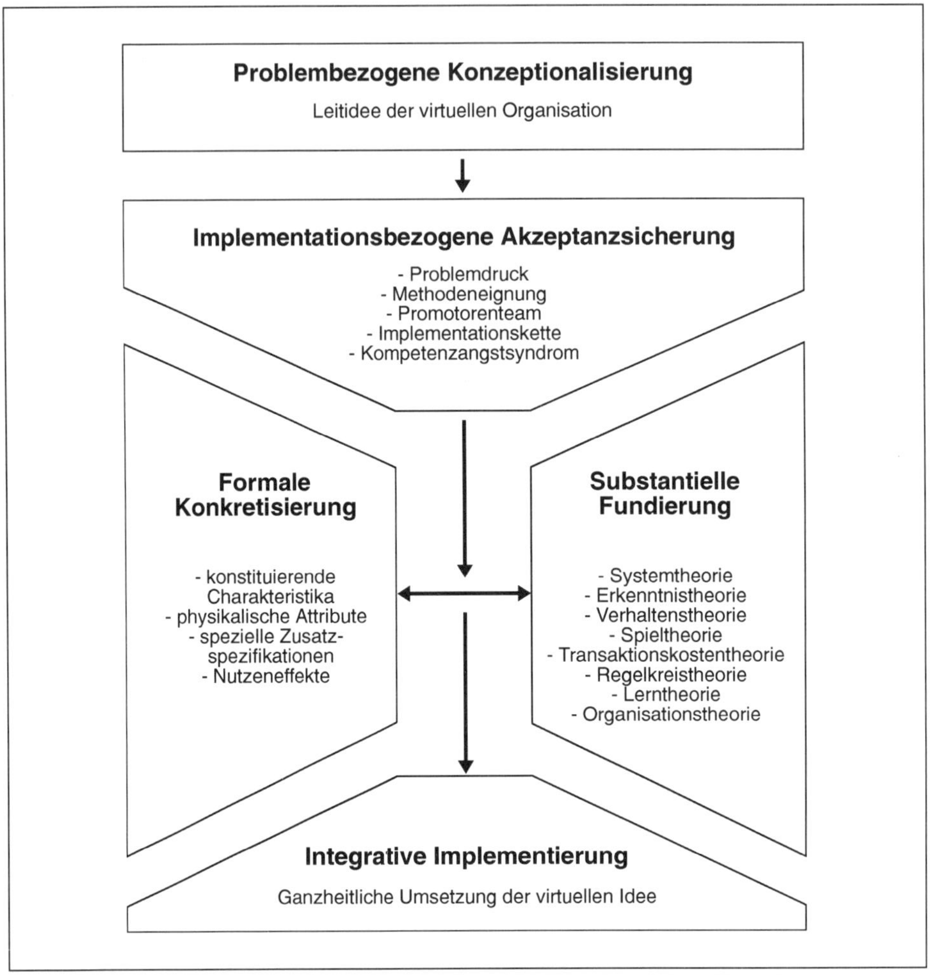

Abbildung 7.19: Prozeßmodell der Implementierung

Prinzip der strategischen Virtualisierung

Eine vitale Organisation verlangt die Nutzung ihrer organisationalen Virtualisierungspotentiale, um in der Wettbewerbsumwelt Adaptivität und komparative Vorteile und damit letztlich die Lebensfähigkeit zu sichern.

Eine *Strategische Organisation* hat im Grunde keine andere Möglichkeit als (sich) so weitgehend wie möglich zu virtualisieren und sich ihrer Virtualisierungspotentiale zu bedienen; die zu klärende Frage ist jeweils, auf welchem Gebiet eine Virtualisierung begonnen wird, um dann tatsächlich entsprechende Schritte einzuleiten.

Abbildung 7.20: Zusammensetzung zur vitalen Komponente

7.5 Zusammenfassung

Die Bereitstellung und Nutzung eines die eigene Organisation weit übersteigenden Potentials an Ressourcen und Kompetenzen ist ein wesentliches Charakteristikum einer virtuellen Organisation. Weiterhin ist aufgrund des informellen Zusammenschlusses eine Vielzahl von Strukturmustern denkbar, die im Extremfall von einer beliebig gestaltbaren Organisation bis hin zu einer Organisation mit nur einem Strukturmuster reichen können.

Virtuelle Organisationen entstehen dabei nicht einfach durch räumliches Auseinanderziehen und durch die Einführung von faszinierend-schillernder EDV-Technologie. Sie setzen vielmehr einen vollkommen anderen Organisationsansatz voraus, bei dem die Mitglieder in den Organisationen sich ohne Vorgaben selbst organisieren, bewußt dabei auch in die Rollen anderer schlüpfen, bewußt mit Paradoxien und Unsicherheit umgehen, bewußt sich selbst in Frage stellen und vor allem bewußt die permanente Optimierung des Wechselspiels zwischen Leistungserstellung und Selbstorganisation (als Meta-Organisationsproblem) suchen.

Für die Zukunft stellen sich damit folgende Fragen: Können virtuelle Organisationen sich als stabil erweisen oder nicht? Wie sieht es mit den Erfolgsaussichten aus? Welche Form der virtuellen Realisierung ist wahrscheinlich?

Geht man weiter, als lediglich bestehenden Konzepten durch das Etikett „virtuell" neuen Reiz zu vermitteln, so bietet gerade die virtuelle Organisation eine faszinierende Herausforderung. Sie ist allerdings zu verbinden mit dem Willen zum tatsächlichen Beschreiten neuer Wege und zu einer formal-stringenten Vorgehensweise. Virtuelle Organisationen ergeben sich nicht von selbst: Sie brauchen teilweise sogar mehr Aufwand zur Entwicklung als die physikalisch-reale Organisation, angefangen von einer problembezogenen Konzeptionalisierung bis hin zu einer integrativen Implementierung.

Das Konzept der virtuellen Unternehmen übt zweifelsohne eine zunehmende **Faszination** aus. Speziell wenn mit Intensivierung der Weltwirtschaft die kleineren und mittelgroßen Unternehmen dominieren werden (vgl. z.B. *Naisbitt* 1994), bieten sich virtuelle Verbundunternehmen als zeitlich begrenzte Mechanismen zur Schlagkraftoptimierung an. Analoges gilt für virtuelle Einzelunternehmen.

Allerdings birgt auch diese Virtualität eine Reihe von **Gefahren** in sich:

- An erster Stelle ist hier die inflationäre Verwendung des *Begriffes* „virtuell" im wesentlichen als Synonym für unscharf, vage und nicht genau fixiert zu nennen.
- Auch sind einige *rechtliche* Fragen noch nicht ausreichend geklärt.
- Schließlich wird leicht übersehen, daß virtuelle Organisationen eine ganz spezifische *Organisationskultur* (Leistungs-, Vertrauens-, Kooperations- und Toleranzkultur) voraussetzen, ohne deren Existenz Schwierigkeiten vorprogrammiert sind. Strukturen lassen sich noch relativ leicht ändern. Schwieriger wird es bei Personalmanagementkonzepten und speziell bei der Personalentwicklung. Überlebenskritisch schließlich dürfte es sein, eine Organisationskultur zu entwickeln, die derartige Tendenzen wie die virtuelle Organisation nicht als Drohung oder als Irritation auffaßt, sondern als eine strategische Chance, die es möglichst frühzeitig wahrzunehmen gilt.
- Nötig ist bei virtuellen Verbundunternehmen eine gezielte *Imagestrategie.* Dabei müssen die Verbundpartner zugunsten des Verbundunternehmens mit ihrem Produkt-/ Unternehmensimage zurücktreten.

Insgesamt liegen also hier breite Felder für zukünftige Forschungen brach.

Sicherlich sind virtuelle Organisationen noch weit davon entfernt, eine marktbestimmende Realität zu werden. Auch sind nicht alle Branchen in derartig ausgeprägter Intensität betroffen, wie es beispielsweise die EDV-Branche (Hard- und Software) ist. Dies ändert aber nichts daran, daß virtuelle Gestaltungsformen strategische **Optionen** darstellen, die es vorzubereiten und auszuüben gilt.

7.6 Vertiefungsfragen

1. Nehmen Sie Stellung zu der Aussage: „Die virtuelle Organisation ist ein evolutionäres System par excellence, das sich im Evolutionprozeß immer wieder neu generiert. Der Blick auf virtuelle Organisationen gleicht einem Blick durch ein Kaleidoskop".
2. Zeigen Sie auf, daß das Konzept der Virtualisierung auch bei Non-Profit-Organisationen sinnvoll und denkbar ist.
3. Was ist in einer virtuellen Organisation virtuell und was real?
4. Ein häufig verwendetes Gegenargument gegen die Computerisierung in und von Organisationen ist, daß elektronische Netzwerke zwar den Kommunikationsfluß beschleunigen und verstärken, dessen Effektivität und Lebensfähigkeit jedoch von dem kritischen Faktor Stabilität des zugrundeliegenden sozialen Systems abhängt; man solle deshalb vorsichtig sein, Face-to-face-Kommunikation durch elektronische Kommunikation zu substituieren (vgl. *Nohria/Eccles* 1992b, 304-305). Ordnen Sie dieses Argument in die Virtualisierungsdiskussion ein und diskutieren Sie die strategischen Auswirkungen einer intensiven Computerisierung des Informationsflusses auf (virtuelle) Organisationen.
5. Brauchen virtuelle Organisationen Ihrer Meinung nach Slack?
6. Welche Vorgehensweise würden Sie zur Errichtung eines „virtuellen Lehrstuhls" vorschlagen?
7. Sind optimistische Mitarbeiter eine Grundvoraussetzung virtueller Organisationen?
8. Wie könnte eine betriebliche Mitbestimmung in einem virtuellen Verbundunternehmen aussehen?

8 Ausblick

I think this is a wonderful time to be alive. There have never been so many opportunities to do things that were impossible before. It's also the best time ever to start new companies, advance sciences (. . .). It's important (. . .) that society as a whole, rather than just technologists, can guide (the) direction. (Gates 1995, 276)

Die vorangegangenen Kapitel präsentierten jeweils spezifische **Sichtweisen** der Organisation. Diese Perspektiven erlauben jedoch in ihrer Gesamtheit eine zuverlässige Beschreibung von Organisationen (*deskriptive Funktion*) und erfolgversprechende Gestaltungsempfehlungen (*präskriptive Funktion*). Das Ziel des Buches lag dabei auf einer Behandlung des gesamten Spektrums dieser Perspektiven, weshalb zwangsläufig eine ganze Reihe von vertiefenden Gesichtspunkten unerwähnt blieben, die durchaus in den einzelnen Kapiteln der *Strategischen Organisation* berücksichtigt sein müßten.

Es gibt noch ein zweites Problem: Noch während dieses Buch geschrieben wird, verändert sich das Untersuchungsfeld – und es verändert sich intensiv. Dies bedeutet, daß sich bereits jetzt Tendenzen abzeichnen, die in absehbarer Zeit Realität sein könnten:

Im Hinblick auf den **strategischen Aspekt** ist davon auszugehen, daß dieser zunehmend auch bei *Non-Profit-Organisationen* eine wichtige Rolle spielen wird. Ob Krankenhaus oder Universität: Sie alle brauchen eine klare Strategie, da es nicht länger nur um eine Zuweisung von Mitteln geht, die sowieso im gewohnten Ausmaß nicht mehr vorhanden sind. Da eine klare und sinnvolle Strategie überhaupt nur für klar abgrenzbare Einheiten formulierbar und implementierbar ist, dürften zudem die entsprechenden Einheiten in Zukunft wesentlich *kleiner* und *„agiler"* ausfallen.

Betrachtet man die strategischen Prinzipien, so scheint beim Prinzip des strategischen *Verhaltens* vor allem die kombinierte Betrachtungsweise aus der intendierten und der emergenten Strategie vielversprechend und interessant. Gleiches gilt für die strategische *Stimmigkeit*: Die Zeit der absoluten und in allen Situationen anwendbaren Erfolgsrezepte dürfte endgültig zu Ende sein. Sie wird ersetzt durch eine breite Anwendung des Stimmigkeitsgedankens, nach der letztlich ausschließlich die strategiebezogene Stimmigkeit den Ausschlag für den Erfolg gibt. Angesichts des in diesem Bereich evidenten Forschungsdefizites ist hier allerdings noch umfangreiche Basisforschung nötig, bevor solide Entscheidungsgrundlagen für den Praktiker und abgesicherte Grundaussagen für den Theoretiker vorhanden sein werden.

Die **mechanische Perspektive** dürfte sich in Richtung auf eine Simplifizierung und Aktionsorientierung entwickeln: *Simplifizierung* deshalb, weil alle diskutierten Mechanismen nie Selbstzweck, sondern ausschließlich Mittel zum Zweck sind; „Zweck" impliziert dabei klare Zielsetzung und damit wieder eine stringente Strategieausrichtung. Hinter der Idee der *Aktionsorientierung* stecken die verkürzten Planungszyklen und der unbedingte Zwang, Planungen in extrem kurzer Zeit in Aktionen zu transformieren: Letztlich leben Organisationen nicht von komplizierten Plänen, sondern ausschließlich von erfolgreichen Aktionen.

Betrachtet man die Detailaspekte, so ist eine weitere Vereinfachung gerade bei den *Bezugsrahmen* zu erwarten, vor allem aber ein rascher Wandel, der eine gewisse Kompatibilität der Bezugsrahmen verlangt. Bei den *Uhrwerken* wird weiterhin die Hoffnung existieren, durch Zerlegen und neues Zusammenbauen der Uhr zu besseren Abläufen zu kommen – was allerdings zwangsläufig zunehmend schwieriger wird, je weiter die Optimierungen fortschreiten. Für die Regelkreise scheint das Ende der hierarchisch-zentralisierten Regelkreissysteme gekommen: Sie sind auch mit modernster EDV-Technologie aufgrund der internen Ablaufmodellierung weiterhin nur schwer realisierbar.

Bei der **organischen Perspektive** kommt die veränderte Umwelt besonders stark zum Zuge. Organisationen müssen sich anpassen und sich in bestimmten Bereichen selbst organisieren. Das Bild der „gut geölten Maschine" eignet sich nicht länger als alleiniges Mittel zur Deskription der Realität und erst recht nicht zur Entwicklung von Gestaltungsempfehlungen. Dabei genügt es nicht, die Organisation letztlich als Organismus umzudefinieren, wenngleich diese Aufgabe unter anderem hinsichtlich des Elementes der Eigengesetzlichkeit alles andere als trivial ausfällt: Die eigentliche Herausforderung liegt in der Implikation von *„organischen" Systemen* zur Schaffung von organisch-automatischen Adaptions- und Flexibilitätspotentialen.

Das **Konzept der Organisationskultur** konnte sich in den letzten Jahren weitgehend in der Organisationstheorie etablieren. Kaum ein Autor kommt inzwischen ohne dieses Konzept aus, und nur noch sehr wenige distanzieren sich davon. Zu befürchten ist allerdings eine gewisse Dominanz des *funktional-objektivistischen* Paradigmas und ein weitgehendes Ablehnen der (wesentlich aufwendigeren) interpretativ-subjektivistischen Perspektive. Folgt man allerdings den Ausführungen aus Kapitel 5, so ist hier eine gefährliche Kurzfristigkeit nicht auszuschließen, vor allem wenn man bedenkt, daß die funktional-objektivistisch orientierte Vorgehensweise der Perspektive der mechanischen Kultur entspricht: Sie hat zwar in vielen Organisationen eine hohe Akzeptanz, ist aber als alleiniges Entscheidungskriterium vollkommen untauglich.

Eine zentrale These der *Strategischen Organisation* ist der Abbau von starren Grenzen: Organisationen werden durchlässiger, definieren sich nicht länger durch ihre Grenzen, sondern konkretisieren sich durch gemeinsame Aktivitäten. Akzeptiert man diese These, die letztlich in der virtuellen Organisation ihre extreme Ausprägung findet, so hat dies gravierende Konsequenzen für den Aufbau der Organisationskultur: Wenn Organisationen tatsächlich in kleinste Einheiten zerfallen und diese sich in fluktuierendem Wechselspiel zu neuen Einheiten kombinieren, fehlt es an Zeit, eine verbindende Organisationskultur zu schaffen. Es ist allerdings zu erwarten, daß sich quasi im Gegenzug verstärkte Kulturen auf der Ebene von kleineren organisatorischen Einheiten bilden, wenn zumindest sie – losgelöst von ihrer Positionierung in übergeordneten Strukturen – über längere Zeit in konstanter Besetzung arbeiten. Im Ergebnis führt das dann zu vielen kleinen Kulturkernen, die sich als fallweise Ansammlung von unterschiedlichen Punkten zu einer schillernden Gesamtkultur zusammenfügen, also eine *pointillistische Organisationskultur* bilden.

Letztlich werden nicht die Organisationen überleben, die groß und erfolgreich sind, sondern die intelligenten: also die mit dem effizientesten Zugriff auf das relevanteste Wissen und mit der höchsten Lernfähigkeit. Die Frage der **intelligenten Organisation** dürfte sich dabei zunehmend auf die Herausforderung verdichten, wie Aggregationsprozesse von individuellem Wissen und Lernen zu kollektivem Wissen und Lernen, also zu einer kollektiven Intelligenz, ablaufen (*deskriptiv*) und gestalterisch optimierbar sind (*präskriptiv*). Besondere Brisanz erhält diese Fragestellung vor dem Hintergrund von sich auflösenden Organisationsgrenzen, da jetzt auch Wissen in einer wesentlich „verteilteren" und „offeneren" Form vorhanden ist. Stichworte wie Internet und Intranet sind hier stellvertretende Signale für eine weitaus größere Entwicklung. Diese hat mehrere Konsequenzen: Zunächst einmal wird angesichts der fast schon unüberschaubaren Fülle von Informationen der *Faktor Zeit* überlebenskritisch. Die Frage lautet dann nicht mehr: „Wer hat die richtige Information?" Sie lautet vielmehr: „Wer findet die richtige Information?" Dann entstehen quer über Organisationsgrenzen Wissensbasen, auf die zugegriffen werden kann. Die Herausforderung könnte darin liegen, nicht mehr eine rein additive Verknüpfung zu nutzen, sondern analog zum Sprung vom individuellen zum organisatorischen Wissen eine *Intelligenz höherer Ordnung* zu schaffen. Und schließlich wird die Frage zu beantworten sein, ob und inwieweit ein Abschotten von Information sinnvoll sein kann.

Die zuvor skizzierten Aspekte der strategischen, mechanischen, organischen, kulturellen und intelligenten Organisation münden alle in das Paradigma der **vitalen Organisation**, also das der lebensfähigen Organisationseinheit.

Das Konzept der **virtuellen Organisation** geht jetzt noch einen Schritt weiter, indem es die Organisation auch in einem hoch abstrakten Bereich positioniert. Auch wenn Skeptiker sie noch immer in das Reich der unwissenschaftlichen Spekulation verbannen wollen: Die virtuelle Organisation wird – ob als virtuelles Einzelunternehmen oder als virtuelles Verbundunternehmen – zu *einem prägenden Faktor* in der Zukunft werden, da sich gerade auf diese Weise der Wunsch der Kunden nach aktuellen sowie gesamtheitlichen Lösungen mit dem Konzept der organisatorischen Kernkompetenz und dem Ziel der organisatorischen Effektivität verbinden läßt.

Trotzdem: Viele Fragen bleiben offen. Auch dieses **Buch** muß sich dem publizistischen Darwinismus stellen und wird im günstigsten Fall einen langen Lebenszyklus durchlaufen. Es bleibt die Hoffnung auf einen lebhaften Dialog: Wenn sich in diesem die gegenwärtige Faszination der Organisation widerspiegelt, steht uns allen eine spannende Zeit bevor!

Abkürzungsverzeichnis

AER	American Economic Review
AJS	American Journal of Sociology
AMJ	Academy of Management Journal
AMR	Academy of Management Review
AmSci	American Scientist
ASQ	Administrative Science Quarterly
ASR	American Sociological Review
BH	Business Horizons
BW	Business Week
CMR	California Management Review
DBW	Die Betriebswirtschaft
DU	Die Unternehmung
FAZ	Frankfurter Allgemeine Zeitung
HBR	Harvard Business Review
HM	Harvard Manager/Harvard Business Manager
HR	Human Relations
HRP	Human Resource Planning
HWFü	Handwörterbuch der Führung
HWO	Handwörterbuch der Organisation
HWR	Handwörterbuch des Rechnungswesens
IM	Information Management
IO	io-Management Zeitschrift/Industrielle Organisation
JBS	Journal of Business Strategy
JGM	Journal of General Management
JoM	Journal of Marketing
JoMS	Journal of Management Studies
LRP	Long Range Planning
m&c	management & computer
MIR	Management International Review
mm	manager magazin
MS	Management Science
ODY	Organizational Dynamics
OS	Organization Studies
PJ	Personnel Journal
SMR	Sloan Management Review
WiSt	Wirtschaftswissenschaftliches Studium
WiWo	WirtschaftsWoche
WISU	Das Wirtschaftsstudium
ZfB	Zeitschrift für Betriebswirtschaft
ZfbF	Zeitschrift für betriebswirtschaftliche Forschung
ZfO	Zeitschrift Führung und Organisation/Zeitschrift für Organisation
ZP	zp-Zeitschrift für Planung

Literaturverzeichnis

Ackoff, Russell L., Scientific method. Optimizing Applied Research Decisions, New York-London etc. (Wiley) 1962.

Adizes, Ichak, On Self-Management. An Organizational Definition, a Typology of Various Experiments in the World and a Discussion of the Role of Professional Management, in: *Adizes, Ichak/Borgese, Elisabeth M.* (Hrsg.), Self-Management. New Dimensions to Democracy, Santa Barbara-Oxford (ABC-Clio) 1975, 3-37.

Adizes, Ichak, Organizational Passages-Diagnosing and Treating Lifecycle Problems of Organizations, in: ODY 8 (Summer 1979), 3-25.

Adizes, Ichak, Wie man Mismanagement überwindet. Erkennen und Beseitigen der Ursachen, München (Wirtschaftsverlag Langen-Müller/Herbig) 1981.

Adizes, Ichak, Corporate Lifecycles: How and Why Corporations Grow and Die and What to Do about it, Englewood Cliffs/N. J. (Prentice Hall) 1988.

Albach, Horst/Wildemann, Horst (Hrsg.), Lernende Unternehmen, ZfB-Ergänzungsheft 3 (1995).

Albert, Michael/Silverman, Murray, Making Management Philosophy a Cultural Reality, Part I: Get Started, in: Personnel 61 (1/1984), 12-21.

Albrecht, Frank, Strategisches Management der Unternehmensressource Wissen. inhaltliche Ansatzpunkte und Überlegungen zu einem konzeptionellen Gestaltungsrahmen, Frankfurt/M. etc. (Lang) 1993.

Alchian, Armen A./Demsetz, Harold, The Property Rights Paradigm, in: Journal of Economic History 33 (1973), 16-27.

Aldrich, Howard E., Organizations and Environments, Englewood Cliffs/N. J. (Prentice Hall) 1979.

Aldrich, Howard E./Fiol, C. Marlene, Fools Rush in? The Institutional Context of Industry Creation, in: AMR 19 (1994), 645-670.

Allaire, Yvan/Firsirotu, Mihaela E., Theories of Organizational Culture, in: OS 5 (1984), 193-226.

Allen, Robert F./Kraft, Charlotte, The Organizational Unconscious. How to Create the Corporate Culture You Want and Need, Englewood Cliffs/N. J. (Prentice Hall) 1982.

Anderer, Michael, Implementierung von Internationalisierungsstrategien europäischer Handelsunternehmen, Diss., Universität des Saarlandes, Saarbrücken 1996.

Ansoff, H. Igor, Strategic Management, London-Basingstoke (MacMillan) 1979.

Ansoff, H. Igor, Implanting Strategic Management, Englewood Cliffs/N. J. etc. (Prentice Hall) 1984.

Ansoff, H. Igor/McDonnell, Edward J., Implanting Strategic Management, New York etc. (Prentice Hall) 2. Aufl. 1990.

Archer, Richard/Bowker, Paul, BPR Consulting. An Evaluation of the Methods Employed, in: Business Process Re-Engineering & Management Journal 1 (2/1995), 28-46.

Argyris, Chris, Increasing Leadership Effectiveness, New York etc. (Wiley) 1976.

Argyris, Chris, Reasoning, Learning and Action, San Francisco (Jossey-Bass) 1983.

Argyris, Chris/Schön, Donald A., Theory in Practice. Increasing Professional Effectiveness, San Francisco-Washington-London (Jossey-Bass) 1974.

Argyris, Chris/Schön, Donald A., Organizational Learning. Theory of Action Perspective, Reading/Ma. (Addison-Wesley) 1978.

Arnold, Oskana/Faisst, Wolfgang/Hartling, Martina/Sieber, Pacal, virtuelle Unternehmen als Unternehmenstyp der Zukunft?, in: Theorie und Praxis der Wirtschaftsinformatik (185/September 1995), 8-23.

Ashby, William R., An Introduction to Cybernetics, London (Chapman Hall) 1956.

Ashkenas, Ron/Ulrich, Dave/Jick, Todd/Kern, Steve, The Boundaryless Organization. Breaking the Chains of Organizational Structure, San Francisco (Jossey-Bass) 1995.

Aupperle, Kenneth E./Acar, William/Booth, David E., An Empirical Critique of „In Search of Excellence“. How Excellent are The Excellent Companies?, in: JoM 12 (1986), 499-512.

Aurich-Haider, Antje/v. Bogdandy, Christian/Gronau, Norbert, Groupware-Einsatz in Vertrieb und Außendienst, in: CIM Management 11 (11/1995), 28-33.

Axelrod, Robert, The Evolution of Cooperation, New York (Basic Books) 1984.

Baecker, Dirk, Die Freiheit des Gegenstands. Von der Identität zur Differenz. Perspektivenwechsel in den Wissenschaften, in: Delfin 5 (9/1985), 76-88.

Bain, Joe S., Barriers to New Competition. Their Character and Consequences in Manufacturing Industries, Cambridge/Mass. (Harvard University Press) 1956.

Barmeyer, Christoph I./Stein, Volker, Die virtuelle Personalabteilung und der landeskulturelle Kontext: Das Beispiel Frankreich-Deutschland, Diskussionsbeitrag Nr. 44 des Lehrstuhls für Betriebswirtschaftslehre, insbesondere Organisation, Personal- und Informationsmanagement, Universität des Saarlandes, Saarbrücken 1996.

Barnard, Chester I., The Functions of the Executive, Cambridge, Ma. (Harvard University Press) 1938.

Barnatt, Christopher, Office Space, Cyberspace and Virtual Organization, in: JGM 21 (4/1995), 78-91.

Bartlett, Christopher A./Ghoshal, Sumantra, Tap Your Subsidiories for Global Reach, in: HBR 64 (6/1986), 87-94.

Bartlett, Christopher A./Ghoshal, Sumantra, Internationale Unternehmensführung. Innovation, globale Effizienz, differenziertes Marketing, Frankfurt-New York (Campus) 1990.

Bartölke, Klaus, Teilautonome Arbeitsgruppen, in: *Frese, Erich* (Hrsg.), HWO, Stuttgart (Poeschel) 3. Aufl. 1992, 2384-2399.

Bea, Franz Xaver/Haas, Jürgen, Strategisches Management, Stuttgart-Jena (Gustav Fischer) 1995.

Beer, Stafford, Brain of the Firm. The Managerial Cybernetics of Organization, London (Penguin) 1972.

Beer, Stafford, The Heart of Enterprise, Chichester etc. (Wiley) 1979.

Behme, Wolfgang, ZP-Stichwort: virtuelle Unternehmen, in: ZP 6 (1995), 297-300.

Berger, Peter L./Luckmann, Thomas, Die gesellschaftliche Konstruktion der Wirklichkeit. Eine Theorie der Wissenssoziologie, Frankfurt (Fischer) 1980.

Berke, Jürgen/Fuchs, Herbert/Deysson, Christian, Gläserner Anschluß. Mit digitalen Supernetzen beginnt das interaktive Multimedia-Zeitalter – Deutschland hat die Nase vorn, in: WiWo 47 (25/1993), 46-50.

Bierfelder, Wilhelm H., Die nächste Entwicklungsstufe des situativen Ansatzes. Das organisatorische Quantum-Modell, in: ZfO 55 (1986), 257-262.

Birchall, David/Lyons, Laurence, Creating Tomorrow's Organization. Unlocking the Benefits of Future Work, London (Pitman) 1995.

Bisani, Fritz, Personalwesen und Personalführung, Wiesbaden (Gabler) 4. Aufl. 1995.

Blau, Peter M., A Formal Theory of Differentiation in Organizations, in: ASR 35 (1970), 201-218.

Blau, Peter, M./Schoenherr, Richard A., The Structure of Organizations, New York-London (Basic Books) 1971.

Bleecker, Samuel, The Virtual Organization, in: The Futurist (March-April 1994), 9-14.

Bleeke, Joel A., Strategic Choices for Newly Opened Markets, in: HBR 68 (5/1990), 158-165.

Bleicher, Knut, Informationstechnik in neuen Management- und Organistionskonzepten, in: Office Management 41 (11/1993), 22-28.

Bleicher, Knut, Der Weg zum virtuellen Unternehmen, in: Office Management 44 (1-2/1996), 11-15.

Blenkhorn, David L./Gaber, Brian, The Use of „Warm Fuzzies" To Assess Organizational Effectiveness, in: JGM 21 (2/1995), 40-51.

Boone, David L., „Virtual Corporations" and Small Business, in: Internet (1994), 1-3.

Boos, Frank/Jarmai, Heinz, Kernkompetenzen – gesucht und gefunden, in: HM 16 (4/1994), 19-26.

Boss, Jürgen S., Lernen oder lernunwillige Organisation? Ein progressiver Anspruch und die konservative Wirklichkeit, in: Organisationsentwicklung 12 (4/1993), 28-34.

Bottoms, David, Back to the Future, Revisiting the Promise of the Virtual Corporation, in: Industry Week (3.10.1994), 61-64.

Boulding, Kenneth E., Reconstruction of Economies, New York, London (Wiley) 1950.

Boulding, Kenneth E., General Systems Theory – The Skeleton of Science, in: MS 2 (1956), 197-208.

Breid, Volker, Aussagefähigkeit agencytheoretischer Ansätze im Hinblick auf die Verhaltenssteuerung von Entscheidungsträgern, in: ZfbF 47 (1995), 821-854.

Bronner, Rolf, Komplexität, in: *Frese, Erich* (Hrsg.), HWO, Stuttgart (Poeschel) 3. Aufl. 1992, 1121-1130.

Bühl, Walter L., Grenzen der Autopoiesis, in: Kölner Zeitschrift für Soziologie und Sozialpsychologie 39 (1987), 225-254.

Bühner, Rolf, Management-Holding, in: DBW 47 (1987), 40-49.

Bühner, Rolf, Betriebswirtschaftliche Organisationslehre, München-Wien (Oldenbourg) 5. Aufl. 1991.

Bühner, Rolf, Strategie und Organisation. Analyse und Planung der Unternehmensdiversifikation mit Fallbeispielen, Wiesbaden (Gabler) 2. Aufl. 1993a.

Bühner, Rolf, Shareholder Value. Eine Analyse von 50 großen Aktiengesellschaften in der Bundesrepublik Deutschland, in: DBW 53 (1993b), 749-769.

Bullinger, Hans-Jörg/Brettreich-Teichmann, Werner/Fröschle, Hans-Peter, Das virtuelle Unternehmen – Koordination zwischen Markt und Hierarchie, in: Office Management 43 (12/1995), 18-22.

Bullinger, Hans-Jörg/Thaler, Klaus, Zwischenbetriebliche Zusammenarbeit im Virtual Enterprise, in: m&c 2 (1/1994), 19-23.

Burke, Raymond R., Virtual Shopping. Breakthrough in Marketing Research, in: HBR 74 (2/1996), 120-131.

Burns, Tom/Stalker, G. M., The Management of Innovation, London (Tavistock) 1961.

Burrell, Gibson/Morgan, Gareth, Social Paradigms and Organizational Analysis. Elements of the Sociology of Corporate Life, London (Heinemann) 1979.

Bushe, Gervase R./Shani, Abraham B., Parallel Learning Structures. Increasing Innovation in Bureaucracies, Reading/Mass. (Addison-Wesley) 1991.

Buzzell, Robert D./Gale, Bradley T., The PIMS Principles. Linking Strategy to Performance, New York (Free Press) – London (Collier Macmillan) 1987.

Buzzell, Robert D./Ortmeyer, Günther, Channel Partnerships. A New Approach to Streamlining Distribution. Arbeitspapier des Marketing Science Institut in Cambridge, Cambridge/Mass. 1994.

Byrne, John A./Brandt, Richard/Port, Otis, The Virtual Corporation, in: BW (08.02.1993), 36-40.

Cameron,Kim S./Whetten, David A., Some Conclusions About Organizational Effectiveness, in: *Cameron, Kim S./Whetten, David A.* (Hrsg.), Organizational Effectiveness. A Comparison of Multiple Models, Orlando etc. (Academic Press) 1983, 261-277.

Champy, James, The Unfinished Revolution: Why Management Must Be Reengineered. Insights Interview, in: Insights Quarterly 6 (2/1994), 14-21.

Chandler, Alfred D. Jr., Strategy and Structure. Chapters in the History of the Industrial Enterprise, Cambridge/Mass.-London (M.I.T. Press) 1962.

Chandler, Alfred D. Jr., Organizational Capabilities and the History of the Industrial Enterprise, in: Journal of Economic Perspectives 6 (3/1992), 79-100.

Chatmann, Jennifer A./Jehn, Karen A., Assessing the Relationship Between Industry Characteristics and Organizational Culture. How different can you be?, in: AMJ 37 (1994), 522-553.

Cheek, Martin, Von Katzen als Talkmaster, virtuellen Küchen und anderen Künstlichkeiten. Notizen von der Virtual Reality-Show in London, in: Computer Zeitung 24 (51+52/1993), 20.

Chesbrough, Henry W./Teece, David J., When Is Virtual Virtuous? Organizing for Innovation, in: HBR 74 (1/1996), 65-73.

Child, John, Organizational Structure, Environment and Performance. The Role of Strategic Choice, in: Sociology 6 (1972), 1-22.

Clemens, Eric K./Row Michael C./Miller David B., Rosenbluth International Alliance. Information Technology and The Global Virtual Corporation, in*: Nunamaker, John F. Jr./Sprague, Ross H. Jr.* (Hrsg.), Proceedings of the 25 Hawaii International Conference on System Sciences, Vol. IV, Los Alamitos/Cal. (1992), 678-686.

Coase, Ronald H., The Nature of the Firm, in: Economica 4 (1937), 386-405.

Coase, Ronald H., The Problem of Social Cost, in: The Journal of Law & Economics 3 (1960), 1-44.

Coenenberg, Adolf G./Fischer, Thomas M.: Prozeßkostenrechnung – Strategische Neuorientierung in der Kostenrechnung, in: DBW 51 (1991), S. 21-38.

Cohen, Michael D./Sproull, Lee S. (Hrsg.), Organizational Learning, Thousand Oaks/Cal. etc. (Sage) 1996.

Collins, James C./Porras, Jerry I., Built to Last. Successful Habits of Visionary Companies, New York (Harper Business) 1994.

Cortese, Amy, Here Comes the Intranet, in: BW (26.02.1996), 46-54.

Coy, Peter, Faster, Smaller, Cheaper, in: BW (13.06.1994), 48-51.

Coyle, Jeannie/Schnarr, Nicky, The Soft-Side Challenges of the „Virtual Corporation“, in: HRP 18 (1/1995), 41-42.

Crichton, Michael, Enthüllung, München (Droemer Knaur) 1994.

Crosby, Philip, Running Things. The Art of Making Things Happen, New York (McGraw-Hill) 1986.

Cunningham, J. Barton, Approaches to the Evaluation of Organizational Effectiveness, in: AMR 2 (1977), 463-474.

Cyert, Richard M./March, James G., A Behavioral Theory of the Firm, Englewood Cliffs/N. J. (Prentice-Hall) 1963.

D'Aveni, Richard A., Hypercompetition. Managing the Dynamics of Strategic Maneuvering, New York (Free Press) 1994.

Daconta, Michael C., How to Start Your Own Virtual Corporation. Riding the Information Highway!, in: Internet (1994), 1-9.

Darwin, Charles, The Origin of Species, London (Murray) 6. Aufl. 1900.

Das, T. K./Elango, B., Managing Strategic Flexibility. Key to Effective Performance, in: JGM 21 (3/1995), 60-75.

Davidow, William H./Malone, Michael S., Das virtuelle Unternehmen. Der Kunde als Co-Produzent, Frankfurt-New York (Campus) 1993.

Davis, Stanley M., Managing Corporate Culture, Cambridge/Mass. (Ballinger) 1984.

Davis, Stanley M./Lawrence, Paul R., Matrix, Reading/Mass. etc. (Addison-Wesley) 1977.

de Bono, Edward, Six Thinking Hats, Boston/Mass. etc. (Little Brown and Company) 1985.

de Geus, Arie P., Planning as Learning, in: HBR 66 (2/1988), 70-74.

Deal, Terrence E./Kennedy, Allan A., Corporate Cultures. The Rites and Rituals of Corporate Life, Reading/Mass. etc. (Addison-Wesley) 1982.

Demsetz, Harold, Toward a Theory of Property Rights, in: AER Papers and Proceedings 57 (1967), 347-359.

Dier, Mirko/Lautenbacher, Siegfried, Groupware. Technologien für die lernende Organisation. Rahmen, Konzepte, Fallstudien, München (Computerwochen-Verlag) 1994.

Dill, Peter/Hügler, Gert, Unternehmenskultur und Führung betriebswirtschaftlicher Organisationen. Ansatzpunkte für ein kulturbewußtes Management, in: *Heinen, Edmund* et al. (Hrsg.), Unternehmenskultur. Perspektiven für Wissenschaft und Praxis, München-Wien (Oldenbourg) 1987, 141-209.

Douglas Orton, J./Weick, Karl E., Loosely Coupled Systems: A Reconceptualization, in: AMR 15 (1990), 203-223.

Drucker, Peter F., Management. Tasks, Responsibilities, Practices, London (Heinemann) 1974.

Drumm, Hans-Jürgen/Scholz, Christian, Personalplanung. Planungsmethoden und Methodenakzeptanz. Bern-Stuttgart (Haupt) 2. Aufl. 1988, 34-38.

Duft, Manuela, Die Bedeutung der Unternehmenskultur. Was Unternehmen erfolgreich macht, in: Office Management 43 (10/1995), 66-67.

Duncan, Robert B., Characteristics of Organizational Environments and Perceived Environmental Uncertainty, in: ASQ 20 (1975), 313-327.

Dunst, Klaus H., Portfolio Management. Konzeption für die strategische Unternehmensplanung, Berlin-New York (de Gruyter) 2. Aufl. 1983.

Dyas, Gareth P./Thanheiser, Heinz T., The Emerging European Enterprise. Strategy and Structure in French and German Industry, London-Basingstoke (Macmillan) 1976.

Eberl, Peter, Die Idee des organisationalen Lernens. Konzeptionelle Grundlagen und Gestaltungsmöglichkeiten, Bern-Stuttgart-Wien (Haupt) 1996.

Ebers, Mark/Gotsch, Wilfried, Institutionenökonomische Theorien der Organisation, in: *Kieser, Alfred* (Hrsg.), Organisationstheorien, Stuttgart etc. (Kohlhammer) 1993, 193-242.

Elschen, Rainer, Gegenstand und Anwendungsmöglichkeiten der Agency-Theorie, in: ZfbF 43 (1991), 1002-1012.

Emrich, Hinderik M., Cyberspace – Künstliche Wirklichkeiten und Psychodelikgenese, in: *Rötzer, Florian/Weibel, Peter* (Hrsg.), Cyberspace. Zum medialen Gesamtkunstwerk, Wien (Boer) 1993, 280-288.

Englman, Steven, Securing the Virtual Corporation, in: Security Management (11/1993), 28-30.

Fayol, Henri, Administration Industrielle et Générale. Prévoyance – Organisation – Commandement – Coordination – Contrôle, Paris (Dunod) 1956 (Original 1916).

Fischer, Hans R., Murphys Geist oder die glücklich abhanden gekommene Welt. Zur Einführung in die Theorie autopoietischer Systeme, in: *Fischer, Hans R.* (Hrsg.), Autopoiesis. Eine Theorie im Brennpunkt der Kritik, Heidelberg (Carl Auer) 2. Aufl. 1993, 9-37.

Flaig, Scott, The „Virtual Enterprise". Your New Model for Success, in: Electronic Business (30.3.1992), 153-155.

Flusser, Vilém, Vom Virtuellen, in: *Rötzer, Florian/Weibel, Peter* (Hrsg.), Cyberspace, München (Boer) 1993, 65-71.

Frederick, William C., Values, Nature, and Culture in the American Corporation, New York-Oxford (Oxford University Press) 1995.

Freeman, R. Edward, Strategic Management. A Stakeholder Approach, London (Pitman) 1984.

Frese, Erich, Exzellente Unternehmen – Konfuse Theorien. Kritisches zur Studie von Peters und Waterman, in: DBW 45 (1985), 604-609.

Frese, Erich, Organisationstheorie. Stand und Aussagen aus betriebswirtschaftlicher Sicht, Wiesbaden (Gabler) 1991.

Frese, Erich, Organisationstheorie. Historische Entwicklung – Ansätze – Perspektiven, Wiesbaden (Gabler) 2. Aufl. 1992.

Frese, Erich, Grundlagen der Organisation. Konzept – Prinzipien – Strukturen, Wiesbaden (Gabler) 6. Aufl. 1995.

Frese, Erich/v. Werder, Axel, Organisation als strategischer Wettbewerbsfaktor – Organisationstheoretische Analyse gegenwärtiger Umstrukturierungen, in: ZfbF, Sonderheft 33 (1994), 1-27.

Frey, Dieter/Schuster, Beate, Wege zum Center of Excellence, in: absatzwirtschaft 39 (2/1996), 42-46.

Fukuyama, Francis, Konfuzius und Marktwirtschaft. Der Konflikt der Kulturen, München (Kindler) 1995.

Gaitanides, Michael/Wicher, Hans, Strategien und Strukturen innovationsfähiger Organisationen, in: ZfB 56 (1986), 385-405.

Gates, Bill, The Road Ahead, Harmondsworth (Viking Penguin) 1995.

Gates, Bill, What I learned from Warren Buffett, in: HBR 74 (1/1996), 148-152.

Gemünden, Hans Georg/Walter, Achim, Der Beziehungspromotor – Schlüsselperson für interorganisationale Innovationsprozesse, in: ZfB 65 (1995), 971-986.

Gertz, Dwight L./Baptista, Joao P. A., Grow to Be Great. Breaking the Downsizing Cycle, New York etc. (Free Press) 1995.

Gerum, Elmar, Property Rights, in: *Frese, Erich* (Hrsg.), HWO, Stuttgart (Poeschel) 3. Aufl. 1992, 2116-2128.

Ghoshal, Sumantra/Moran, Peter, Bad for Practice: A Critique of the Transaction Cost Theory, in: AMR 21 (1996), 13-47.

Ghoshal, Sumantra/Nohria, Nitin, Horses for Courses: Organizational Forms for Multinational Corporations, in: SMR 35 (Winter 1993), 23-35.

Goeudevert, Daniel, Vorwort zu *Laszlo, Ervin/Laszlo, Christoph/v. Liechtenstein, Alfred*, Evolutionäres Management. Globale Handlungskonzepte, Fulda (Paidia) 1992.

Goleman, Daniel, Emotionale Intelligenz, München-Wien (Hanser) 1996.

Gomez, Peter, Modelle und Methoden des systemorientierten Managements, Bern-Stuttgart (Haupt) 1981.

Gomez, Peter, Professoren-Profil, in: WISU 22 (1993), 777-778.

Gomez, Peter/Zimmermann, Tim, Unternehmensorganisation. Profile, Dynamik, Methodik, Frankfurt-New York (Campus) 2. Aufl. 1993.

Gouillart, Francis J./Kelly, James N., Transforming the Organization, New York etc. (McGraw-Hill) 1995.

Gouldner, Alvin W., The Norm of Reciprocity. A Preliminary Statement, in: ASR 25 (1960), 161-278.

Grabatin, Günther, Effizienz von Organisationen, Berlin-New York (de Gruyter) 1981.

Grantham, Charles, Visualization of Information Flows. Virtual Reality as an Organizational Modeling Technique, in: *Wexelblat, Alan* (Hrsg.), Virtual Reality. Application and Explorations, Boston/Mass. etc. (1993), 219-237.

Gray, Sidney, Cultural Perspectives on the Measurement of Corporate Success, in: European Management Journal 13 (1995), 269-275.

Greengard, Samuel, Making the Virtual Office a Reality, in: PJ 73 (9/1994), 66-79.

Greiner, Larry E., Evolution and Revolution as Organizations Grow, in: HBR 50 (4/1972), 37-46.

Grenier, Ray/Metes, George, Going Virtual. Moving Your Organization Into the 21st Century, Upper Saddle River (Prentice Hall) 1995.

Grochla, Erwin, Einführung in die Organisationstheorie, Stuttgart (Poeschel) 1978.

Gross, Bertram M., What Are Your Organization's Objectives? A General Systems Approach to Planning, in: HR 18 (1965), 195-215.

Grün, Oskar, Projektorganisation, in: *Frese, Erich* (Hrsg.), HWO, Stuttgart (Poeschel) 3. Aufl. 1992, 2102-2116.

Habermas, Jürgen, Theorie des kommunikativen Handelns, Band 1: Handlungsrationalität und gesellschaftliche Rationalität, Frankfurt (Suhrkamp) 3.Aufl. 1985.

Hage, Jerald/Aiken, Michael, Routine Technology, Social Structure and Organization Goals, in: ASQ 14 (1969), 366-367.

Hall, Edward Twitchell/Hall, Mildred Reed, Understanding Cultural Differences: Keys to Succes in West Germany, France and the United States, Yarmouth (Intercultural Press) 1989. *

Hamel, Gary/Prahalad, Coimbatore K., Wettlauf um die Zukunft. Wie Sie mit bahnbrechenden Strategien die Kontrolle über Ihre Branche gewinnen und die Märkte von morgen schaffen, Wien (Ueberreuter) 1995.

Hamermesh, Richard G., Making Strategy Work. How Senior Managers Produce Results, New York etc. (Wiley) 1986.

Hammer, Michael/Champy, James, Business Reengineering. Die Radikalkur für das Unternehmen, Frankfurt-New York (Campus) 2. Aufl. 1994.

Hampden-Turner, Charles/Trompenaars, Alfons, The Seven Cultures of Capitalism, New York etc. (Doubleday) 1993.

Handy, Charles B., Zur Entwicklung der Organsiationkultur einer Unternehmung durch Management-Development-Methoden, in: ZfO 47 (1978), 404-410.

Handy, Charles B., Understanding Organizations, New York-Oxford (Oxford University Press) 1993.

Hannan, Michael T./Freeman, John, The Population Ecology of Organizations, in: AJS 82 (1977), 929-964.

Hannan, Michael T./Freeman, John, Structural Inertia and Organizational Change, in: ASR 49 (1984), 149-164.

Hanser, Peter, Kundenorientierung. Reif für die Kulturrevolution?, in: Absatzwirtschaft 37 (5/1994), 71-76.
Harrigan, Kathrine Rudie, Strategies for Vertical Integration, Lexington-Toronto (Lexington Books) 1983.
Harrison, Roger, Understanding Your Organization's Charakter, in: HBR 50 (3/1972), 119-128.
Hax, Herbert, Die Koordination von Entscheidungen. Ein Beitrag zur betriebswirtschaftlichen Organisationslehre, Köln etc. (Heymanns) 1965.
Hayek, Friedrich A., Law, Legislation and Liberty. A New Statement of the Liberal Principles of Justice and Political Economy, Volume 1, London (Routledge & Kegan Paul) 1973.
Hedberg, Bo, How Organizations Learn and Unlearn, in: *Nystrom, Paul C./Starbuck, William H.* (Hrsg.), Handbook of Organizational Design 1, Oxford (University Press) 1981, 3-27.
Hedley, Barry D., Strategy and the „Business Portfolio", in: LRP 10 (1/1977), 9-15.
Heidack, Clemens, Kooperative Selbstqualifikation als geistige Wertschöpfungskette im Prozeß eines ganzheitlichen, wechselseitigen Lernprozesses in der Organisationsentwicklung, in: *Heidack, Clemens* (Hrsg.), Lernen der Zukunft. Kooperative Selbstqualifikation – die effektivste Form der Aus- und Weiterbildung im Betrieb, München (Lexika) 1993, 21-42.
Heinen, Edmund, Unternehmenskultur als Gegenstand der Betriebswirtschaftslehre, in: *Heinen, Edmund* et al. (Hrsg.), Unternehmenskultur. Perspektiven für Wissenschaft und Praxis, München-Wien (Oldenbourg) 1987, 1-48.
Heno, Rudolf, Kreditwürdigkeitsprüfung mit Hilfe von Verfahren der Mustererkennung, Bern (Haupt) 1983.
Hermanns, Arnold/Flegel, Volker, Electronic Marketing-Grundlagen, Einsatzfelder, Chancen und Risiken, in: *Hermanns, Arnold/Flegel, Volker* (Hrsg.), Handbuch des Electronic Marketing, München (Beck) 1992, 1-24.
Herzlinger, Regina E., Effective Oversight. A Guide for Nonprofit Directors, in: HBR 72 (4/1994), 52-60.
Hickson, David J./Hinings, C. Robert/McMillan, C.J./Schwitter, J.P., The Culture-Free Context of Organisation Structure, in: Sociology 8 (1974), 59-80.
Hill, Charles W. L., Cooperation, Opportunism, and the Invisible Hand. Implications for Transaction Cost Theory, in: AMR 15 (1990), 500-513.
Hinterhuber, Hans H., Strategische Unternehmungsführung. I Strategisches Denken. Vision, Unternehmungspolitik, Strategie, Berlin-New York (de Gruyter) 5. Aufl. 1992a.
Hinterhuber, Hans H., Strategische Unternehmungsführung. II Strategisches Handeln. Direktiven, Organisation, Umsetzung, Unternehmungskultur, Strategisches Controlling, Strategische Führungskompetenz, Berlin-New York (de Gruyter) 5. Aufl. 1992b.
Hitt, Michael A., The Measuring of Organizational Effectiveness. Multiple Domains and Constituencies, in: MIR 28 (2/1988), 28-40.
Hitt, Michael A./Ireland, Duane R., Peters and Waterman Revisited. The Unended Quest for Excellence, in: Academy of Management Executive 1 (2/1987), 91-98.

Hitt, Michael A./Ireland, Duane R./Hoskisson, Robert E., Strategic Management. Competitiveness and Globalization, Minneapolis/St. Paul etc. (West Publishing) 1995.

Hochstetter, Ulrich K./Wolbert, Joachim, Profit ist Ansichtssache und Geld ist ein Fakt. Shareholder Value/Wertewandel, in: Handelsblatt (30.04.1996), B4.

Hofbauer, Wolfgang, Organisationskultur und Unternehmensstrategie. Eine systemtheoretisch-kybernetische Analyse, München-Mering (Hampp) 1991.

Hofer, Charles W., Conceptional Constructs for Formulation Corporate and Business Strategies, Nr. 9-378-754, Revised Version, Stanford University, 1978.

Hofmann, Laila Maija/Regnet, Erika (Hrsg.), Innovative Weiterbildungskonzepte. Trends, Inhalte und Methoden der Personalentwicklung in Unternehmen, Göttingen (Angewandte Psychologie) 1994.

Hofstede, Geert, Culture's Consequences. International Differences in Work-Related Values, Beverly Hills/Cal.-London (Sage) 1980a.

Hofstede, Geert, Kultur und Organisation, in: *Grochla, Erwin* (Hrsg.), HWO, Stuttgart (Poeschel) 2. Aufl. 1980b, 1168-1182.

Hofstede, Geert, Interkulturelle Zusammenarbeit. Kulturen-Organisationen-Management, Wiesbaden (Gabler) 1993.

Holzner, Oliver T./Bloemer, Vera R., Unternehmensintelligenz. Corporate IQ als Maß für langfristigen Erfolg, in: ZfO 60 (1991), 88-91.

Horváth, Péter, Controlling, in: *Chmielewicz, Klaus/Schweitzer, Marcel* (Hrsg.), HWR, Stuttgart (Poeschel) 3. Aufl. 1993, 322-334.

Horváth, Péter/Lamla, Joachim/Höfig, Marc, Rapid Prototyping – Der schnelle Weg zum Produkt, in: HM 16 (3/1994), 42-53.

Hurst, David K., Crisis and Renewal. Meeting the Challenge of Organizational Change, Boston/Mass. (Harvard Business School Press) 1995.

Kaderali, Firoz, Planen für die Zukunft: Die Evolution privater Netze. Unternehmenskommunikation ist vom Umbruch gekennzeichnet, in: Computer Zeitung 25 (5/1994), 17+19.

Kanter, Rosabeth Moss, When Giants Learn to Dance. Mastering the Challenges of Strategy, Management, and Careers in the 1990s, New York etc. (Simon and Schuster) 1989.

Kanter, Rosabeth Moss, Transcending Business Boundaries: 12,000 World Managers View Change, in: HBR 69 (3/1991), 151-164.

Kasper, Helmut, Organisationskultur. Über den Stand der Forschung, Wien (Service Fachverlag) 1987.

Kasper, Helmut, Die Handhabung des Neuen in organisierten Sozialsystemen, Berlin etc. (Springer) 1990.

Katz, Daniel/Kahn, Robert L., The Social Psychology of Organizations, New York etc. (Wiley) 1966.

Katz, Donald, Just Do It. The Nike Spirit in the Corporate World, New York (Random House) 1994.

Kets de Vries, Manfred F. R., Dysfunktionale Entscheidungsfindung und organisatorische Pathologien, in: *Scholz, Christian/Zentes, Joachim* (Hrsg.), Strategisches Euro-Management, Stuttgart (Poeschel) 1995, 247-258.

Kets de Vries, Manfred F. R./Miller, Danny, Personality, Culture and Organization, in: AMR 11 (1986), 266-279.

Kets de Vries, Manfred F. R./Miller, Danny, The Neurotic Organization. Diagnosing and Changing Counterproductive Styles of Management, San Francisco-London (Jossey-Bass) 1987.

Kickert, Walter J. M., Autopoiesis and the Science of (Public) Administration. Essence, Sense and Nonsense, in: OS 14 (1993), 261-278.

Kieser, Alfred, Der Einfluß der Umwelt auf die Organisationsstruktur der Unternehmung, in: ZfO 43 (1974), 302-314.

Kieser, Alfred, Darwin und die Folgen für die Organisationstheorie. Darstellung und Kritik des Population Ecology-Ansatzes, in: DBW 48 (1988), 603-620.

Kieser, Alfred, Abteilungsbildung, in: *Frese, Erich* (Hrsg.), HWO, Stuttgart (Poeschel) 3. Aufl. 1992, 57-70.

Kieser, Alfred, Evolutionstheoretische Ansätze, in: *Kieser, Alfred* (Hrsg.), Organisationstheorien, Stuttgart etc. (Kohlhammer) 1993a, 243-276.

Kieser, Alfred, Managementlehre und Taylorismus, in: *Kieser, Alfred* (Hrsg.), Organisationstheorien, Stuttgart etc. (Kohlhammer) 1993b, 63-94.

Kieser, Alfred, Fremdorganisation, Selbstorganisation und evolutionäres Management, in: ZfbF 46 (1994), 199-228.

Kieser, Alfred, Moden & Mythen des Organisierens, in: DBW 56 (1996), 21-39.

Kieser, Alfred/Kubicek, Herbert, Organisation, Berlin-New York (de Gruyter) 3. Aufl. 1992.

King, Julia, Network Tools of the Virtual Corporation, in: Network World (4.4.1994), 28-30.

Kirsch, Werner, Evolutionäres Management und okzidentaler Rationalismus, in: *Probst, Gilbert J.B./Siegwart, Hans* (Hrsg.), Integriertes Management. Bausteine des systemorientierten Managements, Bern-Stuttgart (Haupt) 1985, 331-350.

Kirsch, Werner, Kommunikatives Handeln, Autopoiese, Rationalität. Sondierungen zu einer evolutionären Führungslehre, München (Barbara Kirsch) 1992.

Kirsch, Werner/zu Knyphausen (-Aufseß), Dodo, Unternehmungen als „autopoietische" Systeme?, in: *Staehle, Wolfgang H./Sydow, Jörg* (Hrsg.), Managementforschung 1, Berlin-New York (de Gruyter) 1991, 75-101.

Klauer, Bernd, Assoziative Methoden zur Mustererkennung, Diss., Johann Wolfgang Goethe-Universität, Frankfurt/M. 1995.

Klein, Mark M., The Virtue of Being a Virtual Corporation, in: Best's Review (10/1994), 92-94.

Klein, Stefan, Virtuelle Organisation, in: WiSt 23 (1994), 309-311.

Klimecki, Rüdiger G./Probst, Gilbert J.B./Eberl, Peter, Entwicklungsorientiertes Management, Stuttgart (Poeschel) 1994.

Kluckhohn, Clyde, The Study of Culture, in: *Lerner, Daniel/Lasswell, Harold D.* (Hrsg.), The Policy Science, Stanford (University Press) 1951, 86-101.

Knight, Kenneth E., Matrix Organizations. A Review, in: JoMS 13 (1976), 111-130.

Kobi, Jean-Marcel/Wüthrich, Hans A., Unternehmenskultur verstehen, erfassen und gestalten, Landsberg/Lech (Moderne Industrie) 1986.

Kosiol, Erich, Grundlagen und Methoden der Organisationsforschung, Berlin (Duncker & Humblot) 2. Aufl. 1968.

Krallmann, Hermann/Boeckhoff, Hanno, Technologische Unterstützung der lernenden Organisation, in: Office Management 44 (1-2/1996), 22-26.

Krcmar, Helmut/Lewe, Henrik/Schwabe, Gerhard, Teamarbeit im Büro – Stand und Perspektiven, in: Office Management 43 (4/1995), 18-21.

Kreikebaum, Hartmut, Strategische Unternehmensplanung, Stuttgart etc. (Kohlhammer) 1981.

Krogh, Henning, Zügig absetzen, in: mm 25 (2/1995), 141-144.

Krüger, Wilfried, Problemangepaßtes Management von Projekten. Problemlage, Lösungsschwerpunkte, Anwendungsprofil, in: ZfO 56 (1987), 207-216.

Krüger, Wilfried, Organisation der Unternehmung, Stuttgart etc. (Kohlhammer) 3. Aufl. 1994.

Kubicek, Herbert, Informationstechnologie und organisatorische Regelungen. Konzeptionelle Grundlagen einer empirischen Theorie der organisatorischen Gestaltung des Benutzerbereichs in computergestützten Informationssystemen, Berlin (Duncker & Humblot) 1975.

Kubicek, Herbert/Welter, Günter, Messung der Organisationsstruktur. Eine Dokumentation von Instrumenten zur quantitativen Erfassung von Organisationsstrukturen, Stuttgart (Enke) 1985.

Kuttner, Robert, Talking Marriage and Thinking One-Night Stand, in: BW (18.10.1993), 12.

Laker, Michael, Target Pricing als zentrale Erfolgsdeterminante für das Target Costing, in: *Scheer, August-Wilhelm* (Hrsg.), Rechnungswesen und EDV. 14. Saarbrücker Arbeitstagung 1993, Heidelberg (Physica) 1993, 245-262.

Lasser, Roswitha, Symbolische Führung, in: *Kieser, Alfred* et al. (Hrsg.), HWFü, Stuttgart (Poeschel) 1987, 1927-1938.

Laszlo, Ervin, Introduction Into Systems Philosphy. Towards a New Paradigm of Contemporary Thought, New York etc. (Gordon and Breach) 1972.

Laszlo, Erwin/Laszlo, Christopher/v. Liechtenstein, Alfred, Evolutionäres Management. Globale Handlungskonzepte, Fulda (Paidia) 1992.

Lawrence, Paul R./Lorsch, Jay W., Organization and Environment. Managing Differentiation and Integration, Boston/Mass. (Harvard Business School, Division of Research) 1967.

Lenz, R. T., Strategic Capability: A Concept and Framework for Analysis, in: AMR 5 (1980), 225-234.

Leumann, Peter, Matrix-Organisation. Struktur, Kompetenzverteilung, Unternehmensführung und Verhaltensweisen, in: ZfO 49 (1980), 123-131.

Levitt, Barbara/March, James G., Organizational Learning, in: *Cohen, Michael D./Sproull, Lee S.* (Hrsg.), Organizational Learning, Thousand Oaks/Cal. etc. (Sage) 1996, 516-540.

Lewin, Kurt, Frontiers in Group Dynamics. Concept, Method and Reality in Social Science; Social Equilibria and Social Change, in: HR 1 (1947), 5-41.

Lewin, Kurt, Feldtheorie, Bad Nauheim (Huber) 1968.

Linke, Laszlo, Unternehmenskultur. Chance oder strategischer Hemmschuh, in: IO 62 (10/1993), 33-36.

Löhner, Michael, Unternehmen heißt lernen. Fähigkeitserwerb und Fähigkeitsvermittlung im Management, Düsseldorf etc. (ECON) 1991.

Luhmann, Niklas, Soziologische Aufklärung 2. Aufsätze zur Theorie der Gesellschaft, Opladen (Westdeutscher Verlag) 2. Aufl. 1982.

Lutz, Christian, Kommunikationskultur nach innen. Hintergründe des dialogischen Modells, in: IO 62 (2/1993), 36-39.

Lux, Wilfried/Stadelmann, Martin, Aktuelle Management-Konzepte. Merkmale, Vorteile, Nachteile, in: IO 64 (4/1995), 72-74.

Malik, Fredmund, Strategie des Managements komplexer Systeme. Ein Beitrag zur Management-Kybernetik evolutionärer Systeme, Bern etc. (Haupt) 4. Aufl. 1992.

Malik, Fredmund/Probst, Gilbert J. B., Evolutionäres Management, in: DU 35 (1981), 121-140.

Mangham, Iain L./Overington, Michael A., Organizations as Theatre. A Social Psychology of Dramatic Appearences, Chichester etc. (Wiley) 1987.

Maruyama, Magoroh, The Second Cybernetics. Deviation-Amplifying Mutual Causal Processes, in: AmSci 51 (1963), 164-179.

Matsuda, Takehiko, Organizational Intelligence. Coordination of Human Intelligence and Machine Intelligence, in: *Bourgine, Paul/Walliser, Bernard* (Hrsg.), Economics and Cognitive Science, Oxford etc. (Pergamon Press) 1991, 171-180.

Matsuda, Takehiko, „Organizational Intelligence" als Prozeß und Produkt, in: technologie & management 42 (1/1993), 12-17.

Maturana, Humberto R., Autopoiesis. Reproduction, Heredity and Evolution, in: *Zeleny, Milan* (Hrsg.), Autopoiesis. Dissipative Structures, and Spontaneous Social Orders, Boulder/Col. (Westview Press) 1980, 45-79.

Maturana, Humberto R., Biologie der Sozialität, in: Delfin 5 (September 1985), 6-14.

Maturana, Humberto R., The Origin of the Theory of Autopoetic Systems, in: *Fischer, Hans R.* (Hrsg.), Autopoiesis. Eine Theorie im Brennpunkt der Kritik, Heidelberg (Carl Auer) 2. Aufl. 1993, 121-123.

Maturana, Humberto R., Kognition, in: *Schmidt, Siegfried J.* (Hrsg.), Der Diskurs des Radikalen Konstruktivismus, Frankfurt (Suhrkamp) 6. Aufl. 1994, 89-118.

Mayr, Ernst, Artbegriff und Evolution, Hamburg-Berlin (Parey) 1967.

McGill, Michael E./Slocum, John W., Das intelligente Unternehmen. Wettbewerbsvorteile durch schnelle Anpassung an Marktbedürfnisse, Stuttgart (Poeschel) 1996.

McGinnis, Michael A., The Key to Strategic Planning. Integrating Analysis and Intuition, in: SMR 26 (Fall 1984), 45-52.

McKelvey, Bill/Aldrich, Howard E., Populations, Natural Selection, and Applied Organizational Science, in: ASQ 28 (1983), 101-128.

Meffert, Heribert, Marketing-Management. Analyse-Strategie-Implementierung, Wiesbaden (Gabler) 1994.

Mertens, Peter/Faisst, Wolfgang, Virtuelle Unternehmen – eine Organisationsstruktur für die Zukunft?, in: technologie & management 44 (1995), 61-68.

Mesarovic, Mihajlo D./Macko, D./Takahara, Yasuhiko, Theory of Hierarchical Multilevel Systems, New York-London (Academic Press) 1970.
Miles, Raymond E./Snow, Charles C., The New Network Firm. A Spherical Structure Built on a Human Investment Philosophy, in: ODY 24 (Spring 1995), 5-18.
Miller, Danny, Toward a New Contingency Approach. The Search for Organizational Gestalts, in: JoMS 18 (1981), 1-26.
Miller, Danny/Friesen, Peter H., Organizations. A Quantum View, Englewood Cliffs/N. J. (Prentice Hall) 1984.
Miller, Franz, Der Datenhandschuh steuert Roboter und öffnet das virtuelle Kaufhaus. Virtual Reality findet breiten Einsatz in der Produktionssteuerung, in: Computer Zeitung 24 (36/1993), 15.
Milling, Peter, Organisationales Lernen und seine Unterstützung durch Managementsimulatoren, in: *Albach, Horst/Wildemann, Horst* (Hrsg.), Lernende Unternehmen, ZfB-Ergänzungsheft 3 (1995), 93-112.
Mintzberg, Henry, The Nature of Managerial Work, New York (Harper & Row) 1973.
Mintzberg, Henry, The Structuring of Organizations. A Synthesis of the Research, Englewood Cliffs/N. J. (Prentice-Hall) 1979.
Mintzberg, Henry, A Note on that Dirty Word „Efficiency“, in: Interfaces 12 (5/1982), 101-105.
Mintzberg, Henry, Organizations design: fashion or fit? in: HBR 59 (1/1981), 108-116.
Mintzberg, Henry, The Manager's Job. Folklore and Fact, in: HBR 68 (2/1990), 163-176.
Mintzberg, Henry, Mintzberg über Management. Führung und Organisation, Mythos und Realität, Wiesbaden (Gabler) 1991.
Mintzberg, Henry, The Rise and Fall of Strategic Planning. Reconceiving Roles for Planning, Plans, Planners, New York etc. (Free Press) 1994.
Mitroff, Ian I., Stakeholders of the Organizational Mind, San Francisco-Washington-London (Jossey-Bass) 1983.
Miyashita, Kenichi/Russell, David W., Keiretsu. Inside the Hidden Japanese Conglomerates, New York etc. (McGraw-Hill) 1994.
Morgan, Gareth, Images of Organization, Beverly Hills/Cal. etc. (Sage) 1986.
Morgan, Gareth/Frost, Peter J./Pondy, Louis R., Organizational Symbolism, in: *Pondy, Louis R./Frost, Peter J./Morgan, Gareth/Dandrige, Thomas C.* (Hrsg.), Organizational Symbolism, Greenwich/Conn.-London (JAI Press) 1983, 3-35.
Morgan, Gareth/Smircich, Linda, The Case for Qualitative Research, in: AMR 5 (1980), 491-500.
Müller, Christian, Agency-Theorie und Informationsgehalt. Der Beitrag des normativen Prinzipal-Agenten-Ansatzes zum Erkenntnisfortschritt der Betriebswirtschaftslehre, in: DBW 55 (1995), 61-76.
Müller, Wolfgang, Virtuellen Firmen gehört die Zukunft, in: Computer Zeitung 24 (43/1993a), 20.
Müller, Wolfgang, Virtual Corporation – Bündnis auf Zeit, in: WiWo 47 (42/1993b), 126-129.

Müller-Merbach, Heiner, Kybernetik als methodischer Rahmen ganzheitlicher Leitung. Gestalten und Lenken von Sozialsystemen, in: *Schiemenz, Bernd* (Hrsg.), Interaktion. Modellierung, Kommunikation und Lenkung in komplexen Organisationen, Berlin (Duncker & Humblot) 1993, 181-203.

Naisbitt, John, Megatrends. 10 Perspektiven, die unser Leben verändern werden, München (Heine) 1982.

Naisbitt, John, Global Paradox. Warum in einer Welt der Riesen die Kleinen überleben werden, Düsseldorf etc. (ECON) 1994.

Near, Janet P./Miceli, Marcia P., Effective Whistle-Blowing, in: AMR 20 (1995), 679-708.

Nelson, Daniel, Frederick W. Taylor and the Rise of Scientific Management, Madison/Wisc.-London (The University of Wisconsin Press) 1980.

Neuberger, Oswald, Was ist denn da so komisch? Thema: Der Witz in der Firma, Weinheim-Basel (Beltz) 1988.

Neus, Werner/Nippel, Peter, Was ist strategisch an strategischem Verhalten?, in: ZfbF 48 (1996), 423-441.

Niemann, Heinrich, Mustererkennung – Anwendungen, in: Informatik-Spektrum 3 (1980), 19-30.

Niemeier, Joachim, Wettbewerbsumfeld und interne Konfiguration. Theoretische Ansätze und empirische Prüfung, Frankfurt/M.-Bern-New York (Peter Lang) 1986.

Niemeyer, Gerhard, Kybernetische System- und Modelltheorie. System Dynamics, München (Vahlen) 1977.

Nippa, Michael/Picot, Arnold (Hrsg.), Personalmanagement und Reengineering. Die Praxis im deutschsprachigen Raum, Frankfurt-New York (Campus) 1995.

Nocera, Joseph, Living With Layoffs, in: Fortune 133 (1.4.1996), 25-27.

Nohria, Nitin/Eccles, Robert G. (Hrsg.), Networks and Organizations. Structure, Form, and Action, Boston/Mass. (Harvard Business School Press) 1992a.

Nohria, Nitin/Eccles, Robert G., Face-to-Face. Making Network Organizations Work, in: *Nohria, Nitin/Eccles, Robert G.* (Hrsg.), Networks and Organizations. Structure, Forms, and Action, Boston/Mass. (Harvard Business School Press) 1992b, 288-308.

o.V., in: BW (8.2.1993), Titelseite.

o.V., Rosa Brille für die Zukunft, in: mm 25 (11/1995), 289.

Oberschulte, Hans, Organisatorische Intelligenz. Ein integrativer Ansatz des organisatorischen Lernens, München-Mering (Rainer Hampp) 1994.

Ohmae, Kenichi, The Borderless World. Power and Strategy in the Interlinked Economy, New York (Harper Business) 1990.

Olbrich, Thomas J., Das Modell der „Virtuellen Unternehmen“ als unternehmensinterne Organisations- und unternehmensexterne Kooperationsform, in: IM 9 (4/1994), 28-36.

Palupski, Rainer, Virtual Reality und Marketing, in: Marketing ZFP (4/1995), 264-272.

Parkhe, Arvind, Strategic Alliance Structuring. A Game Theoretic and Transaction Cost Examination of Interfirm Cooperation, in: AMJ 36 (1993), 794-829.

Pascale, Richard T., Perspectives on Strategy. The Real Story Behind Honda's Success, in: CMR 26 (3/1984), 47-72.

Pautzke, Gunnar, Die Evolution der organisatorischen Wissensbasis. Bausteine zu einer Theorie des organisatorischen Lernens, Herrsching (Barbara Kirsch) 1989.

Perlitz, Manfred, Frühwarnsysteme, in: *Chmielewicz, Klaus/Schweitzer, Marcel* (Hrsg.), HWR, Stuttgart (Poeschel) 3. Aufl. 1993, Sp. 679-688.

Perrow, Charles, A Framework for the Comparative Analysis of Organizations, in: ASR 32 (1967), 194-208.

Peters, Thomas J./Waterman, Robert H., In Search of Excellence. Lessons from America's Best-Run Companies, New York etc. (Harper & Row) 1982.

Peters, Tom, Liberation Management. Necessary Disorganization for the Nanosecond Nineties, London (Macmillan) 1992.

Peters, Tom, The Tom Peters Seminar. Crazy Times Call for Crazy Organizations, New York (Random House) 1994.

Petersen, Thomas, Das Delegationsproblem zwischen Prinzipalen und Agenten, in: *Albach, Horst* (Hrsg.), Mikroökonomische Theorie und ihre Anwendungen, Wiesbaden (Gabler) 1989, 109-131.

Pfeffer, Jeffrey, Power in Organizations, Marshfield, Mass. (Pitman) 1981.

Pfeffer, Jeffrey/Salancik, Gerald R., The External Control of Organizations. A Resource Dependence Perspective, New York etc. (Harper & Row) 1978.

Piaget, Jean, Die Entwicklung des Erkennens. Band 1: Das mathematische Denken, Stuttgart (Klett) 1972.

Piaget, Jean, Die Entwicklung des Erkennens. Band 2: Das physikalische Denken, Stuttgart (Klett) 1973a.

Piaget, Jean, Die Entwicklung des Erkennens. Band 3: Das biologische Denken. Das psychologische Denken. Das soziologische Denken, Stuttgart (Klett) 1973b.

Piaget, Jean, Biologie und Erkenntnis. Über die Beziehungen zwischen organischen Regulationen und kognitiven Prozessen, Frankfurt/M. (Fischer) 1983.

Piaget, Jean, Meine Theorie der geistigen Entwicklung, Frankfurt/M. (Fischer) 1985.

Piaget, Jean, Einführung in die genetische Erkenntnistheorie. Gesammelte Werke Band 3, Stuttgart (Klett-Cotta) 3. Aufl. 1991.

Piaget, Jean, Psychologie der Intelligenz, Stuttgart (Klett-Cotta) 3. Aufl. 1992.

Picot, Arnold, Transaktionskostenansatz in der Organisationstheorie: Stand der Diskussion und Aussagewert, in: DBW 42 (1982), 267-284.

Picot, Arnold/Böhme, Markus, Zum Stand der prozeßorientierten Unternehmensgestaltung in Deutschland, in: *Nippa, Michael/Picot, Arnold* (Hrsg.), Prozeßmanagement und Reengineering. Die Praxis im deutschsprachigen Raum, Frankfurt-New York (Campus) 1995, 227-247.

Poensgen, Otto H., Bericht über die Interviewaktion „Einflußgrößen des Unternehmenserfolges" im Rahmen des Forschungsprojektes „KOE", Arbeitspapier, Universität des Saarlandes, Saarbrücken 1978.

Poensgen, Otto H., Einflußgrößen des Unternehmenserfolges. Ein Zwischenbericht zu Daten, Vorgehensweisen und Resultaten, Arbeitspapier Universität des Saarlandes, Saarbrücken 1979.

Poensgen, Otto H./Hort, Helmut, Die situativen Einflüsse auf die unternehmerische Planung, in: ZfB 51 (1981), 3-32.
Pondy, Louis R., The Role of Metaphors and Myths in Organization and in the Facilitation of Change, in: *Pondy, Louis R./Frost, Peter J./Morgan, Gareth/Dandridge, Thomas C.* (Hrsg.), Organizational Symbolism, Greenwich/Conn.-London (JAI Press) 1983, 157-166.
Pondy, Louis R./Mitroff, Ian, Beyond Open System Models of Organization, in: *Staw, Barry M.* (Hrsg.), Research in Organizational Behavior 1, Greenwich/Conn. (JAI Press) 1979, 3-39.
Popper, Karl, Die erkenntnistheoretische Position der Evolutionären Erkenntnistheorie, in: *Riedl, Rupert/Wuketits, Franz M.* (Hrsg.), Die Evolutionäre Erkenntnistheorie. Bedingungen, Lösungen, Kontroversen, Berlin-Hamburg (Parey) 1987, 29-37.
Porter, Michael E., Please Note Location of Nearest Exit. Exit Barriers and Planning, in: CMR 19 (2/1976), 21-33.
Porter, Michael E., Competitive Strategy. Techniques for Analyzing Industries and Competitors, New York (Free Press) – London (Collier Macmillan) 1980.
Porter, Michael E., Competitive Advantage. Creating and Sustaining Superior Performance, New York (Free Press) – London (Collier Macmillan) 1985.
Porter, Michael E., The Competitive Advantage of Nations, London (Macmillan) 1990.
Prahalad, Coimbatore K./Hamel, Gary, The Core Competence of the Corporation, in: HBR 68 (3/1990), 79-91.
Prahl, Helmut, Das Management des neuen Denkens, in: Absatzwirtschaft 38 (7/1995), 42-44.
Probst, Gilbert J. B., Kybernetische Gesetzeshypothesen als Basis für Gestaltungs- und Lenkungsregeln im Management, Bern-Stuttgart (Haupt) 1981.
Probst, Gilbert J. B., Der Organisator im selbstorganisierenden System. Aufgaben, Stellung und Fähigkeiten, in: ZfO 55 (1986), 395-399.
Probst, Gilbert J. B., Selbstorganisation und Entwicklung, in: DU 41 (1987), 242-255.
Probst, Gilbert J. B., Organisation. Strukturen, Lenkungsinstrumente, Entwicklungsperspektiven, Landsberg/Lech (Moderne Industrie) 1992a.
Probst, Gilbert J. B., Selbstorganisation, in: *Frese, Erich* (Hrsg.), HWO, Stuttgart (Poeschel) 3. Aufl. 1992b, 2255-2269.
Probst, Gilbert J. B./Büchel, Bettina, Organisationales Lernen – Wettbewerbsvorteil der Zukunft, Wiesbaden (Gabler) 1994.
Pugh, Derek S., The Aston Program Perspective. The Aston Program of Research: Prospect and Retrospect, in: *Van de Ven, Andrew H./Joyce, William F.* (Hrsg.), Perspectives on Organization Design and Behavior, New York etc. (Wiley) 1981, 135-166.
Pugh, Derek S., The Measurement of Organization Structures. Does Context Determine Form?, in: *Pugh, Derek S.* (Hrsg.), Organization Theory. Selected Readings, Harmondworth (Penguin) 2. Aufl. 1984, 67-86.
Pugh, Derek S./Hickson David J., Organizational Structure in its Context. The Aston Programme I, Westmead-Farnborough (Saxon House) 1976.

Pugh, Derek S./Hinings, C. Robert, Organizational Structure. Extensions and Replication. The Aston Programme II, Westmead-Farnborough (Saxon House) 1976.

Pugh, Derek S./Payne, Roy L. (Hrsg.), Organizational Behavior in its Context. The Aston Programme III, Westmead-Farnborough (Saxon House) 1977.

Pümpin, Cuno/Kobi, Jean-Marcel/Wüthrich, Hans A., Unternehmenskultur. Basis strategischer Profilierung erfolgreicher Unternehmen, Bern (Schweizerische Volksbank) 1985.

Quinn, James Brian, Intelligent Enterprise. A Knowledge and Service Based Paradigm for Industry, New York etc. (Free Press) 1992.

Quinn, Robert E./Cameron, Kim, Organizational Life Cycles and Shifting Criteria of Effectiveness: Some Preliminary Evidence, in: MS 29 (1983), 33-51.

Radnitzky, Gerard, Erkenntnistheoretische Probleme im Lichte von Evolutionstheorie und Ökonomie. Die Entwicklung von Erkenntnisapparaten und epistemischen Ressourcen, in: *Riedl, Rupert/Wuketits, Franz M.* (Hrsg.), Die evolutionäre Erkenntnistheorie. Bedingungen, Lösungen, Kontroversen, Berlin-Hamburg (Parey) 1987, 115-132.

Rappaport, Alfred, Selecting Strategies that Create Shareholder Value, in: HBR 59 (3/1981) 139-148.

Rappaport, Alfred, Shareholder Value. Wertsteigerung als Maßstab für die Unternehmensführung, Stuttgart (Poeschel) 1994.

Rau, Udo, Der Kunde im Mittelpunkt, in: Saarbrücker Zeitung (10.12.1994, 6).

Rayport, Jeffrey F./Sviokla, John J., Die virtuelle Wertschöpfungskette – kein fauler Zauber, in: HM 18 (2/1996), 104-113.

Reber, Gerhard/Strehl, Franz (Hrsg.), Matrix-Organisation. Klassische Beiträge zu mehrdimensionalen Organisationsstrukturen, Stuttgart (Poeschel) 1988.

Redding, John C./Catalanello, Ralph F., Strategic Readiness. The Making of the Learning Organization, San Francisco (Jossey-Bass) 1994.

Reed, Stanley F., The Fit-Chart Approach to Corporate Diversification, in: Mergers & Acquisitions 7 (1/1972), 17-32.

Reed, Stanley F., Corporate Growth by Strategic Planning Part III. Developing a Methodology, in: Mergers & Acquisitions 13 (4/1978), 19-37.

REFA, Verband für Arbeitsstudien und Betriebsorganisation e.V. (Hrsg.), Methodenlehre der Betriebsorganisation. Planung und Gestaltung komplexer Produktionssysteme, München (Carl Hanser) 1987.

Reichwald, Ralf, Der Taylorismus in den Köpfen der Reengineerer, in: Office Management 43 (5/1995), 12-13.

Reichwald, Ralf/Schulte, Bernd A./Oldenburg, Stephan H., Das mobile Baustellenbüro nimmt Gestalt an, in: IM 10 (1/1995), 14-19.

Reinhardt, Rüdiger, Das Modell organisationaler Lernfähigkeit und die Gestaltung lernfähiger Organisationen, Frankfurt/M. etc. (Lang) 1993.

Reiß, Michael/Beck, Thilo, Kernkompetenzen in virtuellen Netzwerken, in: *Corsten, Hans./Will, Thomas.* (Hrsg.), Unternehmungsführung im Wandel Stuttgart (Kohlhammer) 1995.

Richards, John/v. Glasersfeld, Ernst, Die Kontrolle von Wahrnehmung und die Konstruktion von Realität. Erkenntnistheoretische Aspekte des Rückkoppelungs-Kontroll-Systems, in: *Schmidt, Siegfried J.* (Hrsg.), Der Diskurs des Radikalen Konstruktivismus, Frankfurt (Suhrkamp) 6. Aufl. 1994, 192-228.

Richter-Maierhofer, Ellen, Schnelle Daten-Pipeline für den Multi-Media-Menschen. Die digitale Kommunikation etabliert sich. Hunderttausende fahren schon auf dem Informations-Highway, in: FAZ (17.05.1994), T1.

Riedl, Joachim, Strategie und Personal. Ansätze zur Personalorientierung der strategischen Unternehmensführung, Wiesbaden (Deutscher Universitäts-Verlag) 1995.

Roth, Gerhard, Autopoiese und Kognition. Die Theorie H. R. Maturanas und die Notwendigkeit ihrer Weiterentwicklung, in: *Schmidt, Siegfried J.* (Hrsg.), Der Diskurs des Radikalen Konstruktivismus, Frankfurt (Suhrkamp) 6. Aufl. 1994, 256-286.

Sandner, Karl, Prozesse der Macht. Zur Entstehung, Stabilisierung und Veränderung der Macht von Akteuren in Unternehmen, Heidelberg (Physica) 2. Aufl. 1992.

Sarrazin, Jügen, in: *Dresdner Bank AG*, Geschäftsentwicklung 1994/95, Frankfurt 1995, 2-3.

Sattelberger, Thomas (Hrsg.), Die lernende Organisation. Konzepte für eine neue Qualität der Unternehmensentwicklung, Wiesbaden (Gabler) 1991.

Scheer, August-Wilhelm, Wirtschaftsinformatik. Referenzmodelle für industrielle Geschäftsprozesse, Berlin etc. (Springer) 6. Aufl. 1995.

Schein, Edgar H., Career Dynamics. Matching individual and organizational Needs, Reading/Mass. (Addison-Wesley) 1978.

Schein, Edgar H., Organizational Psychology, Englewood Cliffs/N. J. (Prentice-Hall) 3. Aufl. 1980.

Schein, Edgar H., Coming to a New Awareness of Organizational Culture, in: SMR 25 (Winter 1984), 3-16.

Schein, Edgar H., Organizational Culture and Leadership. A Dynamic View, San Francisco etc. (Jossey-Bass) 1985.

Schiemenz, Bernd, Betriebskybernetik. Aspekte des betrieblichen Managements. Stuttgart (Poeschel) 1982.

Schirmer, Frank, Aktivitäten von Managern: Ein kritischer Review über 40 Jahre „Work Activity"-Forschung, in: *Staehle, Wolfgang H./Sydow, Jörg* (Hrsg.), Managementforschung 1, Berlin-New York (de Gruyter) 1991, 205-253.

Schlote, Stephan/Linden, Frank A., Münchner Himmel, in: mm (2/1995), 31-43.

Schmidt, Michael, Unternehmenskultur. Integration des kulturtheoretischen Forschungsansatzes in die Betriebswirtschafts- und Genossenschaftslehre, Wien (Service Fachverlag) 1995.

Schmidt, Siegfried J., Der Radikale Konstruktivismus. Ein neues Paradigma im interdisziplinären Diskurs, in: *Schmidt, Siegfried J.* (Hrsg.), Der Diskurs des Radikalen Konstruktivismus, Frankfurt (Suhrkamp) 6. Aufl. 1994a, 11-88.

Schmidt, Siegfried J., Vorbemerkung, in: *Schmidt, Siegfried J.* (Hrsg.), Der Diskurs des Radikalen Konstruktivismus, Frankfurt (Suhrkamp) 6. Aufl. 1994b, 7-9.

Schoeffler, Sidney, The PIMS Program, in: *Albert, Kenneth J.* (Hrsg.), The Strategic Management Handbook, New York (McGraw-Hill) 1983, Kap. 23.

Schoemaker, Paul J. H., How to Link Strategic Vision to Core Capabilities, in: SMR 34 (Fall 1992), 67-81.

Scholz, Christian, Betriebskybernetische Hierarchiemethodik, Frankfurt-Bern (Lang) 1981.

Scholz, Christian, Pattern Analysis, Regensburger Diskussionsbeiträge zur Wirtschaftswissenschaft Nr. 162, Regensburg, 2. Aufl. 1984.

Scholz, Christian, Strategische Branchenanalyse durch Mustererkennung, in: ZfB 55 (1985), 120-140.

Scholz, Christian, Strategisches Management. Ein integrativer Ansatz, Berlin-New York (de Gruyter) 1987a.

Scholz, Christian, Corporate Culture and Strategy. The Problem of Strategic Fit, in: LRP 20 (4/1987b), 78-87.

Scholz, Christian, Organisationskultur. Zwischen Schein und Wirklichkeit, in: ZfbF 40 (1988a), 243-272.

Scholz, Christian, Management der Unternehmenskultur, in: HM 10 (1/1988b), 81-91.

Scholz, Christian, Kultur und CI deckungsgleich? Das Lambda-Modell zeigt, wo Ihr Unternehmen steht, in: Absatzwirtschaft 32 (Sondernummer Oktober 1989), 212-223.

Scholz, Christian, Effektivität und Effizienz, organisatorische, in: *Frese, Erich* (Hrsg.), HWO, Stuttgart (Poeschel) 3. Aufl. 1992a, 533-552.

Scholz, Christian, Matrixorganisation, in: *Frese, Erich* (Hrsg.), HWO, Stuttgart (Poeschel) 3. Aufl. 1992b, 1302-1315.

Scholz, Christian, Personalmarketing. Wenn Mitarbeiter heftig umworben werden, in: HM 14 (1/1992c), 94-105.

Scholz, Christian, Deutsch-Britische Zusammenarbeit. Organisation und Erfolg von Auslandsniederlassungen, München-Mering (Hampp) 1993a.

Scholz, Christian, Matrixorganisation, in: WISU 23 (1993b), 677-685.

Scholz, Christian, Personalmanagement. Informationsorientierte und verhaltenstheoretische Grundlagen, München (Vahlen) 4. Aufl. 1994a.

Scholz, Christian, Die virtuelle Organisation als Strukturkonzept der Zukunft?, Diskussionsbeitrag Nr. 30 des Lehrstuhls für Betriebswirtschaftslehre, insbesondere Organisation, Personal- und Informationsmanagement, Universität des Saarlandes, Saarbrücken 1994b.

Scholz, Christian, Virtuelle Unternehmen. Faszination mit (rechtlichen) Folgen, in: Jur-PC (12/1994c), 2927-2935.

Scholz, Christian, Controlling im Virtuellen Unternehmen, in: *Scheer, August-Wilhelm* (Hrsg.), 16. Saarbrücker Arbeitstagung 1995, Rechnungswesen und EDV, Heidelberg (Physica) 1995a, 171-192.

Scholz, Christian, Einfluß des virtuellen Unternehmens auf den Handel, in: *Trommsdorff, Volker* (Hrsg.), Handelsforschung 1995/96. Informationsmanagement im Handel, Wiesbaden (Gabler) 1995b, 123-134.

Scholz, Christian, Virtuelle Unternehmen. Zehn zentrale Fragen und erste Antworten, in: Der Karriereberater 19 (4/1995c), 39-58.

Scholz, Christian, Ein Denkmodell für das Jahr 2000? Die virtuelle Personalabteilung, in: Personalführung 28 (1995d), 398-403.

Scholz, Christian, Die virtuelle Personalabteilung. Ein Jahr später, in: Personalführung 29 (1996a) (in Vorbereitung).

Scholz, Christian, Virtuelle Organisation. Konzeption und Realisation, in: ZfO 65 (1996b), 204-210.

Scholz, Christian, Virtuelle Unternehmen – Organisatorische Revolution mit strategischer Implikation, in: m&c 4 (1/1996c), 27-34.

Scholz, Christian, Zur Rhetorik des Kritisierens – Reflexionen im IC 558 „Saarland", in: DBW 56 (1996d), 278-285.

Scholz, Christian/Hofbauer, Wolfgang, Organisationskultur. Die vier Erfolgsprinzipien, Wiesbaden (Gabler) 1990.

Scholz, Christian/Josephy, Norman, H., Industry Analysis. The Pattern Approach, Working Paper HBS 84-44, Graduate School of Business Administration, Harvard University, Boston/Mass. 1984.

Schreyögg, Georg, Unternehmensstrategie. Grundfragen einer Theorie strategischer Unternehmensführung, Berlin-New York (de Gruyter) 1984.

Schreyögg, Georg, Zu den problematischen Konsequenzen starker Unternehmenskulturen, in: ZfbF 41 (1989), 94-113.

Schulte-Zurhausen, Manfred, Organisation, München (Vahlen) 1995.

Schultz, Majken, On Studying Organizational Cultures. Diagnosis and Understanding, Berlin-New York (de Gruyter) 1995.

Schwartz, Howard M./Davis, Stanley M., Matching Corporate Culture and Business Strategy, in: ODY 10 (Summer 1981), 30-48.

Schwarz, Peter, Management in Nonprofit Organisationen. Eine Führungs-, Organisations- und Planungslehre für Verbände, Sozialwerke, Vereine, Kirchen, Parteien usw., Bern-Stuttgart-Wien (Haupt) 2. Aufl. 1996.

Seidenschwarz, Werner, Target Costing und Prozeßkostenrechnung, in: IFUA Horvath & Partner GmbH Stuttgart (Hrsg.), Prozeßkostenmanagement, München (Vahlen) 1991, 49-70.

Senge, Peter M., The Leader's New Work: Building Learning Organizations, in: SMR 32 (Fall/1990), 7-23.

Senge, Peter M., The Fifth Discipline Fieldbook. Strategies and Tools for Building a Learning Organization, New York (Doubleday) 1994.

Senge, Peter M./Scharmer, Claus Otto, Infrastrukturen des Lernens. Über den Aufbau eines Konsortiums lernender Unternehmen am MIT, in: ZfO 65 (1996), 32-63.

Shadur, Mark A., Total Quality-Systems Survive, Cultures Change, in: LRP 28 (Fall/1995), 115-125.

Shapiro, Eileen C., Fad Surfing in the Boardroom. Reclaiming the Courage to Manage in the Age of Instant Answers, Reading/Mass. etc. (Addison-Wesley) 1995.

Shrivastava, Paul, A Typology of Organizational Learning Systems, in: JoMS 20 (1983), 7-28.
Siegert, Theo, Shareholder-Value als Lenkungsinstrument, in: ZfbF 47 (1995), 580-607.
Smircich, Linda, Studying Organizations as Cultures, in: *Morgan, Gareth* (Hrsg.), Beyond Method Strategies for Social Research, Beverly Hills/Cal. etc. (Sage) 1983, 160-172.
Snell, Norman W., Virtual HR. Meeting new World Realities, in: Compensation & Benefits Review (11,12/1994), 35-41.
Snow, Charles C./Miles, Raymond E./Coleman, Henry J. Jr., Managing 21st Century Network Organizations, in: ODY 21 (Winter 1992), 5-20.
Staehle, Wolfgang H., Interaction With External Actors as a Guide to Business Efficiency, in: *Dorow, Wolfgang* (Hrsg.), Die Unternehmung in der demokratischen Gesellschaft, Berlin-New York (de Gruyter) 1987, 153-159.
Staehle, Wolfgang H., Redundanz, Slack und lose Kopplung in Organisationen. Eine Verschwendung von Ressourcen?, in: *Staehle, Wolfgang H./Sydow, Jörg* (Hrsg.), Managementforschung 1, Berlin-New York (de Gruyter) 1991, 313-345.
Staehle, Wolfgang H., Management. Eine verhaltenswissenschaftliche Perspektive, München (Vahlen) 7. Aufl. 1994.
Staehle, Wolfgang H./Grabatin, Günther, Effizienz von Organisationen, in: DBW 39 (1979), 89-102.
Starbuck, William H., A Trip to View the Elephants and Rattlesnakes in the Garden of Aston, in: *Van de Ven, Andrew H./Joyce, William F.* (Hrsg.), Perspectives on Organization Design and Behavior, New York etc. (Wiley) 1981, 167-198.
Stewart, Thomas A., Getting Real About Brainpower, in: Fortune 132 (27.11.1995), 97-99.
Stopford, John M./Wells, Louis T. Jr., Managing the Multinational Enterprise. Organization of the Firm and Ownereship of the Subsidiaries, London (Lowe & Brydone) 1972.
Strasmann, Jochen/Schüller, Achim, Kernkompetenzen – ein integratives Konzept, in: *Strasmann, Jochen/Schüller, Achim* (Hrsg.), Kernkompetenzen. Was ein Unternehmen wirklich erfolgreich macht, Stuttgart (Poeschel) 1996, 7-21.
Suchmann, Mark C., Managing Legitimacy. Strategic and Institutional Approaches, in: AMR 20 (1995), 571-610.
Sydow, Jörg, Strategische Netzwerke. Evolution und Organisation, Wiesbaden (Gabler) 1992.
Sydow, Jörg/van Well, Bennet, Wissensintensiv durch Netzwerkorganisation – Strukturationstheoretische Analyse eines wissensintensiven Netzwerkes, in: *Schreyögg, Georg/Conrad, Peter* (Hrsg.), Managementforschung 6. Wissensmanagement, Berlin-New York (de Gruyter) 1996, 191-234.
Szyperski, Norbert/Klein, Stefan, Informationslogistik und virtuelle Organisationen. Die Wechselwirkung von Informationslogistik und Netzwerkmodellen der Unternehmung, in: DBW 53 (1993), 187-208.
Taylor, Frederick W., The Principles of Scientific Management, New York (Norton) 1911.
Taylor, Frederick W., Die Grundsätze wissenschaftlicher Betriebsführung (Original: The Principles of Scientific Management, New York 1911). München-Berlin (Oldenbourg) 1913.

Tellis, Gerard J./Golder, Peter N., First to Market, First to Fail? Real Causes of Enduring Market Leadership, in: SMR 37 (Winter 1996), 65-75.

The Price Waterhouse Change Integration Team, The Paradox Principles. How High-Performance Companies Manage Chaos, Complexity, and Contradiction to Achieve Superior Results, Chicago etc. (Irwin) 1996.

Thomas, William I., Person und Sozialverhalten, Neuwied-Berlin (Luchterhand) 1965.

Tietzel, M., Die Ökonomie der Property Rights. Ein Überblick, in: Zeitschrift für Wirtschaftspolitik 3 (1981), 207-243.

Töpfer, Armin, Direktmarketing mit neuen Medien, in: *Hermanns, Arnold/Flegel, Volker* (Hrsg.), Handbuch des Electronic Marketing, München (Beck) 1992, 663-682.

Tuckman, Alan, T.Q.M. and the Restructuring of Organizational Culture, in: OS 15 (1994), 727-751.

Tulder, Rob van/Junne, Gerd, European Multinationals in Core Technologies, Chichester etc. (Wiley) 1988.

Türk, Klaus, Grundlagen einer Pathologie der Organisation, Stuttgart (Enke) 1976.

Türk, Klaus, Soziologie der Organisation. Eine Einführung, Stuttgart (Enke) 1978.

Ulrich, Peter, Symbolisches Management. Ethisch-kritische Anmerkungen zur gegenwärtigen Diskussion über Unternehmenskultur, in: *Lattmann, Charles* (Hrsg.), Die Unternehmenskultur. Ihre Grundlagen und ihre Bedeutung für die Führung der Unternehmung, Heidelberg (Physica) 1990, 277-302.

Upton, David M./McAfee, Andrew, The Real Virtual Factory, in: HBR 74 (4/1996), 123-133.

Uttal, Bro, The Corporate Culture Vultures, in: Fortune 120 (17.10.1983), 66-72.

v. d. Oelsnitz, Dietrich, Das Heterarchieprinzip, in: WISU 24 (1995), 500-502.

v. Foerster, Heinz, Erkenntnistheorie und Selbstorganisation, in: *Schmidt, Siegfried J.* (Hrsg.), Der Diskurs des Radikalen Konstruktivismus, Frankfurt (Suhrkamp) 6. Aufl. 1994, 133-158.

v. Glasersfeld, Ernst, Konstruktion der Wirklichkeit und des Begriffes der Objektivität, in: *Gumin, Heinz/Meier, Heinrich* (Hrsg.), Einführung in den Konstruktivismus, München-Zürich (Piper) 1992, 9-39.

v. Keller, Eugen, Management in fremden Kulturen. Ziele, Ergebnisse und methodische Probleme der kulturvergleichenden Managementforschung, Bern-Stuttgart (Haupt) 1982.

v. Oetinger, Bolko, Das Boston Consulting Group Strategie-Buch. Die wichtigsten Managementkonzepte für Praktiker, Düsseldorf etc. (ECON) 2. Aufl. 1994.

v. *Uexküll, Jakob*, Theoretische Biologie, Berlin (Springer) 2. Aufl. 1928.

Varian, Hal R., Grundzüge der Mikroökonomik, München-Wien (Vahlen) 2. Aufl. 1991.

Venkatraman, N., The Concept of Fit in Strategic Management. Toward Verbal and Statistical Correspondence, in: AMR 14 (1989), 423-444.

Verity, John W. A, Company thats 100% Virtual, in: BW (21.11.1994), 47.

Vidal, Miguel, Kämpferische und wirtschaftsfriedliche Strategien im Wettbewerb zwischen Pionier und Nachzügler, in: ZfB 66 (1996), 147-165.

Viehöver, Ulrich, Heim ins Büro, in: WiWo 46 (5/1992), 80-83.

Vogt, Gudrun G., Das virtuelle Unternehmen, in: Der Organisator (1-2/1994), 6-8.

Wagner, Michael P., Groupware und neues Management. Einsatz geeigneter Softwaresysteme für flexiblere Organisationen, Braunschweig-Wiesbaden (Vieweg) 1995.

Walz, Hartmut/Bertels, Thomas, Das intelligente Unternehmen. Schneller Lernen als der Wettbewerb, Landsberg/Lech (Moderne Industrie) 1995.

Waterman, Robert H., The Seven Elements of Strategic Fit, in: JBS 2 (Winter 1982), 69-73.

Waterman, Robert H./Peters, Thomas J./Phillips, Julien R., Structure is Not Organization, in: BH 23 (3/1980), 14-26.

Watzlawick, Paul (Hrsg.), Die erfundene Wirklichkeit. Wie wissen wir, was wir zu wissen glauben? Beiträge zum Konstruktivismus, München (Piper) 1981.

Watzlawick, Paul, Wirklichkeitsanpassung oder angepaßte „Wirklichkeit"? Konstruktivismus und Psychotherapie, in: *Gumin, Heinz/Meier, Heinrich* (Hrsg.), Einführung in den Konstruktivismus, München-Zürich (Piper) 1992, 89-107.

Watzlawick, Paul, Wie wirklich ist die Wirklichkeit? Wahn, Täuschung, Verstehen, München-Zürich (Piper) 21. Aufl. 1996.

Weber, Max, Wirtschaft und Gesellschaft. Grundriß der verstehenden Soziologie, Tübingen (J.C.B. Mohr) 5. Aufl. 1972.

Weick, Karl E., Organization Design. Organizations as Self-Designing Systems, in: ODY 6 (Autumn 1977), 31-46.

Weick, Karl E., The Social Psychology of Organizing, London etc. (Addison Wesley) 2. Aufl. 1979.

Weick, Karl E., Der Prozeß des Organisierens, Frankfurt (Suhrkamp) 1985.

Welge, Martin K., Unternehmungsführung. Band 2: Organisation, Stuttgart (Poeschel) 1987.

Welles, Edward O., Inc. Cover Story. Virtual Realities, in: Inc. (8/1993), 50-58.

Wicher, Hans, Unternehmenskultur, in: WISU 23 (1994), 329-341.

Wiener, Norbert, Cybernetics, or Control and Communication in the Man and the Machine, New York (Wiley) 1948.

Wiener, Norbert, Ich und die Kybernetik. Der Lebensweg eines Genies, München (Goldmann) 1971.

Wijnhoven, Fons, Organizational Learning and Information Systems. The Case of Monitoring Information and Control Systems in Machine Bureaucratic Organizations, Enschede (University of Twente) 1995.

Wilensky, Harold L., Organizational Intelligence. Knowledge and Policy in Government and Industry, New York-London (Basic Books) 1967.

Williamson, Oliver E., Markets and Hierarchies. Analysis and Antitrust Implications, New York (Free Press) 1975.

Williamson, Oliver E., The Economic Institutions of Capitalism. Firms, Markets, Relational Contracting, New York-London (Free Press) 1985.

Williamson, Oliver E., Comparative Economic Organization. The Analysis of Discrete Structural Alternatives, in: ASQ 36 (1991), 269-296.

Williamson, Oliver E., Economics and Organization. A Primer, in: CMR 38 (2/1996), 131-146.

Wollnik, Michael, Interpretative Ansätze in der Organisationstheorie, in: *Kieser, Alfred* (Hrsg.), Organisationstheorien, Stuttgart etc. (Kohlhammer) 1993, 277-295.

Womack, James P./Jones, Daniel T., Das schlanke Unternehmen. Ein Kosmos leistungsstarker Firmen, in: HBM 72 (3/1994), 84-93.

Wood, Julia T., Spinning the Symbolic Web. Human Communication as Symbolic Interaction, Norwood/N. J. (Ablex Publishing) 1992.

Woodward, Joan, Industrial Organizations. Theory and Practice, London (Oxford University Press) 1965.

Yip, George S., Barriers to Entry. A Corporate Strategy Perspective, Aldershot (Gower) 1982.

Yuchtman, Ephraim/Seashore, Stanley E., A System Resource Approach to Organizational Effectiveness, in: ASR 32 (1967), 891-903.

Zivadinovic, Dusan, Guck' mal, wer da spricht. PC-gestützte Videokonferenzsysteme, in: c't (6/1994), 68-74.

zu Knyphausen(-Aufseß), Dodo, Selbstorganisation und Führung. Systemtheoretische Beiträge zu einer evolutionären Führungskonzeption, in: DU 45 (1991), 47-63.

zu Knyphausen-Aufseß, Dodo, Theorie der strategischen Unternehmensführung. State of the Art und neue Perspektiven, Wiesbaden (Gabler) 1995.

Personenverzeichnis

Stichwortverzeichnis

I

J

K

L

M

N

O

P

Q

R

S

T

U